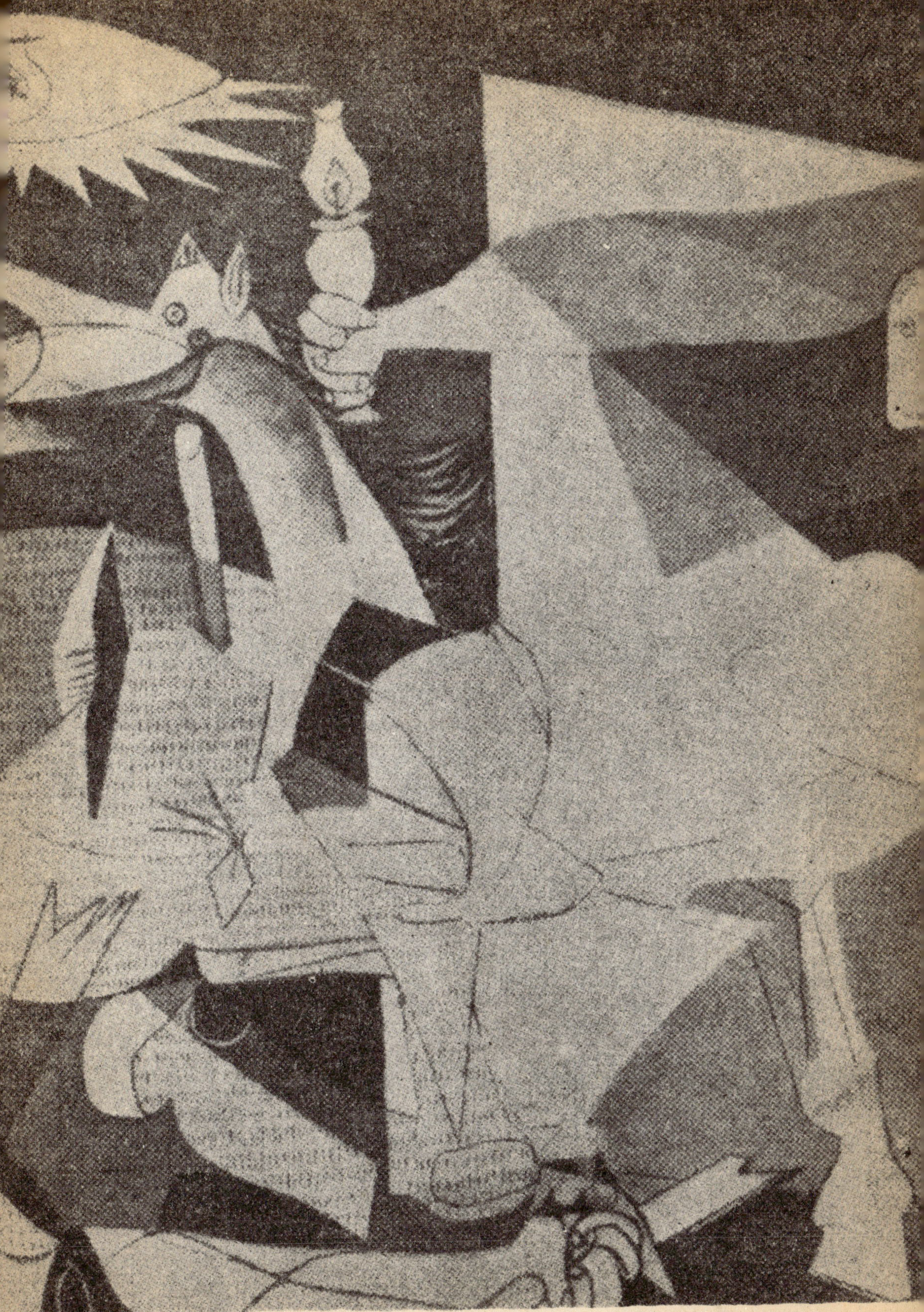

LECTURAS ESPAÑOLAS

II (S. XVIII - XX)

CARMEN RODRIGUEZ DE MORA

Inter American University of Puerto Rico (San Juan)

EMELINA GUZMAN

Inter American University of Puerto Rico (San Germán)

LECTURAS ESPAÑOLAS II

Segunda Edición.

Depósito Legal: M-6020-1978
ISBN: 84-359-0171-8
ISBN: 84-359-0180 (O. C.)
Diseño de la cubierta: Tony EVORA
Editorial Playor, S. A.
Dirección postal: Apartado 50869, Madrid
Dirección oficina central: Santa Polonia, 7 - Madrid, 14
Teléfono: 230 60 97
Printed in Spain
Impreso en España

INDICE

CAPITULO SEXTO
LA GENERACION DEL '27

CAPITULO SEPTIMO
LITERATURA DE POSGUERRA

Nota Liminar

EN consonancia con los propósitos de esta antología, el segundo volumen (siglos XVIII al XX, inclusives), acoge a un número limitado de autores, representados por largas y significativas muestras de su producción y —en todos los casos— excelentes exponentes de las diferentes etapas de la literatura española de estos tres últimos siglos. Reiteramos nuestra intención: nos proponemos que el estudiante que utilice esta obra pueda tener una idea clara de lo que fue la literatura española del romanticismo o la producida en tiempos recientes. El índice, en este segundo volumen, alcanza veintiséis autores principalísimos.

Agradecemos el generoso permiso para reproducir sus obras, en primer término, a los autores Jorge Guillén, Vicente Aleixandre, Camilo José Cela, Antonio Buero Vallejo y José Hierro. A los herederos de Miguel de Unamuno, Ramón María del Valle Inclán, Pío Baroja, José Martínez Ruiz («Azorín»), Antonio Machado, Juan Ramón Jiménez, José Ortega y Gasset, León Felipe Camino, Federico García Lorca, Miguel Hernández. A la Editorial Espasa-Calpe, por permitirnos reproducir **La cabeza del Bautista**, de Valle Inclán (Colección Austral, número 1.325, «Retablo de la avaricia, la lujuria y la muerte»). A los profesores Carlos Alberto Montaner y Ernesto Fidalgo y de la Cruz, por sus efectivas gestiones administrativas, y a este último, además, por la revisión de las pruebas y otros detalles técnicos.

C. R. de M.

E. G.

Madrid, Fuente de Apolo

CAPITULO PRIMERO

EL NEOCLASICISMO

El Neoclasicismo

Se produce esta corriente literaria en el siglo XVIII, tradicionalmente llamado el «Siglo de las Luces». La vida europea e hispanoamericana experimenta en esta época un cambio notable. En el orden religioso empieza a desaparecer Dios del horizonte de las ciencias y las humanidades. En filosofía se consolida el triunfo de Descartes: el hombre del siglo XVIII quiere tener «ideas claras y distintas»; entiende que se es verdaderamente hombre cuando se razona, se acumulan conocimientos y se convive civilizadamente haciendo un arte de la conversación. Por primera vez se barrunta vagamente que al mundo occidental le hace falta, además de una cultura técnica y un pensamiento sistemático, prestar atención al cuidado y al refinamiento de la sensibilidad.

Surgen los escritores neoclásicos españoles alrededor de 1737, fecha en que aparece la **Poética** de Luzán y en pleno reinado de Carlos III. Intenta este monarca poner a España a la altura de Europa. Fomenta la agricultura y la industria, dispone que se construyan parques, paseos y jardines en las ciudades, reforma la enseñanza, favorece la investigación libre. Inicia con las colonias una política más humana y liberal.

Rechazan los escritores neoclásicos muchos de los aspectos de la estética del siglo XVII. 1) Le señalan a Góngora y al gongorismo falta de claridad en la expresión. 2) Le reprochan a los dramaturgos que no se sometieran a las leyes aristotélicas formuladas en la **Poética** referentes a las tres unidades de tiempo, lugar y acción. 3) Creen que esos poetas dramáticos del siglo XVII no escribían obras verosímiles y que descuidaban el fin moral que todo artista debe proponerse. 4) Entienden que hay que inspirarse en los modelos griegos y latinos, imitar a la Naturaleza, tener **buen gusto** y deleitar e instruir al público al mismo tiempo. 5) Influidos por las ideas de Pascal y por el espíritu jansenista tanto como por el pensamiento **claro y distinto** de Descartes, propugnan una literatura donde la exploración de lo humano se haga desde una perspectiva de gran exigencia moral.

Dentro de este cuadro de conjunto hay matices y excepciones. Se ha señalado acertadamente que Luzán coloca en su **Poética** el deleite que la poesía debe inspirar antes que su sentido pedagógico y ético. Se ha dicho que los neoclásicos pretenden un arte más imitativo que creativo; pero si se incluye entre los neoclásicos al P. Feijóo hay que señalar cómo en varios de sus ensayos («Razón del gusto», «El no sé qué», «La elocuencia es naturaleza y no arte») proclama «que el arte verdadero es creación».

Se han formulado muchos reparos contra los escritores neoclásicos: frialdad, mimetismo, falta de imaginación, pobreza expresiva, poca profundidad y ausencia de visión trascendente. No hay que olvidar que la obra de los escritores neclásicos se escribe gracias al estímulo de los salones literarios. En España se funda una Academia del Buen Gusto y una peña literaria muy importante en la historia literaria de ese período, la de la Fonda de San Sebastián. Acuden damas y caballeros muy bien vestidos, muy atentos a cada frase que han de pronunciar, todos pendientes del último libro aparecido en Londres, París o Roma. Se improvisan conciertos de piano, una muchacha toca el arpa y un grupo de petimetres organiza una comedia de salón. Se discute interminablemente cada tema y eso trae consigo un cierto enfriamiento de las pasiones; se buscan más los valores de la convivencia física y la consecuencia de eso acaso sea la despersonalización literaria y la falta de horizonte religioso. Pero a la vez prosa y verso se depuran de no pocos excesos. Y la pretensión de que la vida sea razonable, si no se cumple por completo, alcanza al menos estadios más elevados y felices.

Hemos escogido cuatro escritores representativos de este período: Feijóo, Meléndez Valdés, Moratín y Quintana. Creemos que su obra no se comprendería si al menos no se tiene noticia de la proyección de la de otros contemporáneos suyos que dan junto a ellos la tónica de la época.

No hay que olvidar que en el siglo XVIII se fomenta la erudición y la crítica. El padre Martín Sarmiento (1695-1771) y Gregorio Mayans (1699-1781) recopilan materiales, se entusiasman frente al pasado nacional pero sin dejarse llevar mucho por el impulso, piensan que la historia es algo más que crónica y que se trata de una ciencia en ciernes que hay que sistematizar. La celda de Sarmiento en la abadía benedictina ha sido objeto de descripciones de Del Río, que reflejan cómo vivía un erudito e historiador de la época: tenía una cítara y una vihuela; baúles repletos de libros, estantes donde se alineaban los tomos más gruesos, un peso para oro, una balanza, un astrolabio, un microscopio de ocho lentes, un cuerno de rinoceronte, cuarenta y dos frasquitos de cristal, un cáliz de madera de albue, monedas antiguas, plantas para sus experiencias de botánica... En cuanto a Mayans, es autor de una **Retórica** (1757), **Orígenes de la lengua** (1737) y de la primera biografía de Cervantes.

Los novelistas más importantes son Diego de Torres Villarroel (1693-1770) y el jesuita Diego Francisco Isla (1703-1781). El primero cuenta su propia vida en una novela picaresca y autobiográfica de largo título: **Vida, ascendencia, nacimiento, crianza y aventuras del doctor don Diego de Torres Villaroel**, donde se advierte la influencia de Quevedo sin el genio del autor de **Los Sueños.** De Isla es la **Historia del famoso Fray Gerundio de Campazas,** libro interesante de inspiración cervantina. Isla ataca a los predicadores culteranos y defiende una religión no supersticiosa e ilustrada; pero ignora el arte de novelar y se pierde en disquisiciones eruditas.

Tiene importancia el coronel José Cadalso (1741-1782), sobre todo por sus **Cartas Marruecas** influidas por las **Cartas persas,** de Montesquieu. En un ensayista que observa las costumbres con «espíritu mundano», ironiza el señoritismo andaluz, exalta los valores de la austeridad castellana, opone la España heróica del siglo XVI a la de la decadencia. A Cadalso hay que situarlo entre los **europeístas** y los **tradicionalistas.** Los primeros quieren europeizar a España negando los valores tradicionales; los segundos no admiten que del extranjero pueda venir nada bueno. En la personalidad de Gaspar Melchor de Jovellanos (1744-1811) se dan cita estas mismas cualidades de armonía y síntesis, corazón noble, vida heróica y talento extraordinario. Fue desterrado dos veces a Gijón, preso en Palma de Mallorca por difundir una versión castellana del **Contrato Social** de Rousseau. Hizo crítica de arte, tratados pedagógicos, estudios sobre el dialecto de Asturias, informes económicos verdaderamente brillantes. Fue poeta corto de genio, pero sus diarios y cartas son famosos por la agudeza de las observaciones, la fluidez del estilo y el «feliz tino» con que reúne, según Menéndez Pidal, «los elementos de la lengua clásica con los elementos nuevos que era necesario acoger para reflejar el pensamiento moderno».

1 P. Benito J. Feijóo

(1676 - 1764)

Benito Jerónimo Feijóo nació en Casdemiro, Orense, una de las provincias gallegas. Tras realizar estudios elementales en el colegio de San Salvador de Lérez (Pontevedra), ingresa a los catorce años en el monasterio benedictino de San Julián de Samos, prosiguiendo sus estudios posteriormente en Salamanca. En 1709 se traslada a Oviedo (Asturias), en cuya Universidad enseña Teología y se doctora al mismo tiempo en esa disciplina. A los cuarenta y nueve años (1725) publica su primer escrito: **Carta apologética de la Medicina Scéptica del Doctor Martínez.** Entre 1726 y 1728 publica los dos primeros tomos del **Teatro Crítico Universal. T. C. U.** reúne ciento dieciocho discursos o ensayos, sobre los más variados temas, sin más orden o concierto que la intención última de su autor: integrar España a las corrientes modernas de pensamiento. Liquidar la concepción medieval y acientífica del hombre y el universo. La publicación de estos tomos dará origen a una de las más importantes polémicas filosóficas del mundo hispánico. En 1729, Salvador José Mañer publicó el **Antiteatro Crítico,** impugnando los razonamientos del benedictino, En 1730 Feijóo responde con la **Ilustración apologética al primero y segundo tomo del Teatro.** Publica el cuarto tomo. El tercero había visto la luz un año antes. Mañer replica en 1731 con dos libros apasionados. La polémica es ya el centro de la vida cultural del país. El nombre de Feijóo y su prestigio se extienden por toda Europa. El padre Sarmiento, erudito amigo de Feijóo y figura importante de la ilustración española, tercia en la contienda con un volumen en apoyo del autor del **Teatro Crítico Universal.** En 1733 Feijóo publica el quinto tomo de la ya extensa obra. Mañer no ceja y al año siguiente responde a Sarmiento. El entusiasmo de la polémica tiene su explicación. Se debatía mucho más que unos razonamientos mejor o peor sustentados: se trataba de toda una postura frente al hombre y la creación. Se discutían puntos de vista que sacudían los primitivos supuestos sobre los que descansaba la jerarquía de valores de España. Entre 1734 y 1739, Feijóo da a la estampa el sexto, séptimo y octavo tomo del **T. C. U.** En el ínterin ha visto arreciar la polémica con la intromisión de Ignacio Armesto, y ha ganado la cátedra de Prima Teología de la Universidad de Oviedo. Entre 1742 y 1745 publica los dos tomos de sus **Cartas eruditas y curiosas.** En 1749 responde a nuevas acusaciones, esta vez de parte del franciscano Soto y Marne. En 1750 el rey Fernando VI, ganado por Feijóo, emite una curiosa y arbitraria Real Orden prohibiendo polemizar sobre las obras del fraile. Ese mismo año el benedictino publica el tercer tomo de las **Cartas eruditas y curiosas.** En 1753 y en el 1760 aparecerán los tomos cuarto y quinto. En 1764 Feijóo, muy anciano, muere en el monasterio de San Vicente, en Oviedo.

Alguna vez el crítico y poeta Alberto Lista escribió una frase lapidaria con respecto a Feijóo: «Debemos hacerle una estatua y quemar al pie de ella todos sus escritos.» Esto es, no puede buscarse en la obra del benedictino originalidad, contemporaneidad o aporte imperecedero. Feijóo fue un culto divulgador antes que un sabio, un hombre profundamente inteligente antes que un erudito. La misión que se impuso fue la de educar, la de eliminar errores y supersticiones groseras; la de abrir brecha a la razón mesurada y analítica, que desde Descartes encandilaba a Europa. Hubo contradicciones —tenía que haberlas— entre su profesión religiosa y su vocación científica, y no siempre pudo casar coherentemente ambos extremos, pero sin duda hizo cuanto pudo por reducirlas al mínimo.

Su labor divulgadora abarcó prácticamente todas las disciplinas: artes, astronomía, geografía, economía, derecho político, filosofía, metafísica, filología, física, matemáticas, historia natural, literatura, estética, ética, medicina, historia y crítica histórica, supersticiones. Se diferencia de los enciclopedistas que le precedieron —y de los que luego le sucedieron— en que es más que un expositor un polemizador. Sus escritos ilustran no tanto desde la **exposición,** sino desde la **censura** a los que han tergiversado la realidad del tema tratado. Quiso Feijóo —y lo logró en alguna medida— que a España entrara el aire fresco del raciocinio. Llevaba demasiado tiempo entregada a los delirios de la **Contrarreforma.**

Voz del Pueblo [1]

Aquella mal entendida máxima de que Dios se explica en la voz del pueblo, autorizó la plebe para tiranizar el buen juicio y erigió en ella una potestad tribunicia, capaz de oprimir la nobleza literaria. Es éste un error de donde nacen infinitos; porque asentada la conclusión de que la multitud sea regla de la verdad, todos los desaciertos del vulgo se veneran como inspiraciones del Cielo. Esta consideración me mueve a combatir el primero este error, haciéndome la cuen-

[1] Tomo I, discurso I, del *Teatro Crítico.*

ta de que venzo muchos enemigos en un solo, o a lo menos de que será más fácil expugnar los demás errores quitándoles primero el patrocinio que les da la voz común en la estimación de los hombres menos cautos.

Aestimes judicia, non numeres,[2] decía Séneca. El valor de las opiniones se ha de computar por el peso, no por el número de las almas. Los ignorantes, por ser muchos, no dejan de ser ignorantes. ¿Qué acierto, pues, se puede esperar de sus resoluciones? Antes es de creer que la multitud añadirá estorbos a la verdad, creciendo los sufragios al error. Si fue superstición extravagante de los Molosos, pueblos antiguos de Epiro,[3] constituir el tronco de una encina por órgano de Apolo, no lo sería menos conceder esta prerrogativa a toda la selva Dodonea.[4] Y si de una piedra, sin que el artífice la pula, no puede resultar la imagen de Minerva,[5] la misma imposibilidad quedará en pie, aunque se junten todos los peñascos de la montaña. Siempre alcanzará más un discreto solo que una gran turba de necios; como verá mejor al sol un águila sola que un ejército de lechuzas.

Preguntado alguna vez el Papa Juan XXIII[6] qué cosa era la que distaba más de la verdad, respondió que el dictamen del vulgo. Tan persuadido estaba a lo mismo el severísimo Foción,[7] que orando una vez en Atenas, como viese que todo el pueblo en común consentimiento levantaba la voz en su aplauso, preguntó a los amigos que tenía cerca de sí en qué había errado, pareciéndole que en la ceguera del pueblo no cabía aplaudir sino los desaciertos. No apruebo sentencias tan rigurosas, ni puedo considerar al pueblo como antípoda preciso del hemisferio de la verdad. Algunas veces acierta; pero es por ajena luz o por casualidad. No me acuerdo qué sabio compara el vulgo a la luna, a razón de su inconstancia.[8] También tenía lugar la comparación porque jamás resplandece con luz propia: *Non consilium in vulgo, non ratio, non discrimen, non diligentia,*[9] decía Tulio. No hay dentro de este vasto cuerpo luz nativa con que pueda discernir lo verdadero de lo falso. Toda ha de ser prestada y aún ésa se queda en la superficie, porque su opacidad hace impenetrable a los rayos el fondo.

Es el pueblo un instrumento de varias voces que, si no por un rarísimo acaso, jamás se pondrán por sí mismas en el debido tono, hasta que alguna mano sabia las temple. Fue sueño de Epicuro[10] pensar que infinitos átomos, vagueando libremente por el aire, al ímpetu del acaso, sin el gobierno de alguna mente, pudiesen formar este admirable sistema del

[2] *Cartas a Lucilio*, epístola 39.
[3] Región de la antigua Grecia, situada al sur de Macedonia.
[4] De Dodona, capital de Epiro y ciudad famosa, en la cual había un enorme bosque de encinas con un oráculo de Júpiter.
[5] Diosa pagana de la sabiduría.
[6] Ultimo Papa romano del Cisma de Occidente (1410-1415), y cuyo nombre fue tomado por el sucesor de Pío XII. (Véase nota 32).
[7] Célebre orador ateniense. (400-317 a. de J. C.).
[8] Baltasar Gracián dice en *El Criticón* (1650): «lo más digno de notarse es que, así como el sol es claro espejo de Dios y de sus divinos atributos, la luna lo es del hombre y de sus humanas imperfecciones; ya crece, y mengua, ya nace, ya muere, ya está en su lleno, ya en su nada, nunca permaneciendo en un estado». Parte I, crisis II, pág. 22, y ed. Cejador, Madrid, 1913.
[9] «No hay en el vulgo prudencia, ni sentido, ni discernimiento, ni actividad». (Marco Tulio Cicerón.)
[10] Filósofo griego creador de la escuela que lleva su nombre.

orbe. Pedro Gasendo[11] y los demás reformadores modernos de Epicuro añadieron a ese confuso vulgo el régimen de la suprema inteligencia. Y aún supuesto ése, no se puede entender cómo, sin formas que pulan la rudeza de la materia, produzca la tierra la más humilde planta. Poco se distingue el vulgo de los hombres del vulgo de los átomos. De la concurrencia casual de sus dictámenes apenas podrá resultar jamás una ordenada serie de verdades fijas. Será menester que la suprema inteligencia sea intendente de la obra; pero ¿cómo lo hace? Usando, como de subalternos suyos, de hombres sabios, que son las formas que disponen y organizan esos materiales entes.

Los que dan tanta autoridad a la voz común no prevén una peligrosa consecuencia que está muy vecina a su dictamen. Si a la pluralidad de voces se hubiese de fiar la decisión de las verdades, la sana doctrina se había de buscar en el Alcorán de Mahoma, no en el Evangelio de Cristo; no los decretos del Papa, sino los del mustí,[12] habrían de arreglar las costumbres, siendo cierto que más votos tiene a su favor el Alcorán que el Evangelio. Yo estoy tan lejos de pensar que el mayor número debe captar el asenso, que antes pienso se debe tomar el rumbo contrario, porque la naturaleza de las cosas lleva que en el mundo ocupe mucho mayor país el error que la verdad. El vulgo de los hombres, como la ínfima y más humilde porción del orbe racional, se parece al elemento de la tierra, en cuyos senos se produce poco oro, pero muchísimo hierro.

Quien considerase que para la verdad no hay más que una senda y para el error infinitas, no extrañará que caminando los hombres con tan escasa luz, se descaminen los más. Los conceptos que el entendimiento forma de las cosas son como las figuras cuadriláteras, que sólo de un modo pueden ser regulares, pero de innumerables modos pueden ser irregulares o trapecias, como las llaman los matemáticos. Cada cuerpo en su especie, sólo por una medida puede salir rectamente organizado; pero por otras infinitas puede salir monstruoso. Sólo de un modo se puede acertar; errar, de infinitos. Aun en el cielo no hay más que dos puntos fijos para dirigir los navegantes. Todo lo demás es voluble. Otros dos puntos fijos hay en la esfera del entendimiento: la revelación y la demostración. Todo el resto está lleno de opiniones, que van volteándose y sucediéndose unas y otras, según el capricho de inteligencias motrices inferiores. Quien no observase diligente aquellos dos puntos, o uno de ellos, según el hemisferio por donde navega, esto es, el primero en el hemisferio de la gracia, el segundo en el hemisferio de la naturaleza, jamás llegará al puerto de la verdad. Pero así como en muy pocas partes del globo terráqueo miran derechamente las agujas magnéticas a uno ni a otro polo, si que las más declinan de él, ya más, ya menos grados, ni más ni menos en muy pocas partes del mundo atina el entendimiento humano con uno ni otro polo de su gobierno. Al polo de la revelación sólo se mira derechamente en dos partes pequeñas: una de la Europa, otra de la América. En todas las demás se inclina, ya más, ya menos grados. En los países de los herejes ya tuerce bastante la aguja; más aún en los de los mahometanos; muchísimo más en los de los idólatras. El polo de la demostración sólo tiene inspectores en el corto pueblo de los matemáticos,

[11] Filósofo francés del siglo XVII, *precursor* de la escuela sensualista del inglés Locke.
[12] Intérprete de la ley coránica

y aun ahí se padecen a veces algunas declinaciones.

Pero ¿qué es menester girar el mundo para hallar en varias regiones la sentencia del común divorciada con la verdad? Aun en aquel pueblo que se llamó pueblo de Dios, tan lejos estuvieron muchas veces de ser una misma la voz de Dios y la del pueblo, que ni aun consonancia tuvieron entre sí. Tan presto se ponía la voz del pueblo en armonía con la divina, tan presto se desviaba a la mayor disonancia. Propónele Moisés las leyes que Dios le había dado, y todo el pueblo responde a una voz: Cuanto Dios ha dicho ejecutaremos: *Responditque omnis populus una voce: Omnia verba Domini quae locutus est faciemus.*[13] ¡Oh que consonancia tan hermosa de una voz con otra! Apártase el maestro de capilla Moisés, que ponía en tono la voz del pueblo, y al instante el pueblo mismo congregado después de obligar a Aarón[14] a que le fabricase dos ídolos, levanta la voz diciendo que aquellos son verdaderos dioses, a quienes deben su libertad: *Dixeruntque: hi sunt dii tui, Israel, qui te eduxerunt de terra Aegypti.*[15]

Así sucedió otras muchas veces. Pero el caso en que pidieron rey a Samuel[16] tiene algo de particular. La voz de Dios, por el órgano del profeta, los disuadía de la elección de Rey. Pero ¡qué distante estaba la voz del pueblo de ponerse en consonancia con el órgano de Dios! Instan una y otra vez que se les dé rey; y ¿en qué se fundan? En que las demás naciones le tienen: *Erimus nos quoque sicut omnes gentes.*[17] Aquí se notan dos cosas: la una, que siendo voz de todo el pueblo, fue errada; la otra, que no la eximió de error el ir calificada con la autoridad de todos los demás pueblos, y la consonancia con las voces de todos los demás pueblos la hizo disonante de la voz divina. Andaos ahora a gobernaros por voces comunes sobre el fundamento de que la voz del pueblo es voz de Dios.

En una materia determinada creí yo algún tiempo que la voz del pueblo era infalible, conviene a saber: **en la aprobación o reprobación de los sujetos.** Parecíame que aquel que todo el pueblo tiene por bueno, ciertamente es bueno; el que todos tienen por sabio, ciertamente es sabio, y al contrario. Pero haciendo más reflexión hallé que también en esta materia claudica algunas veces la sentencia popular. Estando una vez Foción reprendiendo con alguna aspereza al pueblo de Atenas, su enemigo Demóstenes[18] le dijo: «Mira que te matará el pueblo si empieza a enloquecer.» «Y a ti te matará —respondió Foción— si empieza a tener juicio.» Sentencia con que declaró su mente, de que nunca hace el pueblo concepto sano en la calificación de sujetos. El hado infeliz del mismo Foción comprobó en parte su sentir, pues vino a morir por el furioso pueblo de Atenas, como delincuente contra la Patria, siendo el hombre mejor que en aquel tiempo tenía Grecia.

... ...

En cuanto a la virtud y el vicio, tomando una por otro en sujetos determinados, fueron tantos los errores de los pueblos, que se tropieza a cada paso con ellos en las historias. No hay más que ver que los mayores embusteros del mundo pasa-

[13] «Y todo el pueblo contestó a una voz: ejecutaremos todas las palabras del Señor.»

[14] Hermano de Moisés y gran sacerdote del pueblo hebreo.

[15] «Y dijeron: éstos son tus dioses, Israel, los que te sacaron de la tierra de Egipto.»

[16] Ultimo juez de israel que ungió a Saúl, primero, de los reyes.

[17] «Seremos nosotros también como todas las gentes.»

[18] Famoso orador griego.

ron por depositarios de los secretos del cielo. Numa Pompilio[19] introdujo en los romanos la policía y la religión que quiso, a favor de la ficción de que la ninfa Egeria[20] le dictaba todo cuanto él proponía. Debajo de las banderas de Sertorio[21] militaron ciegos los españoles contra los romanos, por haberle creído que en una cierva blanca, que había criado a su modo y de quien con astucia se servía, ostentando que sabía por ella todas las noticias que por vías ocultas se le administraban, le hablaba la deidad de Diana.[22] Mahoma persuadió a una gran parte de la Asia que el Arcángel San Gabriel era nuncio que había deputado para él la corte celestial, debajo de la figura de una paloma, a quien había enseñado a arrimarle el pico a la oreja. Los más de los heresiarcas, aunque manchados de vicio bastantemente descubiertos, fueron reputados en varios pueblos como archivos venerables de los misterios divinos. Dentro del mismo seno de la Iglesia romana se produjeron semejantes monstruosidades. Tanquelino,[23] hombre flagiciosísimo, dado descubiertamente a toda torpeza, en el siglo undécimo fue venerado de todo el pueblo de Amberes por santo, en tanto grado, que guardaban como reliquia el agua en que se lavaba. La República florentina, que nunca pasó por pueblo rudo, respetó muchos años como hombre santo y dotado de espíritu profético a fray Jerónimo de Savonarola,[24] hombre de prodigiosa facundia y aún mayor sagacidad, que les hizo creer que eran revelaciones sus conjeturas políticas y los avisos ocultos que tenía de la corte de Francia, sin embargo, de que muchas de sus predicaciones salieron falsas, como la de la segunda venida de Carlos VIII[25] a Italia, de la mejoría de Juan Pico de la Mirandola[26] en la enfermedad de que dos días después murió, y otras. Ni haberle quemado en la plaza pública de Florencia bastó para desengañar a todos de sus imposturas, pues no sólo los herejes le veneran como un hombre celestial y precusor de Lutero, por sus vehementes declaraciones contra la corte de Roma, más aún algunos católicos hicieron su panegírico, entre los cuales sobresalió Marco Antonio Flaminio, con este hermoso, aunque falso epigrama:

Dum fera flamma tuos, Hieronime, pascitur ar-
[tus
Religio sacras dilaniata comas
Flevit, et «oh», dixit «crudeles parcite flam-
[mae»
«Parcite, sunt isto viscera nostra rogo».[27]

Sería cosa inmensa si me pusiera a referir las extravagantísimas supersticiones de varios pueblos. Los antiguos gentiles, ya se sabe que adoraron los más despreciables y viles brutos. Fue deidad de una nación la cabra, de otra la tortuga, de otra el escarabajo, de otra la mosca. Aun los romanos, que pasaron por la gente

Pone ejemplos

[19] Segundo rey de la época monárquica romana.
[20] Oráculo mítico de un bosque que dictaba las leyes a Numa Pompilio.
[21] Famoso general romano que se hizo independiente en España y luchó contra su propio pueblo.
[22] Diosa de los bosques y de las fuentes dedicada a la caza.
[23] Hereje flamenco de los siglos XI-XII, muy popular porque predicaba la vida silenciosa.
[24] Predicador florentino del siglo XV que, por atacar la relajación del clero con celo excesivo, fue acusado de hereje y condenado a la hoguera.
[25] Rey de Francia que había conquistado Nápoles.
[26] Erudito italiano del Renacimiento.
[27] «Mientras la fiera llama, oh Jerónimo, devora tus miembros, llora la religión, y lacerando su cabeza sagrada, exclama: ¡Oh llamas crueles, perdonadlo! ¡Perdonadlo! ¡Ved que sobre la pira arden nuestras propias entrañas!»

más hábil del orbe, fueron extremadamente ridículos en la religión, como San Agustín, en varias partes de sus libros de la *Ciudad de Dios*, les echa en rostro; en que lo más especial fue aquella innumerable multitud de dioses que introdujeron, pues sólo para cuidar de las mieses y granos tenían repartidos entre doce deidades doce oficios diferentes. Para guardar la puerta de la casa había tres: el dios Lorculo cuidaba de la tabla, la diosa Cardea cuidaba del quicio, y el dios Limentino del umbral; en que con gracejo los redarguye San Agustín de que, teniendo por bastante cualquiera un hombre solo para portero, no pudiendo un dios solo hacer lo que hace un hombre solo, pusiesen tres en aquel ministerio. Plinio,[28] que va por el extremo opuesto de negar toda deidad y negar la providencia, hace la cuenta de que era, según la supersticiosa creencia de los romanos, mayor el número de las deidades que el de los hombres: *Quam ob rem maior caelitum populus etiam quam hominum intelligi potest.*[29] El cómputo es fijo; porque cada uno se formaba una deidad singular en su propio genio, y sobre eso adoraba todos los dioses comunes, cuya multitud se puede colegir, no sólo de lo que acaba de decirnos San Agustín, mas también de lo que dice el mismo Plinio, que llegaron a erigirse templos y aras a las mismas dolencias e incomodidades que padecen los hombres: *Morbis etiam in genera descriptis, et multis etiam pestibus, dum esse placatas trepito metu cupimus.*[30] Y es cierto, que la Fiebre tenía un templo en Roma, y otro la mala Fortuna.

Los idólatras modernos no son menos ciegos que los antiguos. El demonio, con nombre de tal, es adorado en muchas naciones. En Pegú, reino oriental de la península de la India, aunque reverencian a Dios como autor de todo bien, más cultos dan al demonio, a quien con una especie de maniquismo creen autor de todo mal. En la embajada que hizo a la China el difunto zar de Moscovia, habiendo encontrado los de la comitiva en el camino a un sacerdote idólatra orando, preguntaron a quién adoraba, a lo que él respondió en tono muy magistral: «Yo adoro a un dios al cual el Dios que vosotros adoráis arrojó del Cielo; pero pasado algún tiempo, mi dios ha de precipitar del Cielo al vuestro y entonces se verán grandes mudanzas en los hijos de los hombres...» Alguna noticia deben tener en aquella región de la caída de Lucifer; pero buen redentor esperan si aguardan a que vuelva al Cielo esa deidad suya. Por motivo poco menos ridículo no maldicen jamás al diablo los jecides (secta que hay en Persia y en Turquía) y es que temen que algún día se reconcilie con Dios y se vengue de las injurias que ahora se le hacen.

En el reino de Siam adoran un elefante blanco, a cuyo obsequio continuo están destinados cuatro mandarines, y le sirven comida y bebida en vajilla de oro. En la isla de Ceilán adoraban un diente que decían haber caído de la boca de Dios; pero habiéndolo cogido el portugués Constantino de Berganza, lo quemó, con grande oprobio de sus sacerdotes, autores de la fábula. En el cabo de Honduras adoraban los indios a un esclavo; pero al pobre no le duraba ni la deidad ni la vida más de un año, pasado el cual lo sacrificaban, sustituyen-

[28] Cayo Plinio, llamado el Viejo, célebre naturalista de la literatura romana decadente.

[29] «De lo que puede colegirse que es mayor el pueblo de los cielos que el de los hombres.»

[30] «[Erigimos templos] a cada clase de enfermedades y dolencias, temblorosos de miedo y deseando aplacarlos.»

do otro en su plaza. Y es cosa graciosa que creían podía hacer a otros felices quien a sí propio no podía redimirse de las prisiones y guardas con que le tenían siempre asegurado. En la Tartaria meridional adoran a un hombre, a quien tienen por eterno, dejándose persuadir a ello con el rudo artificio de los sacerdotes destinados a su culto, los cuales sólo le muestran en un lugar secreto del palacio o templo, cercado de muchas lámparas, y siempre tienen de prevención escondido otro hombre algo parecido a él, para ponerle en su lugar cuando aquél muera, como que es siempre el mismo. Llámanle *Lama*, que significa lo mismo que padre eterno, y es de tal modo venerado que los mayores señores solicitan con ricos presentes alguna parte de las inmundicias que excreta, para traerla en una caja de oro pendiente al cuello, como singularísima reliquia. Pero ninguna superstición parece ser más extravagante que la que se practica en Balia, isla del mar de la India, al oriente de la de Java, donde no sólo cada individuo tiene su deidad propia, aquello que se le antoja a su capricho: o un tronco, o una piedra o un bruto, pero muchos (porque también tienen esa libertad) se la mudan cada día, adorando diariamente lo primero que encuentran al salir de casa por la mañana.*

¿Qué diré de los disparates históricos que en muchas naciones se veneran como tradiciones irrefragables? Los arcades juzgaban su origen anterior a la creación de la luna. Los del Perú tenían a sus reyes por legítimos descendientes del Sol. Los árabes creen como artículo de la fe la existencia de un ave que llaman *Anca Megareb*, de tan portentoso tamaño que sus huevos igualan la mole de los montes, la cual, después que por cierto insulto la maldijo su profeta Handala, vive retirada en una isla inaccesible. No tiene menos asentado su crédito entre los turcos un héroe imaginario llamado *Chederles*, que dicen fue capitán de Alejandro; y habiéndose hecho inmortal, como también su caballo, con la bebida de la agua de cierto río, anda hasta hoy discurriendo por el mundo, y asistiendo a los soldados que lo invocan; siendo tanta la satisfacción con que aseguran estos sueños, que cerca de una mezquita destinada a su culto muestran los sepulcros de un sobrino y un criado de este caballero andante, por cuya intercesión, añaden, se hacen en aquel sitio continuos milagros.

En fin, si se registra país por país, todo el mapa intelectual del orbe, exceptuando las tierras donde es adorado el nombre de Cristo, en el resto de tan dilatada tabla no se hallarán sino borrones. Todo país es Africa para engendrar monstruos. Toda provincia es Iberia para producir

* Lo que decimos de los sacerdotes de la Tartaria Meridional, que matienen aquellos pueblos en la creencia extravagante de que el gran Lama es eterno, con el rudo artificio de tener escondido en el mismo templo donde aquél reside otro hombre algo parecido a él para sustituir en su lugar cuando muera, como que es idénticamente la misma persona, aunque referido por varios escritores, no es así. En la descripción del imperio de la China y Tartaria del padre Du-Halde sobre el seguro testimonio del padre Regis, misionero jesuíta, observador ocular de las costumbres y supersticiones del Tibet, donde reside el gran Lama, se lee que lo que creen aquellos paganos, a persuasión de sus sacerdotes, es que Foe, deidad suya, adorada no sólo en el Tibet, más en otros muchos países del Oriente, habita o reside en el gran Lama, como espíritu que le anima y que cuando el que hace representación de gran Lama muere, sólo muere aparentemente, trasladándose su espíritu a otro hombre, aquel que designan los sacerdotes o Lamas subalternos a quienes cree el pueblo que tienen señas infalibles para conocer en quién reside de nuevo su deidad; y así no dejan de continuar la adoración. (N. del A.).

venenos. En todas partes como en Licia,[31] se fingen quimeras. Cuantas naciones carecen de la luz del Evangelio están cubiertas de tan espesas sombras como en otro tiempo Egipto. No hay pueblo alguno que no tenga mucho de bárbaro. ¿Qué se sigue de aquí? Que la voz del pueblo está totalmente desnuda de autoridad, pues tan frecuentemente la vemos puesta de parte del error. Cada uno tiene por infalible la sentencia que reina en su Patria; y esto sobre el principio que todos lo dicen y sienten así. ¿Quiénes son esos todos? ¿Todos los del mundo? No; porque en otras regiones se siente y dice lo contrario. Pues ¿no es tan pueblo uno como otro? ¿Por qué ha de estar más vinculada la verdad a la voz de este pueblo que a la del otro? ¿No más que porque éste es pueblo mío, y el otro ajeno? Es buena razón.

... ...

No obstante todo lo dicho en este capítulo, concluiré señalando dos sentidos en los cuales únicamente, y no en otro alguno, tiene verdad la máxima de que la voz del pueblo es voz de Dios. El primero es tomando por voz del pueblo el unánime consentimiento de todo el pueblo de Dios, esto es, de la Iglesia universal, la cual es cierto no puede errar en las materias de fe, no por imposibilidad antecedente que se siga a la naturaleza de las cosas, sí por la promesa que Cristo la hizo de su continua asistencia y de la del Espíritu Santo en ella. Dije *todo el pueblo de Dios*, porque una gran parte de la iglesia puede errar, y de hecho erró en el gran cisma del Occidente,[32] pues los reinos de Francia, Castilla, Aragón y Escocia tenían por legítimo papa a Clemente VII; el resto de la cristiandad adoraba a Urbano VI,[33] y de los dos partidos, es evidente que alguno erraba. Prueba evidente de que dentro de la misma cristiandad puede errar en cosas muy sustanciales, no sólo algún pueblo grande, pero aun la colección de muchos pueblos y coronas.

El segundo sentido verdadero de aquella máxima es tomando por voz del pueblo la de todo el género humano. Es por lo menos moralmente imposible que todas las naciones del mundo convengan en algún error; y así el consentimiento de toda la tierra en creer la existencia de Dios se tiene entre los doctos por una de las pruebas concluyentes de este artículo.

[31] Comarca del Asia Menor.

[32] Escisión de la Iglesia, que durante muchos años tuvo en la Edad Media un Papa en Roma y otro en Aviñón.

[33] Papas simultáneos de Roma y Aviñón, respectivamente.

VARA DIVINATORIA[1]

El uso de la vara divinatoria parece ser invención reciente, porque sólo en autores muy modernos se halla noticia de ella. El padre Lebrún, presbítero del Oratorio, en su *Historia crítica de las prácticas supersticiosas*, dice que los primeros que intentaron descubrir, con el uso de la vara, aguas y metales subterráneos, fueron un caballero llamado el barón de Bello Sol, y su mujer madama de Berteró, que vinieron de Hungría a Francia el año de 1636 con el título de buscar minas en aquel reino; y parece que quien hacía el primer papel era la madama, de la cual el padre Lebrún dice que era una gran enredadora, y que

[1] Tomo III, discurso V, del *Teatro Crítico*. El título completo del discurso es *Vara divinatoria y zahoríes*, pero aquí solamente se incluye la primera parte.

escribió un libro sobre esta materia, dedicándoselo al cardenal de Richelieu con el título de *La restitución de Plutón.* En él señalaba las minas que había descubierto en Francia; pero parece que ni el Rey, ni el Ministerio hicieron caso de aquellas noticias.

Los que se complacen en derivar todas las prácticas supersticiosas de la antigüedad para mostrar su erudición, puede ser hallen el modelo de la vara divinatoria en el caduceo de Mercurio,[2] en el cetro de Minerva,[3] en la vara de Circe;[4] pero sin razón, porque el uso de aquellos instrumentos era muy diferente del que ahora tiene la vara divinatoria. Con más verisimilitud (atiendo precisamente a la letra del texto) se podría creer indicada esa vara en aquellas palabras de Oseas: *Populus meus in signo suo interrogavit et baculus ieus aunciavit ei:* «Mi pueblo preguntó a su báculo y su báculo le respondió.» Sin embargo, la superstición de los hebreos, de que Dios se queja en este lugar, según la interpretación que le dan los expositores, no tenía que ver con la práctica de que tratamos, aunque así aquélla como ésta se ejercitase en un báculo, y una y otra tuviesen por fin la revelación de alguna cosa oculta.

Digamos ya qué cosa es la vara divinatoria, cómo y a qué fin se usa de ella. Es ésta un báculo de avellano, dividido por la parte superior en dos astas, en forma de horquilla o Y griega. Sírvense de él para descubrir las minas de los metales, los tesoros escondidos debajo de tierra y también los cauces de agua. El uso es el siguiente: toma un hombre con las dos manos las dos astas del báculo, y caminando de este modo con él, va tentando todo el terreno que quiere examinar. Dícese que en llegando a algún sitio donde hay o mina o cualquier metal sepultado o cauce de agua, las dos astas del báculo padecen una contorsión violenta, que es índice de que allí está lo que se busca.

Entre los autores que tocan esta materia, unos niegan el hecho, otros le afirman, y otros dudan. Los que admiten como verdadero el fenómeno, se dividen en cuanto a la asignación de la causa, queriendo unos señalarle causa física y otros atribuirle a pacto diabólico. A la verdad, según la rancia filosofía de simpatías y antipatías, es fácil hallar causa natural a este y aun a más admirables fenómenos, porque, de cualquiera modo que se mueva un cuerpo en la presencia de otro, con decir que se mueve por simpatía o antipatía, está compuesto todo.

En la filosofía corpuscular no es tan fácil la explicación. Sin embargo, como los filósofos modernos tuvieron la valentía de reducir a puro mecanismo las propiedades admirables del imán, no desconfiaron de hallar por el mismo camino la causa del movimiento de la vara divinatoria, que, al parecer, es menor empresa. Dicen, pues, que los hálitos o efluvios de corpúsculos que despiden hacia arriba los metales y aguas subterráneas, penetrando por los poros de la vara e impeliendo sus fibras, la fuerzan a aquel género de movimiento.

Es cierto que no hay sistema alguno filosófico a quien sus sectarios no tengan por una botica universal, donde hay remedio para curar todas las dudas; y así, cualquiera consulta que se les haga, se encuentra en ellos pronto la receta.

[2] *Mercurio,* dios viajero que llevaba un bastón mágico.

[3] *Minerva,* diosa de la sabiduría que empuñaba un cetro, símbolo de la autoridad.

[4] *Circe,* deidad famosa por su crueldad con sus amantes, que eran convertidos en bestias.

Unos, a lo galénico,[5] aplican las cualidades elementales; otros, que son curadores por ensalmo, las ocultas; otros recetan por escrúpulos los átomos; otros a buen ojo y sin determinar la dosis, porque no tiene peso, la materia sutil. Pero me temo mucho que todos nos dan *quid pro quo*, esto es, la opinión en vez de la verdad, y todas las curas que hacen de las ignorancias de los hombres son puramente paliativas. Lo que no tiene duda es que apenas se encuentra explicación de algún fenómeno, ni en este ni aquel sistema, en quien no se vea que son más fuertes las objeciones que padece que las pruebas que exhibe.

Fácil es explicar y comprobar la explicación de esta máxima general a la materia presente; porque suponiendo que los efluvios metálicos tengan el ímpetu que es menester para forzar las fibras de un leño, dándoles otra dirección, ¿quién no ve que no hay razón para que esto lo haga con un báculo de avellano y no con el de otro algún árbol? Pues, o ya esto se atribuya a flexibilidad de las fibras, ya a la estrechez, o por el contrario (porque uno y otro puede decirse) a la laxidad de los conductos, es claro que los otros árboles igualan y exceden al avellano en cualquiera de estas cosas. Fuera de que, siendo los efluvios de diferentes metales entre sí y a la copia de ellos mayor o menor en distintas mineras de un mismo metal, estas dos diferencias los proporcionarán para hacer aquella impresión en leños de textura diferente.

Sé que algunos dicen que también se logra el suceso con la vara del sauce y de otro tal cual árbol; pero, sobre que esto acaso se inventó para ocurrir a la réplica, pregunto más: ¿Por qué la vara no se mueve sobre las corrientes de aguas descubiertas, ni sobre los metales que están a la vista o metidos en un arca? ¿Por ventura las aguas y los metales que están sobre la superficie de la tierra no tienen efluvios y simpatías?

A la verdad, estos argumentos, aunque prueban que aquel modo de filosofar no es bueno, no infieren que lo que se dice del movimiento de la vara divinatoria sea falso, pues bien podría ser verdadero el fenómeno aunque errasen los filósofos en la asignación de su causa física. Así, no es esto lo que me determina a condenar por fabulosa esta invención, sí el ver que no está apoyada por alguna bien justificada experiencia; antes, si en esta materia hay alguna experiencia bien justificada, da testimonio contra lo que se dice de la vara divinatoria.

Quien más puso en crédito este embeleco, o acaso el único que le puso en crédito, fue un paisano del Delfinado, llamado Jacobo Aimar, hombre basto, y al parecer sencillo. Fue tanto lo que se dijo de este hombre, que voló en breve su fama, no sólo por toda la Francia, mas por Italia, Flandes, Inglaterra y Alemania. Era voz común que no sólo descubría los metales o cauces de agua escondidos, mas apenas había cosa oculta que con la vara no hiciese manifiesta. Si se habían oscurecido los términos de algún territorio, por haberse trasladado a otras partes los mojones, señalaba con la vara sus antiguos límites. Si se había cometido algún hurto u homicidio, cuyos autores se ignoraban, la vara con su movimiento le dirigía adonde estaban, y descubría. Contábase como hecho de notoriedad pública que en León de Francia, después de haber hecho inútilmente varias pesquisas la justicia para averiguar el autor de un asesinato, se recurrió a Jacobo Aimar, quien descubrió dónde estaba escondido el agresor,

[5] *Galénico*, de Galeno, famoso médico de la antigüedad griega, cuyo nombre es ya un símbolo para la ciencia médica.

y siendo éste aprehendido, confesó el delito y fue ahorcado. Asimismo se decía, y aun se imprimió en el *Mercurio histórico*, que en Orange se valieron de él para descubrir quién era el padre de un niño expósito, y lo logró felizmente, siguiendo desde el sitio donde estaba el niño el camino que la vara señalaba con su movimiento. A este modo se referían otras cosas.

Siendo las adivinaciones de Jacobo Aimar tan autorizadas con la voz pública, pocos osaban contradecirlas, y éstos, como hombres de obstinada incredulidad, eran rebatidos con desprecio. Entre los que les daban asenso, los más, esto es, los vulgares, no se metían en el examen de la causa; creían buenamente, como sucede siempre, lo que oían, sin pasar adelante. Los muy picados de filosofía para todo hallaban causa natural en los efluvios de los cuerpos, de cuya investigación se trataba; y ésos me parecen los menos razonables de todos, pues por mucho que se extienda la física es claro que están fuera de su alcance los prodigios referidos. En fin, otros o lo atribuían a pacto diabólico o a milagro; y aquel rústico parece que quería se creyese esto último, porque, sobre mostrarse en todo su exterior muy devoto, decía que si no hubiese conservado con gran cuidado intacta su virginidad, no pudiera descubrir nada con la vara.

Hallándose las cosas en este estado, aquel famoso héroe que tuvo la Francia en el pasado siglo, y a quien con tanta justicia dio el renombre de Grande, Luis de Borbón, príncipe de Condé[6], hombre de superiores talentos y de ninguna deferencia a los rumores populares, quiso examinar por sí mismo la materia. Para este efecto hizo venir de León de Francia a París a Jacobo Aimar, donde haciéndose con él varios experimentos, en ninguno correspondió el suceso. En algunas partes escondieron debajo de tierra de orden del príncipe Condé, cantidades considerables de moneda de varias especies, y tanteando Aimar con la vara los sitios donde estaban, en ninguno de ellos atinó con el metal oculto. Uno de aquellos días que estuvo Aimar en París se cometió un homicidio; lleváronle de noche al sitio donde estaba el cadáver escondido; pero la vara no hizo algún movimiento. Condujéronle después por el camino por donde había huído el homicida, hasta la casa donde se había refugiado, estando siempre inmóvil la vara en todas las pruebas. En fin, apretado el hombrecillo por el Príncipe de Condé, le confesó que cuanto se había dicho de él era impostura, en que había tenido menos parte su sagacidad propia que la credulidad ajena. Ya quería alguno de los magistrados de París cogerle y hacerle causa para enviarle a galeras; pero el de Condé, por haberle traído debajo de la fe de su palabra, le hizo escapar, dándole treinta doblones para el camino. Así este hombre, que, contra la regla común, era profeta en su Tierra, no pudo serlo en la ajena.

Disputóse entre los que habían asistido al examen de Aimar si convenía hacer manifiesta al público la impostura o dejarle en la creencia en que estaba. Muchos se inclinaban a esta segunda parte, sobre fundamento de que se excusarían muchos delitos reinando la persuasión de que la vara era medio infalible para descubrir los delincuentes. Prevaleció, no obstante, la sentencia opuesta, esforzándola mucho el Príncipe de Condé, quien hizo que en el *Diario de los sabios de París*[7] se estampase el hecho; y fuera de

[6] *Condé*, héroe francés durante la minoría de Luis XIV.

[7] *Journal de Savants*.

esto monsieur Buisiere, boticario del mismo Príncipe, de orden de su alteza dio al público escrito particular sobre la materia, que cita Pedro Baile en su *Diccionario crítico*, verbo *Abaris*, juntamente con una carta al asunto, escrita por Buisiere al mismo Baile.

Este proceder fue tan justo como el fundamento de la sentencia opuesta vano. Lo primero, porque todo embuste se debe perseguir a sangre y fuego. Dios quiere que siempre reine la verdad, aun cuando por accidente haya de resultar alguna utilidad de la mentira. Lo segundo, porque, o la justicia había de usar de la vara en la pesquisa de los malhechores, o no. Si lo segundo, ¿de qué serviría dejar al público en su engaño, sabiendo los facinerosos que no habían de ser descubiertos por ese medio? Si lo primero, se seguiría un inconveniente gravísimo, esto es, que pasarían por culpados infinitos inocentes; pues suponiendo que Aimar, o cualquier otro embustero que manejase la vara, no podía descubrir con ella el delincuente verdadero, señalaría por tal a otro que no lo fuese. Conque véase aquí al malhechor puesto en seguro y al inocente en el riesgo.

¡Oh, cuántos errores populares hay que, a semejanza de éste, en la superficie son inocentes y en el fondo traen consecuencias perniciosísimas! Clamen contra mí cuando quisieren, que no se debe sacar de sus preocupaciones al vulgo. Yo nunca seguiré el partido de aquellos que, neutrales entre la verdad y la mentira, igualmente dan pasaporte a una y a otra. Pretéxtase la conveniencia, y es que por estar más distante no se advierte el daño.

2 Juan Meléndez Valdés

(1754 - 1817)

Nace en Ribera del Fresno. Desde niño vive en Madrid. Realiza estudios de lógica, latín y griego en plena adolescencia. En esta última lengua llegaría a ser un experto. En 1773 conoce al Coronel Cadalso, quien ejercería en el joven Meléndez una influencia notable, sólo inferior a la de Jovellanos. A los veintiún años se le manifiesta la tuberculosis. Meléndez tendrá una naturaleza enfermiza. También un espíritu apocado y vacilante. En 1777 muere su hermano, lo que sume al poeta en una honda crisis espiritual. En 1780 la Real Academia le concede el primer premio por su égloga **Batilo.** En segundo lugar quedaría el fabulista Iriarte. Crece su fama de poeta. La docta Real Academia de San Fernando le abre su tribuna, y allí lee un largo poema titulado **A la Gloria de las Artes.** En 1782 se hace abogado y se casa. En lo primero tuvo éxito. En lo segundo no tanto. Doña María Andrea de Coca, su mujer, parece haber sido dominante e irascible. En 1784 estrena una obra de teatro acogida sin entusiasmo: **Las bodas de Camacho, el rico.** Contrasta este fracaso con el calor con que el público recibió la primera edición de sus **Poesías** (1785). Se le llamó «restaurador de la poesía». Jovellanos tal vez sea en aquel entonces la voz más respetada de la intelectualidad progresista de su época. Cae en desgracia y Meléndez Valdés le defiende. En 1797 es ya M. V. un jurista de fama. Jovellanos se «eclipsa» o «sale» con la frecuencia con que en aquellos tiempos progresistas y conservadores influenciaban sobre el monarca, y arrastra a Meléndez en una de sus caídas de ministro. El poeta suave de las églogas es confinado a Zamora (1800), lo que perjudica su ya endeble salud. En 1802 se le restituye la libertad de residencia. Parte rumbo a Salamanca. En 1808 se produce la invasión de España por José Bonaparte. Para los españoles progresistas, liberales, se plantea un dilema lacerante: ideológicamente están más cerca de los franceses que de los grandes de España. Francia, pese a sus altibajos, es el país de las reformas, de la revolución y de la modernidad. Francia es la medida de la ciencia y de la justicia. Pero al mismo tiempo los franceses son los invasores extraños. A los progresistas españoles se les planteó una opción dolorosa: o traición a la patria o traición a la ideología. Jovellanos optó por la patria. Meléndez Valdés y Moratín, y Lista y Hermosilla y Llorente, etc., por la ideología. En 1809 aceptó un cargo de consejero de Estado y Presidente de la Junta de Instrucción en el Gabinete de José Bonaparte. Con la derrota de los franceses y la huida del hermano de Napoleón, Meléndez Valdés se exila en Francia (1813). A su natural melancolía une ahora la nostalgia del destierro. La poesía, claro, le sale triste. Muere en 1817, pero hasta 1866 sus restos no tendrán tierra española. Desde esa fecha descansa en el Panteón de Hombres Ilustres, junto a Goya y Moratín.

La poesía de Meléndez Valdés fue fundamentalmente apacible y blanda. Jovellanos le censuró estos extremos. Carecía el vate del vigor de un Quintana o de la profundidad del propio Jovellanos. Su estro era diferente: suave, pausado; muy siglo XVIII, muy sensual. El escenario de sus poemas tiene toda la tramoya de los clásicos: fuentes, prados apacibles, bosquecillos, pastores enamorados, palomas, ruiseñores. Las pasiones se asordinan en requerimientos amorosos y pudibundos encantamientos. Ama Meléndez la vida, el vino y los placeres sensuales. Imita a Anacreonte, el griego que tan bien conoció. Como contrapeso a todo este mundillo idílico intenta a veces la poesía de carga política, social o filosófica. Falla. Mejor se le da el verso meloso. No es hombre de energías.

Odas Anacreónticas

I

EL AMOR MARIPOSA

Viendo el Amor un día
que mil lindas zagalas
huían de él, medrosas
por mirarle con armas,
dicen que, de picado,
les juró la venganza,
como suya, extremada.
Tornóse en mariposa,
los bracitos en alas,
y los pies ternezuelos
en patitas doradas.
¡Oh! ¡Qué bien que parece!
¡Oh! Qué suelto que vaga,
y ante el Sol hace alarde
de su púrpura y nácar!
Ya en el valle se pierde,
ya en una flor se para,
ya otra besa festivo,
y otra ronda y halaga.
Las zagalas, al verle,
por sus vuelos y gracias
mariposa le juzgan,
y en seguirle no tardan.
Una a cogerle llega,
y él la burla y se escapa;
otra en pos va corriendo,
y otra simple lo llama;
despertando el bullicio

de tan loca algazara
en sus pechos incautos
la ternura más grata.
Ya que juntas las mira
dando alegres risadas
súbito Amor se muestra,
y a todas las abrasa.
Mas las alas ligeras
en los hombros por gala
se guardó el fementido,
y así a todos alcanza.
También de mariposa
le quedó la inconstancia:
llega, hiere, y de un pecho
a herir otro se pasa.

II

DE UN BAILE

Ya torna Mayo alegre
con sus serenos días,
y del amor le siguen
los juegos y la risa.
De ramo en ramo cantan
las tiernas avecillas
el regalado fuego
que el seno les agita;
y el céfiro jugando,
con la mano abre lasciva
el seno de las flores,
y a besos mil las liba.
Salid, salid, zagalas;
mezclaos en la alegría
común en sueltos bailes
y músicas festivas.
Venid, que el sol se esconde,
las sombras más benignas
dan al pudor un velo,
y al Amor nueva osadía.
¡Oh! ¡Cuál el pecho salta!
¡Cuál en su gozo imita
los tonos y compases
de vuestra voz divina!

Mis plantas y mis ojos
no hay paso que no finjan,
cadena que no formen
y rueda que no sigan.
Huye veloz burlando
Clori del fino Aminta;
torna, se aparta, corre,
y así al zagal convida.
¡Con qué expresión y juego
de talle y brazos Silvia
en amable abandono
su Palemón esquiva!
De Flora el tierno amante [1],
o la mariposilla,
la fresca yerbezuela
con pie más tardo pisan,
que ardiente Melibeo
a Celia solicita,
la apremia con halagos,
y en torno de ella gira.
Pero Dorila, ¡oh cielos!,
¿quién vio tan peregrina
gracia, viveza tanta?
¡Cuál sobre todas brilla!
¡Qué espalda tan airosa!
¡Qué cuello! ¡Qué expresiva
volverlo un tanto sabe
si el rostro afable inclina!
¡Ay! ¡Qué voluptuosos
sus pasos! ¡Cómo animan
y al más helado irritan!
Al premio, al dulce premio
parece que le brindan,
de amor, cuando le ostentan
un seno que palpita.
¡Cuán dócil es su planta!
¡Qué acorde a la medida
va del compás! Las Gracias
la aplauden y la guían;
y ella de frescas rosas
la blonda sien ceñida,
su ropa libra al viento,
que un manso soplo agita.

[1] El céfiro, amante de Flora.

Con timidez donosa
de Cloe simplecilla
por los floridos labios
vaga una afable risa.
A su zagal, incauta,
con blandas carrerillas
se llega, y vergonzosa
al punto se retira.
Mas ved, ved el delirio
de Anarda en su atrevida
soltura: ¡Sus pasiones
cuán bien con él nos pinta!
Sus ojos son centellas,
con cuya llama activa
arde en placer el pecho
de cuantos, ¡ay!, la miran.
Los pies, cual torbellino
de rapidez no vista,
por todas partes vagan,
y a Licidas fatigan.
¡Qué dédalo amoroso!
¡Qué lazo aquel que unidas
las manos con Menalca,
formó amorosa Lidia!
¡Cuál andan! ¡Cuál se enredan!
¡Cuán vivamente explican
su fuego en los halagos,
su calma en las delicias!
¡Oh pechos inocentes!
¡Oh unión! ¡Oh paz sencilla,
que huyendo las ciudades,
el campo solo habitas!
¡Ah! ¡Reina entre nosotros
por siempre, amable hija
del Cielo acompañada
del gozo y la alegría!

III

A DORILA

¡Cómo se van las horas,
y tras ellas los días,
y los floridos años
de nuestra frágil vida!
La vejez luego viene,
del amor enemiga,
y entre fúnebres sombras
la muerte se avecina.
Qué escuálida y temblando,
fea, informe, amarilla,
nos aterra, y apaga
nuestros fuegos y dichas.
El cuerpo se entorpece,
los ayes nos fatigan,
nos huyen los placeres,
nos deja la alegría.
Si esto, pues, nos aguarda,
¿para qué, mi Dorila,
son los floridos años
de nuestra frágil vida?
Para juegos y bailes
y cantares y risas
nos los dieron los cielos,
las Gracias los destinan.
Ven, ¡ay! ¿Qué te detiene?
Ven, ven, paloma mía,
debajo de estas parras,
do el céfiro suspira,
y entre brindis suaves
y entre puras delicias
de la niñez gocemos,
pues vuela tan aprisa.

IV

DE LA NIEVE

Dame, Dorila el vaso,
lleno de dulce vino;
que sólo en ver la nieve
temblando estoy de frío.
Ella en sueltos vellones
por el aire tranquilo
desciende, y cubre el suelo
de cándidos armiños.

¡Oh, cómo el verla agrada
de esta choza al abrigo,
deshecha en copos leves
bajar con lento giro!
Los árboles, del peso
se inclinan oprimidos,
y alcorzan[1] delicado
parecen en el brillo;
los valles y laderas,
de un velo cristalino
cubiertos disimulan
su mustio desabrigo;
mientras el arroyuelo
con nuevas aguas rico,
saltando bullicioso,
se burla de los grillos.
Sus surcos y trabajos
ve el rústico perdidos,
y triste no distingue
su campo del vecino.
Las aves enmudecen
medrosas en el nido,
o buscan de los hombres
el mal seguro asilo;
y el tímido rebaño
con débiles balidos
demanda su sustento,
cerrado en el aprisco.
Pero la nieve crece;
y en denso torbellino
la agita con sus soplos
el Aquilón maligno.
Las nubes se amontonan,
y el cielo de improviso
se entolda pavoroso
de un velo más sombrío.
Dejémosla que caiga,
Dorila; y bien bebidos
burlemos sus rigores
con nuevos regocijos.
Bebamos y cantemos;
que ya el Abril florido
vendrá en las blandas alas
del céfiro benigno.

[1] *Alcorza*: pasta muy blanca de azúcar.

LETRILLA

A UNOS LINDOS OJOS

Tus lindos ojuelos
me matan de amor.

Ora vagos giren,
o párense atentos,
o miren exentos,
o lánguidos miren,
o injustos se airen
culpando mi ardor,

tus lindos ojuelos
me matan de amor.

Si al final del día
emulando ardientes,
alientan clementes
la esperanza mía,
y en un halago fía
mi crédulo error,

tus lindos ojuelos
me matan de amor.

Si evitan arteros,
encontrar los míos,
sus falsos desvíos
me son lisonjeros.
Negándome fieros
su dulce favor,

tus lindos ojuelos
me matan de amor.

Los cierras burlando,
y ya no hay amores,
sus flechas y ardores
tu fuego apagando.

Yo entonces, temblando,
clamo en tanto horror,

tus lindos ojuelos
me matan de amor.

Los abres riente,
y el amor renace,
y en gozar se place
de su nuevo oriente;
cantando demente
yo al ver su fulgor:

tus lindos ojuelos
me matan de amor.

Tórnalos, te ruego,
niña, hacia otro lado,
que casi he cegado
de mirar su fuego.
¡Ay! Tórnalos luego;
no con más rigor,

tus lindos ojuelos
me matan de amor.

3 Leandro Fernández de Moratín (1760 - 1828)

Nace en Madrid, hijo del también notable escritor, Nicolás Fernández de Moratín. Antes de cumplir los cinco años padece unas viruelas que dejarían su fea huella en el rostro del dramaturgo. Su infancia y mocedad transcurren muy cerca de libros y escritores, dadas la profesión y prestigio de su padre. A los diecinueve años (1779), obtiene un premio en un concurso poético convocado por la Real Academia Española. Se trata de un largo romance endecasílabo de tema histórico: **La toma de Granada por los Reyes Católicos.** Al año siguiente muere su padre. En el 1782 obtiene otro premio literario, también en convocatoria de la Real Academia. Esta vez elige un tema muy del agrado de los académicos: **Lección Positiva. Sátira contra los vicios introducidos en la poesía castellana.** En 1787 comienza sus vinculaciones políticas y viaja a París como secretario de Cabarrús. Allí conoce a Goldoni. Tras Cabarrús, será protegido por Floridablanca y por Godoy. En 1788 todavía no ha podido estrenar **El viejo y la niña;** comedia que al Vicario eclesiástico se le antojaba atentatoria contra los principios cristianos. Paradójicamente, se trataba de una obra —como todas las suyas— moralista. En 1789 publica su opúsculo satírico **La derrota de los padantes.** Al fin, en 1870 aprueban el estreno de **El viejo y la niña.** El público no recibe la obra con gran entusiasmo. En rigor, Moratín nunca recibió el espaldarazo del gran público. En 1792 estrena **La comedia nueva,** obra en la que repudia los excesos de malos dramaturgos de la época. Moratín es, por esas fechas, un profundo conocedor del teatro español, francés e inglés. Su **Orígenes del teatro español** sigue siendo fuente de consulta de los estudiosos del teatro anterior a Lope de Vega. Viaja intensamente entre París e Italia. En 1796, al regresar del extranjero, le nombran secretario de Interpretación de Lenguas. En 1798 conoce a Goya. Crece su influencia en el arte escénico español, pero —en contraste— fracasa en lances amorosos. La joven Paquita Muñoz, probablemente la protagonista en la vida real de **El sí de las niñas**, le rechaza. En 1799 le nombran director de la Junta de Dirección y Reforma de los Teatros. En 1803 estrena **El barón**, y al año siguiente —también en Madrid—, **La mojigata**. En 1806 da a la escena su última comedia, **El sí de las niñas**. En 1812 y 1813, respectivamente, estrena las adaptaciones de Moliére **La escuela de los maridos** y **El médico a palos**. Curiosamente, el gran autor francés se había basado en una comedia española para escribir **L'ecole des maris: El marido hace mujer y el trato muda costumbre**, de Antonio Hurtado.

Al terminar la guerra con Francia, Moratín que había tomado partido por el invasor —perteneció al grupo de afrancesados—, cae en desgracia. Lo confinan a Barcelona. En 1817 huye a Francia, donde morirá, triste y nostálgico, once años más tarde. Para su honra, le entierran entre Moliére y Lafontaine.

Varios empeños normaron el teatro de Moratín, primero, poner en orden y concierto la escena. Terminar con los excesos del barroquismo decadente que se había apoderado del teatro tras la desaparición de Calderón (1681). Segundo, sujetarse en la temática a todo aquello que contribuyera a educar al espectador. Moratín creía en la función didáctica del espectáculo («deleitar aprovechando»); y en la forma, a la estructura clásica prescrita por Aristóteles en su **Poética**. Tercero, seguir la pauta de la Comedia clásica francesa, dada especialmente por Moliére.

Se le ha reprochado a Moratín la frialdad de sus comedias y la rigidez de sus personajes. Se le ha elogiado cierto contenido humorismo. En lo primero acaso acierten los críticos, pero no debe olvidarse que Moratín pretendía exactamente eso: frialdad, moderación, reacciones mecánicas ante un código ético omnipotente. De lo segundo no hay duda: Moratín no llega a la hilaridad chusca de Ramón de la Cruz —el popular sainetero—, pero alcanza a esbozar cierto tono de buen humor que sirve de preservador a sus comedias.

El sí de las niñas

PERSONAS
Don Diego.
Don Carlos.
Doña Francisca.
Doña Irene.
Rita.
Simón.
Calamocha.

La escena en una posada de Alcalá de Henares

El teatro representa una sala de paso con cuatro puertas de habitaciones para huéspedes, numeradas todas. Una más grande en el foro, con escalera que conduce al piso bajo de la casa. Ventana de antepecho a un lado. Una mesa en medio, un banco, sillas, etc.

La acción empieza a las siete de la tarde; acaba a las cinco de la mañana siguiente.

Estas son las seguridades que dan los padres y los autores, y esto es lo que se debe fiar en el sí de las niñas. *Acto III. Escena XIII.*

ACTO PRIMERO

ESCENA PRIMERA

Don Diego, Simón

(Sale Don Diego de su cuarto. Simón, que está sentado en una silla, se levanta.)

Don Diego
¿No han venido todavía?

Simón
No, señor.

Don Diego
Despacio la han tomado, por cierto.

Simón
Como su tía la quiere tanto, según parece, y no la ha visto desde que la llevaron a Guadalajara...

Don Diego
Sí. Yo no digo que no la viese; pero con media hora de visita y cuatro lágrimas, estaba concluido.

Simón
Ello también ha sido extraña determinación la de estarse usted dos días enteros sin salir de la posada. Cansa el leer, cansa el dormir... Y, sobre todo, cansa la mugre del cuarto, las sillas desvencijadas, las estampas del *hijo pródigo* [1], el ruido de campanillas y cascabeles y la conversación ronca de carromateros y patanes, que no permiten un instante de quietud.

Don Diego
Ha sido conveniente el hacerlo así. Aquí me conocen todos, y no he querido que nadie me vea.

Simón
Yo no alcanzo la causa de tanto retiro. Pues ¿hay más en esto que haber acompañado usted a doña Irene hasta Guadalajara para sacar del convento a la niña y volvernos con ellas a Madrid?

[1] Estampas que reproducen escenas de la conocida parábola bíblica.

DON DIEGO
Sí, hombre, algo más hay de lo que has visto.

SIMÓN
Adelante.

DON DIEGO
Algo, algo... Ello tú al cabo has de saber y no puede tardarse mucho... Mira, Simón, por Dios, te encargo que no lo digas... Tú eres hombre de bien y me has servido muchos años con fidelidad... Ya ves que hemos sacado a esa niña del convento y nos la llevamos a Madrid.

SIMÓN
Sí, señor.

DON DIEGO
Pues bien... Pero te vuelvo a encargar que a nadie lo descubras.

SIMÓN
Bien está, señor. Jamás he gustado de chismes.

DON DIEGO
Ya lo sé, por eso quiero fiarme de ti. Yo, la verdad, nunca había visto a la tal doña Paquita; pero mediante la amistad con su madre he tenido frecuentes noticias de ella; he leído muchas de las cartas que escribía; he visto algunas de su tía la monja, con quien ha vivido en Guadalajara; en suma, he tenido cuantos informes pudiera desear acerca de sus inclinaciones y conducta. Ya he logrado verla; he procurado observarla en estos pocos días, y, a decir verdad, cuantos elogios hicieron de ella me parecen escasos.

SIMÓN
Sí, por cierto... Es muy linda y...

DON DIEGO
Es muy linda, muy graciosa, muy humilde... Y, sobre todo, ¡aquel candor, aquella inocencia!... Vamos, es lo que no se encuentra por ahí... Y talento... Sí, señor; mucho talento... Conque, para acabar de informarte, lo que yo he pensado es...

SIMÓN
No hay que decírmelo.

DON DIEGO
¿No? ¿Por qué?

SIMÓN
Porque ya lo adivino. Y me parece excelente idea.

DON DIEGO
¿Qué dices?

SIMÓN
Excelente.

DON DIEGO
¿Conque al instante has conocido...?

SIMÓN
¿Pues no es claro?... ¡Vaya!... Dígale a usted que me parece muy buena boda. Buena, buena.

DON DIEGO
Sí, señor... Yo lo he mirado bien, y lo tengo por cosa muy acertada.

SIMÓN
Seguro que sí.

DON DIEGO
Pero quiero absolutamente que no se sepa hasta que esté hecho.

SIMÓN
Y en eso hace usted bien.

DON DIEGO
Porque no todos ven las cosas de una manera, y no faltaría quien murmurase y dijese que era una locura, y me...

SIMÓN
¿Locura? ¡Buena locura! ¿Con una chica como esa, eh?

DON DIEGO
Pues ya ves tú... Ella es una pobre... Eso sí. Pero yo no he buscado dinero, que dineros tengo; he buscado modestia, recogimiento, virtud.

SIMÓN
Eso es lo principal... Y, sobre todo, lo que usted tiene, ¿para quién ha de ser?

Don Diego

Dices bien... ¿Y sabes tú lo que es una mujer aprovechada, hacendosa, que sepa cuidar de la casa, economizar, estar en todo?... Siempre lidiando con amas, que si una es mala, otra es peor, regalonas, entremetidas, habladoras, llenas de histérico, viejas, feas como demonios... No, señor, vida nueva. Tendré quien me asista con amor y fidelidad, y viviremos como unos santos... Y deja que hablen, y murmuren, y...

Simón

Pero, siendo a gusto de entrambos, ¿que pueden decir?

Don Diego

No, yo ya sé lo que dirán; pero... Dirán que la boda es desigual, que no hay proporción en la edad, que...

Simón

Vamos, que no me parece tan notable la diferencia. Siete u ocho años, a lo más...

Don Diego

¿Qué hombre? ¿Qué hablas de siete u ocho años? Si ella ha cumplido diez y seis años pocos meses ha.

Simón

Y bien, ¿qué?

Don Diego

Y yo, aunque gracias a Dios, estoy robusto y... Con todo eso, mis cincuenta y nueve años no hay quien me los quite.

Simón

Pero si yo no hablo de eso.

Don Diego

¿Pues de qué hablas?

Simón

Decía que... Vamos, o usted no acaba de explicarse, o yo lo entiendo al revés... En suma, esta doña Paquita, ¿con quién se casa?

Don Diego

¿Ahora estamos ahí? Conmigo.

Simón

¿Con usted?

Don Diego

Conmigo.

Simón

¡Medrados quedamos!

Don Diego

¿Qué dices?... Vamos, ¿qué?

Simón

¡Y pensaba yo haber adivinado!

Don Diego

¿Pues qué creías? ¿Para quién juzgabas que la destinaba yo?

Simón

Para don Carlos, su sobrino de usted: mozo de talento, instruído, excelente soldado, amabilísimo por todas sus circunstancias... Para ése juzgué que se guardaba la tal niña.

Don Diego

Pues no, señor.

Simón

Pues, bien está.

Don Diego

¡Mire usted qué idea! ¡Con el otro la había de casar!... No, señor; que estudie sus matemáticas.

Simón

Ya las estudia, o, por mejor decir, ya las enseña.

Don Diego

Que se haga hombre de valor, y...

Simón

¡Valor! ¿Todavía pide usted más valor a un oficial que en la última guerra, con muy pocos que se atrevieron a seguirle, tomó dos baterías, clavó los cañones, hizo algunos prisioneros y volvió al campo lleno de heridas y cubierto de sangre?...

Pues bien satisfecho quedó usted entonces del valor de su sobrino, y yo le vi a usted más de cuatro veces llorar de alegría, cuando el rey le premió con el grado de teniente coronel y una cruz de Alcántara [2].

DON DIEGO

Sí, señor todo eso es verdad; pero no viene a cuento. Yo soy el que me caso.

SIMÓN

Si está usted bien seguro de que ella le quiere, si no le asusta la diferencia de la edad, si su elección es libre...

DON DIEGO

Pues ¿no ha de serlo?... ¿Y qué sacarían con engañarme? Ya ves tú la religiosa de Guadalajara, si es mujer de juicio; ésta de Alcalá, aunque no la conozco, sé que es una señora de excelentes prendas; mira tú si doña Irene querrá el bien de su hija; pues todas ellas me han dado cuantas seguridades puedo apetecer... La criada que la ha servido en Madrid y más de cuatro años en el convento, se hace lenguas de ella, y, sobre todo, me ha informado de que jamás observó en esta criatura la más remota inclinación a ninguno de los pocos hombres que ha podido ver en aquel encierro. Bordar, coser, leer libros devotos, oír misa y correr por la huerta detrás de las mariposas, y echar agua en los agujeros de las hormigas: éstas han sido su ocupación y sus diversiones... ¿Qué dices?

SIMÓN

Yo, nada, señor.

DON DIEGO

Y no pienses tú que a pesar de tantas seguridades no aprovecho las ocásiones que se presentan para ir ganando su amistad y su confianza, y lograr que se explique conmigo en absoluta libertad... Bien que aún hay tiempo... Sólo que aquella doña Irene siempre la interrumpe, todo se lo habla. Y es muy buena mujer, muy buena...

SIMÓN

En fin, señor, yo desearé que salga como usted apetece.

DON DIEGO

Sí. Yo espero en Dios, que no ha de salir mal. Aunque el novio no es muy de tu gusto... ¡Y qué fuera de tiempo me recomendabas al tal sobrinito! ¿Sabes tú lo enfadado que estoy con él?

SIMÓN

¿Pues qué ha hecho?

DON DIEGO

Una de las suyas... Y hasta pocos días ha no lo he sabido. El año pasado, ya lo viste, estuvo dos meses en Madrid... Y me costó buen dinero la tal visita... En fin, es mi sobrino, bien dado está; pero voy al asunto. Llegó el caso de irse a Zaragoza su regimiento... Ya te acuerdas de que a muy pocos días de haber salido de Madrid recibí la noticia de su llegada.

SIMÓN

Si, señor.

DON DIEGO

Y que siguió escribiéndome, aunque algo perezoso, siempre con la data de Zaragoza [3].

SIMÓN

Así es la verdad.

DON DIEGO

Pues el pícaro no estaba allí cuando me escribía las tales cartas.

SIMÓN

¿Qué dice usted?

DON DIEGO

Sí, señor. El día tres de julio salió de mi casa, y a fines de septiembre aún no había llegado a sus pabellones [4]... ¿No

[2] Una de las cuatro órdenes militares, Santiago, Calatrava, Alcántara y Montesa.

[3] Data o fecha, nombres que se dan en los diplomas, documentos y cartas a las indicaciones de tiempo y lugar en que se extienden.

[4] Llámanse pabellones a las viviendas de jefes militares anejas a los cuarteles.

te parece que para ir por la posta hizo muy buena diligencia?[5]

Simón

Tal vez se pondría malo en el camino, y por no darle a usted pesadumbre...

Don Diego

Nada de eso. Amores del señor oficial y devaneos que le traen loco... Por ahí, en esas ciudades, puede que... ¿Quién sabe?... Si encuentra un par de ojos negros, ya es hombre perdido... ¡No permita Dios que me le engañe alguna bribona de estas que truecan el honor por el matrimonio!

Simón

¡Oh! No hay que temer... Y si tropieza con alguna fullera de amor, buenas cartas ha de tener para que le engañe.

Don Diego

Me parece que están ahí... Sí. ¡Gracias a Dios! Busca al mayoral y dile que venga, para quedar de acuerdo en la hora a que deberemos salir mañana.

Simón

Bien está.

Don Diego

Ya te he dicho que no quiero que esto se trasluzca, ni... ¿Estamos?

Simón

No haya miedo que a nadie lo cuente.

(Simón *se va por la puerta del foro. Salen por la misma las tres mujeres, con mantillas y basquiñas.*[6] Rita *deja un pañuelo atado sobre la mesa, y recoge las mantillas y las dobla.)*

[5] Nótese el juego de palabras por llamarse diligencia los vehículos en que entonces se viajaba.

[6] *Basquiña.* «Ropa o saya que traen las mujeres desde la cintura al suelo, con sus pliegues que, hechos en la parte superior, forman la cintura, y por la parte inferior tienen mucho vuelo.» Dic. Aut.

ESCENA II

Doña Irene, Doña Francisca, Rita, Don Diego

Doña Francisca

Ya estamos acá.

Doña Irene

¡Ay, qué escalera!

Don Diego

Muy bien venidas, señoras.

Doña Irene

¿Conque usted, a lo que parece, no ha salido?

(Se sientan Doña Irene *y* Don Diego.)

Don Diego

No, señora. Luego, más tarde, daré una vueltecilla por ahí... He leído un rato. Traté de dormir; pero en esta posada no se duerme.

Doña Francisca

Es verdad que no... ¡Y qué mosquitos! Mala peste en ellos. Anoche no me dejaron parar. Pero mire usted, mire usted *(Desata el pañuelo y manifiesta algunas cosas que indica el diálogo.)* cuántas cosas traigo. Rosarios de nácar, cruces de ciprés, la regla de San Benito,[7] una pililla de cristal... Mire usted qué bonita. Y dos corazones de talco... ¡Qué sé yo cuánto viene aquí!... ¡Ay! Y una campanilla de barro bendito para los truenos...[8] ¡Tantas cosas!

Doña Irene

Chucherías que la han dado las madres. ¡Locas estaban con ella!

Doña Francisca

¡Cómo me quieren todas! ¡Y mi tía, mi pobre tía, lloraba tanto...! Es ya muy viejecita.

[7] *Regla de San Benito,* reglamento de la vida monacal ordenada por San Benito de Nursia.

[8] Motivo de superstición popular contra las tormentas.

DOÑA IRENE

Ha sentido mucho no conocer a usted.

DOÑA FRANCISCA

Sí, es verdad. Decía: «¿Por qué no ha venido aquel señor?...»

DOÑA IRENE

El padre capellán y el rector de los Verdes [9] nos han venido acompañando hasta la puerta.

DOÑA FRANCISCA

Toma *(Vuelve a atar el pañuelo y se lo da a* RITA, *la cual se va con él y con las mantillas al cuarto de* DOÑA IRENE.), guárdamelo todo allí, en la excusabaraja. [10] Mira, llévalo así de las puntas... ¡Válgate Dios! ¡Eh! ¡Ya se ha roto la Santa Gertrudis de alcorza! [11]

RITA

No importa; yo me la comeré.

ESCENA III

DOÑA IRENE, DOÑA FRANCISCA, DON DIEGO

DOÑA FRANCISCA

¿Nos vamos adentro, mamá, o nos quedamos aquí?

DOÑA IRENE

Ahora, niña, que quiero descansar un rato.

DON DIEGO

Hoy se ha dejado sentir el calor en forma.

DOÑA IRENE

¡Y qué fresco tienen aquel locutorio! Está hecho un cielo... Mi hermana es la que está bastante delicadita... Ha padecido mucho este invierno... Pero, vaya, no sabía qué hacerse con su sobrina la buena señora... Está muy contenta de nuestra elección.

DON DIEGO

Yo celebro que sea tan a gusto de aquellas personas, a quienes debe usted particulares obligaciones.

DOÑA IRENE

Sí, Trinidad está muy contenta, y en cuanto a Circuncisión, ya lo ha visto usted. La ha costado mucho despegarse de ella; pero ha conocido que, siendo para su bienestar, es necesario pasar por todo... Ya se acuerda usted de lo expresiva que estuvo y...

DON DIEGO

Es verdad. Sólo falta que la parte interesada tenga la misma satisfacción que manifiestan cuantos la quieren bien.

DOÑA IRENE

Es hija obediente, y no se apartará jamás de lo que determine su madre.

DON DIEGO

Todo es cierto; pero...

DOÑA IRENE

Es de buena sangre, y ha de pensar bien y ha de proceder con el honor que la corresponde.

DON DIEGO

Sí. Ya estoy; pero ¿no pudiera, sin faltar a su honor ni a su sangre...?

DOÑA FRANCISCA

¿Me voy, mamá?

(Se levanta y vuelve a sentarse.)

DOÑA IRENE

No pudiera, no, señor. Una niña bien educada, hija de buenos padres, no puede menos de conducirse en todas ocasiones como es conveniente y debido. Un vivo retrato es la chica, ahí donde usted la ve, de su abuela, que Dios perdone, doña Jerónima de Peralta... En casa tengo el cuadro, ya lo habrá usted visto. Y le hicieron, según

[9] *Los Verdes;* llamaban así a los alumnos del Colegio de Santa Catalina de Alcalá, por el color de su uniforme.

[10] *Excusabaraja,* cesta grande hecha de mimbres.

[11] *Alcorza,* figura hecha de dulce.

me contaba su merced, para enviárselo a su tío carnal el padre fray Serapión de San Juan Crisóstomo, electo obispo de Mechoacan.

DON DIEGO
Ya.

DOÑA IRENE
Y murió en el mar el buen religioso, que fue un quebranto para toda la familia... Hoy es, y todavía estamos sintiendo su muerte; particularmente mi primo don Cucufate, regidor perpetuo de Zamora, no puede oír hablar de su ilustrísima sin deshacerse en lágrimas.

DOÑA FRANCISCA
¡Válgame Dios! Qué moscas tan...

DOÑA IRENE
Pues murió en olor de santidad.

DON DIEGO
Eso, bueno es.

DOÑA IRENE
Sí, señor; pero como la familia ha venido tan a menos... ¿Qué quiere usted? Donde no hay facultades... Bien que, por lo que pueda tronar, ya se le está escribiendo la vida, y quién sabe que el día de mañana no se imprima, con el favor de Dios.

DON DIEGO
Sí, pues ya se ve. Todo se imprime.

DOÑA IRENE
Lo cierto es que el autor, que es sobrino de mi hermano político, el canónigo de Castrojeriz, no la deja de la mano, y a la hora esta lleva ya escritos nueve tomos en folio, que comprenden los nueve años primeros de la vida del santo obispo.

DON DIEGO
¿Con que para cada año un tomo?

DOÑA IRENE
Sí, señor; ese plan se ha propuesto.

DON DIEGO
¿Y a qué edad murió el venerable?

DOÑA IRENE
De ochenta y dos años, tres meses y catorce días.

DOÑA FRANCISCA
¿Me voy, mamá?

DOÑA IRENE
Anda, vete. ¡Válgame Dios, qué prisa tienes!

DOÑA FRANCISCA
¿Quiere usted *(Se levanta, y después de hacer una graciosa cortesía a* DON DIEGO, *da un beso a* DOÑA IRENE *y se va al cuarto de ésta.)* que le haga una cortesía a la francesa, señor don Diego?

DON DIEGO
Sí, hija mía. A ver.

DOÑA FRANCISCA
Mire usted, así.

DON DIEGO
¡Graciosa niña! ¡Viva la Paquita, viva!

DOÑA FRANCISCA
Para usted una cortesía, y para mi mamá un beso.

ESCENA IV

DOÑA IRENE, DON DIEGO

DOÑA IRENE
Es muy gitana y muy mora, mucho.

DON DIEGO
Tiene un donaire natural que arrebata.

DOÑA IRENE
¿Qué quiere usted? Criada sin artificio ni embelecos del mundo, contenta de verse otra vez al lado de su madre, y mucho más de considerar tan inmediata su colocación, no es maravilla que cuanto hace y dice sea una gracia, y máxime a los ojos de usted, que tanto se ha empeñado en favorecerla.

DON DIEGO

Quisiera sólo que se explicase libremente acerca de nuestra proyectada unión, y...

DOÑA IRENE

Oiría usted lo mismo que le he dicho ya.

DON DIEGO

Sí, no lo dudo; pero el saber que la merezco alguna inclinación, oyéndoselo decir con aquella boquilla tan graciosa que tiene, sería para mí una satisfacción imponderable.

DOÑA IRENE

No tenga usted sobre ese particular la más leve desconfianza; pero hágase usted cargo de que a una niña no es lícito decir con ingenuidad lo que siente. Mal parecería, señor don Diego, que una doncella de vergüenza y criada como Dios manda se atreviese a decirle a un hombre: «Yo le quiero a usted.»

DON DIEGO

Bien. Si fuese a un hombre a quien hallara por casualidad en la calle y le espetara ese favor de buenas a primeras, cierto que la doncella haría muy mal; pero a un hombre con quien ha de casarse dentro de pocos días, ya pudiera decirle alguna cosa que... Además, hay ciertos modos de explicarse...

DOÑA IRENE

Conmigo usa de más franqueza. A cada instante hablamos de usted, y en todo manifiesta el particular cariño que a usted le tiene... ¡Con qué juicio hablaba ayer noche, después que usted se fue a recoger! No sé lo que hubiera dado porque hubiese podido oírla.

DON DIEGO

¿Y qué? ¿Hablaba de mí?

DOÑA IRENE

¡Y qué bien piensa acerca de lo preferible que es para una criatura de sus años un marido de cierta edad, experimentado, maduro y de conducta!...

DON DIEGO

¡Calle! ¿Eso decía?

DOÑA IRENE

No; esto se lo decía yo, y me escuchaba con una atención como si fuera una mujer de cuarenta años, lo mismo... ¡Buenas cosas la dije! Y ella, que tiene mucha penetración, aunque me está mal el decirlo... ¿Pues no da lástima, señor, el ver cómo se hacen los matrimonios hoy en el día? Casan a una muchacha de quince años con un arrapiezo de dieciocho; a una de diecisiete con otro de veintidós; ella, niña, sin juicio ni experiencia, y él, niño también, sin asomo de cordura ni conocimiento de lo que es el mundo. Pues señor, que es lo que yo digo: ¿quién ha de gobernar la casa? ¿Quién ha de mandar a los criados? ¿Quién ha de enseñar y corregir a los hijos? Porque sucede también que estos atolondrados de chicos suelen plagarse de criaturas en un instante; que da compasión.

DON DIEGO

Cierto que es un dolor el ver rodeados de hijos a muchos que carecen del talento, de la experiencia y de la virtud que son necesarios para dirigir su educación.

DOÑA IRENE

Lo que sé decirle a usted es que aún no había cumplido los diecinueve años cuando me casé de primeras nupcias con mi difunto don Epifanio, que esté en el cielo. Y era un hombre que, mejorando lo presente, no es posible hallarle de más respeto, más caballeroso... Y, al mismo tiempo, más divertido y decidor. Pues, para servir a usted, ya tenía los cincuenta y seis, muy largos de talle, cuando se casó conmigo.

Don Diego

Buena edad... no era un niño, pero...

Doña Irene

Pues a eso voy... Ni a mí podía convenirme en aquel entonces un boquirrubio, con los cascos a la jineta... No, señor... Y no es decir tampoco que estuviese achacoso ni quebrantado de salud, nada de eso. Sanito estaba, gracias a Dios, como una manzana; ni en su vida conoció otro mal sino una especie de alferecía que le amagaba de cuando en cuando. Pero luego que nos casamos dio en darle tan a menudo y tan recio, que a los siete meses me hallé viuda y encinta de una criatura que nació después, y al cabo y al fin, se me murió de alfombrilla.[12]

Don Diego

¡Oiga!... Mire usted si dejó sucesión el bueno de don Epifanio.

Doña Irene

Sí, señor. ¿Pues por qué no?

Don Diego

Lo digo, porque luego saltan con... Bien que si uno hubiera de hacer caso... ¿Y fue niño o niña?

Doña Irene

Un niño muy hermoso. Como una plata era el angelito.

Don Diego

Cierto que es consuelo tener, así, una criatura y...

Doña Irene

¡Ay, señor! Dan malos ratos; pero ¿qué importa? Es mucho gusto, mucho.

Don Diego

Ya lo creo.

Doña Irene

Sí, señor.

Don Diego

Ya se ve que será una delicia y...

[12] *Alfombrilla*, nombre popular de la escarlatina en el siglo XVIII.

Doña Irene

¿Pues no ha de ser?

Don Diego

Un embeleso el verles juguetear y reír, y acariciarlos, y merecer sus fiestecillas inocentes.

Doña Irene

¡Hijos de mi vida! Veintidós he tenido en los tres matrimonios que llevo hasta ahora, de los cuales sólo esta niña me ha venido a quedar; pero le aseguro a usted que...

ESCENA V

Simón (Sale por la puerta del foro.) Doña Irene, Don Diego

Simón

Señor, el mayoral está esperando.

Don Diego

Dile que voy allá... ¡Ay! Tráeme primero el sombrero y el bastón, que quisiera dar una vuelta por el campo. (*Entra* Simón *al cuarto de* Don Diego, *saca un sombrero y un bastón, se los da a su amo, y al fin de la escena se va con él por la puerta del foro.*) ¿Conque supongo que mañana tempranito saldremos?

Doña Irene

No hay dificultad. A la hora que a usted le parezca.

Don Diego

A eso de las seis, ¿eh?

Doña Irene

Muy bien.

Don Diego

El sol nos da de espaldas... Le diré que venga una media hora antes.

Doña Irene

Sí, que hay mil chismes que acomodar.

ESCENA VI

DOÑA IRENE, RITA

DOÑA IRENE

¡Válgame Dios! Ahora que me acuerdo...
¡Rita!... me le habrán dejado morir. ¡Rita!

(*Sacará* RITA *unas sábanas y almohadas debajo del brazo.*)

DOÑA IRENE

¿Qué has hecho del tordo? ¿Le diste de de comer?

RITA

Sí, señora. Más ha comido que un avestruz. Ahí le puse en la ventana del pasillo.

DOÑA IRENE

¿Hiciste las camas?

RITA

La de usted ya está. Voy a hacer esotras antes de que anochezca, porque si no, como no hay más alumbrado que el del candil y no tiene garabato, [13] me veo perdida.

DOÑA IRENE

Y aquella chica, ¿qué hace?

RITA

Está desmenuzando un bizcocho para dar de comer a *don Periquito.*

DOÑA IRENE

Qué pereza tengo de escribir! (*Se levanta y entra en su cuarto.*) Pero es preciso, que estará con mucho cuidado la pobre Circuncisión.

RITA

¡Qué chapucerías! No ha dos horas, como quien dice, que salimos de allá, y ya empiezan a ir y venir correos. ¡Qué poco me gustan a mí las mujeres gazmoñas y zalameras!

(*Entrase en el cuarto de* DOÑA FRANCISCA.)

[13] *Garabato,* gancho para colgar el candil.

ESCENA VII

CALAMOCHA

(Sale por la puerta del foro con unas maletas, látigo y botas. Lo deja todo sobre la mesa y se sienta.)

CALAMOCHA

¿Conque ha de ser el número tres? Vaya en gracia... Ya, ya conozco el tal número tres. Colección de bichos más abundante no la tiene el Gabinete de Historia Natural... Miedo me da entrar... ¡Ay, ay!... ¡Y qué agujetas! Estas sí que son agujetas... Paciencia, pobre Calamocha, paciencia... Y gracias a que los caballitos dijeron «no podemos más», porque si no, por esta vez no veía yo el número tres, ni las plagas de Faraón que tiene dentro... En fin, como los animales amanezcan vivos, no será poco... Reventados están... (*Canta* RITA *desde dentro.* CALAMOCHA *se levanta desperezándose.*) ¡Oiga!... ¿Seguidillitas?... Y no canta mal... ¡Vaya, aventura tenemos!... ¡Ay, qué desvencijado estoy!

ESCENA VIII

RITA

Mejor es cerrar, no sea que nos alivien de ropa [14] y... (*Forcejeando para echar la llave.*) Pues cierto que está bien acondicionada la llave.

[14] «Que nos roben».

CALAMOCHA

¿Gusta usted de que eche una mano, mi vida?

RITA

Gracias, mi alma.

CALAMOCHA

¡Calle!... ¡Rita!

RITA

¡Calamocha!

CALAMOCHA

¿Qué hallazgo es este?

RITA

¿Y tu amo?

CALAMOCHA

Los dos acabamos de llegar.

RITA

¿De veras?

CALAMOCHA

No, que es chanza. Apenas recibió la carta de doña Paquita, yo no sé adónde fue ni con quién habló, ni cómo lo dispuso; sólo sé decirte que aquella tarde salíamos de Zaragoza. Hemos venido como dos centellas por ese camino. Llegamos esta mañana a Guadalajara, y a las primeras diligencias nos hallamos con que los pájaros volaron ya. A caballo otra vez, y vuelta a correr y a sudar y dar chasquidos... En suma, molidos los rocines y nosotros a medio moler hemos parado aquí con ánimo de salir mañana... Mi teniente se ha ido al Colegio Mayor [15] a ver a un amigo, mientras se dispone algo que cenar... Esta es la historia.

RITA

¿Conque le tenemos aquí?

CALAMOCHA

Y enamorado más que nunca, celoso, amenazando vidas... Aventurado a quitar el hipo a cuantos le disputen la posesión de su Currita idolatrada.

[15] *Colegio Mayor*, residencia universitaria en que se agrupaban los escolares.

RITA

¿Qué dices?

CALAMOCHA

Ni más ni menos.

RITA

¡Qué gusto me das!... Ahora sí se conoce que la tiene amor.

CALAMOCHA

¿Amor?... ¡Friolera!... El moro Gazul [16] fue para él un pelele; Medoro, [17] un zascandil, y Gaiferos, [18] un chiquillo de la doctrina.

RITA

¡Ay, cuando la señorita lo sepa!

CALAMOCHA

Pero, acabemos. ¿Cómo te hallo aquí? ¿Con quién estás?... ¿Cuándo llegaste?... ¿Qué...?

RITA

Yo te lo diré. La madre de doña Paquita dio en escribir cartas y más cartas, diciendo que tenía concertado su casamiento en Madrid con un caballero rico, honrado, bien quisto, en suma, cabal y perfecto, que no había más que apetecer. Acosada la señorita con tales propuestas, y angustiada incesantemente con los sermones de aquella bendita monja, se vio en la necesidad de responder que estaba pronta a todo lo que la mandasen... Pero no te puedo ponderar cuánto lloró la pobrecilla, qué afligida estuvo. Ni quería comer, ni podía dormir... Y al mismo tiempo era preciso disimular para que su tía no sospechara la verdad del caso. Ello es que cuando, pasado el primer susto, hubo lugar de discurrir escapatorias y arbitrios, no hallamos otro que el de avisar

[16] *Moro Gazul*, personaje del romancero.

[17] *Medoro*, personaje sarraceno que aparece en el *Orlando furioso*, de Ariosto, enamorado de Angélica.

[18] Famoso personaje de los romances carolingios, casado con Melisenda, a quien rescató del cautiverio de los moros en Sansueña.

a tu amo, esperando que si era su cariño tan verdadero y de buena ley como nos había ponderado, no consentiría que su pobre Paquita pasara a manos de un desconocido y se perdiesen para siempre tantas caricias, tantas lágrimas y tantos suspiros, estrellados en las tapias del corral. A pocos días de haberle escrito, cata el coche de colleras, y el mayoral Gasparet con sus medias azules, y la madre y el novio, que vienen por ella; recogimos a toda prisa nuestros meriñaques,[19] se atan los cofres, nos despedimos de aquellas buenas mujeres, y en dos latigazos llegamos antes de ayer a Alcalá. La detención ha sido para que la señorita visite a otra tía monja que tiene aquí, tan arrugada y tan sorda como la que dejamos allá. Ya la ha visto, ya la han besado bastante una por una todas las religiosas, y creo que mañana temprano saldremos. Pero esta casualidad nos...

CALAMOCHA

Sí. No digas más... Pero... ¿Conque el novio está en la posada?

RITA

Ese es su cuarto. (*Señalando el cuarto de* DON DIEGO, *el de* DOÑA IRENE *y el de* DOÑA FRANCISCA), éste el de la madre, y aquél el nuestro.

CALAMOCHA

¿Cómo el nuestro? ¿Tuyo y mío?

RITA

No por cierto. Aquí dormiremos esta noche la señorita y yo, porque ayer, metidas las tres en ese de enfrente, ni cabíamos de pies, ni pudimos dormir un instante, ni respirar siquiera.

CALAMOCHA

Bien... Adiós. (*Recoge los trastos que puso sobre la mesa, en ademán de irse.*)

[19] *Meriñaques*, joyas y efectos de poco valor.

RITA

Y ¿adónde?

CALAMOCHA

Yo me entiendo... Pero el novio, ¿trae consigo criados, amigos o deudos que le quiten la primera zambullida que le amenaza?

RITA

Un criado viene con él.

CALAMOCHA

¡Poca cosa!... Mira, dile en caridad que se disponga porque está de peligro. Adiós.

RITA

¿Y volverás presto?

CALAMOCHA

Se supone. Estas cosas piden diligencias, y aunque apenas puedo moverme, es necesario que mi teniente deje la visita y venga a cuidar de su hacienda, disponer el entierro de ese hombre, y... ¿Conque ése es nuestro cuarto, eh?

RITA

Sí. De la señorita y mío.

CALAMOCHA

¡Bribona!

RITA

¡Botarate! ¡Adiós!

CALAMOCHA

¡Adiós, aborrecida! (*Entrase con los trastos al cuarto de* DON CARLOS.)

ESCENA IX

DOÑA FRANCISCA, RITA

RITA

¡Qué malo es!... Pero... ¡Válgame Dios, don Félix aquí! Sí, la quiere, bien se conoce... (*Sale* CALAMOCHA *del cuarto de* DON CARLOS *y se va por la puerta del foro.*) ¡Oh! Por más que digan, los hay muy finos, y entonces, ¿qué ha de hacer una?... Quererlos, no tiene remedio, quererlos... Pero ¿qué dirá la señorita cuando le vea que está ciega por él? ¡Pobrecita! ¿Pues no sería una lástima que...? Ella es. (*Sale* DOÑA FRANCISCA.)

DOÑA FRANCISCA

¡Ay, Rita!

RITA

¿Qué es eso? ¿Ha llorado usted?

DOÑA FRANCISCA

¿Pues no he de llorar? Si vieras mi madre... Empeñada está en que he de querer mucho a ese hombre... Si ella supiera lo que sabes tú, no me mandaría cosas imposibles... ¡Y que es tan bueno! ¡Y que es tan rico, y que me irá tan bien con él!... Se ha enfadado tanto, y me ha llamado picarona, inobediente... ¡Pobre de mí! Porque no miento, ni sé fingir, por eso me llaman picarona.

RITA

Señorita, por Dios, no se aflija usted.

DOÑA FRANCISCA

Ya, como tú no lo has oído... Y dice que don Diego se queja de que yo no le digo nada... Harto le digo, y bien he procurado hasta ahora mostrarme contenta delante de él, que no lo estoy por cierto, y reirme y hablar niñerías... Y todo por dar gusto a mi madre, que si no... Pero bien sabe la Virgen que no me sale del corazón.

(*Se va oscureciendo lentamente el teatro.*)

RITA

Vaya, vamos que no hay motivos todavía para tanta angustia... ¿Quién sabe?... ¿No se acuerda usted ya de aquel día de asueto que tuvimos el año pasado en la casa de campo del intendente?

DOÑA FRANCISCA

¡Ay! ¿Cómo puedo olvidarlo?... ¿Pero qué me vas a contar?

RITA

Quiero decir que aquel caballero que vimos allí con aquella cruz verde,[20] tan galán, tan fino...

DOÑA FRANCISCA

¡Qué rodeos!... Don Félix. ¿Y qué?

RITA

Que nos fue acompañando hasta la ciudad...

DOÑA FRANCISCA

Y bien... Y luego volvió, y le vi, por mi desgracia, muchas veces... mal aconsejada de ti.

RITA

¿Por qué señora?... ¿A quién dimos escándalo? Hasta ahora, nadie lo ha sospechado en el convento. El no entró jamás por las puertas y cuando de noche hablaba con usted, mediaba entre los dos una distancia tan grande, que usted la maldijo no pocas veces... Pero esto no es del caso. Lo que voy a decir es que un amante como aquél no es posible que se olvide tan presto de su querida Paquita... Mire usted que todo cuanto hemos leído a hurtadillas en las novelas no equivale a lo que hemos visto en él... ¿Se acuerda usted de aquellas tres palmadas que se oían entre once y doce de la noche, de aquella sonora punteada[21] con tanta delicadeza y expresión?

DOÑA FRANCISCA

¡Ay, Rita! Sí, de todo me acuerdo, y mientras viva conservaré la memoria... Pero está ausente... Y entretenido acaso con nuevos amores.

RITA

Eso no lo puedo yo creer.

[20] Emblema que distinguía a los caballeros de Alcántara desde tiempos de Juan II de Castilla.

[21] *Punteada*, llámase puntear a tañer la guitarra u otro similar instrumento de cuerda con púa o clavija.

DOÑA FRANCISCA

Es hombre al fin, y todos ellos...

RITA

¡Qué bobería! Desengáñese usted, señorita. Con los hombres y las mujeres sucede lo mismo que con los melones de Añover. Hay de todo, la dificultad está en saber escogerlos. El que se lleve chasco en la elección, quéjese de su mala suerte, pero no desacredite la mercancía... Hay hombres muy embusteros, muy picarones; pero no es creíble que lo sea el que ha dado pruebas tan repetidas de perseverancia y amor. Tres meses duró el terrero[22] y la conversación a oscuras. y en todo aquel tiempo, bien sabe usted que no vimos en él una acción descompuesta, ni oímos de su boca palabra indecente ni atrevida.

DOÑA FRANCISCA

Es verdad. Por eso le quise tanto, por eso le tengo tan fijo aquí..., aquí... (*Señalando el pecho.*) ¿Qué habrá dicho al ver la carta?... ¡Oh! Yo bien sé lo que habrá dicho... ¡Válgame Dios! ¡Es lástima!... Cierto. ¡Pobre Paquita!... Y se acabó... No habrá dicho más... Nada más...

RITA

No, señora, no ha dicho eso.

DOÑA FRANCISCA

¿Qué sabes tú?

RITA

Bien lo sé. Apenas haya leído la carta se habrá puesto en camino, y vendrá volando a consolar a su amiga... Pero...

(*Acercándose a la puerta del cuarto de* DOÑA IRENE.)

[22] *Hacer terrero*, «cortejar, obsequiar, o galantear alguna dama desde el sitio, o llano, delante de su casa». Dic. Aut.

DOÑA FRANCISCA

¿A dónde vas?

RITA

Quiero ver si...

DOÑA FRANCISCA

Está escribiendo.

RITA

Pues ya presto habrá de dejarlo, que empieza a anochecer... Señorita, lo que le he dicho a usted es la verdad pura. Don Félix está ya en Alcalá.

DOÑA FRANCISCA

¿Qué dices? No me engañes.

RITA

Aquel es su cuarto... Calamocha acaba de hablar conmigo.

DOÑA FRANCISCA

¿De veras?

RITA

Sí, señora... Y le ha ido a buscar para...

DOÑA FRANCISCA

¿Con que me quiere? ¡Ay, Rita! Mira tú si hicimos bien de avisarle... Pero ¿ves qué fineza?... ¿Si vendrá bueno? ¡Correr tantas leguas sólo por verme... porque yo se lo mando!... ¡Qué agradecida le debo estar!... ¡Oh, yo le prometo que no se quejará de mí. Para siempre agradecimiento y amor.

RITA

Voy a traer luces. Procuraré detenerme por allá abajo hasta que vuelvan... Veré lo que dice y qué piensa hacer, porque hallándonos todos aquí pudiera haber una de Satanás entre la madre, la hija, el novio y el amante, y si no ensayamos bien esta contradanza, nos hemos de perder en ella.

DOÑA FRANCISCA

Dices bien... Pero no. El tiene resolución y talento, y sabrá determinar lo más conveniente... ¿Y cómo has de avisarme?... Mira que así que llegue le quiero ver.

Rita

No hay que dar cuidado. Yo le traeré por acá, y en dándome aquella tosecilla seca... ¿Me entiende usted?

Doña Francisca

Sí, bien.

Rita

Pues entonces no hay más que salir con cualquier excusa. Yo me quedaré con la señora mayor, la hablaré de todos sus maridos y de sus concuñados, y del obispo que murió en el mar... Además, que si está allí don Diego...

Doña Francisca

Bien, anda, y así que llegue...

Rita

Al instante.

Doña Francisca

Que no se te olvide toser.

Rita

No haya miedo.

Doña Francisca

¡Si vieras qué consolada estoy!

Rita

Sin que usted lo jure lo creo.

Doña Francisca

¿Te acuerdas, cuando me decía que era imposible apartarme de su memoria, que no habría peligros que le detuvieran, ni dificultades que no atropellara por mí?

Rita

Sí. Bien me acuerdo.

Doña Francisca

¡Ah!... Pues mira cómo me dijo la verdad.

(Doña Francisca *se va al cuarto de* Doña Irene, Rita, *por la puerta del foro.*)

ACTO SEGUNDO

ESCENA PRIMERA

(Teatro oscuro)

Doña Francisca

Nadie aparece aún... (*Acércase a la puerta del foro y vuelve.*) ¡Qué impaciencia tengo¡... Y dice mi madre que soy una simple, que sólo pienso en jugar y en reír, y que no sé lo que es amor... Sí, diez y siete años, y no cumplidos; pero ya sé lo que es querer bien, y la inquietud y las lágrimas que cuesta.

ESCENA II

Doña Irene, Doña Francisca

Doña Irene

Sola y a oscuras me habéis dejado allí.

Doña Francisca

Como estaba usted acabando su carta, mamá, por no estorbarla me he venido aquí, que está mucho más fresco.

Doña Irene

Pero aquella muchacha, ¿qué hace que no trae una luz? Para cualquiera cosa se está un año... Y yo, que tengo un genio como la pólvora... (*Siéntase.*) Sea todo por Dios... ¿Y don Diego, no ha venido?

Doña Francisca

Me parece que no.

Doña Irene

Pues cuenta, niña, con lo que te he dicho ya. Y mira que no gusto de repetir una cosa dos veces. Este caballero está sentido,[1] y con muchísima razón...

[1] *Sentido*, resentido, enfadado.

DOÑA FRANCISCA
Bien, sí, señora, ya lo sé. No me riña usted más.

DOÑA IRENE
No es esto reñirte, hija mía; esto es aconsejarte. Porque como tú no tienes conocimiento para considerar el bien que se nos ha entrado por las puertas... Y lo atrasada que me coge, que yo no sé lo que hubiera sido de tu pobre madre... Siempre cayendo y levantando... Médicos, botica... Que se dejaba pedir aquel caribe de don Bruno (Dios le haya coronado de gloria) los veinte y los treinta reales por cada papelillo de píldoras de coloquíntida y asafétida... Mira que un casamiento como el que vas a hacer, muy pocas lo consiguen. Bien que a las oraciones de tus tías, que son unas bienaventuradas, debemos agradecer esta fortuna, y no a tus méritos ni a tu diligencia...; ¿qué dices?

DOÑA FRANCISCA
Yo, nada, mamá.

DOÑA IRENE
Pues nunca dices nada. ¡Válgame Dios. Señor!... En hablándote de esto, no se te ocurre nada que decir.

ESCENA III

DOÑA IRENE, DOÑA FRANCISCA, RITA

DOÑA IRENE
Vaya, mujer, yo pensé que en toda la noche no venías.

RITA
Señora, he tardado, porque han tenido que ir a comprar las velas. ¡Como el tufo del velón la hace a usted tanto daño!

DOÑA IRENE
Seguro que me hace muchísimo mal con esta jaqueca que padezco... Los parches de alcanfor al cabo tuve que quitármelos. Si no me sirvieron de nada. Con las obleas me parece que me va mejor... Mira, deja una luz ahí y llévate la otra a mi cuarto, y corre la cortina, no se me llene todo de mosquitos.

RITA
Muy bien.

(*Toma una luz y hace que se va.*)

DOÑA FRANCISCA
(*Aparte a Rita* ¿No ha venido?)

RITA
(*Aparte.* Vendrá.)

DOÑA IRENE
Oye, aquella carta que está sobre la mesa, dásela al mozo de la posada, para que la lleve al instante al correo... (*Váse* RITA *al cuarto de* DOÑA IRENE.) Y tú, niña, ¿qué has de cenar? Porque será menester recogernos presto para salir mañana de madrugada.

DOÑA FRANCISCA
Como las monjas me hicieron merendar...

DOÑA IRENE
Con todo eso... Siquiera unas sopas del puchero para el abrigo del estómago... (*Sale* RITA *con una carta en la mano, y hasta el fin de la escena hace que se va y vuelve, según lo indica el diálogo.*) Mira, has de calentar el caldo que apartamos del mediodía, y haznos un par de tazas de sopas y tráelas luego que estén.

RITA
¿Y nada más?

DOÑA IRENE
No, nada más... ¡Ah! Y házmelas bien caldositas.

RITA
Sí, ya lo sé.

DOÑA IRENE
¡Rita!

RITA

(Aparte. ¡Otra!) ¿Qué me manda usted?

DOÑA IRENE

Encarga al mozo que lleve la carta al instante... Pero no, señor; mejor es... No quiero que la lleve él, que son unos borrachones, que no se les puede... Has de decir a Simón que digo yo que me haga el gusto de echarla en el correo; ¿lo entiendes?

RITA

Sí, señora.

DOÑA IRENE

¡Ah, mira!

RITA

(Aparte. ¡Otra!)

DOÑA IRENE

Bien que ahora no corre prisa... Es menester que luego me saques de ahí al tordo y colgarle por aquí, de modo que no se caiga y se lastime... (*Vase* RITA *por la puerta del foro.*) ¡Qué noche tan mala me dio!... ¡Pues no se estuvo el animal toda la noche de Dios rezando el Gloria Patri y la oración del Santo Sudario!... Ello, por una otra parte, edificaba, es cierto... Pero cuando se trata de dormir...

ESCENA IV

DOÑA IRENE, DOÑA FRANCISCA

DOÑA IRENE

Pues mucho será que don Diego no haya tenido algún encuentro por ahí, y eso le detenga. Cierto que es un señor muy mirado, muy puntual... ¡Tan buen cristiano! ¡Tan atento! ¡Tan bien hablado! ¡Y con qué garbo y generosidad se porta! Ya se ve, un sujeto de bienes y de posibles... ¡Y qué casa tiene! Como un ascua de oro la tiene... Es mucho aquello. ¡Qué ropa blanca! ¡Qué batería de cocina! ¡Y qué despensa, llena de cuanto Dios crió!... Pero tú no parece que atiendes a lo que estoy diciendo.

DOÑA FRANCISCA

Sí, señora, bien lo oigo; pero no la quería interrumpir a usted.

DOÑA IRENE

Allí estarás, hija mía, como el pez en el agua; pajaritas del aire que apetecieras las tendrías, porque como él te quiere tanto y es un caballero tan de bien y tan temeroso de Dios... Pero mira, Francisquita, que me cansa de veras el que siempre que te hablo de esto, hayas dado en la flor de no responderme palabra... ¡Pues no es cosa particular, señor!

DOÑA FRANCISCA

Mamá, no se enfade usted.

DOÑA IRENE

¡No es buen empeño de!... ¿Y te parece a ti que no sé yo muy bien de dónde viene todo eso? ¿No ves que conozco las locuras que se te han metido en esa cabeza de chorlito?... Perdóneme Dios.

DOÑA FRANCISCA

Pero... Pues, ¿qué sabe usted?

DOÑA IRENE

¿Me quieres engañar a mí, eh? ¡Ay, hija! He vivido mucho, y tengo ya mucha trastienda y mucha penetración para que tú me engañes.

DOÑA FRANCISCA (Aparte. ¡Perdida soy!)

DOÑA IRENE

Sin contar con su madre... Como si tal madre no tuviera... Yo te aseguro que aunque no hubiera sido con esta ocasión, de todos modos era ya necesario sacarte del convento. Aunque hubiera tenido que ir a pie y sola por ese camino, te hubiera sacado de allí... ¡Mire usted qué juicio de niña éste! Que porque ha vivido un poco de tiempo entre monjas, ya se la puso en la cabeza el ser ella monja también... Ni qué entiende ella de eso, ni qué... En todos los estados se sirve a Dios, Frasquita; pero el complacer a su madre, asistirla, acompañarla y ser el consuelo de sus trabajos, ésa es la primera obligación de una hija obediente. Y sépalo usted, si no lo sabe.

DOÑA FRANCISCA
Es verdad, mamá... pero yo nunca he pensado abandonarla a usted.

DOÑA IRENE
Sí, que no sé yo...

DOÑA FRANCISCA
No, señora. Créame usted. La Paquita nunca se apartará de su madre, ni le dará disgustos.

DOÑA IRENE
Mira si es cierto lo que dices.

DOÑA FRANCISCA
Sí, señora, que yo no sé mentir.

DOÑA IRENE
Pues, hija, ya sabes lo que te he dicho. Ya ves lo que pierdes y la pesadumbre que me darás si no te portas en un todo como corresponde. Cuidado con ello.

DOÑA FRANCISCA
(*Aparte.* ¡Pobre de mí!)

ESCENA V

DON DIEGO (Sale por la puerta del foro, y deja sobre la mesa sombrero y bastón.)

DOÑA IRENE, DOÑA FRANCISCA

DOÑA IRENE
¿Pues cómo tan tarde?

DON DIEGO
Apenas salí, tropecé con el rector de Málaga y el doctor Padilla, y hasta que que me han hartado bien de chocolate y bollos no me han querido soltar... (*Siéntase junto a* DOÑA IRENE.) Y, a todo esto, ¿cómo va?

DOÑA IRENE
Muy bien.

DON DIEGO
¿Y doña Paquita?

DOÑA IRENE
Doña Paquita siempre acordándose de sus monjas. Ya la digo que es tiempo de mudar de bisiesto [2] y pensar sólo en dar gusto a su madre y odedecerla.

DON DIEGO
¡Qué diantre! ¿Con que tanto se acuerda de...?

DOÑA IRENE
¿Qué se admira usted? Son niñas... no saben lo que quieren, ni lo que aborrecen... En una edad así, tan...

DON DIEGO
No, poco a poco, Eso no. Precisamente en esa edad son las pasiones algo más enérgicas y decisivas que en la nuestra, y por cuanto la razón se halla todavía imperfecta y débil, los ímpetus del corazón son mucho más violentos... (*Asiendo de una mano a* DOÑA PAQUITA *la hace sentar inmediata a él.*) Pero de veras, doña Paquita, ¿se volvería al convento de buena gana?... La verdad.

DOÑA IRENE
Pero si ella no...

DON DIEGO
Déjela usted, señora, que ella responderá.

DOÑA FRANCISCA
Bien sabe usted lo que acabo de decirla... No permita Dios que yo le dé que sentir.

DON DIEGO
Pero eso lo dice usted tan afligida y...

DOÑA IRENE
Si es natural, señor. No ve usted que...

[2] *Mudar de bisiesto*, cambiar de pensamiento o de conducta.

Don Diego

Calle usted, por Dios, doña Irene, y no me diga usted a mí lo que es natural... Lo que es natural es que la chica esté llena de miedo y no se atreva a decir una palabra que se oponga a lo que su madre quiere que diga... Pero si esto hubiese, por vida mía que estábamos lucidos.

Doña Francisca

No, señor, lo que dice su merced, eso digo yo; lo mismo. Porque en todo lo que me manda la obedeceré.

Don Diego

¡Mandar, hija mía!... En estas materias tan delicadas, los padres que tienen juicio no mandan. Insinúan, proponen, aconsejan, eso sí, todo eso sí; ¡pero mandar!... ¿Y quién ha de evitar después las resultas funestas de lo que mandaron? ¿Pues cuántas veces vemos matrimonios infelices, uniones mostruosas verificadas solamente porque un padre tonto se metió a mandar lo que no debiera? ¡Eh! No, señor; eso no va bien... Mire usted, doña Paquita, yo no soy de aquellos hombres que se disimulan los defectos. Yo sé que ni mi figura ni mi edad son para enamorar perdidamente a nadie; pero tampoco he creído imposible que una muchacha de juicio y bien criada llegase a quererme con aquel amor tranquilo y constante que tanto se parece a la amistad y es el único que puede hacer matrimonios felices. Para conseguirlo, no he ido a buscar ninguna hija de familia de estas que viven en una decente libertad... Decente, que yo no culpo lo que se opone al ejercicio de la virtud. ¿Pero cuál sería entre todas ellas la que no estuviese ya prevenida en favor de otro amante más apetecible que yo? Y en Madrid. ¡figúrese usted, en un Madrid!... Lleno de estas ideas, me pareció que tal vez hallaría en usted todo cuanto yo deseaba,.

Doña Irene

Y puede usted creer, señor don Diego que...

Don Diego

Voy a acabar, señora, déjeme usted acabar. Yo me hago cargo, querida Paquita, de lo que habrán influído en una niña tan bien inclinada como usted las santas costumbres que ha visto practicar en aquel inocente asilo de la devoción y la virtud; pero si a pesar de todo esto la imaginación acalorada, las circunstancias imprevistas, la hubiesen hecho elegir sujeto más digno, sepa usted que yo no quiero nada con violencia. Yo soy ingenuo; mi corazón y mi lengua no se contradicen jamás. Esto mismo la pido a usted, Paquita: sinceridad. El cariño que a usted la tengo no la debe hacer infeliz... Su madre de usted no es capaz de querer una injusticia, y sabe muy bien que a nadie se le hace dichoso por la fuerza. Si usted no halla en mí prendas que la inclinen; si siente algún otro cuidadillo en su corazón, créame usted, la menor disimulación en esto nos daría a todos muchísimo que sentir.

Doña Irene

¿Puedo hablar ya, señor?

Don Diego

Ella, ella debe hablar, y sin apuntador y sin intérprete.

Doña Irene

Cuando yo se lo mande.

Don Diego

Pues ya puede usted mandárselo, porque a ella le toca responder... Con ella he de casarme, con usted no.

Doña Irene

Yo creo, señor don Diego, que ni con ella ni conmigo. ¿En qué concepto nos tiene usted?... Bien dice su padrino, y bien claro me lo escribió días ha, cuando le di parte de este casamiento. Que aunque no la ha vuelto a ver desde que la tuvo en la pila, la quiere muchísimo, y a cuantos pasan por el Burgo de Osma les pregunta cómo está y continuamente nos envía memorias con el ordinario.

DON DIEGO

Y bien, señora, ¿qué escribió el padrino?... O, por mejor decir, ¿que tiene que ver nada de eso con lo que estamos hablando?

DOÑA IRENE

Sí, señor, que tiene que ver; sí señor. Y aunque yo lo diga, le aseguro a usted que ni un padre de Atocha[3] hubiera puesto una carta mejor que la que él me escribió sobre el matrimonio de la niña... Y no es ningún catedrático, ni bachiller, ni nada de eso, sino un cualquiera, como quien dice: un hombre de capa y espada,[4] con un empleíllo infeliz en el ramo del viento,[5] que apenas le da para comer... Pero es muy ladino, y sabe de todo, y tiene una labia y escribe que da gusto... Cuasi toda la carta venía en latín, no le parezca a usted, y muy buenos consejos que me daba en ella... Que no es posible sino que adivinase lo que nos está sucediendo.

DON DIEGO

Pero señora, si no sucede nada, ni hay cosa que a usted la deba disgustar.

DOÑA IRENE

Pues, ¿no quiere usted que me disguste oyéndole hablar de mi hija en términos que...? ¡Ella otros amores ni otros cuidados!... Pues si tal hubiera... ¡Válgame Dios!... La mataba a golpes, mire usted... Respóndele, una vez que quiere que hables y que yo no chiste. Cuéntale los novios que dejaste en Madrid cuando tenías doce años, y los que has adquirido en el convento al lado de aquella santa mujer. Díselo, para que se tranquilice, y...

DON DIEGO

Yo, señora, estoy más tranquilo que usted...

DOÑA IRENE

Respóndele.

DOÑA FRANCISCA

Yo no sé que decir. Si ustedes se enfadan...

DON DIEGO

No, hija mía; esto es dar alguna expresión a lo que se dice; pero enfadarnos no, por cierto. Doña Irene sabe lo que yo la estimo.

DOÑA IRENE

Sí, señor, que lo sé, y estoy sumamente agradecida a los favores que usted nos hace... Por eso mismo...

DON DIEGO

No se hable del agradecimiento. Cuanto yo puedo hacer, todo es poco... Quiero que doña Paquita esté contenta.

DOÑA IRENE

¿Pues no ha de estarlo? Responde.

DOÑA FRANCISCA

Sí, señor, que lo estoy.

DON DIEGO

Y que la mudanza de estado que se la previene no la cueste el menor sentimiento.

DOÑA IRENE

No, señor; todo lo contrario... Boda más a gusto de todos, no se pudiera imaginar.

[3] *Padre de Atocha*, frailes de la orden de Predicadores, que ocupaban un convento anejo a la iglesia de Atocha en Madrid.

[4] Llamábanse así a los hombres considerados como personas particulares, y de ésto se designó también con este nombre a las comedias españolas, en que no intervienen personajes de gran categoría social.

[5] Tributo que se hacía pagar a los vendedores forasteros.

DON DIEGO
En esa inteligencia, puedo asegurarla que no tendrá motivos de arrepentirse después. En nuestra compañía vivirá querida y adorada, y espero que a fuerza de beneficios he de merecer su estimación y su amistad.

DOÑA FRANCISCA
¡Gracias, señor don Diego!... ¡A una huérfana, pobre, desvalida como yo!...

DON DIEGO
Pero de prendas tan estimables, que la hacen a usted digna todavía de mayor fortuna.

DOÑA IRENE
Ven aquí, ven... Ven aquí, Paquita.

DOÑA FRANCISCA
¡Mamá!

(*Levántase, abraza a su madre y se acarician mutuamente.*)

DOÑA IRENE
¿Ves lo que te quiero?

DOÑA FRANCISCA
Sí, señora.

DOÑA IRENE
¿Y cuánto procuro tu bien, que no tengo otro fin sino el de verte colocada antes de que yo falte?

DOÑA FRANCISCA
Bien lo conozco.

DOÑA IRENE
¡Hija de mi vida! ¿Has de ser buena?

DOÑA FRANCISCA
Sí, señora.

DOÑA IRENE
¡Ay, que no sabes tú lo mucho que te quiere tu madre!

DOÑA FRANCISCA
Pues qué, ¿no la quiero yo a usted?

DON DIEGO
Vamos, vamos de aquí (*Levántase* DON DIEGO *y después* DOÑA IRENE.) No venga alguno y nos halle a los tres llorando como tres chiquillos.

DOÑA IRENE
Sí, dice usted bien.

(*Vanse los dos al cuarto de* DOÑA IRENE, DOÑA FRANCISCA *va detrás, y* RITA, *que sale por la puerta del foro, la hace detener.*)

ESCENA VI

RITA, DOÑA FRANCISCA

RITA
Señorita... ¡Eh! chit... señorita...

DOÑA FRANCISCA
¿Qué quieres?

RITA
Ya ha venido.

DOÑA FRANCISCA
¿Cómo?

RITA
Ahora mismo acaba de llegar. Le he dado un abrazo, con licencia de usted, y ya sube por la escalera.

DOÑA FRANCISCA
¡Ay, Dios!... ¿Y qué debo hacer?

RITA
¡Donosa pregunta!... Vaya; lo que importa es no gastar el tiempo en melindres de amor... Al asunto..., y juicio. Y mire usted que en el paraje en que estamos la conversación no puede ser muy larga...
Ahí está.

DOÑA FRANCISCA
Sí... El es.

RITA
Voy a cuidar de aquella gente... Valor, señorita, y resolución.

(RITA *se va al cuarto de* DOÑA IRENE.)

DOÑA FRANCISCA
No, no, que yo también... Pero no lo merece.

ESCENA VII

DON CARLOS *(Sale por la puerta del foro.)* DOÑA FRANCISCA

DON CARLOS
¡Paquita!... ¡Vida mía! Ya estoy aquí. ¿Cómo va, hermosa, cómo va?

DOÑA FRANCISCA
Bien venido.

DON CARLOS
¿Cómo tan triste?... ¿No merece mi llegada más alegría?

DOÑA FRANCISCA
Es verdad; pero acaban de sucederme cosas que me tienen fuera de mí... ¿Sabe usted?... Sí, bien lo sabe usted... Después de escrita aquella carta fueron por mí... Mañana a Madrid... Ahí está mi madre.

DON CARLOS
¿En dónde?

DOÑA FRANCISCA
Ahí, en ese cuarto.

(Señalando al cuarto de DOÑA IRENE.*)*

DON CARLOS
¿Sola?

DOÑA FRANCISCA
No, señor.

DON CARLOS
Estará en compañía del prometido esposo. *(Se acerca al cuarto de* DOÑA IRENE. *Se detiene y vuelve.)* Mejor... ¿Pero no hay nadie más con ella?

DOÑA FRANCISCA
Nadie más; solos están... ¿Qué piensa usted hacer?

DON CARLOS
Si me dejase llevar de mi pasión y de lo que esos ojos me inspiran, una temeridad... Pero tiempo hay... El también será hombre de honor, y no es justo insultarle porque quiere bien a una mujer tan digna de ser querida... Yo no conozco a su madre de usted, ni... Vamos, ahora nada se puede hacer... Su decoro de usted merece la primera atención.

DOÑA FRANCISCA
Es mucho el empeño que tiene en que me case con él.

DON CARLOS
No importa.

DOÑA FRANCISCA
Quiere que esta boda se celebre así que lleguemos a Madrid.

DON CARLOS
¿Cuál? No, eso no.

DOÑA FRANCISCA
Los dos están de acuerdo, y dicen...

DON CARLOS
Bien..., dirán... Pero no puede ser.

DOÑA FRANCISCA
Mi madre no me habla continuamente de otra materia... Me amenaza, me ha llenado de temor... El insta por su parte; me ofrece tantas cosas, me...

DON CARLOS
Y usted, ¿qué esperanza le da?... ¿Ha prometido quererle mucho?

DOÑA FRANCISCA
¡Ingrato!... ¿Pues no sabe usted que...? ¡Ingrato!

DON CARLOS
Sí, no lo ignoro, Paquita... Yo he sido el primer amor.

DOÑA FRANCISCA
Y el último.

DON CARLOS
Y antes perderé la vida que renunciar al lugar que tengo en ese corazón... Todo él es mío... ¿Digo bien?

(Asiéndola de las manos.)

DOÑA FRANCISCA
¿Pues de quién ha de ser?

DON CARLOS
¡Hermosa! ¡Qué dulce esperanza me anima! Una sola palabra de esa boca

me asegura... Para todo me da valor... En fin, ya estoy aquí. ¿Usted me llama para que la defienda, la libre, la cumpla una obligación mil y mil veces prometida? Pues a eso mismo vengo yo... Si ustedes se van a Madrid mañana, yo voy también. Su madre de usted sabrá quién soy... Allí puedo contar con el favor de un anciano respetable y virtuoso, a quien más que tío debo llamar amigo y padre. No tiene otro deudo más inmediato, ni más querido que yo; es hombre muy rico, y si los dones de la fortuna tuviesen para usted algún atractivo, esta circircunstancia añadiría felicidad a nuestra unión.

DOÑA FRANCISCA

¿Y qué vale para mí toda la riqueza del mundo?

DON CARLOS

Ya lo sé. La ambición no puede agitar a un alma tan inocente.

DOÑA FRANCISCA

¡Querer y ser querida!... Ni apetezco más, ni conozco mayor fortuna.

DON CARLOS

Ni hay otra... Pero usted debe serenarse y esperar que la suerte mude nuestra aflicción presente en durables dichas.

DOÑA FRANCISCA

¿Y qué se ha de hacer para que a mi pobre madre no la cueste una pesadumbre? ¡Me quiere tanto... Sí, acabo de decirla que no la disgustaré, ni me apartaré de su lado jamás; que siempre seré obediente y buena... ¡Y me abrazaba con tanta ternura! ¡Quedó tan consolada con lo poco que acerté a decirla!... Yo no sé, no sé qué camino ha de hallar usted para salir de estos ahogos.

DON CARLOS

Yo le buscaré... ¿No tiene usted confianza en mí?

DOÑA FRANCISCA

¿Pues no he de tenerla? ¿Piensa usted que estuviera yo viva si esa esperanza no me animase? Sola y desconocida de todo el mundo, ¿qué había yo de hacer? Si usted no hubiese venido, mis melancolías me hubieran muerto, sin tener a quién volver los ojos, ni poder comunicar a nadie la causa de ellas... Pero usted ha sabido proceder como caballero y amante, y acaba de darme con su venida la prueba mayor de lo mucho que me quiere.

(Se enternece y llora.)

DON CARLOS

¡Qué llanto!... ¡Cómo persuade!... Sí, Paquita, yo solo basto para defender a usted de cuantos quieran oprimirla. A un amante favorecido, ¿quién puede oponérsele? Nada hay que temer.

DOÑA FRANCISCA

¿Es posible?

DON CARLOS

Nada... Amor ha unido nuestras almas en estrechos nudos, y sólo el brazo de la muerte bastará a dividirlas.

ESCENA VIII

RITA, DON CARLOS, DOÑA FRANCISCA

RITA

Señorita, adentro. La mamá pregunta por usted. Voy a traer la cena, y se van a recoger al instante... Y usted, señor galán, ya puede también disponer de su persona.

DON CARLOS

Sí, que no conviene anticipar sospechas... Nada tengo que añadir.

DOÑA FRANCISCA
Ni yo.
DON CARLOS
Hasta mañana. Con la luz del día veremos a este dichoso competidor.
RITA
Un caballero muy honrado, muy rico, muy prudente; con su chupa larga, su camisa limpia y sus sesenta años debajo del peluquín.

(Se va por la puerta del foro.)

DOÑA FRANCISCA
Hasta mañana.
DON CARLOS
Adiós, Paquita.
DOÑA FRANCISCA
Acuéstese usted, y descanse.
DON CARLOS
¿Descansar con celos?
DOÑA FRANCISCA
¿De quién?
DON CARLOS
Buenas noches... Duerma usted bien, Paquita.
DOÑA FRANCISCA
¿Dormir con amor?
DON CARLOS
Adiós, vida mía.
DOÑA FRANCISCA
Adiós. *(Entrase al cuarto de* DOÑA IRENE.)

ESCENA IX

DON CARLOS, CALAMOCHA, RITA

DON CARLOS
¡Quitármela! *(Paseándose con inquietud.)* No... Sea quien fuere, no me la quitará. Ni su madre ha de ser tan imprudente que se obstine en verificar este matrimonio, repugnándolo su hija..., mediando yo... ¡Sesenta años! Precisamente será muy rico... ¡El dinero!... ¡Maldito él sea, que tantos desórdenes origina!
CALAMOCHA
(Sale CALAMOCHA *por la puerta del foro.)* Pues, señor, tenemos un medio cabrito asado, y... a lo menos, parece cabrito. Tenemos una magnífica ensalada de berros, sin anapelos[6] ni otra materia extraña, bien lavada, escurrida y condimentada por estas manos pecadoras que no hay más que pedir. Pan de Meco,[7] vino de la Tercia...[8] Con que, si hemos de cenar y dormir, me parece que sería bueno...
DON CARLOS
Vamos... ¿Y adónde ha de ser?
CALAMOCHA
Abajo... Allí he mandado poner una angosta y fementida mesa, que parece un banco de herrador.

(Sale RITA *por la puerta del foro, con unos platos, taza, cucharas y servilleta.)*

RITA
¿Quién quiere sopas?
DON CARLOS
Buen provecho.
CALAMOCHA
Si hay alguna real moza que guste de cenar cabrito, levante el dedo.
RITA
La real moza se ha comido ya media cazuela de albondiguillas... Pero lo agradece, señor militar.

(Entrase en el cuarto de DOÑA IRENE.)

[6] *Anapelo*, «hierba venenosa, que nace entre los berros, y que es mortal para los lobos. Más propiamente se llama napelo». Dic. Aut.
[7] *Meco*, pequeña villa muy próxima a Alcalá.
[8] *Tercia del Camino*, concejo antiguo en la provincia y partido de León. Madoz, *Diccionario Geográfico*

CALAMOCHA

Agradecida te quiero yo, niña de mis ojos.

DON CARLOS

¿Conque vamos?

CALAMOCHA

¡Ay, ay, ay! (CALAMOCHA *se encamina a la puerta del foro y vuelve; se acerca a* DON CARLOS *y hablan con reserva hasta el fin de la escena, en que* CALAMOCHA *se adelanta a saludar a* SIMÓN.) ¡Eh! Chit. Digo...

DON CARLOS

¿Qué?

CALAMOCHA

¿No ve usted lo que viene por allí?

DON CARLOS

¿Es Simón?

CALAMOCHA

El mismo... Pero, ¿quién diablos le...?

DON CARLOS

¿Y qué haremos?

CALAMOCHA

¿Qué sé yo?... Sonsacarle, mentir y... ¿Me da usted licencia para que...?

DON CARLOS

Sí, miente lo que quieras... ¿A qué habrá venido este hombre?

ESCENA X

SIMÓN *(Sale por la puerta del foro.)*
CALAMOCHA, DON CARLOS

CALAMOCHA

Simón, ¿tú por aquí?

SIMÓN

Adiós, Calamocha. ¿Cómo va?

CALAMOCHA

Lindamente.

SIMÓN

¡Cuánto me alegro de...!

DON CARLOS

¡Hombre! ¿Tú en Alcalá? ¿Pues qué novedad es esta?

SIMÓN

¡Oh, que estaba usted ahí, señorito! ¡Voto a sanes!

DON CARLOS

¿Y mi tío?

SIMÓN

Tan bueno.

CALAMOCHA

Pero, ¿se ha quedado en Madrid, o...?

SIMÓN

¿Quién me había de decir a mí...? ¡Cosa como ella! Tan ajeno estaba yo ahora de... Y usted, de cada vez más guapo... ¿Con que usted irá a ver al tío, eh?

CALAMOCHA

Tú habrás venido con algún encargo del amo.

SIMÓN

¡Y qué calor traje, y qué polvo por ese camino! ¡Ya, ya!

CALAMOCHA

Alguna cobranza tal vez, ¿eh?

DON CARLOS

Puede ser. Como mi tío tiene ese poco de hacienda en Ajalvir... [9] ¿No has venido a eso?

SIMÓN

¡Y qué buena maula le ha salido al administrador! Labriego más marrullero y más bellaco, no le hay en toda la campiña... ¿Conque usted viene ahora de Zaragoza?

DON CARLOS

Pues... figúrate tú.

SIMÓN

¿O va usted allá?

DON CARLOS

¿Adónde?

[9] *Ajalvir*, pequeño pueblo de la provincia de Madrid y próximo a Alcalá.

SIMÓN
A Zaragoza. ¿No está allí el regimiento?

CALAMOCHA
Pero, hombre, si salimos el verano pasado de Madrid, ¿no habíamos de haber andado más de cuatro leguas?

SIMÓN
¿Qué sé yo? Algunos van por la posta y tardan más de cuatro meses en llegar... Debe de ser un camino muy malo.

CALAMOCHA
(Aparte, separándose de SIMÓN. ¡Maldito seas tú y tu camino, y la bribona que te dio papilla!)

DON CARLOS
Pero aún no me has dicho si mi tío está en Madrid o en Alcalá, ni a qué has venido, ni...

SIMÓN
Bien, a eso voy... Sí señor voy a decir a usted... Conque... Pues el amo me dijo...

ESCENA XI

DON DIEGO, DON CARLOS, SIMÓN, CALAMOCHA

DON DIEGO
(Desde dentro.) No, no es menester. Si hay luz aquí. Buenas noches, Rita. (DON CARLOS *se turba y se aparta a un extremo del teatro.)*

DON CARLOS
¡Mi tío!
(Sale DON DIEGO *del cuarto de* DOÑA IRENE, *encaminándose al suyo. Repara en* DON CARLOS *y se acerca a él.* SIMÓN *le alumbra y vuelve a dejar la luz sobre la mesa.)*

DON DIEGO
Simón.

SIMÓN
Aquí estoy, señor.

DON CARLOS
(Aparte. ¡Todo se ha perdido!

DON DIEGO
Vamos... Pero... ¿quién es?

SIMÓN
Un amigo de usted, señor.

DON CARLOS
(Aparte. Yo estoy muerto.)

DON DIEGO
¿Cómo un amigo?... ¿Qué?... Acerca esa luz.

DON CARLOS
¡Tío! *(En ademán de besarle la mano a* DON DIEGO, *que la aparta de sí con enojo.)*

DON DIEGO
Quítate de ahí.

DON CARLOS
Señor...

DON DIEGO
Quítate... no sé cómo no le... ¿Qué haces aquí?

DON CARLOS
Si usted se altera y...

DON DIEGO
¿Qué haces aquí?

DON CARLOS
Mi desgracia me ha traído.

DON DIEGO
¡Siempre dándome que sentir, siempre!
Pero... *(Acercándose a* DON CARLOS.) ¿Qué dices? ¿De veras ha ocurrido alguna desgracia? Vamos... ¿Qué te sucede?... ¿Por qué estás aquí?

CALAMOCHA
Porque le tiene a usted ley, y le quiere bien, y...

DON DIEGO
A ti no te pregunto nada... ¿Por qué has venido de Zaragoza sin que yo lo sepa?... ¿Por qué te asusta el verme?...

Algo has hecho. Sí. Alguna locura has hecho, que le habrá de costar la vida a tu pobre tío.

Don Carlos

No, señor, que nunca olvidaré las máximas de honor y prudencia que usted me ha inspirado tantas veces.

Don Diego

¿Pues a qué viniste?... ¿Es desafío? ¿Son deudas? ¿Es algún disgusto con tus jefes?... Sácame de esta inquietud, Carlos. Hijo mío, sácame de este afán.

Calamocha

Si todo ello no es más que...

Don Diego

Ya he dicho que calles... Ven acá. *(Asiendo de una mano a* Don Carlos, *se aparta con él a un extremo del teatro y le habla en voz baja.)* Dime qué ha sido.

Don Carlos

Una ligereza, una falta de sumisión a usted... Venir a Madrid sin pedirle licencia primero... Bien arrepentido estoy, considerando la pesadumbre que le he dado al verme.

Don Diego

¿Y qué otra cosa hay?

Don Carlos

Nada más, señor.

Don Diego

¿Pues qué desgracia es aquella de que me hablaste?

Don Carlos

Ninguna. La de hallarle a usted en este paraje... y haberle disgustado tanto, cuando yo esperaba sorprenderle en Madrid, estar en su compañía algunas semanas y volverme contento de haberle visto.

Don Diego

¿No hay más?

Don Carlos

No, señor.

Don Diego

Míralo bien.

Don Carlos

No, señor... A eso venía. No hay nada más.

Don Diego

Pero no me digas tú a mí... Si es imposible que estas escapadas se... No, señor... ¿Ni quién ha de permitir que un oficial se vaya cuando se le antoje y abandone de ese modo sus banderas?... Pues si tales ejemplos se repitieran mucho, adiós disciplina militar... Vamos... Eso no puede ser.

Don Carlos

Considere usted, tío, que estamos en tiempos de paz, que en Zaragoza no es necesario un servicio tan exacto como en otras plazas, en que no se permite descanso a la guarnición... Y, en fin, puede usted creer que este viaje supone la aprobación y licencia de mis superiores, que yo también miro por mi estimación, y que cuando me he venido, estoy seguro de que no hago falta.

Don Diego

Un oficial siempre hace falta a sus soldados. El rey le tiene allí para que los instruya, los proteja y les dé ejemplos de subordinación, de valor, de virtud...

Don Carlos

Bien está; pero ya he dicho los motivos...

Don Diego

Todos esos motivos no valen nada... ¡Porque le dio la gana de ver al tío!... Lo que quiere su tío de usted no es verle cada ocho días, sino saber que es hombre de juicio y que cumple con sus obligaciones. Eso es lo que quiere... Pero *(Alza la voz y se pasea inquieto)*, yo tomaré mis medidas para que estas locuras no se repitan otra vez... Lo que usted ha de hacer ahora es marcharse inmediatamente.

DON CARLOS
Señor, si...

DON DIEGO
No hay remedio... Y ha de ser al instante. Usted no ha de dormir aquí.

CALAMOCHA
Es que los caballos no están ahora para correr... Ni pueden moverse.

DON DIEGO
Pues con ellos *(A* CALAMOCHA.) y con las maletas al mesón de afuera... Usted (A DON CARLOS.) no ha de dormir aquí... Vamos (A CALAMOCHA.) tú, buena pieza, menéate. Abajo con todo. Pagar el gasto que se haya hecho, sacar los caballos y marchar... Ayúdales tú... (A SIMÓN.) ¿Qué dinero tienes ahí?

SIMÓN
Tendré unas cuatro o seis onzas.

(Saca de un bolsillo algunas monedas y se las da a DON DIEGO.)

DON DIEGO
Dámelas acá... Vamos, ¿qué haces?... *(A* CALAMOCHA.) ¿No te he dicho que ha de ser al instante?... Volando. Y tú (A SIMÓN.) ve con él, ayúdale, y no te me apartes de allí hasta que se hayan ido.

(Los dos criados entran en el cuarto de DON CARLOS.)

ESCENA XII

DON DIEGO, DON CARLOS

DON DIEGO
Tome usted. *(Le da el dinero.)* Con eso hay bastante para el camino... Vamos, que cuando yo lo dispongo así, bien sé lo que me hago... ¿No conoces que es todo por tu bien, y que ha sido desatino el que acabas de hacer?... Y no hay que afligirse por eso, ni creas que es falta de cariño... Ya sabes lo que te he querido siempre, y en obrando tu según corresponde, seré tu amigo, como lo he sido hasta aquí.

DON CARLOS
Ya lo sé.

DON DIEGO
Pues bien, ahora obedece lo que te mando.

DON CARLOS
Lo haré sin falta.

DON DIEGO
Al mesón de afuera. *(A los dos criados, que salen con los trastos del cuarto de* DON CARLOS *y se van por la puerta del foro.)* Allí pueden dormir mientras los caballos comen y descansan... Y no me vuelvas aquí por ningún pretexto, ni entres en la ciudad..., ¡cuidado! Y a eso de las tres o las cuatro, marchar. Mira que he de saber a la hora que sales. ¿Lo entiendes?

DON CARLOS
Sí, señor.

DON DIEGO
Mira que lo has de hacer.

DON CARLOS
Sí, señor; haré lo que usted me manda.

DON DIEGO
Muy bien... Adiós... Todo te lo perdono... Vete con Dios... Y yo sabré también cuándo llegas a Zaragoza; no te parezca que estoy ignorante de lo que hiciste la vez pasada.

DON CARLOS
¿Pues qué hice yo?

DON DIEGO
Si te digo que lo sé y que te lo perdono, ¿qué más quieres? No es tiempo ahora de tratar de eso. Vete.

Don Carlos
Quede usted con Dios.

(Hace que se va y vuelve.)

Don Diego
¿Sin besar la mano a su tío, eh?

Don Carlos
No me atreví.

(Besa la mano a Don Diego *y se abrazan.)*

Don Diego
Y dame un abrazo, por si no nos volvemos a ver.

Don Carlos
¿Qué dice usted? ¡No lo permita Dios!

Don Diego
¡Quién sabe, hijo mío! ¿Tienes algunas deudas? ¿Te falta algo?

Don Carlos
No, señor; ahora no.

Don Diego
Mucho es, porque tú siempre tiras por largo... Como cuentas con la bolsa del tío... Pues bien; yo escribiré al señor Aznar para que te dé cien doblones de orden mía. Y mira cómo los gastas... ¿Juegas?

Don Carlos
No, señor; en mi vida.

Don Diego
Cuidado con eso... Con que, buen viaje. Y no te acalores: jornadas regulares, y nada más... ¿Vas contento?

Don Carlos
No, señor. Porque usted me quiere mucho, me llena de beneficios, y yo le pago mal.

Don Diego
No se hable ya de lo pasado... Adiós.

Don Carlos
¿Queda usted enojado conmigo?

Don Diego
No, no por cierto... Me disgusté bastante; pero ya se acabó... No me des que sentir. *(Poniéndole ambas manos sobre los hombros.)* Portarse como hombre de bien.

Don Carlos
No lo dude usted.

Don Diego
Como oficial de honor.

Don Carlos
Así lo prometo.

Don Diego
Adiós, Carlos. *(Abrazándose.)*

Don Carlos
(Aparte, al irse por la puerta del foro. ¡Y la dejo!... ¡Y la pierdo para siempre!)

ESCENA XIII

Don Diego
Demasiado bien se ha compuesto... Luego lo sabrá, enhorabuena... Pero no es lo mismo escribírselo que... Después de hecho, no importa nada... ¡Pero siempre aquel respeto al tío!... Como una malva es.

(Se enjuga las lágrimas, toma la luz y se va a su cuarto. El teatro queda solo y oscuro por un breve espacio.)

ESCENA XIV

Doña Francisca, Rita

(Sale del cuarto de Doña Irene. Rita sacará una luz y la pone encima de la mesa)

Rita
Mucho silencio hay por aquí.

Doña Francisca
Se habrán recogido ya... Estarán rendidos.

RITA
Precisamente.
DOÑA FRANCISCA
¡Un camino tan largo!
RITA
¡A lo que obliga el amor, señorita!
DOÑA FRANCISCA
Sí, bien puedes decirlo: amor... Y yo, ¿qué no hiciera por él?
RITA
Y deje usted, que no ha de ser este el último milagro. Cuando lleguemos a Madrid, entonces será ella... El pobre don Diego, ¡qué chasco se va a llevar! Y, por otra parte, vea usted qué señor tan bueno, que cierto da lástima...
DOÑA FRANCISCA
Pues en eso consiste todo. Si él fuese un hombre despreciable, ni mi madre hubiera admitido su pretensión, ni yo tendría que disimular mi repugnancia... Pero ya es otro tiempo, Rita. Don Félix ha venido, y ya no temo a nadie. Estando mi fortuna en su mano, me considero la más dichosa de las mujeres.
RITA
¡Ay!, ahora que me acuerdo... Pues poquito que me lo encargó... Ya se ve, si con estos amores tengo yo también la cabeza... Voy por él.

(Encaminándose al cuarto de DOÑA IRENE.)

DOÑA FRANCISCA
¿A qué vas?
RITA
El tordo, que ya se me olvidaba sacarle de allí.
DOÑA FRANCISCA
Sí, tráele, no empiece a rezar como anoche. Allí quedó junto a la ventana... Y ve con cuidado, no despierte mamá.
RITA
Sí, mire usted el estrépito de caballerías que anda por allá abajo... Hasta que lleguemos a nuestra calle del Lobo, número siete, no hay que pensar en dormir... Y ese maldito portón, que rechina que...
DOÑA FRANCISCA
Te puedes llevar la luz.
RITA
No es menester, que ya sé dónde está...

(Vase al cuarto de DOÑA IRENE.)

ESCENA XV

SIMÓN (Sale por la puerta del foro.)
DOÑA FRANCISCA

DOÑA FRANCISCA
Yo pensé que estaban ustedes acostados.
SIMÓN
El amo ya habrá hecho esa diligencia, pero yo todavía no sé en dónde he de tender el rancho... Y buen sueño que tengo.
DOÑA FRANCISCA
¿Qué gente nueva ha llegado ahora?
SIMÓN
Nadie. Son unos que estaban ahí, y se han ido.
DOÑA FRANCISCA
¿Los arrieros?
SIMÓN
No, señora. Un oficial y un criado suyo, que parece que se van a Zaragoza.
DOÑA FRANCISCA
¿Quiénes dice que son?
SIMÓN
Un teniente coronel y su asistente.
DOÑA FRANCISCA
¿Y estaban aquí?
SIMÓN
Sí, señora, ahí, en ese cuarto.

Doña Francisca
No los he visto.

Simón
Parece que llegaron esta tarde y... A la cuenta habrán despachado ya la comisión que traían... Con que se han ido... Buenas noches, señorita...

(Vase al cuarto de Don Diego.*)*

ESCENA XVI

Rita, Doña Francisca

Doña Francisca
¡Dios mío de mi alma! ¿Qué es esto?... No puedo sostenerme... ¡Desdichada!

(Siéntase en una silla inmediata a la mesa.)

Rita
Señorita, yo vengo muerta.

(Saca la jaula del tordo y la deja encima de la mesa. Abre la puerta del cuarto de Don Carlos *y vuelve.)*

Doña Francisca
¡Ay, que es cierto! ¿Tú lo sabes también?

Rita
Deje usted que todavía no creo lo que he visto... Aquí no hay nadie..., ni maletas, ni ropa, ni... Pero ¿cómo podía engañarme? Si yo misma los he visto salir.

Doña Francisca
¿Y eran ellos?

Rita
Sí, señora. Los dos.

Doña Francisca
Pero ¿se han ido fuera de la ciudad?

Rita
¡Si no los he perdido de vista hasta que salieron por Puerta de Mártires!... Como está un paso de aquí.

Doña Francisca
¿Y es ese el camino de Aragón?

Rita
Ese es.

Doña Francisca
¡Indigno! ¡Hombre indigno!

Rita
¡Señorita!

Doña Francisca
¿En qué te ha ofendido esta infeliz?

Rita
Yo estoy temblando toda... Pero... Si es incomprensible... Si no alcanzo a descubrir qué motivos ha podido haber para esta novedad.

Doña Francisca
¿Pues no le quise más a mi vida? ¿No me ha visto loca de amor?

Rita
No sé qué decir al considerar una acción tan infame.

Doña Francisca
¿Qué has de decir? Que no me ha querido nunca, ni es hombre de bien... ¿Y vino para esto? ¡Para engañarme, para abandonarme así!

(Levántase, y Rita *la sostiene.)*

Rita
Pensar que su venida fue con otro designio, no me parece natural... Celos... ¿Por qué ha de tener celos?... Y aun eso mismo debiera enamorarle más... El no es cobarde, y no hay que decir que habrá tenido miedo de su competidor.

Doña Francisca
Te cansas en vano... Di que es un pérfido, di que es un monstruo de crueldad, y todo lo has dicho.

Rita
Vamos de aquí, que puede venir alguien, y...

Doña Francisca
Sí, vámonos... Vámonos a llorar... ¡Y

en qué situación me deja!... Pero ¿ves qué malvado?

RITA

Sí, señora; ya lo conozco.

DOÑA FRANCISCA

¡Qué bien supo fingir! ¿Y con quién? Conmigo... ¿Pues yo merecí ser engañada tan alevosamente?... ¿Mereció mi cariño este galardón?... ¡Dios de mi vida! ¿Cuál es mi delito, cuál es?

(RITA *coge la luz, y se van entrambas al cuarto de* DOÑA FRANCISCA.)

ACTO TERCERO

ESCENA PRIMERA

DON DIEGO, SIMÓN

(Teatro oscuro. Sobre la mesa habrá un candelero con vela apagada, y la jaula del tordo. SIMÓN duerme tendido en el banco. Sale DON DIEGO de su cuarto, acabándose de poner la bata.)

DON DIEGO

Aquí, a lo menos, ya que no duerma, no me derretiré... Vaya, si alcoba como ella no se... ¡Cómo ronca éste!... Guardémosle el sueño hasta que venga el día, que ya poco puede faltar... (SIMÓN *despierta, y se levanta.*) ¿Qué es eso? Mira no te caigas, hombre.

SIMÓN

Qué, ¿estaba usted ahí, señor?

DON DIEGO

Sí. Aquí me he salido, porque allí no se puede parar.

SIMÓN

Pues yo, gracias a Dios, aunque la cama es algo dura, he dormido como un emperador.

DON DIEGO

¡Mala comparación! Di que has dormido como un pobre hombre que no tiene ni dinero, ni ambición, ni pesadumbres, ni remordimientos.

SIMÓN

En efecto, dice usted bien... ¿Y qué hora será ya?

DON DIEGO

Poco ha que sonó el reloj de San Justo, y, si no conté mal, dio las tres.

SIMÓN

¡Oh!, pues ya nuestros caballeros irán por ese camino adelante echando chispas.

DON DIEGO

Sí, ya es regular que hayan salido... Me lo prometió, y espero que lo hará.

SIMÓN

¡Pero si usted viera qué apesadumbrado le dejé! ¡Qué triste!

DON DIEGO

Ha sido preciso.

SIMÓN

Ya lo conozco.

DON DIEGO

¿No ves qué venida tan intempestiva?

SIMÓN

Es verdad. Sin permiso de usted, sin avisarle, sin haber un motivo urgente... Vamos, hizo muy mal. Bien que, por otra parte, él tiene prendas suficientes para que se le perdone esta ligereza. Digo... Me parece que el castigo no pasará adelante, ¿eh?

DON DIEGO

¡No, qué!... No, señor. Una cosa es que le haya hecho volver... Ya ves en qué circunstancias nos cogía... Te aseguro que *cuando* se fue me quedó un ansia en el corazón... *(Suenan a lo lejos tres palmadas, y poco después se oye que puntean un instrumento.)* ¿Qué ha sonado?

SIMÓN

No sé. Gente que pasa por la calle. Serán labradores.

DON DIEGO

Calla.

SIMÓN

Vaya; música tenemos, según parece.

DON DIEGO

Sí como lo hagan bien.

SIMÓN

¿Y quién será el amante infeliz que se viene a puntear a estas horas en ese callejón tan puerco? Apostaré que son amores con la moza de la posada, que parece un mico.

DON DIEGO

Puede ser.

SIMÓN

Ya empiezan. Oigamos... *(Tocan una sonata desde dentro.)* Pues dígole a usted que toca muy lindamente el pícaro del barberillo.

DON DIEGO

No; no hay barbero que sepa hacer eso, por muy bien que afeite.

SIMÓN

¿Quiere usted que nos asomemos un poco, a ver...?

DON DIEGO

No. Dejarlos. ¡Pobre gente! ¡Quién sabe la importancia que darán ellos a la tal música!... No gusto yo de incomodar a nadie.

(Salen de su cuarto DOÑA FRANCISCA *y* RITA. *Las dos se encaminan a la ventana.* Don DIEGO *y* SIMÓN *se retiran a un lado y observan.)*

SIMÓN

¡Señor! ¡Eh!... Presto, aquí, a un ladito.

DON DIEGO

¿Qué quieres?

SIMÓN

Que han abierto la puerta de esa alcoba y huele a faldas que trasciende.

DON DIEGO

¿Sí?... Retirémonos.

ESCENA II

RITA

Con tiento, señorita.

DOÑA FRANCISCA

¿Siguiendo la pared, no voy bien?

(Vuelven a puntear el instrumento.)

RITA

Sí, señora... Pero vuelven a tocar... Silencio...

DOÑA FRANCISCA

No te muevas... Deja... Sepamos primero si es él.

RITA

¿Pues no ha de ser?... La seña no puede mentir.

DOÑA FRANCISCA

Calla. Sí, es él... ¡Dios mío!... *(Acércase* RITA *a la ventana, abre la vidriera y da tres palmadas. Cesa la música.)* Ve, responde... corazón. El es.

SIMÓN

¿Ha oído usted?

DON DIEGO

Sí.

SIMÓN

¿Qué querrá decir esto?

DON DIEGO

Calla.

(DOÑA FRANCISCA *se asoma a la ventana.* RITA *se queda detrás de ella. Los puntos suspensivos inician las interrupciones más o menos largas.)*

DOÑA FRANCISCA

Yo soy... ¿Y qué había de pensar, viendo lo que usted acaba de hacer?... ¿Qué fuga es ésta?... Rita *(Apartándose de la ventana y vuelve después a asomarse.)*, amiga, por Dios, ten cuidado, y si oyeres algún rumor, al instante avísame... ¿Para siempre? ¡Triste de mí!... Bien está, tírela usted... Pero yo no acabo de entender!... ¡Ay, don Félix; nunca le he visto a usted tan tímido!... *(Tiran desde dentro una carta, que cae por la ventana al teatro.* DOÑA FRANCISCA *hace ademán de buscarla, y, no hallándola, vuelve a asomarse.)* No, no la he cogido; pero aquí está, sin duda... ¿Y no he de saber yo hasta que llegue el día los motivos que tiene usted para dejarme muriendo?... Sí, yo quiero saberlo de boca de usted. Su Paquita de usted se lo manda... Y ¿cómo le parece a usted que estará el mío?... No me cabe en el pecho..., diga usted.

(SIMÓN *se adelanta un poco, tropieza en la jaula, y la deja caer.)*

RITA

Señorita, vámonos de aquí... Presto, que hay gente.

DOÑA FRANCISCA

¡Infeliz de mí!... Guíame.

RITA

Vamos... *(Al retirarse, tropieza* RITA *con* SIMÓN. *Las dos se retiran apresuradamente al cuarto de* DOÑA FRANCISCA.) ¡Ay!

DOÑA FRANCISCA

¡Muerta voy!

ESCENA III

DON DIEGO, SIMÓN

DON DIEGO

¿Qué grito fue ese?

SIMÓN

Una de las fantasmas, que, al retirarse, tropezó conmigo.

DON DIEGO

Acércate a esa ventana y mira si hallas en el suelo un papel... ¡Buenos estamos!

SIMÓN

(Tentando por el suelo, cerca de la ventana.) No encuentro nada, señor.

DON DIEGO

Búscale bien, por ahí ha de estar.

SIMÓN

¿Le tiraron desde la calle?

DON DIEGO

Sí... ¿Qué amante es éste?... ¡Y dieciséis años y criada en un convento! Acabó ya toda mi ilusión.

SIMÓN

Aquí está.

(Halla la carta y se la da a DON DIEGO.*)*

DON DIEGO

Vete abajo y enciende una luz... En la cabreriza o en la cocina... Por ahí habrá algún farol... Y vuelve con ella al instante.

(Vase SIMÓN *por la puerta del foro.)*

ESCENA IV

DON DIEGO

¿Y a quién debo yo culpar? *(Apoyándose en el respaldo de una silla.)* ¿Es ella la delincuente, o su madre, o sus tías, o yo?... ¿Sobre quién, sobre quién ha de caer esta cólera, que, por más que lo procuro, no la sé reprimir?... ¡La Naturaleza la hizo tan amable a mis ojos! ¡Qué esperanzas tan halagüeñas concebí! ¡Qué felicidades me prometía!... ¡Celos! ¿Yo...? ¡En qué edad tengo celos! Vergüenza es... Pero esta inquietud que yo siento, esta indignación, estos deseos de venganza, ¿de qué provienen? ¿Cómo he de llamarlos? Otra vez parece que... *(Advirtiendo que suena un ruido en la puerta del cuarto de* DOÑA FRANCISCA, *se retira a un extremo del teatro.)* Sí.

ESCENA V

RITA, DON DIEGO, SIMÓN

RITA

Ya se han ido... (RITA *observa y escucha, asómase después a la ventana, y busca la carta por el suelo.)* ¡Válgame Dios!... El papel estará muy bien escrito, pero el señor don Félix es un grandísimo picarón... ¡Pobrecita de mi alma!... Se muere sin remedio... Nada, ni perros parecen por la calle... ¡Ojalá no los hubiéramos conocido! ¿Y este maldito papel? Pues buena la hiciéramos si no pareciese... ¿Qué dirá? Mentiras, mentiras y todo mentira.

SIMÓN

Ya tenemos luz.

(Sale con la luz. RITA *se sorprende.)*

RITA

¡Perdida soy!

DON DIEGO

¡Rita! ¿Pues tú aquí? *(Acercándose.)*

RITA

Sí, señor, porque...

DON DIEGO

¿Qué buscas a estas horas?

RITA

Buscaba... Yo le diré a usted... Porque oímos un ruido tan grande...

SIMÓN

¿Sí, eh?

RITA

Cierto... Un ruido, y... mire usted *(Alza la jaula, que está en el suelo),* era la jaula del tordo... Pues la jaula era, no tiene duda... ¡Válgate Dios! ¿Se habrá muerto? No, vivo está, vaya... Algún gato habrá sido... Preciso.

SIMÓN

Sí, algún gato.

RITA

¡Pobre animal! ¡Y qué asustadillo se conoce que está todavía!

SIMÓN

Y con mucha razón... ¿No te parece, si le hubiera pillado el gato?...

RITA

Se le hubiera comido.

(Cuelga la jaula de un clavo que habrá en la pared.)

SIMÓN

Y sin pebre[1]... ni plumas hubiera dejado.

DON DIEGO

Tráeme esa luz.

RITA

¡Ah! Deje usted, encenderemos ésta *(Enciende la vela que está sobre la mesa),* que ya, lo que no se ha dormido...

DON DIEGO

Y doña Paquita, ¿duerme?

RITA

Sí, señor.

SIMÓN

Pues mucho es que con el ruido del tordo...

DON DIEGO

Vamos.

(DON DIEGO *se entra en su cuarto.* SIMÓN *se va con él, llevándose una de las luces.)*

ESCENA VI

DOÑA FRANCISCA, RITA

DOÑA FRANCISCA

(Saliendo de su cuarto.) ¿Ha parecido el papel?

RITA

No, señora.

DOÑA FRANCISCA

¿Y estaban aquí los dos cuando tú saliste?

[1] *Pebre,* «cierta especie de salsa, que se hace para sazonar algunas viandas; y se compone de pimienta, azafrán, clavos y otras especies». Dic. Aut.

RITA

Yo no lo sé. Lo cierto es que el criado sacó una luz y me hallé de repente, como por máquina entre él y su amo, sin poder escapar, ni saber qué disculpas darles.

(RITA *coge la luz y vuelve a buscar la carta cerca de la ventana.)*

DOÑA FRANCISCA

Ellos eran, sin duda... Aquí estarían cuando yo hablé desde la ventana... ¿Y ese papel?...

RITA

Yo no lo encuentro, señorita.

DOÑA FRANCISCA

Le tendrán ellos, no te canses... Si es lo único que faltaba a mi desdicha... No le busques. Ellos le tienen.

RITA

A lo menos por aquí...

DOÑA FRANCISCA

¡Yo estoy loca! *(Siéntase.)*

RITA

Sin haberse explicado este hombre, ni decir siquiera...

DOÑA FRANCISCA

Cuando iba a hacerlo me avisaste, y fue preciso retirarnos... ¿Pero sabes tú con qué temor me habló, qué agitación mostraba? Me dijo que en aquella carta vería yo los motivos justos que le precisaban a volverse; que la había escrito para dejársela a persona fiel, que la pusiera en mis manos, suponiendo que el verme sería imposible. Todo engaños, Rita, de un hombre aleve, que prometió lo que no pensaba cumplir... Vino, halló un competidor, y diría: «Pues yo, para qué he de molestar a nadie, ni hacerme ahora defensor de una mujer?... ¡Hay tantas mujeres! Cásenla... Yo nada pierdo... Primero es mi tranquilidad que la vida de esa infeliz». ¡Dios mío, perdón!... ¡Perdón de haberle querido tanto!

RITA

¡Ay, señorita *(Mirando hacia el cuarto de* DON DIEGO), que parece que sale ya!

DOÑA FRANCISCA

No importa, déjame.

RITA

Pero si don Diego la ve a usted de esa manera...

DOÑA FRANCISCA

Si todo se ha perdido ya, ¿qué puedo temer? ¿Y piensas tú que tengo alientos para levantarme?... Que venga, nada importa.

ESCENA VII

DON DIEGO, SIMÓN, DOÑA FRANCISCA, RITA...

SIMÓN

Voy enterado, no es menester más.

DON DIEGO

Mira, y haz que ensillen inmediatamente al *Moro,* mientras tú vas allá. Si han salido, vuelves, montas a caballo, y en una buena carrera que des los alcanzas... ¿Los dos aquí, eh?... Conque vete, no se pierda tiempo.

(Después de hablar los dos, inmediatos a la puerta del cuarto de DON DIEGO, *se va* SIMÓN *por la del foro.)*

SIMÓN

Voy allá.

DON DIEGO

Mucho se madruga, doña Paquita.

DOÑA FRANCISCA

Sí, señor.

DON DIEGO

¿Ha llamado ya doña Irene?

DOÑA FRANCISCA

No, señor... Mejor es que vayas allá, por si ha despertado y se quiere vestir.

(RITA *se va al cuarto de* DOÑA IRENE.)

ESCENA VIII

DON DIEGO, DOÑA FRANCISCA

DON DIEGO
¿Usted no habrá dormido bien esta noche?

DOÑA FRANCISCA
No, señor ¿Y usted?

DON DIEGO
Tampoco.

DOÑA FRANCISCA
Ha hecho demasiado calor.

DON DIEGO
¿Está usted desazonada?

DOÑA FRANCISCA
Alguna cosa.

DON DIEGO
¿Qué siente usted?

(Siéntase junto a DOÑA FRANCISCA.)

DOÑA FRANCISCA
No es nada... Así, un poco de... Nada..., no tengo nada.

DON DIEGO
Algo será, porque la veo a usted muy abatida, llorosa, inquieta... ¿Qué tiene usted, Paquita? ¿No sabe usted que la quiero tanto?

DOÑA FRANCISCA
Sí, señor.

DON DIEGO
¿Pues por qué no hace más confianza de mí? ¿Piensa usted que no tendré yo mucho gusto en hallar ocasiones de complacerla?

DOÑA FRANCISCA
Ya lo sé.

DON DIEGO
¿Pues cómo, sabiendo que tiene usted un amigo, no desahoga con él su corazón?

DOÑA FRANCISCA
Porque eso mismo me obliga a callar.

DON DIEGO
Eso quiere decir que tal vez no soy la causa de su pesadumbre de usted.

DOÑA FRANCISCA
No señor. Usted en nada me ha ofendido... No es de usted de quien yo me debo quejar.

DON DIEGO
¿Pues de quién es, hija mía?... Venga usted acá... *(Acércase más.)* Hablemos siquiera una vez sin rodeos ni disimulación. Dígame usted: ¿no es cierto que usted mira con algo de repugnancia este casamiento que se la propone? ¿Cuánto va que si la dejasen a usted entera libertad para la elección, no se casaría conmigo?

DOÑA FRANCISCA
Ni con otro.

DON DIEGO
¿Será posible que usted no conozca otro más amable que yo, que la quiera bien y que la corresponda como usted merece?

DOÑA FRANCISCA
No, señor; no, señor.

DON DIEGO
Mírelo usted bien.

DOÑA FRANCISCA
¿No le digo a usted que no?

DON DIEGO
¿Y he de creer, por dicha, que conserve usted tal inclinación al retiro en que se ha criado; que prefiera la austeridad del convento a una vida más...?

DOÑA FRANCISCA
Tampoco; no, señor... Nunca he pensado así.

DON DIEGO
No tengo empeño de saber más... Pero de todo lo que acabo de oír resulta una gravísima contradicción. Usted no se halla inclinada al estado religioso, según parece. Usted me asegura que no tiene

queja ninguna de mí, que está persuadida de lo mucho que la estimo, que no piensa casarse con otro, ni debo recelar que nadie me dispute su mano... Pues ¿qué llanto es ése? ¿De dónde nace esa tristeza profunda, que en tan poco tiempo ha alterado su semblante de usted, en términos que apenas le reconozco? ¿Son éstas las señales de quererme exclusivamente a mí, de casarse gustosa conmigo dentro de pocos días?; ¿se anuncian así la alegría y el amor?

(Vase iluminando lentamente el teatro, suponiendo que viene la luz del día.)

DOÑA FRANCISCA
¿Y qué motivos le he dado a usted para tales desconfianzas?

DON DIEGO
¿Pues qué? Si yo prescindo de estas consideraciones, si apresuro las diligencias de nuestra unión, si su madre de usted sigue aprobándola y llega el caso de...

DOÑA FRANCISCA
Haré lo que mi madre me manda, y me casaré con usted.

DON DIEGO
¿Y después, Paquita?

DOÑA FRANCISCA
Después..., y mientras me dure la vida, seré mujer de bien.

DON DIEGO
Eso no lo puedo yo dudar... Pero si usted me considera como el que ha de ser hasta la muerte su compañero y su amigo, dígame usted: esos títulos, ¿no me dan algún derecho para merecer de usted mayor confianza? ¿No he de lograr que usted me diga la causa de su dolor? Y no para satisfacer una impertinente curiosidad, sino para emplearme todo en su consuelo, en mejorar su suerte, en hacerla dichosa, si mi conato y mis diligencias pudiesen tanto.

DOÑA FRANCISCA
¡Dichas para mí!... Ya se acabaron.

DON DIEGO
¿Por qué?

DOÑA FRANCISCA
Nunca diré por qué.

DON DIEGO
Pero ¡qué obstinado, qué imprudente silencio!... Cuando usted misma debe presumir que no estoy ignorante de lo que hay!

DOÑA FRANCISCA
Si usted lo ignora, señor don Diego, por Dios, no finja que lo sabe; y si en efecto lo sabe usted, no me lo pregunte.

DON DIEGO
Bien está. Una vez que no hay nada que decir, que esa aflicción y esas lágrimas son voluntarias, hoy llegaremos a Madrid, y dentro de ocho días será usted mi mujer.

DOÑA FRANCISCA
Y daré gusto a mi madre.

DON DIEGO
Y vivirá usted infeliz.

DOÑA FRANCISCA
Ya lo sé.

DON DIEGO
Ve aquí los frutos de la educación. Esto es lo que se llama criar bien a una niña; enseñarla a que desmienta y oculte las pasiones más inocentes con una pérfida disimulación. Las juzgan honestas luego que las ven instruídas en el arte de callar y mentir. Se obstinan en que el temperamento, la edad, ni el genio no han de tener influencia alguna en sus inclinaciones, o en que su voluntad ha de torcerse al capricho de quien las gobierna. Todo se las permite, menos la sinceridad. Con tal que no digan lo que sienten, con tal que finjan aborrecer lo que más desean, con tal que se presten a pronunciar, cuando se lo

manden, un sí perjuro, sacrílego, origen de tantos escándalos, ya están bien criadas; y se llama excelente educación la que inspira en ellas el temor, la astucia y el silencio de un esclavo.

DOÑA FRANCISCA
Es verdad... Todo eso es cierto... Eso exigen de nosotras, eso aprendemos en la escuela que se nos da... Pero el motivo de mi aflicción es mucho más grande.

DON DIEGO
Sea cual fuere, hija mía, es menester que usted se anime... Si la ve a usted su madre de esa manera, ¿qué ha de decir?... Mire usted que ya parece que se ha levantado.

DOÑA FRANCISCA
¡Dios mío!

DON DIEGO
Sí, Paquita; conviene mucho que usted vuelva un poco sobre sí... No abandonarse tanto... Confianza en Dios... Vamos, que no siempre nuestras desgracias son tan grandes como la imaginación las pinta... ¡Mire usted qué desorden éste! ¡Qué agitación! ¡Qué lágrimas! Vaya, ¿me da usted palabra de presentarse así... con cierta serenidad y..., eh?

DOÑA FRANCISCA
Y usted, señor... Bien sabe el genio de mi madre. Si usted no me defiende, ¿a quién he de volver los ojos? ¿Quién tendrá compasión de esta desdichada?

DON DIEGO
Su buen amigo de usted... Yo... ¿Cómo es posible que yo la abandone, ¡criatura!, en la situación dolorosa en que la veo?

(Asiéndola de las manos.)

DOÑA FRANCISCA
¿De veras?

DON DIEGO
Mal conoce usted mi corazón.

DOÑA FRANCISCA
Bien le conozco.

(Quiere arrodillarse, DON DIEGO *se lo estorba, y ambos se levantan.)*

DON DIEGO
¿Qué hace usted, niña?

DOÑA FRANCISCA
Yo no sé... ¡Qué poco merece toda esa bondad una mujer tan ingrata para con usted!... No, ingrata, no; infeliz... ¡Ay, qué infeliz soy, señor don Diego!

DON DIEGO
Yo bien sé que usted agradece como puede el amor que la tengo... Lo demás todo ha sido... ¿qué sé yo?... una equivocación mía, y no otra cosa... Pero usted, ¡inocente!, usted no ha tenido la culpa.

DOÑA FRANCISCA
Vamos... ¿No viene usted?

DON DIEGO
Ahora no, Paquita. Dentro de un rato iré por allá.

DOÑA FRANCISCA
Vaya usted presto.

(Encaminándose al cuarto de DOÑA IRENE, *vuelve y se despide de* DON DIEGO *besándole las manos.)*

DON DIEGO
Sí, presto iré.

ESCENA IX

SIMÓN, DON DIEGO

SIMÓN
Ahí están, señor.

DON DIEGO
¿Qué dices?

SIMÓN
Cuando yo salía de la puerta los vi a lo lejos, que iban ya de camino. Empecé a dar voces y hacer señas con el pañuelo; se detuvieron y, apenas llegué, le dije al señorito lo que usted mandaba, volvió las riendas, y está abajo. Le encargué que no subiera hasta que le avisara yo, por si acaso había gente aquí, y usted no quería que le viesen.

DON DIEGO
¿Y qué dijo cuando le diste el recado?

SIMÓN
Ni una sola palabra... Muerto viene. Y digo, ni una sola palabra... A mí me ha dado compasión el verle así tan...

DON DIEGO
No me empieces ya a interceder por él.

SIMÓN
¿Yo, señor?

DON DIEGO
Sí, que no te entiendo yo... ¡Compasión!... Es un pícaro...

SIMÓN
Como yo no sé lo que ha hecho...

DON DIEGO
Es un bribón, que me ha de quitar la vida... Ya te he dicho que no quiero intercesores.

SIMÓN
Bien está, señor.

(Vase por la puerta del foro. DON DIEGO *se sienta, manifestando inquietud y enojo.)*

DON DIEGO
Dile que suba.

ESCENA X

DON DIEGO, DON CARLOS

DON DIEGO
Venga usted acá, señorito, venga usted... ¿En dónde has estado desde que no nos vemos?

DON CARLOS
En el mesón de afuera.

DON DIEGO
¿Y no has salido de allí en toda la noche, eh?

DON CARLOS
Sí, señor; entré en la ciudad, y...

DON DIEGO
¿A qué?... Siéntese usted.

DON CARLOS
Tenía precisión de hablar con un sujeto... *(Siéntase.)*

DON DIEGO
¡Precisión!

DON CARLOS
Sí, señor... Le debo muchas atenciones, y no era posible volverme a Zaragoza sin estar primero con él.

DON DIEGO
Ya. En habiendo tantas obligaciones de por medio... Pero venirle a ver a las tres de la mañana, me parece mucho desacuerdo... ¿Por qué no le escribiste un papel?... Mira, aquí he de tener... Con este papel que le hubieras enviado en mejor ocasión, no había necesidad de hacerle trasnochar, ni molestar a nadie.

(Dándole el papel que tiraron a la ventana. DON CARLOS, *luego que le reconoce, se le vuelve y se levanta en ademán de irse.)*

DON CARLOS
Pues si todo lo sabe usted, ¿para qué me llama? ¿Por qué no me permite seguir mi camino, y se evitaría una contestación de la cual ni usted ni yo quedaremos contentos?

DON DIEGO
Quiere saber su tío de usted lo que hay en esto, y quiere que usted se lo diga.

DON CARLOS
¿Para qué saber más?

DON DIEGO

Porque yo lo quiero y lo mando. ¡Oiga!

DON CARLOS

Bien está.

DON DIEGO

Siéntate ahí... *(Siéntase* DON CARLOS.*)* ¿En dónde has conocido a esa niña?... ¿Qué amor es éste? ¿Qué circunstancias han ocurrido?... ¿Qué obligaciones hay entre los dos? ¿Dónde, cuándo la viste?

DON CARLOS

Volviéndome a Zaragoza, el año pasado, llegué a Guadalajara sin ánimo de detenerme; pero el intendente, en cuya casa de campo nos apeamos, se empeñó en que había de quedarme allí todo el día, por ser cumpleaños de su parienta, prometiéndome que al siguiente me dejaría proseguir mi viaje. Entre las gentes convidadas hallé a doña Paquita, a quien la señora había sacado aquel día del convento, para que se esparciese un poco... Yo no sé qué vi en ella que excitó en mí una inquietud, un deseo constante, irresistible, de mirarla, de oírla, de hallarme a su lado, de hablar con ella, de hacerme agradable a sus ojos... El intendente dijo, entre otras cosas..., burlándose..., que yo era muy enamorado, y le ocurrió fingir que me llamaba don Félix de Toledo. Yo sostuve esta ficción, porque desde luego concebí la idea de permanecer algún tiempo en aquella ciudad, evitando que llegase a noticia de usted... Observé que doña Paquita me trató con un agrado particular, y cuando por la noche nos separamos, yo me quedé lleno de vanidad y de esperanzas, viéndome preferido a todos los concurrentes de aquel día, que fueron muchos. En fin... Pero no quisiera ofender a usted refiriéndole...

DON DIEGO

Prosigue.

DON CARLOS

Supe que era la hija de una señora de Madrid, viuda pobre, pero de gente muy honrada... Fue necesario fiar de mi amigo los proyectos de amor que me obligaban a quedarme en su compañía; y él, sin aplaudirlos ni desaprobarlos, halló disculpas, las más ingeniosas, para que ninguno de su familia extrañara mi detención. Como su casa de campo está inmediata a la ciudad, fácilmente iba y venía de noche... Logré que doña Paquita leyese algunas cartas mías, y con las pocas respuestas que de ella tuve, acabé de precipitarme en una pasión que mientras viva me hará infeliz.

DON DIEGO

Vaya... Vamos, sigue adelante.

DON CARLOS

Mi asistente (que, como usted sabe, es hombre de travesura y conoce el mundo), con mil artificios que a cada paso le ocurrían, facilitó los muchos estorbos que al principio hallábamos... La seña era dar tres palmadas, a las cuales respondían con otras tres desde una ventanilla que daba al corral de las monjas. Hablábamos todas las noches, muy a deshora, con el recato y las precauciones que ya se dejan entender... Siempre fui para ella don Félix de Toledo, oficial de un regimiento, estimado de mis jefes y hombre de honor. Nunca la dije más ni la hablé de mis parientes ni de mis esperanzas, ni la di a entender que casándose conmigo podía aspirar a mejor fortuna; porque ni me convenía nombrarle a usted, ni quise exponerla a que las miras de interés, y no el amor, la inclinasen a favorecerme. De cada vez la hallé más fina, más hermosa, más digna de ser adorada... Cerca de tres meses me detuve allí; pero al fin era necesario separarnos y una noche funesta me despedí, la dejé rendida a un desmayo mortal, y que me fui ciego de amor adonde mi obligación me llamaba... Sus cartas consolaron por algún tiempo mi ausencia triste, y en una que recibí pocos días ha me dijo cómo su madre trataba de casarla, que primero perdería la vida que dar su mano a otro que a mí: me acordaba mis juramentos, me exhortaba a cumplirlos... Monté a caballo, corrí precipitado el camino, llegué a Guadalajara, no la encontré, vine aquí... Lo demás bien lo sabe usted, no hay para qué decírselo.

DON DIEGO

¿Y qué proyectos eran los tuyos en esta venida?

DON CARLOS

Consolarla, jurarla de nuevo un eterno amor: pasar a Madrid, verle a usted, echarme a sus pies, referirle todo lo ocurrido, y pedirle, no riquezas, ni herencias, ni protecciones, ni... eso no... Sólo su consentimiento y su bendición para verificar un enlace tan suspirado, en que ella y yo fundábamos nuestra felicidad.

DON DIEGO

Pues ya ves, Carlos, que es tiempo de pensar de muy otra manera.

DON CARLOS

Sí, señor.

DON DIEGO

Si tú la quieres, yo la quiero también. Su madre y toda la familia aplaude este casamiento. Ella... y sean las que fueren las promesas que a ti te hizo..., ella misma, no ha media hora, me ha dicho que está pronta a obedecer a su madre y darme la mano, así que...

DON CARLOS

Pero no el corazón. *(Levántase.)*

DON DIEGO

¿Qué dices?

DON CARLOS

No, eso no... Sería ofenderla... Usted celebrará siempre como conviene a su honestidad y a su virtud; pero yo he sido el primero, el único objeto de su cariño; lo soy, y lo seré... Usted se llamará su marido; pero si alguna o muchas veces la sorprende, y ve sus hermosos ojos inundados en lágrimas, por mí las vierte... No la pregunte jamás el motivo de su melancolía... Yo, yo seré la causa... Los suspiros, que en vano procurará reprimir, serán finezas dirigidas a un amigo ausente.

DON DIEGO

¿Qué temeridad es ésa?

(Se levanta con mucho enojo, encaminándose hacia DON CARLOS, *el cual se va retirando.)*

DON CARLOS

Ya se lo dije a usted... Es imposible que yo hablase una palabra sin ofenderle... Pero acabemos esta odiosa conversación... Viva usted feliz, y no me aborrezca, que yo en nada le he querido disgustar... La prueba mayor que yo puedo darle de mi obediencia y mi respeto, es la de salir de aquí inmediatamente... Pero no se me niegue a lo menos el consuelo de saber que usted me perdona.

DON DIEGO

¿Con que, en efecto te vas?

DON CARLOS

Al instante, señor... Y esta ausencia será bien larga.

DON DIEGO

¿Por qué?

DON CARLOS

Porque no me conviene verla en mi

vida... Si las voces que corren de una próxima guerra se llegaran a verificar... entonces...

DON DIEGO

¿Qué quieres decir?

(Asiendo de un brazo a DON CARLOS, *le hace venir más adelante.)*

DON CARLOS

Nada... Que apetezco la guerra, porque soy soldado.

DON DIEGO

¡Carlos!... ¡Qué horror!... ¿Y tienes corazón para decírmelo?

DON CARLOS

Alguien viene... *(Mirando con inquietud hacia el cuarto de* DOÑA IRENE, *se desprende de* DON DIEGO *y hace ademán de irse por la puerta del foro.* DON DIEGO *va detrás de él y quiere impedírselo.)* Tal vez será ella... Quede usted con Dios.

DON DIEGO

¿A dónde vas?... No, señor, no has de irte.

DON CARLOS

Es preciso... Yo no he de verla... Una sola mirada nuestra pudiera causarle a usted inquietudes crueles.

DON DIEGO

Ya he dicho que no ha de ser... Entra en ese cuarto.

DON CARLOS

Pero si...

DON DIEGO

Haz lo que te mando.

(Éntrase DON CARLOS *en el cuarto de* DON DIEGO.*)*

ESCENA XI

DOÑA IRENE, DON DIEGO

DOÑA IRENE

Conque, señor don Diego, ¿es ya la de vámonos?... Buenos días... *(Apaga la luz que está sobre la mesa.)* ¿Reza usted?

DON DIEGO

Sí, para rezar estoy ahora.

(Paseándose con inquietud.)

DOÑA IRENE

Si usted quiere, ya pueden ir disponiendo el chocolate, y que avisen al mayoral para que enganchen, luego que... Pero, ¿qué tiene usted, señor?... ¿Hay alguna novedad?

DON DIEGO

Sí, no deja de haber novedades.

DOÑA IRENE

Pues ¿qué?... Dígalo usted, por Dios... ¡Vaya, vaya!... No sabe usted lo asustada que estoy... Cualquiera cosa, así, repentina, me remueve toda y me... Desde el último mal parto que tuve quedé tan sumamente delicada de los nervios... Y ya va para diez y nueve años, si no son veinte; pero desde entonces, ya digo, cualquiera friolera me trastorna... Ni los baños, ni caldos de culebra, ni la conserva de tamarindos, nada me ha servido; de manera que...

DON DIEGO

Vamos; ahora no hablemos de malos partos, ni de conservas... Hay otra cosa más importante de qué tratar... ¿Qué hacen esas muchachas?

DOÑA IRENE

Están recogiendo la ropa y haciendo el cofre, para que todo esté a la vela, y no haya detención.

DON DIEGO

Muy bien. Siéntese usted... Y no hay que asustarse ni alborotarse *(Siéntanse los dos.)* por nada de lo que diga; y cuenta no nos abandone el juicio cuando más le necesitamos... Su hija de usted está enamorada.

DOÑA IRENE

¿Pues no lo he dicho yo mil veces? Sí,

señor, que lo está, y bastaba que yo se lo dijese para que...

DON DIEGO

¡Este vicio maldito de interrumpir a cada paso! Déjeme usted hablar.

DOÑA IRENE

Bien, vamos; hable usted.

DON DIEGO

Está enamorada; pero no está enamorada de mí.

DOÑA IRENE

¿Qué dice usted?

DON DIEGO

Lo que usted oye.

DOÑA IRENE

Pero ¿quién le ha contado a usted esos disparates?

DON DIEGO

Nadie. Yo lo sé, yo lo he visto, nadie me lo ha contado, y cuando se lo digo a usted, bien seguro estoy de que es verdad... Vaya, ¿qué llanto es ése?

DOÑA IRENE

(Llora.) ¡Pobre de mí!

DON DIEGO

¿A qué viene eso?

DOÑA IRENE

¡Porque me veo sola y sin medios, y porque soy una pobre viuda, parece que todos me desprecian y se conjuran contra mí!

DON DIEGO

Señora doña Irene...

DOÑA IRENE

Al cabo de mis años y de mis achaques, verme tratada de esta manera, como un estropajo, como una puerca cenicienta, vamos al decir... ¿Quién lo creyera de usted?... ¡Válgame Dios!... ¡Si vivieran mis tres difuntos!... Con el último difunto que viviera, que tenía un genio como una serpiente...

DON DIEGO

Mire usted, señora, que se me acaba ya la paciencia.

DOÑA IRENE

Que lo mismo era replicarle, que se ponía hecho una furia del infierno, y un día del Corpus, yo no sé por qué friolera, hartó de mojicones a un comisario ordenador, y si no hubiera sido por dos padres del Carmen, que se pusieron de por medio, le estrella contra un poste en los portales de Santa Cruz.

DON DIEGO

¿Pero es posible que no ha de atender usted a lo que voy a decirla?

DOÑA IRENE

¡Ay!, no, señor; que bien lo sé, que no tengo pelo de tonta, no, señor... Usted ya no quiere a la niña, y busca pretextos para zafarse de la obligación en que está... ¡Hija de mi alma y de mi corazón!

DON DIEGO

Señora doña Irene, hágame usted el gusto de oírme, de no replicarme, de no decir despropósitos, y luego que usted sepa lo que hay, llore y gima, y grite, y diga cuanto quiera... Pero, entretanto, no me apure usted el sufrimiento, por amor de Dios.

DOÑA IRENE

Diga usted lo que le dé la gana.

DON DIEGO

Que no volvamos a llorar, y a...

DOÑA IRENE

No señor, yo no lloro.

(Enjugándose las lágrimas con un pañuelo.)

DON DIEGO

Pues hace ya cosa de un año, poco más o menos, doña Paquita tiene otro amante. Se han hablado muchas veces, se han escrito, se han prometido amor, fidelidad, constancia... Y por último, existe en ambos una pasión tan fina, que las dificultades y la ausencia, lejos de disminuirla, han contribuido eficazmente a hacerla mayor. En este supuesto...

DOÑA IRENE

¿Pero no conoce usted, señor, que todo es un chisme inventado por alguna mala lengua, que no nos quiere bien?

DON DIEGO

Volvemos otra vez a lo mismo... No, señora, no es chisme. Repito de nuevo que lo sé.

DOÑA IRENE

¿Qué ha de saber usted, señor, ni qué traza tiene eso de verdad? ¡Conque la hija de mis entrañas, encerrada en un convento..., ayunando los siete viernes, acompañada de aquellas santas religiosas!... Ella, que no sabe lo que es mundo, que no ha salido todavía del cascarón, como quien dice... Bien se conoce que no sabe usted el genio que tiene Circuncisión... ¡Pues bonita es ella para haber disimulado a su sobrina el menor desliz!

DON DIEGO

Aquí no se trata de ningún desliz, señora doña Irene, que se trata de una inclinación honesta, de la cual hasta ahora no habíamos tenido antecedente alguno. Su hija de usted es una niña muy honrada, y no es capaz de deslizarse... Lo que digo es que la madre Circuncisión, y la Soledad, y la Candelaria, y todas las madres y usted y yo el primero, nos hemos equivocado solemnemente. La muchacha se quiere casar con otro, y no conmigo. Hemos llegado tarde; usted ha contado muy de ligero con la voluntad de su hija. Vaya, ¿para qué es cansarnos? Lea usted ese papel, y verá si tengo razón.

(Saca el papel de DON CARLOS *y se le da.* DOÑA IRENE, *sin leerle, se levanta muy agitada, se acerca a la puerta de su cuarto y llama. Levántase* DON DIEGO *y procura en vano contenerla.)*

DOÑA IRENE

¡Yo he de volverme loca!... ¡Francisquita!... ¡Virgen del Tremedal!... ¡Rita! ¡Francisca!

DON DIEGO

Pero, ¿a qué es llamarlas?

DOÑA IRENE

Sí, señor; que quiero que venga y que se desengañe la pobrecita, de quién es usted.

DON DIEGO

Lo echó todo a rodar... Todo le puede a quien se fía de la prudencia de una mujer.

ESCENA XII

DOÑA FRANCISCA, RITA, DOÑA IRENE, DON DIEGO

(Salen DOÑA FRANCISCA y RITA de su cuarto)

RITA

¡Señora!

DOÑA FRANCISCA

¿Me llamaba usted?

DOÑA IRENE

Sí, hija, sí; porque el señor don Diego nos trata de un modo que no se puede aguantar. ¿Qué amores tienes, niña? ¿A quién has dado palabra de matrimonio? ¿Qué enredos son éstos?... Y tú, picarona... Pues tú también lo has de saber... Por fuerza lo sabes... ¿Quién ha escrito este papel? ¿Qué dice?...

(Presentando el papel abierto a DOÑA FRANCISCA.*)*

RITA

(Aparte a DOÑA FRANCISCA.) Su letra es.

DOÑA FRANCISCA

¡Qué maldad!... Señor don Diego, ¿así cumple usted su palabra?

DON DIEGO

Bien sabe Dios que no tengo la culpa... Venga usted aquí... *(Asiendo de una mano a* DOÑA FRANCISCA, *la pone a su lado.)* No hay que temer... Y usted, señora, escuche y calle, y no me ponga en términos de hacer un desatino... Déme usted ese papel... *(Quitándole el papel.)* Paquita, ya se acuerda usted de las tres palmadas de esta noche.

DOÑA FRANCISCA

Mientras viva me acordaré.

DON DIEGO

Pues éste es el papel que tiraron a la ventana. No hay que asustarse, ya lo he dicho *(Lee.)* «Bien mío: si no consi»go hablar con usted, haré lo posible »para que llegue a sus manos esta car»ta. Apenas me separé de usted, encon»tré en la posada al que llamaba mi »enemigo, y al verle no sé cómo no ex»piré de dolor. Me mandó que saliera »inmediatamente de la ciudad, y fue »preciso obedecerle. Yo me llamo don »Carlos, no don Félix. Don Diego es mi »tío. Viva dichosa, y olvide para siem»pre a su infeliz amigo.—*Carlos de Ur»bina.*»

DOÑA IRENE

¿Conque hay eso?

DOÑA FRANCISCA

¡Triste de mí!

DOÑA IRENE

¿Conque es verdad lo que decía el señor, grandísima picarona? Te has de acordar de mí.

(Se encamina hacia DOÑA FRANCISCA, *muy colérica, y en ademán de querer maltratarla.* RITA *y* DON DIEGO *procuran estorbarlo.)*

DOÑA FRANCISCA

¡Madre!... ¡Perdón!

DOÑA IRENE

No, señor; que la he de matar.

DON DIEGO

¿Qué locura es esta?

DOÑA IRENE

He de matarla.

ESCENA XIII

DON CARLOS, DON DIEGO, DOÑA IRENE, DOÑA FRANCISCA, RITA

DON CARLOS

Eso no... Delante de mí, nadie ha de ofenderla.

(Sale DON CARLOS *del cuarto precipitadamente, coge de un brazo a* DOÑA FRANCISCA, *se la lleva hacia el fondo del teatro y se pone delante de ella para defenderla.* DOÑA IRENE *se asusta y se retira.)*

DOÑA FRANCISCA

¡Carlos!

DON CARLOS

Disimule. *(Acercándose a* DON DIEGO.*)* usted mi atrevimiento... He visto que la insultaban, y no me he sabido contener.

DOÑA IRENE

¿Qué es lo que sucede? ¡Dios mío!... ¿Quién es usted?... ¿Qué acciones son estas?... ¡Qué escándalo!

DON DIEGO

Aquí no hay escándalos... Ese es de quién su hija de usted está enamorada. Separarlos y matarlos viene a ser lo mismo... Carlos... No importa... Abraza a tu mujer...

(DON CARLOS *va adonde está* DOÑA FRANCISCA. *Se abrazan, y ambos se arrodillan a los pies de* DON DIEGO.)

DOÑA IRENE

¿Conque su sobrino de usted?...

Don Diego

Sí, señora, mi sobrino; que con sus palmadas, su música, su papel me ha dado la noche más terrible que he tenido en mi vida... ¿Qué es esto, hijos míos, qué es esto?

Doña Francisca

¿Conque usted nos perdona y nos hace felices?

Don Diego

Sí, prendas de mi alma... Sí.

(Los hace levantar con expresiones de ternura.)

Doña Irene

¿Y es posible que usted se determine a hacer un sacrificio?...

Don Diego

Yo pude separarlos para siempre, y gozar tranquilamente la posesión de esta niña amable; pero mi conciencia no lo sufre... ¡Carlos!... ¡Paquita!... ¡Qué dolorosa impresión me deja en el alma el esfuerzo que acabo de hacer!... Porque, al fin, soy hombre miserable y débil.

Don Carlos

(Besándole las manos.) Si nuestro amor, nuestro agradecimiento pueden bastar a consolar a usted en tanta pérdida...

Doña Irene

¡Conque el bueno de Don Carlos! *Vaya,* que...

Don Diego

El y su hija de usted estaban locos de amor, mientras usted y las tías fundaban castillos en el aire, y me llenaban la cabeza de ilusiones, que han desaparecido como un sueño... Esto resulta del abuso de autoridad, de la opresión que la juventud padece; éstas son las seguridades que dan los padres y los tutores, y esto es lo que se debe fiar en el sí de las niñas... Por una casualidad he sabido a tiempo el error en que estaba. ¡Ay de aquéllos que lo saben tarde!

Doña Irene

En fin, Dios los haga buenos, y que por muchos años se gocen... Venga usted acá, señor, venga usted, que quiero abrazarle. *(Abrazándose* Don Carlos *y* Doña Irene. Doña Francisca *se arrodilla y besa la mano a su madre.)* Hija, Francisquita. ¡Vaya! Buena elección has tenido... Cierto que es un mozo muy galán... Morenillo, pero que tiene un mirar de ojos muy hechicero.

Rita

Sí, dígaselo usted, que no lo ha reparado la niña... Señorita, un millón de besos.

(Doña Francisca *y* Rita *se besan, manifestando mucho contento.)*

Doña Francisca

¿Pero ves qué alegría tan grande?... ¡Y tú, tú, como me quieres tanto!... Siempre serás mi amiga.

Don Diego

Paquita, hermosa *(Abraza a* Doña Francisca), recibe los primeros abrazos de tu nuevo padre... No temo yo la soledad terrible que amenazaba mi vejez... Vosotros *(Asiendo a* Don Carlos.), seréis la delicia de mi corazón, y el primer fruto de vuestro amor... sí hijos, aquel... no hay remedio, aquél es para mí. Y cuando le acaricie en mis brazos, podré decir: «a mí me debe su existencia este niño inocente: si sus padres viven, si son felices, yo he sido la causa».

Don Carlos

¡Bendita sea tanta bondad!

Don Diego

Hijos, bendita sea la de Dios.

4 Manuel José Quintana
(1772 - 1857)

Quintana es un poeta atrapado entre dos corrientes estéticas antagónicas; el Neoclasicismo, que transcurre con el siglo XVIII y el Romanticismo que se estrena con el XIX. La vida y la obra del «poeta civil» por excelencia de España, son una síntesis de esos dos períodos, aunque por su formación y estilo debe inscribirse en el primero. Fue, como Jovellanos, funcionario público de importancia, llegando a ocupar los cargos de agente fiscal de la Junta Central de Comercio, y secretario de Interpretación de Lenguas. A pesar de su afrancesamiento, de su devoción por Meléndez y de su irreprimible liberalismo, al producirse la invasión napoleónica optó por combatir al extranjero. No obstante, al reinstaurarse en España el absolutismo, durante el reinado de Fernando VII, Quintana fue encarcelado y luego condenado a diez años de exilio y cuatro de prisión. La sentencia se redujo a seis años de presidio y confiscación de todas sus posesiones. Siguiendo los vaivenes de su patria, en 1820 recobró su libertad y propiedades con el movimiento que dio al traste con Fernando VII; perdiendo estas últimas otra vez con la restauración del tirano en 1823.

Mientras vivió «el Deseado», no terminaron las penurias de Quintana. Cuando éste murió y le sucedió en el trono Isabel II, recobró Quintana el favor oficial. En 1855 Isabel II le coronó «monarca de los poetas españoles» en ceremonia pública. Viejo y pobre, a dos años de su muerte, Quintana tuvo la satisfacción de saberse acreedor del respeto y la admiración nacionales.

Su obra puede clasificarse en cuatro estamentos, siendo el primero el más importante y significativo: 1) **El poeta civil:** el autor de odas clásicas, transidas de patriotismo y de amor a la libertad, como **Al armamento de las provincias españolas contra los franceses** (1808); **A España después de la revolución de Marzo** (1808); **A la Paz entre España y Francia en 1795** (1797). 2) **El biógrafo:** el historiador ponderado y prosista cuidadoso autor de **Vidas de españoles célebres** (1807-1833), donde recoge estudios sobre el Cid, Guzmán el Bueno, Roger de Lauria, el Príncipe de Viana, Gonzalo de Córdoba, Vasco Núñez de Balboa, Pizarro, Alvaro de Luna y Bartolomé de las Casas. 3) **El Crítico,** autor de **Las Reglas del Drama** (1791), basada en **Art Poètique,** del francés Boileau (1674). 4) **El Trágico,** autor de dos tragedias de mérito: **El duque de Viseo** (1801) y **Pelayo** (1805).

Para sus poemas patrióticos Quintana se sirvió de un verbo enfático, bombástico, atronador. Sus odas son lecciones de retórica. Se trata de una poesía majestuosa y emotiva que pretendía enardecer a las masas. Ganarlas para una causa heroica. Todo ese efecto wagneriano de musicalidad, si bien puede ser, por excesivo, un lastre lamentable, ha servido, sin embargo, como embalsamador. En una época en las escuelas españolas se memorizaban las poesías de Quintana. Una vez sabidas nunca se olvidaban. El secreto es sencillo: el estrépito las mantenía clavadas en la memoria.

A España, después de la revolución de marzo

¿Qué era, decidme, la nación que un día
reina del mundo proclamó el destino,
la que en todas las zonas extendía
su cetro de oro y su blasón divino?
Volábase a Occidente,
y el vasto mar Atlántico sembrado
se hallaba de su gloria y su fortuna.
Doquiera España: en el preciado seno
de América, en el Asia, en los confines
del Africa, allí España. El soberano
vuelo de la atrevida fantasía
para abarcarla se cansaba en vano;
la tierra sus mineros [1] le rendía
sus perlas y coral el Océano,
y donde quier que revolver sus olas
él intentase, a quebrantar su furia
siempre encontraba costas españolas.

Ora en el cieno del oprobio hundida,
abandonada a la insolencia ajena,
como esclava en mercado, ya aguardaba
la dura argolla y la servil cadena.
¡Qué de plagas, oh Dios! Su aliento impuro,
la pestilente fiebre respirando,
infestó el aire, empoñozó la vida;

[1] *Mineros*: minas, yacimientos.

la hambre enflaquecida
tendió sus brazos lívidos, ahogando
cuanto el contagio perdonó; tres veces
de Jano[2] el templo abrimos,
y a la trompa de Marte aliento dimos;
tres veces, ¡ay!, los dioses tutelares
su escudo nos negaron, y nos vimos
rotos en tierras y rotos en los mares.
¿Qué en tanto tiempo viste
por tus inmensos términos, oh Iberia?
¿Qué viste ya sino funesto luto,
honda tristeza, sin igual miseria,
do tu vil servidumbre acerbo fruto?

Así, rota la vela, abierto el lado,
pobre bajel a naufragar camina,
de tormenta en tormenta despeñado,
por los yermos del mar, ya ni en su popa
las guirnaldas se ven que antes la ornaban,
ni en señal de esperanza y de contento
la flámula riendo al aire ondea.
Cesó en su dulce canto el pasajero,
ahogó su vocerío
el ronco marinero,
terror de muerte en torno le rodea,
terror de muerte silencioso y frío;
y él va a estrellarse al áspero bagío.

Llega el momento, en fin; tiende su mano
el tirano del mundo al occidente,
y fiero exclama: «El occidente es mío».
Bárbaro gozo en su ceñuda frente
resplandeció, como en el seno oscuro
de nube tormentosa en el estío
relámpago fugaz brilla un momento
que añade horror con su fulgor sombrío.
Sus guerreros feroces
con gritos de soberbia el viento llenan;
gimen los yunques, los martillos suenan,
arden las forjas. ¡Oh vergüenza! ¿Acaso
pensáis que espadas son para el combate
las que mueven sus manos codiciosas?
No en tanto os estiméis: grillos, esposas,

[2] *Jano*: divinidad romana, protectora de las puertas y de las entradas de la ciudad. Su templo permanecía abierto todo el tiempo que el ejército estaba en campaña.

cadenas son que en vergonzosos lazos
por siempre amarren tan inertes brazos.

Estremecióse España
del indigno rumor que cerca oía
y al grande impulso de su justa hazaña
rompió el volcán que en su interior hervía.
Sus déspotas antiguos,
consternados y pálidos se esconden;
resuena el eco de venganza en torno,
y del Tajo las márgenes responden:
«¡Venganza!» ¿Dónde están, sagrado río,
los colosos de oprobio y de vergüenza
que nuestro bien en su insolencia ahogaban?
Su gloria fue, nuestro esplendor comienza;
y tú, orgulloso y fiero
viendo que aún hay Castilla y castellanos,
precipitas al mar tus rubias ondas,
diciendo: «Ya acabaron los tiranos».

¡Oh triunfo, oh gloria! ¡Oh celestial momento!
¿Con qué puede ya dar el labio mío
el nombre augusto de la Patria al viento?
Yo lo daré; mas no en el arpa de oro
que mi cantar sonoro
acompañó hasta aquí; no aprisionado
en estrecho recinto, en que se apoca
el numen en el pecho
y el aliento fatídico en la boca.
Desenterrad la lira de Tirteo,[3]
y el aire abierto a la radiante lumbre
del Sol, en la alta cumbre
del riscoso y pinífero Fuenfría,
allí volaré yo y allí cantando
con voz que atruene en rededor la sierra,
lanzaré por los campos castellanos
los ecos de la gloria y de la guerra.
¡Guerra, nombre tremendo, ahora sublime,
único asilo y sacrosanto escudo
al ímpetu sañudo
del fiero Atila que en Occidente oprime!
¡Guerra, guerra, españoles!; en el Betis
ved del tercer Fernando[4] alzarse airada
la augusta sombra; su divina frente

[3] *Tirteo*: *Poeta griego.*
[4] *Fernando.* Alude a Fernando III, *el Santo,* conquistador de Sevilla.

muestra Gonzalo[5] en la imperial Granada;
blandir el Cid su centelleante espada,
y allá sobre los altos Pirineos,
del hijo de Gimena
animarse los miembros giganteos.
En torvo ceño y desdeñosa pena
ved cómo cruzan por los aires vanos;
y el valor exhalando que se encierra
dentro del hueco de sus tumbas frías,
en fiera y ronca voz pronuncian: «¡Guerra!».

¡Pues qué! ¿Con faz serena
viereis los campos devastar ópimos,
eterno objeto de ambición ajena,
herencia inmensa que afanando os dimos?
Despertad, raza de héroes: el momento
llegó ya de arrojarse a la victoria;
que vuestro nombre eclipse nuestro nombre,
que vuestra gloria humille nuestra gloria.
No ha sido en el gran día
el altar de la Patria alzado en vano
por vuestra mano fuerte.
Miradlo, ella os lo manda: «¡Antes la muerte
que consentir jamás ningún tirano!»

Sí, yo lo juro, venerables sombras;
yo lo juro también, y en este instante
ya me siento mayor. Dadme una lanza,
ceñidme el casco fiero y refulgente;
volemos al combate, a la venganza;
y el que niegue su pecho a la esperanza,
hunda en el polvo la cobarde frente.
Tal vez el gran torrente
de la devastación en su carrera
me llevará. ¿Qué importa? ¿Por ventura
no se muere una vez? ¿No iré, expirando,
a encontrar nuestros ínclitos mayores?
«¡Salud, oh Padres de la Patria mía,
yo les diré, salud! La heroica España
de entre el estrago universal y horrores
levanta la cabeza ensangrentada,
y vencedora de su mal destino,
vuele a dar a la tierra amedrentada
su cetro de oro y su blasón divino.

[5] *Gonzalo*: Gonzalo Fernández de Córdoba, el Gran Capitán.

Madrid, Las Cibeles

CAPITULO SEGUNDO

EL ROMANTICISMO

El Romanticismo

La vida artística es el barómetro de la vida a secas. Neoclasicismo en arte —con sus reglas, sus medidas, su ordenamiento obsesivo— equivale a Ilustración en filosofía y a Absolutismo en política. Pero sin suscribir el rígido esquema dialéctico propuesto por Hegel, no hay duda de que cada época, cada repertorio de ideas vigentes, lleva en su seno un semillero de ideas diferentes y hasta contradictorias. El neoclasicismo fue la matriz del romanticismo, como éste más tarde lo será del realismo o del naturalismo. La esencia de la realidad —de la que el arte es parte importantísima— es esa inexorable mutabilidad. Todo lo que es, es dinámico, y la idea que hoy rige, la forma que hoy gusta, servirá para formar el pensamiento de mañana. Probablemente ese mañana censure sus antecedentes, pero ahí, en la búsqueda de valores contrarios hay ya una ligazón incuestionable. El romanticismo fue la consecuencia del agotamiento de un período; el resultado del hastío de unas formas demasiado gastadas; y también la solución de continuidad a una línea de pensamiento en constante evolución.

El romanticismo arrolló con fuerza en Europa. Proclamaba, frente al poder omnímodo de la razón sustentado por los neoclásicos, el predominio de los sentimientos; frente a la esperanza en el destino del género humano, muy siglo XVIII, el escepticismo y el fatalismo. Los románticos, a su manera, inventaron la angustia existencial que en el siglo XX reivindicarían los existencialistas. Mientras la Ilustración se enamoraba de la vida, los románticos cortejaban a la muerte. Es robusta la lista de suicidas. Es elegante el pistoletazo real de Larra, como lo es el literario de Werther. Todo lo abarca el romanticismo; en literatura sus principales representantes fueron: Schiller, Byron, Chateaubriand, Víctor Hugo. En música, Weber, Chopin, Mendelssonhn y Liszt. En pintura, Gros, Gericault y Delacroix. Francia y Alemania fueron los pilares del movimiento. A España llegaría tarde, con casi dos décadas de retraso. Esto se debe básicamente al clima de represión que imperó hasta la muerte de Fernando VII (1833). Al fallecer el monarca regresaron los exilados y con ellos entraron nuevos aires europeos.

El 1834 es el año clave del romanticismo español. El emigrado Francisco Martínez de la Rosa (1787-1862) estrena su drama **La Conjuración de Venecia.** Larra pone en escena su lacrimoso **Macías;** el Duque de Rivas, Angel de Saavedra, publica **El Moro expósito,** con prólogo de Alcalá Galiano, y en la revista **El Siglo** aparece un manifiesto —probablemente debido a la mano de Espronceda— en el que se rechazan las «heladas doctrinas del siglo XVIII» y se afirma que «los sentimientos del hombre son superiores a sus intereses, sus deseos a sus necesidades, su imaginación, a la realidad». El crítico Angel del Río resume los caracteres del romanticismo español en este esquema:

«**En lo espiritual:** subjetivismo, pesimismo, duda, rebelión del individuo; supremacía de la pasión; el sentimiento, el instinto y la fantasía sobre la razón; satanismo, titanismo.

En la forma: reacción contra el neoclasicismo, sus reglas y temas, por ejemplo, los mitológicos y la falsa Arcadia pastoril; libertad artística, destierro de las tres unidades en el drama; mezcla de prosa y verso; uso de diferentes metros y estrofas en la misma composición; combinación de lo feo y lo bello y combinación de lo trágico y lo cómico formando la categoría artística de lo grotesco, propia de la nueva escuela, definida por Víctor Hugo en el prefacio de **Cromwell.** Renovación del lenguaje que se hace más rico en metáforas, en elementos imaginativos y emocionales, más musical y colorista.

En los temas: retorno a la Edad Media, a la naturaleza, a la inspiración religiosa; predominio de temas legendarios, históricos, caballerescos, junto a otros que son transformación de lo neoclásico, como la libertad y el patriotismo; temas exóticos, especialmente orientales; pintoresquismo.» Esta analogía, por razones de espacio, recoge solamente cuatro nombres claves del período: Larra, Espronceda, Zorrilla y Bécquer. Debemos, al menos, mencionar otros nombres importantes de la época: Angel de Saavedra (1791-1865), Juan Eugenio Hartzenbusch (1806-1880), Antonio García Gutiérrez (1812-1880), Enrique Gil y Carrasco (1815-1848).

Una última consideración con respecto al romanticismo español: su triunfo fue efímero, pues antes de comenzar la década de los cincuenta ya se había iniciado su decadencia. Pese a esto, fue posible la aparición tardía de un Bécquer o de un Campoamor. Probablemente la rapidez con que se disolvió el movimiento romántico debamos atribuirla al auge de la prosa costumbrista y el consecuente desvío hacia una literatura más realista.

5 José de Espronceda
(1808 - 1842)

Espronceda fue un escritor con leyenda. Dio la estampa del romántico por excelencia: revolucionario, audaz, calavera, mujeriego, hombre de armas. Desde su nacimiento pareció destinado al mito. Nació a campo descubierto, mientras sus padres huían de los rigores de la guerra contra el francés. Ya en la adolescencia, evidencia los rasgos de su carácter. Patricio de la Escosura, el novelista romántico, afirma que «la senda trillada le parecía por vulgar inaceptable; y el camino ilógico, por acontecido y peligroso que fuera, llamábale a sí en virtud de esa especie de atracción fascinadora que los abismos ejercen sobre ciertas organizaciones eminentemente nerviosas.» Espronceda estudió en Madrid en el colegio de San Mateo, en donde enseñaban Lista y Hermosilla. Valga decir que el colegio San Mateo era uno de los centros literarios más importantes de la época, y si bien los preceptores eran poetas cuidadosos, formados en el neoclasicismo, no era extraño que los pupilos abrazaran el romanticismo.

Siendo apenas un joven, hace sus primeras armas como conspirador: junto a un grupo de atrevidos muchachos funda la sociedad secreta los **numantinos.** Se reúnen en cuevas. Llevan atuendos misteriosos. Van embozados y portan armas blancas. El escenario melodramático nutre la avidez de espectacularidad de los románticos. Hay calaveras pintadas y signos fatídicos. Al fin, descubiertos, la banda se deshace —no pasaron de los disfraces—, y el joven poeta va a dar al convento de San Francisco en la provincia de Guadalajara.

Más adelante, parte rumbo a Portugal. Conoce a Teresa Mancha, por quien sentiría una extraordinaria pasión, que lo hace seguirla cuando ella marcha rumbo a Inglaterra en compañía de su padre. Participa en aventuras militares en Holanda y París. Regresa clandestinamente a España, pero debe expatriarse subrepticiamente. En París reencuentra a Teresa. Cansada de esperar por el aventurero, se ha casado. Espronceda la seduce otra vez. La rapta y vuelve a España cuando decretaron una amnistía. No marchan bien las relaciones entre los amantes; Teresa, al fin, abandona al poeta. Como Mimí, o como la Dama de las Camelias —en su irrevocable papel romántico—, Teresa muere de tuberculosis. El poeta desdeñado y desdeñoso, levantaría acta de su frustración con los últimos y cínicos versos del **Canto a Teresa:** «Que haya un cadáver más/ que importa al mundo.» En el 1842 parece dispuesto a contraer matrimonio con Bernarda Beruete, pero muere a consecuencia de una infección en la garganta. Para completar la imagen romántica, murió en plena juventud: treinta y cuatro años. Espronceda deja dos largos poemas: **El estudiante de Salamanca** y **Diablo mundo** y una serie de poemas sueltos. Tal vez en estos últimos haya que buscar su gran aporte al romanticismo. En la historia literaria de este período es indispensable la referencia al **Himno al Sol, Canto del Cosaco,** la **Canción del pirata, Reo de muerte, El verdugo, A Jarifa en una orgía.** Todos los temas del romanticismo se dan cita en esos poemas: libertad, anarquía, violencia, injusticia humana, decepción, muerte como solución, tedio vital, exaltación del yo, etc.

El estudiante de Salamanca, «segundo Don Juan Tenorio», es en alguna medida autorretrato, pero también recreación de un tema muy caro a los románticos: el del satánico calavera, incorregible y valiente, que a fuerza de defectos acaba por ganarse al lector. No se escatiman extremos románticos: lo macabro se mezcla con lo escatológico, lo repugnante con lo horrendo. Se recurre a la carga onomatopéyica de determinados vocablos. El personaje femenino, dulce y grácil, fatal e inexcusablemente condenado a muerte

El diablo mundo compuesto por seis **Cantos** y una **Introducción,** es más ambicioso que **El estudiante.** Pretende ser filosófico y profundo. Dar una interpretación de la existencia humana y de las relaciones de Dios con los hombres. La **Introducción** ha sido calificada por Valbuena Prat como «obra maestra de la poesía romántica». El segundo Canto —**Canto a Teresa**—, traído arbitrariamente al poema, sirve para que desfogue la herida amorosa del poeta.

Aunque **El diablo mundo** quedó inconcluso, cuenta con entidad suficiente para incluirse entre los mejores exponentes de este período literario.

A una rosa

Fresca, lozana, pura y olorosa,
Gala y adorno del pensil florido,
Gallarda puesta sobre el ramo erguido,
Fragancia esparce la naciente rosa;

Mas si el ardiente sol lumbre enojosa
Vibra del can en llamas encendido,
El dulce aroma y el color perdido,
Sus hojas lleva el aura presurosa.

Así brilló un momento mi ventura
En alas del amor, y hermosa nube
Fingí tal vez de gloria y de alegría;

Mas, ¡ay!, que el bien trocóse en amar-
[gura,
Y deshojada por los aires sube
La dulce flor de la esperanza mía.

A UN RUISEÑOR

Canta en la noche, canta en la mañana,
Ruiseñor, en el bosque tus amores;
Canta, que llorará cuando tú llores
El alba perlas en la flor temprana.

Teñido el cielo de amaranto y grana,
La brisa de la tarde entre las flores
Suspirará también a los rigores
De tu amor triste y tu esperanza vana.

Y en la noche serena, al puro rayo
De la callada luna, tus cantares
Los ecos sonarán del bosque umbrío.
Y vertiendo dulcísimo desmayo,
Cual bálsamo süave en mis pesares,
Endulzará tu acento el llanto mío.

CANCION DEL PIRATA

Con diez cañones por banda,
Viento en popa a toda vela,
No corta el mar, sino vuela
Un velero bergantín:
Bajel pirata que llaman
Por su bravura el *Temido*,
En todo mar conocido
Del uno al otro confín.

La luna en el mar rïela
En la lona gime el viento,
Y alza en blando movimiento
Olas de plata y azul.
Y ve el capitán pirata,
Cantando alegre en la popa,
Asia a un lado, al otro Europa
Y allá a su frente Stambul.

«Navega, velero mío,
Sin temor,
Que ni enemigo navío,
Ni tormenta, ni bonanza
Tu rumbo a torcer alcanza,
Ni a sujetar tu valor.

»Veinte presas
Hemos hecho
A despecho
Del inglés,
Y han rendido
Sus pendones
Cien naciones
A mis pies

»Que es mi barco mi tesoro,
Que es mi Dios la libertad,

Mi ley la fuerza y el viento,
Mi única patria la mar.

»Allá muevan feroz guerra
Ciegos reyes
Por un palmo más de tierra:
Que yo tengo aquí por mío
Cuanto abarca el mar bravío.
A quien nadie impuso leyes.

»Y no hay playa,
Sea cualquiera,
Ni bandera
De esplendor,
Que no sienta
Mi derecho
Y dé pecho
A mi valor.

»*Que es mi barco mi tesoro,*
Que es mi Dios la libertad,
Mi ley la fuerza y el viento,
Mi única patria la mar.

»A la voz de «¡barco viene»!
Es de ver
Cómo vira y se previene
A todo trapo a escapar:
Que yo soy el rey del mar,
Y mi furia es de temer.

»En las presas
Yo divido
Lo cogido
Por igual:
Sólo quiero
Por riqueza
La belleza
sin rival.

»*Que es mi barco mi tesoro,*
Que es mi Dios la libertad,
Mi ley la fuerza y el viento,
Mi única patria la mar.

»¡Sentenciado estoy a muerte!
Yo me río:
No me abandone la suerte,
Y al mismo que me condena,
Colgaré de alguna entena,
Quizá en su propio navío.

»Y si caigo
¿Qué es la vida?
Por perdida
Ya la di,
Cuando el yugo
Del esclavo
Como un bravo
Sacudí.

»*Que es mi barco mi tesoro,*
Que es mi Dios la libertad,
Mi ley la fuerza y el viento,
Mi única patria la mar.

»Son mi música mejor
Aquilones,
El estrépido y temblor
De los cables sacudidos,
Del negro mar los bramidos
Y el rugir de mis cañones.

»Y del trueno
Al son violento
Y del viento
Al rebramar
Yo me duermo
Sosegado
Arrullado
Por el mar.

»*Que es mi barco mi tesoro,*
Que es mi Dios la libertad,
Mi ley la fuerza y el viento,
Mi única patria la mar.

A JARIFA EN UNA ORGIA

Trae, Jarifa, trae tu mano,
Ven y pósala en mi frente,

Que en un mar de lava hirviente
Mi cabeza siento arder.
Ven y junta con mis labios
Esos labios que me irritan,
Donde aún los besos palpitan
De tus amantes de ayer.

¿Qué la virtud, la pureza?
¿Qué la verdad y el cariño?
Mentida ilusión de niño
Que halagó mi juventud.
Dadme vino: en él se ahoguen
Mis recuerdos; aturdida
Sin sentir huya la vida;
Paz me traiga el ataúd.

El sudor mi rostro quema,
Y en ardiente sangre rojos
Brillan inciertos mis ojos,
Se me salta el corazón.
Huye, mujer: te detesto.
Siento tu mano en la mía,
Y tu mano siento fría,
Y tus besos hielos son.

¡Siempre igual! Necias mujeres,
Inventad otras caricias,
Otro mundo, otras, delicias,
O maldito sea el placer
Vuestros besos son mentira,
Mentira vuestra ternura.
Es fealdad vuestra hermosura,
Vuestro gozo es padecer.

Yo quiero amor, quiero gloria,
Quiero un deleite divino,
Como en mi mente imagino,
Como en el mundo no hay;
Y es la luz de aquel lucero
Que engañó mi fantasía,
Fuego fatuo, falso guía
Que errante y ciego me tray.

¿Por qué murió para el placer mi alma
Y vive aún para el dolor impío?
¿Por qué si yazgo en indolente calma,
Siento, en lugar de paz, árido hastío?

¿Por qué este inquieto, abrasador deseo?
¿Por qué este sentimiento extraño y vago,
Que yo mismo conozco un devaneo
Y busco aún su seductor halago?

¿Por qué aún fingirme amores y place-[res
Que cierto estoy de que serán mentira?
¿Por qué en pos de fantásticas mujeres
Necio tal vez mi corazón delira,

Si luego, en vez de prados y flores,
Halla desiertos áridos y abrojos,
Y en sus sandios o lúbricos amores
Fastidio sólo encontrará y enojos?

Yo me arrojé, cual rápido cometa,
En alas de mi ardiente fantasía:
Do quier mi arrebatada mente inquieta
Dichas y triunfos encontrar creía.

Yo me lancé con atrevido vuelo
Fuera del mundo en la región etérea,
Y hallé la duda, y el radiante cielo
Vi convertirse en ilusión aérea.

Luego en la tierra la virtud, la gloria,
Busqué con ansia y delirante amor,
Y hediondo polvo y deleznable escoria
Mi fatigado espíritu encontró.

Mujeres vi de virginal limpieza
Entre albas nubes de celeste lumbre;
Yo las toqué, y en humo su pureza
Trocarse vi, y en lodo y podredumbre.

Y encontré mi ilusión desvanecida
Y eterno é insaciable mi deseo:
Palpé la realidad y odié la vida.
Sólo en la paz de los sepulcros creo.

Y busco aún y busco codicioso,
Y aun deleites el alma finge y quiere:

Pregunto y un acento pavoroso
«¡Ay!, me responde, desespera y muere.

»Muere, infeliz: la vida es un tormento,
Un engaño el placer, no hay en la tierra
Para ti ni dicha ni contento,
Sino eterna ambición y eterna guerra.

»Que así castiga Dios el alma osada,
Que aspira loca, en su delirio insano,
De la verdad para el mortal velada
A descubrir el insondable arcano.»

¡Oh!, cesa; no, yo no quiero
Ver más, ni saber nada;
Harta mi alma y postrada,
Sólo anhela descansar.
En mí muera el sentimiento
Pues ya murió mi ventura,
Ni el placer ni la tristura
Vuelvan mi pecho a turbar.

Pasad, pasad en óptica ilusoria
Y otras jóvenes almas engañad:
Nacaradas imágenes de gloria,
Coronas de oro y de laurel, pasad.

Pasad, pasad, mujeres voluptuosas,
Con danza y algazara en confusión;
Pasad como visiones vaporosas
Sin conmover ni herir mi corazón.

Y aturdan mi revuelta fantasía
Los brindis y el estruendo del festín,
Y huya la noche y me sorprenda el día
En un letargo estúpido y sin fin.

Ven, Jarifa; tú has sufrido
Como yo; tú nunca lloras;
Mas, ¡ay triste!, que no ignoras
Cuán amarga es mi aflicción.
Una misma es nuestra pena,
En vano el llanto contienes...
Tú también, como yo, tienes
Desgarrado el corazón.

AL DOS DE MAYO

¡Oh! ¡Es el pueblo! ¡Es el pueblo! Cual las olas
Del hondo mar alborotado brama;
Las esplendentes glorias españolas,
Su antigua prez, su independencia aclama.

Hombres, mujeres vuelan al combate;
El volcán de sus iras estalló:
Sin armas van, pero en sus pechos late
Un corazón colérico español.

La frente coronada de laureles,
Con el botín de la vencida Europa,
Con sangre hasta las cinchas los corceles,
En cien campañas veterana tropa,

Los que el rápido Volga ensangrentaron,
Los que humillaron a sus pies naciones,
Y sobre las pirámides pasaron
A galope veloz de sus bridones,

A eterna lucha, a sin igual batalla,
Madrid provoca en su encendida ira:
Su pueblo inerme allí, entre la metralla
Y entre los sables, reluchando gira.

Graba en su frente luminosa huella
La lumbre que destella el corazón,
Y a parar con sus pechos se atropella
El rayo del mortífero cañón.

¡Oh de sangre y valor glorioso día!
Mis padres cuando niño me contaron
Sus hechos, ¡ay!, y en la memoria mía
Santos recuerdos de virtud quedaron.

«Entonces —indignados me decían—
Cayó el trono español, pedazos hecho;
Por precio vil a extraños nos vendían
Desde el de Carlos profanado lecho.

»La corte del monarca disoluta,
Prosternada a las plantas de un Privado

Sobre el seno de impura prostituta
Al trono de los reyes ensalzado;

«Sobre coronas, tronos y tiaras
Su orgullo sólo y su capricho ley.
Hordas de sangre y de conquista avaras,
Cada soldado un absoluto rey,

»Fijó en España el ojo centelleante,
En Pirene a salvar pronto el bridón,
Al Rey de reyes, al audaz gigante
Ciegos ensalzan, siguen en montón.»

Y vosotros, ¿qué hicisteis entre tanto,
Los de espíritu flaco y alta cuna?
Derramar como hembras débil llanto,
O adular bajamente a la fortuna.

Buscar tras la extranjera bayoneta
Seguro a vuestras vidas y muralla,
Y, siervos viles, a la plebe inquieta
Con baja lengua apellidar *canalla.*

¡Canalla!, sí, ¡vosotros los traidores,
Los que negáis al entusiasmo ardiente
Su gloria, y nunca visteis los fulgores
Con que ilumina la inspirada frente!

¡Canalla!, sí, ¡los que en la lid alarde
Hicieron de su infame villanía,
Disfrazando su espíritu cobarde
Con la sana razón segura y fría!

¡Oh! la *canalla,* la *canalla* en tanto
Arrojó el grito de venganza y guerra,
Y arrebatada en su entusiasmo santo
Quebrantó las cadenas de la tierra.

Del cetro de sus reyes los pedazos
Del suelo ensangrentado recogía,
Y un nuevo trono, en sus robustos brazos
Levantando, a su príncipe ofrecía.

Brilla el puñal en la irritada mano,
Huye el cobarde y el traidor se esconde,
Truena el cañón, y el grito castellano
De Independencia y Libertad responde.

Héroes de Mayo, levantad las frentes:
Sonó la hora, y la venganza espera;
Id, y hartad vuestra sed en los torrentes
De sangre de Bailén y Talavera.

Id, saludad los héroes de Gerona,
Alzad con ellos el radiante vuelo,
Y a los de Zaragoza alta corona
Ceñid, que aumente el esplendor del cielo.

Mas. ¡Ay!, ¿por qué, cuando los ojos [brotan
Lágrimas de entusiasmo y alegría,
Y el alma, atropellados, alborotan
Tantos recuerdos de honra y valentía,

Negra nube en el alma se levanta,
Que turba y oscurece los sentidos,
Fiero dolor el corazón quebranta
Y se ahoga la voz entre gemidos?

¡Oh! ¡Levantad la frente carcomida,
Mártires de la gloria,
Que aún arde en ella con eterna vida
La luz de la victoria!

¡Oh! ¡Levantadla del eterno sueño,
Y con los huecos de los ojos fijos,
Contemplad una vez con torvo ceño
La vergüenza y baldón de vuestros hijos!

Quizá en vosotros, donde el fuego arde
Del castellano honor, aún sobre vida
Para alentar el corazón cobarde
Y abrasar esta tierra envilecida.

¡Ay! ¿Cuál fue el galardón de vuestro [celo,
De tanta sangre y bárbaro quebranto,
De tan heroica lucha y tanto anhelo,
Tanta virtud y sacrificio tanto?

El trono que erigió vuestra bravura,
Sobre huesos de héroes cimentado,
Un rey ingrato, de memoria impura,
Con eterno baldón dejó manchado.

¡Ay! Para herir la libertad sagrada
El Príncipe, borrón de nuestra historia,
Llamó en su ayuda la francesa espada
Que segase el laurel de vuestra gloria.

Y vuestros hijos de la muerte huyeron
Y esa sagrada tumba abandonaron:
Hollarla, ¡oh Dios!, a los franceses vieron,
Y hollarla a los franceses les dejaron.

Como la mar tempestuosa, ruge
La losa al choque de los cráneos duros,
Tronó y se alzó con indignado empuje,
Del galo audaz bajo los pies impuros.

Y aún hoy helos allí que su semblante
Con hipócrita máscara cubrieron
Y a Luis Felipe, en muestra suplicante,
Ambos brazos, ¡imbéciles!, tendieron.

La vil palabra *¡Intervención!* gritaron,
Y del Rey mercader la reclamaban,
De nuestros timbres sin honor mofaron
Mientras en su impudor se encenagaban.

Hoy esa raza degradada, espuria,
Pobre nación, que esclavizarte anhela,
Busca también, por renovar tu injuria,
De extranjeros monarcas la tutela.

Tumba vosotros sois de nuestra gloria,
De la antigua hidalguía,
Del castellano honor, que en la memoria
Sólo nos queda hoy día.

Verted, juntando las dolientes manos,
Lágrimas ¡ay! que escalden la mejilla:
Mares de eterno llanto, castellanos,
No bastan a borrar vuestra mancilla.

Llorad como mujeres: vuestra lengua
No osa lanzar el grito de venganza;
Apáticos vivís en tanta mengua,
Y os cansa el brazo el peso de la lanza.

¡Oh! En el dolor eterno que me inspira,
El pueblo en torno avergonzado calle,
Y estallando las cuerdas de mi lira,
Roto también mi corazón estalle.

6 Mariano José de Larra

(1809 - 1837)

Larra nació en medio del vendaval napoleónico. Los franceses habían invadido a España y comenzaba la Guerra de la Independencia. El padre de Larra, médico, se alistó en el ejército francés. Con la derrota de Napoleón la familia se exiló en Francia. Larra aprendería primero el francés que el español. Con toda probabilidad esta toma de contacto con la cultura francesa, aumentaría su posterior actitud crítica frente a España. Tendría para el juicio objetivo la perspectiva que da el conocimiento de otros mundos y de otras gentes. En 1817, ya de regreso en España, estudia en el colegio San Antonio Abad, con los frailes escolapios. Parece ser un chiquillo dócil y estudioso. A los trece años escribe en español y francés con gran fluidez, terminando a esa edad un curioso método de gramática. Se licencia en leyes, pero ejerce como periodista. Puede afirmarse que Larra fue el periodista más leído y mejor remunerado de su tiempo. El público esperaba sus escritos con avidez. Se le elogiaba su humor cáustico y su prosa fácil. También la implacable censura a los males de su tiempo. No se piense en abstrusos ensayos, sino en artículos, más bien superficiales, que apuntaban al corazón de los problemas cotidianos: la burocracia inconmovible y torpe, la suciedad de las fondas, la poca educación del hombre promedio, la falta de sinceridad, etc. Una nota predominaba en su estilo: la acidez. Y otra se adivinaba: la desesperanza. Hombre taciturno —buen romántico—, se vio acosado por fracasos de su vida conyugal y por el eventual abandono de la amante. Uno de sus más patéticos artículos data de noviembre de 1836 **(El día de difuntos)**. Larra, con la mano en el pecho, anuncia el más lacerante deceso: «aquí yace la esperanza». Tres meses más tarde, frente a la ruptura definitiva con su amante, se para frente al espejo y, abatido, se quita la vida de un balazo. Su entierro sería un acontecimiento del Madrid de aquel entonces. Los románticos —y quién no lo era en la década de 1830—, presintieron que había muerto el más genuino representante de aquella época de sensibilidad hiperestésica. En su entierro, un joven desconocido se hizo oír, leyendo, entre nervioso y asustado, un largo poema en honor del suicida. La emoción le ahogaba, no terminó, pero salió en hombros de la multitud. El joven se llamaba José Zorrilla, y daría mucho que hablar a partir de ese momento. Aunque el prestigio de Larra se fundamenta en sus **Cuadros** y **Artículos de costumbres,** hizo incursiones en el teatro, la novela, la poesía lírica y la crítica. Escribió una novela de corte histórico titulada **El doncel de Don Enrique el doliente,** un drama sobre el mismo personaje, **Macías** y cierto número de poemas. Como articulista hizo famosos los seudónimos de Andrés de Niporesas, El Bachiller Juan Pérez de Mungía y Fígaro. Generalmente se incluye a Larra entre los escritores costumbristas de su época, junto a Mesonero Romanos y Estébanez Calderón. Esto sólo es parcialmente cierto. Larra escribía para modificar la España de su tiempo, para sanearla, para censurar los errores y reclamar la enmienda pertinente. Poco o nada hay de descripciones **costumbristas** de regodeo en el detalle intrascendente. Larra quiere ir al fondo, aunque ese fondo no sea siempre profundo.

Esta actitud crítica de **Fígaro** explica la devoción que luego le tuvieron los escritores de la Generación del 98. A instancias de Gómez de la Serna, un siglo después de su nacimiento, el 24 de marzo de 1909, se reunió un grupo de escritores para rendir tributo a su memoria: Unamuno, Baroja, Azorín, Maeztu, dejaron testimonio del respeto que les inspiraba la figura trágica del romántico.

El castellano viejo

Ya en mi edad pocas veces gusto de alterar el orden que en mi manera de vivir tengo hace tiempo establecido, y fundo esta repugnancia en que no he abandonado mis lares ni un solo día para quebrantar mi sistema, sin que haya sucedido el arrepentimiento más sincero al desvanecimiento de mis engañadas esperanzas. Un resto, con todo eso, del antiguo ceremonial que en su trato tenían adoptado nuestros padres, me obliga a aceptar a veces ciertos convites a que parecería el negarse grosería, o por lo menos ridícula afectación de delicadeza.

Andábame días pasados por esas calles a buscar materiales para mis artículos. Embebido en mis pensamientos, me sorprendí varias veces a mí mismo riendo como un pobre de mis propias ideas y moviendo maquinalmente los labios; algún tropezón me recordaba de cuando en cuando que para andar por el empedrado de Madrid no es la mejor circunstancia la de ser poeta ni filósofo; más de una sonrisa maligna, más de un gesto de admiración de los que a mi lado pasaban, me hacía reflexionar que los soliloquios no se deben hacer en público; y no pocos encontrones que al volver las esquinas di con quien tan distraída y rápidamente como yo las doblaba, me hicieron conocer que los distraídos no entran en el número de los cuerpos elásticos, y mucho menos de los seres gloriosos e impasibles. En semejante situación de espíritu, ¿qué sensación no debería producirme una horrible palmada que una gran mano, pegada (a lo que por entonces entendí) a un grandísimo brazo, vino a descargar sobre uno de mis hombros, que por desgracia no tienen punto alguno de semejanza con los de Atlante?

No queriendo dar a entender que desconocía este enérgico modo de anunciarse, ni desairar el agasajo de quien sin duda había creído hacérmele más que mediano, dejándome torcido para todo el día, traté sólo de volverme por conocer quién fuese tan mi amigo para tratarme tan mal; pero mi castellano viejo es hombre que cuando está de gracias no se ha de dejar ninguna en el tintero. ¿Cómo dirá el lector que siguió dándome pruebas de confianza y cariño? Echóme las manos a los ojos, y sujetándome por detrás:

—¿Quién soy? —gritaba, alborozado con el buen éxito de su delicada travesura.

«¿Quién soy?» —Un animal, —iba a responderle; pero me acordé de repente de quién podría ser, y sustituyendo cantidades iguales:

—Braulio eres, —le dije.

Al oírme, suelta sus manos, ríe, se aprieta los ijares, alborota la calle, y pónenos a entrambos en escena.

—¡Bien, mi amigo! ¿Pues en qué me has conocido?

—¿Quién pudiera ser sino tú?...

—¿Has venido ya de tu Vizcaya?

—No, Braulio, no he venido.

—Siempre el mismo genio. ¿Qué quieres? Es la pregunta del español. ¡Cuánto me alegro de que estés aquí! ¿Sabes que mañana son mis días?

—Te los deseo muy felices.

—Déjate de cumplimientos entre nosotros; ya sabes que yo soy franco y castellano viejo: el pan, pan y el vino, vino; por consiguiente, exijo de ti que no vayas a dármelos; pero estás convidado.

—¿A qué?

—A comer conmigo.

—No es posible.

—No hay remedio.

—No puedo, —insisto temblando.

—¿No puedes?

—Gracias.

—¿Gracias? Vete a paseo; amigo, como no soy el duque de F... ni el conde de P... (¿Quién se resiste a una sorpresa de esa especie? ¿quién quiere parecer vano?).

—No es eso, sino que...

—Pues si no es eso, me interrumpe, te espero a las dos: en casa se come a la española, temprano. Tengo mucha gente; tendremos al famoso X., que nos improvisará de lo lindo; T., nos cantará de sobremesa una rondeña con su gracia natural; y por la noche J., cantará y tocará alguna cosilla.

Esto me consoló algún tanto, y fue preciso ceder; un día malo, dije para mí, cualquiera lo pasa; en este mundo para conservar amigos es preciso tener el valor de aguantar sus obsequios.

—No faltarás, si no quieres que riñamos.

—No faltaré, —dije con voz exánime y ánimo decaído, como el zorro que se revuelve inútilmente dentro de la trampa donde se ha dejado coger.

—Pues hasta mañana —y me dio un torniscón por despedida.

Vile marchar como el labrador ve alejarse la nube de su sembrado, y quedeme discurriendo cómo podían entenderse estas amistades tan hostiles y tan funestas.

Ya habrá conocido el lector, siendo tan perspicaz como yo le imagino, que mi amigo Braulio está muy lejos de pertenecer a lo que se llama gran mundo y sociedad de buen tono; pero no es tampoco un hombre de la clase inferior, puesto que es un empleado de los de segundo orden, que reúne entre su sueldo y su hacienda cuarenta mil reales de renta; que tiene una cintita atada al ojal, y una crucecita a la sombra de la solapa; que es persona, en fin, cuya clase, familia y comodidades de ninguna manera se oponen a que tuviese una educación más escogida y modales más suaves e insinuantes. Mas la vanidad le ha sorprendido por donde ha sorprendido casi siempre a toda o a la mayor parte de nuestra clase media, y a toda nuestra clase baja. Es tal su patriotismo, que dará todas las lindezas del extranjero por un dedo de su país. Esta ceguedad le hace adoptar todas las responsabilidades de tan inconsiderado cariño; de paso que defiende que no hay vinos como los españoles, en lo cual bien puede tener razón, defiende que no hay educación como la española, en lo cual bien pudiera no tenerla; a trueque de defender que el cielo de Madrid es purísimo, defenderá que nuestras manolas son las más encantadoras de todas las mujeres; es un hombre, en fin, que vive de exclusivas, a quien sucede poco más o menos lo que a una parienta mía, que se muere por las jorobas sólo porque tuvo un querido que llevaba una excrecencia bastante visible sobre entrambos omóplatos.

No hay que hablarle, pues, de estos usos sociales, de estos respetos mutuos, de estas reticencias urbanas, de esa delicadeza de trato que establece entre los hombres una preciosa armonía, diciendo sólo lo que debe agradar y callando siempre lo que puede ofender. El se muere *por plantarle una fresca al lucero del alba,* como suele decir, y cuando tiene un resentimiento, se le *espeta a uno cara a cara.* Como tiene trocados los frenos, dice de los cumplimientos que ya sabe lo que quiere decir *cumplo y miento;* llama a la urbanidad hipocresía, y a la decencia monadas; a toda cosa buena, le aplica un mal apodo; el lenguaje de la finura es para él poco más que griego: cree que toda la crianza está reducida a decir *Dios guarde a ustedes* al entrar en una sala, y añadir *con permiso de usted* cada vez que se mueve; a preguntar a cada uno por toda su familia, y a despedirse de todo el mundo; cosas todas que así se guardará él de olvidarlas como de tener pacto con franceses. En conclusión, hombres de éstos que no saben levantarse para despedirse sino en corporación con alguno o algunos otros; que han de dejar humildemente debajo de una mesa su sombrero, que llaman *su cabeza,* y que, cuando se hallan en sociedad, por desgracia sin un socorrido bastón, darían cualquier cosa por no tener manos ni brazos, porque, en realidad, no saben dónde ponerlos, ni qué cosa se puede hacer con los brazos en una sociedad.

Llegaron las dos, y como yo conocía ya a mi Braulio, no me pareció conveniente acicalarme demasiado para ir a comer; estoy seguro de que se hubiera picado: no quise, sin embargo, excusar un frac de color y un pañuelo blanco, cosa indispensable en un día de días en semejantes casas; vestíme sobre todo lo más despacio que me fue posible, como se reconcilia al pie del suplicio el infeliz reo, que quisiera tener cien pecados más cometidos que contar para ganar tiempo; era citado a las dos, y entré en la sala a las dos y media.

No quiero hablar de las infinitas visitas ceremoniosas que antes de la hora de comer entraron y salieron en aquella casa, entre las cuales no eran de despreciar todos los empleados de su oficina con sus señoras y sus niños, y sus capas, y sus paraguas, y sus chanclos, y sus perritos; déjome en blanco los necios cumplimientos que dijeron al señor de los días; no hablo del inmenso círculo con que guarnecía la sala el concurso de tantas personas heterogéneas, que hablaron de que el tiempo iba a mudar, y de que en invierno suele hacer más frío que en verano. Vengamos al caso: dieron las cuatro, y nos hallamos solos los convidados. Desgraciadamente para mí, el señor de X., que debía divertirnos tanto, gran conocedor de esta clase de convites, había tenido la habilidad de ponerse malo aquella mañana; el famoso T., se hallaba oportunamente comprometido para otro convite; y la señorita que tan bien había de cantar y tocar estaba ronca, en tal disposición, que se asombraba ella misma de que se la entendiese una sola palabra, y tenía un panadizo en un dedo. ¡Cuántas esperanzas desvanecidas!

—Supuesto que estamos los que hemos de comer —exclamó don Braulio—, vamos a la mesa, querida mía.

—Espera un momento —le contestó su esposa casi al oído—, con tanta visita yo he faltado algunos momentos de allá dentro y...

—Bien, pero mira que son las cuatro...

—Al instante comeremos...

Las cinco eran cuando nos sentábamos a la mesa.

—Señores —dijo el anfitrión al vernos titubear en nuestras respectivas colocaciones— exijo la mayor franqueza; en mi casa no se usan cumplimientos. ¡Ah, Fígaro! quiero que estés con toda comodidad; eres poeta, y además estos señores, que saben nuestras íntimas relaciones, no se ofenderán si te prefiero; quítate el frac, no sea que le manches.

—¿Qué tengo de manchar? —le respondí, mordiéndome los labios.

—No importa; te daré una chaqueta mía; siento que no haya para todos.

—No hay necesidad.

—¡Oh! sí, sí, ¡mi chaqueta! Toma, mírala; un poco ancha te vendrá.

—Pero, Braulio...

—No hay remedio, no te andes con etiquetas; —y en esto me quita él mismo el frac, *velis, nolis,* y quedo sepultado en una cumplida chaqueta rayada, por la cual sólo asomaba los pies y la cabeza, y cuyas mangas no me permitirían comer probablemente. Dile las gracias: al fin el hombre creía hacerme un obsequio.

Los días en que mi amigo no tiene convidados se contenta con una mesa baja, poco más que banqueta de zapatero, porque él y su mujer, como dice, ¿para qué quieren más? Desde la tal mesita, y como se sube el agua del pozo, hace subir la comida hasta la boca, adonde llega goteando después de una larga travesía; porque pensar que estas gentes han de tener una mesa regular, y estar cómodos todos los días del año, es pensar en lo excusado. Ya se concibe, pues, que la instalación de una gran mesa de convite era un acontecimiento en aquella casa; así que se había creído capaz de contener catorce personas que éramos, una mesa donde apenas podrían comer ocho cómodamente. Hubimos de sentarnos de medio lado, como quien va a arrimar el hombro a la comida, y entablaron los codos de los convidados íntimas relaciones entre sí con la más fraternal inteligencia del mundo. Colocáronme, por mucha distinción, entre un niño de cinco años, encaramado en unas almohadas que era preciso enderezar a cada momento, porque las ladeaba la natural turbulencia de mi joven adlátere y entre uno de esos hombres que ocupan en el mundo el espacio y sitio de tres, cuya corpulencia por todos lados se salía de madre de la única silla en que se hallaba sentado, digámoslo así, como en la punta de una aguja. Desdobláronse silenciosamente las servilletas, nuevas a la verdad, porque tampoco eran muebles en uso para todos los días, y fueron izadas por todos aquellos buenos señores a los ojales de sus fraques como cuerpos intermedios entre las salsas y las solapas.

—Ustedes harán penitencia, señores —exclamó el anfitrión una vez sentado—; pero hay que hacerse cargo de que no estamos en Genieys; —frase que creyó preciso decir. —Necia afectación es ésta, si es mentira, —dije yo para mí,— y si es verdad, gran torpeza convidar a los amigos a hacer penitencia.

Desgraciadamente no tardé mucho en conocer que había en aquella expresión más verdad de la que mi buen Braulio se figuraba. Interminables y de mal gusto fueron los cumplimientos con que para dar y recibir cada plato nos aburrimos unos a otros.

—Sírvase usted.

—Hágame usted el favor.

—De ninguna manera.

—Está bien ahí.

—Perdone usted.

—Gracias.

—Sin etiqueta, señores, —exclamó Braulio, y se echó el primero con su propia cuchara. Sucedió a la sopa un cocido surtido de todas las sabrosas impertinencias de este engorrosísimo, aunque buen plato; cruza por aquí la carne; por allá la verdura; acá los garbanzos; allá el jamón; la gallina por derecha; por medio el tocino; por izquierda los embuchados de Extremadura. Siguióle un plato de ternera mechada, que Dios maldiga, y a éste otro y otros y otros; mitad traídos de la fonda, que esto basta para que excusemos hacer su elogio; mitad hechos en casa por la criada de todos los días, por una vizcaína auxiliar tomada al intento para aquella festividad, y por el ama de la casa, que en semejantes ocasiones debe estar en todo, y por consiguiente suele no estar en nada.

—Este plato hay que disimularle, —decía ésta de unos pichones; —están un poco quemados.

—Pero, mujer...

—Hombre, me aparté un momento, y ya sabes lo que son las criadas.

—¡Qué lástima que este pavo no haya estado media hora más al fuego! Se puso algo tarde.

—¿No les parece a ustedes que está algo ahumado este estofado?

—¿Qué quieres? Una no puede estar en todo.

—¡Oh, está excelente, —exclamábamos todos dejándonoslo en el plato; —excelente!

—Este pescado está pasado.

—Pues en el despacho de la diligencia del fresco dijeron que acababa de llegar; ¡el criado es tan bruto!

—¿De dónde se ha traído este vino?

—En eso no tienes razón, porque es...

—Es malísimo.

Estos diálogos cortos iban exornados con una infinidad de miradas furtivas del marido para advertirle continuamente a su mujer alguna negligencia, queriendo darnos a entender entrambos a dos que estaban muy al corriente de todas las fórmulas que en semejantes casos se reputan en finura, y que todas las torpezas eran hijas de los criados, que nunca han de aprender a servir. Pero estas negligencias se repetían tan a menudo, servían tan poco ya las miradas, que le fue preciso al marido recurrir a los pellizcos y a los pisotones; y ya la señora, que a duras penas había podido hacerse superior hasta entonces a las persecuciones de su esposo, tenía la faz encendida y los ojos llorosos.

—Señora, no se incomode usted por eso —le dijo el que a su lado tenía.

—¡Ah! les aseguro a ustedes que no vuelvo a hacer estas cosas en casa; ustedes no saben lo que es esto; otra vez, Braulio, iremos a la fonda y no tendrás...

—Usted, señora mía, hará lo que...

—¡Braulio! ¡Braulio!... —Una tormenta espantosa estaba a punto de estallar; empero, todos los convidados a porfía probamos a aplacar aquellas disputas, hijas del deseo de dar a entender la mayor delicadeza, para lo cual no fue poca parte la manía de Braulio y la expresión concluyente que dirigió de nuevo a la concurrencia acerca de la inutilidad de los cumplimientos, que así llama él al estar bien servido y al saber comer. ¿Hay nada más ridículo que estas gentes que quieren pasar por finas en medio de la más crasa ignorancia de los usos sociales; que para obsequiarle le obligan a usted a comer y beber por fuerza, y no le dejan medio de hacer su gusto? ¿Por qué habrá gentes que sólo quieren comer con alguna más limpieza los días de días?

A todo esto, el niño que a mi izquierda tenía, hacía saltar las aceitunas a un plato de magras con tomate, y una vino a parar a uno de mis ojos, que no volvió a ver claro en todo el día; y el señor gordo de mi derecha había tenido la precaución de ir dejando en el mantel, al lado de mi pan, los huesos de las suyas, y los de las aves que había roído; el convidado de enfrente, que se preciaba de trinchador, se había encargado de hacer la autopsia de un capón, o sea gallo, que esto nunca se supo; fuese por la edad avanzada de la víctima, fuese por los ningunos conocimientos anatómicos del victimario, jamás parecieron las coyunturas. «Este capón no tiene coyunturas», exclamaba el infeliz, sudando y forcejeando, más como quien cava que como quien trincha. ¡Cosa más rara! En una de las embestidas resbaló el tenedor sobre el animal como si tuviera escama, y el capón, violentamente despedido, pareció querer tomar su vuelo como en sus tiempos más felices, y se posó en el mantel tranquilamente como pudiera en un palo de un gallinero.

El susto fue general y la alarma llegó a su colmo cuando un surtidor de caldo, impulsado por el animal furioso, saltó a inundar mi limpísima camisa; levántase rápidamente a este punto el trinchador con ánimo de cazar el ave prófuga, y al precipitarse sobre ella, una botella que tiene a la derecha, con la que tropieza su brazo, abandonando su posición perpendicular, derrama un abundante caño de Valdepeñas sobre el capón y el mantel; corre el vino, auméntase la algazara, llueve la sal sobre el vino para salvar el mantel; para salvar la mesa se ingiere por debajo de él una servilleta, y una eminencia se levanta sobre el teatro de tantas ruinas. Una criada, toda azorada, retira el capón en el plato de su salsa; al pasar sobre mí hace una pequeña inclinación, y una lluvia maléfica de grasa desciende, como el rocío sobre los prados, a dejar eternas huellas en mi pantalón color de perla; la angustia y el aturdimiento de la criada no conocen término; retírase atolondrada, sin acertar con las excusas; al volverse tropieza con el criado que traía una docena de platos limpios y una salvilla con las copas para los vinos generosos, y toda aquella máquina viene al suelo con el más horroroso estruendo y confusión. «¡Por San Pedro!» exclama, dando una voz, Braulio, difundida ya sobre sus facciones una palidez mortal, al paso que brota fuego el rostro de su esposa. «Pero sigamos, señores, no ha sido nada», añade volviendo en sí.

¡Oh honradas casas donde un modesto cocido y un principio final constituyen la felicidad diaria de una familia, huid del tumulto de un convite de días! Sólo la costumbre de comer y servirse bien diariamente puede evitar semejantes destrozos.

¿Hay más desgracias? ¡Santo cielo! ¡Sí, las hay para mí, infeliz! Doña Juana, la de los dientes negros y amarillos, me alarga de su plato y con su propio tenedor una fineza, que es indispensable aceptar y tragar; el niño se divierte en despedir a los ojos de los concurrentes los huesos disparados de las cerezas; don Leandro me hace probar el manzanilla exquisito, que he rehusado, en su misma copa, que conserva las endebles señales de sus labios grasientos; mi gordo fuma, ya sin cesar y me hace cañón de su chimenea; por fin, ¡oh última de las desgracias! crece el alboroto y la conversación; roncas ya las voces piden versos y décimas y no hay más poeta que Fígaro.

—Es preciso.

—Tiene usted que decir algo —claman todos.

—Désele pie forzado, que diga una copla a cada uno.

—Yo le daré el pie: *A don Braulio en este día.*

—Señores, ¡por Dios!

—No hay remedio.

—En mi vida he improvisado.

—No se haga usted el chiquito.

—Me marcharé.

—Cerrar la puerta.

—No se sale de aquí sin decir algo.

Y digo versos por fin, y vomito disparates, y los celebran, y crece la bulla y el humo y el infierno.

A Dios gracias, logro escaparme de aquel nuevo *Pandemonio.* Por fin, ya respiro el aire fresco y desembarazado de la calle; ya no hay necios, ya no hay castellanos viejos a mi alrededor.

¡Santo Dios, yo te doy gracias, exclamo respirando, como el ciervo que acaba de escaparse de una docena de perros, y que oye ya apenas sus ladridos; para de aquí en adelante no te pido riquezas, no te pido empleos, no honores; líbrame de los convites caseros y de días de días; líbrame de estas casas en que es un convite un acontecimiento en que sólo se pone la mesa decente para los convidados, en que creen hacer obsequios cuando dan mortificaciones, en que se hacen finezas, en que se dicen versos, en que hay niños, en que hay gordos, en que reina, en fin, la brutal franqueza de los castellanos viejos! Quiero que, si caigo de nuevo en tentaciones semejantes, me falte un *roast-beef,* desaparezca del mundo el *beefsteak,* se anonaden los timbales de macarrones, no haya pavos en Perigueux, ni pasteles en Perigord, se sequen los viñedos de Burdeos, y beban, en fin, todos menos yo la deliciosa espuma del champagne.

Concluida mi deprecación mental, corro a mi habitación a despojarme de mi camisa y de mi pantalón, reflexionando en mi interior que no son unos todos los hombres, puesto que los de un mismo país, acaso de un mismo entendimiento, no tienen las mismas costumbres, ni la misma delicadeza, cuando ven las cosas de tan distinta manera. Vístome y vuelvo a olvidar tan funesto día entre el corto número de gentes que piensan, que viven sujetas al provechoso yugo de una buena educación libre y desembarazada, y que fingen acaso estimarse y respetarse mutuamente para no incomodarse, al paso que las otras hacen ostentación de incomodarse, y se ofenden y se maltratan, queriéndose y estimándose tal vez verdaderamente.

7 José Zorrilla y Moral

(1817 - 1893)

Nace en Valladolid y se educa en el muy selecto Real Seminario de Nobles. A los doce años ya compone versos. En 1833, a los dieciséis años, su padre le obliga a estudiar Derecho. Escoge la Universidad de Toledo, ciudad por la que sentiría un entrañable afecto. En 1835 comienza a colaborar en el diario madrileño **El Artista,** publicando un cuento melodramático y varios poemas. Ya en 1836 comprueba lo que tanto temía: su falta de vocación por el Derecho le hace fracasar. Huye a Madrid en procura de un destino como literato. En 1837, ante la tumba de Larra, se da a conocer con unos versos emocionados. Adquiere una fulminante popularidad que explota con su inmensa fecundidad creativa. Al poco tiempo ha producido varios volúmenes. En 1839 se casa con una viuda que le lleva dieciseis años. No logra hallar felicidad junto a su madura compañera. Ese mismo año publica **Juan Dandolo,** obra escrita en colaboración con García Gutiérrez, el autor de **El Trovador.** A la segunda representación la compañía suprime la obra. Fracasó ruidosamente. En 1840 logra su primer éxito con **El Zapatero y el Rey,** obra de fondo histórico en torno a Pedro I de Castilla, apodado por unos «el Cruel» y por Zorilla «el Justiciero». En 1841 reúne en el tercer volumen de **Cantos del Trovador** algunas de sus mejores poesías. Dos años después estrena **El Puñal del Godo,** con la que obtiene un sonado éxito. Al siguiente, 1843, da a las tablas **Don Juan Tenorio,** único superviviente del romanticismo español. Curiosamente, la obra no fue recibida con agrado. Serían las generaciones posteriores las que sancionarían el extraño rito de hacerla representar el Día de los Fieles Difuntos, liturgia extendida a América, donde año tras año Don Juan se arrepiente «al pie de la sepultura». Tomando una vieja tradición española —inmortalizada por Tirso en su **El burlador de Sevilla—,** modifica el final riguroso del fraile, salvando el alma de su irreverente pecador. Don Juan fue tema esencialmente romántico. No puede olvidarse el de Byron, el de Hugo, el de Dumas, el de Musset, el de Pushkin, el del propio Espronceda en **El estudiante de Salamanca,** disfrazado este último bajo el nombre de Félix de Montemar. En 1848 es elevado a la Real Academia Española, pero no aceptaría el nombramiento hasta casi cuarenta años más tarde (1885). En 1849 estrena **Traidor, inconfeso y mártir,** su última obra teatral de importancia y, según algunos críticos, la mejor. En 1854 se marcha a México, donde permanece durante doce años. Maximiliano, el emperador intruso, lo nombra director del Teatro Nacional. Esto le crea no pocas enemistades con los patriotas mexicanos. En 1889, en olor de multitudes, es coronado «príncipe de los poetas» en una ceremonia que tuvo lugar en Granada. En 1869 se casa con Juana Pacheco, quien le cuida y protege durante sus últimos años de eminencia tan respetada como miserable. Muere en Madrid en 1893.

Se ha hecho a Zorrilla responsable de la nacionalización de los temas románticos, y esto es debido fundamentalmente a las tramas que eligió para sus **Leyendas: A buen juez, mejor testigo, Margarita la Tornera, La azucena silvestre, Un testigo de bronce, El Capitán Montoya,** etc. Se trata de largos poemas narrativos en los que versifica viejas y populares leyendas españolas. De corte parecido, pero más corto aliento, son sus **Orientales** y el mayor **Granada, Poema oriental precedido de la leyenda de Mohamed Al-Hamar el Nazarita, Rey de Granada.** Fue en este género de las **Leyendas,** tan peculiar y tan del romanticismo —recuérdese a Víctor Hugo— en el que Zorrilla no tuvo rival. Si su teatro puede ser cuestionable —en esta antología, con igual derecho, pudo incluírse el **Don Alvaro** del Duque de Rivas o **El Trovador** de García Gutiérrez— su preponderancia en la **Leyenda** es irrevocable.

Se ha dicho, con razón, que a Zorrilla debe censurársele su excesiva fecundidad. Produjo como Lope, pero sin el genio lírico de éste, un torrente irrestañable de versos. Acumuló tirada tras tirada de largos y muchas veces vacíos párrafos rimados, que muy poco tenían que ver con la poesía. Sin proponérselo —o decretándose lo contrario—, fabricaba interminables poemones sostenidos por una trabazón musical muy pegajosa. El poeta, para serlo en todo momento, ha de saber elegir la palabra, el estado emotivo y el tema que llevan a la poesía. Ha de saber discriminar entre las imágenes que se le agolpan. Zorrilla no siempre supo.

Don Juan Tenorio

PERSONAJES

DON JUAN TENORIO
DON LUIS MEJIA
DON GONZALO DE ULLOA, *Comendador de Calatrava*
DON DIEGO TENORIO
DOÑA INES DE ULLOA
DOÑA ANA DE PANTOJA
CHRISTOFANO BUTTARELLI
MARCOS CIUTTI
BRIGIDA
PASCUAL
EL CAPITAN CENTELLAS
DON RAFAEL DE AVELLANEDA
LUCIA
LA ABADESA DE LAS CALATRAVAS DE SEVILLA
LA TORNERA DE IDEM
GASTON
MIGUEL
UN ESCULTOR
ALGUACILES 1.º y 2.º
UN PAJE *(que no habla)*
LA ESTATUA DE DON GONZALO *(él mismo)*
LA SOMBRA DE DOÑA INES *(ella misma)*

Caballeros sevillanos, encubiertos, curiosos, esqueletos, estatuas, ángeles, sombras, justicia y pueblo

La acción en Sevilla por los años de 1545. Los cuatro primeros actos pasan en una sola noche. Los tres restantes, cinco años después y en otra noche.

PRIMERA PARTE

ACTO PRIMERO

LIBERTINAJE Y ESCANDALO

Hostería de Christófano Buttarelli.— *Puerta en el fondo que da a la calle; mesas, jarros y demás utensilios propios de semejante lugar.*

ESCENA PRIMERA

Don Juan, *con antifaz, sentado a una mesa escribiendo;* Ciutti *y* Buttarelli, *a un lado esperando. Al levantarse el telón, se ven pasar por la puerta del fondo máscaras, estudiantes y pueblo con hachones, músicas, etc.*

Don Juan
¡Cuál gritan esos malditos!
Pero ¡mal rayo me parta
si, en concluyendo la carta,
no pagan caros sus gritos!

(Sigue escribiendo.)

Buttarelli. *(A* Ciutti.*)*
Buen Carnaval.
Ciutti. *(A* Buttarelli.*)*
Buen agosto
para rellenar la arquilla.
Buttarelli
¡Quiá! Corre ahora por Sevilla
poco gusto y mucho mosto.
Ni caen aquí buenos peces,

que son casas mal miradas
por gentes acomodadas,
y atropelladas a veces.

CIUTTI
Pero hoy...

BUTARELLI
Hoy no entra en la cuenta,
Ciutti; se ha hecho buen trabajo.

CIUTTI
¡Chito! Habla un poco más bajo,
que mi señor se impacienta
pronto.

BUTTARELLI
¿A su servicio estás?

CIUTTI
Ya ha un año.

BUTTARELLI
Y ¿qué tal te sale?

CIUTTI
No hay prior que se me iguale;
tengo cuanto quiero, y más.
Tiempo libre, bolsa llena,
buenas mozas y buen vino.

BUTTARELLI
¡Cuerpo de tal, qué destino!

CIUTTI *(Señalando a* D. JUAN.*)*
Y todo ello a costa ajena.

BUTTARELLI
Rico, ¿eh?

CIUTTI
Varea la plata.

BUTTARELLI
¿Franco?

CIUTTI
Como un estudiante.

BUTTARELLI
Y ¿noble?

CIUTTI
Como un infante.

BUTTARELLI
Y ¿bravo?

CIUTTI
Como un pirata.

BUTTARELLI
¿Español?

CIUTTI
Creo que sí.

BUTTARELLI
¿Su nombre?

CIUTTI
Lo ignoro en suma.

BUTTARELLI
¡Bribón! Y ¿dónde va?

CIUTTI
Aquí.

BUTTARELLI
Largo plumea.

CIUTTI
Es gran pluma.

BUTTARELLI
Y ¿a quién mil diablos escribe
tan cuidadoso y prolijo?

CIUTTI
A su padre.

BUTTARELLI
¡Vaya un hijo!

CIUTTI
Para el tiempo en que se vive,
es un hombre extraordinario.
Mas silencio.

DON JUAN *(Cerrando la carta.)*
Firmo y plego.
¿Ciutti?

CIUTTI
Señor.

DON JUAN
Este pliego
irá, dentro del Horario
en que reza doña Inés,
a sus manos a parar.

CIUTTI
¿Hay respuesta que aguardar?

DON JUAN
Del diablo con guardapiés
que la asiste, de su dueña,
que mis intenciones sabe,
recogerás una llave,
una hora y una seña;
y más ligero que el viento,
aquí otra vez.

CIUTTI
Bien está. *(Vase.)*

ESCENA II

DON JUAN *y* BUTTARELLI

DON JUAN
Christófano, vieni quà.
BUTTARELLI
¡Eccellenza!
DON JUAN
Senti.
BUTTARELLI
Sento.
Ma hò imparato il castigliano,
se è più facile al signor
la sua lingua...
DON JUAN
Sí, es mejor;
lascia dunque il tuo toscano,
y dime: don Luis Mejía,
¿ha venido hoy?
BUTTARELLI
Excelencia,
no está en Sevilla.
DON JUAN
Su ausencia,
¿dura en verdad todavía?
BUTTARELLI
Tal creo.
DON JUAN
Y ¿noticia alguna
no tenéis de él?
BUTTARELLI
¡Ah! Una historia
me viene ahora a la memoria
que os podrá dar...
DON JUAN
¿Oportuna
luz sobre el caso?
BUTTARELLI
Tal vez.

DON JUAN
Habla, pues.
BUTTARELLI. *(Hablando consigo mismo.)*
No, no me engaño;
esta noche cumple el año,
lo había olvidado.
DON JUAN
¡Pardiez!
¿Acabarás con tu cuento?
BUTTARELLI
Perdonad, señor; estaba
recordando el hecho.
DON JUAN
Acaba,
¡vive Dios! que me impaciento.
BUTTARELLI
Pues es el caso, señor,
que el caballero Mejía
por quien preguntáis, dio un día
en la ocurrencia peor
que ocurrírsele podía.
DON JUAN
Suprime lo al hecho extraño;
que apostaron me es notorio,
a quién haría en un año,
con más fortuna, más daño,
Luis Mejía y Juan Tenorio.
BUTTARELLI
La historia sabéis.
DON JUAN
Entera;
por eso te he preguntado
por Mejía.
BUTTARELLI
¡Oh! Me pluguiera
que la apuesta se cumpliera,
que pagan bien y al contado.
DON JUAN
Y ¿no tienes confianza
en que don Luis a esta cita
acuda?
BUTTARELLI
¡Quiá! Ni esperanza;
el fin del plazo se avanza,

y estoy cierto que maldita
la memoria que ninguno
guarda de ello.

DON JUAN

Basta ya.
Toma.

BUTTARELLI

Excelencia, ¿y de alguno
de ellos sabéis vos?

DON JUAN

Quizá.

BUTTARELLI

¿Vendrán, pues?

DON JUAN

Al menos uno;
mas por si acaso los dos
dirigen aquí sus huellas,
el uno del otro en pos,
tus dos mejores botellas
prevénles.

BUTTARELLI

Mas...

DON JUAN

¡Chito!... Adiós.

ESCENA III

BUTTARELLI

BUTTARELLI

¡Santa Madona! De vuelta
Mejía y Tenorio están
sin duda..., y recogerán
los dos la palabra suelta.
¡Oh! Sí; ese hombre tiene traza
de saberlo a fondo.

(Ruido dentro.)

Pero
¿qué es esto?

(Se asoma a la puerta.)

¡Anda! ¡El forastero
está riñendo en la plaza!
¡Válgame Dios! ¡Qué bullicio!
¡Cómo se le arremolina
chusma..., y cómo la acoquina
él solo!... ¡Puf! ¡Qué estropicio!
¡Cuál corren delante de él!
No hay duda; están en Castilla
los dos, y anda ya Sevilla
toda revuelta. ¡Miguel!

ESCENA IV

BUTTARELLI *y* MIGUEL

MIGUEL

¿Che comanda?

BUTTARELLI

Presto, qui
servi una tavola, amico;
e del Lacryma più antico,
porta due bottiglie.

MIGUEL

Sì,
signor padron.

BUTTARELLI

¡Micheletto,
apparecchia in carità
il più ricco, che si fa,
afrettati!

MIGUEL

Già mi afretto,
signor padrone. *(Vase.)*

ESCENA V

BUTTARELLI *y* D. GONZALO

DON GONZALO

Aquí es.
¿Patrón?

BUTTARELLI

¿Qué se ofrece?

Don Gonzalo

Quiero
hablar con el hostelero.

Buttarelli

Con él habláis; decid, pues.

Don Gonzalo

¿Sois vos?

Buttarelli

Sí; mas despachad,
que estoy de priesa.

Don Gonzalo

En tal caso,
ved si es cabal y de paso
esa dobla, y contestad.

Buttarelli

¡Oh, excelencia!

Don Gonzalo

¿Conocéis
a don Juan Tenorio?

Buttarelli

Sí.

Don Gonzalo

Y ¿es cierto que tiene aquí
hoy una cita?

Buttarelli

¡Oh! ¿Seréis
vos el otro?

Don Gonzalo

¿Quién?

Buttarelli

Don Luis.

Don Gonzalo

No, pero estar me interesa
en su entrevista.

Buttarelli

Esta mesa
les preparo; si os servís
en esotra colocaros,
podréis presenciar la cena
que les daré... ¡Oh! Será escena
que espero que ha de admiraros.

Don Gonzalo

Lo creo.

Buttarelli

Son, sin disputa,
los dos mozos más gentiles
de España.

Don Gonzalo

Sí, y los más viles
también.

Buttarelli

¡Bah! Se les imputa
cuanto malo se hace hoy día;
mas la malicia lo inventa,
pues nadie paga su cuenta,
como Tenorio y Mejía.

Don Gonzalo

¡Ya!

Buttarelli

Es afán de murmurar,
porque conmigo, señor,
ninguno lo hace mejor,
y bien lo puedo jurar.

Don Gonzalo

No es necesario; mas...

Buttarelli

¿Qué?

Don Gonzalo

Quisiera yo ocultamente
verlos, y sin que la gente
me reconociera.

Buttarelli

A fe,
que eso es muy fácil, señor.
Las fiestas de Carnaval,
al hombre más principal
permiten, sin deshonor
de su linaje, servirse
de un antifaz, y bajo él,
¿quién sabe, hasta descubrirse,
de qué carne es el pastel?

Don Gonzalo

Mejor fuera en aposento
contiguo...

Buttarelli

Ninguno cae
aquí.

Don Gonzalo
Pues entonces, trae
el antifaz.
Buttarelli
Al momento.

ESCENA VI

Don Gonzalo

Don Gonzalo
No cabe en mi corazón
que tal hombre pueda haber,
y no quiero cometer
con él una sinrazón.
Yo mismo indagar prefiero
la verdad...; mas, a ser cierta
la apuesta, primero muerta
que esposa suya la quiero.
No hay en la tierra interés
que si la daña me cuadre;
primero seré buen padre,
buen caballero después.
Enlace es de gran ventaja,
mas no quiero que Tenorio
del velo del desposorio
la recorte una mortaja.

ESCENA VII

Don Gonzalo *y* Buttarelli, *que trae un antifaz*

Buttarelli
Ya está aquí.
Don Gonzalo
Gracias, patrón;
¿tardarán mucho en llegar?
Buttarelli
Si vienen, no han de tardar;
cerca de las ocho son.
Don Gonzalo
¿Esa es hora señalada?
Buttarelli
Cierra el plazo, y es asunto
de perder quien no esté a punto
de la primer campanada.
Don Gonzalo
Quiera Dios que sea una chanza,
y no lo que se murmura.
Buttarelli
No tengo aún por muy segura
de que cumplan, la esperanza;
pero si tanto os importa
lo que ello sea saber,
pues la hora está al caer,
la dilación es ya corta.
Don Gonzalo
Cúbrome, pues, y me siento.

(Se sienta en una mesa a la derecha, y se pone el antifaz.)

Buttarelli. *(Aparte.)*
Curioso el viejo me tiene
del misterio con que viene...,
y no me quedo contento
hasta saber quién es él...

(Limpia y trajina, mirándole de reojo.)

Don Gonzalo. *(Aparte.)*
¡Que un hombre como yo tenga
que esperar aquí, y se avenga
con semejante papel!
En fin, me importa el sosiego
de mi casa, y la ventura
de una hija sencilla y pura,
y no es para echarlo a juego.

ESCENA VIII

Don Gonzalo, Buttarelli *y* Don Diego *a la puerta del fondo*

Don Diego
La seña está terminante,

aquí es; bien me han informado;
llego pues.

Buttarelli
¿Otro embozado?

Don Diego
¡Ah de esta casa!

Buttarelli
Adelante.

Don Diego
¿La Hostería del Laurel?

Buttarelli
En ella estáis, caballero.

Don Diego
¿Está en casa el hostelero?

Buttarelli
Estáis hablando con él.

Don Diego
¿Sois vos Buttarelli?

Buttarelli
Yo.

Don Diego
¿Es verdad que hoy tiene aquí
Tenorio una cita?

Buttarelli
Sí.

Don Diego
Y ¿ha acudido a ella?

Buttarelli
No.

Don Diego
Pero ¿acudirá?

Buttarelli
No sé.

Don Diego
¿Le esperáis vos?

Buttarelli
Por si acaso
venir le place.

Don Diego
En tal caso,
yo también le esperaré.

(Se sienta al lado opuesto a D. Gonzalo.*)*

Buttarelli
¿Que os sirva vianda alguna
queréis mientras?

Don Diego
No tomad; *(Dale dinero).*

Buttarelli
¡Excelencia!

Don Diego
Y excusad
conversación importuna.

Buttarelli
Perdonad.

Don Diego
Vais perdonado;
dejadme, pues.

Buttarelli *(Aparte.)*
¡Jesucristo!
En toda mi vida he visto
hombre más malhumorado.

Don Diego *(Aparte.)*
¡Que un hombre de mi linaje
descienda a tan ruin mansión!
Pero no hay humillación
a que un padre no se baje
por un hijo. Quiero ver
por mis ojos la verdad,
y el monstruo de liviandad
a quien pude dar el ser.

(Buttarelli, *que anda arreglando sus trastos, contempla desde el fondo a* D. Gonzalo *y a* D. Diego *que permanecerán embozados y en silencio.)*

Buttarelli
¡Vaya un par de hombres de piedra!
Para éstos sobra mi abasto;
mas ¡pardiez! pagan el gasto
que no hacen, y así se medra.

ESCENA IX

Don Gonzalo, Don Diego, Buttarelli, El Capitán Centellas, Avellaneda *y* dos caballeros

Avellaneda
Vinieron, y os aseguro
que se efectuará la apuesta.

CENTELLAS
Entremos, pues. ¿Buttarelli?
BUTTARELLI
Señor capitán Centellas,
¿vos por aquí?
CENTELLAS
Sí, Christófano.
¿Cuándo aquí, sin mi presencia,
tuvieron lugar las orgías
que han hecho raya en la época?
BUTTARELLI
Como ha tanto tiempo ya
que no os he visto...
CENTELLAS
Las guerras
del Emperador, a Túnez
me llevaron; mas mi hacienda
me vuelve a traer a Sevilla;
y, según lo que me cuentan,
llego lo más a propósito
para renovar añejas
amistades. Conque apróntanos
luego unas cuantas botellas,
y en tanto que humedecemos
la garganta, verdadera
relación haznos de un lance
sobre el cual hay controversia.
BUTTARELLI
Todo se andará; mas antes
dejadme ir a la bodega.
VARIOS
Sí, sí.

ESCENA X

DICHOS, *menos* BUTTARELLI

CENTELLAS
Sentarse, señores,
y que siga Avellaneda
con la historia de don Luis.
AVELLANEDA
No hay ya más que decir de ella,
sino que creo imposible
que la de Tenorio sea
más endiablada, y que apuesto
por don Luis.
CENTELLAS
Acaso pierdas.
Don Juan Tenorio se sabe
que es la más mala cabeza
del orbe, y no hubo hombre alguno
que aventajarle pudiera
con sólo su inclinación;
conque, ¿qué hará si se empeña?
AVELLANEDA
Pues yo sé bien que Mejía
las ha hecho tales, que a ciegas
se puede apostar por él.
CENTELLAS
Pues el capitán Centellas
pone por don Juan Tenorio
cuanto tiene.
AVELLANEDA
Pues se acepta
por don Luis, que es muy mi amigo.
CENTELLAS
Pues todo en contra se arriesga;
porque no hay, como Tenorio,
otro hombre sobre la tierra,
y es proverbial su fortuna
y extremadas sus empresas.

ESCENA XI

DICHOS, BUTTARELLI, *con botellas*

BUTTARELLI
Aquí hay Falerno, Borgoña,
Sorrento.
CENTELLAS
De lo que quieras
sirve, Christófano, y dinos:
¿qué hay de cierto en una apuesta
por don Juan Tenorio ha un año
y don Luis Mejía hecha?

Buttarelli

Señor capitán, no sé
tan a fondo la materia,
que os pueda sacar de dudas,
pero os diré lo que sepa.

Varios

Habla, habla.

Buttarelli

Yo, la verdad,
aunque fue en mi casa mesma
la cuestión entre ambos, como
pusieron tan larga fecha
a su plazo, creí siempre
que nunca a efecto viniera;
así es, que ni aun me acordaba
de tal cosa a la hora de ésta.
Mas esta tarde, sería
al anochecer apenas,
entróse aquí un caballero
pidiéndome que le diera
recado con que escribir
una carta, y a sus letras
atento no más, me dio
tiempo a que charla metiera
con un paje que traía,
paisano mío, de Génova.
No saqué nada del paje,
que es ¡por Dios! muy brava pesca;
mas cuando su amo acababa
la carta, le envió con ella
a quien iba dirigida.
El caballero, en mi lengua
me habló, y me pidió noticias
de don Luis; dijo que entera
sabía de ambos la historia,
y tenía la certeza
de que, al menos uno de ellos,
acudiría a la apuesta.
Yo quise saber más de él,
mas púsome dos monedas
de oro en la mano, diciéndome:
«Y por si acaso los dos
al tiempo aplazado llegan,
ten prevenidas para ambos
tus dos mejores botellas.»
Largóse sin decir más,
y yo, atento a sus monedas,
les puse en el mismo sitio
donde apostaron, la mesa.
Y vedla allí con dos sillas,
dos copas y dos botellas.

Avellaneda

Pues, señor, no hay que dudar:
era don Luis.

Centellas

Don Juan era.

Avellaneda

¿Tú no le viste la cara?

Buttarelli

¡Si la traía cubierta
con un antifaz!

Centellas

Pero, hombre,
¿tú a los dos no los recuerdas,
o no sabes distinguir
a las gentes por sus señas
lo mismo que por sus caras?

Buttarelli

Pues confieso mi torpeza;
no lo supe conocer,
y lo procuré de veras.
Pero silencio.

Avellaneda

¿Qué pasa?

Butterelli

A dar el reloj comienza
los cuartos para las ocho.

(Dan.)

Centellas

Ved, ved la gente que se entra.

Avellaneda

Como que está de este lance
curiosa Sevilla entera.

(Se oyen dar las ocho; varias personas entran y se reparten en silencio por la escena; al dar la última campanada, D. Juan, *con antifaz, se llega a la mesa que ha preparado* Buttarelli *en el centro del escenario, y se dispone a ocupar una*

de las dos sillas que están delante de ella. Inmediatamente después de él, entra D. LUIS, *también con antifaz, y se dirige a la otra. Todos los miran.)*

ESCENA XII

DICHOS, DON JUAN, DON LUIS, *caballeros, curiosos y enmascarados*

AVELLANEDA *(A* CENTELLAS, *por* DON JUAN.)
Verás aquél, si ellos vienen,
qué buen chasco que se lleva.
CENTELLAS *(A* AVELLANEDA *por* DON LUIS.)
Pues allí va otro a ocupar
la otra silla. ¡Uf! ¡Aquí es ella!
DON JUAN *(A* DON LUIS.)
Esa silla está comprada,
hidalgo.
DON LUIS *(A* DON JUAN.)
Lo mismo digo,
hidalgo; para un amigo
tengo yo esotra pagada.
DON JUAN
Que esta es mía haré notorio.
DON LUIS
Y yo también que esta es mía.
DON JUAN
Luego sois don Luis Mejía.
DON LUIS
Seréis, pues, don Juan Tenorio.
DON JUAN
Puede ser.
DON LUIS
Vos lo decís.
DON JUAN
¿No os fiáis?
DON LUIS
No.
DON JUAN
Yo tampoco.
DON LUIS
Pues no hagamos más el coco.
DON JUAN *(Quitándose la máscara.)*
Yo soy don Juan.
DON LUIS *(Idem.)*
Yo don Luis.

(Se descubren y se sientan. El capitán CENTELLAS, AVELLANEDA, BUTTARELLI *y algunos otros se van a ellos y les saludan, abrazan y dan la mano y hacen otras semejantes muestras de cariño y amistad.* DON JUAN *y* DON LUIS *las aceptan cortésmente.)*

CENTELLAS
¡Don Juan!
AVELLANEDA
¡Don Luis!
DON JUAN
¡Caballeros!
DON LUIS
¡Oh, amigos! ¿Qué dicha es ésta?
AVELLANEDA
Sabíamos vuestra apuesta,
y hemos acudido a veros.
DON LUIS
Don Juan y yo, tal bondad
en mucho os agradecemos.
DON JUAN
El tiempo no malgastemos,
don Luis.
(A los otros.)
Sillas arrimad.
(A los que están lejos.)
Caballeros, yo supongo
que a ustedes también aquí
les traerá la apuesta, y por mí,
a antojo tal no me opongo.
DON LUIS
Ni yo; que aunque nada más
fue el empeño entre los dos,
no ha de decirse ¡por Dios!
que me avergonzó jamás.
DON JUAN
Ni a mí, que el orbe es testigo
de que hipócrita no soy,

pues por doquiera que voy,
va el escándalo conmigo.

DON LUIS
¡Eh! Y esos dos, ¿no se llegan
a escuchar? Vos.
(Por DON DIEGO *y* DON GONZALO.)

DON DIEGO
Yo estoy bien.

DON LUIS
¿Y vos?

DON GONZALO
De aquí oigo también.

DON LUIS
Razón tendrán si se niegan.
(Se sientan todos alrededor de la mesa en que están DON LUIS MEJÍA *y* DON JUAN TENORIO.)

DON JUAN
¿Estamos listos?

DON LUIS
Estamos.

DON JUAN
Como quien somos cumplimos.

DON LUIS
Veamos, pues, lo que hicimos.

DON JUAN
Bebamos antes.

DON LUIS
Bebamos.
(Lo hacen.)

DON JUAN
La apuesta fue...

DON LUIS
Porque un día
dije que en España entera
no habría nadie que hiciera
lo que hiciera Luis Mejía.

DON JUAN
Y siendo contradictorio
al vuestro mi parecer,
yo os dije: «Nadie ha de hacer
lo que hará don Juan Tenorio.»
¿No es así?

DON LUIS
Sin duda alguna;
y vinimos a apostar
quién de ambos sabría obrar
peor, con mejor fortuna,
en el término de un año;
juntándonos aquí hoy
a probarlo.

DON JUAN
Y aquí estoy.

DON LUIS
Y yo.

CENTELLAS
¡Empeño bien extraño,
por vida mía!

DON JUAN
Hablad, pues.

DON LUIS
No, vos debéis empezar.

DON JUAN
Como gustéis, igual es
que nunca me hago esperar.
Pues, señor, yo desde aquí,
buscando mayor espacio
para mis hazañas, di
sobre Italia, porque allí
tiene el placer un palacio.
De la guerra y del amor
antigua y clásica tierra,
y en ella el Emperador,
con ella y con Francia en guerra,
díjeme: «¿Dónde mejor?
Donde hay soldados, hay juego,
hay pendencias y amoríos.»
Di, pues, sobre Italia luego,
buscando a sangre y a fuego
amores y desafíos.
En Roma, a mi apuesta fiel,
fijé, entre hostil y amatorio,
en mi puerta este cartel:
*«Aquí está don Juan Tenorio
para quien quiera algo de él.»*
De aquellos días la historia
a relataros renuncio;

remítome a la memoria
que dejé allí, y de mi gloria
podéis juzgar por mi anuncio.
Las romanas, caprichosas;
las costumbres, licenciosas;
yo, gallardo y calavera;
¿quién a cuento redujera
mis empresas amorosas?
Salí de Roma, por fin,
como os podéis figurar:
con un disfraz harto ruin
y a lomos de un mal rocín,
pues me querían ahorcar.
Fui al ejército de España;
mas todos paisanos míos,
soldados y en tierra extraña,
dejé pronto su compaña
tras cinco o seis desafíos.
Nápoles, rico verjel
de amor, de placer emporio,
vio en mi segundo cartel:

«Aquí está don Juan Tenorio,
y no hay hombre para él.
Desde la princesa altiva
a la que pesca en ruin barca,
no hay hembra a quien no suscriba,
y cualquiera empresa abarca
si en oro o valor estriba.
Búsquenle los reñidores;
cérquenle los jugadores;
quien se precie, que le ataje;
a ver si hay quien le aventaje
en juego, en lid o en amores.»
Esto escribí; y en medio año
que mi presencia gozó
Nápoles, no hay lance extraño,
no hubo escándalo ni engaño
en que no me hallara yo.
Por dondequiera que fui,
la razón atropellé,
la virtud escarnecí,
a la justicia burlé
y a las mujeres vendí.
Yo a las cabañas bajé,
yo a los palacios subí,
yo a los claustros escalé,
y en todas partes dejé
memoria amarga de mí.
Ni reconocí sagrado,
ni hubo razón ni lugar
por mi audacia respetado;
ni en distinguir me he parado
al clérigo del seglar.
A quien quise provoqué,
con quien quiso me batí,
y nunca consideré
que pudo matarme a mí.
aquél a quien yo maté.
A esto don Juan se arrojó,
y escrito en este papel
está cuanto consiguió;
y lo que él aquí escribió,
mantenido está por él.

Don Luis

Leed, pues.

Don Juan

No; oigamos antes
vuestros bizarros extremos,
y si traéis terminantes
vuestras notas comprobantes,
lo escrito cotejaremos.

Don Luis

Decís bien; cosa es que está,
don Juan, muy puesta en razón;
aunque, a mi ver, poco irá
de una a otra relación.

Don Juan

Empezad, pues.

Don Luis

Allá va.
Buscando yo, como vos,
a mi aliento empresas grandes,
dije: «¿Dó iré, ¡vive Dios!
de amor y lides en pos,
que vaya mejor que a Flandes?
Allí, puesto que empeñadas
guerras hay, a mis deseos
habrá al par centuplicadas

ocasiones extremadas
de riñas y galanteos.»
 Y en Flandes conmigo dí,
mas con tan negra fortuna,
que al mes de encontrarme allí
todo mi caudal perdí,
dobla a dobla, una por una.
 En tan total carestía
mirándome de dineros,
de mí todo el mundo huía,
mas yo busqué compañía
y me uní a unos bandoleros.
 Lo hicimos bien, ¡voto a tal!
y fuimos tan adelante,
con suerte tan colosal,
que entramos a saco en Gante
el palacio episcopal.
 ¡Qué noche! Por el decoro
de la Pascua, el buen Obispo
bajó a presidir el coro,
y aun de alegría me crispo
al recordar su tesoro.
 Todo cayó en poder nuestro;
mas mi capitán, avaro,
puso mi parte en secuestro;
reñimos, yo fui más diestro,
y le crucé sin reparo.
 Juróme al punto la gente
capitán, por más valiente;
juréles yo amistad franca;
pero a la noche siguiente
huí y les dejé sin blanca.
 Yo me acordé del refrán
de que quien roba al ladrón
ha cien años de perdón,
y me arrojé a tal desmán
mirando a mi salvación.
 Pasé a Alemania opulento,
mas un provincial jerónimo,
hombre de mucho talento,
me conoció, y al momento
me delató en un anónimo.
 Compré a fuerza de dinero
la libertad y el papel;
y topando en un sendero
al fraile, le envié certero
una bala envuelta en él.
 Salté a Francia, ¡buen país!
y como en Nápoles vos,
puse un cartel en París,
diciendo: *«Aquí hay un don Luis*
que vale lo menos dos.
 Parará aquí algunos meses,
y no trae más intereses
ni se aviene a más empresas,
que adorar a las francesas
y a reñir con los franceses.»
 Esto escribí; y en medio año
que mi presencia gozó
París, no hubo lance extraño,
ni hubo escándalo ni daño
donde no me hallara yo.
 Mas, como don Juan, mi historia
también a alargar renuncio;
que basta para mi gloria
la magnífica memoria
que allí dejé con mi anuncio.
 Y cual vos, por donde fui
la razón atropellé,
la virtud escarnecí,
a la justicia burlé
y a las mujeres vendí.
 Mi hacienda llevo perdida
tres veces; mas se me antoja
reponerla, y me convida
mi boda comprometida
con doña Ana de Pantoja.
 Mujer muy rica me dan
y mañana hay que cumplir
los tratos que hechos están;
lo que os advierto, don Juan,
por si queréis asistir.
 A esto don Luis se arrojó,
y escrito en este papel
está lo que consiguió;
y lo que él aquí escribió,
mantenido está por él.

Don Juan

 La historia es tan semejante,
que está en el fiel la balanza;

mas vamos a lo importante,
que es el guarismo a que alcanza
el papel; conque adelante.

Don Luis
Razón tenéis, en verdad.
Aquí está el mío; mirad,
por una línea apartados
traigo los nombres sentados,
para mayor claridad.

Don Juan
Del mismo modo arregladas
mis cuentas traigo en el mío;
en dos líneas separadas
los muertos en desafío
y las mujeres burladas.
Contad.

Don Luis
Contad.

Don Juan
Veintitrés.

Don Luis
Son los muertos. A ver vos.
¡Por la cruz de San Andrés!
Aquí sumo treinta y dos.

Don Juan
Son los muertos.

Don Luis
Matar es.

Don Juan
Nueve os llevo.

Don Luis
Me vencéis.
Pasemos a las conquistas.

Don Juan
Sumo aquí cincuenta y seis.

Don Luis
Y yo sumo en vuestras listas
setenta y dos.

Don Juan
Pues perdéis.

Don Luis
¡Es increíble, don Juan!

Don Juan
Si lo dudáis, apuntados
los testigos ahí están,
que si fueren preguntados
os lo testificarán.

Don Luis
¡Oh! Y vuestra lista es cabal.

Don Juan
Desde una princesa Real
a la hija de un pescador,
¡oh! ha recorrido mi amor
toda la escala social.
¿Tenéis algo que tachar?

Don Luis
Sólo una os falta, en justicia.

Don Juan
¿Me la podéis señalar?

Don Luis
Sí, por cierto; una novicia
que esté para profesar.

Don Juan
¡Bah! Pues yo os complaceré
doblemente, porque os digo
que a la novicia uniré
la dama de algún amigo
que para casarse esté.

Don Luis
¡Pardiez, que sois atrevido!

Don Juan
Yo os lo apuesto si queréis.

Don Luis
Digo que acepto el partido.
Para darlo por perdido,
¿queréis veinte días?

Don Juan
Seis.

Don Luis
¡Por Dios, que sois hombre extraño!
¿Cuántos días empleáis
en cada mujer que amáis?

Don Juan
Partid los días del año
entre las que ahí encontráis.
Uno para enamorarlas,
otro para conseguirlas,
otro para abandonarlas,

dos para sustituirlas
y uno para olvidarlas.
Pero la verdad a hablaros,
pedir más no se me antoja,
porque pues vais a casaros,
mañana pienso quitaros
a doña Ana de Pantoja.

Don Luis
Don Juan, ¿qué es lo que decís?

Don Juan
Don Luis, lo que oído habéis.

Don Luis
Ved, don Juan, lo que emprendéis.

Don Juan
Lo que he de lograr, don Luis.

Don Luis
¡Gastón!

Gastón
Señor.

Don Luis
Ven acá.

(Habla Don Luis *en secreto con* Gastón, *y éste se va precipitadamente.)*

Don Juan
¡Ciutti!

Ciutti
Señor.

Don Juan
Ven aquí.

(Don Juan *ídem con* Ciutti, *que hace lo mismo.)*

Don Luis
¿Estáis en lo dicho?

Don Juan
Sí.

Don Luis
Pues va la vida.

Don Juan
Pues va.

Don Gonzalo, *levantándose de la mesa en que ha permanecido inmóvil durante la escena anterior, se afronta con* Don Juan *y* Don Luis.)

Don Gonzalo
¡Insensatos! ¡Vive Dios,
que a no temblarme las manos,
a palos, como a villanos,
os diera muerte a los dos!

Don Juan y Don Luis
Veamos.

Don Gonzalo
Excusado es,
que he vivido lo bastante
para no estar arrogante
donde no puedo.

Don Juan
Idos, pues.

Don Gonzalo
Antes, don Juan, de salir
de donde oírme podáis,
es necesario que oigáis
lo que os tengo que decir.
Vuestro buen padre don Diego,
porque pleitos acomoda,
os apalabró una boda
que iba a celebrarse luego;
pero por mí mismo yo,
lo que érais queriendo ver
vine aquí al anochecer,
y el veros me avergonzó.

Don Juan
¡Por Satanás, viejo insano,
que no sé cómo he tenido
calma para haberte oído
sin asentarte la mano!
Pero di pronto quién eres,
porque me siento capaz
de arrancarte el antifaz
con el alma que tuvieres.

Don Gonzalo
¡Don Juan!

Don Juan
¡Pronto!

Don Gonzalo
Mira, pues.

Don Juan
¡Don Gonzalo!

Don Gonzalo
El mismo soy.
Y adiós, don Juan; mas desde hoy
no penséis en doña Inés;
porque antes que consentir
en que se case con vos,
el sepulcro ¡juro a Dios!
por mi mano le he de abrir.

Don Juan
Me hacéis reír, don Gonzalo;
pues venirme a provocar,
es como ir a amenazar
a un león con un mal palo.
Y pues hay tiempo, advertir
os quiero a mi vez a vos
que, o me la dais, o ¡por Dios,
que a quitárosla he de ir!

Don Gonzalo
¡Miserable!

Don Juan
Dicho está;
sólo una mujer como ésta
me falta para mi apuesta;
ved, pues, que apostada va.

(Don Diego, *levantándose de la mesa en que ha permanecido encubierto mientras la escena anterior, baja al centro de la escena, encarándose con* Don Juan.)

Don Diego
No puedo más que escucharte,
vil don Juan, porque recelo
que hay algún rayo en el cielo
preparado a aniquilarte.
¡Ah!... No pudiendo creer
lo que de ti me decían,
confiando en que mentían,
te vine esta noche a ver.
Pero te juro, malvado,
que me pesa haber venido
para salir convencido
de lo que es para ignorado.
Sigue, pues, con ciego afán
en tu torpe frenesí,

Don Diego avergonzado de su hijo Don Juan.

mas nunca vuelvas a mí;
no te conozco, don Juan.

Don Juan
¿Quién nunca a ti se volvió,
ni quién osa hablarme así,
ni qué se me importa a mí
que me conozcas o no?

Don Diego
Adiós, pues, mas no te olvides
de que hay un Dios justiciero.

Don Juan *(Deteniéndole.)*
Ten.

Don Diego
¿Qué quieres?

Don Juan
Verte quiero.

Don Diego
Nunca; en vano me lo pides.

Don Juan
¿Nunca?

Don Diego
No.

Don Juan
Cuando me cuadre.

Don Diego
¿Cómo?

Don Juan
Así.
(Le arranca el antifaz.)

Todos
¡Don Juan!

Don Diego
¡Villano!
Me has puesto en la faz la mano.

Don Juan
¡Válgame Cristo, mi padre!

Don Diego
Mientes; no lo fui jamás.

Don Juan
¡Reportaos, con Belcebú!

Don Diego
No, los hijos como tú
son hijos de Satanás.
Comendador, nulo sea
lo hablado.

DON GONZALO

Ya lo es por mí;
vamos.

DON DIEGO

Sí; vamos de aquí,
donde tal monstruo no vea.
Don Juan, en brazos del vicio
desolado te abandono;
me matas..., mas te perdono
de Dios en el santo juicio.

(Vanse poco a poco DON DIEGO *y* DON GONZALO.)

DON JUAN

Largo el plazo me ponéis;
mas ved que os quiero advertir
que yo no os he ido a pedir
jamás que me perdonéis.
Conque no paséis afán
de aquí adelante por mí,
que como vivió hasta aquí,
vivirá siempre don Juan.

ESCENA XIII

DON JUAN, DON LUIS, CENTELLAS, AVELLANEDA, BUTTARELLI, CURIOSOS *y* MÁSCARAS

DON JUAN

¡Eh! Ya salimos del paso,
y no hay que extrañar la homilía;
son pláticas de familia,
de las que nunca hice caso.
Conque lo dicho, don Luis,
van doña Ana y doña Inés
en apuesta.

DON LUIS

Y el precio es
la vida.

DON JUAN

Vos lo decís;
vamos.

DON LUIS

Vamos.

(Al salir, se presenta una ronda que los detiene.)

ESCENA XIV

DICHOS *y* UNA RONDA DE ALGUACILES

ALGUACIL

¡Alto allá!
¿Don Juan Tenorio?

DON JUAN

Yo soy.

ALGUACIL

Sed preso.

DON JUAN

Soñando estoy.
¿Por qué?

ALGUACIL

Después lo verá.

DON LUIS

(Acercándose a DON JUAN *y riéndose.)*

Tenorio, no lo extrañéis,
pues mirando a lo apostado,
mi paje os ha delatado
para que vos no ganéis.

DON JUAN

¡Hola! Pues no os suponía
con tal despejo, ¡pardiez!

DON LUIS

Id, pues, que por esta vez,
don Juan, la partida es mía.

DON JUAN

Vamos, pues.

(Al salir, los detiene otra ronda que entra en la escena.)

ESCENA XV

DICHOS *y* UNA RONDA

ALGUACIL. *(Que entra.)*
¡Ténganse allá!
¿Don Luis Mejía?
DON LUIS
Yo soy.
ALGUACIL
Sed preso.
DON LUIS
Soñando estoy.
¡Yo preso!
DON JUAN *(Soltando la carcajada.)*
¡Ja, ja, ja, ja!
Mejía, no lo extrañéis,
pues mirando a lo apostado,
mi paje os ha delatado
para que no me estorbéis.
DON LUIS
Satisfecho quedaré
aunque ambos muramos.
DON JUAN
Vamos:
conque, señores, quedamos
en que la apuesta está en pie.

(Las rondas se llevan a DON JUAN *y a* DON LUIS; *muchos los siguen. El capitán* CENTELLAS, AVELLANEDA *y sus amigos quedan en la escena mirándose unos a otros.)*

ESCENA XVI

EL CAPITÁN CENTELLAS, AVELLANEDA *y* CURIOSOS

AVELLANEDA
¡Parece un juego ilusorio!
CENTELLAS
¡Sin verlo no lo creería!
AVELLANEDA
Pues yo apuesto por Mejía.
CENTELLAS
Y yo pongo por Tenorio.

ACTO SEGUNDO

DESTREZA

Exterior de la casa de DOÑA ANA, *vista por una esquina. Las dos paredes que forman el ángulo, se prolongan igualmente por ambos lados, dejando ver en la de la derecha una reja, y en la izquierda una reja y una puerta.*

ESCENA PRIMERA

DON LUIS MEJÍA, *embozado*

DON LUIS
Ya estoy frente de la casa
de doña Ana, y es preciso
que esta noche tenga aviso
de lo que en Sevilla pasa.
No di con persona alguna,
por dicha mía... ¡Oh, qué afán!
Por ahora, señor don Juan,
cada cual con su fortuna.
Si honor y vida se juega,
mi destreza y mi valor,
por mi vida y por mi honor,
jugarán...; mas alguien llega.

ESCENA II

DON LUIS *y* PASCUAL

PASCUAL
¡Quién creyera lance tal!
¡Jesús, qué escándalo! ¡Presos!
DON LUIS
¡Qué veo! ¿Es Pascual?

PASCUAL
Los sesos me estrellaría.
DON LUIS
¿Pascual?
PASCUAL
¿Quién me llama tan apriesa?
DON LUIS
Yo. Don Luis.
PASCUAL
¡Válame Dios!
DON LUIS
¿Qué te asombra?
PASCUAL
Que seáis vos.
DON LUIS
Mi suerte, Pascual, es ésa.
Que a no ser yo quien me soy,
y a no dar contigo ahora,
el honor de mi señora
doña Ana moría hoy.
PASCUAL
¿Qué es lo que decís?
DON LUIS
¿Conoces
a don Juan Tenorio?
PASCUAL
Sí.
¿Quién no le conoce aquí?
Mas, según públicas voces,
estabais presos los dos.
Vamos, ¡lo que el vulgo miente!
DON LUIS
Ahora, acertadamente
habló el vulgo; y juro a Dios
que, a no ser porque mi primo,
el tesorero Real,
quiso fiarme, Pascual,
pierdo cuanto más estimo.
PASCUAL
Pues ¿cómo?
DON LUIS
¿En servirme estás?
PASCUAL
Hasta morir.
DON LUIS
Pues escucha.
Don Juan y yo, en una lucha
arriesgada por demás
empeñados nos hallamos;
pero, a querer tú ayudarme,
más que la vida salvarme
puedes.
PASCUAL
¿Qué hay que hacer? Sepamos.
DON LUIS
En una insigne locura
dimos tiempo ha: en apostar
cuál de ambos sabría obrar
peor, con mejor ventura.
Ambos nos hemos portado
bizarramente a cual más;
pero él es un Satanás,
y por fin me ha aventajado.
Púsele no sé qué pero;
dijímonos no sé qué
sobre ello, y el hecho fue
que él, mofándose altanero,
me dijo: «Y si esto no os llena,
pues que os casáis con doña Ana,
os apuesto a que mañana
os la quito yo.»
PASCUAL
¡Esa es buena!
¿Tal se ha atrevido a decir?
DON LUIS
No es lo malo que lo diga,
Pascual, sino que consiga
lo que intenta.
PASCUAL
¿Conseguir?
En tanto que yo esté aquí,
descuidad, don Luis.
DON LUIS
Te juro
que si el lance no aseguro,
no sé qué va a ser de mí.

PASCUAL

¡Por la Virgen del Pilar!
¿Le teméis?

DON LUIS

No; ¡Dios testigo!
Mas lleva ese hombre consigo
algún diablo familiar.

PASCUAL

Dadlo por asegurado.

DON LUIS

¡Oh! Tal es el afán mío,
que ni en mí propio me fío
con un hombre tan osado.

PASCUAL

Yo os juro, por San Ginés,
que, con toda su osadía,
le ha de hacer, por vida mía,
mal tercio un aragonés;
nos veremos.

DON LUIS

¡Ay, Pascual,
que en qué te metes no sabes!

PASCUAL

En apreturas más graves
me he visto, y no salí mal.

DON LUIS

Estriba en lo perentorio
del plazo y en ser quien es.

PASCUAL

Más que un buen aragonés
no ha de valer un Tenorio.
Todos esos lenguaraces,
espadachines de oficio,
no son más que frontispicio
y de poca alma capaces.
Para infamar a mujeres
tienen lengua, y tienen manos
para osar a los ancianos
o apalear a mercaderes.
Mas cuando una buena espada,
por un buen brazo esgrimida,
con la muerte les convida,
todo su valor es nada.
Y sus empresas y bullas
se reducen todas ellas
a hablar mal de las doncellas
y a huir ante las patrullas.

DON LUIS

¡Pascual!

PASCUAL

No lo hablo por vos,
que, aunque sois un calavera,
tenéis la alma bien entera
y reñís bien, ¡voto a brios!

DON LUIS

Pues si es en mí tan notorio
el valor, mira, Pascual,
que el valor es proverbial
en la raza de Tenorio.
Y porque conozco bien
de su valor el extremo,
de sus ardides me temo
que en tierra con mi honra den.

PASCUAL

Pues suelto estáis ya, don Luis,
y pues que tanto os acucia
el mal de celos, su astucia
con la astucia prevenís.
¿Qué teméis de él?

DON LUIS

No lo sé;
mas esta noche sospecho
que ha de procurar el hecho
consumar.

PASCUAL

Soñáis.

DON LUIS

¿Por qué?

PASCUAL

¿No está preso?

DON LUIS

Sí que está;
mas también lo estaba yo,
y un hidalgo me fió.

PASCUAL

Mas ¿quién a él le fiará?

DON LUIS

En fin, sólo un medio encuentro
de satisfacerme.

Pascual

¿Cuál?

Don Luis

Que de esta casa, Pascual,
quede yo esta noche dentro.

Pascual

Mirad que así de doña Ana
tenéis el honor vendido.

Don Luis

¡Qué mil rayos! ¿Su marido
no voy a ser yo mañana?

Pascual

Mas, señor, ¿no os digo yo
que os fío con la existencia?

Don Luis

Sí; salir de una pendencia,
mas de un ardid diestro, no.
Y, en fin, o paso en la casa
la noche, o tomo la calle,
aunque la justicia me halle.

Pascual

Señor don Luis, eso pasa
de terquedad, y es capricho
que dejar os aconsejo,
y os irá bien.

Don Luis

No lo dejo,
Pascual.

Pascual

¡Don Luis!

Don Luis

Está dicho.

Pascual

¡Vive Dios! ¿Hay tal afán?

Don Luis

Tú dirás lo que quisieres,
mas yo fío en las mujeres
mucho menos que en don Juan.
Y pues lance es extremado
por dos locos emprendido,
bien será un loco atrevido
para un loco desalmado.

Pascual

Mirad bien lo que decís,
porque yo sirvo a doña Ana
desde que nació, y mañana
seréis su esposo, don Luis.

Don Luis

Pascual, esa hora llegada
y ese derecho adquirido,
yo sabré ser su marido
y la haré ser bien casada.
Mas en tanto...

Pascual

No habléis más.
Yo os conozco desde niños,
y sé lo que son cariños,
¡por vida de Barrabás!
Oíd: mi cuarto es sobrado
para los dos; dentro de él
quedad; mas palabra fiel
dadme de estaros callado.

Don Luis

Te la doy.

Pascual

Y hasta mañana,
juntos con doble cautela,
nos quedaremos en vela.

Don Luis

Y se salvará doña Ana.

Pascual

Sea.

Don Luis

Pues vamos.

Pascual

¡Teneos!
¿Qué vais a hacer?

Don Luis

A entrar.

Pascual

¿Ya?

Don Luis

¿Quién sabe lo que él hará?

Pascual

Vuestros celosos deseos
reprimid, que ser no puede
mientras que no se recoja
mi amo, don Gil de Pantoja,
y todo en silencio quede.

Don Luis
¡Voto a...!
Pascual
¡Eh! Dad una vez
breves treguas al amor.
Don Luis
Y ¿a qué hora ese buen señor
suele acostarse?
Pascual
A las diez;
y en esa calleja estrecha
hay una reja; llamad
a las diez, y descuidad
mientras en mí.
Don Luis
Es cosa hecha.
Pascual
Don Luis, hasta luego, pues.
Don Luis
Adiós, Pascual, hasta luego.

ESCENA III

Don Luis

Don Luis
Jamás tal desasosiego
tuve. Paréceme que es
esta noche hora menguada
para mí..., y no sé qué vago
presentimiento, qué estrago
teme mi alma acongojada.
¡Por Dios, que nunca pensé
que a doña Ana amara así,
ni por ninguna sentí
lo que por ella!... ¡Oh! Y a fe
que de don Juan me amedrenta,
no el valor, mas la ventura.
Parece que le asegura
Satanás en cuanto intenta.
No, no; es un hombre infernal,
y téngome para mí
que, si me aparto de aquí,
me burla, pese a Pascual.
Y aunque me tenga por necio,
quiero entrar; que con don Juan
las precauciones no están
para vistas con desprecio.

(Llama a la ventana.)

ESCENA IV

Don Luis *y* doña Ana

Doña Ana
¿Quién va?
Don Luis
¿No es Pascual?
Doña Ana
¡Don Luis!
Don Luis
¡Doña Ana!
Doña Ana
¿Por la ventana
llamas ahora?
Don Luis
¡Ay, doña Ana,
cuán a buen tiempo salís!
Doña Ana
Pues, ¿qué hay, Mejía?
Don Luis
Un empeño
por tu beldad con un hombre
que temo.
Doña Ana
Y ¿qué hay que te asombre
en él, cuando eres tú el dueño
de mi corazón?
Don Luis
Doña Ana,
no lo puedes comprender
de ese hombre sin conocer,
nombre y suerte.

Doña Ana

Será vana
su buena suerte conmigo;
ya ves, sólo horas nos faltan
para la boda, y te asaltan
vanos temores.

Don Luis

Testigo
me es Dios que nada por mí
me da pavor mientras tenga
espada, y ese hombre venga
cara a cara contra ti.
Mas, como el león audaz,
y cauteloso y prudente
como la astuta serpiente...

Doña Ana

¡Bah! Duerme, don Luis, en paz,
que su audacia y su prudencia
nada lograrán de mí,
que tengo cifrada en ti
la gloria de mi existencia.

Don Luis

Pues bien, Ana, de ese amor
que me aseguras en nombre,
para no temer a ese hombre,
voy a pedirte un favor.

Doña Ana

Di; mas bajo, por si escucha
tal vez alguno.

Don Luis

Oye, pues.

ESCENA V

Doña Ana *y* Don Luis *a la reja derecha;* Don Juan *y* Ciutti, *en la calle izquierda*

Ciutti

Señor, ¡por mi vida, que es
vuestra suerte buena y mucha!

Don Juan

Ciutti, nadie como yo;
ya viste cuán fácilmente
el buen alcaide prudente
se avino, y suelta me dio.
Mas no hay ya en ello que hablar;
¿mis encargos has cumplido?

Ciutti

Todos los he concluido
mejor que pude esperar.

Don Juan

¿La beata...

Ciutti

Esta es la llave
de la puerta del jardín
que habrá que escalar al fin,
pues como usarced ya sabe,
las tapias de este convento
no tienen entrada alguna.

Don Juan

Y ¿te dio carta?

Ciutti

Ninguna;
me dijo que aquí al momento
iba a salir de camino;
que al convento se volvía,
y que con vos hablaría.

Don Juan

Mejor es.

Ciutti

Lo mismo opino.

Don Juan

¿Y los caballos?

Ciutti

Con silla
y freno los tengo ya.

Don Juan

¿Y la gente?

Ciutti

Cerca está.

Don Juan

Bien, Ciutti: mientras Sevilla
tranquila en sueño reposa
creyéndome encarcelado,
otros dos nombres añado
a mi lista numerosa.
¡Ja, ja!

CIUTTI
¡Señor!
DON JUAN
¿Qué?
CIUTTI
¡Callad!
DON JUAN
¿Qué hay, Ciutti?
CIUTTI
Al doblar la esquina,
en esa reja vecina
he visto un hombre.
DON JUAN
Es verdad;
pues ahora sí que es mejor
el lance. ¿Y si es ése?
CIUTTI
¿Quién?
DON JUAN
Don Luis.
CIUTTI
Imposible.
DON JUAN
¡Toma!
¿No estoy yo aquí?
CIUTTI
Diferencia
va de él a vos.
DON JUAN
Evidencia
lo creo, Ciutti; allí asoma
tras de la reja una dama.
CIUTTI
Una criada tal vez.
DON JUAN
Preciso es verlo, ¡pardiez!
no perdamos lance y fama.
Mira, Ciutti; a fuer de ronda,
tú, con varios de los míos,
por esa calle escurríos,
dando vuelta a la redonda
a la casa.
CIUTTI
Y en tal caso,
cerrará ella.
DON JUAN
Pues con eso,
ella ignorante y él preso,
nos dejará franco el paso.
CIUTTI
Decís bien.
DON JUAN
Corre, y atájale,
que en ello el vencer consiste.
CIUTTI
Mas ¿si el truhán se resiste...
DON JUAN
Entonces, de un tajo rájale.

ESCENA VI

DON JUAN, DOÑA ANA *y* DON LUIS

DON LUIS
¿Me das, pues, tu asentimiento?
DOÑA ANA
Consiento.
DON LUIS
¿Complácesme de ese modo?
DOÑA ANA
En todo.
DON LUIS
Pues te velaré hasta el día.
DOÑA ANA
Sí, Mejía.
DON LUIS
Páguete el cielo, Ana mía,
satisfacción tan entera.
DOÑA ANA
Porque me juzgues sincera
consiento en todo, Mejía.
DON LUIS
Volveré, pues, otra vez.
DOÑA ANA
Sí, a las diez.
DON LUIS
¿Me aguardarás, Ana?

Doña Ana

Sí.

Don Luis

Aquí.

Doña Ana

Y tú estarás puntual, ¿eh?

Don Luis

Estaré.

Doña Ana

La llave, pues, te daré.

Don Luis

Y dentro yo de tu casa,
venga Tenorio.

Doña Ana

Alguien pasa.

A las diez.

Don Luis

Aquí estaré.

ESCENA VII

Don Juan *y* don Luis

Don Luis

Mas se acercan. ¿Quién va allá?

Don Juan

Quien va.

Don Luis

De quien va así, ¿qué se infiere?

Don Juan

Que... quiere...

Don Luis

Ver si la lengua le arranco.

Don Juan

El paso franco.

Don Luis

Guardado está

Don Juan

Y yo, ¿soy manco?

Don Luis

Pidiéraislo en cortesía.

Don Juan

Y ¿a quién?

Don Luis

A don Luis Mejía.

Don Juan

Quien va, quiere el paso franco.

Don Luis

¿Conocéisme?

Don Juan

Sí.

Don Luis

¿Y yo a vos?

Don Juan

Los dos.

Don Luis

Y ¿en qué estriba el estorballe?

Don Juan

En la calle.

Don Luis

¿De ella los dos por ser amos?

Don Juan

Estamos.

Don Luis

Dos hay no más que podamos
necesitarla a la vez.

Don Juan

Lo sé.

Don Luis

Sois don Juan.

Don Juan

¡Pardiez!

Los dos ya en la calle estamos.

Don Luis

¿No os prendieron?

Don Juan

Como a vos.

Don Luis

¡Vive Dios!

Y ¿huisteis?

Don Juan

Os imité:

y ¡qué!

Don Luis

Que perderéis.

Don Juan

No sabemos.

Don Luis

Lo veremos.

Don Juan

La dama entrambos tenemos
sitiada, y estáis cogido.

Don Luis

Tiempo hay.

Don Juan

Para vos perdido.

Don Luis

¡Vive Dios, que lo veremos!

(Don Luis *desenvaina su espada; mas* Ciutti, *que ha bajado con los suyos cautelosamente hasta colocarse tras él, le sujeta.)*

Don Juan

Señor don Luis, vedlo pues.

Don Luis

Traición es.

Don Juan

La boca...

(A los suyos, que se la tapan a Don Luis.)

Don Luis

¡Oh!

Don Juan

Sujeto atrás,
más.
(Le sujetan los brazos.)
La empresa es, señor Mejía,
como mía.
(A los suyos.)
Encerrádmele hasta el día.
La apuesta está ya en mi mano.
(A Don Luis.)
Adiós, don Luis; si os la gano,
traición es, mas como mía.

ESCENA VIII

Don Juan

Don Juan

¡Buen lance, viven los cielos!
Estos son los que dan fama;
mientras le soplo la dama,
él se arrancará los pelos
encerrado en mi bodega.
¿Y ella?... Cuando crea hallarse
con él... ¡Ja, ja!... ¡Oh, y quejarse
no puede; limpio se juega!
A la cárcel le llevé,
y salió; llevóme a mí,
y salí; hallarnos aquí
era fuerza...; ya se ve,
su parte en la grave apuesta
defendía cada cual.
Mas con la suerte está mal
Mejía, y también pierde ésta.
Sin embargo, y por si acaso,
no es de más asegurarse
de Lucía, a desgraciarse
no vaya por poco el paso.
Mas por allí un bulto negro
se aproxima..., y, a mi ver,
es el bulto una mujer.
¿Otra aventura? Me alegro.

ESCENA IX

Don Juan *y* Brígida

Brígida

¿Caballero?

Don Juan

¿Quién va allá?

Brígida

¿Sois don Juan?

Don Juan

¡Por vida de...
¡Si es la beata! ¡Y, a fe,
que la había olvidado ya!
Llegaos; don Juan soy yo.

Brígida

¿Estáis solo?

Don Juan

Con el diablo.

BRÍGIDA
¡Jesucristo!
DON JUAN
Por vos lo hablo.
BRÍGIDA
¿Soy yo el diablo?
DON JUAN
Créolo.
BRÍGIDA
¡Vaya! ¡Qué cosas tenéis!
Vos sí que sois un diablillo...
DON JUAN
Que te llenará el bolsillo
si le sirves.
BRÍGIDA
Lo veréis.
DON JUAN
Descarga, pues, ese pecho.
¿Qué hiciste?
BRÍGIDA
Cuanto me ha dicho
vuestro paje...; y ¡qué mal bicho
es ese Ciutti!
DON JUAN
¿Qué ha hecho?
BRÍGIDA
¡Gran bribón!
DON JUAN
¿No os ha entregado
un bolsillo y un papel?
BRÍGIDA
Leyendo estará ahora en él
doña Inés.
DON JUAN
¿La has preparado?
BRÍGIDA
Vaya; y os la he convencido
con tal maña y de manera,
que irá como una cordera
tras vos.
DON JUAN
¡Tan fácil te ha sido!
BRÍGIDA
¡Bah! Pobre garza enjaulada,
dentro la jaula nacida,
¿qué sabe ella si hay más vida
ni más aire en que volar?
Si no vio nunca sus plumas
del sol a los resplandores,
¿qué sabe de los colores
de que se puede ufanar?
No cuenta la pobrecilla
diez y siete primaveras,
y aun virgen a las primeras
impresiones del amor,
nunca concibió la dicha
fuera de su pobre estancia,
tratada desde la infancia
con cauteloso rigor.
Y tantos años monótonos
de soledad y convento,
tenían su pensamiento
ceñido a punto tan ruin,
a tan reducido espacio
y a círculo tan mezquino,
que era el claustro su destino
y el altar era su fin.
«Aquí está Dios», la dijeron;
y ella dijo: «Aquí le adoro.»
«Aquí está el claustro y el coro»;
y pensó: «No hay más allá.»
Y sin otras ilusiones
que sus sueños infantiles,
pasó diez y siete abriles
sin conocerlo quizá.
DON JUAN
Y ¿está hermosa?
BRÍGIDA
¡Oh! Como un ángel.
DON JUAN
Y ¿la has dicho?...
BRÍGIDA
Figuraos
si habré metido mal caos
en su cabeza, don Juan.
La hablé del amor, del mundo,
de la corte y los placeres,
de cuánto con las mujeres
erais pródigo y galán.
La dije que erais el hombre

por su padre destinado
para suyo; os he pintado
muerto por ella de amor,
desesperado por ella,
y por ella perseguido,
y por ella decidido
a perder vida y honor.
En fin, mis dulces palabras,
al posarse en sus oídos,
sus deseos mal dormidos
arrastraron de sí en pos;
y allá dentro de su pecho
han inflamado una llama
de fuerza tal, que ya os ama
y no piensa más que en vos.

DON JUAN

Tan incentiva pintura
los sentidos me enajena,
y el alma ardiente me llena
de su insensata pasión.
Empezó por una apuesta,
siguió por un devaneo,
engendró luego un deseo,
y hoy me quema el corazón.
Poco es el centro de un claustro:
¡al mismo infierno bajara,
y a estocadas la arrancara
de los brazos de Satán!
¡Oh! Hermosa flor, cuyo cáliz
al rocío aún no se ha abierto,
a trasplantarte va al huerto
de sus amores don Juan.
¿Brígida?

BRÍGIDA

Os estoy oyendo,
y me hacéis perder el tino;
yo os creía un libertino
sin alma y sin corazón.

DON JUAN

¿Eso extrañas? ¿No está claro
que en un objeto tan noble
hay que interesarse doble
que en otros?

BRÍGIDA

Tenéis razón.

DON JUAN

Conque ¿a qué hora se recogen
las madres?

BRÍGIDA

Ya recogidas
estarán. Vos, ¿prevenidas
todas las cosas tenéis?

DON JUAN

Todas.

BRÍGIDA

Pues luego que doblen
a las ánimas, con tiento
saltando al huerto, al convento
fácilmente entrar podéis
con la llave que os he enviado;
de un claustro obscuro y estrecho
es; seguid bien derecho
y daréis con poco afán
en nuestra celda.

DON JUAN

Y si acierto
a robar tan gran tesoro,
te he de hacer pesar en oro.

BRÍGIDA

Por mí no queda, don Juan.

DON JUAN

Ve y aguárdame.

BRÍGIDA

Voy, pues,
a entrar por la portería
y a cegar a sor María
la tornera. Hasta después.

(Vase BRÍGIDA, *y un poco antes de concluir esta escena, sale* CIUTTI, *que se para en el fondo, esperando.)*

ESCENA X

DON JUAN *y* CIUTTI

DON JUAN

Pues, señor, ¡soberbio envite!
Muchas hice hasta esta hora,

mas ¡por Dios! que la de ahora
será tal, que me acredite.
Mas ya veo que me espera
Ciutti. ¡Lebrel!
(Llamándole.)

Ciutti
Aquí estoy.

Don Juan
¿Y don Luis?

Ciutti
Libre por hoy
estáis de él.

Don Juan
Ahora quisiera
ver a Lucía.

Ciutti
Llegar
podéis aquí.
(A la reja derecha.)
Yo la llamo,
y al salir a mi reclamo,
la podéis vos abordar.

Don Juan
Llama, pues.

Ciutti
La seña mía
sabe bien para que dude
en acudir.

Don Juan
Pues si acude,
lo demás es cuenta mía.

(Ciutti *llama a la reja con una seña que parezca convenida.* Lucía *se asoma a ella, y al ver a* Don Juan, *se detiene un momento.)*

ESCENA XI

Don Juan, Lucía *y* Ciutti

Lucía
¿Qué queréis, buen caballero?

Don Juan
Quiero...

Lucía
¿Qué queréis? Vamos a ver.

Don Juan
Ver...

Lucía
¿Ver? ¿Qué veréis a esta hora?

Don Juan
A tu señora.

Lucía
Idos, hidalgo, en mal hora;
¿quién pensáis que vive aquí?

Don Juan
Doña Ana de Pantoja, y
quiero ver a tu señora.

Lucía
¿Sabéis que casa doña Ana?

Don Juan
Sí, mañana.

Lucía
Y ¿ha de ser tan infiel ya?

Don Juan
Sí será.

Lucía
Pues ¿no es de don Luis Mejía?

Don Juan
¡Ca! Otro día.
Hoy no es mañana, Lucía;
yo he de estar hoy con doña Ana,
y si se casa mañana,
mañana será otro día.

Lucía
¡Ah! ¿En recibiros está?

Don Juan
Podrá.

Lucía
¿Qué haré si os he de servir?

Don Juan
Abrir.

Lucía
¡Bah! Y ¿quién abre este castillo?

Don Juan
Ese bolsillo.

Lucía
¡Oro!

DON JUAN
Pronto te dio el brillo.
LUCÍA
¡Cuánto!
DON JUAN
De cien doblas pasa.
LUCÍA
¡Jesús!
DON JUAN
Cuenta, y di: esta casa,
¿Podrá abrir ese bolsillo?
LUCÍA
¡Oh! Si es quien me dora el pico...
DON JUAN *(Interrumpiéndola.)*
Muy rico.
LUCÍA
¿Sí? ¿Qué nombre usa el galán?
DON JUAN
Don Juan.
LUCÍA
¿Sin apellido notorio?
DON JUAN
Tenorio.
LUCÍA
¡Animas del purgatorio!
¿Vos don Juan?
DON JUAN
¿Qué te amedranta,
si a tus ojos se presenta
muy rico don Juan Tenorio?
LUCÍA
Rechina la cerradura.
DON JUAN
Se asegura.
LUCÍA
Y a mí, ¿quién? ¡Por Belcebú!
DON JUAN
Tú.
LUCÍA
Y ¿qué me abrirá el camino?
DON JUAN
Buen tino.
LUCÍA
¡Bah! Id en brazos del destino...
DON JUAN
Dobla el oro.
LUCÍA
Me acomodo.
DON JUAN
Pues mira cómo de todo
se asegura tu buen tino.
LUCÍA
Dadme algún tiempo, ¡pardiez!
DON JUAN
A las diez.
LUCÍA
¿Dónde os busco, o vos a mí?
DON JUAN
Aquí.
LUCÍA
Conque estaréis puntual, ¿eh?
DON JUAN
Estaré.
LUCÍA
Pues yo una llave os traeré.
DON JUAN
Y yo otra igual cantidad.
LUCÍA
No me faltéis.
DON JUAN
No, en verdad;
a las diez aquí estaré.
Adiós, pues, y en mí te fía.
LUCÍA
Y en mí el garboso galán.
DON JUAN
Adiós, pues, franca Lucía.
LUCÍA
Adiós, pues, rico don Juan.

(LUCÍA *cierra la ventana.* CIUTTI *se acerca a* DON JUAN *a una seña de éste.)*

ESCENA XII

DON JUAN *y* CIUTTI

DON JUAN. *(Riéndose.)*
Con oro, nada hay que falle.

Ciutti, ya sabes mi intento:
a las nueve, en el convento;
a las diez, en esta calle.
(Vanse.)

ACTO TERCERO

PROFANACION

Celda de DOÑA INÉS.—*Puerta en el fondo y a la izquierda.*

ESCENA PRIMERA

DOÑA INÉS *y* LA ABADESA

ABADESA
¿Conque me habéis entendido?
DOÑA INÉS
Sí, señora.
ABADESA
Está muy bien;
la voluntad decisiva
de vuestro padre, tal es.
Sois joven, cándida y buena;
vivido en el claustro habéis
casi desde que nacisteis;
y para quedar en él
atada con santos votos
para siempre, ni aun tenéis,
como otras, pruebas difíciles
ni penitencias que hacer.
¡Dichosa mil veces vos;
dichosa, sí, doña Inés,
que no conociendo el mundo,
no le debéis de temer!
¡Dichosa vos, que del claustro
al pisar en el dintel,
no os volveréis a mirar
lo que tras vos dejaréis!
Y los mundanos recuerdos
del bullicio y del placer,
no os turbarán, tentadores,
del ara santa a los pies;
pues ignorando lo que hay
tras esa santa pared,
lo que tras ella se queda,
jamás apeteceréis.
Mansa paloma, enseñada
en las palmas a comer
del dueño que la ha criado
en doméstico vergel,
no habiendo salido nunca
de la protectora red,
no ansiaréis nunca las alas
por el espacio tender.
Lirio gentil, cuyo tallo
mecieron sólo tal vez
las embalsamadas brisas
del más florecido mes,
aquí a los besos del aura,
vuestro cáliz abriréis,
y aquí vendrán vuestras hojas
tranquilamente a caer.
Y en el pedazo de tierra
que abarca vuestra estrechez,
y en el pedazo de cielo
que por las rejas se ve,
vos no veréis más que un lecho
do en dulce sueño yacer,
y un velo azul suspendido
a las puertas del Edén...
¡Ay! En verdad que os envidio,
venturosa doña Inés,
con vuestra inocente vida,
la virtud del no saber.
Mas ¿por qué estáis cabizbaja?
¿Por qué no me respondéis
como otras veces, alegre,
cuando en lo mismo os hable?
¿Suspiráis?... ¡Oh! Ya comprendo;
de vuelta aquí hasta no ver
a vuestra aya, estáis inquieta,
pero nada receléis.
A casa de vuestro padre
fue casi al anochecer,
y abajo en la portería
estará; yo os la enviaré,
que estoy de vela esta noche.

Conque, vamos, doña Inés,
recogeos, que ya es hora;
mal ejemplo no me deis
a las novicias, que ha tiempo
que duermen ya; hasta después.

Doña Inés

Id con Dios, madre abadesa.

Abadesa

Adiós, hija.

ESCENA II

Doña Inés

Doña Inés

Ya se fue.
No sé qué tengo, ¡ay de mí!
que en tumultuoso tropel
mil encontradas ideas
me combaten a la vez.
Otras noches, complacida
sus palabras escuché,
y de esos cuadros tranquilos
que sabe pintar tan bien,
de esos placeres domésticos
la dichosa sencillez
y la calma venturosa,
me hicieron apetecer
la soledad de los claustros
y su santa rigidez.
Mas hoy la oí distraída,
y en sus pláticas hallé,
si no enojosos discursos,
a lo menos aridez.
Y no sé por qué al decirme
que podría acontecer
que se acelerase el día
de mi profesión, temblé,
y sentí del corazón
acelerarse el vaivén,
y teñírseme el semblante
de amarilla palidez.
¡Ay de mí!... Pero mi dueña,
¿dónde estará?... Esa mujer,
con sus pláticas, al cabo,
me entretiene alguna vez.
Y hoy la echo menos... Acaso
porque la voy a perder,
que en profesando, es preciso
renunciar a cuanto amé.
Mas pasos siento en el claustro;
¡Oh! reconozco muy bien
sus pisadas... Ya está aquí.

ESCENA III

Doña Inés *y* Brígida

Brígida

Buenas noches, doña Inés.

Doña Inés

¿Cómo habéis tardado tanto?

Brígida

Voy a cerrar esta puerta.

Doña Inés

Hay orden de que esté abierta.

Brígida

Eso es muy bueno y muy santo
para las otras novicias
que han de consagrarse a Dios;
no, doña Inés, para vos.

Doña Inés

Brígida, no ves que vicias
las reglas del monasterio,
que no permiten...

Brígida

¡Bah, bah!
Más seguro así se está,
y así se habla sin misterio
ni estorbos. ¿Habéis mirado
el libro que os he traído?

Doña Inés

¡Ay, se me había olvidado!

Brígida

Pues ¡me hace gracia el olvido!

DOÑA INÉS
¡Como la madre abadesa
se entró aquí inmediatamente!

BRÍGIDA
¡Vieja más impertinente!

DOÑA INÉS
Pues ¿tanto el libro interesa?

BRÍGIDA
¡Vaya si interesa, mucho!
Pues ¡quedó con poco afán
el infeliz!

DOÑA INÉS
¿Quién?

BRÍGIDA
Don Juan.

DOÑA INÉS
¡Válgame el cielo! ¿Qué escucho?
¿Es don Juan quien me le envía?

BRÍGIDA
Por supuesto.

DOÑA INÉS
¡Oh! Yo no debo
tomarle.

BRÍGIDA
¡Pobre mancebo!
Desairarle así, sería
matarle.

DOÑA INÉS
¿Qué estás diciendo?

BRÍGIDA
Si ese Horario no tomáis,
tal pesadumbre le dais,
que va a enfermar, lo estoy viendo.

DOÑA INÉS
¡Ah! No, no; de esa manera,
le tomaré.

BRÍGIDA
Bien haréis.

DOÑA INÉS
Y ¡qué bonito es!

BRÍGIDA
Ya veis;
quien quiere agradar, se esmera.

DOÑA INÉS
Con sus manecillas de oro.
Y cuidado que está prieto.
A ver, a ver si completo
contiene el rezo del coro.
(Le abre, y cae una carta de entre sus hojas.)
Mas ¿qué cayó?

BRÍGIDA
Un papelito.

DOÑA INÉS
¡Una carta!

BRÍGIDA
Claro está;
en esa carta os vendrá
ofreciendo el regalito.

DOÑA INÉS
¡Qué! ¿Será suyo el papel?

BRÍGIDA
¡Vaya, que sois inocente!
Pues que os feria, es consiguiente
que la carta será de él.

DOÑA INÉS
¡Ay, Jesús!

BRÍGIDA
¿Qué es lo que os da?

DOÑA INÉS
Nada, Brígida, no es nada.

BRÍGIDA
No, no; si estáis inmutada.
(Aparte.)
(Ya presa en la red está.)
¿Se os pasa?

DOÑA INÉS
Sí.

BRÍGIDA
Eso habrá sido
cualquier mareíllo vano.

DOÑA INÉS
¡Ay, se me abrasa la mano
con que el papel he cogido!

BRÍGIDA
Doña Inés, ¡válgame Dios!
jamás os he visto así;
estáis trémula.

DOÑA INÉS
¡Ay de mí!

BRÍGIDA
¿Qué es lo que pasa por vos?
DOÑA INÉS
No sé... El campo de mi mente
siento que cruzan perdidas
mil sombras desconocidas
que me inquietan vagamente,
y ha tiempo al alma me dan
con su agitación tortura.
BRÍGIDA
¿Tiene alguna, por ventura,
el semblante de don Juan?
DOÑA INÉS
No sé; desde que le vi,
Brígida mía, y su nombre
me dijiste, tengo a ese hombre
siempre delante de mí.
Por doquiera me distraigo
con su agradable recuerdo,
y si un instante le pierdo,
en su recuerdo recaigo.
No sé qué fascinación
en mis sentidos ejerce,
que siempre hacia él se me tuerce
la mente y el corazón;
y aquí, y en el oratorio,
y en todas partes advierto
que el pensamiento divierto
con la imagen de Tenorio.
BRÍGIDA
¡Válgame Dios! Doña Inés,
según lo vais explicando,
tentaciones me van dando
de creer que eso amor es.
DOÑA INÉS
¿Amor has dicho?
BRÍGIDA
Sí, amor.
DOÑA INÉS
No, de ninguna manera.
BRÍGIDA
Pues por amor lo entendiera
el menos entendedor;
mas vamos la carta a ver:
¿en qué os paráis? ¿Un suspiro?
DOÑA INÉS
¡Ay, que cuanto más la miro,
menos me atrevo a leer!
(Lee.)
«Doña Inés del alma mía...»
¡Virgen Santa, qué principio!
BRÍGIDA
Vendrá en verso, y será un ripio
que traerá la poesía.
Vamos, seguid adelante.
DOÑA INÉS. *(Lee.)*
«Luz de donde el sol la toma,
hermosísima paloma
privada de libertad,
si os dignáis por estas letras
pasar vuestros lindos ojos,
no los tornéis con enojos
sin concluir, acabad...»
BRÍGIDA
¡Qué humildad, y qué finura!
¿Dónde hay mayor rendimiento?
DOÑA INÉS
Brígida, no sé qué siento.
BRÍGIDA
Seguid, seguid la lectura.
DOÑA INÉS. *(Lee.)*
«Nuestros padres, de consuno
nuestras bodas acordaron,
porque los cielos juntaron
los destinos de los dos.
Y halagado desde entonces
con tan risueña esperanza,
mi alma, doña Inés, no alcanza
otro porvenir que vos.
De amor con ella en mi pecho
brotó una chispa ligera,
que han convertido en hoguera
tiempo y afición tenaz.
Y esta llama, que en mí mismo
se alimenta, inextinguible,
cada día más terrible
va creciendo y más voraz...»
BRÍGIDA
Es claro; esperar le hicieron
en vuestro amor algún día,

y hondas raíces tenía
cuando a arrancársele fueron.
Seguid.

Doña Inés. *(Lee.)*
«En vano a apagarla
concurren tiempo y ausencia,
que, doblando su violencia,
no hoguera, ya volcán es.
Y yo, que en medio del cráter
desamparado batallo,
suspendido en él me hallo
entre mi tumba y mi Inés...»

Brígida
¿Lo veis, Inés? Si ese Horario
le despreciáis, al instante
le preparan el sudario.

Doña Inés
Yo desfallezco.

Brígida
Adelante.

Doña Inés. *(Lee.)*
«Inés, alma de mi alma,
perpetuo imán de mi vida,
perla sin concha escondida
entre las algas del mar;
garza que nunca del nido
tender osastes el vuelo,
el diáfano azul del cielo
para aprender a cruzar,
si es que a través de esos muros
el mundo apenada miras,
y por el mundo suspiras,
de libertad con afán,
acuérdate que al pie mismo
de esos muros que te guardan,
para salvarte te aguardan
los brazos de tu don Juan...»

(Representa.)

¿Qué es lo que me pasa, ¡cielo!
que me estoy viendo morir?

Brígida. *(Aparte.)*
(Ya tragó todo el anzuelo.)
Vamos, que está al concluir.

Doña Inés. *(Lee.)*
«Acuérdate de quien llora
al pie de tu celosía,
y allí le sorprende el día
y le halla la noche allí;
acuérdate de quien vive
sólo por ti, ¡vida mía!
y que a tus pies volaría
si le llamaras a ti...»

Brígida
¿Lo veis? Vendría.

Doña Inés
¡Vendría!

Brígida
A postrarse a vuestros pies.

Doña Inés
¿Puede?

Brígida
¡Oh, sí!

Doña Inés
¡Virgen María!

Brígida
Pero acabad, doña Inés.

Doña Inés. *(Lee.)*
«Adiós, ¡oh luz de mis ojos!
adiós, Inés de mi alma;
medita, por Dios, en calma
las palabras que aquí van;
y si odias esa clausura
que ser tu sepulcro debe,
manda, que a todo se atreve
por tu hermosura, don Juan.»

(Representa doña Inés.)

¡Ay! ¿Qué filtro envenenado
me dan en este papel,
que el corazón desgarrado
me estoy sintiendo con él?
¿Qué sentimientos dormidos
son los que revela en mí?
¿Qué impulsos jamás sentidos?
¿Qué luz, que hasta hoy nunca vi?
¿Qué es lo que engendra en mi alma
tan nuevo y profundo afán?
¿Quién roba la dulce calma
de mi corazón?

BRÍGIDA

Don Juan.

DOÑA INÉS

¡Don Juan dices!... ¿Conque ese hombre
me ha de seguir por doquier?
¿Sólo he de escuchar su nombre,
sólo su sombra he de ver?
¡Ah! ¡Bien dice! Juntó el cielo
los destinos de los dos,
y en mi alma engendró este anhelo
fatal.

BRÍGIDA

¡Silencio, por Dios!

(Se oyen dar las ánimas.)

DOÑA INÉS

¿Qué?

BRÍGIDA

Silencio.

DOÑA INÉS

Me estremezco.

BRÍGIDA

¿Oís, doña Inés, tocar?

DOÑA INÉS

Sí; lo mismo que otras veces
las ánimas oigo dar.

BRÍGIDA

Pues no habléis de él.

DOÑA INÉS

¡Cielo santo!
¿De quién?

BRÍGIDA

¿De quién ha de ser?
De ese don Juan que amáis tanto,
porque puede aparecer.

DOÑA INÉS

¡Me amedrentas! ¿Puede ese hombre
llegar hasta aquí?

BRÍGIDA

Quizá,
porque el eco de su nombre
tal vez llega adonde está.

DOÑA INÉS

¡Cielos! Y ¿podrá...?

BRÍGIDA

¿Quién sabe?

DOÑA INÉS

¿Es un espíritu, pues?

BRÍGIDA

No; mas si tiene una llave...

DOÑA INÉS

¡Dios!

BRÍGIDA

Silencio, doña Inés,
¿No oís pasos?

DOÑA INÉS

¡Ay! Ahora
nada oigo.

BRÍGIDA

Las nueve dan.
Suben..., se acercan..., señora...;
ya está aquí.

DOÑA INÉS

¿Quién?

BRÍGIDA

Él.

DOÑA INÉS

¡Don Juan!

ESCENA IV

DOÑA INÉS, DON JUAN *y* BRÍGIDA

DOÑA INÉS

¿Qué es esto? ¿Sueño..., deliro?

DON JUAN

¡Inés de mi corazón!

DOÑA INÉS

¿Es realidad lo que miro,
o es una fascinación?...
¡Tenedme..., apenas respiro...;
sombra..., huye, por compasión!
¡Ay de mí!...

(Desmáyase DOÑA INÉS *y* DON JUAN *la sostiene. La carta de* DON JUAN *queda en el suelo, abandonada por* DOÑA INÉS *al desmayarse.)*

Brígida

La ha fascinado
vuestra repentina entrada,
y el pavor la ha trastornado.

Don Juan

Mejor; así nos ha ahorrado
la mitad de la jornada.
¡Ea! No desperdiciemos
el tiempo aquí en contemplarla,
si perdernos no queremos.
En los brazos a tomarla
voy, y cuanto antes, ganemos
ese claustro solitario.

Brígida

¡Oh! ¿Vais a sacarla así?

Don Juan

¡Necia! ¿Piensas que rompí
la clausura, temerario,
para dejármela aquí?
Mi gente abajo me espera;
sígueme.

Brígida

¡Sin alma estoy!
¡Ay! Este hombre es una fiera;
nada le ataja ni altera...
Sí, sí; a su sombra me voy.

ESCENA V

La abadesa

Abadesa

Jurara que había oído
por estos claustros andar;
hoy a doña Inés velar
algo más la he permitido,
y me temo... Mas no están
aquí. ¿Qué pudo ocurrir
a las dos para salir
de la celda? ¿Dónde irán?
¡Hola! Yo las ataré
corto para que no vuelvan
a enredar, y me revuelvan
a las novicias...; sí, a fe.
Mas siento por allá fuera
pasos. ¿Quién es?

ESCENA VI

La abadesa *y* la tornera

Tornera

Yo, señora.

Abadesa

¡Vos en el claustro a esta hora!
¿Qué es esto, hermana Tornera?

Tornera

Madre abadesa, os buscaba.

Abadesa

¿Qué hay? Decid.

Tornera

Un noble anciano.
quiere hablaros.

Abadesa

Es en vano.

Tornera

Dice que es de Calatrava
Caballero; que sus fueros
le autorizan a este paso,
y que la urgencia del caso
le obliga al instante a veros.

Abadesa

¿Dijo su nombre?

Tornera

El señor
don Gonzalo Ulloa.

Abadesa

¿Qué
puede querer?... Abrale,
hermana; es Comendador
de la Orden, y derecho tiene
en el claustro de entrada.

ESCENA VII

LA ABADESA. DON GONZALO *después*

ABADESA

¿A una hora tan avanzada
venir así?... No sospecho
qué pueda ser...; mas me place,
pues no hallando a su hija aquí,
la reprenderá, y así
mirará otra vez lo que hace.

ESCENA VIII

LA ABADESA *y* DON GONZALO. LA TORNERA *a la puerta*

DON GONZALO

Perdonad, madre abadesa,
que en hora tal os moleste;
mas para mí, asunto es éste
que honra y vida me interesa.

ABADESA

¡Jesús!

DON GONZALO

Oíd.

ABADESA

Hablad, pues.

DON GONZALO

Yo guardé hasta hoy un tesoro
de más quilates que el oro,
y ese tesoro es mi Inés.

ABADESA

A propósito...

DON GONZALO

Escuchad.
Se me acaba de decir
que han visto a su dueña ir
ha poco por la ciudad,
hablando con el criado
de un don Juan, de tal renombre,
que no hay en la tierra otro hombre
tan audaz y tan malvado.
En tiempo atrás se pensó
con él a mi hija casar,
y hoy, que se la fui a negar,
robármela me juró;
que por el torpe doncel
ganada la dueña está,
no puedo dudarlo ya;
debo, pues, guardarme de él.
Y un día, una hora quizás
de imprevisión, le bastara
para que mi honor manchara
ese hijo de Satanás.
He aquí mi inquietud cuál es;
por la dueña, en conclusión,
vengo; vos la profesión
abreviad de doña Inés.

ABADESA

Sois padre, y es vuestro afán
muy justo, Comendador;
mas ved que ofende a mi honor.

DON GONZALO

¡No sabéis quién es don Juan!

ABADESA

Aunque le pintáis tan malo,
yo os puedo decir de mí,
que mientras Inés esté aquí,
segura está, don Gonzalo.

DON GONZALO

Lo creo; mas las razones
abreviemos; entregadme
a esa dueña, y perdonadme
mis mundanas opiniones.
Si vos de vuestra virtud
me respondéis, yo me fundo
en que conozco del mundo
la insensata juventud.

ABADESA

Se hará como lo exigís.
Hermana Tornera: id, pues,
a buscar a doña Inés
y a su dueña.

(Vase la TORNERA.*)*

DON GONZALO

¿Qué decís,
señora? O traición me ha hecho

mi memoria, o yo sé bien
que ésta es hora de que estén
ambas a dos en su lecho.

ABADESA

Ha un punto sentí a las dos
salir de aquí, no sé a qué.

DON GONZALO

¡Ay! ¿Por qué tiemblo? ¡No sé!
Mas ¿qué veo? ¡Santo Dios!
¡Un papel!... ¡Me lo decía
a voces mi mismo afán!

(Leyendo.)

«Doña Inés del alma mía...»
¡Y la firma de don Juan!
¡Ved..., ved... esa prueba escrita!
¡Leed ahí!... ¡Oh! ¡Mientras que vos
por ella rogáis a Dios,
viene el diablo y os la quita!

ESCENA IX

LA ABADESA, DON GONZALO y LA TORNERA

TORNERA

Señora...

ABADESA

¿Qué es?

TORNERA

¡Vengo muerta!

DON GONZALO

¡Concluid!

TORNERA

¡No acierto a hablar!...
¡He visto a un hombre saltar
por las tapias de la huerta!

DON GONZALO

¿Veis? ¡Corramos! ¡Ay de mí!

ABADESA

¿Dónde vais, Comendador?

DON GONZALO

¡Imbécil! ¡Tras de mi honor,
que os roban a vos de aquí!

ACTO CUARTO

EL DIABLO A LAS PUERTAS DEL CIELO

Quinta de DON JUAN TENORIO, *cerca de Sevilla y sobre el Guadalquivir.—Balcón en el fondo.—Dos puertas a cada lado.*

ESCENA PRIMERA

BRÍGIDA *y* CIUTTI

BRÍGIDA

Qué noche, ¡válgame Dios!
A poderlo calcular,
no me meto yo a servir
a tan fogoso galán.
¡Ay, Ciutti! Molida estoy;
no me puedo menear.

CIUTTI

Pues ¿qué os duele?

BRÍGIDA

Todo el cuerpo,
y toda el alma además.

CIUTTI

¡Ya! No estáis acostumbrada
al caballo, es natural.

BRÍGIDA

Mil veces pensé caer.
¡Uf! ¡Qué mareo! ¡Qué afán!
Veía yo unos tras otros
ante mis ojos pasar
los árboles como en alas
llevados de un huracán,
tan apriesa y produciéndome
ilusión tan infernal,
que perdiera los sentidos
si tardamos en parar.

CIUTTI

Pues de estas cosas veréis,
si en esta casa os quedáis,
lo menos seis por semana.

Brígida
¡Jesús!
Ciutti
Y esa niña, ¿está
reposando todavía?
Brígida
Y ¿a qué se ha de despertar?
Ciutti
Sí; es mejor que abra los ojos
en los brazos de don Juan.
Brígida
Preciso es que tu amo tenga
algún diablo familiar.
Ciutti
Yo creo que sea él mismo
un diablo en carne mortal,
porque a lo que él, solamente
se arrojara Satanás.
Brígida
¡Oh! ¡El lance ha sido extremado!
Ciutti
Pero al fin logrado está.
Brígida
¡Salir así, de un convento,
en medio de una ciudad
como Sevilla!
Ciutti
Es empresa
tan sólo para hombre tal;
mas ¡qué diablos! si a su lado
la fortuna siempre va,
y encadenado a sus pies
duerme sumiso el azar.
Brígida
Sí; decís bien.
Ciutti
No he visto hombre
de corazón más audaz;
no halla riesgo que le espante,
ni encuentra dificultad
que al empeñarse en vencer,
le haga un punto vacilar.
A todo osado se arroja;
de todo se ve capaz;
ni mira dónde se mete,
ni lo pregunta jamás.
«Allí hay un lance», le dicen:
y él dice: «Allá va don Juan.»
Mas ya tarda ¡vive Dios!
Brígida
Las doce en la catedral
han dado ha tiempo.
Ciutti
Y de vuelta
debía a las doce estar.
Brígida
Pero ¿por qué no se vino
con nosotros?
Ciutti
Tiene allá,
en la ciudad, todavía
cuatro cosas que arreglar.
Brígida
¿Para el viaje?
Ciutti
Por supuesto;
aunque muy fácil será
que esta noche a los infiernos
le hagan a él mismo viajar.
Brígida
¡Jesús, qué ideas!
Ciutti
Pues ¡digo!
¿Son obras de caridad
en las que nos empleamos,
para mejor esperar?
Aunque seguros estamos
como vuelva por acá.
Brígida
¿De veras, Ciutti?
Ciutti
Venid
a este balcón, y mirad;
¿qué veis?
Brígida
Veo un bergantín,
que anclado en el río está.
Ciutti
Pues su patrón sólo aguarda

las órdenes de don Juan,
y salvos, en todo caso,
a Italia nos llevará.

Brígida
¿Cierto?

Ciutti
Y nada receléis
por nuestra seguridad,
que es el barco más velero
que boga sobre la mar.

Brígida
¡Chis! Ya siento a doña Inés...

Ciutti
Pues yo me voy, que don Juan
encargó que sola vos
debíais con ella hablar.

Brígida
Y encargó bien, que yo entiendo
de esto.

Ciutti
Adiós, pues.

Brígida
Vete en paz.

ESCENA II

Doña Inés *y* Brígida

Doña Inés
¡Dios mío, cuánto he soñado!
¡Loca estoy! ¿Qué hora será?
Pero ¿qué es esto? ¡ay de mí!
No recuerdo que jamás
haya visto este aposento.
¿Quién me trajo aquí?

Brígida
Don Juan.

Doña Inés
Siempre don Juan...
¿Aquí tú también estás,
Brígida?

Brígida
Sí, doña Inés.

Doña Inés
Pero dime, en caridad,
¿dónde estamos? Este cuarto,
¿es del convento?

Brígida
No tal;
aquello era un cuchitril
en donde no había más
que miseria.

Doña Inés
Pero, en fin,
¿en dónde estamos?

Brígida
Mirad,
mirad por este balcón,
y alcanzaréis lo que va
desde un convento de monjas
a una quinta de don Juan.

Doña Inés
¿Es de don Juan esta quinta?

Brígida
Y creo que vuestra ya.

Doña Inés
Pero no comprendo, Brígida,
lo que dices.

Brígida
Escuchad.
Estábais en el convento
leyendo con mucho afán
una carta de don Juan,
cuando estalló en un momento
un incendio formidable.

Doña Inés
¡Jesús!

Brígida
Espantoso, inmenso;
el humo era ya tan denso,
que el aire se hizo palpable.

Doña Inés
Pues no recuerdo...

Brígida
Las dos,
con la carta entretenidas,
olvidamos nuestras vidas;
yo oyendo, y leyendo vos.

Y estaba, en verdad, tan tierna,
que entrambas a su lectura
achacamos la tortura
que sentíamos interna.
Apenas ya respirar
podíamos, y las llamas
prendían en nuestras camas;
nos íbamos a asfixiar,
cuando don Juan, que os adora,
y que rondaba el convento,
al ver crecer con el viento
la llama devastadora,
con inaudito valor,
viendo que íbais a abrasaros,
se metió para salvaros
por donde pudo mejor.
Vos, al verle así asaltar
la celda tan de improviso,
os desmayásteis...; preciso,
la cosa era de esperar.
Y él, cuando os vio caer así,
en sus brazos os tomó
y echó a huir; yo le seguí,
y del fuego nos sacó.
¿Dónde íbamos a esta hora?
Vos seguíais desmayada,
yo estaba ya casi ahogada.
Dijo, pues: «Hasta la aurora
en mi casa las tendré.»
Y heos, doña Inés, aquí.

DOÑA INÉS
¿Conque ésta es su casa?

BRÍGIDA
Sí.

DOÑA INÉS
Pues nada recuerdo, a fe.
Pero... ¡en su casa!... ¡Oh, al punto
salgamos de ella!... Yo tengo
la de mi padre.

BRÍGIDA
Convengo
con vos; pero es el asunto...

DOÑA INÉS
¿Qué?

BRÍGIDA
Que no podemos ir.

DOÑA INÉS
Oír tal me maravilla.

BRÍGIDA
Nos aparta de Sevilla...

¿Quién?

BRÍGIDA
Vedlo, el Guadalquivir.

DOÑA INÉS
¿No estamos en la ciudad?

BRÍGIDA
A una legua nos hallamos
de sus murallas.

DOÑA INÉS
¡Oh! ¡Estamos
perdidas!

BRÍGIDA
¡No sé, en verdad,
por qué!

DOÑA INÉS
Me estás confundiendo,
Brígida... Y no sé qué redes
son las que entre estas paredes
temo que me estás tendiendo.
Nunca el claustro abandoné,
ni sé del mundo exterior
los usos, mas tengo honor;
noble soy, Brígida, y sé
que la casa de don Juan
no es buen sitio para mí;
me lo está diciendo aquí
no sé qué escondido afán.
Ven, huyamos.

BRÍGIDA
Doña Inés,
la existencia os ha salvado.

DOÑA INÉS
Sí, pero me ha envenenado
el corazón.

BRÍGIDA
¿Le amáis, pues?

DOÑA INÉS
No sé... Mas, por compasión,
huyamos pronto de ese hombre,

tras de cuyo solo nombre
se me escapa el corazón.
¡Ah! Tú me diste un papel
de manos de ese hombre escrito,
y algún encanto maldito
me diste encerrado en él.
Una sola vez le vi
por entre unas celosías,
y que estaba, me decías,
en aquel sitio por mí.
Tú, Brígida, a todas horas
me venías de él a hablar,
haciéndome recordar
sus gracias fascinadoras.
Tú me dijiste que estaba
para mío destinado
por mi padre, y me has jurado
en su nombre que me amaba.
¿Que le amo dices?... Pues bien;
si esto es amar, sí, le amo;
pero yo sé que me infamo
con esa pasión también.
Y si el débil corazón
se me va tras de don Juan,
tirándome de él están
mi honor y mi obligación.
Vamos, pues; vamos de aquí
primero que ese hombre venga,
pues fuerza acaso no tenga
si le veo junto a mí.
Vamos, Brígida.

BRÍGIDA
Esperad.
¿No oís?

DOÑA INÉS
¿Qué?

BRÍGIDA
Ruido de remos.

DOÑA INÉS
Sí, dices bien; volveremos
en un bote a la ciudad.

BRÍGIDA
Mirad, mirad, doña Inés.

DOÑA INÉS
Acaba... Por Dios; partamos.

BRÍGIDA
Ya, imposible que salgamos.

DOÑA INÉS
¿Por qué razón?

BRÍGIDA
Porque él es
quien en ese barquichuelo
se adelanta por el río.

DOÑA INÉS
¡Ay! ¡Dadme fuerzas, Dios mío!

BRÍGIDA
Ya llegó; ya está en el suelo.
Sus gentes nos volverán
a casa; mas antes de irnos,
es preciso despedirnos
a lo menos de don Juan.

DOÑA INÉS
Sea, y vamos al instante.
No quiero volverle a ver.

BRÍGIDA *(Aparte.)*
Los ojos te hará volver
al encontrarle delante.
(Alto.)
Vamos.

DOÑA INÉS
Vamos.

CIUTTI *(Dentro.)*
Aquí están.

DON JUAN *(Idem.)*
Alumbra.

BRÍGIDA
¡Nos busca!

DOÑA INÉS
El es.

ESCENA III

DICHOS *y* DON JUAN

DON JUAN
¿Adónde vais, doña Inés?

DOÑA INÉS
Dejadme salir, don Juan.

Don Juan
¿Que os deje salir?

Brígida
Señor,
sabiendo ya el accidente
del fuego, estará impaciente
por su hija el Comendador.

Don Juan
¡El fuego! ¡Ah! No os dé cuidado
por don Gonzalo, que ya
dormir tranquilo le hará
el mensaje que le he enviado.

Doña Inés
¿Le habéis dicho...?

Don Juan
Que os hallábais
bajo mi amparo segura,
y el aura del campo pura
libre por fin respirábais.

(Vase Brígida.)

Cálmate, pues, vida mía;
reposa aquí, y un momento
olvida de tu convento
la triste cárcel sombría.
¡Ah! ¿No es cierto, ángel de amor,
que en esta apartada orilla
más pura la luna brilla
y se respira mejor?
Esta aura que vaga llena
de los sencillos olores
de las campesinas flores
que brota esa orilla amena;
esa agua limpia y serena,
que atraviesa sin temor
la barca del pescador
que espera cantando el día,
¿no es cierto, paloma mía,
que están respirando amor?
Esa armonía que el viento
recoge entre esos millares
de floridos olivares,
que agita con manso aliento;
ese dulcísimo acento
con que trina el ruiseñor
de sus copas morador,
llamando al cercano día,
¿no es verdad, gacela mía,
que están respirando amor?
Y estas palabras que están
filtrando insensiblemente
tu corazón, ya pendiente
de los labios de don Juan,
y cuyas ideas van
inflamando en su interior
un fuego germinador
no encendido todavía,
¿no es verdad, estrella mía,
que están respirando amor?
Y esas dos líquidas perlas
que se desprenden tranquilas
de tus radiantes pupilas
convidándome a beberlas,
evaporarse a no verlas
de sí mismas al calor,
y ese encendido color
que en tu semblante no había,
¿no es verdad, hermosa mía,
que están respirando amor?
¡Oh! Sí, bellísima Inés,
espejo y luz de mis ojos;
escucharme sin enojos
como lo haces, amor es;
mira aquí a tus plantas, pues,
todo el altivo rigor
de este corazón traidor
que rendirse no creía,
adorando, vida mía,
la esclavitud de tu amor.

Doña Inés
Callad, por Dios, ¡oh! don Juan,
que no podré resistir
mucho tiempo sin morir
tan nunca sentido afán.
¡Ah! Callad, por compasión,
que oyéndoos, me parece
que mi cerebro enloquece
y se arde mi corazón.
¡Ah! Me habéis dado a beber
un filtro infernal sin duda,

que a rendiros os ayuda
la virtud de la mujer.
Tal vez poseéis, don Juan,
un misterioso amuleto,
que a vos me atrae en secreto
como irresistible imán.
Tal vez Satán puso en vos
su vista fascinadora,
su palabra seductora
y el amor que negó a Dios.
Y ¿qué he de hacer, ¡ay de mí!,
sino caer en vuestros brazos,
si el corazón en pedazos
me vais robando de aquí?
No, don Juan, en poder mío
resistirte no está ya;
yo voy a ti, como va
sorbido al mar ese río.
Tu presencia me enajena,
tus palabras me alucinan,
y tus ojos me fascinan,
y tu aliento me envenena.
¡Don Juan, don Juan! Yo lo imploro
de tu hidalga compasión:
o arráncame el corazón,
o ámame, porque te adoro.

Don Juan

¡Alma mía! Esa palabra
cambia de modo mi ser,
que alcanzo que puede hacer
hasta que el Edén se me abra.
No es, doña Inés, Satanás
quien pone este amor en mí;
es Dios, que quiere por ti
ganarme para *El* quizás.
No; el amor que hoy se atesora
en mi corazón mortal,
no es un amor terrenal
como el que sentí hasta ahora;
no es esa chispa fugaz
que cualquier ráfaga apaga;
es incendio que se traga
cuanto ve, inmenso, voraz.
Desecha, pues, tu inquietud,
bellísima doña Inés,
porque me siento a tus pies
capaz aún de la virtud.
Sí; iré mi orgullo a postrar
ante el buen Comendador,
y, o habrá de darme tu amor,
o me tendrá que matar.

Doña Inés

¡Don Juan de mi corazón!

Don Juan

¡Silencio! ¿Habéis escuchado?

Doña Inés

¿Qué?

Don Juan

Sí; una barca ha atracado
debajo de ese balcón.
Un hombre embozado, de ella
salta... Brígida, al momento
(Entra Brígida.)
pasad a esotro aposento,
y perdonad, Inés bella,
si solo me importa estar.

Doña Inés

¿Tardarás?

Don Juan

Poco ha de ser.

Doña Inés

A mi padre hemos de ver.

Don Juan

Sí; en cuanto empiece a clarear.
Adiós.

* Ponto Culminante

ESCENA IV

Don Juan *y* Ciutti

Ciutti

Señor...

Don Juan

¿Qué sucede,
Ciutti?

Ciutti

Ahí está un embozado,
en veros muy empeñado.

DON JUAN
¿Quién es?
CIUTTI
Dice que no puede
descubrirse más que a vos
y que es cosa de tal priesa,
que en ella se os interesa
la vida a entrambos a dos.
DON JUAN
¿Y en él no has reconocido
marca ni señal alguna
que nos oriente?
CIUTTI
Ninguna;
mas a veros decidido
viene.
DON JUAN
¿Trae gente?
CIUTTI
No más
que los remeros del bote.
DON JUAN
Que entre.

ESCENA V

DON JUAN. *Luego* CIUTTI *y* DON LUIS, *embozado*

DON JUAN
¡Jugamos a escote
la vida!... Mas, si es quizás
un traidor que hasta mi quinta
me viene siguiendo el paso...,
hálleme, pues, por si acaso,
con las armas en la cinta.

(Se ciñe la espada y suspende al cinto un par de pistolas que habrá colocado sobre la mesa a su salida en la escena tercera. Al momento sale CIUTTI, *conduciendo a* DON LUIS, *que, embozado hasta los ojos, espera a que se queden solos.* DON JUAN *hace a* CIUTTI *una seña para que se retire. Lo hace.)*

ESCENA VI

DON JUAN *y* DON LUIS

DON JUAN. *(Aparte.)*
(¡Buen talante!) Bien venido,
caballero.
DON LUIS
Bien hallado,
señor mío.
DON JUAN
Sin cuidado
hablad.
DON LUIS
Jamás lo he tenido.
DON JUAN
Decid, pues: ¿a qué venís
a esta hora y con tal afán?
DON LUIS
Vengo a mataros, don Juan.
DON JUAN
Según eso, ¿sois don Luis?
DON LUIS
No os engañó el corazón,
y el tiempo no malgastemos,
don Juan; los dos no cabemos
ya en la tierra.
DON JUAN
En conclusión,
señor Mejía: es decir
que, porque os gané la apuesta,
¿queréis que acabe la fiesta
con salirnos a batir?
DON LUIS
Estáis puesto en la razón;
la vida apostado habemos,
y es fuerza que nos paguemos.
DON JUAN
Soy de la misma opinión.

Mas ved que os debo advertir
que sois vos quien la ha perdido.

DON LUIS
Pues por eso os la he traído;
mas no creo que morir
deba nunca un caballero
que lleva en el cinto espada,
como una res destinada
por su dueño al matadero.

DON JUAN
Ni yo creo que resquicio
habréis jamás encontrado
por donde me hayáis tomado
por un cortador de oficio.

DON LUIS
De ningún modo; y ya véis
que, pues os vengo a buscar,
mucho en vos debo fiar.

DON JUAN
No más de lo que podéis.
Y por mostraros mejor
mi generosa hidalguía,
decid si aún puedo, Mejía,
satisfacer vuestro honor.
Leal la apuesta os gané;
mas si tanto os ha escocido,
mirad si halláis conocido
remedio, y le aplicaré.

DON LUIS
No hay más que el que os he pro-
[puesto,
don Juan. Me habéis maniatado,
y habéis la casa asaltado
usurpándome mi puesto;
y pues el mío tomásteis
para triunfar de doña Ana,
no sois vos, don Juan, quien gana,
porque por otro jugásteis.

DON JUAN
Ardides del juego son.

DON LUIS
Pues no os lo quiero pasar,
y por ellos a jugar
vamos ahora el corazón.

DON JUAN
¿Le arriesgáis, pues, en revancha
de doña Ana de Pantoja?

DON LUIS
Sí; y lo que tardo me enoja
en lavar tan fea mancha.
Don Juan, yo la amaba, sí;
mas con lo que habéis osado,
imposible la hais dejado
para vos y para mí.

DON JUAN
¿Por qué la apostásteis, pues?

DON LUIS
Porque no pude pensar
que la pudiérais lograr.
Y... vamos ¡por San Andrés!
a reñir, que me impaciento.

DON JUAN
Bajemos a la ribera.

DON LUIS
Aquí mismo.

DON JUAN
Necio, fuera;
¿no véis que en este aposento
prendieran al vencedor?
Vos traéis una barquilla.

DON LUIS
Sí.

DON JUAN
Pues que lleve a Sevilla
al que quede.

DON LUIS
Eso es mejor;
salgamos, pues.

DON JUAN
Esperad.

DON LUIS
¿Qué sucede?

DON JUAN
Ruido siento.

DON LUIS
Pues no perdamos momento.

ESCENA VII

DON JUAN, DON LUIS *y* CIUTTI

CIUTTI
Señor, la vida salvad.
DON JUAN
¿Qué hay, pues?
CIUTTI
El Comendador,
que llega con gente armada.
DON JUAN
Déjale franca la entrada,
pero a él solo.
CIUTTI
Mas señor...
DON JUAN
Obedéceme.
(Vase CIUTTI.)

ESCENA VIII

DON JUAN *y* DON LUIS

DON JUAN
Don Luis,
pues de mí os habéis fiado
cuanto dejáis demostrado
cuando a mi casa venís,
no dudaré en suplicaros,
pues mi valor conocéis,
que un instante me aguardéis.
DON LUIS
Yo nunca puse reparos
en valor que es tan notorio,
mas no me fío de vos.
DON JUAN
Ved que las partes son dos
de la apuesta con Tenorio,
y que ganadas están.
DON LUIS
¡Lográsteis a un tiempo...!
DON JUAN
Sí;
la del convento está aquí;
y pues viene de don Juan
a reclamarla quien puede,
cuando me podéis matar,
no debo asunto dejar
tras mí que pendiente quede.
DON LUIS
Pero mirad que meter
quien puede el lance impedir
entre los dos, puede ser...
DON JUAN
¿Qué?
DON LUIS
Excusaros de reñir.
DON JUAN
¡Miserable!... De don Juan
podéis dudar sólo vos;
mas aquí entrad, ¡vive Dios!
y no tengáis tanto afán
por vengaros, que este asunto
arreglado con ese hombre,
don Luis, yo os juro a mi nombre
que nos batimos al punto.
DON LUIS
Pero...
DON JUAN
¡Con una legión
de diablos! entrad aquí,
que harta nobleza es en mí
aun daros satisfacción.
Desde ahí ved y escuchad;
franca tenéis esa puerta;
si veis mi conducta incierta,
como os acomode obrad.
DON LUIS
Me avengo, si muy reacio
no andáis.
DON JUAN
Calculadlo vos
a placer; mas ¡vive Dios,
que para todo hay espacio!
(Entra DON LUIS *en el cuarto que* DON JUAN *le señala.)*

Ya suben.

(Don Juan *escucha.*)

Don Gonzalo *(Dentro.)* ¿Dónde está?

Don Juan

El es.

ESCEÑA IX

Don Juan *y* Don Gonzalo

Don Gonzalo

¿Adónde está ese traidor?

Don Juan

Aquí está, Comendador.

Don Gonzalo

¿De rodillas?

Don Juan

Y a tus pies.

Don Gonzalo

Vil eres hasta en tus crímenes.

Don Juan

Anciano, la lengua ten,
y escúchame un solo instante.

Don Gonzalo

¿Qué puede en tu lengua haber
que borre lo que tu mano
escribió en este papel?
¡Ir a sorprender, infame,
la cándida sencillez
de quien no pudo el veneno
de esas letras precaver!
¡Derramar en su alma virgen
traidoramente la hiel
en que rebosa la tuya,
seca de virtud y fe!
¡Proponerse así enlodar
de mis timbres la alta prez,
como si fuera un harapo
que desecha un mercader!
¿Ese es el valor, Tenorio,
de que blasonas? ¿Esa es
la proverbial osadía
que te da al vulgo a temer?
¿Con viejos y con doncellas
la muestras?... Y ¿para qué?
¡Vive Dios! Para venir
sus plantas así a lamer,
mostrándote a un tiempo ajeno
de valor y de honradez.

Don Juan

¡Comendador!

Don Gonzalo

¡Miserable!
Tú has robado a mi hija Inés
de un convento, y yo vengo
por tu vida o por mi bien.

Don Juan

Jamás delante de un hombre
mi alta cerviz incliné,
ni he suplicado jamás,
ni a mi padre, ni a mi rey.
Y pues conservo a tus plantas
la postura en que me ves,
considera, don Gonzalo,
que razón he de tener.

Don Gonzalo

Lo que tienes es pavor
de mi justicia.

Don Juan

¡Pardiez!
Oyeme, Comendador,
o tenerme no sabré,
y seré quien siempre he sido,
no queriéndolo ahora ser.

Don Gonzalo

¡Vive Dios!

Don Juan

Comendador,
yo idolatro a doña Inés,
persuadido de que el cielo
me la quiso conceder
para enderezar mis pasos
por el sendero del bien.
No amé la hermosura en ella,
ni sus gracias adoré;
lo que adoro es la virtud,
don Gonzalo, en doña Inés.
Lo que justicias ni obispos

no pudieron de mí hacer
con cárceles y sermones,
lo pudo su candidez.
Su amor me torna en otro hombre,
regenerando mi ser,
y ella puede hacer un ángel
de quien un demonio fue.
Escucha, pues, don Gonzalo,
lo que te puede ofrecer
el audaz don Juan Tenorio
de rodillas a tus pies.
Yo seré esclavo de tu hija,
en tu casa viviré,
tú gobernarás mi hacienda
diciéndome: *Esto ha de ser*.
El tiempo que señalares,
en reclusión estaré;
cuantas pruebas exigieres
de mi audacia o mi altivez,
del modo que me ordenares,
con sumisión te daré.
Y cuando estime tu juicio
que la pueda merecer,
yo la daré un buen esposo,
y ella me dará el Edén.

Don Gonzalo

Basta, don Juan: no sé cómo
me he podido contener,
oyendo tan torpes pruebas
de tu infame avilantez.
Don Juan, tú eres un cobarde
cuando en la ocasión te ves,
y no hay bajeza a que no oses
como te saque con bien.

Don Juan

¡Don Gonzalo!

Don Gonzalo

Y me avergüenzo
de mirarte así a mis pies,
lo que apostabas con fuerza
suplicando por merced.

Don Juan

Todo así se satisface,
don Gonzalo, de una vez.

Don Gonzalo

¡Nunca! ¡Nunca! ¿Tú su esposo?
Primero la mataré.
¡Ea, entregádmela al punto,
o, sin poderme valer,
en esa postura vil
el pecho te cruzaré!

Don Juan

Míralo bien, don Gonzalo,
que vas a hacerme perder
con ella hasta la esperanza
de mi salvación tal vez.

Don Gonzalo

Y ¿qué tengo yo, don Juan,
con tu salvación que ver?

Don Juan

¡Comendador, que me pierdes!

Don Gonzalo

¡Mi hija!

Don Juan

Considera bien
que por cuantos medios pude
te quise satisfacer;
y que con armas al cinto
tus denuestos toleré,
proponiéndote la paz
de rodillas a tus pies.

ESCENA X

Dichos. Don Luis, *soltando una carcajada de burla*

Don Luis

Muy bien, don Juan.

Don Juan

¡Vive Dios!

Don Gonzalo

¿Quién ese hombre?

Don Luis

Un testigo
de su miedo, y un amigo,
Comendador, para vos.

Don Juan
¡Don Luis!
Don Luis
Ya he visto bastante,
don Juan, para conocer
cuál uso puedes hacer
de tu valor arrogante;
y quien hiere por detrás
y se humilla en la ocasión,
es tan vil como el ladrón
que roba y huye.
Don Juan.
¿Esto más?
Don Luis
Y pues la ira soberana
de Dios junta, como ves,
al padre de doña Inés
y al vengador de doña Ana,
mira el fin que aquí te espera
cuando a igual tiempo te alcanza
aquí dentro su venganza
y la justicia allá fuera.
Don Gonzalo
¡Oh! Ahora comprendo... ¿Sois vos
el que...?
Don Luis
Soy don Luis Mejía,
a quien a tiempo os envía
por vuestra venganza Dios.
Don Juan
¡Basta, pues, de tal suplicio!
Si con hacienda y honor
ni os muestro ni doy valor
a mi franco sacrificio,
y la leal solicitud
con que ofrezco cuanto puedo
tomáis ¡vive Dios! por miedo
y os mofáis de mi virtud,
os acepto el que me dáis,
plazo breve y perentorio,
para mostrarme el Tenorio
de cuyo valor dudáis.
Don Luis
Sea, y cae a nuestros pies
digno al menos de esa fama
que tan por bravo te aclama...
Don Juan
Y venza el infierno, pues.
¡Ulloa, pues mi alma así
vuelves a hundir en el vicio,
cuando Dios me llame a juicio,
tú responderás por mí!

(Le da un pistoletazo.)

Don Gonzalo *(Cayendo.)*
¡Asesino!
Don Juan
Y tú, insensato,
que me llamas vil ladrón,
di en prueba de tu razón
que cara a cara te mato.

(Riñen, y le da una estocada.)

Don Luis *(Cayendo.)*
¡Jesús!
Don Juan
Tarde tu fe ciega
acude al cielo, Mejía,
y no fue por culpa mía;
pero la justicia llega,
y a fe que ha de ver quién soy.
Ciutti *(Dentro.)*
¡Don Juan!
Don Juan *(Asomando al balcón.)*
¿Quién es?
Ciutti *(Dentro.)*
Por aquí;
salvaos.
Don Juan
¿Hay paso?
Ciutti
Sí;
arrojaos.
Don Juan
Allá voy.
LLamé al cielo, y no me oyó,
y pues sus puertas me cierra,
de mis pasos en la tierra
responda el cielo y no yo.

(Se arroja por el balcón, y se le oye caer en el agua del río, al mismo tiempo que el ruido de los remos muestran la rapidez del barco en que parte; se oyen golpes en las puertas de la habitación; poco después entra la justicia, soldados, etc.)

ESCENA XI

ALGUACILES. SOLDADOS. *Luego* DOÑA INÉS *y* BRÍGIDA

ALGUACIL 1.º
El tiro ha sonado aquí.
ALGUACIL 2.º
Aún hay humo.
ALGUACIL 1.º
¡Santo Dios!
Aquí hay un cadáver.
ALGUACIL 2.º
Dos.
ALGUACIL 1.º
¿Y el matador?
ALGUACIL 2.º
Por allí.

(Abren el cuarto en que están DOÑA INÉS *y* BRÍGIDA, *y las sacan a escena;* DOÑA INÉS *reconoce el cadáver de su padre.)*

ALGUACIL 1.º
¡Dos mujeres!
DOÑA INÉS
¡Ah! ¡Qué horror!
¡Padre mío!
ALGUACIL 1.º
¡Es su hija!
BRÍGIDA
Sí.
DOÑA INÉS
¡Ay! ¿Do estás, don Juan, que aquí
me olvidas en tal dolor?
ALGUACIL 1.º
El le asesinó
DOÑA INÉS
¡Dios mío!
¿Me guardabas esto más?
ALGUACIL 2.º
Por aquí ese Satanás
se arrojó, sin duda, al río.
ALGUACIL 1.º
¡Miradlos!... A bordo están
del bergantín calabrés.
TODOS
¡Justicia por doña Inés!
DOÑA INÉS
¡Pero no contra don Juan!

SEGUNDA PARTE

ACTO PRIMERO

LA SOMBRA DE DOÑA INES

Panteón de la familia Tenorio.—El teatro representa un magnífico cementerio, hermoseado a manera de jardín. En primer término, aislados y de bulto, los sepulcros de DON GONZALO DE ULLOA, *de* DOÑA INÉS *y de* DON LUIS MEJÍA, *sobre los cuales se ven sus estatuas de piedra. El sepulcro de* DON GONZALO *a la derecha, y su estatua de rodillas; el de* DON LUIS *a la izquierda, y su estatua también de rodillas; el de* DOÑA INÉS *en el centro, y su estatua de pie. En segundo término otros dos sepulcros en la forma que convenga; y en tercer término, y en puesto elevado, el sepulcro y estatua del fundador,* DON DIEGO TENORIO, *en cuya figura remata la perspectiva de los sepulcros. Una pared llena de nichos y lápidas circuye el cuadro hasta el horizonte. Dos llorones a cada lado de la tumba de* DOÑA INÉS, *dispuestos a servir de la manera que a su tiempo exige el juego escénico. Cipreses y flores de todas clases embellecen la decoración, que no debe tener nada de horrible. La acción se supone en una tranquila noche de verano, y alumbrada por una clarísima luna.*

ESCENA PRIMERA

El escultor, *disponiéndose a marchar*

Escultor

Pues señor, es cosa hecha:
el alma del buen don Diego
puede, a mi ver, con sosiego
reposar muy satisfecha.
La obra está rematada
con cuanta suntuosidad
su postrera voluntad
dejó al mundo encomendada.
Y ya quisieran ¡pardiez!
todos los ricos que mueren,
que su voluntad cumplieren
los vivos, como esta vez.
Mas ya de marcharme es hora:
todo corriente lo dejo,
y de Sevilla me alejo
al despuntar de la aurora.
¡Ah! Mármoles que mis manos
pulieron con tanto afán,
mañana os contemplarán
los absortos sevillanos,
y al mirar de este panteón
las gigantes proporciones,
tendrán las generaciones
la nuestra en veneración.
Mas yendo y viniendo días,
se hundirán unas y otras,
mientra en pie estaréis vosotras,
póstumas memorias mías.
¡Oh! Frutos de mis desvelos,
peñas a quien yo animé,
y por quienes arrostré
la intemperie de los cielos;
el que forma y ser os dio,
va ya a perderos de vista:
velad mi gloria de artista,
pues viviréis más que yo.
Mas, ¿quién llega?

ESCENA II

El escultor y don Juan, *que entra embozado*

Escultor

Caballero...

Don Juan

Dios le guarde.

Escultor

Perdonad,
mas ya es tarde, y...

Don Juan

Aguardad
un instante, porque quiero
que me expliquéis...

Escultor

Por acaso,
¿sois forastero?

Don Juan

Años ha
que falto de España ya,
y me chocó el ver al paso,
cuando a esas rejas llegué,
que encontraba este recinto
enteramente distinto
de cuando yo le dejé.

Escultor

Ya lo creo; como que esto
era entonces un palacio,
y hoy es panteón el espacio
donde aquél estuvo puesto.

Don Juan

¡El palacio hecho panteón!

Escultor

Tal fue de su antiguo dueño
la voluntad, y fue empeño
que dio al mundo admiración.

Don Juan
Y ¡por Dios, que es de admirar!
Escultor
Es una famosa historia,
a la cual debo mi gloria.
Don Juan
¿Me la podéis relatar?
Escultor
Sí, aunque muy sucintamente,
pues me aguardan.
Don Juan
Sea.
Escultor
Oíd
la verdad pura.
Don Juan
Decid,
que me tenéis impaciente.
Escultor
Pues habitó esta ciudad
y este palacio, heredado,
un varón muy estimado
por su noble calidad.
Don Juan
Don Diego Tenorio.
Escultor
El mismo.
Tuvo un hijo este don Diego,
peor mil veces que el fuego,
un aborto del abismo;
un mozo sangriento y cruel,
que con tierra y cielo en guerra,
dicen que nada en la tierra
fue respetado por él.
Quimerista, seductor
y jugador con ventura,
no hubo para él segura
vida, ni hacienda, ni honor.
Así le pinta la historia,
y si tal era, por cierto
que obró cuerdamente el muerto
para ganarse la gloria.
Don Juan
Pues ¿cómo obró?
Escultor
Dejó entera
su hacienda al que la empleara
en un panteón que asombrara
a la gente venidera;
mas con condición, que dijo
que se enterraran en él
los que a la mano cruel
sucumbieron de su hijo.
Y mirad en derredor
los sepulcros de los más
de ellos.
Don Juan
Y vos, ¿sois quizás
el conserje?
Escultor
El escultor
de estas obras encargado.
Don Juan
¡Ah! Y ¿las habéis concluido?
Escultor
Ha un mes; mas me he detenido
hasta ver ese enverjado
colocado en su lugar,
pues he querido impedir
que pueda el vulgo venir
este sitio a profanar.
Don Juan. *(Mirando.)*
¡Bien empleó sus riquezas
el difunto!
Escultor
¡Ya lo creo!
Miradle allí.
Don Juan
Ya le veo.
Escultor
¿Le conocisteis?
Don Juan
Sí.
Escultor
Piezas
son todas muy parecidas,
y a conciencia trabajadas.
Don Juan
¡Cierto que son extremadas!

Escultor
¿Os han sido conocidas
las personas?
Don Juan
Todas ellas.
Escultor
Y ¿os parecen bien?
Don Juan
Sin duda,
según lo que a ver me ayuda
el fulgor de las estrellas.
Escultor
¡Oh! Se ven como de día
con esta luna tan clara.
Esta es mármol de Carrara.

(Señalando a la de don Luis.)

Don Juan
¡Buen busto es el de Mejía!
¡Hola! Aquí el Comendador
se representa muy bien.
Escultor
Yo quise poner también
la estatua del matador
entre sus víctimas, pero
no pude a mano haber
su retrato. Un Lucifer
dicen que era el caballero
don Juan Tenorio.
Don Juan
¡Muy malo!
Mas, como pudiera hablar,
le había algo de abonar
la estatua de don Gonzalo.
Escultor
¿También habéis conocido
a don Juan?
Don Juan
Mucho.
Escultor
Don Diego
le abandonó desde luego,
desheredándole.
Don Juan
Ha sido
para don Juan poco daño
ése, porque la fortuna
va tras él desde la cuna.
Escultor
Dicen que ha muerto.
Don Juan
Es engaño;
vive.
Escultor
Y ¿dónde?
Don Juan
Aquí, en Sevilla.
Escultor
Y ¿no teme que el furor
popular...?
Don Juan
En su valor
no ha echado el miedo semilla.
Escultor
Mas cuando vea el lugar
en que está ya convertido
el solar que suyo ha sido,
no osará en Sevilla estar.
Don Juan
Antes ver tendrá a fortuna
en su casa reunidas
personas de él conocidas,
puesto que no odia a ninguna.
Escultor
¿Creéis que ose aquí venir?
Don Juan
¿Por qué no? Pienso, a mi ver,
que donde vino a nacer
justo es que venga a morir.
Y pues le quitan su herencia
para enterrar a éstos bien,
a él es muy justo también
que le entierren con decencia.
Escultor
Sólo a él le está prohibida
en este panteón la entrada.
Don Juan
Trae don Juan muy buena espada,
y no sé quién se lo impida.

ESCULTOR
¡Jesús! ¡Tal profanación!
DON JUAN
Hombre es don Juan que, a querer,
volverá el palacio a hacer
encima del panteón.
ESCULTOR
¿Tan audaz ese hombre es,
que aun a los muertos se atreve?
DON JUAN
¿Qué respetos gastar debe
con los que tendió a sus pies?
ESCULTOR
Pero ¿no tiene conciencia
ni alma ese hombre?
DON JUAN
Tal vez no,
que al cielo una vez llamó
con voces de penitencia,
y el cielo en trance tan fuerte
allí mismo le metió,
que a dos inocentes dio,
para salvarse, la muerte.
ESCULTOR
¡Qué monstruo, supremo Dios!
DON JUAN
Podéis estar convencido
de que Dios no le ha querido.
ESCULTOR
Tal será.
DON JUAN
Mejor que vos.
ESCULTOR. *(Aparte.)*
(Y ¿quién será el que a don Juan
abona con tanto brío?)
Caballero, a pesar mío,
como aguardándome están...
DON JUAN
Idos, pues, enhorabuena.
ESCULTOR
He de cerrar.
DON JUAN
No cerréis,
y marchaos.
ESCULTOR
Mas ¿no veis...?
DON JUAN
Veo una noche serena,
y un lugar que me acomoda
para gozar su frescura,
y aquí he de estar a mi holgura,
si pesa a Sevilla toda.
ESCULTOR. *(Aparte.)*
¿Si acaso padecerá
de locura desvaríos?
DON JUAN. *(Dirigiéndose a las estatuas.)*
¡Ya estoy aquí, amigos míos!
ESCULTOR
¿No lo dije? Loco está.
DON JUAN
Mas ¡cielos! ¿Qué es lo que veo?
¡O es ilusión de mi vista,
o a doña Inés el artista
aquí representa creo!
ESCULTOR
Sin duda.
DON JUAN
¿También murió?
ESCULTOR
Dicen que de sentimiento
cuando de nuevo al convento
abandonada volvió
por don Juan.
DON JUAN
Y ¿yace aquí?
ESCULTOR
Sí.
DON JUAN
¿La visteis muerta vos?
ESCULTOR
Sí.
DON JUAN
¿Cómo estaba?
ESCULTOR
¡Por Dios,
que dormida la creí!
La muerte fue tan piadosa
con su cándida hermosura,

que la envió con la frescura
y las tintas de la rosa.

Don Juan

¡Ah! ¡Mal la muerte podría
deshacer con torpe mano
el semblante soberano
que un ángel envidiaría!
¡Cuán bella y cuán parecida
su efigie en el mármol es!
¡Quién pudiera, doña Inés,
volver a darte la vida!
¿Es obra del cincel vuestro?

Escultor

Como todas las demás.

Don Juan

Pues bien merece algo más
un retrato tan maestro.
Tomad.

Escultor

¿Qué me dais aquí?

Don Juan

¿No lo veis?

Escultor

Mas... caballero...,
¿por qué razón?...

Don Juan

Porque quiero
yo que os acordéis de mí.

Escultor

Mirad que están bien pagadas.

Don Juan

Así lo estarán mejor.

Escultor

Mas vamos de aquí, señor,
que aun las llaves entregadas
no están, y al salir la aurora
tengo que partir de aquí.

Don Juan

Entregádmelas a mí,
y marchaos desde ahora.

Escultor

¿A vos?

Don Juan

A mí: ¿qué dudáis?

Escultor

Como no tengo el honor...

Don Juan

Ea, acabad, escultor.

Escultor

Si el nombre al menos que usáis
supiera...

Don Juan

¡Viven los cielos!
Dejad a don Juan Tenorio
velar el lecho mortuorio
en que duermen sus abuelos.

Escultor

¡Don Juan Tenorio!

Don Juan

Yo soy.
Y si no me satisfaces,
compañía juro que haces
a tus estatuas desde hoy.

Escultor. *(Alargándole las llaves.)*

Tomad.

(Aparte.)

No quiero la piel
dejar aquí entre sus manos.
Ahora, que los sevillanos
se las compongan con él.

(Vase.)

ESCENA III

Don Juan

Don Juan

Mi buen padre empleó en esto
entera la hacienda mía;
hizo bien; yo al otro día
la hubiera a una carta puesto.

(Pausa.)

No os podréis quejar de mí,
vosotros a quien maté;
si buena vida os quité,
buena sepultura os di.

¡Magnífica es, en verdad,
la idea de tal panteón!
Y... siento que el corazón
me halaga esta soledad.
¡Hermosa noche!... ¡Ay de mí!
¡Cuántas como ésta tan puras,
en infames aventuras
desatinado perdí!
¡Cuántas, al mismo fulgor
de esa luna transparente,
arranqué a algún inocente
la existencia o el honor!
Sí; después de tantos años,
cuyos recuerdos espantan,
siento que aquí se levantan
(Señalando a la frente.)
pensamientos en mí extraños.
¡Oh! ¡Acaso me los inspira
desde el cielo, en donde mora,
esa sombra protectora
que por mi mal no respira!

(Se dirige a la estatua de DOÑA INÉS, *hablándola con respeto.)*

Mármol en quien doña Inés
en cuerpo sin alma existe,
deja que el alma de un triste
llore un momento a tus pies.
De azares mil a través
conservé tu imagen pura,
y pues la mala ventura
te asesinó de don Juan,
contempla con cuánto afán
vendrá hoy a tu sepultura.
En ti nada más pensó
desde que se fue de ti;
y desde que huyó de aquí,
sólo en volver meditó.
Don Juan tan sólo esperó
de doña Inés su ventura,
y hoy que en pos de su hermosura
vuelve el infeliz don Juan,
mira cuál será su afán
al dar con tu sepultura.
Inocente doña Inés,
cuya hermosa juventud
encerró en el ataúd
quien llorando está a tus pies;
si de esa piedra a través
puedes mirar la amargura
del alma que tu hermosura
adoró con tanto afán,
prepara un lado a don Juan
en tu misma sepultura.
Dios te crió por mi bien;
por ti pensé en la virtud;
adoré su excelsitud,
y anhelé su santo Edén.
Sí; aun hoy mismo en ti también
mi esperanza se asegura,
y oigo una voz que murmura
en derredor de don Juan
palabras con que su afán
se calma en tu sepultura.
¡Oh, doña Inés de mi vida!
si esa voz con quien deliro
es el postrimer suspiro
de tu eterna despedida;
si es que de ti desprendida
llega esa voz a la altura,
y hay un Dios tras de esa anchura
por donde los astros van,
dile que mire a don Juan
llorando en tu sepultura.

(Se apoya en el sepulcro, ocultando el rostro; y mientras se conserva en esta postura, un vapor que se levanta del sepulcro oculta la estatua de DOÑA INÉS. *Cuando el vapor se desvanece, la estatua ha desaparecido.* DON JUAN *sale de su enajenamiento.)*

Este mármol sepulcral
adormece mi vigor,
y sentir creo en redor
un ser sobrenatural.
Mas... ¡cielos! ¡El pedestal
no mantiene su escultura!
¿Qué es esto? Aquella figura,
¿fue creación de mi afán?

ESCENA IV

Don Juan. La sombra de doña Inés. *El llorón y las flores de la izquierda del sepulcro de* doña Inés *se cambian en una apariencia, dejando ver dentro de ella, y en medio de resplandores, la sombra de* doña Inés.

Sombra
No; mi espíritu, don Juan,
te aguardó en mi sepultura.
Don Juan. *(De rodillas.)*
¡Doña Inés! ¡Sombra querida,
alma de mi corazón,
no me quites la razón
si me has de dejar la vida!
Si eres imagen fingida,
sólo hija de mi locura,
no aumentes mi desventura
burlando mi loco afán.
Sombra
Yo soy doña Inés, don Juan,
que te oyó en su sepultura.
Don Juan
¿Conque vives?
Sombra
Para ti;
mas tengo mi purgatorio
en ese mármol mortuorio
que labraron para mí.
Yo a Dios mi alma ofrecí
en precio de tu alma impura,
y Dios, al ver la ternura
con que te amaba mi afán,
me dijo: «Espera a don Juan
en tu misma sepultura.
Y pues quieres ser tan fiel
a un amor de Satanás,
con don Juan te salvarás,
o te perderás con él,
Por él vela; mas si cruel
te desprecia tu ternura,
y en su torpeza y locura
sigue con bárbaro afán,
llévese tu alma don Juan
de tu misma sepultura.»
Don Juan. *(Fascinado.)*
¡Yo estoy soñando quizás
con las sombras de un Edén!
Sombra
No; y ve que si piensas bien,
a tu lado me tendrás;
mas si obras mal, causarás
nuestra eterna desventura.
y medita con cordura
que es esta noche, don Juan,
el espacio que nos dan
para buscar sepultura.
Adiós, pues; y en la ardua lucha
en que va a entrar tu existencia,
de tu dormida conciencia
la voz que va a alzarse escucha,
porque es de importancia mucha
meditar con sumo tiento
la elección de aquel momento
que, sin poder evadirnos,
al mal o al bien ha de abrirnos
la losa del monumento.

(Cierrase la apariencia; desaparece doña Inés, *y todo queda como al principio del acto, menos la estatua de* doña Inés, *que no vuelve a su lugar.* Don Juan *queda atónito.)*

ESCENA V

Don Juan

Don Juan
¡Cielos! ¿Qué es lo que escuché?
¡Hasta los muertos así
dejan sus tumbas por mí!
Mas... sombra, delirio fue.
Yo en mi mente lo forjé;
la imaginación le dio
la forma en que se mostró,
y ciego, vine a creer

en la realidad de un ser
que mi mente fabricó.
  Mas nunca de modo tal
fanatizó mi razón
mi loca imaginación
con su poder ideal.
Sí; algo sobrenatural
vi en aquella doña Inés
tan vaporosa, a través
aun de esa enramada espesa;
mas... ¡bah! circunstancia es ésa
que propia de sombra es.
  ¿Qué más diáfano y sutil
que las quimeras de un sueño?
¿Dónde hay nada más risueño,
más flexible y más gentil?
Y ¿no pasa veces mil
que, en febril exaltación,
ve nuestra imaginación
como ser y realidad
la vacía vanidad
de una anhelada ilusión?
Sí, ¡por Dios! ¡Delirio fue!
Mas su estatua estaba aquí.
Sí; yo la ví y la toqué,
y aun en albricias le dí
al escultor no sé qué.
¡Y ahora sólo el pedestal
veo en la urna funeral!
¡Cielos! ¿La mente me falta,
o de improviso me asalta
algún vertigo infernal?
  ¿Qué dijo aquella visión?
¡Oh! Yo la oí claramente,
y su voz triste y doliente
resonó en mi corazón.
¡Ah! ¡Y breves las horas son
del plazo que nos augura!
No, no; ¡de mi calentura
delirio insensato es!
Mi fiebre fue a doña Inés
quien abrió la sepultura.
  ¡Pasad, y desvaneceos;
pasad, siniestros vapores
de mis perdidos amores
y mis fallidos deseos!
¡Pasad, vanos devaneos
de un amor muerto al nacer;
no me volváis a traer
entre vuestro torbellino,
ese fantasma divino
que recuerda a una mujer!
  ¡Ah! ¡Estos sueños me aniquilan;
mi cerebro se enloquece...
y esos mármoles parece
que estremecidos vacilan!

(Las estatuas se mueven lentamente, y vuelven la cabeza hacia él.)

Sí, sí; ¡sus bustos oscilan,
su vago contorno medra!
Pero don Juan no se arredra:
¡alzaos, fantasmas vanos,
y os volveré con mis manos
a vuestros lechos de piedra!
  No; no me causan pavor
vuestros semblantes esquivos;
jamás, ni muertos ni vivos,
humillaréis mi valor.
Yo soy vuestro matador,
como al mundo es bien notorio;
si en vuestro alcázar mortuorio
me aprestáis venganza fiera,
daos prisa, que aquí os espera
otra vez don Juan Tenorio.

ESCENA VI

Don Juan, el Capitán Centellas *y* Avellaneda

Centellas. *(Dentro.)*
  ¿Don Juan Tenorio?
Don Juan. *(Volviendo en sí.)*
                    ¿Qué es eso?
  ¿Quién me repite mi nombre?
Avellaneda. *(Saliendo.)*
  ¿Veis a alguien?

(A Centellas.)

CENTELLAS. *(Idem.)*

Sí; allí hay un hombre.

DON JUAN

¿Quién va?

AVELLANEDA

El es.

CENTELLAS. *(Yéndose a don Juan.)*

Yo pierdo el seso
con la alegría. ¡Don Juan!

AVELLANEDA

¡Señor Tenorio!

DON JUAN

¡Apartaos,
vanas sombras!

CENTELLAS

Reportaos,
señor don Juan... Los que están
en vuestra presencia ahora,
no son sombras, hombres son,
y hombres cuyo corazón
vuestra amistad atesora.
A la luz de las estrellas
os hemos reconocido,
y un abrazo hemos venido
a daros.

DON JUAN

Gracias, Centellas.

CENTELLAS

Mas ¿qué tenéis? ¡Por mi vida,
que os tiembla el brazo, y está
vuestra faz descolorida!

DON JUAN. *(Recobrando su aplomo.)*

La luna tal vez lo hará.

AVELLANEDA

Mas, don Juan, ¿qué hacéis aquí?
¿Este sitio conocéis?

DON JUAN

¿No es un panteón?

CENTELLAS

Y ¿sabéis
a quién pertenece?

DON JUAN

A mí;
mirad a mi alrededor,
y no veréis más que amigos
de mi niñez, o testigos
de mi audacia y mi valor.

CENTELLAS

Pero os oímos hablar:
¿con quién estábais?

DON JUAN

Con ellos.

CENTELLAS

¿Venís aún a escarnecellos?

DON JUAN

No; los vengo a visitar.
Mas un vértigo insensato
que la mente me asaltó,
un momento me turbó;
y a fe que me dio un mal rato.
Esos fantasmas de piedra
me amenazaban tan fieros,
que a mí acercado no haberos
pronto...

CENTELLAS

¡Ja, ja, ja! ¿Os arredra,
don Juan, como a los villanos,
el temor de los difuntos?

DON JUAN

No a fe; contra todos juntos
tengo aliento y tengo manos.
Si volvieran a salir
de las tumbas en que están,
a las manos de don Juan
volverían a morir.
Y desde aquí en adelante
sabed, señor Capitán,
que yo soy siempre don Juan,
y no hay cosa que me espante.
Un vapor calenturiento
un punto me fascinó,
Centellas, mas ya pasó;
cualquiera duda un momento.

AVELLANEDA *y* CENTELLAS

Es verdad.

DON JUAN

Vamos de aquí

CENTELLAS

Vamos, y nos contaréis

cómo a Sevilla volvéis
tercera vez.

DON JUAN

Lo haré así.
Si mi historia os interesa,
a fe que oírse merece,
aunque mejor me parece
que la oigáis de sobremesa.
¿No opináis...?

AVELLANEDA *y* CENTELLAS

Como gustéis.

DON JUAN

Pues bien; cenaréis conmigo,
y en mi casa.

CENTELLAS

Pero digo:
¿es cosa de que dejéis
algún huésped por nosotros?
¿No tenéis gato encerrado?

DON JUAN

¡Bah! Si apenas he llegado;
no habrá allí más que vosotros
esta noche.

CENTELLAS

Y ¿no hay tapada
a quien algún plantón demos?

DON JUAN

Los tres solos cenaremos.
Digo, si de esta jornada
no quiere igualmente ser
alguno de éstos.

(Señalando a las estatuas de los sepulcros.)

CENTELLAS

Don Juan,
dejad tranquilos yacer
a los que con Dios están.

DON JUAN

¡Hola! ¿Parece que vos
sois ahora el que teméis,
y mala cara ponéis
a los muertos? Mas ¡por Dios!
que ya que de mí os burlasteis
cuando me visteis así,
en lo que penda de mí
os mostraré cuánto errasteis.
Por mí, pues, no ha de quedar;
y, a poder ser, estad ciertos
que cenaréis con los muertos,
y os los voy a convidar.

AVELLANEDA

Dejaos de esas quimeras.

DON JUAN

¿Duda en mi valor ponerme,
cuando hombre soy para hacerme
platos de sus calaveras?
Yo a nada tengo pavor:

(Dirigiéndose a la estatua de DON GONZALO, *que es la que tiene más cerca.)*

tú eres el más ofendido;
mas, si quieres, te convido
a cenar, Comendador.
Que no lo puedas hacer
creo, y es lo que me pesa;
mas, por mi parte, en la mesa
te haré un cubierto poner.
Y a fe que favor me harás,
pues podré saber de ti
si hay más mundo que el de aquí
y otra vida en que jamás,
a decir verdad, creí.

CENTELLAS

Don Juan, eso no es valor;
locura, delirio es.

DON JUAN

Como lo juzguéis mejor;
yo cumplo así. Vamos, pues.
Lo dicho, Comendador.

ACTO SEGUNDO

LA ESTATUA DE DON GONZALO

Aposento de DON JUAN TENORIO.—*Dos puertas en el fondo a derecha e izquierda, preparadas para el juego escénico del acto. Otra puerta en el bastidor que cie-*

rra la decoración por la izquierda. Ventana en el de la derecha.—Al alzarse el telón están sentados a la mesa, DON JUAN, CENTELLAS *y* AVELLANEDA. *La mesa ricamente servida; el mantel cogido con guirnaldas de flores, etc. Enfrente del espectador,* DON JUAN, *y a su izquierda* AVELLANEDA; *en el lado izquierdo de la mesa,* CENTELLAS, *y en el de enfrente de éste, una silla y un cubierto desocupados.*

ESCENA PRIMERA

DON JUAN, EL CAPITÁN CENTELLAS, AVELLANEDA, CIUTTI *y un* PAJE

DON JUAN
Tal es mi historia, señores;
pagado de mi valor,
quiso el mismo Emperador
dispensarme sus favores.
Y aunque oyó mi historia entera,
dijo: «Hombre de tanto brío
merece el amparo mío;
vuelva a España cuando quiera»;
y heme aquí en Sevilla ya.

CENTELLAS
Y ¡con qué lujo y riqueza!

DON JUAN
Siempre vive con grandeza
quien hecho a grandeza está.

CENTELLAS
A vuestra vuelta.

DON JUAN
Bebamos.

CENTELLAS
Lo que no acierto a creer
es cómo, llegando ayer,
ya establecido os hallamos.

DON JUAN
Fue el adquirirme, señores,
tal casa con tal boato,
porque se vendió a barato
para pago de acreedores;
y como al llegar aquí
desheredado me hallé,
tal como está la compré.

CENTELLAS
¿Amueblada y todo?

DON JUAN
Sí;
un necio, que se arruinó
por una mujer, vendióla.

CENTELLAS
Y ¿vendió la hacienda sola?

DON JUAN
Y el alma al diablo.

CENTELLAS
¿Murió?

DON JUAN
De repente; y la justicia,
que iba a hacer de cualquier modo
pronto despacho de todo,
viendo que yo su codicia
saciaba, pues los dineros
ofrecía dar al punto,
cedióme el caudal por junto
y estafó a los usureros.

CENTELLAS
Y la mujer, ¿qué fue de ella?

DON JUAN
Un escribano la pista
la siguió, pero fue lista
y escapó.

CENTELLAS
¿Moza?

DON JUAN
Y muy bella.

CENTELLAS
Entrar hubiera debido
en los muebles de la casa.

DON JUAN
Don Juan Tenorio no pasa
moneda que se ha perdido.
Casa y bodega he comprado;
dos cosas que, no os asombre,
pueden bien hacer a un hombre
vivir siempre acompañado;
como lo puede mostrar
vuestra agradable presencia,

que espero que con frecuencia
me hagáis ambos disfrutar.

CENTELLAS
Y nos haréis honra inmensa.

DON JUAN
Y a mí vos. Ciutti...

CIUTTI
Señor...

DON JUAN
Pon vino al Comendador.

(Señalando al vaso del puesto vacío.)

CENTELLAS
Don Juan, ¿aun en eso piensa
vuestra locura?

DON JUAN
Sí, ¡a fe!
Que si él no puede venir,
de mí, no podréis decir
que en ausencia no le honré.

CENTELLAS
¡Ja, ja, ja! Señor Tenorio,
creo que vuestra cabeza
va menguando en fortaleza.

DON JUAN
Fuera en mí contradictorio
y ajeno de mi hidalguía
a un amigo convidar,
y no guardar el lugar
mientras que llegar podría.
Tal ha sido mi costumbre
siempre, y siempre ha de ser ésa;
y al mirar sin él la mesa,
me da, en verdad, pesadumbre,
porque si el Comendador
es difunto tan tenaz
como vivo, es muy capaz
de seguirnos el humor.

CENTELLAS
Brindemos a su memoria,
y más en él no pensemos.

DON JUAN
Sea.

CENTELLAS
Brindemos.

AVELLANEDA *y* DON JUAN
Brindemos.

CENTELLAS
A que Dios le dé su gloria.

DON JUAN
Mas yo, que no creo que haya
más gloria que está mortal,
no hago mucho en brindis tal;
mas por complaceros, ¡vaya!
Y brindo a que Dios te dé
la gloria, Comendador.

(Mientras beben, se oye lejos un aldabonazo, que se supone dado en la puerta de la calle.)

Mas ¿llamaron?

CIUTTI
Sí, señor.

DON JUAN
Ve quién.

CIUTTI. *(Asomando por la ventana.)*
A nadie se ve.
¿Quién va allá? Nadie responde.

CENTELLAS
Algún chusco.

AVELLANEDA
Algún menguado
que al pasar habrá llamado,
sin mirar siquiera dónde.

DON JUAN. *(A* CIUTTI.*)*
Pues cierra y sirve licor.

(Llamando otra vez más recio.)

Mas llamaron otra vez.

CIUTTI
Sí.

DON JUAN
Vuelve a mirar.

CIUTTI
¡Pardiez!
A nadie veo, señor.

DON JUAN
Pues ¡por Dios, que del bromazo,
quien es, no se ha de alabar!

Ciutti, si vuelve a llamar,
suéltale un pistoletazo.

(Llaman otra vez y se oye un poco más cerca.)

¿Otra vez?

CIUTTI

¡Cielos!

AVELLANEDA *y* CENTELLAS

¿Qué pasa?

CIUTTE

Que esa aldabada postrera
ha sonado en la escalerà,
no en la puerta de la casa.

AVELLANEDA *y* CENTELLAS.

(Levantándose asombrados.)

¿Qué dices?

CIUTTI

Digo lo cierto,
nada más; dentro han llamado
de la casa.

DON JUAN

¿Qué os ha dado?
¿Pensáis que sea el muerto?
Mis armas cargué con bala;
Ciutti, sal a ver quién es.

(Vuelven a llamar más cerca.)

AVELLANEDA

¿Oísteis?

CIUTTI

¡Por San Ginés,
que eso ha sido en la antesala!

DON JUAN

¡Ah! Ya lo entiendo; me habéis
vosotros mismos dispuesto
esta comedia, supuesto
que lo del muerto sabéis.

AVELLANEDA

Yo os juro, don Juan...

CENTELLAS

Y yo.

DON JUAN

¡Bah! Diera en ello el más topo;
y apuesto a que ese galopo
los medios para ello os dio.

AVELLANEDA

Señor don Juan, escondido
algún misterio hay aquí.

(Vuelven a llamar más cerca.)

CENTELLAS

¡Llamaron otra vez!

CIUTTI

Sí,
y ya en el salón ha sido.

DON JUAN

¡Ya! Mis llaves en manojo
habréis dado a la fantasma,
y que entre así no me pasma;
mas no saldrá a vuestro antojo,
ni me han de impedir cenar
vuestras farsas desdichadas.

(Se levanta, y corre los cerrojos de la puerta del fondo, volviendo a su lugar.)

Ya están las puertas cerradas;
ahora el coco, para entrar,
tendrá que echarlas al suelo,
y en el punto que lo intente,
que con los muertos se cuente,
y apele después al cielo.

CENTELLAS

¡Qué diablos, tenéis razón!

DON JUAN

Pues ¿no temblabais?

CENTELLAS

Confieso
que, en tanto no dí en eso,
tuve un poco de aprensión.

DON JUAN

¿Declaráis, pues, vuestro enredo?

AVELLANEDA

Por mi parte, nada sé.

CENTELLAS

Ni yo.

D. JUAN

Pues yo volveré
contra el inventor el miedo.
Mas sigamos con la cena;
vuelva cada uno a su puesto,
que luego sabremos de esto.

Avellaneda

Tenéis razón.

Don Juan *(Sirviendo a* Centellas*)*

Cariñena;

sé que os gusta, Capitán.

Centellas

Como que somos paisanos.

Don Juan *(A* Avellaneda, *sirviéndole de otra botella.)*

Jerez a los sevillanos,

don Rafael.

Avellaneda

Hais, don Juan,

dado a entrambos por el gusto;

mas ¿con cuál brindaréis vos?

Don Juan

Yo haré justicia a los dos.

Centellas

Vos siempre estáis en lo justo.

Don Juan

Sí a fe; bebamos.

Avellaneda *y* Centellas

Bebamos.

(Llaman a la misma puerta de la escena, fondo derecha.)

Don Juan

Pesada me es ya la broma,

mas veremos quién asoma

mientras en la mesa estamos.

(A Ciutti, *que se manifiesta asombrado.)*

¿Y qué haces tú ahí, bergante?

¡Listo! Trae otro manjar;

(Vase Ciutti.)

Mas me ocurre en este instante

que nos podemos mofar

de los de afuera, invitándoles

a probar su sutileza,

entrándose hasta esta pieza

y sus puertas no franqueándoles.

Avellaneda

Bien dicho.

Centellas

Idea brillante.

(Llaman fuerte, fondo derecha.)

Señores, ¿a qué llamar?

Los muertos se han de filtrar

por la pared; adelante.

(La estatua de Don Gonzalo *pasa por la puerta sin abrirla y sin hacer ruido.)*

ESCENA II

Don Juan, Centellas, Avellaneda *y* la estatua de Don Gonzalo

Centellas

¡Jesús!

Avellaneda

¡Dios mío!

Don Juan

¡Qué es esto!

Avellaneda

Yo desfallezco.

(Cae desvanecido.)

Centellas

Yo expiro.

(Cae lo mismo.)

Don Juan

¡Es realidad, o delirio!

Es su figura..., su gesto.

Estatua

¿Por qué te causa pavor

quien convidado a tu mesa

viene por ti?

Don Juan

¡Dios! ¿No es esa

la voz del Comendador?

Estatua

Siempre supuse que aquí

no me habías de esperar.

Don Juan

Mientes, porque hice arrimar

esa silla para ti.

Llega, pues, para que veas

que, aunque dudé en un extremo

de sorpresa, no te temo,

aunque el mismo Ulloa seas.

Estatua
¿Aún lo dudas?
Don Juan
No lo sé.
Estatua
Pon, si quieres, hombre ímpio,
tu mano en el mármol frío
de mi estatua.
Don Juan
¿Para qué?
Me basta oírlo de ti;
cenemos, pues, mas te advierto...
Estatua
¿Qué?
Don Juan
Que si no eres el muerto,
lo vas a salir de aquí.
(A Centellas y a Avellaneda.)
¡Eh! Alzad.
Estatua
No pienses, no,
que se levanten, don Juan,
porque en sí no volverán
hasta que me ausente yo;
que la divina clemencia
del Señor para contigo,
no requiere más testigo
que tu juicio y tu conciencia.
Al sacrílego convite
que me has hecho en el panteón,
para alumbrar tu razón,
Dios asistir me permite.
Y heme que vengo en su nombre
a enseñarte la verdad,
y es: que hay una eternidad
tras de la vida del hombre.
Que numerados están
los días que has de vivir,
y que tienes que morir
mañana mismo, don Juan.
Mas como esto que a tus ojos
está pasando, supones
ser del alma aberraciones
y de la aprensión antojos,
Dios, en su santa clemencia,
te concede todavía
un plazo hasta el nuevo día
para ordenar tu conciencia.
Y su justicia infinita,
porque conozcas mejor,
espero de tu valor
que me pagues la visita.
¿Irás, don Juan?
Don Juan
Iré, sí;
mas me quiero convencer
de lo vago de tu ser
antes que salgas de aquí.
(Coge una pistola.)
Estatua
Tu necio orgullo delira,
don Juan; los hierros más gruesos
y los muros más espesos
se abren a mi paso; mira.
(Desaparece la estatua sumiéndose en la pared.)

ESCENA III

Don Juan, Centellas y Avellaneda

Don Juan
¡Cielos! ¡Su esencia se trueca,
el muro hasta penetrar,
cual mancha de agua que seca
el ardor canicular!
¿No me dijo: «El mármol toca
de mi estatua»? ¿Cómo, pues,
se desvanece una roca?
¡Imposible! Ilusión es.
Acaso su antiguo dueño
mis cubas envenenó,
y el licor tan vano ensueño
en mi mente levantó.
Mas si éstas que sombras creo
espíritus reales son
que por celestial empleo
llaman a mi corazón,

entonces, para que iguale
su penitencia don Juan
con sus delitos, ¿qué vale
el plazo ruin que le dan...?
¡Dios me da tan sólo un día...!
Si fuese Dios en verdad,
a más distancia pondría
su aviso a mi eternidad.
«Piensa bien, que al lado tuyo
me tendrás...,» dijo de Inés
la sombra; y si bien arguyo,
pues no la veo, sueño es.

(Trasparéntase en la pared la sombra de Doña Inés.*)*

ESCENA IV

Don Juan, la sombra de doña Inés; Centellas y Avellaneda, *dormidos*

Sombra
Aquí estoy.

Don Juan
¡Cielos!

Sombra
Medita
lo que al buen Comendador
has oído, y ten valor
para acudir a su cita.
Un punto se necesita
para morir con ventura;
elígele con cordura,
porque mañana, don Juan,
nuestros cuerpos dormirán
en la misma sepultura.
(Desaparece la sombra.)

ESCENA V

Don Juan, Centellas *y* Avellaneda

Don Juan
Tente, doña Inés, espera,
y si me amas de verdad,
hazme al fin la realidad
distinguir de la quimera.
Alguna más duradera
señal dame, que, segura,
me pruebe que no es locura
lo que imagina mi afán,
para que baje Don Juan
tranquilo a la sepultura.
Mas ya me irrita ¡por Dios!
el verme siempre burlado,
corriendo desatentado
de varias sombras en pos.
¡Oh! Tal vez todo esto ha sido
por estos dos preparado,
y mientras se ha ejecutado,
su privación han fingido.
Mas ¡por Dios, que si es así,
se han de acordar de don Juan!
¡Eh! Don Rafael, Capitán,
ya basta; alzaos de ahí.

*(*Don Juan *mueve a* Centellas *y a* Avellaneda, *que se levantan como quien vuelve de un profundo sueño.)*

Centellas
¿Quién va?

Don Juan
Levantad.

Avellaneda
¿Qué pasa?
¡Hola! ¿Sois vos?

Centellas
¿Dónde estamos?

Don Juan
Caballeros, claro vamos.
Yo os he traído a mi casa,
y temo que a ella al venir,
con artificio apostado,
habéis, sin duda, pensado
a costa mía reír;
mas basta ya de ficción,
y concluid de una vez.

Centellas
Yo no os entiendo.

Avellaneda

¡Pardiez!

Tampoco yo.

Don Juan

En conclusión:

¿nada habéis visto ni oído?

Avellaneda *y* Centellas

¿De qué?

Don Juan

No finjáis ya más.

Centellas

Yo no he fingido jamás,
señor don Juan.

Don Juan

¡Habrá sido
realidad! ¿Contra Tenorio
las piedras se han animado,
y su vida han acotado
con plazo tan perentorio?
Hablad, pues, por compasión.

Centellas

¡Voto va a Dios! ¡Ya comprendo
lo que pretendéis!

Don Juan

Pretendo
que me déis una razón
de lo que ha pasado aquí,
señores, o juro a Dios
que os haré ver a los dos
que no hay quien me burle a mí.

Centellas

Pues ya que os formalizáis,
don Juan, sabed que sospecho
que vos la burla habéis hecho
de nosotros.

Don Juan

¡Me insultáis!

Centellas

No ¡por Dios! mas si cerrado
seguís en que aquí han venido
fantasmas, lo sucedido
oíd cómo me he explicado.
Yo he perdido aquí del todo
los sentidos, sin exceso
de ninguna especie, y eso
lo entiendo yo de este modo.

Don Juan

A ver, decídmelo, pues.

Centellas

Vos habéis compuesto el vino,
semejante desatino
para encajarnos después.

Don Juan

¡Centellas!

Centellas

Vuestro valor
al estremo por mostrar,
convidasteis a cenar
con vos al Comendador.
Y para poder decir
que a vuestro convite exótico
asistió, con un narcótico
nos habéis hecho dormir.
Si es broma, puede pasar;
mas a ese extremo llevada,
ni puede probarnos nada,
ni os la hemos de tolerar.

Avellaneda

Soy de la misma opinión.

Don Juan

¡Mentís!

Centellas

Vos.

Don Juan

Vos, Capitán.

Centellas

Esa palabra, don Juan...

Don Juan

La he dicho de corazón.
Mentís: no son a mis bríos
menester falsos portentos,
porque tienen mis alientos
su mejor prueba en ser míos.

Avellaneda *y* Centellas

Veamos.
(Ponen mano a la espada.)

Don Juan

Poned a tasa
vuestra furia, y vamos fuera;

no piense después cualquiera
que os asesiné en mi casa.

AVELLANEDA

Decís bien ...Mas somos dos.

CENTELLAS

Reñiremos, si os fiáis,
el uno del otro en pos.

DON JUAN

O los dos, como queráis.

CENTELLAS

¡Villano fuera, por Dios!
Elegid uno, don Juan,
por primero.

DON JUAN

Sedlo vos.

CENTELLAS

Vamos.

DON JUAN

Vamos, capitán.

ACTO TERCERO

MISERICORDIA DE DIOS Y APOTEOSIS DEL AMOR

Panteón de la familia Tenorio.— Como estaba en el acto primero de la segunda parte, menos las estatuas de DOÑA INÉS *y de* DON GONZALO, *que no están en su lugar.*

ESCENA PRIMERA

DON JUAN, *embozado y distraído, entra en la escena lentamente*

DON JUAN

Culpa mía no fue; delirio insano
me enajenó la mente acalorada.
Necesitaba víctimas mi mano
que inmolar a mi fe desesperada,
y al verlos en mitad de mi camino,
presa les hice allí de mi locura.
No fui yo, ¡vive Dios! ¡Fue su destino!
Sabían mi destreza y mi ventura.
¡Oh! Arrebatado el corazón me siento
por vértigo infernal... Mi alma perdida
va cruzando el desierto de la vida,
cual hoja seca que arrebata el viento.
Dudo..., temo..., vacilo... En mi ca-
[beza
siento arder un volcán... Muevo la
[planta
sin voluntad, y humilla mi grandeza
un no sé qué de grande que me espanta.

(Un momento de pausa.)

¡Jamás mi orgullo concibió que hu-
[biere
nada más que el valor!... Que se ani-
[quila
el alma con el cuerpo cuando muere
creí..., mas hoy mi corazón vacila.
¡Jamás creí en fantasmas... ¡Desva-
[ríos!
Mas del fantasma aquel, pese a mi
[aliento
los pies de piedra caminando siento,
por doquiera que voy, tras de los míos.
¡Oh! Y me trae a este sitio irresisti-
[ble,
misterioso poder...

(Levanta la cabeza y ve que no está en su pedestal la estatua de DON GONZALO*).*

Pero ¡qué veo!
¡Falta de allí su estatua!... Sueño
horrible,
déjame de una vez... ¡No, no te creo!
Sal; huye de mi mente fascinada,
fatídica ilusión... Estás en vano
con pueriles asombros empeñada
en agotar mi aliento sobrehumano.
Si todo es ilusión, mentido sueño,
nadie me ha de aterrar con trampan-
[tojos;
si es realidad, querer es necio empeño
aplacar de los cielos los enojos.
No; sueño o realidad, del todo anhelo
vencerle o que me venza; y si piadoso
busca tal vez mi corazón el cielo,
que le busque más franco y generoso.
La efigie de esa tumba me ha invitado

a venir a buscar prueba más cierta
de la verdad en que dudé obstinado...
Heme aquí, pues; Comendador, des-
[pierta.

(Llama al sepulcro del COMENDADOR.— *Este sepulcro se cambia en una mesa que parodia horriblemente la mesa en que comieron en el acto anterior* DON JUAN, CENTELLAS *y* AVELLANEDA.— *En vez de las guirnaldas que cogían en pabellones sus manteles, de sus flores y lujoso servicio, culebras, huesos y fuego, etc. (a gusto del pintor). Encima de esta mesa aparece un plato de ceniza, una copa de fuego y un reloj de arena.— Al cambiarse este sepulcro, todos los demás se abren y dejan paso a las osamentas de las personas que se suponen enterradas en ellos, envueltas en sus sudarios.— Sombras, espectros y espíritus pueblan el fondo de la escena.— La tumba de* DOÑA INÉS *permanece.)*

ESCENA II

DON JUAN, LA ESTATUA DE DON GONZALO *y* LAS SOMBRAS

ESTATUA

Aquí me tienes, don Juan,
y he aquí que vienen conmigo
los que tu eterno castigo
de Dios reclamando están.

DON JUAN

¡Jesús!

ESTATUA

Y ¿de qué te alteras
si nada hay que a tí te asombre,
y para hacerte eres hombre
platos con sus calaveras?

DON JUAN

¡Ay de mí!

ESTATUA

¿Qué? ¿El corazón
te desmaya?

DON JUAN

No lo sé;
concibo que me engañé;
no son sueños..., ¡ellos son!
(Mirando a los espectros.)
Pavor jamás conocido
el alma fiera me asalta,
y aunque el valor no me falta,
me va faltando el sentido.

ESTATUA

Eso es, don Juan, que se va
concluyendo tu existencia,
y el plazo de tu sentencia
fatal ha llegado ya.

DON JUAN

¡Qué dices!

ESTATUA

Lo que hace poco
que doña Inés te avisó,
lo que te he avisado yo,
y lo que olvidaste loco.
Mas el festín que me has dado
debo volverte, y así,
llega, don Juan, que yo aquí
cubierto te he preparado.

DON JUAN

Y ¿qué es lo que ahí me das?

ESTATUA

Aquí fuego, allí ceniza.

DON JUAN

El cabello se me eriza.

ESTATUA

Te doy lo que tú serás.

DON JUAN

¡Fuego y ceniza he de ser!

ESTATUA

Cual los que ves en redor;
en eso para el valor,
la juventud y el poder.

DON JUAN

Ceniza, bien; pero ¡fuego!...

ESTATUA

El de la ira omnipotente,
do arderás eternamente
por tu desenfreno ciego.

DON JUAN
¿Conque hay otra vida más
y otro mundo que el de aquí?
¿Conque es verdad ¡ay de mí!
lo que no creí jamas?
¡Fatal verdad que me hiela
la sangre en el corazón!
¡Verdad que mi perdición
solamente me revela!
¿Y ese reloj?

ESTATUA
Es la medida
de tu tiempo.

DON JUAN
¿Expira ya?

ESTATUA
Sí; en cada grano se va
un instante de tu vida.

DON JUAN
¿Y esos me quedan no más?

ESTATUA
Sí.

DON JUAN
¡Injusto Dios! Tu poder
me haces ahora conocer,
cuando tiempo no me das
de arrepentirme.

ESTATUA
Don Juan,
un punto de contricción
da a un alma la salvación,
y ese punto aún te le dan.

DON JUAN
¡Imposible! ¡En un momento
borrar treinta años malditos
de crímenes y delitos!

ESTATUA
Aprovéchale con tiento,

(Tocan a muerto.)

porque el plazo va a expirar,
y las campanas doblando
por ti están, y están cavando
la fosa en que te han de echar.

(Se oye a lo lejos el oficio de difuntos.)

DON JUAN
¿Conque por mi doblan?

ESTATUA
Sí.

DON JUAN
¿Y esos cantos funerales?

ESTATUA
Los salmos penitenciales
que están cantando por ti.

(Se ve pasar por la izquierda luz de hachones, y rezan dentro.)

DON JUAN
¿Y aquel entierro que pasa?

ESTATUA
Es el tuyo.

DON JUAN
¡Muerto yo!

ESTATUA
El Capitán te mató
a la puerta de tu casa.

DON JUAN
Tarde la luz de la fe
penetra en mi corazón,
pues crímenes mi razón
a su luz tan sólo ve.
Los ve... y con horrible afán,
porque al ver su multitud,
ve a Dios en su plenitud
de su ira contra don Juan.
¡Ah! Por doquiera que fui,
la razón atropellé,
la virtud escarnecí
y a la justicia burlé;
y emponzoñé cuanto vi,
y a las cabañas bajé,
y a los palacios subí,
y los claustros escalé;
y pues tal mi vida fue,
no, no hay perdón para mí.

(A los fantasmas.)

Mas ¡ahí estáis todavía
con quietud tan pertinaz!
Dejadme morir en paz
a solas con mi agonía.

Mas con esa horrenda calma,
¿qué me auguráis, sombras fieras?
¿Qué esperáis de mí?

Estatua

Que mueras
para llevarse tu alma.
Y adiós, don Juan; ya tu vida
toca a su fin, y pues vano
todo fue, dame la mano
en señal de despedida.

Don Juan

¿Muéstrasme ahora amistad?

Estatua

Sí; que injusto fui contigo,
y Dios me manda tu amigo
volver a la eternidad.

Don Juan

Toma, pues.

Estatua

Ahora, don Juan,
pues desperdicias también
el momento que te dan,
conmigo al infierno ven.

Don Juan

¡Aparta, piedra fingida!
Suelta, suéltame esa mano,
que aún queda el último grano
en el reloj de mi vida.
Suéltala, que si es verdad
que un punto de contrición
da a un alma la salvación
de toda una eternidad,
yo, santo Dios, creo en ti;
si es mi maldad inaudita,
tu piedad es infinita...
¡Señor, ten piedad de mí!

Estatua

Ya es tarde.

(Don Juan *se hinca de rodillas, tendiendo al cielo la mano que le deja libre la estatua. Las sombras, los esqueletos, etcétera, van a abalanzarse sobre él, en cuyo momento se abre la tumba de* doña Inés *y aparece ésta.* Doña Inés *toma la mano que* don Juan *tiende hacia el cielo.)*

ESCENA III

Don Juan, la estatua de don Gonzalo, doña Inés, sombras, *etc.*

Doña Inés

No; heme ya aquí,
don Juan; mi mano asegura
esta mano que a la altura
tendió tu contrito afán,
y Dios perdona a Don Juan
al pie de mi sepultura.

Don Juan

¡Dios clemente! ¡Doña Inés!

Doña Inés

Fantasmas, desvaneceos;
su fe nos salva...; volveos
a vuestros sepulcros, pues.
La voluntad de Dios es;
de mi alma con la amargura
purifiqué su alma impura,
y Dios concedió a mi afán
la salvación de don Juan
al pie de la sepultura.

Don Juan

¡Inés de mi corazón!

Doña Inés

Yo mi alma he dado por ti,
y Dios te otorga por mí
tu dudosa salvación.
Misterio es que en comprensión
no cabe de criatura,
y solo en vida más pura
los justos comprenderán
que el amor salvó a don Juan
al pie de la sepultura.
Cesad, cantos funerales;
(Cesa la música y salmodia.)
callad, mortuorias campanas;

(Dejan de tocar a muerto.)

ocupad, sombras livianas,
vuestras urnas sepulcrales;

(Vuelven los esqueletos a sus tumbas, que se cierran.)

volved a los pedestales,
animadas esculturas;

(Vuelven las estatuas a sus lugares.)

y las celestes venturas,
en que los justos están,
empiecen para don Juan
en las mismas sepulturas.

(Las flores se abren y dan paso a varios angelitos, que rodean a DOÑA INÉS *y a* DON JUAN, *derramando sobre ellos flores y perfumes, y al son de una música dulce y lejana, se ilumina el teatro con luz de aurora.* DOÑA INÉS *cae sobre un lecho de flores, que quedará a la vista, en lugar de de su tumba, que desaparece.)*

ESCENA ULTIMA

DOÑA INÉS, DON JUAN *y* LOS ÁNGELES

DON JUAN

¡Clemente Dios, gloria a ti!
Mañana a los sevillanos
aterrará el creer que a manos
de mis víctimas caí.
Mas es justo; quede aquí
al universo notorio
que pues me abre el purgatorio
un punto de penitencia,
es el Dios de la clemencia
el Dios de DON JUAN TENORIO.

(Cae DON JUAN *a los pies de* DOÑA INÉS, *y mueren ambos. De sus bocas salen sus almas representadas en dos brillantes llamas, que se pierden en el espacio al son de la música. Cae el telón.)*

FIN DE
«DON JUAN TENORIO»

8 Gustavo Adolfo Bécquer

(1836 - 1870)

Nació en Sevilla en el seno de una familia de remoto ancestro flamenco. De ahí el apellido extranjero. Antes de los diez años mueren sus padres. Queda al cuidado de su madrina, doña Manuela Monahay, quien le suministra las primeras lecturas. En 1850, egresado del Colegio de San Telmo, se une, como aprendiz, a la escuela de pintura del artista sevillano Antonio Cabral. Bécquer, que tiene facilidad para la pintura —aunque no tanta como su hermano Valeriano, notable artista—, escribe un drama. En 1854 se traslada a Madrid con el objeto de dedicarse a la literatura. Su situación económica es —y lo será siempre— precaria. En 1858 sufre el primer ataque de hemoptisis, síntoma que evidencia la fatídica tuberculosis que acabaría con su vida. A los veintitrés años publica su primera **Rima,** la XII, con el título de **Imitación a Byron.** Por aquel entonces comienza a colaborar asiduamente con la prensa escrita. Aparecen (1860) las primeras **Cartas literarias.**

Tiene y mantiene con su hermano Valeriano unas entrañables relaciones. Colaboran en muchos proyectos: unas veces Valeriano ilustra lo que Gustavo Adolfo escribe; otras, el de las **Rimas** pone pie a lo que su hermano ha dibujado. En 1861 casa Bécquer con doña Casta Esteban Navarro. La pareja reside en Soria un tiempo. No va descaminado el que suponga que algunas de las **Rimas** más tristes y desesperanzadas provienen de la infelicidad conyugal. Probablemente las que amargamente reprochan una traición femenina. En 1865 el poeta colabora con la publicación madrileña **El Museo Universal.** Un año antes lo ha hecho con **El Contemporáneo,** donde han aparecido sus valiosas **Cartas desde mi celda.** A la sazón hallábase el poeta en el Monasterio de Veruela buscando sanar su quebrantada salud. En 1869 el infortunio se ceba en Bécquer: pierde su cargo de censor de novelas de **El Museo.** En septiembre de 1870 muere Valeriano. Dos meses después, solo, pobre y triste, le acompaña Gustavo Adolfo.

Toda la obra de Bécquer fue publicada en periódicos. Un arqueo exhaustivo arroja: veinte **Leyendas,** diez **Cartas desde mi celda,** cuatro **Cartas a una mujer, Los templos de Toledo,** noventa y cuatro **Rimas, Trozos poéticos de la adolescencia,** quince

Ensayos literarios, veinticuatro crónicas sobre **Tradiciones y costumbres españolas**, dieciocho sobre **Motivos del Arte**, diecinueve de tema diverso, **Pensamientos** y un **Testamento literario**. Pero su fama se sustentará sobre las **Rimas**. Dos adjetivos se hacen inevitables al hablar de las **Rimas**: brevedad y sencillez. Bécquer creó una poesía de dificilísima simplicidad. Nada de artificios. Nada de retórica. Nada de barroquismo. Su poesía sale a la luz desnuda, como alguna vez decretó Juan Ramón Jiménez que debía ser el ejercicio poético. Otras características, por la **atmósfera** de sus poemas, se pueden señalar: vaguedad, transparencias, profundo lirismo. Los temas se ajustan a la atmósfera: amor, soledad, misterio, desilusión. No hay otro paisaje que el de su alma; otra anécdota que su «dolorido sentir». Al principio los críticos no le hicieron justicia. Se habló de «suspirillos germánicos» —subrayando la influencia de Heine—, y de «seguidillas y coplas de fandango». Posteriormente se valoró acertadamente al poeta: no sólo se trata de uno de los grandes líricos de la lengua, sino acaso sea el punto de partida de la poesía contemporánea española.

De la obra en prosa de Bécquer nada es tan estimable como sus **Leyendas**. Como buen romántico se sirvió de la tradición española, de las viejas historias populares, para escribir sus **Leyendas**. Artista reiterativo, como muchos, llevó a la prosa lo que antes había sido verso: **Rayo de luna**, repite el tema de la **Rima XV**; **La mujer de piedra** y **El beso**, la de la LXXVI; **Las tres flechas**, la LXXIV. Pero mientras las **Rimas** son diáfanas y claras, las **Leyendas** acusan un lenguaje más trabajado, con un léxico muy escogido y una sintaxis algo compleja. Si en las **Rimas** apenas hay descripción, en las **Leyendas** ocurre lo contrario: el escritor se torna riguroso en el detalle.

Rimas

I

Yo sé un himno gigante y extraño
que anuncia en la noche del alma una aurora,
y estas páginas son de ese himno
cadencias que el aire dilata en las sombras.

Yo quisiera escribirlo, del hombre
domando el rebelde, mezquino idioma,
con palabras que fuesen a un tiempo
suspiros y risas, colores y notas.

Pero en vano es luchar; que no hay cifra
capaz de encerrarlo, y apenas ¡oh, hermosa!
si, teniendo en mis manos las tuyas,
pudiera, al oído, contártelo a solas.

IV

No digáis que agotado su tesoro,
de asuntos falta, enmudeció la lira;
podrá no haber poetas; pero siempre
habrá poesía.

Mientras las ondas de la luz al beso
palpiten encendidas;
mientras el sol las desgarradas nubes
de fuego y oro vista;

mientras el aire en su regazo lleve
perfumes y armonías;
mientras haya en el mundo primavera
¡habrá poesía!

Mientras la ciencia a descubrir no alcance
las fuentes de la vida,
y en el mar o en el cielo haya un abismo
que al cálculo resista;

mientras la humanidad, siempre avanzando,
no sepa a dó camina;
mientras haya un misterio para el hombre,
¡habrá poesía!

Mientras sintamos que se alegra el alma,
sin que los labios rían;
mientras se llore sin que el llanto acuda
a nublar la pupila;

mientras el corazón y la cabeza
batallando prosigan;
mientras haya esperanzas y recuerdos,
¡habrá poesía!

Mientras haya unos ojos que reflejen
los ojos que los miran;

mientras responda el labio suspirando
al labio que suspira;

mientras sentirse puedan en un beso
dos almas confundidas;
mientras exista una mujer hermosa,
¡habrá poesía!

V

Espíritu sin nombre,
indefinible esencia,
yo vivo con la vida
sin formas de la idea.

Yo nado en el vacío,
del sol tiemblo de la hoguera,
palpito entre las sombras
y floto con las nieblas.

Yo soy el fleco de oro
de la lejana estrella;
yo soy del astro errante
la luz tibia y serena.

Yo soy la ardiente nube
que en el ocaso ondea;
yo soy del astro errante
la luminosa estela.

Yo soy nieve en las cumbres,
soy fuego en las arenas,
azul onda en los mares
y espuma en las riberas.

En el laúd soy nota,
perfume en la violeta,
fugaz llama en las tumbas
y en las ruinas hiedra.

Yo atrueno en el torrente,
y silbo en la centella,
y ciego en el relámpago,
y rujo en la tormenta.

Yo río en los alcores,
susurro en la alta yerba,
suspiro en la onda pura,
y lloro en la hoja seca.

Yo ondulo en los átomos
del humo que se eleva,
y al cielo lento sube
en espiral inmensa.

Yo en los dorados hilos
que los insectos cuelgan,
me mezco entre los árboles
en la ardorosa siesta.

Yo corro tras las ninfas
que en la corriente fresca
del cristalino arroyo
desnudas juguetean.

Yo, en los bosques de corales
que alfombran blancas perlas,
persigo en el Océano
las náyades ligeras.

Yo, en las cavernas cóncavas,
do el sol nunca penetra,
mezclándome a los gnomos,
contemplo sus riquezas.

Yo busco de los siglos
las ya borradas huellas,
y sé de esos imperios
de que ni el nombre queda.

Yo sigo en raudo vértigo
los mundos que voltean,
y mi pupila abarca
la creación eterna.

Yo sé de esas regiones
a do un rumor no llega,
y donde informes astros
de vida un soplo esperan.

Yo soy sobre el abismo
el puente que atraviesa;
yo soy la ignota escala
que el cielo une a la tierra.

Yo soy el invisible
anillo que sujeta
el mundo de la forma
al mundo de la idea.

Yo, en fin, soy ese espíritu,
desconocida esencia,
perfume misterioso,
de que es vaso el poeta.

VII

Del salón en el ángulo oscuro,
de su dueño tal vez olvidada,
silenciosa y cubierta de polvo
veíase el arpa.

¡Cuánta nota dormía en sus cuerdas,
como el pájaro duerme en las ramas,
esperando la mano de nieve
que sabe arrancarlas!

¡Ay! —pensé—. ¡Cuántas veces el genio
así duerme en el fondo del alma,
y una voz, como Lázaro, espera
que le diga: «Levántate y anda»!

X

Los invisibles átomos del aire
en derredor palpitan y se inflaman;
el cielo se deshace en rayos de oro;
la tierra se estremece alborozada;
oigo flotando en las olas de armonía
rumor de besos y batir de alas;
mis párpados se cierran... ¿Qué sucede?
¡Es el amor que pasa!

XI

—Yo soy ardiente, yo soy morena,
yo soy el símbolo de la pasión;
de ansia de goces mi alma está llena;
¿a mí me buscas? —No es a ti, no.

—Mi frente es pálida; mis trenzas de oro;
puedo brindarte dichas sin fin;
yo de ternura guardo un tesoro;
¿a mí me llamas? —No, no es a ti.

—Yo soy un sueño, un imposible,
vano fantasma de niebla y luz;
soy incorpórea, soy intangible;
no puedo amarte. —¡Oh, ven; ven tú!

XIII

Tu pupila es azul, y cuando ríes
su claridad suave me recuerda
el trémulo fulgor de la mañana
que en el mar se refleja.

Tu pupila es azul, y cuando lloras
las transparentes lágrimas en ella
se me figuran gotas de rocío
sobre una violeta.

Tu pupila es azul, y si en su fondo
como un punto de luz radia una idea,
me parece en el cielo de la tarde
¡una perdida estrella!

XVII

Hoy la tierra y los cielos me sonríen;
hoy llega al fondo de mi alma el sol;
hoy la he visto..., la he visto y me ha mirado...
¡Hoy creo en Dios!

XIX

Cuando sobre el pecho inclinas
la melancólica frente,
una azucena tronchada
me pareces.

Porque al darte la pureza
de que es símbolo celeste,
como a ella te hizo Dios:
de oro y nieve.

XX

Sabe, si alguna vez tus labios rojos
quema invisible atmósfera abrasada,
que el alma que hablar puede con los
[ojos
también puede besar con la mirada.

XXI

¿Qué es poesía? —dices mientras clavas
en mi pupila tu pupila azul—.
¿Qué es poesía? ¿Y tú me lo preguntas?
Poesía... eres tú.

XXII

¿Cómo vive esa rosa que has prendido
junto a tu corazón?
Nunca hasta ahora contemplé en la tierra
sobre el volcán la flor.

XXIII

Por una mirada, un mundo;
por una sonrisa, un cielo;
por un beso... ¡yo no sé
qué te diera por un beso!

XXIX

Sobre la falda tenía
el libro abierto;
en mi mejilla tocaban
sus rizos negros;
no veíamos las letras
ninguno, creo;
mas guardábamos entrambos
hondo silencio.

¿Cuánto duró? Ni aun entonces
pude saberlo;
sólo sé que no se oía
más que el aliento,
que apresurado escapaba
del labio seco.

Sólo sé que nos volvimos
los dos a un tiempo
y nuestros ojos se hallaron
y sonó un beso.
... ...
... ...

Creación de Dante era el libro,
era su Infierno.
Cuando a él bajamos los ojos
yo dije trémulo:
—¿Comprendes ya que un poema
cabe en un verso?
Y ella respondió encendida:
—¡Ya lo comprendo!

XXX

Asomaba a sus ojos una lágrima
y a mi labio una frase de perdón;
habló el orgullo y se enjugó su llanto
y la frase en mis labios expiró.

Yo voy por un camino, ella por otro;
pero al pensar en nuestro mutuo amor,
yo digo aún: «¿Por qué callé aquel día?»
Y ella dirá: «Por qué no lloré yo?»

XXXI

Nuestra pasión fue un trágico sainete
en cuya absurda fábula
lo cómico y lo grave confundidos
risas y llanto arrancan.

Pero fue lo peor de aquella historia
que, al fin de la jornada,
a ella tocaron lágrimas y risas
¡y a mí sólo las lágrimas!

XXXV

¡No me admiró tu olvido! Aunque de un día
me admiró tu cariño mucho más,
porque lo que hay en mí que vale algo,
eso... ¡ni lo pudiste sospechar!

XXXVI

Si de nuestros agravios en un libro
se escribiese la historia,
y se borrase en nuestras almas cuanto
se borrase en sus hojas,
te quiero tanto aún, dejó en mi pecho
tu amor huellas tan hondas,
que sólo con que tú borrases una
¡las borraba yo todas!

XXXVIII

Los suspiros son aire y van al aire.
Las lágrimas son agua y van al mar.
Dime, mujer: cuando el amor se olvida,
¿sabes tú adónde va?

XXXIX

¿A qué me lo decís? Lo sé: es mudable,
es altanera y vana y caprichosa;
antes que el sentimiento de su alma
brotará el agua de la estéril roca.

Sé que en su corazón, nido de sierpes,
no hay una fibra que al amor responda;
que es una estatua inanimada...; pero...
¡es tan hermosa!

XLI

Tú eras el huracán y yo la alta
torre que desafía su poder:
¡tenías que estrellarte o abatirme!...
¡No pudo ser!

Tú eras el Océano y yo la enhiesta
roca que firme aguarda su vaivén:
¡tenías que romperte o que arrancarme!...
¡No pudo ser!

Hermosa tú, yo altivo; acostumbrados
uno a arrollar, el otro a no ceder;
la senda estrecha, inevitable el choque...
¡No pudo ser!

XLII

Cuando me lo contaron sentí el frío
de una hoja de acero en las entrañas;
me apoyé contra el muro, y un instante
la conciencia perdí de donde estaba.

Cayó sobre mi espíritu la noche;
en ira y en piedad se anegó el alma...
¡Y entonces comprendí por qué se llora,
y entonces comprendí por qué se mata!

Pasó la nube de dolor... Con pena
logré balbucear breves palabras...
¿Quién me dio la noticia? Un fiel amigo...
¡Me hacía un gran favor!... Le dí las gracias.

Un amigo que lo traicionó con ella

XLVI

Me ha herido recatándose en las sombras,
sellando con un beso su traición.
Los brazos me echó al cuello, y por la espalda
partióme a sangre fría el corazón.

Y ella prosigue alegre su camino,
feliz, risueña, impávida, ¿y por qué?
Porque no brota sangre de la herida...
¡porque el muerto está en pie!

LII

Olas gigantes que os rompéis bramando
en las playas desiertas y remotas,
envuelto entre la sábana de espumas,
¡llevadme con vosotras!

Ráfagas de huracán, que arrebatáis
del alto bosque las marchitas hojas,
arrastrado en el ciego torbellino,
¡llevadme con vosotras!

Nubes de tempestad que rompe el rayo
y en fuego ornáis las desprendidas orlas,
arrebatado entre la niebla oscura,
¡llevadme con vosotras!

Llevadme, por piedad, a donde el vértigo
con la razón me arranque la memoria...
¡Por piedad!... ¡Tengo miedo de quedarme
con mi dolor a solas!

LIII

Volverán las oscuras golondrinas
en tu balcón sus nidos a colgar,
y otra vez con el ala a sus cristales
jugando llamarán;

pero aquéllas que el vuelo refrenaban
tu hermosura y mi dicha a contemplar,
aquéllas que aprendieron nuestros nombres,
ésas... ¡no volverán!

Volverán las tupidas madreselvas
de tu jardín las tapias a escalar,
y otra vez a la tarde, aún más hermosas,
sus flores se abrirán.

pero aquéllas cuajadas de rocío,
cuyas gotas mirábamos temblar
y caer, como lágrimas del día...
ésas... ¡no se abrirán!

Volverán del amor en tus oídos
las palabras ardientes a sonar;
tu corazón de su profundo sueño
tal vez despertará;

pero mudo y absorto y de rodillas,
como se adora a Dios ante un altar,
como yo te he querido... desengáñate,
¡así no te querrán!

LIV

Cuando volvemos las fugaces horas
del pasado a evocar,
temblando brilla en sus pestañas negras
una lágrima pronta a resbalar.
Y al fin resbala, y cae como gota
de rocío, al pensar
que, cual hoy por ayer, por hoy mañana,
volveremos los dos a suspirar.

LVIII

¿Quieres que de ese néctar delicioso
no te amargue la hez?
Pues aspírale, acércale a tus labios,
y déjale después.

¿Quieres que conservemos una dulce
memoria de este amor?
Pues amémonos hoy mucho, y mañana
digámonos *¡adiós!*

LIX

Yo sé cuál el objeto
de tus suspiros es;
yo conozco la causa de tu dulce
secreta languidez.

¿Te ríes...? Algún día
sabrás, niña, por qué:
tú acaso lo sospechas,
y yo lo sé.

Yo sé lo que tú sueñas,
y lo que en sueños ves;
como en un libro puedo lo que callas
en tu frente leer.

¿Te ríes...? Algún día
sabrás, niña, por qué;
tú acaso lo sospechas,
y yo lo sé.

Yo sé por qué sonríes
y lloras a la vez;
yo penetro en los senos misteriosos
de tu alma de mujer.

¿Te ríes...? Algún día
sabrás, niña, por qué:
mientras tú sientes mucho y nada sabes,
yo, que no siento nada ya, todo lo sé.

LXIII

Como enjambre de abejas irritadas,
de un oscuro rincón de la memoria
salen a perseguirme los recuerdos
de las pasadas horas.

Yo los quiero ahuyentar. ¡Esfuerzo inútil!
Me rodean, me acosan,
y unos tras otros a clavarme vienen
el agudo aguijón que el alma encona.

LXV

Llegó la noche y no encontré un asilo;
¡y tuve sed!... Mis lágrimas bebí;
¡y tuve hambre! ¡Los hinchados ojos
cerré para morir!

¿Estaba en un desierto? Aunque a mi oído
de las turbas llegaba el ronco hervir,
yo era huérfano y pobre... ¡El mundo estaba
desierto... para mí!

LXIX

Al brillar un relámpago nacemos
y aun dura su fulgor cuando morimos:
¡tan corto es el vivir!

La gloria y el amor tras que corremos
sombras de un sueño son que perseguimos:
¡despertar es morir!

LXXIII

Cerraron sus ojos,
que aún tenía abiertos;
taparon su cara
con un blanco lienzo,
y unos sollozando
y otros en silencio,
de la triste alcoba
todos se salieron.

La luz, que en un vaso
ardía en el suelo,
al muro arrojaba
la sombra del lecho,
y entre aquella sombra
veíase a intervalos
dibujarse rígida
la forma del cuerpo.

Despertaba el día
y a su albor primero,
con sus mil ruídos
despertaba el pueblo.
Ante aquel contraste
de vida y misterios,
de luz y tinieblas,
medité un momento:
¡Dios mío, qué solos
se quedan los muertos!

De la casa, en hombros,
lleváronla al templo,
y en una capilla
dejaron el féretro.
Allí rodearon
sus pálidos restos
de amarillas velas
y de paños negros.

Al dar de las ánimas
el toque postrero,
acabó una vieja
sus últimos rezos;
cruzó la ancha nave,
las puertas gimieron
y el santo recinto
quedóse desierto.

De un reloj se oía
compasado el péndulo,
y de algunos cirios
el chisporroteo.
Tan medroso y triste,
tan oscuro y yerto
todo se encontraba...
que pensé un momento:
¡Dios mío, qué solos
se quedan los muertos!

De la alta campana
la lengua de hierro
le dio volteando
su adiós lastimero.
El luto en las ropas
amigos y deudos
cruzaron en fila
formando el cortejo.

Del último asilo,
oscuro y estrecho,
abrió la piqueta
el nicho a un extremo.
Allí la acostaron,
tapiáronle luego,
y con un saludo
despidióse el duelo.

La piqueta al hombro,
el sepulturero,
cantando entre dientes,
se perdió a lo lejos.
La noche se entraba,
reinaba el silencio;
perdido en las sombras,
medité un momento:
¡Dios mío, qué solos
se quedan los muertos!

En las largas noches
del helado invierno,
cuando las maderas
crujir hace el viento
y azota los vidrios
el fuerte aguacero,
de la pobre niña
a solas me acuerdo.

Allí cae la lluvia
con un son eterno;
allí la combate
el soplo del cierzo;
del húmedo muro
tendida en el hueco,
¡acaso de frío
se hielan sus huesos!...

¿Vuelve el polvo al polvo?
¿Vuela el alma al cielo?
¿Todo es vil materia,
podredumbre y cieno?
¡No sé; pero hay algo
que explicar no puedo,
que al par nos infunde
repugnancia y duelo,
al dejar tan tristes,
tan solos los muertos!

LXXIV

Las ropas desceñidas,
desnudas las espaldas,
en el dintel de oro de la puerta
dos ángeles velaban.

Me aproximé a los hierros
que defienden la entrada
y de las dobles rejas, en el fondo,
la vi confusa y blanca.

La vi como la imagen
que en leve ensueño pasa,
como el rayo de luz tenue y difuso
que entre tinieblas nada.

Me sentí de un ardiente
deseo llena el alma:
¡como atrae un abismo, aquel misterio
hacia sí me arrastraba!

Mas ¡ay! que de los ángeles
parecían decirme las miradas:
—¡El umbral de esta puerta
sólo Dios lo traspasa!

Madrid, Arco de Cuchilleros

CAPITULO TERCERO

REALISMO Y NATURALISMO

50

Realismo y Naturalismo

El francés Stendhal resumió la estética del realismo en una frase que hizo fortuna: «pasear la inventiva, como un espejo, a lo largo del camino.» El romanticismo devino en realismo atravesando previamente el trayecto costumbrista. Como es inevitable en la evolución del arte, el triunfo de unos cánones estéticos —los del romanticismo—, dieron lugar a un natural hastío de esas particulares formas. De la desmesura, de la angustia metafísica de «ser un pobre hombre entregado a ciegos y nada felices designios», se cayó en la revalorización de esa criatura, acaso no tan indefensa, seguramente con más méritos que los que encontraban los románticos. De los paisajes remotos y estilizados de Oriente se vino a parar en la Francia espesa y pastosa de Balzac. La **Comedia Humana,** lejos de escapar de la realidad —como prescribía el recetario romántico—, acumuló —en frase de Taine—, «el más grande almacén de documentos que poseemos sobre la naturaleza humana.» La literatura se hizo un poco inventario notarial. Se estudió al hombre de carne y hueso, sus reacciones, su paisaje, su habitat social. Lo trivial cobró entidad literaria, lo vulgar se hizo ingrediente libresco. La emoción desbordada y su consecuente inspiración repentina, se tornaron trabajo laborioso, meticulosidad e investigación, y a la postre, engendros mejor logrados. La novela realista por la calidad y cantidad de sus genios, no ha sido superada: los franceses Balzac, Stendhal, Flaubert, Gautier, Daudet, Dumas; los italianos Verga, D'annunzio, Rovetta, Fogazzaro; los ingleses Dickens, Thackeray, «Jorge Eliot», las hermanas Brontë; los alemanes Hauptmann y Fleitag; los rusos, nada menos que Gogol, Turgueniev, Tolstoi y Dostoyevski.

En España el realismo, más que una tendencia pasajera, ha sido una constante literaria a través de toda su historia. El seco y sobrio **Poema del Cid** es fundamentalmente realista, lo mismo que la novela picaresca del XVI y XVII. Sin embargo, como «movimiento», como corriente estética, no hizo su aparición hasta que en 1848 Cecilia Böhl de Faber («Fernán Caballero») publicó **La gaviota.** Luego seguiría una brillante pléyade de escritores: Alarcón, Valera, Pérez Galdós, Pereda, Leopoldo Alas («Clarín»), Palacio Valdés y Emilia Pardo Bazán.

El naturalismo fue una vertiente extrema del realismo. La línea entre ambas escuelas no es, por supuesto, nítida. Tolstoi y Dostoyevski fueron uno y lo otro. Lo mismo puede decirse de Leopoldo Alas y de Vicente Blasco Ibáñez. Había, eso sí, en los naturalistas, una mayor precisión en los objetivos literarios. Se proponían ser fieles a la naturaleza, y los fenómenos naturales se deben a una insoslayable relación de causa y efecto. De ahí el **determinismo** de los naturalistas. Emilia Pardo Bazán, principal alentadora del naturalismo en España, escribió en **La cuestión palpitante:** «Someter el pensamiento y el amor a las mismas leyes que determinan la caída de la piedra, considerar exclusivamente las influencias fisicoquímicas, prescindiendo hasta de la espontaneidad individual, es lo que propone el naturalismo y lo que Zola llama en otro pasaje de sus obras «mostrar y poner de realce la bestia humana." Por lógica consecuencia el naturalismo se obliga a no respirar sino del lado de la materia...»

Si el realismo literario le hizo justicia a lo vulgar, el naturalismo optó por lo procaz; si el realismo no ocultó el lado feo del alma, el naturalismo alcanzó a destacar lo morboso.

El maestro de los naturalistas fue el francés Emilio Zola, quien en **La novela experimental** pontificó sobre las virtudes del género. Confesó Zola que el punto de partida del naturalismo fue un singular tratado de medicina: **Introducción al estudio de la medicina experimental,** del también francés Claude Bernard. Habría que hablar, asimismo, de Taine y de Darwin, influencias notables en la doctrina. Los epígonos franceses más destacados fueron: Guy de Maupassant, Huysmans, Prévost. Fuera de Francia, puede, en alguna medida, llamarse naturalistas a Eça de Queiroz, Thomas Mann, Thomas Hardy, Anton Chéjov y otros ilustres escritores.

En España, pese a la militancia naturalista de la Pardo Bazán, la literatura concebida desde esos supuestos no alcanzó la crudeza de la francesa o de la alemana. Además de la Condesa, se acercaron al naturalismo, Leopoldo Alas, Blasco Ibáñez, Jacinto Octavio Picón, Eduardo Zamacois, Felipe Trigo y Alberto Insúa.

9 Benito Pérez Galdós

(1843 - 1920)

Pérez Galdós es el gran novelista español después de Cervantes. El único, hasta el siglo XIX, capaz de alcanzar la calidad del autor del **Quijote.** Nació en Canarias, donde pasó su infancia y adolescencia. De niño parecía que se inclinaría por la pintura, dadas sus condiciones naturales para este arte. En 1862 se traslada a Madrid, ciudad que llegaría a conocer como nadie y en cuya intimidad de callejones oscuros, fondas, pensiones y covachas destartaladas instalaría una buena parte de su vastísimo ejército de personajes literarios.

Galdós estudió Derecho, pero sin la menor vocación por esta disciplina. Ya en 1868 inicia su carrera literaria, pero con mala fortuna. Fracasó en su primer intento de convertirse en dramaturgo. En 1870 escribe su primera novela, **La Fontana de Oro,** y en 1873 inicia las series de **Episodios Nacionales.** Por aquel entonces frecuenta tertulias madrileñas y traba amistad con escritores de su época: Pereda, Menéndez y Pelayo, Silvela, etc. Colabora en la prensa diaria y en alguna que otra revista. Viaja con la frecuencia que le permite su nada sólida economía. Viajar, para don Benito, era una manera de conocer gentes, de ver, de anotar... Todo aquello saldría a flote con nueva identidad, en algún pasaje de su obra ingente. En 1886 obtiene, como favor político, un acta de diputado a Cortes por Puerto Rico. Nada hace por la Isla —a favor o en contra—: va a las Cortes a observar, a estudiar, a anotar.

En 1890 y 1891, le reeligen para el cargo. A pesar de ser una nulidad como legislador, su prestigio literario le ha puesto a la cabeza de las fuerzas liberales. Es republicano moderado, aunque goza una injusta fama de anticlerical y subversivo, obra de la gazmoñería de los beatos de la época. En 1897 lo eligen para la Real Academia de la Lengua Española. En 1907 fue electo representante a Cortes por Madrid. En 1920, ciego desde hacía dos años, murió en el Madrid que tan entrañablemente amara. Sus contemporáneos siempre que se referían a don Benito, apuntaban invariablemente los mismos rasgos de su personalidad: reservado, escéptico, bondadoso, compasivo y melancólico.

La prosa de Galdós, matizada por un sutil humorismo, tiene la rarísima virtud de transmitir con toda precisión un infinito caudal de vivencias. Como señalara un crítico de su tiempo: «Entre los escritores modernos de España no hay uno solo que pueda competir con Galdós en fuerza creadora. Sus novelas contienen, no un museo, sino una verdadera población de tipos diversos, de personas reales, a las cuales nos parece haber tratado familiarmente y cuyas penas y dolores nos han hecho derramar lágrimas abundantes. Todos los personajes tienen vida propia, existen y nos inspiran, como si fuesen reales, repugnancia o simpatía.»

Galdós no creó una multitud de personajes —casi ocho mil—, acartonados, de entidad ficticia, sino seres profunda y radicalmente humanos. Ahí, junto a su gracia un tanto zumbona y su prodigiosa capacidad narrativa, radican sus méritos de gran novelista. Escribió treinta y dos novelas, de las cuales las más importantes son: **Doña Perfecta** (1876); **Marianela** (1878); **La Desheredada,** dos tomos, (1881); **Fortunata y Jacinta,** cuatro tomos y probablemente la mejor novela de la literatura contemporánea española (1886); y el ciclo de **Torquemada: Torquemada en la hoguera** (1889), **Torquemada en la Cruz** (1893), **Torquemada en el Purgatorio** (1894), **Torquemada y San Pedro** (1895). Algunas novelas de Galdós han sido llevadas al cine, y el propio autor, percibiendo el contenido dramático de sus narraciones, convirtió siete de ellas en obras de teatro: **Realidad, La loca de la casa, El abuelo, Casandra, Doña Perfecta, Zaragoza** y **Génova.**

El Galdós dramaturgo, sin tener la importancia del novelista, marca un significativo paso de avance en el teatro de su tiempo, desdichadamente entregado a los excesos postrománticos de Echegaray. Es significativo que algunos de los estrenos de Galdós se convirtieron en sonados éxitos, y que la popularidad que fue perdiendo el novelista en el curso de su larga carrera, la ganara el autor dramático. Obviamente, el teatro, antes que el cinematógrafo triunfara, era el medio idóneo para llegar a las masas. Veinticuatro obras de teatro produjo el autor de **Fortunata y Jacinta,** la mayor parte escritas durante el último tercio de su vida. Los críticos, a través del tiempo, han señalado un título como el más importante: **El abuelo** (1904).

Capítulo aparte merecen los **Episodios nacionales.** Galdós llevó su técnica de gran novelista al terreno de la historia. Tomó los hitos fundamentales del siglo XIX español y realizó el prodigio de elevarlos a categoría literaria, sin apartarse sustancialmente de los hechos. Escribió cuarenta y seis **Episodios nacionales,** divididos en cuatro series de diez y una última de seis. Esta parcela ingente de su obra se inició con **Trafalgar** (1873) y culminó con **Cánovas** (1912). El historiador que quiera acercarse a la España del XIX deberá por fuerza sumergirse en los **Episodios nacionales.** En ellos pone Galdós no sólo un enorme acopio de datos históricos, sino una inteligente interpretación de los hechos y una calidad literaria a la altura de sus mejores novelas. Si se hiciese una antología rigurosa con las mejores páginas de don Benito, habría que incluir pasajes de **Napoleón en Chamartín** (1874), **Los cien mil hijos de San Luis** (1877) o **Carlos VI en la Rápita** (1905).

La fecundidad tremenda de Galdós —sólo comparable a la de Lope— le permitió escribir varios libros de crónicas de viaje, miles de artículos periodísticos, cuentos, ensayos de crítica literaria, etc. Por una vez, profundidad y extensión coincidieron.

Torquemada en la hoguera

Uno

Voy a contar cómo fue al quemadero el inhumano que tantas vidas infelices consumió en llamas; que a unos les traspasó los hígados con un hierro candente; a otros les puso en cazuela bien mechados, y a los demás los achicharró por partes, a fuego lento, con rebuscada y metódica saña. Voy a contar cómo vino el fiero sayón a ser víctima; cómo los odios que provocó se le volvieron lástima, y las nubes de maldiciones arrojaron sobre él lluvia de piedad; caso patético, caso muy ejemplar, señores, digno de contarse para enseñanza de todos, aviso de condenados y escarmiento de inquisidores.

Mis amigos conocen ya, por lo que de él se me antojó referirles, a don Francisco Torquemada, a quien algunos historiadores inéditos de estos tiempos llaman *Torquemada el Peor.* ¡Ay de mis buenos lectores si conocen al implacable fogonero de vidas y haciendas por tratos de otra clase, no tan sin malicia, no tan desinteresados como estas inocentes relaciones entre narrador y lector! Porque si han tenido algo que ver con él en cosa de más cuenta; si le han ido a pedir socorro en las pataletas de la agonía pecuniaria, más les valiera encomendarse a Dios y dejarse morir. Es Torquemada el habilitado de aquel infierno en que fenecen desnudos y fritos los deudores; hombres de más necesidades que posibles; empleados con más hijos que sueldo; otros ávidos de la nómina tras larga cesantía; militares trasladados de residencia, con familión y suegra por añadidura; personajes de flaco espíritu, poseedores de un buen destino, pero con la carcoma de una mujercita que da tés y empeña el verbo para comprar las pastas; viudas lloronas que cobran el Montepío civil o militar y se ven en mil apuros; sujetos diversos que no aciertan a resolver el problema aritmético en que se funda la existencia social, y otros muy perdidos, muy faltones, muy destornillados de cabeza o rasos de moral, tramposos y embusteros.

Pues todos éstos, el bueno y el malo, el desgraciado y el pillo, cada uno por su arte propio, pero siempre con su sangre y sus huesos, le amasaron al sucio de Torquemada una fortunita que ya la quisieran muchos que se dan lustre en Madrid, muy estirados de guantes, estrenando ropa en todas las estaciones y preguntando como quien no pregunta nada: «Diga usted, ¿a cómo han quedado hoy los fondos?».

El año de la revolución compró Torquemada una casa de corredor en la calle de San Blas, con vuelta a la de la Leche; finca bien aprovechada, con veinticuatro habitacioncitas, que daban, descontando insolvencias inevitables, reparaciones, contribución, etc., una renta de mil trescientos reales al mes, equivalente a un siete o siete y medio por ciento del capital. Todos los domingos se personaba en ella mi don Francisco para hacer la cobranza, los recibos en una mano, en otra el bastón con puño de asta de ciervo, y los pobres inquilinos que tenían la desgracia de no poder ser puntuales andaban desde el sábado por la tarde con el estómago descompuesto, porque la adusta cara, el carácter férreo del propietario, no concordaban con la idea que tenemos del día de fiesta, del día del Señor, todo descanso y alegría. El año de la Restauración ya había duplicado Torquemada la pella con que le cogió la *Gloriosa*, y el radical cambio político proporcionóle bonitos préstamos y anticipos. Situación nueva, nómina fresca, pagas saneadas, negocio limpio. Los gobernadores flamantes que tenían que hacerse ropa, los funcionarios diversos que salían de la oscuridad famélicos le hicieron un buen agosto. Toda la época de los conservadores fue regularcita, como que éstos le daban juego con las esplendideces propias de la dominación, y los liberales también, con sus ansias y necesidades no satisfechas. Al entrar en el Gobierno, en 1881, los que tanto tiempo estuvieron sin catarlo, otra vez Torquemada en alza: préstamos de lo fino, adelantos de lo gordo, y vamos viviendo. Total, que ya le estaba echando el ojo a otra casa, no de corredor, sino de buena vecindad, casi nueva, bien acondicionada para inquilinos modestos, y que si no rentaba más que un tres y medio a todo tirar, en cambio su administración y cobranza no darían las jaquecas de la cansada finca dominguera.

Todo iba como una seda para aquella feroz hormiga, cuando de súbito le afligió el cielo con tremenda desgracia: se murió su mujer. Perdónenme mis lectores si les doy la noticia sin la preparación conveniente, pues sé que apreciaban a doña Silvia, como la apreciábamos todos los que tuvimos el honor de tratarla y conocíamos sus excelentes prendas y circunstancias. Falleció de cólico miserere, y he de decir, en aplauso a Torquemada, que no se omitió gasto de médico y botica para salvarle la vida a la pobre señora. Esta pérdida fue un golpe cruel para don Francisco, pues habiendo vivido el matrimonio en santa y laboriosa paz durante más de cuatro lustros, los caracteres de ambos cónyuges se habían compenetrado de un modo perfecto, llegando a ser ella otro él, y él como cifra y refundición de ambos. Doña Silvia no sólo gobernaba la casa con magistral economía, sino que asesoraba a su pariente en los negocios difíciles, auxiliándole con sus luces y su experiencia para el préstamo. Ella defendiendo el céntimo en casa para que no se fuera a la calle, y él barriendo para adentro a fin de traer todo lo que pasara, formaron un matrimonio sin desperdicio, pareja que podría servir de modelo a cuantas hormigas hay debajo de la tierra y encima de ella.

Estuvo Torquemada el *Peor* los primeros días de su viudez sin saber lo que le pasaba, dudando que pudiera sobrevivir a su cara mitad. Púsose más amarillo de lo que comúnmente estaba, y le salieron algunas canas en el pelo y la perilla. Pero el tiempo cumplió, como suele cumplir siempre, endulzando lo amargo, limando con insensible diente las asperezas de la vida, y aunque el recuerdo de su esposa no se extinguió en el alma del usurero, el dolor hubo de calmarse; los días fueron perdiendo lentamente su fúnebre tristeza; despejóse el sol del alma, iluminando de nuevo las variadas combinaciones numéricas que en ella había, los negocios distrajeron al aburrido negociante, y a los dos años, Torquemada parecía consolado; pero, entiéndase bien y repítase en honor suyo, sin malditas ganas de volver a casarse.

Dos hijos le quedaron: Rufinita, cuyo nombre no es nuevo para mis amigos, y Valentinito, que ahora sale por primera vez. Entre la edad de uno y otro hallamos diez años de diferencia, pues a mi doña Silvia se le malograron más o menos prematuramente todas las crías intermedias, quedándole sólo la primera y la última. En la época en que cae lo que voy a referir, Rufinita había cumplido los veintidós, y Valentín andaba al ras de los doce. Y para que se vea la buena estrella de aquel animal de don Francisco, sus dos hijos eran, cada cual por su estilo, verdaderas joyas o como bendiciones de Dios que llovían sobre él para consolarle en su soledad. Rufina había sacado todas las capacidades domésticas de su madre, y gobernaba el hogar casi tan bien como ella. Claro que no tenía el alto tino de los negocios, ni la consumada trastienda, ni el golpe de vista, ni otras aptitudes entre molares y olfativas de aquella insigne matrona; pero en formalidad, en modesta compostura y buen parecer, ninguna chica de su edad le echaba el pie adelante. No era presumida, ni tampoco descuidada en su persona; no se la podía tachar de desenvuelta, ni tampoco de huraña. Coqueterías, jamás en ella se conocieron. Un solo novio tuvo desde la edad en que apunta el querer hasta los días en que la presento, el cual, después de mucho rondar y suspiretear, mostrando por mil medios la rectitud de sus fines, fue admitido en la casa en los últimos tiempos de doña Silvia, y siguió después, con asentimiento del papá, en la misma honrada y amorosa costumbre. Era un *chico de Medicina*, chico en toda la extensión de la palabra, pues levantaba del suelo lo menos que puede levantar un hombre; estudiosillo, inocente, bonísimo y manchego por más señas. Desde el cuarto año empezaron aquellas castas relaciones, y en los días de este relato, concluida ya la carrera y lanzado Quevedito (que así se llamaba) a la práctica de la facultad, tocaban ya a casarse. Satisfecho el *Peor* de la elección de la niña, alababa su discreción, su desprecio de vanas apariencias para atender sólo a lo sólido y práctico.

Pues digo, si de Rufina volvemos los ojos al tierno vástago de Torquemada, encontraremos mejor explicación de la vanidad que le infundía su prole, porque (lo digo sinceramente) no he conocido criatura más mona que aquel Valentín, ni preciosidad tan extraordinaria como la suya. ¡Cosa tan rara! No obstante el parecido con su antipático papá, era el chiquillo guapísimo, con tal expresión de inteligencia en aquella cara, que se quedaba uno embobado mirándole; con tales encantos en su persona y carácter, y rasgos de conducta tan superiores a su edad, que verle, hablarle y quererle vivamente era todo uno. ¡Y qué hechicera gravedad la suya, no incompatible con la inquietud propia de la infancia! ¡Qué gracia mezclada de no sé qué aplomo inexplicable a sus años! ¡Qué rayo divino en sus ojos algunas veces, y otras qué misteriosa y dulce tristeza! Espigadillo de cuerpo, tenía las piernas delgadas, pero de buena forma; la cabeza, más grande de lo regular, con alguna deformidad en el cráneo. En cuanto a su aptitud para el estudio llamémosla verdadero prodigio, asombro de la escuela y orgullo y gala de los maestros. De esto hablaré más adelante. Sólo he de afirmar ahora que el *Peor* no merecía tal joya, ¡qué había de merecerla!, y que si fuese hombre capaz de alabar a Dios por los bienes con que le agraciaba, motivos tenía el muy tuno para estarse, como Moisés, tantísimas horas con los brazos levantados al cielo. No los levantaba, porque sabía que del cielo no había de caerle ninguna breva de las que a él le gustaban.

Dos

Vamos a otra cosa. Torquemada no era de esos usureros que se pasan la vida multiplicando caudales por el gustazo platónico de poseerlos, que viven sórdidamente para no gastarlos y al morirse quisieran, o bien llevárselos consigo a la tierra, o esconderlos donde alma viviente no los pueda encontrar. No; don Francisco habría sido así en otra época; pero no pudo eximirse de la influencia de esta segunda mitad del siglo XIX, que casi ha hecho una religión de las materialidades decorosas de la existencia. Aquellos avaros de antiguo cuño, que afanaban riquezas y vivían como mendigos y se morían como perros en un camastro lleno de pulgas y de billetes de Banco metidos entre la paja, eran los místicos o metafísicos de la usura; su egoísmo se sutilizaba en la idea pura del negocio; adoraban la santísima, la inefable cantidad, sacrificando a ella su material existencia, las necesidades del cuerpo y de la vida, como el místico lo pospone todo a la absorbente idea de salvarse. Viviendo el *Peor* en una época que arranca de la desamortización, sufrió, sin comprenderlo, la metamorfosis que ha desnaturalizado la usura metafísica, convirtiéndolo en positivista, y si bien es cierto, como lo acredita la Historia, que desde el 51 al 68, su verdadera época de aprendizaje, andaba muy mal trajeado y con afectación de pobreza, la cara y las manos sin lavar, rascándose a cada instante en brazos y piernas, cual si llevase miseria; el sombrero con grasa, la capa deshilachada; si bien consta también en las crónicas de la vecindad que en su casa se comía de vigilia casi todo el año y que la señora salía a sus negocios con una toquilla agujereada y unas botas viejas de su marido, no es menos cierto que alrededor del 70 la casa estaba ya en otro pie; que mi doña Silvia se ponía muy maja en ciertos días; que don Francisco se mudaba de camisa más de una vez por quincena; que en la comida había menos carnero que vaca y los domingos se añadía al cocido un despojito de gallina; que aquello de judías a todo pasto y algunos días pan seco y salchicha cruda fue pasando a la historia; que el estofado de contra apareció en determinadas fechas por las noches, y también pescados, sobre todo en tiempo de blandura, que iban baratos; que se iniciaron en aquella mesa las chuletas de ternera y la cabeza de cerdo, salada en casa por el propio Torquemada, el cual era un famoso salador; que, en suma y para no cansar, la familia toda empezaba a tratarse como Dios manda.

Pues en los últimos años de doña Silvia, la transformación acentuóse más. Por aquella época cató la familia los colchones de muelles; Torquemada empezó a usar chistera de cincuenta reales; disfrutaba dos capas, una muy buena, con embozos colorados; los hijos iban bien apañaditos; Rufina tenía un lavabo de los de mírame y no me toques, con jofaina y jarro de cristal azul, que no se usaba nunca por no estropearlo; doña Silvia se engalanó con un abrigo de pieles que parecían de conejo, y dejaba bizca a toda la calle de Tudescos y callejón del Perro cuando salía con la *visita* guarnecida de abalorio; en fin, que pasito a paso y a codazo limpio, se habían ido metiendo en la clase media, en nuestra bonachona clase media, toda necesidades y pretensiones, y que crece tanto, tanto, ¡ay dolor!, que nos estamos quedando sin pueblo.

Pues, señor, revienta doña Silvia, y empuñadas por Rufina las riendas del gobierno de la casa, la metamorfosis se marca mucho más. A reinados nuevos, principios nuevos. Comparando lo pequeño con lo grande y lo privado con lo público, diré que aquello se me parecía a la entrada de los liberales, con su poquito de sentido revolucionario en lo que hacen y dicen. Torquemada representaba la idea conservadora; pero transigía, ¡pues no había que transigir!, doblegándose a la lógica de los tiempos. Apechugó con la camisa limpia cada media semana; con el abandono de la capa número dos para de día, relegándola al servicio nocturno; con el destierro absoluto del hongo número tres, que no podía ya con más sebo; aceptó sin viva protesta, la renovación de manteles entre semana, el vino a pasto, el cordero con guisantes (en su tiempo), los pescados finos en Cuaresma y el pavo en Navidad; toleró la vajilla nueva para ciertos días; el chaquet con trencilla, que en él era un refinamiento de etiqueta, y no tuvo nada que decir de las modestas galas de Rufina y de su hermanito, ni de la alfombra del gabinete, ni de otros muchos progresos que se fueron metiendo en casa a modo de contrabando.

Y vio muy pronto don Francisco que aquellas novedades eran buenas y que su hija tenía mucho talento, porque..., vamos, parecía cosa del otro jueves...; echábase mi hombre a la calle y se sentía, con la buena ropa, más persona que antes; hasta le salían mejores negocios, más amigos útiles y explotables. Pisaba más fuerte, tosía más recio, hablaba más alto y atrevíase a levantar el gallo en la tertulia del café, notándose con bríos para sustentar una opinión cualquiera, cuando antes, por efecto, sin duda, del mal pelaje y de su rutinaria afectación de pobreza, siempre era de la opinión de los demás. Poco a poco llegó a advertir en sí los alientos propios de su capacidad social y financiera; se tocaba, y el sonido le advertía que era propietario y rentista. Pero la vanidad no le cegó nunca. Hombre de composición homogénea, compacta y dura, no podía incurrir en la tontería de estirar el pie más del largo de la sábana. En su carácter había algo resistente a las mudanzas de formas impuestas por la época, y así como no varió nunca su manera de hablar, tampoco ciertas ideas y prácticas del oficio se modificaron. Prevaleció el amaneramiento de decir siempre que los tiempos eran muy malos, pero muy malos; el lamentarse de la desproporción entre sus míseras ganancias y su mucho trabajar; subsistió aquella melosidad de dicción y aquella costumbre de preguntar por la familia siempre que saludaba a alguien, y el decir que no andaba bien de salud, haciendo un mohín de hastío de la vida. Tenía ya la perilla amarillenta, el bigote más negro que blanco, ambos adornos de la cara tan recortaditos, que antes parecían pegados que nacidos allí. Fuera de la ropa, mejorada en calidad, si no en la manera de llevarla, era el mismo que conocimos en casa de doña *Lupe la de los Pavos;* en su cara la propia confusión extraña de lo militar y lo eclesiástico, el color bilioso, los ojos negros y algo soñadores, el gesto y los modales expresando lo mismo afeminación que hipocresía, la calva más despoblada y más limpia, y todo él craso, resbaladizo y repulsivo, muy pronto siempre cuando se le saludaba a dar la mano, por cierto bastante sudada.

De la precoz inteligencia de Valentinito estaba tan orgulloso, que no cabía en su pellejo. A medida que el chico avanzaba en sus estudios, don Francisco sentía crecer el amor paterno, hasta llegar a la ciega pasión. En honor del tacaño, debe decirse que, si se conceptuaba reproducido físicamente en aquel pedazo de su propia naturaleza, sentía la superioridad del hijo, y por esto se congratulaba más de haberle dado el ser. Porque Valentinito era el prodigio de los prodigios, un jirón excelso de la divinidad caído en la tierra. Y Torquemada, pensando en el porvenir, en lo que su hijo había de ser, si viviera, no se conceptuaba digno de haberlo engendrado, y sentía ante él la ingénita cortedad de lo que es materia frente a lo que es espíritu.

En lo que digo que las inauditas dotes intelectuales de aquella criatura no se crea que hay la más mínima exageración. Afirmo con toda ingenuidad que el chico era de lo más estupendo que se puede ver, y que se presentó en el campo de la enseñanza como esos extraordinarios ingenios que nacen de tarde en tarde destinados a abrir nuevos caminos a la humanidad. A más de la inteligencia, que en edad temprana despuntaba en él como aurora de un día espléndido, poseía todos los encantos de la infancia, dulzura, gracejo y amabilidad. El chiquillo, en suma, enamoraba, y no es de extrañar que don Francisco y su hija estuvieran loquitos con él. Pasados los primeros años, no fue preciso castigarle nunca, ni aun siquiera reprenderle. Aprendió a leer por arte milagroso, en pocos días, como si lo trajera sabido ya del claustro materno. A los cinco años sabía muchas cosas que otros chicos aprenden difícilmente a los doce. Un día me hablaron de él dos profesores amigos míos que tienen colegio de primera y segunda enseñanza, lleváronme a verle y me quedé asombrado. Jamás vi precocidad semejante ni un apuntar de inteligencia tan maravilloso. Porque si algunas respuestas las endilgó de tarabilla, demostrando el vigor y riqueza de su memoria, en el tono con que decía otras se echaba de ver cómo comprendía y apreciaba el sentido.

La Gramática la sabía de carretilla; pero la Geografía la dominaba como un hombre. Fuera del terreno escolar, pasmaba ver la seguridad de sus respuestas y observaciones, sin asomos de arrogancia pueril. Tímido y discreto, no parecía comprender que hubiese mérito en las habilidades que lucía, y se asombraba de que se las ponderasen y aplaudiesen tanto. Contáronme que en su casa daba muy poco que hacer. Estudiaba las lecciones con tal rapidez y facilidad, que le sobraba tiempo para sus juegos, siempre muy sosos e inocentes. No le hablaran a él de bajar a la calle para enredar con los chiquillos de la vecindad. Sus travesuras eran pacíficas, y consistieron, hasta los cinco años, en llenar de monigotes y letras el papel de las habitaciones o arrancarle algún cacho; en echar desde el balcón a la calle una cuerda muy larga, con la tapa de una cafetera, arriándola hasta tocar el sombrero de un transeúnte y recogiéndola después a toda prisa. A obediente y humilde no le ganaba ningún niño, y por tener todas las perfecciones, hasta maltrataba la ropa lo menos que maltratarse puede.

Pero sus inauditas facultades no se habían mostrado todavía; iniciáronse cuando estudió la Aritmética, y se revelaron más adelante en la segunda enseñanza. Ya desde sus primeros años, al recibir las nociones elementales de la ciencia de la cantidad, sumaba y restaba de memoria decenas altas y aun centenas. Calculaba con tino infalible, y su padre mismo, que era un águila para hacer en el filo de la imaginación cuentas por la regla de interés, le consultaba no pocas veces. Comenzar Valentín el estudio de las matemáticas de instituto y revelar de golpe toda la grandeza de su numen aritmético fue todo uno. No aprendía las cosas, las sabía ya, y el libro no hacía más que despertarle las ideas, abrírselas, digámoslo así, como si fueran capullos que al calor primaveral se despliegan en flores. Para él no había nada difícil ni problema que le causara miedo. Un día fue el profesor a su padre y le dijo:

—Ese niño es cosa inexplicable, señor Torquemada: o tiene el diablo en el cuerpo o es el pedazo de divinidad más hermoso que ha caído en la tierra. Dentro de poco no tendré nada que enseñarle. Es Newton resucitado, señor don Francisco; una organización excepcional para las matemáticas, un genio que sin duda se trae fórmulas nuevas debajo del brazo para ensanchar el campo de la ciencia. Acuérdese usted de lo que digo: cuando este chico sea hombre asombrará y trastornará el mundo.

Cómo se quedó Torquemada al oír esto se comprenderá fácilmente. Abrazó al profesor, y la satisfacción le rebosaba por ojos y boca en forma de lágrimas y babas. Desde aquel día, el hombre no cabía en sí: trataba a su hijo no ya con amor, sino con cierto respeto supersticioso. Cuidaba de él como de un ser sobrenatural, puesto en sus manos por especial privilegio. Vigilaba sus comidas, asustándose mucho si no mostraba apetito; al verle estudiando recorría las ventanas para que no entrase aire, se enteraba de la temperatura exterior antes de dejarle salir para determinar si debía ponerse bufanda o el *carrik* gordo o las botas de agua; cuando dormía andaba de puntillas; le llevaba a paseo los domingos o al teatro, y si el angelito hubiese mostrado afición a juguetes extraños y costosos, Torquemada, vencida su sordidez, se los hubiera comprado. Pero el fenómeno aquel no mostraba afición sino a los libros: leía rápidamente y como por magia, enterándose de cada página en un abrir y cerrar de ojos. Su papá le compró una obra de viajes con mucha estampa de ciudades europeas y de comarcas salvajes. La seriedad del chico pasmaba a todos los amigos de la casa, y no faltó quien dijera de él que parecía un viejo. En cosas de malicia era de una pureza excepcional: no aprendía ningún dicho ni acto feo de los que saben a su edad los retoños desvergonzados de la presente generación. Su inocencia y celestial donosura casi nos permitían conocer a los ángeles como si los hubiéramos tratado, y su reflexión rayaba en lo maravilloso. Otros niños, cuando les preguntaban lo que quieren ser, responden que obispos o generales si despuntan por la vanidad; los que pican por la destreza corporal dicen que cocheros, atletas o payasos de circo; los inclinados a la imitación, actores, pintores... Valentinito, al oír la pregunta, alzaba los hombros y no respondía nada. Cuando más, decía «No sé», y al decirlo clavaba en su interlocutor una mirada luminosa y penetrante, vago destello del sinfín de ideas que tenía en aquel cerebrazo, y que en su día habían de iluminar toda la tierra.

Mas el *Peor*, aun reconociendo que no había carrera a la altura de su milagroso niño, pensaba dedicarlo a ingeniero, porque la abogacía es cosa de charlatanes. Ingeniero; pero ¿de qué? ¿Civil o militar? Pronto notó que a Valentín no le entusiasmaba la tropa y que, contra la ley general de las aficiones infantiles, veía con indiferencia los uniformes. Pues ingeniero de Caminos. Por dictamen del profesor del colegio, fue puesto Valentín antes de concluir los años de bachillerato en manos de un profesor de estudios preparatorios para carreras especiales, el cual, luego que tanteó su colosal inteligencia, quedóse atónito, y un día salió asustado, con las manos en la cabeza, y corriendo en busca de otros maestros de matemáticas superiores, les dijo:

—Voy a presentarles a ustedes el monstruo de la edad presente.

Y le presentó y se maravillaron, pues fue el chico a la pizarra, y como quien garabatea por enredar y gastar tiza, resolvió problemas dificilísimos. Luego hizo de memoria diferentes cálculos y operaciones, que aun para los más peritos no son coser y cantar. Uno de aquellos maestrazos, queriendo apurarle, le echó el cálculo de radicales numéricos, y como si le hubieran echado almendras. Lo mismo era para él la raíz enésima que para otros dar un par de brincos. Los tíos aquellos, tan sabios, se miraron absortos, declarando no haber visto caso ni remotamente parecido.

Era en verdad interesante aquel cuadro y digno de figurar en los anales de la ciencia: cuatro varones de más de cincuenta años, calvos y medio ciegos de tanto estudiar, maestros de maestros, congregábanse delante de aquel mocoso, que tenía que hacer sus cálculos en la parte baja del encerado, y la admiración los tenía mudos y perplejos, pues ya le podían echar dificultades al angelito, que se las bebía como agua. Otro de los examinadores propuso las homologías, creyendo que Valentín estaba raso de ellas, y cuando vieron que no, los tales no pudieron contener su entusiasmo: uno le llamó el Anticristo; otro le cogió en brazos y se lo puso a la pela, y todos se disputaban sobre quién se le llevaría, ansiosos de completar la educación del primer matemático del siglo. Valentín los miraba sin orgullo ni cortedad, inocente y dueño de sí, como Cristo niño entre los doctores.

Tres

Basta de matemáticas, digo yo ahora, pues me urge apuntar que Torquemada vivía en la misma casa de la calle de Tudescos donde le conocimos cuando fue a verle la de Bringas para pedirle no recuerdo qué favor, allá por el 68, y tengo prisa por presentar a cierto sujeto que conozco hace tiempo y que hasta ahora nunca menté para nada: un don José Bailón, que iba todas las noches a la casa de nuestro don Francisco a jugar con él la partida de damas o de mus, y cuya intervención en mi cuento es necesaria ya para que se desarrolle con lógica. Este señor Bailón es un clérigo que ahorcó los hábitos el 69, en Málaga, echándose a revolucionario y a librecultista con tan furibundo ardor, que ya no pudo volver al rebaño, ni aunque quisiera le habían de admitir. Lo primero que hizo el condenado fue dejarse crecer las barbas, despoticarse en los clubs, escribir tremendas catilinarias contra los de su oficio, y, por fin, operando *verbo et gladio,* se lanzó a las barricadas con un trabuco naranjero que tenía la boca lo mismo que una trompeta. Vencido y dado a los demonios, le catequizaron los protestantes, ajustándole para predicar y dar lecciones en la capilla, lo que él hacía de malísima gana y sólo por el arrastrado garbanzo. A Madrid vino cuando aquella gentil pareja, don Horacio y doña Malvina, puso su establecimiento evangélico en Chamberí. Por un regular estipendio, Bailón los ayudaba en los oficios, echando unos sermones agridulces, estrafalarios y fastidiosos. Pero al año de estos tratos, yo no sé lo que pasó..., ello fue cosa de algún atrevimiento apostólico de Bailón con las neófitas; lo cierto es que doña Malvina, que era persona muy mirada, le dijo en mal español cuatro frescas; intervino don Horacio, denostando también a su coadjutor, y entonces Bailón, que era hombre de muchísima sal para tales casos, sacó una navaja tamaña como hoy y mañana, y se dejó decir que si no se quitaban de delante les echaba fuera el mondongo. Fue tal el pánico de los pobres ingleses, que echaron a correr pegando gritos, y no pararon hasta el tejado. Resumen: que tuvo que abandonar Bailón aquel acomodo, y después de rodar por ahí dando sablazos, fue a parar a la redacción de un periódico muy atrevidillo; como que su misión era echar chinitas de fuego a toda autoridad; a los curas, a los obispos y al mismo Papa. Esto ocurría el 73, y de aquella época datan los opúsculos políticos de actualidad que publicó el clerizonte en el folletín, y de los cuales hizo tiraditas aparte; bobadas escritas en estilo bíblico y que tuvieron, aunque parezca mentira, sus días de éxito. Como que se vendían bien y sacaron a su endiablado autor de más de un apuro.

Pero todo aquello pasó; la fiebre revolucionaria, los folletos de Bailón tuvieron que esconderse, afeitándose para disfrazarse y poder huir al extranjero. A los dos años asomó por aquí otra vez, de bigotes larguísimos, aumentados con parte de la barba, como los que gastaba Víctor Manuel, y por si traía o no traía chismes y mensajes de los emigrados, metiéronle mano y le tuvieron en el Saladero tres meses. Al año siguiente, sobreseída la causa, vivía el hombre en Chamberí, y, según la cháchara del barrio, muy a lo bíblico, amancebado con una viuda rica que tenía rebaño de cabras y además un establecimiento de burras de leche. Cuento todo esto como me lo contaron, reconociendo que en esta parte de la historia patriarcal de Bailón hay gran oscuridad. Lo público y notorio es que la viuda aquella cascó, y que Bailón apareció al poco tiempo con dinero. El establecimiento y las burras y cabras le pertenecían. Arrendólo todo; se fue a vivir al centro de Madrid, dedicándose a *inglés,* y no necesito decir más para que se comprenda de dónde vinieron su conocimiento y tratos con Torquemada, porque bien se ve que éste fue su maestro, le inició en los misterios del oficio y le manejó parte de sus capitales como había manejado los de doña Lupe, la *Magnífica,* más conocida por *la de los Pavos.*

Era don José Bailón un animalote de gran alzada, atlético, de formas robustas y muy recalcado de facciones, verdadero y vivo estudio anatómico por su riqueza muscular. Ultimamente había dado otra vez en afeitarse; pero no tenía cara de cura, ni de fraile, ni de torero.

Era más bien un Dante echado a perder. Dice un amigo mío que por sus pecados ha tenido que vérselas con Bailón, que éste es el vivo retrato de la sibila de Cumas, pintada por Miguel Angel, con las demás señoras sibilas y los profetas, en el maravilloso techo de la Capilla Sixtina. Parece, en efecto, una vieja de raza titánica que lleva en su ceño todas las iras celestiales. El perfil de Bailón y el brazo y pierna, como troncos añosos; el forzudo tórax y las posturas que sabía tomar, alzando una pataza y enarcando el brazo, le asemejaban a esos figurones que andan por los techos de las catedrales, despatarrados sobre una nube. Lástima que no fuera moda que anduviéramos en cueros para que luciese en toda su gallardía académica este ángel de cornisa. En la época en que lo presento ahora pasaba de los cincuenta años.

Torquemada lo estimaba mucho, porque, en sus relaciones de negocios, Bailón hacía gala de gran formalidad y aun de delicadeza. Y como el clérigo renegado tenía una historia tan variadita y dramática, y sabía contarla con mucho aquel, adornándola con mentiras, don Francisco se embelesaba oyéndole, y en todas las cuestiones de un orden elevado le tenía por oráculo. Don José era de los que con cuatro ideas y pocas más palabras se las componen para aparentar que saben lo que ignoran y deslumbrar a los ignorantes sin malicia. El más deslumbrado era don Francisco, y además el único mortal que leía los folletos babilónicos a los diez años de publicarse; literatura envejecida casi al nacer, y cuyo fugaz éxito no comprendemos sino recordando que la democracia sentimental a estilo de Jeremías tuvo también sus quince.

Escribía Bailón aquellas necedades en parrafitos cortos, y a veces rompía con una cosa muy santa: verbigracia: «Gloria a Dios en las alturas y paz, etc.», para salir luego por este registro:

«Los tiempos se acercan, tiempos de redención, en que el Hijo del Hombre será dueño de la tierra.

»El Verbo depositó hace dieciocho siglos la semilla divina. En noche tenebrosa fructificó. He aquí las flores.

»¿Cómo se llaman? Los derechos del pueblo.»

Y a lo mejor, cuando el lector estaba más descuidado, le soltaba ésta:

«He aquí al tirano. ¡Maldito sea!

»Aplicad el oído y decidme de dónde viene ese rumor vago, confuso, extraño.

»Posad la mano en la tierra y decidme por qué se ha estremecido.

»Es el Hijo del Hombre que avanza, decidido, a recobrar su primogenitura.

»¿Por qué palidece la faz del tirano? ¡Ah! El tirano ve que sus horas están contadas...»

Otras veces empezaba diciendo aquello de: «Joven soldado, ¿adónde vas?» Y por fin, después de mucho marear, quedábase el lector sin saber adónde iba el soldadito, como no fueran todos, autor y público, a Leganés.

Todo esto le parecía de perlas a don Francisco, hombre de escasa lectura. Algunas tardes se iban a pasear juntos los dos tacaños, charla que te charla; y si en negocios era Torquemada la sibila, en otra clase de conocimientos no había más sibila que el señor de Bailón. En política, sobre todo, el ex clérigo se las echaba de muy entendido, principiando por decir que ya no le daba la gana de conspirar; como que tenía la olla asegurada y no quería exponer su pelleja para hacer el caldo gordo a cuatro silbantes. Luego pintaba a todos los políticos, desde el más alto al más oscuro, como un hatajo de pilletes, y les sacaba la cuenta al céntimo de cuanto habían rapiñado... Platicaba mucho también de reformas urbanas, y como Bailón había estado en París y Londres, podía comparar. La higiene pública les preocupaba a entrambos: el clérigo le echaba la culpa de todo a los miasmas, y formulaba unas teorías biológicas que eran lo que había que oír. De astronomía y música también se le alcanzaba algo; no era lego en botánica, ni en veterinaria, ni en el arte de escoger melones. Pero en nada lucía tanto su enciclopédico saber como en cosas de religión. Sus meditaciones y estudios le habían permitido sondear el grande y temerario problema de nuestro destino total.

—¿Adónde vamos a parar cuando nos morimos? Pues volvemos a nacer; esto es claro como el agua. Yo me acuerdo —decía, mirando fijamente a su amigo y turbándole con el tono solemne que daba a sus palabras—, yo me acuerdo de haber vivido antes de ahora. He tenido en mi mocedad un recuerdo vago de aquella vida, y ahora, a fuerza de meditar, puedo verla clara. Yo fui sacerdote en Egipto, ¿se entera usted?, allá por los años de qué sé yo cuántos... Sí, señor, sacerdote en Egipto. Me parece que me estoy viendo con una sotana o vestimenta de color de azafrán, y unas al modo de orejeras, que me caían por los lados de la cara. Me quemaron vivo, porque... verá usted..., había en aquella iglesia, digo templo, una sacerdotisa que me gustaba..., de lo más barbián, ¿se entera usted?..., ¡y con unos ojos... así, y un golpe de caderas, señor don Francisco...! En fin, que aquello se enredó y la diosa Isis y el buey Apis lo llevaron muy a mal. Alborotóse todo aquel cleriguicio, y nos quemaron vivos a la chavala y a mí... Lo que le cuento es verdad, como ése es el sol. Fíjese usted bien, amigo, revuelva en su memoria; rebusque bien en el sótano y en los desvanes de su ser, y encontrará la certeza de que también usted ha vivido en tiempos lejanos. Su niño de usted, ese prodigio, debe de haber sido antes el propio Newton o Galileo o Euclides. Y por lo que hace a otras cosas, mis ideas son bien claras. Infierno y cielo no existen: papas simbólicas y nada más. Infierno y cielo están aquí. Aquí pagamos tarde o temprano todas las que hemos hecho; aquí recibimos, si no hoy, mañana, nuestro premio, si lo merecemos, y quien dice mañana, dice el siglo que viene... Dios, ¡oh!, la idea de Dios tiene mucho busilis..., y para comprenderla hay que devanarse los sesos, como me los he devanado yo, dale que dale sobre los libros, y meditando luego. Pues Dios... —poniendo unos ojazos muy reventones y haciendo con ambas manos el gesto expresivo de abarcar un grande espacio— es la Humanidad, la Humanidad, ¿se entera usted?, lo cual no quiere decir que deje de ser personal... ¿Qué cosa es personal? Fíjese bien. Personal es lo que es uno. Y el gran Conjunto, amigo don Francisco, el gran Conjunto..., es uno, porque no hay más, y tiene los atributos de un ser infinitamente infinito. Nosotros en montón, componemos la Humanidad, somos los átomos que forman el gran todo; somos parte mínima de Dios, parte minúscula, y nos renovamos como en nuestro cuerpo se renuevan los átomos de la cochina materia...; ¿se va usted enterando?

Torquemada no se iba enterando ni poco ni mucho; pero el otro se metía en un laberinto del cual no salía sino callándose. Lo único que don Francisco sacaba de toda aquella monserga era que *Dios es la Humanidad*, y que la Humanidad es la que nos hace pagar nuestras picardías o nos premia por nuestras buenas obras. Lo demás no lo entendía así le ahorcaran. El sentimiento católico de Torquemada no había sido nunca muy vivo. Cierto que en tiempos de doña Silvia iban los dos a misa por rutina; pero nada más. Pues después de viudo las pocas ideas del Catecismo que el *Peor* conservaba en su mente, como papeles o apuntes inútiles, las barajó con todo aquel fárrago de la Humanidad-Dios, haciendo un lío de mil demonios.

A decir verdad, ninguna de estas teorías ocupaba largo tiempo el magín del tacaño, siempre atento a la baja realidad de sus negocios. Pero llegó un día, mejor dicho, una noche, en que tales ideas hubieron de posesionarse de su mente con cierta tenacidad, por lo que ahorita mismo voy a referir. Entraba mi hombre en su casa al caer de una tarde del mes de febrero, evacuadas mil diligencias con diverso éxito, discurriendo los pasos que daría al día siguiente, cuando su hija, que le abrió la puerta, le dijo estas palabras:

—No te asustes papá, no es nada... Valentín ha venido malo de la escuela.

Las desazones del monstruo ponían a don Francisco en gran sobresalto. La que se le anunciaba podía ser insignificante, como otras. No obstante, en la voz de Rufina había cierto temblor, una veladura, un timbre extraño, que dejaron a Torquemada frío y suspenso.

—Yo creo que no es cosa mayor —prosiguió la señorita—, Parece que le dio un vahído. El maestro fue quien lo trajo en brazos.

El *Peor* seguía clavado en el recibimiento, sin acertar a decir nada ni a dar un paso.

—Le acosté en seguida y mandé un recado a Quevedo para que viniera a escape.

Don Francisco, saliendo de su estupor, como si le hubiesen dado un latigazo, corrió al cuarto del chico, a quien vio en el lecho con tanto abrigo encima, que parecía sofocado. Tenía la cara encendida, los ojos dormilones. Su quietud más era de modorra dolorosa que de sueño tranquilo. El padre aplicó su mano a las sienes del inocente monstruo, que abrasaban.

—Pero ese trasto de Quevedillo... Así reventara... No sé en qué piensa... Mira, mejor será llamar otro médico que sepa más.

Su hija procuraba tranquilizarle; pero él se resistía al consuelo. Aquel hijo no era un hijo cualquiera, y no podía enfermar sin que alterara el orden del universo. No probó el afligido padre la comida; no hacía más que dar vueltas por la casa, esperando al maldito médico, y sin cesar iba de su cuarto al del niño, y de aquí al comedor, donde se le presentaba ante los ojos, oprimiéndole el corazón, el encerado en que Valentín trazaba con tiza sus problemas matemáticos. Aún subsistía lo pintado por la mañana: garabatos que Torquemada no entendió, pero que casi le hicieron llorar como una música triste: el signo de raíz, letras por arriba y por abajo, y en otra parte una red de líneas, formando como una estrella de muchos picos con numeritos en las puntas.

Por fin, alabado sea Dios, llegó el dichoso Quevedito, y don Francisco le echó la correspondiente chillería, pues ya le trataba como a yerno. Visto y examinado el niño, no puso el médico muy buena cara. A Torquemada se le podía ahogar con un cabello cuando el doctorcillo, arrimándole contra la pared y poniéndole ambas manos en los hombros, le dijo:

—No me gusta nada esto; pero hay que esperar a mañana, a ver si brota alguna erupción. La fiebre es bastante alta. Ya le he dicho a usted que tuviera mucho cuidado con este fenómeno del chico. ¡Tanto estudiar, tanto saber, un desarrollo cerebral disparatado! Lo que hay que hacer con Valentín es ponerle un cencerro al pescuezo, soltarle en el campo en medio de un ganado y no traerle a Madrid hasta que esté bien bruto.

Torquemada odiaba el campo, y no podía comprender que en él hubiese nada bueno. Pero hizo propósito, si el niño se curaba, de llevarle a una dehesa a que bebiera leche a pasto y respirase aires puros. Los aires puros, bien lo decía Bailón, eran cosa muy buena. ¡Ah! Los malditos miasmas tenían la culpa de lo que estaba pasando. Tanta rabia sintió don Francisco, que si coge un miasma en aquel momento lo parte por el eje. Fue la sibila aquella noche a pasar un rato con su amigo, y mira por dónde se repitió la matraca de la Humanidad, pareciéndole a Torquemada el clérigo más enigmático y *latero* que nunca, sus brazos más largos, su cara más dura y temerosa. Al quedarse solo, el usurero no se acostó. Puesto que Rufina y Quevedo se quedaban a velar, él también velaría. Contigua a la alcoba del padre estaba la de los hijos, y en ésta, el lecho de Valentín, que pasó la noche inquietísimo, sofocado, echando lumbre de su piel, los ojos atónitos y chispeantes, el habla insegura, las ideas desenhebradas, como cuentas de un rosario cuyo hilo se rompe.

Cuatro

El día siguiente fue todo sobresalto y amargura. Quevedo opinó que la enfermedad era *inflamación de las meninges* y que el chico estaba en peligro de muerte. Esto no se lo dijo al padre, sino a Bailón, para que le fuese preparando. Torquemada y él se encerraron, y de la conferencia resultó que por poco se pegan, pues don Francisco, trastornado por el dolor, llamó a su amigo embustero y farsante. El desasosiego, la inquietud nerviosa, el desvarío del tacaño sin aventura, no se pueden describir. Tuvo que salir a varias diligencias de su penoso oficio, y a cada instante tornaba a casa jadeante, con medio palmo de lengua fuera, el hongo echado hacia atrás. Entraba, daba un vistazo, vuelta a salir. El mismo traía las medicinas, y en la botica contaba toda la historia: «Un vahído estando en clase; después calentura horrible... ¿Para qué sirven los médicos?» Por consejo del mismo Quevedito mandó venir a uno de los más eminentes, el cual calificó el caso de meningitis aguda.

La noche del segundo día, Torquemada, rendido de cansancio, se embutió en uno de los sillones de la sala, y allí se estuvo como media horita, dando vueltas a una pícara idea, ¡ay!, dura y con muchas esquinas, que se le había metido en el cerebro. «He faltado a la Humanidad, y esa muy tal y cual me las cobra ahora con los réditos atrasados... No; pues si Dios, o quienquiera que sea, me lleva a mi hijo, ¡me voy a volver más malo, más perro...! Ya verán entonces lo que es canela fina. Pues no faltaba otra cosa... Conmigo no juegan... Pero no, ¡qué disparates digo! No me le quitará, porque yo... Eso que dicen de que no he hecho bien a nadie es mentira. Que me lo prueben..., porque no basta decirlo. ¿Y los tantísimos a quien he sacado de apuros?... Pues ¿y eso? Porque si a la Humanidad le han ido con cuentos de mí: que si aprieto, que si no aprieto..., yo probaré... Ea, que ya me voy cargando; si no he hecho ningún bien, ahora lo haré; ahora, pues por algo se ha dicho que nunca para el bien es tarde. Vamos a ver: ¿y si yo me pusiera ahora a rezar, qué dirían allá arriba? Bailón me parece a mí que está equivocado, y la Humanidad no debe de ser Dios, sino la Virgen... Claro, es hembra, señora..., No, no, no..., no nos fijemos en el materialismo de la palabra. La Humanidad es Dios, la Virgen y todos los santos juntos... Tente, hombre, tente, que te vuelves loco... Tan sólo saco en limpio que no habiendo buenas obras, todo es como si dijéramos basura... ¡Ay Dios, qué pena, qué pena!... Si me pones bueno a mi hijo, yo no sé qué cosas haría; pero ¡qué cosas tan magníficas y tan...! Pero ¿quién es el sinvergüenza que dice que no tengo apuntada ninguna buena obra? Es que me quieren perder, me quieren quitar a mi hijo, al que ha nacido para enseñar a todos los sabios y dejarlos tamañitos. Y me tienen envidia, porque soy su padre, porque de estos huesos y de esta sangre salió aquella gloria del mundo... Envidia; pero ¡qué envidiosa es esta puerca Humanidad! Digo, la Humanidad no, porque es Dios...; los hombres, los prójimos, nosotros, que somos todos muy pillos, y por eso nos pasa lo que nos pasa... Bien merecido nos está..., bien merecido nos está.»

Acordóse entonces de que al día siguiente era domingo y no había extendido los recibos para cobrar los alquileres de su casa. Después de dedicar a esta operación una media hora descansó algunos ratos, estirándose en el sofá de la sala. Por la mañana, entre nueve y diez, fue a la cobranza dominguera. Con el no comer y el mal dormir y la acerbísima pena que le destrozaba el alma estaba el hombre *mismamente* del color de una aceituna. Su andar era vacilante, y sus miradas vagaban inciertas, perdidas, tan pronto barriendo el suelo como disparándose a las alturas. Cuando el remendón que en el sucio portal tenía su taller vio entrar al casero y reparó en su cara descompuesta y en aquel andar de beodo, asustóse tanto, que se le cayó el martillo con que clavaba las tachuelas. La presencia de Torquemada en el patio, que todos los domingos era una desagradabilísima aparición, produjo aquel día verdadero pánico, y mientras algunas mujeres corrieron a refugiarse en sus respectivos aposentos, otras, que debían de ser malas pagadoras y que observaron la cara que traía la fiera, se fueron a la calle. La cobranza empezó por los cuartos bajos y pagaron sin chistar el albañil y las dos pitilleras, deseando que se les quitase de delante la aborrecida estampa de don Francisco. Algo desusado y anormal notaron en él, pues tomaba el dinero maquinalmente y sin examinarlo con roñosa nimiedad, como otras veces, cual si tuviera el pensamiento a cien leguas del acto importantísimo que estaba realizando; no se le oían aquellos refunfuños de perro mordelón, ni inspeccionó las habitaciones buscando el baldosín roto o el pedazo de revoco caído para echar los tiempos a la inquilina.

Al llegar al cuarto de la Rumalda, planchadora, viuda, con su madre enferma en un camastro y tres niños menores que andaban en el patio enseñando las carnes por los agujeros de la ropa, Torquemada soltó el gruñido de ordenanza, y la pobre mujer, con afligida y trémula voz, cual si tuviera que confesar ante el juez un negro delito, soltó la frase de reglamento:

—Don Francisco, por hoy no se puede. Otro día cumpliré.

No puedo dar idea del estupor de aquella mujer y de las dos vecinas que presentes estaban cuando vieron que el tacaño no escupió por aquella boca ninguna maldición ni herejía, cuando le oyeron decir con la voz más empañada y llorosa del mundo:

—No, hija; si no te digo nada...; si no te apuro...; si no se me ha pasado por la cabeza reñirte... ¡Qué le hemos de hacer si no puedes!...

—Don Francisco, es que... —murmuró la otra, creyendo que la fiera se expresaba con sarcasmo, y que tras el sarcasmo vendría la mordida.

—No, hija, si no he chistado... ¿Cómo se han de decir las cosas? Es que a ustedes no hay quien las apee de que soy un hombre, como quien dice, tirano... ¿De dónde sacáis que no hay en mí compasión ni..., ni caridad? En vez de agradecerme lo que haga por vosotras, me calumniáis... No, no; entendámonos. Tú, Rumalda, estate tranquila; sé que tienes necesidades, que los tiempos están malos, hijas, ¿qué hemos de hacer sino ayudarnos los unos a los otros?

Siguió adelante, y en el principal dio con una inquilina muy mal pagadora, pero de muchísimo corazón para afrontar a la fiera, y así que le vio llegar, juzgando por el cariz que venía más enfurruñado que nunca, salió al encuentro de su aspereza con estas arrogantes expresiones:

—Oiga usted, a mí no me venga con apreturas. Ya sabe que no lo hay. *Ese* está sin trabajo. ¿Quiere que salga a un camino? ¿No ve la casa sin muebles, como un hospital prestao? ¿De dónde quiere que lo saque?... Maldita sea su alma...

—¿Y quién te dice a ti, grandísima tal, deslenguada y bocona, que yo vengo a sofocarte? A ver si hay alguna tarasca de éstas que sostenga que yo no tengo humanidad. Atrévase a decírmelo...

Enarboló el garrote, símbolo de su autoridad y de su mal genio, y en el corrillo que se había formado sólo se veían bocas abiertas y miradas de estupefacción.

—Pues a ti y a todas les digo que no me importa un rábano que no me paguéis hoy. ¡Vaya! ¿Cómo lo he de decir para que lo entiendan?... ¡Conque estando tu marido sin trabajar te iba yo a poner el dogal al cuello!... Yo sé que me pagarás cuando puedas, ¿verdad? Porque lo que es intención de pagar, tú la tienes. Pues entonces, ¿a qué tanto enfurruñarse?... ¡Tontas, malas cabezas! —esforzándose en producir una sonrisa—. ¡Vosotras creyéndome a mí más duro que las peñas y yo dejándooslo creer, porque me convenía, porque me convenía, claro, pues Dios manda que no echemos facha con nuestra humanidad! Vaya, que sois unos grandísimos peines... Abur. Tú, no te sofoques. Y no creas que hago esto para que me eches bendiciones. Pero conste que no te ahogo, y para que veas lo bueno que soy...

Se detuvo y meditó un momento, llevándose la mano al bolsillo y mirando al suelo.

—Nada, nada. Quédate con Dios.

Y a otra. Cobró en las tres puertas siguientes sin ninguna dificultad.

—Don Francisco, que me ponga usted piedra nueva en la hornilla, que aquí no se puede guisar...

En otras circunstancias, esta reclamación habría sido el principio de una chillería tremenda; verbigracia:

—Pon el traspontín en la hornilla, sinvergüenza, y arma el fuego encima.

—Miren el tío manguitillas; así se le vuelvan veneno los cuartos.

Pero aquel día todo era paz y concordia, y Torquemada concedía cuanto le demandaban.

—¡Ay don Francisco! —le dijo otra en el número 11—. Tengo los jeringados cincuenta reales. Para poderlos juntar no hemos comido más que dos cuartos de gallineja y otros dos de hígado con pan seco... Pero por no verle el carácter de esa cara y no oírle, me mantendría yo con puntas de París.

—Pues mira, eso es un insulto, una injusticia, porque si las he sofocado otras veces, no ha sido por el materialismo del dinero, sino porque me gusta ver cumplir a la gente... para que no se diga... Debe haber dignidad en todos... ¡A fe que tienes buena idea de mí!... ¿Iba yo a consentir que tus hijos, estos borregos de Dios, tuviesen hambre?... Deja, déjate el dinero... O mejor, para que no lo tomes a desaire, partámoslo y quédate con veinticinco reales... Ya me los darás otro día... ¡Bribonazas, cuando debíais confesar que soy para vosotras como un padre, me tacháis de inhumano y de qué sé yo qué! No, yo les aseguro a todas que respeto a la Humanidad, que la considero, que la estimo, que ahora y siempre haré todo el bien que pueda y un poquito más... ¡Hala!

Asombro, confusión. Tras él iba el parlero grupo chismorreando así:

—A este condenado le ha pasado algún desavío... Don Francisco no está bueno de la cafetera. Mirad qué cara de patíbulo se ha traído. ¡Don Francisco con humanidad! Ahí tenéis por qué está saliendo todas las noches en el cielo esa estrella con rabo. Es que el mundo se va a acabar.

En el número 16:

—Pero, hija de mi alma, so tunanta, ¿tenías a tu niña mala y no me habías dicho nada? Pues ¿para qué estoy yo en el mundo? Francamente, esto es un agravio que no te perdono, no te lo perdono. Eres una indecente, y en prueba de que no tienes ni pizca de sentido, ¿apostamos a que no adivinas lo que voy a hacer? ¿Cuánto va a que no lo adivinas?... Pues voy a darte para que pongas un puchero..., ¡ea! Toma, y di ahora que yo no tengo humanidad. Pero sois tan mal agradecidas que me pondréis como chupa de dómine, y hasta puede que me echéis alguna maldición. Abur.

En el cuarto de la señá Casiana, una vecina se aventuró a decirle:

—Don Francisco, a nosotras no nos la da usted... A usted le pasa algo. ¿Qué demonios tiene en esa cabeza o en ese corazón de cal y canto?

Dejóse el afligido caer en una silla, y quitándose el hongo se pasó la mano por la amarilla frente y la calva sebosa, diciendo tan sólo entre suspiros:

—¡No es de cal y canto, puñales, no es de cal y canto!

Como observasen que sus ojos se humedecían, y que, mirando al suelo y apoyando con ambas manos en el bastón, cargaba sobre éste todo el peso del cuerpo, meciéndose, le instaron para que se desahogara; pero él no debió creerlas dignas de ser confidentes de su inmensa, desgarradora pena. Tomando el dinero, dijo con voz cavernosa:

—Si no lo tuvieras, Casiana, lo mismo sería. Repito que yo no ahogo al pobre..., como que yo también soy pobre... Quien dijese —levantándose con zozobra y enfado— que soy inhumano, miente más que la *Gaceta*. Yo soy humano; yo compadezco a los desgraciados; yo los ayudo en lo que puedo, porque así nos lo manda la Humanidad; y bien sabéis todas que como faltéis a la Humanidad, lo pagaréis tarde o temprano, y que si sois buenas, tendréis vuestra recompensa. Yo juro por esa imagen de la Virgen de las Angustias con el Hijo muerto en los brazos —señalando una lámina—, yo os juro que si no os he parecido caritativo y bueno, no quiere esto decir que no lo sea, ¡puñales!, y que si son menester pruebas, pruebas se darán. Dale, que no lo creen...; pues váyanse todas con doscientos mil pares de demonios, que a mí, con ser bueno me basta... No necesito que nadie me dé bombo... Piojosas, para nada quiero vuestras gratitudes... Me paso por las narices vuestras bendiciones.

Dicho esto, salió de estampía. Todas le miraban por la escalera abajo, y por el patio adelante, y por el portal afuera, haciendo unos gestos tales que parecía el mismo demonio persignándose.

Cinco

Corrió hacia su casa, y contra su costumbre (pues era hombre que comúnmente prefería despernarse a gastar una peseta), tomó un coche para llegar más pronto. El corazón dio en decirle que encontraría buenas noticias, el enfermo aliviado, la cara de Rufina sonriente al abrir la puerta; y en su impaciencia loca, parecíale que el carruaje no se movía, que el caballo cojeaba y que el cochero no sacudía bastantes palos al pobre animal...

—Arrea, hombre. ¡Maldito jaco! Leña con él —gritaba—. Mira que tengo mucha prisa.

Llegó, por fin, y al subir jadeante la escalera de su casa razonaba sus esperanzas de esta manera: «No salgan ahora diciendo que es por mis maldades, pues de todo hay...» ¡Qué desengaño al ver la cara de Rufina tan triste, y al oír aquel *Lo mismo, papá,* que sonó en sus oídos como fúnebre campanada! Acercóse de puntillas al enfermo y le examinó. Como el pobre niño se hallara en aquel momento amodorrado, pudo don Francisco observarle con relativa calma, pues cuando deliraba y quería echarse del lecho, revolviendo en torno los espantados ojos, el padre no tenía valor para presenciar tan doloroso espectáculo y huía de la alcoba trémulo y despavorido. Era hombre que carecía de valor para afrontar penas de tal magnitud, sin duda por causa de su deficiencia moral; se sentía medroso, consternado, y como responsable de tanta desventura y dolor tan grande. Seguro de la esmeradísima asistencia de Rufina, ninguna falta hacía el afligido padre junto al lecho de Valentín: al contrario, más bien era estorbo, pues si le asistiera, de fijo, en su turbación, equivocaría las medicinas, dándole a beber algo que acelerara su muerte. Lo que hacía era vigilar sin descanso, acercarse a menudo a la puerta de la alcoba, y ver lo que ocurría, oír la voz del niño delirando o quejándose; pero si los ayes eran muy lastimeros y el delirar muy fuerte, lo que sentía Torquemada era un deseo instintivo de echar a correr y ocultarse con su dolor en el último rincón del mundo.

Aquella tarde le acompañaron un rato Bailón, el carnicero de abajo, el sastre del principal y el fotógrafo de arriba, esforzándose todos en consolarle con las frases de reglamento; mas no acertando Torquemada a sostener la conversación sobre tema tan triste, les daba las gracias con desatenta sequedad. Todo se le volvía suspirar con bramidos, pasearse a trancos, beber buches de agua y dar algún puñetazo en la pared. ¡Tremendo caso aquel! ¡Cuántas esperanzas desvanecidas!... ¡Aquella flor del mundo segada y marchita! Esto era para volverse loco. Más natural sería el desquiciamiento universal que la muerte del portentoso niño que había venido a la tierra para iluminarla con el fanal de su talento... ¡Bonitas cosas hacía Dios, la Humanidad o quienquiera que fuese el muy tal y cual que inventó el mundo y nos puso en él! Porque si habían de llevarse a Valentín, ¿para qué le trajeron acá, dándole a él, al buen Torquemada, el privilegio de engendrar tamaño prodigio? ¡Bonito negocio hacía la Providencia, la Humanidad o el arrastrado Conjunto, como decía Bailón! ¡Llevarse al niño aquel, lumbrera de la ciencia, y dejar acá todos los tontos! ¿Tenía esto sentido común? ¿No había motivo para rebelarse contra los de arriba, ponerlos como ropa de pascua y mandarlos a paseo?... Si Valentín se moría, ¿qué quedaba en el mundo? Oscuridad, ignorancia. Y para el padre, ¡qué golpe! ¡Porque figurémonos todo lo que sería don Francisco cuando su hijo, ya hombre, empezase a figurar, a confundir a todos los sabios, a volver patas arriba la ciencia toda!... Torquemada sería en tal caso la segunda persona de la Humanidad; y sólo por la gloria de haber engendrado al gran matemático sería cosa de plantarle en un trono. ¡Vaya un ingeniero que sería Valentín si viviese! Como que había de haber unos ferrocarriles que irían de aquí a Pekín en cinco minutos, y globos para navegar por los aires y barcos para andar por debajito del agua, y otras cosas nunca vistas ni siquiera soñadas. ¡Y el planeta se iba a perder estas gangas por una estúpida sentencia de los que dan y quitan la vida!... Nada, nada, envidia pura, envidia. Allá arriba, en las invisibles cavidades de los altos cielos, alguien se había propuesto *fastidiar* a Torquemada. Pero..., pero... ¿y si no fuese envidia, sino castigo? ¿Si se había dispuesto así para anonadar al tacaño cruel, al casero tiránico, al prestamista sin entrañas? ¡Ah! Cuando esta idea entraba en turno, Torquemada sentía impulsos de correr hacia la pared más próxima y estrellarse contra ella. Pronto reaccionaba y volvía en sí. No, no podía ser castigo, porque él no era malo, y si lo fue, ya se enmendaría. Era envidia, tirria y malquerencia que le tenían por ser autor de tan soberana eminencia. Querían truncarle su porvenir y arrebatarle aquella alegría y fortuna inmensa de sus últimos años... Porque su hijo, si viviese, había de ganar muchísimo dinero, pero muchísimo, y de aquí la celestial intriga. Pero él (lo pensaba lealmente) renunciaría a las ganancias pecuniarias del hijo, con tal que le dejaran la gloria, ¡la gloria!, pues para negocios le bastaba con los suyos propios... El último paroxismo de su exaltada mente fue renunciar a todo el *materialismo* de la ciencia del niño, con tal que le dejasen la gloria.

Cuando se quedó solo con él, Bailón le dijo que era preciso tuviese filosofía; y como Torquemada no entendiese bien el significado y aplicación de tal palabra, explanó la sibila su idea en esta forma:

—Conviene resignarse, considerando nuestra pequeñez ante estas grandes evoluciones de la materia..., pues, o sustancia vital. Somos átomos, amigo don Francisco; nada más que unos tontos de átomos. Respetemos las disposiciones del grandísimo Todo a que pertenecemos, y vengan penas. Para eso está la filosofía, o, si se quiere, la religión: para hacer pecho a la adversidad. Pues si no fuera así, no podríamos vivir.

Todo lo aceptaba Torquemada menos resignarse. No tenía en su alma la fuente de donde tal consuelo pudiera salir, y ni siquiera lo comprendía. Como el otro, después de haber comido bien, insistiera en aquellas ideas, a don Francisco se le pasaron ganas de darle un par de trompadas, destruyendo en un punto el perfil más enérgico que dibujara Miguel Angel. Pero no hizo más que mirarle con ojos terroríficos, y el otro se asustó y puso punto en sus teologías.

A prima noche, Quevedito y el otro médico hablaron a Torquemada en términos desconsoladores. Tenían poca o ninguna esperanza, aunque no se atrevían a decir en absoluto que la habían perdido, y dejaban abierta la puerta a las reparaciones de la Naturaleza y a la misericordia de Dios. Noche horrible fue aquélla. El pobre Valentín se abrasaba en invisible fuego. Su cara encendida y seca, sus ojos iluminados por esplendor siniestro, su inquietud ansiosa, sus bruscos saltos en el lecho, cual si quisiera huir de algo que le asustaba, eran espectáculo tristísimo que oprimía el corazón. Cuando don Francisco, transido de dolor, se acercaba a la abertura de las entornadas batientes de las puertas y echaba hacia dentro una mirada tímida, creía escuchar, con la respiración premiosa del niño, algo como el chirrido de su carne tostándose en el fuego de la calentura. Puso atención a las expresiones incoherentes del delirio, y le oyó decir: «Equis elevado al cuadrado menos uno partido por dos, más cinco equis menos dos partido por cuatro, igual equis por equis más dos partido por doce... Papá, papá, la característica del logaritmo de un entero tiene tantas unidades menos una, como...» Ningún tormento de la Inquisición iguala al que sufría Torquemada oyendo estas cosas. Eran las pavesas del asombroso entendimiento de su hijo revolando sobre las llamas en que éste se consumía. Huyó de allí por no oír la dulce vocecita, y estuvo más de media hora echado en el sofá de la sala, agarrándose con ambas manos la cabeza como si se le quisiese escapar. De improviso se levantó, sacudido por una idea; fue al escritorio, donde tenía el dinero; sacó un cartucho de monedas que debían de ser calderilla, y vaciándoselo en el bolsillo del pantalón, púsose capa y sombrero, cogió el llavín, y a la calle.

Salió como si fuera en persecución de un deudor. Después de mucho andar, parábase en una esquina, miraba con azoramiento a una parte y otra, y vuelta a correr calle adelante, con paso de inglés tras de su víctima. Al compás de la marcha, sonaba en la pierna derecha el retintín de las monedas... Grandes eran su impaciencia y desazón por no encontrar aquella noche lo que otras le salía tan a menudo al paso, molestándole y aburriéndole. Por fin..., gracias a Dios..., acercósele un pobre.

—Toma, hombre, toma: ¿dónde diablos os metéis esta noche? Cuando no hacéis falta salís como moscas, y cuando se os busca para socorreros, nada...

Apareció luego uno de esos mendigos decentes que piden, sombrero en mano, con lacrimosa cortesía:

—Señor, un pobre cesante...

—Tenga, tenga más. Aquí estamos los hombres caritativos para acudir a las miserias... Dígame: ¿no me pidió usted noches pasadas? Pues sepa que no le di porque iba muy de prisa. Y la otra noche, y la otra, tampoco le di porque no llevaba suelto: lo que es voluntad la tuve, bien que la tuve.

Claro es que el cesante pordiosero se quedaba viendo visiones, y no sabía cómo expresar su gratitud. Más allá salió de un callejón la fantasma. Era una mujer que pide en la parte baja de la calle de la Salud, vestida de negro, con un velo espesísimo que le tapa la cara.

—Tome, tome, señora... Y que me digan ahora que yo jamás he dado una limosna. ¿Le parece a usted qué calumnia? Vaya, que ya habrá usted reunido bastantes cuartos esta noche. Como que hay quien dice que pidiendo así y con ese velo por la cara, ha reunido usted un capitalito. Retírese ya, que hace mucho frío..., y ruegue a Dios por mí.

En la calle del Carmen, en la de Preciados y Puerta del Sol a todos los chiquillos que salían dio su perro por barba.

—¡Eh, niño! ¿Tú pides o qué haces ahí como un bobo?

Esto se lo dijo a un chicuelo que estaba arrimado a la pared, con las manos a la espalda, descalzos los pies, el pescuezo envuelto en una bufanda. El muchacho alargó la mano aterida.

—Toma... Pues qué, ¿no te decía el corazón que yo había de venir a socorrerte? ¿Tienes frío y hambre? Toma más y lárgate a tu casa, si la tienes. Aquí estoy yo para sacarte de un apuro; digo, para partir contigo un pedazo de pan, porque yo también soy pobre y más desgraciado que tú, ¿sabes? Porque el frío, el hambre, se soportan; pero, ¡ay!, otras cosas...

Apretó el paso sin reparar en la cara burlona de su favorecido, y siguió dando, dando, hasta que le quedaron pocas piezas en el bolsillo. Corriendo hacia su casa, en retirada, miraba al cielo, cosa en él muy contraria a la costumbre, pues si alguna vez lo miró para enterarse del tiempo, jamás, hasta aquella noche, lo había contemplado. ¡Cuantísima estrella! Y qué claras y resplandecientes, cada una en su sitio, hermosas y graves millones de millones de miradas que no aciertan a ver nuestra pequeñez. Lo que más suspendía el ánimo del tacaño era la idea de que todo aquel cielo estuviese indiferente a su gran dolor, o más bien ignorante de él. Por lo demás, como bonitas, ¡vaya si eran bonitas las estrellas! Las había chicas, medianas y grandes; algo así como pesetas, medios duros y duros. Al insigne prestamista le pasó por la cabeza lo siguiente: «Como se ponga bueno me ha de ajustar esta cuenta: si acuñáramos todas las estrellas del cielo, ¿cuánto producirían al cinco por ciento de interés compuesto en los siglos que van desde que todo eso existe?»

Entró en su casa cerca de la una, sintiendo algún alivio en las congojas de su alma; se adormeció vestido y a la mañana del día siguiente la fiebre de Valentín había remitido bastante. ¿Habría esperanzas? Los médicos no las daban sino muy vagas, y subordinado su fallo al recargo de la tarde. El usurero, excitadísimo, se abrazó a tan débil esperanza como el náufrago se agarra a la flotante astilla. Viviría, ¡pues no había de vivir!

—Papá —le dijo Rufina, llorando— pídeselo a la Virgen del Carmen, y déjate de humanidades.

—¿Crees tú?... Por mí no ha de quedar. Pero te advierto que no haciendo buenas obras no hay que fiarse de la Virgen. Y acciones cristianas habrá, cueste lo que cueste: yo te lo aseguro. En las obras de misericordia está todo el intríngulis. Yo vestiré desnudos, visitaré enfermos, consolaré tristes... Bien sabe Dios que ésa es mi voluntad, bien lo sabe... No salgamos después con la peripecia de que no lo sabía... Digo, como saberlo, lo sabe... Falta que quiera.

Vino por la noche el recargo muy fuerte. Los calomelanos y revulsivos no daban resultado alguno. Tenía el pobre niño las piernas abrasadas a sinapismos, y la cabeza hecha una lástima con las embrocaciones para obtener la erupción artificial. Cuando Rufina le cortó el pelito por la tarde, con objeto de despejar el cráneo, Torquemada oía los tijeretazos como si se los dieran a él en el corazón. Fue preciso comprar más hielo para ponérselo en vejigas en la cabeza y después hubo que traer el yodoformo; recados que el *Peor* desempeñaba con ardiente actividad, saliendo y entrando cada poco tiempo. De vuelta a casa, ya anochecido, encontró al doblar la esquina de la calle de Hita, un anciano mendigo y haraposo con pantalones de soldado, la cabeza al aire, un andrajo de chaqueta por los hombros, y mostrando el pecho desnudo. Cara más venerable no se podía encontrar sino en las estampas del *Año Cristiano*. Tenía la barba erizada y la frente llena de arrugas, como San Pedro; el cráneo terso y dos rizados mechones blancos en las sienes.

—Señor, señor —decía con el temblor de un frío intenso—, mire cómo estoy, míreme.

Torquemada pasó de largo, y se detuvo a poca distancia; volvió hacia atrás, estuvo un rato vacilando, y al fin siguió su camino. En el cerebro le fulguró esta idea: «Si conforme traigo la capa nueva, trajera la vieja...»

Seis

Y al entrar en su casa:

—¡Maldito de mí! No debí dejar escapar aquel acto de cristiandad.

Dejó la medicina que traía, y, cambiando la capa, volvió a echarse a la calle. Al poco rato, Rufinita, viéndole entrar a cuerpo, le dijo asustada:

—Pero, papá ¡cómo tienes la cabeza!... ¿En dónde has dejado la capa?

—Hija de mi alma —contestó el tacaño bajando la voz y poniendo una cara muy compungida—, tú no comprendes lo que es un buen rasgo de caridad, de humanidad... ¿Preguntas por la capa? Ahí te quiero ver... Pues se la he dado a un pobre viejo, casi desnudo y muerto de frío. Yo soy así: no ando con bromas cuando me compadezco del pobre. Podré parecer duro algunas veces; pero como me ablande... Veo que te asustas. ¿Qué vale un triste pedazo de paño?

—¿Era la nueva?

—No, la vieja... Y ahora, créemelo, me remuerde la conciencia por no haberle dado la nueva..., y se me alborota también por habértelo dicho. La caridad no se debe pregonar.

No se habló más de aquello, porque de cosas más graves debían ambos ocuparse. Rendida de cansancio, Rufina no podía ya con su cuerpo: cuatro noches hacía que no se acostaba; pero su valeroso espíritu la sostenía siempre en pie, diligente y amorosa como una hermana de la caridad. Gracias a la asistenta que tenían en casa, la señorita podía descansar algunos ratos; y para ayudar a la asistenta en los trabajos de la cocina, quedábase allí por las tardes la trapera de la casa, viejecita que recogía las basuras y los pocos desperdicios de la comida, *ab initio*, o sea, desde que Torquemada y doña Silvia se casaron, y lo mismo había hecho en la casa de los padres de doña Silvia. Llamábanla la *Tía Roma*, no sé por qué (me inclino a creer que este nombre es corrupción de Jerónima), y era tan vieja, tan vieja y tan fea, que su cara parecía un puñado de telarañas revueltas con la ceniza; su nariz de corcho ya no tenía forma; su boca redonda y sin dientes menguaba o crecía, según la distensión de las arrugas que la formaban. Más arriba, entre aquel revoltijo de piel polvorosa, lucían los ojos de pescado, dentro de un cerco de pimentón húmedo. Lo demás de la persona desaparecía bajo un envoltorio de trapos y dentro de la remendada falda, en la cual había restos de un traje de la madre de doña Silvia, cuando era polla. Esta pobre mujer tenía gran apego a la casa, cuyas barreduras había recogido diariamente durante luengos años; tuvo en gran estimación a doña Silvia, la cual nunca quiso dar a nadie más que a ella los huesos, mendrugos y piltrafas sobrantes, y amaba entrañablemente a los niños, principalmente a Valentín, delante de quien se prosternaba con admiración supersticiosa. Al verle con aquella enfermedad tan mala, que era, según ella, una reventazón del talento en la cabeza, la *Tía*

Roma no tenía sosiego; iba mañana y tarde a enterarse; penetraba en la alcoba del chico y permanecía largo rato sentada junto al lecho, mirándole silenciosa, sus ojos como dos fuentes inagotables que inundaban de lágrimas los flácidos pergaminos de la cara y pescuezo.

Salió la trapera del cuarto para volverse a la cocina, y en el comedor se encontró al amo, que, sentado junto a la mesa y de bruces en ella, parecía entregarse a profundas meditaciones. La *Tía Roma,* con el largo trato y su metimiento en la familia, se tomaba confianzas con él...

—Rece, rece —le dijo, poniéndose delante y dando vueltas al pañuelo con que pensaba enjugar el llanto caudaloso—; rece, que buena falta le hace... ¡Pobre hijo de mis entrañas, que malito está!... Mire, mire —señalando al encerado— las cosas tan guapas que escribió en su bastidor negro. Yo no entiendo lo que dice..., pero a cuenta que dirá que debemos ser buenos... ¡Sabe más ese ángel!... Como que por eso Dios no nos lo quiere dejar...

—¿Qué sabes tú, *Tía Roma*? —dijo Torquemada poniéndose lívido—. Nos le dejará. ¿Acaso piensas tú que yo soy tirano y perverso, como creen los tontos y algunos perdidos, malos pagadores?... Si uno se descuida, le forman la reputación más perra del mundo... Pero Dios sabe la verdad... Si he hecho o no he hecho caridades en estos días, eso no es cuenta de nadie: no me gusta que me averigüen y pongan en carteles mis buenas acciones... Reza tú también, reza mucho hasta que se te seque la boca, que tú debes ser allá muy bien mirada, porque en tu vida has tenido una peseta... Yo me vuelvo loco, y me pregunto qué culpa tengo yo de haber ganado algunos jeringados reales... ¡Ay *Tía Roma,* si vieras cómo tengo mi alma! Pídele a Dios que se nos conserve Valentín, porque si se nos muere, yo no sé lo que pasará: yo me volveré loco, saldré a la calle y mataré a alguien. Mi hijo es mío, ¡puñales!, y la gloria del mundo. ¡Al que me lo quite...!

—¡Ay, qué pena!—murmuró la vieja, ahogándose—. Pero ¡quién sabe!... Puede que la Virgen haga el milagro. Yo se lo estoy pidiendo con muchísima devoción. Empuje usted por su lado, y prometa ser tan siquiera regular.

—Pues por prometido no quedará... *Tía Roma,* déjeme..., déjeme solo. No quiero ver a nadie. Me entiendo mejor solo con mi afán.

La anciana salió gimiendo, y don Francisco, puestas las manos sobre la mesa, apoyó en ellas su frente ardorosa. Así estuvo no sé cuánto tiempo, hasta que le hizo variar de postura su amigo Bailón, dándole palmadas en el hombro y diciéndole:

—No hay que amilanarse. Pongamos cara de vaqueta a la desgracia, y no permitamos que nos acoquine la muy... Déjese para las mujeres la cobardía. Ante la Naturaleza, ante el sublime Conjunto, somos unos pedazos de átomos que no sabemos de la misa la media.

—Váyase usted al rábano con sus Conjuntos y sus papas —le dijo Torquemada, echando lumbre por los ojos.

Bailón no insistió; y, juzgando que lo mejor era distraerle, apartando su pensamiento de aquellas sombrías tristezas, pasado un ratito le habló de cierto negocio que traía en la mollera.

Comoquiera que el arrendatario de sus ganados asnales y cabríos hubiese rescindido el contrato, Bailón decidió explotar aquella industria en gran escala, poniendo un gran establecimiento de leches a estilo moderno, con servicio puntual a domicilio, precios arreglados, local elegante, teléfono, etc... Lo había estudiado, y...

—Créame usted, amigo don Francisco, es un negocio seguro, mayormente si añadimos el ramo de vacas, porque en Madrid las leches...

—Déjeme usted a mí de leches y de... ¿Qué tengo yo que ver con burras ni con vacas? —gritó el *Peor*, poniéndose en pie y mirándole con desprecio—. Me ve cómo estoy, ¡puñales!, muerto de pena, y me viene a hablar de la condenada leche... Hábleme de cómo se consigue que Dios nos haga caso cuando pedimos lo que necesitamos, hábleme de lo que... no sé cómo explicarlo..., de lo que significa ser bueno y ser malo..., porque, o yo soy un zote o ésta es de las cosas que tienen más busilis...

—¡Vaya si lo tienen, vaya si lo tienen, carambita! —dijo la sibila con expresión de suficiencia, moviendo la cabeza y entornando los ojos.

En aquel momento tenía el hombre actitud muy diferente de la de su similar en la Capilla Sixtina: sentado, las manos sobre el puño del bastón, éste entre las piernas dobladas con igualdad; el sombrero caído para atrás, el cuerpo atlético desfigurado dentro del gabán de solapas aceitosas, los hombros y cuello plagados de caspa. Y, sin embargo de estas prosas, el muy arrastrado se parecía a Dante y ¡había sido sacerdote en Egipto! Cosas de la pícara Humanidad...

—Vaya si lo tienen —repitió la sibila, preparándose a ilustrar a su amigo con una opinión cardinal—. ¡Lo bueno y lo malo..., como quien dice, luz y tinieblas!

Bailón hablaba de muy distinta manera de como escribía. Esto es muy común. Pero aquella vez la solemnidad del caso exaltó tanto su magín, que se le vinieron a la boca los conceptos en la forma propia de su escuela literaria.

—He aquí que el hombre vacila y se confunde ante el gran problema. ¿Qué es el bien? ¿Qué es el mal? Hijo mío, abre tus oídos a la verdad y tus ojos a la luz. El bien es amar a nuestros semejantes. Amemos y sabremos lo que es el bien; aborrezcamos y sabremos lo que es el mal. Hagamos bien a los que nos aborrecen, y las espinas se nos volverán flores. Esto dijo el Justo, esto digo yo... Sabiduría de sabidurías, y ciencia de ciencias.

—Sabidurías y armas al hombro —gruñó Torquemada con abatimiento—. Eso ya lo sabía yo..., pues lo de *al prójimo contra una esquina* siempre me ha parecido una barbaridad. No hablemos más de eso... No quiero pensar en cosas tristes. No digo más sino que si se me muere el hijo..., vamos, no quiero pensarlo...; si se me muere, lo mismo me da lo blanco que lo negro...

En aquel momento oyóse un grito áspero, estridente, lanzado por Valentín, y que a entrambos los dejó suspensos de terror. Era el grito meníngeo, semejante al alarido del pavo real. Este extraño síntoma encefálico se había iniciado aquel día por la mañana y revelaba el gravísimo y pavoroso curso de la enfermedad del pobre niño matemático. Torquemada se hubiera escondido en el centro de la tierra para no oír tal grito: metióse en su despacho sin hacer caso de las exhortaciones de Bailón, y dando a éste con la puerta en el hocico dantesco. Desde el pasillo le sintieron abriendo el cajón de su mesa, y al poco rato apareció guardando algo en el bolsillo interior de la americana. Cogió el sombrero, y sin decir nada se fue a la calle.

Explicaré lo que esto significaba y adónde iba con su cuerpo aquella tarde el desventurado don Francisco. El día mismo en que cayó malo Valentín recibió su padre carta de un antiguo y sacrificado cliente o deudor suyo, pidiéndole préstamo con garantía de los muebles de la casa. Las relaciones entre la víctima y el inquisidor databan de larga fecha, y las ganancias obtenidas por éste habían sido enormes, porque el otro era débil, muy delicado y se dejaba desollar, freír y escabechar como si hubiera nacido para eso. Hay personas así. Pero llegaron tiempos penosísimos, y el señor aquel no podía recoger su papel. Cada lunes y cada martes el *Peor* le embestía, le mareaba, le ponía la cuerda al cuello y tiraba muy fuerte, sin conseguir sacarle ni los intereses vencidos. Fácilmente se comprenderá la ira del tacaño al recibir la cartita pidiendo un nuevo préstamo. ¡Qué atroz insolencia! Le habría contestado mandándole a paseo si la enfermedad del niño no le trajera tan afligido y sin ganas de pensar en negocios. Pasaron dos días, y allá te va otra esquela angustiosa, de *in extremis*, como pidiendo la Unción. En aquellas cortas líneas en que la víctima invocaba los *hidalgos sentimientos* de su verdugo se hablaba de un compromiso de honor, proponíanse las condiciones más espantosas, se pasaba por todo con tal de ablandar el corazón de bronce del usurero y obtener de él la afirmativa. Pues cogió mi hombre la carta, y, hecha pedazos, la tiró a la cesta de papeles, no volviendo a acordarse más de semejante cosa. ¡Buena tenía él la cabeza para pensar en los compromisos y apuros de nadie, aunque fueran los del mismísimo Verbo!

Pero llegó la ocasión aquella antes descrita, el coloquio con la *Tía Roma* y con don José, el grito de Valentín, y he aquí que al judío le da como una corazonada, se le enciende en la mollera fuego de inspiración, trinca el sombrero y se va derecho en busca de su desdichado cliente. El cual era apreciable persona, sólo que de cortos alcances, con un familión sin fin, y una señora a quien le daba el hipo por lo elegante. Había desempeñado el tal buenos destinos en la Península y en Ultramar, y lo que trajo de allá, no mucho, porque era hombre de bien, se lo afanó el usurero en menos de un año. Después le cayó la herencia de un tío; pero como la señora tenía unos condenados *jueves* para reunir y agasajar a la mejor sociedad, los cuartos de la herencia se escurrían de lo lindo, y sin saber cómo ni cuándo, fueron a parar al bolsón de Torquemada. Yo no sé qué demonios tenía el dinero de aquella casa, que era como un acero para correr hacia el imán del maldecido prestamista. Lo peor del caso es que aun después de hallarse la familia con el agua al pescuezo, todavía la tarasca aquella tan *fashionable* encargaba vestidos a París, invitaba a sus amigas para un *five o'clock tea*, o imaginaba cualquier otra majadería por el estilo.

Pues, señor, ahí va don Francisco hacia la casa del señor aquel, que, a juzgar por los términos aflictivos de la carta, debía de estar a punto de caer, con toda su elegancia y sus tés, en los tribunales, y de exponer a la burla y a la deshonra un nombre respetable. Por el camino sintió el tacaño que le tiraban de la capa. Volvióse... ¿y quién creéis que era? Pues una mujer que parecía la Magdalena por su cara dolorida y por su hermoso pelo, mal encubierto con pañuelo de cuadros rojos y azules. El palmito era de la mejor ley; pero muy ajado ya por fatigosas campañas. Bien se conocía en ella a la mujer que sabe vestirse, aunque iba en aquella ocasión hecha un pingo, casi indecente, con falda remendada, mantón de ala de mosca y unas botas... ¡Dios, qué botas, y cómo desfiguraban aquel pie tan bonito!

—¡Isidora!... —exclamó don Francisco,

poniendo cara de regocijo, cosa en él muy desusada—. ¿Adónde va usted con ese ajetreado cuerpo?

—Iba a su casa. Señor don Francisco, tenga compasión de nosotros... ¿Por qué es usted tan tirano y tan de piedra? ¿No ve cómo estamos? ¿No tiene tan siquiera un poquito de humanidad?

—Hija de mi alma, usted me juzga mal... ¿Y si yo le dijera ahora que iba pensando en usted..., que me acordaba del recado que me mandó ayer por el hijo de la portera..., y de lo que usted misma me dijo anteayer en la calle?

—¡Vaya, que no hacerse cargo de nuestra situación! —dijo la mujer, echándose a llorar—. Martín, muriéndose..., el pobrecito..., en aquel buhardillón helado... Ni cama, ni medicinas, ni con qué poner un triste puchero para darle una taza de caldo... ¡Qué dolor! Don Francisco, tenga cristiandad y no nos abandone. Cierto que no tenemos crédito; pero a Martín le quedan media docena de estudios muy bonitos... Verá usted..., el de la sierra de Guadarrama, precioso...; el de La Granja, con aquellos arbolitos..., también, y el de... qué sé yo qué. Todos muy bonitos. Se los llevaré..., pero no sea malo y compadézcase del pobre artista...

—¡Eh..., eh!... No llore, mujer... Mire que yo estoy montado a pelo...; tengo una aflicción tal dentro de mi alma, Isidora, que..., si sigue usted llorando, también yo soltaré el trapo. Váyase a su casa, y espéreme allí. Iré dentro de un ratito... ¿Qué...? ¿Duda de mi palabra?

—Pero ¿de veras que va? No me engañe, por la Virgen Santísima.

—Pero ¿la he engañado yo alguna vez? Otra queja podrá tener de mí; pero lo que es ésa...

—¿Le espero de verdad?... ¡Qué bueno será usted si va y nos socorre!... ¡Martín se pondrá más contento cuando se lo diga!

—Váyase tranquila... Aguárdeme, y mientras llego pídale a Dios por mí con todo el fervor que pueda.

Siete.

No tardó en llegar a la casa del cliente, la cual era un principal muy bueno, amueblado con mucho lujo y elegancia, con *vistas a San Bernardino.* Mientras aguardaba a ser introducido, el *Peor* contempló el hermoso perchero y los soberbios cortinajes de la sala, que por la entornada puerta se alcanzaban a ver, y tanta magnificencia le sugirió estas reflexiones: «En lo tocante a los muebles, como buenos, lo son... vaya si lo son.» Recibióle el amigo en su despacho; y apenas Torquemada le preguntó por la familia, dejóse caer en una silla con muestras de gran consternación.

—Pero ¿qué le pasa? —le dijo el otro.

—No me hable usted, no me hable usted, señor don Juan. Estoy con el alma en un hilo... ¡Mi hijo...!

—¡Pobrecito! Sé que está muy malo... Pero ¿no tiene usted esperanzas?

—No, señor... Digo, esperanzas, lo que se llama esperanzas... No sé, estoy loco; mi cabeza es un volcán...

—¡Sé lo que es eso! —observó el otro con tristeza—. He perdido dos hijos que eran mi encanto: el uno de cuatro años, el otro de once.

—Pero su dolor de usted no puede ser como el mío. Yo, padre, no me parezco a los demás padres, porque mi hijo no es como los demás hijos: es un milagro de sabiduría. ¡Ay, don Juan, don Juan de mi alma, tenga usted compasión de mí! Pues verá usted... Al recibir su carta primera no pude ocuparme..., la aflicción no me dejaba pensar... Pero me acordaba de usted y decía: «Aquel pobre don Juan,

¡qué amarguras estará pasando!...» Recibo la segunda esquela, y entonces digo: «Ea, pues lo que es yo no le dejo en ese pantano. Debemos ayudarnos los unos a los otros en nuestras desgracias.» Así pensé; sólo que con la batahola que hay en casa no tuve tiempo de venir ni de contestar... Pero hoy, aunque estaba medio muerto de pena, dije: «Voy, voy al momento a sacar del purgatorio a ese buen amigo don Juan...» Y aquí estoy para decirle que aunque me debe usted setenta y tantos mil reales, que hacen más de noventa con los intereses no percibidos, y aunque he tenido que darle varias prórrogas, y..., francamente..., me temo tener que darle alguna más, estoy decidido a hacerle a usted ese préstamo sobre los muebles para que evite la peripecia que se le viene encima.

—Ya está evitada —replicó don Juan, mirando al prestamista con la mayor frialdad—. Ya no necesito el préstamo.

—¡Que no lo necesita! —exclamó el tacaño, desconcertado—. Repare usted una cosa, don Juan. Se lo hago a usted... al doce por ciento.

Y viendo que el otro hacía signos negativos, levantóse, y recogiendo la capa, que se le caía, dio algunos pasos hacia don Juan, le puso la mano en el hombro y le dijo:

—Es que usted no quiere tratar conmigo por aquello de que si soy o no soy agarrado. ¡Me parece a mí que un doce! ¿Cuándo las habrá visto usted más gordas?

—Me parece muy razonable el interés; pero, le repito, ya no me hace falta.

—¡Se ha sacado usted el premio gordo, por vida de...! —exclamó Torquemada con grosería—. Don Juan, no gaste usted bromas conmigo... ¿Es que duda de que le hable con seriedad? Porque eso de que no le hace falta..., ¡rábano!..., ¡a usted!, que sería capaz de tragarse no digo yo este pico, sino la Casa de la Moneda enterita... Don Juan, don Juan, sepa usted, si no lo sabe, que yo también tengo mi humanidad como cualquier hijo de vecino, que me intereso por el prójimo y hasta que favorezco a los que me aborrecen. Usted me odia, don Juan; usted me detesta, no me lo niegue, porque no me puede pagar; esto es claro. Pues bien: para que vea usted de lo que soy capaz, se lo doy al cinco..., ¡al cinco!

Y como el otro repitiera con la cabeza los signos negativos, Torquemada se desconcertó más, y alzando los brazos, con lo cual dicho se está que la capa fue a parar al suelo, soltó esta andanada:

—¡Tampoco al cinco!... Pues, hombre, menos que el cinco, ¡caracoles!..., a no ser que quiera que le dé también la camisa que llevo puesta... ¿Cuándo se ha visto usted en otra?... Pues no sé qué quiere el ángel de Dios... De esta hecha me vuelvo loco. Para que vea, para que vea hasta dónde llega mi generosidad, se lo doy sin interés.

—Muchas gracias, amigo don Francisco. No dudo de sus buenas intenciones. Pero ya nos hemos arreglado. Viendo que usted no me contestaba me fui a dar con un pariente, y tuve ánimos para contarle mi triste situación. ¡Ojalá lo hubiera hecho antes!

—Pues aviado está el pariente... Ya puede decir que ha hecho un pan como unas hostias... Con muchos negocios de esos... En fin, usted no lo ha querido de mí, usted se lo pierde. Vaya diciendo ahora que no tengo buen corazón; quien no lo tiene es usted...

—¿Yo? Esa sí que es salada.

—Sí, usted, usted —con despecho—. En fin, me las guillo, que me aguardan en otra parte donde hago muchísima falta, donde me están esperando como agua de mayo. Aquí estoy de más. Abur...

Despidióle don Juan en la puerta, y Torquemada bajó la escalera refunfuñando:

—No se puede tratar con gente mal agradecida. Voy a entenderme con aquellos pobrecitos... ¡Qué será de ellos sin mí!...

No tardó en llegar a la otra casa, donde le aguardaban con tanta ansiedad. Era en la calle de la Luna, edificio de buena apariencia, que albergaba en el principal a un aristócrata; más arriba, familias modestas, y en el techo, un enjambre de pobres. Torquemada recorrió el pasillo oscuro buscando una puerta. Los números de éstas eran inútiles, porque no se veían. La suerte fue que Isidora le sintió los pasos y abrió.

—¡Ah! Vivan los hombres de palabra. Pase, pase.

Hallóse don Francisco dentro de una estancia cuyo inclinado techo tocaba al piso por la parte contraria a la puerta; arriba, un ventanón con algunos de sus vidrios rotos, tapados con trapos y papeles; el suelo, de baldosín, cubierto a trechos de pedazos de alfombra; a un lado un baúl abierto, dos sillas, un anafre con lumbre; a otro, una cama, sobre la cual, entre mantas y ropas diversas, medio vestido y medio abrigado, yacía un hombre como de treinta años, guapo, de barba puntiaguda, ojos grandes, frente hermosa, demacrado y con los pómulos ligeramente encendidos; en las sienes una depresión verdosa, y las orejas transparentes como la cera de los exvotos que se cuelgan en los altares. Torquemada le miró sin contestar al saludo y pensaba así: «El pobre está más tísico que la *Traviata.* ¡Lástima de muchacho! Tan buen pintor y tan mala cabeza... ¡Habría podido ganar tanto dinero!»

—Ya ve usted, don Francisco, cómo estoy... Con este catarrazo que no me quiere dejar. Siéntese... ¡Cuánto le agradezco su bondad!

—No hay que agradecer nada... Pues no faltaba más. ¿No nos manda Dios vestir a los enfermos, dar de beber al triste, visitar al desnudo?... ¡Ay! Todo lo trabuco. ¡Qué cabeza!... Decía que para aliviar las desgracias estamos los hombres de corazón blando..., sí, señor.

Miró las paredes del guardillón, cubiertas en gran parte por multitud de estudios de paisajes, algunos con el cielo para abajo, clavados en la pared o arrimados a ella.

—Bonitas cosas hay todavía por aquí.

—En cuanto suelte el constipado voy a salir al campo —dijo el enfermo, los ojos iluminados por la fiebre—. ¡Tengo una idea, qué idea!... Creo que me pondré bueno de ocho a diez días, si usted me socorre, don Francisco, y en seguida al campo, al campo...

«Al campo santo es a donde tú vas prontito», pensó Torquemada, y luego en alta voz:

—Sí, eso es cuestión de ocho o diez días... nada más... Luego saldrá usted por ahí..., en un coche... ¿Sabe usted que la guardilla es fresquita?... ¡Caramba! Déjeme embozar en la capa.

—Pues asómbrese usted —dijo el enfermo incorporándose—. Aquí me he puesto algo mejor. Los últimos días que pasamos en el estudio..., que se lo cuente a usted Isidora..., estuve malísimo; como que nos asustamos, y...

Le entró tan fuerte golpe de tos, que parecía que se ahogaba. Isidora acudió a incorporarle, levantando las almohadas. Los ojos del infeliz parecía que se saltaban, sus deshechos pulmones agitábanse trabajosamente, como fuelles que no pueden expeler ni aspirar el aire; crispaba los dedos, quedando al fin postrado y como sin vida. Isidora le enjugó el sudor de la frente, puso en orden la ropa que por ambos lados del angosto lecho se caía y le dio a beber un calmante.

—Pero ¡qué pasmo tan atroz he cogido!... —exclamó el artista al reponerse del acceso.

—Habla lo menos posible —le aconsejó Isidora.

—Yo me entenderé con don Francisco; verás cómo nos arreglamos. Este don Francisco es más bueno de lo que parece, es un santo disfrazado de diablo, ¿verdad?

Al reírse mostró su dentadura incomparable, una de las pocas gracias que le quedaban en su decadencia triste. Torquemada, echándoselas de bondadoso, la hizo sentar a su lado y le puso la mano en el hombro, diciéndole:

—Ya lo creo que nos arreglaremos... Como que con usted se puede entender uno fácilmente; porque usted Isidorita, no es como esas otras mujeronas que no tienen educación. Usted es una persona decente que ha venido a menos, y tiene todo el aquel de mujer fina, como hija neta de marqueses... Bien lo sé..., y que le quitaron la posición que le corresponde esos pillos de la curia...

—¡Ay, Jesús! —exclamó Isidora, exhalando en un suspiro todas las remembranzas tristes y alegres de su novelesco pasado—. No hablemos de eso... Pongámonos en la realidad, don Francisco. ¿Se ha hecho usted cargo de nuestra situación? A Martín le embargaron el estudio. Las deudas eran tantas, que no pudimos salvar más que lo que usted ve aquí. Después hemos tenido que empeñar toda su ropa y la mía para poder comer... No me queda más que lo puesto..., ¡mire usted qué facha!, y a él nada, lo que le ve usted sobre la cama. Necesitamos desempeñar lo preciso; tomar una habitación más abrigada, la del tercero, que está con papeles; encender lumbre, comprar medicinas, poner siquiera un buen cocido todos los días... Un señor de la beneficencia domiciliaria me trajo ayer dos bonos, y me mandó ir allá, adonde está la oficina; pero tengo vergüenza por presentarme con esta facha... Los que hemos nacido en cierta posición, señor don Francisco, por mucho que caigamos, nunca caemos hasta lo hondo... Pero vamos al caso; para todo eso que le he dicho y para que Martín se reponga y pueda salir al campo, necesitamos tres mil reales..., y no digo cuatro porque no se asuste. Es lo último. Sí, don Francisco de mi alma, y confiamos en su buen corazón.

—¡Tres mil reales! —dijo el usurero poniendo la cara de duda reflexiva que para los casos de benevolencia tenía; cara que era ya en él como una fórmula dilatoria, de las que se usan en diplomacia—. ¡Tres mil realetes!... Hija de mi alma, mire usted.

Y haciendo con los dedos pulgar e índice una perfecta rosquilla, se la presentó a Isidora, y prosiguió así:

—No sé si podré disponer de los tres mil reales en el momento. De todos modos, me parece que podrían ustedes arreglarse con menos. Piénselo bien y ajuste sus cuentas. Yo estoy decidido a protegerlos y ayudarlos para que mejoren de suerte..., llegaré hasta el sacrificio y hasta quitarme el pan de la boca para que ustedes maten el hambre, pero..., pero reparen que debo mirar también por mis intereses...

—Pongamos el interés que quiera, don Francisco —dijo con énfasis el enfermo, que por lo visto deseaba acabar pronto.

—No me refiero al materialismo del rédito del dinero, sino a mis intereses, claro, a mis intereses. Y doy por hecho que ustedes piensan pagarme algún día.

—Pues claro —replicaron a una Martín e Isidora.

Y Torquemada para su coleto: «El día del Juicio por la tarde me pagaréis; ya sé que éste es dinero perdido.»

El enfermo se incorporó en su lecho, y con cierta exaltación dijo al prestamista:

—Amigo, ¿cree usted que mi tía, la que está en Puerto Rico, ha de dejarme en esta situación cuando se entere? Ya estoy viendo la letra de cuatrocientos o quinientos pesos que me ha de mandar. Le escribí por el correo pasado.

«Como no te mande tu tía quinientos puñales», pensó Torquemada. Y en voz alta:

—Y alguna garantía me han de dar ustedes también..., digo, me parece que...

—¡Toma! Los estudios. Escoja los que quiera.

Echando en redondo una mirada pericial, Torquemada explanó su pensamiento en esta forma:

«Bueno, amigos míos, voy a decirles una cosa que les va a dejar turulatos. Me he compadecido de tanta miseria; yo no puedo ver una desgracia semejante sin acudir al instante a remediarla. ¡Ah! ¿Qué idea teníais de mí? Porque otra vez me debieron un pico y los apuré y los ahogué, ¿creen que soy de mármol? Tontos, era porque entonces le vi triunfando y gastando, y, francamente, el dinero que yo gano con tanto afán no es para tirarlo en francachelas. No me conocéis, os aseguro que no me conocéis. Comparen la tiranía de esos chupones que les embargaron el estudio y os dejaron en cueros vivos; comparen eso, digo, con mi generosidad y con ese corazón tierno que me ha dado Dios... Soy tan bueno, tan bueno, que yo mismo me tengo que alabar y darme las gracias por el bien que hago. Pues verán qué golpe. Miren...»

Volvió a parecer la rosquilla, acompañada de estas graves palabras:

—Les voy a dar los tres mil reales, y se los voy a dar ahora mismo..., pero no es eso lo más gordo, sino que se los voy a dar sin intereses... Qué tal, ¿es esto rasgo o no es rasgo?

—Don Francisco —exclamó Isidora con efusión—, déjeme que le dé un abrazo.

—Y yo le daré otro si viene acá —gritó el enfermo, queriendo echarse fuera de la cama.

—Sí, vengan todos los cariños que queráis —dijo el tacaño, dejándose abrazar por ambos—. Pero no me alaben mucho, porque estas acciones son deber de toda persona que mire por la Humanidad, y no tienen gran mérito... Abrácenme otra vez, como si fuera vuestro padre, y compadézcanme, que yo también lo necesito... En fin, que se me saltan las lágrimas si me descuido, porque soy tan compasivo..., tan...

—Don Francisco de mis entretelas —declaró el tísico arropándose bien otra vez con aquellos andrajos—, es usted la persona más cristiana, más completa y más humanitaria que haya bajo el sol. Isidora, trae el tintero, la pluma y el papel sellado que compraste ayer, que voy a hacer un pagaré.

La otra le llevó lo pedido, y mientras el desgraciado joven escribía, Torquemada, meditabundo y con la frente apoyada en un solo dedo, fijaba en el suelo su mirar reflexivo. Al coger el documento que Isidora le presentaba, miró a sus deudores con expresión paternal y echó el registro afeminado y dulzón de su voz para decirles:

—Hijos de mi alma, no me conocéis. Pensáis sin duda que voy a guardarme este pagaré... Sois unos bobalicones.

Cuando yo hago una obra de caridad, allá te va de veras, con el alma y con la vida. No os presto los tres mil reales, os los regalo, por vuestra linda cara. Mirad lo que hago: ras, ras.

Rompió el papel. Isidora y Martín lo creyeron porque lo estaban viendo, que si no, no lo hubieran creído.

—Eso se llama hombre cabal... Don Francisco, muchísimas gracias —dijo Isidora, conmovida.

Y el otro, tapándose la boca con las sábanas para contener el acceso de tos que se iniciaba:

—¡María Santísima, qué hombre tan bueno!

—Lo único que haré —dijo don Francisco levantándose y examinando de cerca los cuadros —es aceptar un par de estudios, como recuerdo... Este de las montañas nevadas y aquel de los burros pastando... Mire usted, Martín, también me llevaré, si le parece, aquella marinita y este puente con hiedra...

A Martín le había entrado el acceso y se asfixiaba. Isidora, acudiendo a auxiliarle, dirigió una mirada furtiva a las tablas y al escrutinio y elección que de ellas hacía el aprovechado prestamista.

—Los acepto como recuerdo —dijo éste apartándolos—; y si les parece bien, también me llevaré este otro... Una cosa tengo que advertirles: si temen que con las mudanzas se estropeen estas pinturas, llévenmelas a casa, que allí las guardaré y pueden recogerlas el día que quieran... Vaya, ¿va pasando esa condenada tos? La semana que entra ya no toserá usted nada, pero nada. Irá usted al campo..., allá, por el puente de San Isidro... Pero ¡qué cabeza la mía!..., se me olvidaba lo principal, que es darles los tres mil reales... Venga acá, Isidorita, entérese bien... Un billete de cien pesetas, otro, otro... —los iba contando y mojaba los dedos con saliva a cada billete para que no se pegaran—. Setecientas pesetas... No tengo billete de cincuenta hija. Otro día lo daré. Tiene ahí ciento cuarenta duros, o sean dos mil ochocientos reales...

Ocho

Al ver el dinero, Isidora casi lloraba de gusto, y el enfermo se animó tanto, que parecía haber recobrado la salud. ¡Pobrecillos, estaban tan mal, habían pasado tan horribles escaseces y miserias! Dos años antes se conocieron en casa de un prestamista que a entrambos los desollaba vivos. Se confiaron su situación respectiva, se compadecieron y se amaron: aquella misma noche durmió Isidora en el estudio. El desgraciado artista y la mujer perdida hicieron el pacto de fundir sus miserias en una sola y de ahogar sus penas en el dulce licor de una confianza enteramente conyugal. El amor les hizo llevadera la desgracia. Se casaron en el ara del amancebamiento, y a los dos días de unión se querían de veras y hallábanse dispuestos a morirse juntos y a partir lo poco bueno y lo mucho malo que la vida pudiera traerles. Lucharon contra la pobreza, contra la usura, y sucumbieron sin dejar de quererse: él siempre amante; solícita y cariñosa ella; ejemplo ambos de abnegación, de esas altas virtudes que se esconden avergonzadas para que no las vean la ley y la religión, como el noble harapos se esconde de sus iguales bien vestidos.

Volvió a abrazarlos Torquemada, diciéndoles con melosa voz:

—Hijos míos, sed buenos y que os aproveche el ejemplo que os doy. Favoreced al pobre, amad al prójimo, y así como yo os he compadecido, compadecedme a mí, porque soy muy desgraciado.

—Ya sé —dijo Isidora, desprendiéndose de los brazos del avaro —que tiene usted al niño malo. ¡Pobrecito! Verá usted cómo se le pone bueno ahora...

—¡Ahora! ¿Por qué ahora? —preguntó Torquemada con ansiedad muy viva.

—Pues..., qué sé yo... Me parece que Dios le ha de favorecer, le ha de premiar sus buenas obras...

—¡Oh!, si mi hijo se muere —afirmó don Francisco con desesperación—, no sé qué va a ser de mí.

—No hay que hablar de morirse —gritó el enfermo, a quien la posesión de los santos cuartos había despabilado y excitado cual si fuera una toma del estimulante más enérgico—. ¿Qué es eso de morirse? Aquí no se muere nadie. Don Francisco, el niño no se muere. Pues no faltaba más. ¿Qué tiene? ¿Meningitis? Yo tuve una muy fuerte a los diez años, y ya me daban por muerto cuando entré en reacción, y viví, y aquí me tiene usted, dispuesto a llegar a viejo, y llegaré, porque lo que es el catarro ahora lo largo. Vivirá el niño, don Francisco, no tengo duda; vivirá.

—Vivirá —repitió Isidora—; yo se lo voy a pedir a la Virgencita del Carmen.

—Sí, hija, a la Virgen del Carmen —dijo Torquemada, llevándose el pañuelo a los ojos—. Me parece muy bien. Cada uno empuje por su lado, a ver si entre todos...

El artista, loco de contento, quería comunicárselo al atribulado padre, y medio se echó de la cama para decirle:

—Don Francisco, no llore, que el chico vive... Me lo dice el corazón, me lo dice una voz secreta... Viviremos todos y seremos felices.

—¡Ay hijo de mi alma! —exclamó el *Peor;* y abrazándole otra vez: —Dios le oiga a usted. ¡Qué consuelo tan grande me da!

—También usted nos ha consolado a nosotros. Dios se lo tiene que premiar. Viviremos, sí, sí. Mire, mire: el día en que yo pueda salir, nos vamos todos al campo, el niño también, de merienda. Isidora nos hará la comida, y pasaremos un día muy agradable, celebrando nuestro restablecimiento.

—Iremos, iremos —dijo el tacaño con efusión, olvidándose de lo que antes había pensado respecto al *campo* a que iría Martín muy pronto—. Sí, y nos divertiremos mucho y daremos limosnas a todos los pobres que nos salgan... ¡Qué alivio siento en mi interior desde que he hecho ese beneficio!... No, no me lo alaben... Pues verán: se me ocurre que aún les puedo hacer otro mucho mayor.

—¿Cuál?... A ver, don Francisquito.

—Pues se me ha ocurrido... No es idea de ahora, que la tengo hace tiempo... Se me ha ocurrido que si la Isidora conserva los papeles de su herencia y sucesión de la casa de Aransis hemos de intentar sacar eso...

Isidora le miró aturdida y asombrada.

—¿Otra vez eso? —fue lo único que dijo.

—Sí, sí, tiene razón don Francisco —afirmó el pobre tísico, que estaba de buenas, entregándose con embriaguez a un loco optimismo—. Se intentará... Eso no puede quedar así.

—Tengo el recelo —añadió Torquemada— de que los que intervinieron en la acción la otra vez no anduvieron muy listos o se vendieron a la marquesa vieja... Lo hemos de ver, lo hemos de ver.

—En cuantito que yo suelte el catarro. Isidora, mi ropa, que me quiero levantar... ¡Qué bien me siento ahora!... Me dan ganas de ponerme a pintar, don Francisco. En cuanto el niño se levante de la cama, quiero hacerle el retrato.

—Gracias, gracias..., sois muy buenos..., los tres somos muy buenos, ¿verdad? Venga otro abrazo y pedid a Dios por mí. Tengo que irme, porque estoy con una zozobra que no puedo vivir.

—Nada, nada, que el niño está mejor, que se salva —repitió el artista, cada vez más exaltado—. Si le estoy viendo, si no me puedo equivocar.

Isidora se dispuso a salir con parte del dinero, camino de la casa de préstamos; pero al pobre artista le acometió la tos y disnea con mayor fuerza, y tuvo que quedarse. Don Francisco se despidió con las expresiones más cariñosas que sabía, y cogiendo los cuadritos salió con ellos debajo de la capa. Por la escalera iba diciendo:

—¡Vaya, que es bueno ser bueno!... ¡Siento en mi interior una cosa, un consuelo...! ¡Si tendrá razón Martín! ¡Si se me pondrá bueno aquel pedazo de mi vida!... Vamos corriendo allá. No me fío, no me fío. Este botarate tiene las ilusiones de los tísicos en último grado. Pero ¡quién sabe!, se engaña de seguro respecto a sí mismo y acierta en lo demás. A donde él va pronto es al nicho... Pero los moribundos suelen tener doble vista, y puede que haya *visto* la mejoría de Valentín...; voy corriendo, corriendo. ¡Cuánto me estorban estos malditos cuadros! ¡No dirán ahora que soy tirano y judío, pues rasgos de éstos entran pocos en libra!... No me dirán que me cobro en pinturas, pues por estos apuntes, en venta, no me darían ni la mitad de lo que yo di. Verdad que si se muere valdrán más, porque aquí cuando un artista está vivo nadie le hace maldito caso, y en cuanto se muere de miseria o de cansancio le ponen en las nubes, le llaman genio y qué sé yo qué... Me parece que no llego nunca a mi casa. ¡Qué lejos está, estando tan cerca!

Subió de tres en tres peldaños la escalera de su casa, y le abrió la puerta la *Tía Roma,* disparándole a boca de jarro estas palabras:

—Señor, el niño parece que está un poquito más tranquilo.

Oírlo don Francisco y soltar los cuadros y abrazar a la vieja fue todo uno. La trapera lloraba, y el *Peor* le dio tres besos en la frente. Después fue derechito a la alcoba del enfermo y miró desde la puerta. Rufina se abalanzó hacia él para decirle:

—Está desde mediodía más sosegado... ¿Ves? Parece que duerme el pobre ángel. Quién sabe... Puede que se salve. Pero no me atrevo a tener esperanzas, no sea que las perdamos esta tarde.

Torquemada no cabía en sí de sobresalto y ansiedad. Estaba el hombre con los nervios tirantes, sin poder permanecer quieto ni un momento, tan pronto con ganas de echarse a llorar como de soltar la risa. Iba y venía del comedor a la puerta de la alcoba, de ésta a su despacho, y del despacho al gabinete. En una de estas volteretas llamó a la *Tía Roma,* y metiéndose con ella en la alcoba la hizo sentar y le dijo:

—*Tía Roma,* ¿crees tú que se salva el niño?

—Señor, será lo que Dios quiera, y nada más. Yo se lo he pedido anoche y esta mañana a la Virgen del Carmen con tanta devoción, que más no puede ser, llorando a moco y baba. ¿No me ve cómo tengo los ojos?

—¿Y crees tú...?

—Yo tengo esperanza, señor. Mientras no sea cadáver, esperanzas ha de haber, aunque digan los médicos lo que dijeren. Si la Virgen lo manda, los médicos se van a hacer puñales... Otra, anoche me quedé dormida rezando, y me pareció que la Virgen bajaba hasta delantito de mí, y que me decía que sí con la cabeza... Otra, ¿no ha rezado usted?

—Sí, mujer; ¡qué preguntas haces! Voy a decirte una cosa importante. Verás.

Abrió un bargueño, en cuyos cajoncillos guardaba papeles y alhajas de gran valor que habían ido a sus manos en garantía de préstamos usurarios; algunas no eran todavía suyas, otras sí. Un rato estuvo abriendo estuches, y a la *Tía Roma,* que jamás había visto cosa semejante, se le encandilaban los ojos de pez con los resplandores que de las cajas salían. Eran, según ella, esmeraldas como nueces, diamantes que arrojaban pálidos rayos, rubíes como pepitas de granada y oro finísimo, oro de la mejor ley, que valía cientos de miles... Torquemada, después de abrir y cerrar estuches, encontró lo que buscaba: una perla enorme, del tamaño de una avellana, de hermosísimo oriente, y cogiéndola entre los dedos, la mostró a la vieja.

—¿Qué te parece esta perla, *Tía Roma?*

—Bonita de veras. Yo no entiendo. Valdrá miles de millones. ¿Verdá usted?

—Pues esta perla —dijo Torquemada en tono triunfal— es para la señora Virgen del Carmen. Para ella es si pone bueno a mi hijo. Te la enseño, y pongo en tu conocimiento la intención para que se lo digas. Si se lo digo yo, de seguro no me lo cree.

—Don Francisco —mirándole con profunda lástima—, usted está malo de la jícara. Dígame, por su vida, ¿para qué quiere ese requilorio la Virgen del Carmen?

—Toma, para que se lo pongan el día de su santo, el dieciséis de julio. ¡Pues no estará poco maja con esto! Fue regalo de boda de la excelentísima señora marquesa de Tellería. Créelo, como ésta hay pocas.

—Pero, don Francisco, ¡usted piensa que la Virgen le va a conceder...! Paice bobo..., ¡por ese piazo de cualquier cosa!

—Mira qué oriente. Se puede hacer un alfiler y ponérselo a ella en el pecho, o al Niño.

—¡Un rayo! ¡Valiente caso hace la Virgen de perlas y pindonguerías!... Créame a mí: véndala y dele a los pobres el dinero.

—Mira, tú, no es mala idea —dijo el tacaño, guardando la joya—. Tú sabes mucho. Seguiré tu consejo, aunque, si he de ser franco, eso de dar a los pobres viene a ser una tontería, porque cuanto les das se lo gastan en aguardiente. Pero ya lo arreglaremos de modo que el dinero de la perla no vaya a parar a las tabernas... Y ahora quiero hablarte de otra cosa. Pon muchísima atención ¿te acuerdas de cuando mi hija, paseando una tarde por las afueras con Quevedo y las de Morejón, fue a dar allá, por donde tú vives, hacia los Tejares del Aragonés, y entró en tu choza y vino contándome, horrorizada, la pobreza y escasez que allí vio? ¿Te acuerdas de eso? Contóme Rufina que tu vivienda es un cubil, una inmundicia hecha con adobes, tablas viejas y planchas de hierro, el techo de paja y tierra; me dijo que ni tú ni tus nietos tenéis cama y dormís sobre un montón de trapos; que los cerdos y las gallinas que criáis con la basura son allí las personas y vosotros los animales. Sí; Rufina me contó esto, y yo debí tenerte lástima y no te la tuve. Debí regalarte una cama, pues nos has servido bien; querías mucho a mi mujer, quieres a mis hijos, y en tantos años que entras aquí jamás nos has robado ni el valor de un triste clavo. Pues bien; si entonces no se me pasó por la cabeza socorrerte, ahora sí.

Diciendo esto, se aproximó al lecho y dio en él un fuerte palmetazo con ambas manos, como el que se suele dar para sacudir los colchones al hacer las camas.

—*Tía Roma,* ven acá, toca aquí. Mira qué blandura. ¿Ves este colchón de lana encima de un colchón de muelles? Pues es para ti, para ti, para que descanses tus huesos duros y te despatarres a tus anchas.

Esperaba el tacaño una explosión de gratitud por dádiva tan espléndida, y ya le parecía estar oyendo las bendiciones de la *Tía Roma,* cuando ésta salió por un registro muy diferente. Su cara telarañosa se dilató, y de aquellas úlceras con vista que se abrían en el lugar de los ojos salió un resplandor de azoramiento y susto mientras volvía la espalda al lecho, dirigiéndose hacia la puerta.

—Quite, quite allá —dijo—; vaya con lo que se le ocurre... ¡Darme a mí los colchones, que ni tan siquiera caben por la puerta de mi casa!... Y aunque cupieran... ¡rayo! A cuenta que he vivido tantísimos años durmiendo en duro como una reina, y en estas blanduras no pegaría los ojos. Dios me libre de tenderme ahí. ¿Sabe lo que le digo? Que quiero morirme en paz. Cuando venga la de la cara fea me encontrará sin una mota, pero con la conciencia como los chorros de la plata. No, no quiero los colchones, que dentro de ellos está su idea..., porque aquí duerme usted, y por la noche, cuando se pone a cavilar, las ideas se meten por la tela adentro y por los muelles, y ahí estarán, como las chinches cuando no hay limpieza. ¡Rayo con el hombre, y la que me quería encajar!...

Accionaba la viejecilla de una manera gráfica, expresando tan bien con el mover de las manos y de los flexibles dedos cómo la cama del tacaño se contaminaba de sus ruines pensamientos, que Torquemada la oía con verdadero furor, asombrado de tanta ingratitud; pero ella, firme y arisca, continuó despreciando el regalo:

—Pos vaya un premio gordo que me caía, Santo Dios... ¡Pa que yo durmiera en eso! Ni que estuviera boba, don Francisco! ¡Pa que a medianoche me salga toda la gusanera de las ideas de usted y se me meta por los oídos y por los ojos, volviéndome loca y dándome una mala muerte...! Porque, bien lo sé yo..., a mí no me la da usted..., ahí dentro, ahí dentro están todos sus pecados, la guerra que le hace al pobre, su tacañería, los réditos que mama y todos los números que le andan por la sesera para ajuntar dinero... Si yo me durmiera ahí, a la hora de la muerte me saldrían por un lado y por otro unos sapos con la boca muy grande, unos culebrones asquerosos que se me enroscarían en el cuerpo, unos diablos muy feos con bigotazos y con orejas de murciélago, y me cogerían entre todos para llevarme a rastras a los infiernos. Váyase al rayo y guárdese sus colchones, que yo tengo un camastro hecho de sacos de trapo, con una manta por encima, que es la gloria divina... Ya lo quisiera usted... Aquello sí que es rico para dormir a pierna suelta...

—Pues dámelo, dámelo, *Tía Roma* —dijo el avaro con aflicción—. Si mi hijo se salva, me comprometo a dormir en él lo que me queda de vida y a no comer más que las bazofias que tú comes.

—A buenas horas y con sol. Usted quiere ahora poner un puño en el cielo. ¡Ay, señor, a cada paje su ropaje! A usted le sienta eso como a las burras las arracadas. Y todo ello es porque está afligido; pero si se pone bueno el niño, volverá usted a ser más malo que Holofernes. Mire que ya va para viejo; mire que el mejor día se le pone delante la de la cara pelada, y a ésta sí que no le da usted el timo.

—Pero ¿de dónde sacas tú, estampa de la basura —replicó Torquemada con ira, agarrándola por el pescuezo y sacudiéndola—, de dónde sacas tú que yo soy malo ni lo he sido nunca?

—Déjeme, suélteme, no me menee, que no soy ninguna pandereta. Mire que soy más vieja que Jerusalén y he visto mucho mundo y le conozco a usted desde que se quiso casar con la Silvia. Y bien le aconsejé a ella que no se casara..., y bien le anuncié las hambres que había de pasar. Ahora que está rico no se acuerda de cuando empezaba a ganarlo. Yo sí me acuerdo, y me paice que fue ayer cuando le contaba los garbanzos a la cuitada de Silvia y todo lo tenía bajo llave, y la pobre estaba descomida, trasijada y ladrando de hambre. Como que si no es por mí, que le traía algún huevo de ocultis, se hubiera muerto cien veces. ¿Se acuerda de cuando se levantaba usted a medianoche para registrar la cocina a ver si descubría algo de condumio que la Silvia hubiera escondido para comérselo sola? ¿Se acuerda de cuando encontró un pedazo de jamón en dulce y un medio pastel que me dieron a mí en casa de la marquesa, y que yo le traje a la Silvia para que se lo zampara ella sola, sin darle a usted ni tanto así? ¿Recuerda que al otro día estaba usted hecho un león, y que cuando entré me tiró al suelo y me estuvo pateando? Y yo no me enfadé, y volví, y todos los días le traía algo a la Silvia. Como usted era el que iba a la compra, no le podíamos sisar, y la infeliz ni tenía una triste chambra que ponerse. Era una mártira, don Francisco, una mártira; ¡y usted guardando el dinero y dándolo a peseta por duro al mes! Y mientre tanto, no comían más que mojama cruda con pan seco y ensalada. Gracias que yo partía con ustedes lo que me daban en las casas ricas, y una noche, ¿se acuerda?, traje un hueso de jabalí, que lo estuvo usted echando en el puchero seis días seguidos, hasta que se quedó más seco que su alma puñalera. Yo no tenía obligación de traer nada: lo hacía por la Silvia, a quien cogí en brazos cuando nació de señá Rufinica, la del callejón del Perro. Y lo que a usted le ponía furioso era que yo le guardase las cosas a ella y no se las diera a usted, ¡un rayo! Como si tuviera yo obligación de llenarle a usted el buche, perro, más que perro... Y dígame ahora, ¿me ha dado alguna vez el valor de un real? Ella sí me daba lo que podía, a la chita callando; pero usted, el muy capigorrón, ¿qué me ha dado? Clavos torcidos y las barreduras de la casa. ¡Véngase ahora con jipíos y farsa!... Valiente caso le van a hacer.

—Mira, vieja de todos los demonios —le dijo Torquemada furioso—, por respeto a tu edad no te reviento de una patada. Eres una embustera, una diabla, con todo el cuerpo lleno de mentiras y enredos. Ahora te da por desacreditarme, después de haber estado más de veinte años comiendo de mi pan. Pero ¡si te conozco, zurrón de veneno; si eso que has dicho nadie te lo va a creer: ni arriba ni abajo! El demonio está contigo, y maldita tú eres entre todas las brujas y esperpentos que hay en el cielo..., digo, en el infierno.

Nueve

Estaba el hombre fuera de sí, delirante; y sin echar de ver que la vieja se había largado a buen paso de la habitación, siguió hablando como si delante la tuviera.

—Espantajo, madre de las telarañas, si te cojo, verás... ¡Desacreditarme así!

Iba de una parte a otra en la estrecha alcoba, y de ésta al gabinete, cual si le persiguieran sombras; daba cabezadas contra la pared, algunas tan fuertes que resonaban en toda la casa.

Caía la tarde, y la oscuridad reinaba ya en torno del infeliz tacaño, cuando éste oyó claro y distinto el grito de pavo real que Valentín daba en el paroxismo de su altísima fiebre.

—Y ¡decían que estaba mejor!... Hijo de mi alma... Nos han vendido, nos han engañado.

Rufina entró llorando en la estancia de la fiera, y le dijo:

—¡Ay, papá, qué malito se ha puesto; pero qué malito!

—¡Ese trasto de Quevedo! —gritó Torquemada, llevándose un puño a la boca y mordiéndoselo con rabia—. Le voy a sacar las entrañas... El nos le ha matado.

—Papá, por Dios, no seas así... No te rebeles contra la voluntad de Dios... Si El lo dispone...

—Yo no me rebelo, ¡puñales!, yo no me rebelo. Es que no quiero, no quiero dar a mi hijo, porque es mío, sangre de mi sangre y hueso de mis huesos...

—Resígnate, resígnate, y tengamos conformidad —exclamó la hija, hecha un mar de lágrimas.

—No puedo, no me da la gana de resignarme. Esto es un robo... Envidia, pura envidia. ¿Qué tiene que hacer Valentín en el cielo? Nada, digan lo que dijeren; pero nada... Dios, ¡cuánta mentira, cuánto embuste! Que si cielo, que si infierno, que si Dios, que si diablo, que si... ¡tres mil rábanos! ¡Y la muerte, esa muy pindonga de la muerte, que no se acuerda de tanto pillo, de tanto farsante, de tanto imbécil, y se le antoja mi niño, por ser lo mejor que hay en el mundo!... Todo está mal, y el mundo es un asco, una grandísima porquería.

Rufina se fue y entró Bailón, trayéndose una cara muy compungida. Venía de ver al enfermito, que estaba ya agonizando, rodeado de algunas vecinas y amigos de la casa. Disponíase el clerizonte a confortar al afligido padre en aquel trance doloroso, y empezó por darle un abrazo, diciéndole con empañada voz:

—Valor, amigo mío, valor. En estos casos se conocen las almas fuertes. Acuérdese usted de aquel gran Filósofo que expiró en una cruz dejando consagrados los principios de la Humanidad.

—¡Qué principios ni qué...! ¿Quiere usted marcharse de aquí, so chinche?... Vaya que es de lo más pelmazo y cargante y apestoso que he visto. Siempre que estoy angustiado me sale con esos retruécanos.

—Amigo mío, mucha calma. Ante los designios de la Naturaleza, de la Humanidad, del gran Todo, ¿qué puede el hombre? ¡El hombre! Esa hormiga, menos aún, esa pulga..., todavía mucho menos.

—Ese coquito..., menos aún, ese..., ¡puñales! —agregó Torquemada con sarcasmo horrible, remedando la voz de la sibila y enarbolando después el puño cerrado—. Si no se calla le rompo la cara... Lo mismo me da a mí el grandísimo todo que la grandísima nada y el muy piojoso que le inventó. Déjeme, suélteme, por la condenada alma de su madre, o...

Entró Rufina otra vez, traída por dos amigas suyas, para apartarla del tristísimo espectáculo de la alcoba. La pobre joven no podía sostenerse. Cayó de rodillas exhalando gemidos, y al ver a su padre forcejeando con Bailón, le dijo:

—Papá, por Dios, no te pongas así. Resígnate..., yo estoy resignada, ¿no me ves?... El pobrecito..., cuando yo entré..., tuvo un instante, ¡ay!, en que recobró el conocimiento. Habló con voz clara y dijo que veía a los ángeles que le estaban llamando.

—¡Hijo de mi alma, hijo de mi vida! —gritó Torquemada con toda la fuerza de sus pulmones, hecho un salvaje, un demente—. No vayas, no hagas caso; que ésos son unos pillos que te quieren engañar... Quédate con nosotros...

Dicho esto, cayó redondo al suelo, estiró una pierna, contrajo la otra y un brazo. Bailón, con toda su fuerza, no podía sujetarle, pues desarrollaba un vigor muscular inverosímil. Al propio tiempo soltaba de su fruncida boca un rugido feroz y espumarajos. Las contracciones de las extremidades y el pataleo eran en verdad horrible espectáculo: se clavaba las uñas en el cuello hasta hacerse sangre. Así estuvo largo rato, sujetado por Bailón y el carnicero, mientras Rufina, transida de dolor, pero en sus cinco sentidos, era consolada y atendida por Quevedito y el fotógrafo. Llenóse la casa de vecinos y amigos, que en tales trances suelen acudir compadecidos y serviciales. Por fin, tuvo término el patatús de Torquemada, y caído en profundo sopor, que a la misma muerte, por lo quieto, se asemejaba, le cargaron entre cuatro y le arrojaron en su lecho. La *Tía Roma*, por acuerdo de Quevedito, le daba friegas con un cepillo, rasca que te rasca, como si le estuviera sacando lustre.

Valentín había expirado ya. Su hermana, que quieras que no, allá se fue, le dio mil besos, y ayudada de las amigas, se dispuso a cumplir los últimos deberes con el pobre niño. Era valiente, mucho más valiente que su padre, el cual, cuando volvió en sí de aquel tremendo síncope, y pudo enterarse de la completa extinción de sus esperanzas, cayó en profundísimo abatimiento físico y moral. Lloraba en silencio y daba unos suspiros que se oían en toda la casa. Transcurrido un buen rato, pidió que le llevaran café con media tostada, porque sentía debilidad horrible. La pérdida absoluta de la esperanza le trajo la sedación, estímulos apremiantes de reparar el fatigado organismo. A medianoche fue preciso administrarle un sustancioso potingue, que fabricaron la hermana del fotógrafo de arriba y la mujer del carnicero de abajo, con huevos, jerez y caldo de puchero.

—No sé qué me pasa —decía el *Peor*—; pero ello es que parece que se me quiere ir la vida.

El suspirar hondo y el llanto comprimido le duraron hasta cerca del día, hora en que fue atacado de un nuevo paroxismo de dolor, diciendo que quería ver a su hijo, *resucitarle costara lo que costase*, e intentaba salirse del lecho, contra los combinados esfuerzos de Bailón, el carnicero y de los demás amigos que contenerle y calmarle querían. Por fin, lograron que se estuviera quieto, resultado en que no tuvieron poca parte las filosóficas amonestaciones del clerigucho y las sabias cosas que echó por aquella boca el carnicero, hombre de pocas letras, pero muy buen cristiano.

—Tiene razón —dijo don Francisco, agobiado y sin aliento—. ¿Qué remedio queda más que conformarse? ¡Conformarse! Es un viaje para el que no se necesitan alforjas. Vean de qué le vale a uno ser más bueno que el pan, y sacrificarse por los desgraciados, y hacer bien a los que no nos pueden ver ni en pintura... Total, que lo que pensaba emplear en favorecer a cuatro pillos..., ¡mal empleado dinero, que había de ir a parar a las tabernas, a los garitos y a las casas de empeño!..., digo que esos dinerales los voy a gastar en hacerle a mi hijo del alma, a esa gloria, a ese prodigio que no parecía de este mundo, el entierro más lucido que en Madrid se ha visto. ¡Ah, qué hijo! ¿No es dolor que me lo hayan quitado? Aquello no era hijo: era un diosecito que engendramos a medias el Padre Eterno y yo... ¿No creen ustedes que debo hacerle un entierro magnífico? Ea, ya es de día. Que me traigan muestras de carros fúnebres, y vengan papeletas negras para convidar a todos los profesores.

Con estos proyectos de vanidad excitóse el hombre, y a eso de las nueve de la mañana, levantado y vestido, daba sus disposiciones con aplomo y serenidad. Almorzó bien, recibía a cuantos amigos llegaban a verle, y a todos les endilgaba la consabida historia:

—Conformidad... ¡Qué le hemos de hacer!... Está visto: lo mismo da que usted se vuelva santo, que se vuelva usted Judas, para el caso de que le escuchen y le tengan misericordia... ¡Ah misericordia!... Lindo anzuelo sin cebo para que se lo traguen los tontos.

Y se hizo el lujoso entierro, y acudió a él mucha y lucida gente, lo que fue para Torquemada motivo de satisfacción y orgullo, único bálsamo de su hondísima pena. Aquella lúgubre tarde, después que se llevaron el cadáver del admirable niño, ocurrieron en la casa escenas lastimosas. Rufina, que iba y venía sin consuelo, vio a su padre salir del comedor con todo el bigote blanco, y se espantó creyendo que en un instante se había llenado de canas. Lo ocurrido fue lo siguiente: fuera de sí y acometido de un espasmo de tribulación, el inconsolable padre fue al comedor y descolgó el encerado en que estaban aún escritos los problemas matemáticos, y tomándolo por retrato que fielmente le reproducía las facciones del adorado hijo, estuvo larguísimo rato dando besos sobre la fría tela negra, y estrujándose la cara contra ella, con lo que la tiza se le pegó al bigote mojado de lágrimas, y el infeliz usurero parecía haber envejecido súbitamente. Todos los presentes se maravillaron de esto, y hasta se echaron a llorar. Llevóse don Francisco a su cuarto el encerado, y encargó a un dorador un marco de todo lujo para ponérselo y colgarlo en el mejor sitio de aquella estancia.

Al día siguiente, el hombre fue acometido, desde que abrió los ojos, de la fiebre de los negocios terrenos. Como la señorita había quedado muy quebrantada por los insomnios y el dolor, no podía atender a las cosas de la casa; la asistenta y la incansable *Tía Roma* la sustituyeron hasta donde sustituirla era posible. Y he aquí que cuando la *Tía Roma* entró a llevarle el chocolate al gran inquisidor, ya estaba éste en planta, sentado a la mesa de su despacho, escribiendo números con mano febril. Y como la bruja aquella tenía tanta confianza con el señor de la casa, permitiéndose tratarle como a igual, se llegó a él, le puso sobre el hombro su descarnada y fría mano y le dijo:

—Nunca aprende... Ya está otra vez preparando los trastos de ahorcar. Mala muerte va usted a tener, condenado de Dios, si no se enmienda.

Y Torquemada arrojó sobre ella una mirada que resultaba enteramente amarilla, por ser en él de este color lo que en los demás humanos ojos es blanco, y le respondió de esta manera:

—Yo hago lo que me da mi santísima gana, so mamarracho, vieja más vieja que la Biblia. Lucido estaría si consultara con tu necedad lo que debo hacer.

Contemplando un momento el encerado de las matemáticas, exhaló un suspiro y prosiguió así:

—Si preparo los trastos, eso no es cuenta tuya ni de nadie, que yo me sé cuanto hay que saber de tejas abajo y aun de tejas arriba, ¡puñales! Ya sé que me vas a salir con el materialismo de la misericordia... A eso te respondo que si buenos memoriales eché, buenas y gordas calabazas me dieron. La misericordia que yo tenga, ¡puñales!, que me la claven en la frente.

10 Emilia Pardo Bazán

(1851 - 1921)

La Condesa de Pardo Bazán superó la obra de Cecilia Böhl de Faber. («Fernán Caballero»), convirtiéndose en la primera figura femenina de las letras hispánicas. Pero no es justo analizar la obra de esta escritora desde esa perspectiva. Fundamentalmente, porque la Pardo Bazán es «escritor» a secas. Nada de postizas femineidades. Nada de obligadas delicadezas. Escribir es un oficio, una técnica, y unos hechos a narrar, y un criterio de cómo narrarlos. No es legítima la servidumbre del sexo sino como coartada para justificar inhabilidades.

Emilia Pardo Bazán fue una niña prodigio. A los cuatro años escribía con soltura. A los catorce había memorizado —cuentan sus familiares— media docena de obras clásicas. Su afición por la literatura la llevó a conocer profundamente las literaturas francesa, inglesa, italiana y alemana. Hablaba, por supuesto, esas cuatro lenguas. Por último, comenzaría a leer a los españoles. En 1879 publicó su primera novela en la **Revista de España, Pascual López,** y en 1883 un importantísimo libro de crítica: **La cuestión palpitante,** en el que se mostró partidaria de un naturalismo moderado. Esto dio origen a una encendida polémica y a los ataques de Pereda, Valera y el padre Blanco. La mejor respuesta de la Pardo Bazán fueron tres excelentes novelas publicadas entre 1883 y 1887, y en las que aplicaría la fórmula propuesta: **La Tribuna, Los pazos de Ulloa** y **La madre naturaleza.**

De envidiable imaginación —pero sometida a los rigores del realismo— produjo la Condesa más de sesenta volúmenes. Su fama y su talento chocaron con una sociedad que no abría brecha fácilmente a las mujeres. Nunca pudo obtener el sillón que merecía en la Real Academia de la Lengua Española —todavía no lo ha logrado una mujer—; nunca pudo dictar cátedra en la Universidad de Madrid, no obstante haber sido nombrada profesora de esa institución. Sin embargo, los laureles que le regatearon los medios literarios, se los otorgaron en otros estamentos de la sociedad: en 1916, La Coruña —la ciudad que inmortalizara con el nombre de Marineda—, le erigió una estatua. Más adelante Madrid haría otro tanto.

Si su labor como novelista es notable, como cuentista —género no tan feliz en España— alcanza las más altas cotas, junto a «Clarín» y a Alarcón. Sus obras de ficción más destacadas, además de las ya anotadas, fueron: **San Francisco de Asís** (1882), **Insolación** (1889), **Morriña** (1889), **Una cristiana** (1890), **La Prueba** (1890), **Cuentos de Marineda** (1892), **El saludo de las brujas** (1898), **La sirena negra** (1908), siendo su obra maestra **Los pazos de Ulloa.**

Aunque los valores de la Pardo Bazán hay que hallarlos en el género narrativo, no es desdeñable la labor de la ensayista. Un ensayo suyo sobre Feijóo, cuando no había rebasado la veintena, obtuvo el primer premio de un certamen en el que concursaba Concepción Arenal, en aquel momento en la plenitud de su madurez. Su obra en cuatro tomos: **La literatura francesa contemporánea,** contiene juicios válidos a más de medio siglo de su publicación. Lo mismo es posible afirmar de **La revolución y la novela en Rusia** y de **Nuevo teatro crítico.**

Tras un período de lamentable olvido, la obra de Emilia Pardo Bazán vuelve a cobrar popularidad merecida, reeditándose algunas de sus novelas en tiradas de miles de ejemplares, que no tardan en desaparecer de las librerías. Con Galdós, Leopoldo Alas y Blasco Ibáñez, completa el cuarteto de los grandes novelistas del realismo español.

Un destripador de antaño

La leyenda del *Destripador,* asesino medio sabio y medio brujo, es muy antigua en mi tierra. La oí en tiernos años, susurrada o salmodiada en terroríficas estrofas, quizás al borde de mi cuna por la vieja criada, quizás en la cocina aldeana, en la tertulia de los gañanes, que la comentaban con estremecimiento de temor o risotadas oscuras. Volvió a aparecérseme, como fantasmagórica creación de Hoffmann,[1] en las sombrías y retorcidas callejuelas de un pueblo que hasta hace poco permaneció teñido de colores medioevales, lo mismo que si todavía hubiese peregrinos en el mundo y resonase aún bajo las bóvedas de la Catedral el himno de *Ultreja.* Más tarde, el clamoreo de los periódicos, el pánico vil de la ignorante multitud hacen surgir de nuevo en mi fantasía el cuento, trágico y ridículo como Cuasimodo,[2] jorobado con todas las jorobas que afean al ciego Terror y a la Superstición infame. Voy a contarlo. Entrad conmigo valerosamente en la zona de sombra del alma.

[1] *E. T. A. HOFMANN* (1776-1822), escritor alemán que gustaba de los relatos macabros.

[2] *Cuasimodo,* jorobado de la novela de Víctor Hugo —*Nuestra Señora de París*—.

I

Un paisajista sería capaz de quedarse embelesado si viese aquel molino de la aldea de Tornelos... ¡Cuán gallardo y majestuoso se perfilaba sobre la azulada cresta del monte, medio velado entre la cortina gris del humo que salía, no por la chimenea —pues no la tenía la casa del molinero, ni aun hoy la tienen muchas casas de aldeanos de Galicia—, sino por todas partes, puertas, ventanas, resquicios del tejado y grietas de las desmanteladas paredes!

El complemento del asunto —gentil, lleno de poesía, digno de que lo fijase un artista genial en algún cuadro idílico— era una niña como de trece a catorce años, que sacaba a pastar una vaca por aquellos ribazos siempre tan floridos y frescos, hasta en el rigor del estío, cuando el ganado languidece por falta de hierba. — Minia encarnaba el tipo de la pastora: armonizaba con el fondo. En la aldea la llamaban *roxa,*[3] pero en sentido de rubia, pues tenía el pelo del color del cerro que a veces hilaba, de un rubio pálido, lacio, que a manera de vago reflejo lumínico rodeaba la carita, algo tostada por el sol, oval y descolorida, donde sólo brillaban los ojos con un toque celeste, como el azul que a veces se entrevé al través de las brumas del montañés celaje. Minia cubría sus carnes con un refajo colorado desteñido ya por el uso: recia camisa de estopa velaba su seno, mal desarrollado aún; iba descalza, y el pelito lo llevaba envedijado y revuelto, y a veces mezclado —sin asomo de ofeliana coquetería— con briznas de paja o tallos de lo que segaba para la vaca en los linderos de las heredades. Y así y todo estaba bonita, bonita como un ángel, o, por mejor decir, como la patrona del santuario próximo, con la cual ofrecía —al decir de las gentes— singular parecido.

La célebre patrona, objeto de fervorosa devoción para los aldeanos de aquellos contornos, era un *cuerpo santo,* traído de Roma por cierto industrioso gallego, especie de Gil Blas,[4] que, habiendo llegado por azares de la fortuna a servidor de un Cardenal romano, no pidió otra recompensa, al terminar por muerte de su amo diez años de buenos y leales servicios, que la urna y efigie que adornaban el oratorio del Cardenal. Diéronselas, y las trajo a su aldea, no sin aparato. Con sus ahorrillos y alguna ayuda del Arzobispo, elevó modesta capilla, que a los pocos años de su muerte las limosnas de los fieles, la súbita devoción despertada en muchas leguas a la redonda, transformaron en rico santuario, con su gran iglesia barroca y su buena vivienda para el santero, cargo que desde luego asumió el párroco, viniendo así a convertirse aquella olvidada parroquia de montaña en pingüe canongía. No era fácil averiguar con rigurosa exactitud histórica, ni apoyándose en documentos fehacientes e incontrovertibles, a quién habría pertenecido el huesecillo de cráneo humano incrustado en la cabeza de cera de la Santa. Sólo un papel amarillento, escrito con letra menuda y firme y pegado en el fondo de la urna, afirmaba ser aquellas las reliquias de la bienaventurada Herminia, noble virgen que padeció martirio bajo Diocleciano.[5] Inútil parece buscar en las actas de los mártires el nombre y género de muerte de la bien-

[3] *Roxa,* roja, en gallego.

[4] *Gil Blas de Santillana,* protagonista de la novela picaresca de A. R. Lesage, del siglo XVIII.

[5] *Diocleciano,* emperador romano (245-313 D. C.), que persiguió a los cristianos.

aventurada Herminia. Los aldeanos tampoco lo preguntaban, ni ganas de meterse en tales honduras. Para ellos, la Santa no era una figura de cera, sino el mismo cuerpo incorrupto; del nombre germánico de la mártir hicieron el gracioso y familiar de *Minia*, y a fin de apropiársele mejor, le añadieron el de la parroquia, llamándola Santa Minia de Tornelos. Poco les importaba a los devotos montañeses el cómo ni el cuándo de su Santa: veneraban en ella la Inocencia y el Martirio, el heroísmo de la debilidad; cosa sublime.

A la rapaza del molino le habían puesto Minia en la pila bautismal, y todos los años, el día de la fiesta de su patrona, arrodillábase la chiquilla delante de la urna, tan embelesada con la contemplación de la Santa, que ni acertaba a mover los labios rezando. La fascinaba la efigie, que para ella también era un cuerpo real, un verdadero cadáver. Ello es que la Santa estaba preciosa: preciosa y terrible a la vez. Representaba la cérea figura a una jovencita como de quince años, de perfectas facciones pálidas. Al través de sus párpados cerrados por la muerte, pero ligeramente revulsos por la contracción de la agonía, veíanse brillar los ojos de cristal con misterioso brillo. La boca, también entreabierta, tenía los labios lívidos, y transparecía el esmalte de la dentadura. La cabeza, inclinada sobre el almohadón de seda carmesí que cubría un encaje de oro ya deslucido, ostentaba encima del pelo rubio una corona de rosas de plata; y la postura permitía ver perfectamente la herida de la garganta, estudiada con clínica exactitud; las cortadas arterias, la laringe, la sangre, de la cual algunas gotas negreaban sobre el cuello. Vestía la Santa dalmática de brocado verde sobre túnica de tafetán color de caramelo, atavío más teatral que romano, en el cual entraban como elemento ornamental bastantes lentejuelas e hililllo de oro. Sus manos, finísimamente modeladas y exangües, se cruzaban sobre la palma de su triunfo. Al través de los vidrios de la urna, al reflejo de los cirios, la polvorienta imagen y sus ropas, ajadas por el transcurso del tiempo, adquirían vida sobrenatural. Diríase que la herida iba a derramar sangre fresca.

La chiquilla volvía de la iglesia ensimismada y absorta. Era siempre de pocas palabras; pero un mes después de la fiesta patronal, difícilmente salía de su mutismo, ni se veía en sus labios la sonrisa, a no ser que los vecinos la dijesen que «se parecía mucho con la Santa».

Los aldeanos no son blandos de corazón; al revés; suelen tenerlo tan duro y calloso como las palmas de las manos; pero cuando no está en juego su interés propio, poseen cierto instinto de justicia que les induce a tomar el partido del débil oprimido por el fuerte. Por eso miraban a Minia con profunda lástima. Huérfana de padre y madre, la chiquilla vivía con sus tíos. El padre de Minia era molinero, y se había muerto de intermitentes palúdicas, mal frecuente en los de su oficio; la madre le siguió al sepulcro, no arrebatada de pena, que en una aldeana sería extraño género de muerte, sino a poder de un dolor de costado que tomó saliendo sudorosa de cocer la hornada de maíz. Minia quedó solita a la edad de año y medio, recién destetada. Su tío, Juan Ramón —que se ganaba la vida trabajosamente con el oficio de albañil, pues no era amigo de labranza—, entró en el molino como en casa propia, y encontrando la industria ya fundada, la clientela establecida, el negocio entretenido y cómodo, ascendió a molinero, que en la aldea es ascender a personaje. No tardó en ser su consorte la moza con quien tenía trato, y de quien poseía ya dos frutos de maldición, varón y hembra. Minia y estos retoños crecieron mezclados, sin más diferencia aparente sino que los chiquitines decían al molinero y la molinera *papai* y *mamai*, mientras Minia, aunque nadie se lo hubiese enseñado, no les llamó nunca de otro modo que *señor tío* y *señora tía*.

Si se estudiase a fondo la situación de la familia, se verían diferencias más graves. Minia vivía relegada a la condición de criada o moza de faena. No es decir que sus primos no trabajasen, porque el trabajo a nadie perdona en casa del labriego; pero las labores más viles, las tareas más duras, guardábanse para Minia. Su prima Melia, destinada por su madre a costurera, que es entre las campesinas profesión aristocrática, daba a la aguja en una sillita, y se divertía oyendo los requiebros bárbaros y las picardigüelas de los mozos y mozas que acudían al molino y se pasaban allí la noche en vela y broma, con notoria ventaja del diablo y no sin frecuente e ilegal acrecentamiento de nuestra especie. Minia era quien ayudaba a cargar el carro de tojo; la que, con sus manos diminutas, amasaba el pan; la que echaba de comer al becerro, al cerdo y a las gallinas; la que llevaba a pastar la vaca, y, encorvada y fatigosa, traía del monte el haz de leña, o del soto el saco de castañas, o el cesto de hierba del prado. Andrés, el mozuelo, no la ayudaba poco ni mucho; pasábase la vida en el molino, ayudando a la molienda y al maquileo, y de *riola*, fiesta, canto y repiqueteo de panderetas con los demás rapaces y rapazas. De esta temprana escuela de corrupción sacaba el muchacho pullas, dichos y barrabasadas que a veces molestaban a Minia, sin que ella supiese por qué, ni tratase de comprenderlo.

El molino, durante varios años, produjo lo suficiente para proporcionar a la familia cierto desahogo. Juan Ramón tomaba el negocio con interés, estaba siempre a punto aguardando por la parroquia, era activo, vigilante y exacto. Popo a poco, con el desgaste de la vida que corre insensible y grata, resurgieron sus aficiones a la holgazanería y al bienestar, y empezaron los descuidos, parientes tan próximos de la ruina. ¡El bienestar! Para un labriego estriba en poca cosa: algo más de torrezno y unto en el pote, carne de vez en cuando, *pantrigo* a discreción, leche cuajada o fresca, esto distingue al labrador acomodado del desvalido. Después viene el lujo de la indumentaria: el buen traje de *rizo*, las polainas de prolijo pespunte, la camisa labrada, la faja que esmaltan flores de seda, el pañuelo majo y la botonadura de plata en el rojo chaleco. Juan Ramón tenía de estas exigencias, y acaso no fuesen ni la comida ni el traje lo que introducía desequilibrio en su presupuesto, sino la pícara costumbre, que iba arraigándose, de «echar una pinga» [6] en la taberna del Canelo, primero todos los domingos, luego las fiestas de guardar, por último muchos días en que la Santa Madre Iglesia no impone precepto de misa a los fieles. Después de las libaciones, el molinero regresaba a su molino, ya alegre como unas pascuas, ya tétrico, renegando de su suerte y con ganas de arrimar a alguien un sopapo. Melia, al verle volver así, se escondía. Andrés, la primera vez que su padre le descargó un palo con la tranca de la puerta, se revolvió como una fiera, le sujetó y no le dejó ganas de nuevas agresiones. Pepona, la molinera, más fuerte, huesuda y recia que su marido, también era capaz de pagar en buena moneda el cachete;

[6] *Echar una pinga*, tomar una copa.

sólo quedaba Minia, víctima sufrida y constante. La niña recibía los golpes con estoicismo, palideciendo a veces cuando sentía vivo dolor —cuando, por ejemplo, la hería en la espinilla o en la cadera la punta de un zueco de palo—, pero no llorando jamás. La parroquia no ignoraba estos tratamientos, y algunas mujeres compadecían bastante a Minia. En las tertulias del atrio, después de misa, en las deshojas del maíz, en la romería del santuario, en las ferias, comenzaba a susurrarse que el molinero se empeñaba, que el molino se hundía, que en las maquilas robaban sin temor de Dios, y que no tardaría la rueda en pararse y los alguaciles en entrar allí para embargarles hasta la camisa que llevaban sobre los lomos.

Una persona luchaba contra le desorganización creciente de aquella humilde industria y aquel pobre hogar. Era Pepona la molinera, mujer avara, codiciosa, ahorrona hasta el ochavo, tenaz, vehemente y áspera. Levantada antes que rayase el día, incansable en el trabajo, siempre se la veía, ya inclinada labrando la tierra, ya en el molino regateando la maquila, ya trotando, descalza, por el camino de Santiago adelante con una cesta de huevos, aves y verduras en la cabeza, para ir a venderla al mercado. Mas ¿qué valen el cuidado y celo, la economía sórdida de una mujer, contra el vicio y la pereza de los hombres? En una mañana se bebía Juan Ramón, en una noche de tuna despilfarraba Andrés el fruto de la semana de Pepona.

Mal andaban los negocios de la casa, y peor humorada la molinera, cuando vino a complicar la situación un año fatal, año de miseria y sequía, en que, perdiéndose la cosecha de maíz y trigo, la gente vivió de averiadas habichuelas, de secos habones, de pobres y éticas hortalizas, de algún centeno de la cosecha anterior, roído ya por el cornezuelo y el gorgojo. Lo más encogido y apretado que se puede imaginar en el mundo, no acierta a dar idea del grado de reducción que consigue el estómago de un labrador gallego, y la vacuidad a que se sujetan sus elásticas tripas en años así. Berzas espesadas con harina y suavizadas con una corteza de tocino rancio; y esto un día y otro día, sin sustancia de carne, sin gota de vino para reforzar un poco los espíritus vitales y devolver vigor al cuerpo. La patata, el pan del pobre, entonces apenas se conocía, porque no sé si dije que lo que voy contando ocurrió en los primeros lustros del siglo décimonono.

Considérese cuál andaría con semejante añada el molino de Juan Ramón. Perdida la cosecha, descansaba forzosamente la muela. El rodezno, parado y silencioso, infundía tristeza; semejaba el brazo de un paralítico. Los ratones, furiosos de no encontrar grano que roer, famélicos también ellos, correteaban alrededor de la piedra, exhalando agrios chillidos. Andrés, aburrido por la falta de la acostumbrada tertulia, se metía cada vez más en danzas y aventuras amorosas, volviendo a casa como su padre, rendido y enojado, con las manos que le hormigueaban por zurrar. Zurraba a Minia con mezcla de galantería rústica y de brutalidad, y enseñaba los dientes a su madre porque la pitanza era escasa y desabrida. Vago ya de profesión, andaba de feria en feria buscando lances, pendencias y copas. Por fortuna, en primavera cayó soldado y se fue con el chopo camino de la ciudad. Hablando como la dura verdad nos impone, confesaremos que la mayor satisfacción que pudo dar a su madre fue quitársele de la vista: ningún pedazo de pan traía a casa, y en ella sólo había derrochar y gruñir, confirmando la sentencia «donde no hay harina, todo es mohina.»

La víctima propiciatoria, la que expiaba todos los sinsabores y desengaños de Pepona, era... ¿quién había de ser?— Siempre había tratado Pepona a Minia con hostil indiferencia, ahora, con odio sañudo de impía madrastra. Para Minia los harapos, para Melia, los refajos de grana: para Minia la cama en el duro suelo, para Melia un *leito*[7] igual al de sus padres: a Minia se le arrojaba la corteza de pan de borona enmohecido, mientras el resto de la familia despachaba el caldo calentito y el *compango* de cerdo.[8] Minia no se quejaba jamás. Estaba un poco más descolorida y perpetuamente absorta, y su cabeza se inclinaba a veces lánguidamente sobre el hombro, aumentándose entonces su parecido con la Santa. Callada, exteriormente insensible, la muchacha sufría en secreto angustia mortal, inexplicables mareos, ansias de llorar, dolores en lo más profundo y delicado de su organismo, misteriosa pena, y, sobre todo, unas ganas constantes de morirse para descansar yéndose al cielo... Y el paisajista o el poeta que cruzase ante el molino y viese el frondoso castaño, la represa con su agua durmiente y su orla de cañas, la pastorcilla rubia, que, pensativa, dejaba a la vaca saciarse libremente por el lindero orlado de flores, soñaría con idilios y haría una descripción apacible y encantadora de la infeliz niña golpeada y hambrienta, medio idiota ya a fuerza de desamores y crueldades.

II

Un día descendió mayor consternación que nunca sobre la choza de los molineros. Era llegado el plazo fatal para el colono: vencía el término del arriendo, y, o pagaban al dueño del lugar, o se verían arrojados de él y sin techo que los cobijase, ni tierra donde cultivar las berzas para el caldo. Y lo mismo el holgazán de Juan Ramón que Pepona la diligente, profesaban a aquel quiñón de tierra el cariño insensato que apenas profesarían a un hijo pedazo de sus entrañas. Salir de allí se les figuraba peor que ir para la sepultura: que esto, al fin, tiene que suceder a los mortales, mientras lo otro no ocurre sino por impensados rigores de la suerte negra. ¿Dónde encontrarían dinero? Probablemente no había en toda la comarca las dos onzas que importaba la renta del lugar. Aquel año de miseria —calculó Pepona—, dos onzas no podían hallarse sino en la *boeta* o cepillo de Santa Minia. El cura sí que tendría dos onzas, y bastantes más, cosidas en el jergón o enterradas en el huerto... Esta probabilidad fue asunto de la conversación de los esposos, tendidos boca a boca en el lecho conyugal, especie de cajón con una abertura al exterior, y dentro un relleno de hojas de maíz y una raída manta. En honor de la verdad, hay que decir que a Juan Ramón, alegrillo con los cuatro tragos que había echado al anochecer para confortar el estómago casi vacío, no se le ocurría siquiera aquello de las onzas del cura hasta que se lo sugirió, cual verdadera Eva, su cónyuge; y es justo observar también que contestó a la tentación con palabras muy discretas, como si no hablase por su boca el espíritu parral. —«Oyes tú, Juan Ramón... El clérigo sí que tendrá a rabiar lo que aquí nos falta... Ricas onciñas tendrá el clérigo. ¿Tú roncas, o me oyes, o qué haces?» —«Bueno, ¡rayo!; y si las tiene, ¿qué rayo nos interesa? Dar, no nos las ha de dar.» —«Darlas, ya se sabe; pero... emprestadas...» —«¡Emprestadas! Sí, ve a que te

[7] *Leito*, lecho.
[8] *Compango*, jamón frío.

empresten...» —«Yo digo emprestadas así, medio a la fuerza... ¡Malditos!...; no sois hombres, no tenéis de hombres sino la parola... Si estuviese aquí Andresiño..., un día al oscurecer...» —«Como vuelvas a mentar eso, los diaños me lleven si no te saco las muelas del bofetón...» —«Cochinos de cobardes; aun las mujeres tenemos más riñones...» —«Loba, calla. Tú quieres perderme: el clérigo tiene escopeta..., y a más quieres que Santa Minia mande una centella que mismamente nos destrice...» —«Santa Minia es el miedo que te come...» —«Toma, malvada...» —«Pellejó, borrachón...»

Estaba echada Minia sobre un haz de paja, a poca distancia de sus tíos, en esa promiscuidad de las cabañas gallegas, donde irracionales y racionales, padres e hijos, yacen confundidos y mezclados. Aterida de frío bajo su ropa, que había amontonado para cubrirse —pues manta Dios la diese—, entreoyó algunas frases sospechosas y confusas, las excitaciones sordas de la mujer, los gruñidos y chanzas vinosas del hombre. Tratábase de la Santa... Pero la niña no comprendió. Sin embargo, aquello le sonaba mal; le sonaba a ofensa, a lo que ella, si tuviese nociones de lo que tal palabra significa, hubiese llamado desacato. Movió los labios para rezar la única oración que sabía, y así, rezando, se quedó traspuesta. Apenas la salteó el sueño, le pareció que una luz dorada y azulada llenaba el recinto de la choza. En medio de aquella luz o formando aquella luz, semejante a la que despedía la *madama de fuego* que presentaba el cohetero en la fiesta patronal, estaba la Santa, no reclinada, sino de pie, y blandiendo su palma como si blandiese un arma terrible. Minia creía oír distintamente estas palabras: «¿Ves? Los mato.» Y mirando hacia el lecho de sus tíos, los vió cadáveres, negros, carbonizados, con la boca torcida y la lengua de fuera... En este momento se dejó oír el sonoro cántico del gallo; la becerrilla mugió en el establo reclamando el pezón de su madre... Amanecía.

Si pudiese la niña hacer su gusto, se quedaría acurrucada entre la paja la mañana que siguió a su visión. Sentía gran dolor en los huesos, quebrantamiento general, sed ardiente. Pero la hicieron levantar, tirándola del pelo y llamándola holgazana, y, según costumbre, hubo de sacar el ganado. Con su habitual pasividad no replicó; agarró la cuerda y echó hacia el pradillo. La Pepona, por su parte, habiéndose lavado primero los pies y luego la cara en el charco más próximo a la represa del molino, y puéstose el dengue y el mantelo de los días grandes, y también —lujo inaudito— los zapatos, colocó en una cesta hasta dos docenas de manzanas, una pella de manteca envuelta en una hoja de col, algunos huevos y la mejor gallina ponedora, y, cargando la cesta en la cabeza, salió del lugar y tomó el camino de Compostela con aire resuelto. Iba a implorar, a pedir un plazo, una prórroga, un perdón de renta, algo que les permitiese salir de aquel año terrible sin abandonar el lugar querido, fertilizado con su sudor... Porque las dos onzas del arriendo... ¡quiá!: en la boeta de Santa Minia o en el jergón del clérigo seguirían guardadas, por ser un calzonazos Juan Ramón y faltar de la casa Andresiño..., y no usar ella, en lugar de refajos, las mal llevadas bragas del esposo.

No abrigaba Pepona grandes esperanzas de obtener la menor concesión, el más pequeño respiro. Así se lo decía a su vecina y comadre Jacoba de Alberte, con la cual se reunió en el crucero, enterándose de que iban a hacer la misma jornada, pues Jacoba tenía que traer de la ciudad medicina para su hombre, afligido con un asma de todos los demonios, que no le dejaba estar acostado, ni por las mañanas casi respirar. Resolvieron las dos comadres ir juntas para tener menos miedo a los lobos o a los aparecidos, si al volver se les echaba la noche encima; y pie ante pie, haciendo votos porque no lloviese, pues Pepona llevaba a cuestas el fondito del arca, emprendieron su caminata charlando.

—Mi matanza —dijo la Pepona— es que no podré hablar cara a cara con el señor Marqués, y al apoderado tendré que arrodillarme. Los señores de mayor señorío son siempre los más compadecidos del pobre. Los peores, los señoritos hechos a puñetazos, como don Mauricio el apoderado: esos tienen el corazón duro como las piedras y le tratan a uno peor que a la suela del zapato. Le digo que voy allá como el buey al matadero.

La Jacoba, que era una mujercilla pequeña, de ojos ribeteados, de apergaminadas facciones, con dos toques cual de ladrillo en los pómulos, contestó en voz plañidera:

—¡Ay, comadre! Iba yo cien veces a donde va, y no quería ir una a donde voy. ¡Santa Minia nos valga! Bien sabe el Señor nuestro Dios que me lleva la salud del hombre, porque la salud vale más que las riquezas. No siendo por amor de la salud, ¿quién tiene valor de pisar la botica de don Custodio?

Al oír este nombre, viva expresión de curiosidad azorada se pintó en el rostro de la Pepona y arrugóse su frente corta y chata, donde el pelo nacía casi a un dedo de las tupidas cejas.

—¡Ay! Sí, mujer... Yo nunca allá fuí. Hasta por delante de la botica no me da gusto pasar. Andan no sé qué dichos, de que el boticario hace *meigallos.*[9]

[9] *Meigallos*, magias.

—Eso de no pasar, bien se dice; pero cuando uno tiene la salud en sus manos... La salud vale más que todos los bienes de este mundo; y el pobre que no tiene otro caudal sino la salud, ¿qué no hará por conseguirla? Al demonio era yo capaz de ir a pedirle en el infierno la buena untura para mi hombre. Un peso y doce reales llevamos gastados este año en botica, y nada: como si fuese agua de la fuente; que hasta es un pecado derrochar los cuartos así, cuando no hay una triste corteza para llevar a la boca. De manera es que ayer por la noche, mi hombre, que tosía que casi arreventaba, me dijo, dice: «Ei, Jacoba; o tú vas a pedirle a don Custodio la untura, o yo espicho. No hagas caso del médico; no hagas caso, si a mano viene, ni de Cristo nuestro Señor; a don Custodio has de ir; que si él quiere, del apuro me saca con sólo dos cucharaditas de los remedios que sabe hacer. Y no repares en dinero, mujer, no siendo que quieras te quedar viuda.» Así es que... —Jacoba metió misteriosamente la mano en el seno, y extrajo, envuelto en un papelito, un objeto muy chico— aquí llevo el corazón del arca... ¡un dobloncillo de a cuatro! Se me van los *espirtus* detrás de él; me cumplía para mercar ropa, que casi desnuda en carnes ando; pero primero es la vida del hombre, mi comadre... y aquí lo llevo para el ladro de don Custodio, Asús me perdone.

La Pepona reflexionaba, deslumbrada por la vista del doblón y sintiendo en el alma una oleada tal de codicia que la sofocaba casi.

—Pero, diga, mi comadre —murmuró con ahínco, apretando sus grandes dientes de caballo y echando chispas por los ojuelos. —Diga: ¿cómo hará don Custodio para ganar tantos cuartos? ¿Sabe qué se cuenta por ahí? Que mercó este año muchos lugares del Marqués. Lugares de los más riquísimos. Dicen que ya tiene mercados dos mil ferrados de trigo de renta.

—¡Ay, mi comadre! ¿Y cómo quiere que no gane cuartos ese hombre que cura todos los males que el Señor inventó? Miedo da el entrar allí; pero cuando uno sale con la salud en la mano... Ascuche: ¿quién piensa que le quitó la reuma al cura de Morlán? Cinco años llevaba en la cama, baldado, imposibilitado..., y de repente un día se levanta bueno, andando como usté y como yo. Pues ¿qué fue? La untura que le dieron en los cuadriles, y que le costó media onza en casa de don Custodio. ¿Y el tío Gorio, el posadero de Silleda? Ese fue mismo cosa de milagre. Ya le tenían puestos los santolios, y traerle un agua blanca de don Custodio... y como si resucitara.

—¡Qué cosas hace Dios!

—¿Dios? —contestó la Jacoba—. A saber si las hace Dios o el diaño... Comadre, le pido de favor que me ha de acompañar cuando entre en la botica.

—Acompañaré.

Cotorreando así, se les hizo llevadero el caminito a las dos comadres. Llegaron a Compostela a tiempo que las campanas de la catedral y de numerosas iglesias tocaban a misa, y entraron a oírla en las Animas, templo muy favorito a los aldeanos, y, por lo tanto, muy gargajoso, sucio y mal oliente. De allí, atravesando la plaza llamada del Pan, inundada de vendedoras de molletes y cacharros, atestada de labriegos y de caballerías, se metieron bajo los soportales, sustentados por columnas de bizantinos capiteles, y llegaron a la temerosa madriguera de don Custodio.

Bajábase a ella por dos escalones, y entre esto y que los soportales roban luz, encontrábase siempre la botica sumergida en vaga penumbra, resultado a que cooperaban también los vidrios azules, colorados y verdes, innovación entonces flamante y rara. La anaquelería ostentaba aún esos pintorescos botes que hoy se estiman como objeto de arte, y sobre los cuales se leían en letras góticas rótulos que parecen fórmulas de alquimia: *Rad. Polip. Q.—Ra. Su. Eboris—Stirac. Cald.*— y otros letreros de no menos siniestro cariz. En un sillón de vaqueta, reluciente ya por el uso, ante una mesa, donde un atril abierto sostenía voluminoso libro, hallábase el boticario, que leía cuando entraron las dos aldeanas, y que al verlas entrar se levantó. Parecía hombre de unos cuarenta y tantos años; era de rostro chupado, de hundidos ojos y sumidos carrillos, de barba picuda y gris, de calva primeriza y ya lustrosa, y con aureola de largas melenas, que empezaban ya a encanecer: una cabeza macerada y simpática de santo penitente o de doctor alemán emparedado en su laboratorio. Al plantarse delante de las dos mujeres, caía sobre su cara el reflejo de uno de los vidrios azules, y realmente se la podría tomar por efigie de escultura. No habló palabra, contentándose con mirar fijamente a las comadres. Jacoba temblaba cual si tuviese azogue en las venas, y la Pepona, más atrevida, fue la que echó todo el relato del asma, y de la untura, y del compadre enfermo, y del doblón. Don Custodio asintió inclinando gravemente la cabeza: desapareció tres minutos tras la cortina de sarga roja que ocultaba la entrada de la rebotica; volvió con un frasquito cuidadosamente lacrado; tomó el doblón, sepultólo en el cajón de la mesa, y devolviendo a la Jacoba un peso duro, contentóse con decir: «Untenle con esto el pecho por la mañana y por la noche»; y sin más se volvió a su libro. Miráronse las comadres, y salieron de la botica como alma que lleva el diablo. Jacoba, fuera ya, se persignó.

Serían las tres de la tarde cuando volvieron a reunirse en la taberna, a la entrada de la carretera, donde comieron un *taco* de pan y una corteza de queso duro, y echaron al cuerpo el consuelo de dos deditos de aguardiente. Luego emprendieron el retorno. La Jacoba iba alegre como unas pascuas, poseía el remedio para su hombre; había vendido bien medio ferrado de habas, y de su caro doblón, un peso quedaba aún, por misericordia de don Custodio. Pepona, en cambio, tenía la voz ronca y encendidos los ojos; sus cejas se juntaban más que nunca; su cuerpo, grande y tosco, se doblaba al andar, cual si le hubiesen administrado alguna soberana paliza. No bien salieron a la carretera, desahogó sus cuitas en amargos lamentos; el ladrón de don Mauricio, como si fuese sordo de nacimiento o verdugo de los infelices: —La renta, o salen del lugar—. ¡Comadre! Allí lloré, grité, me puse de rodillas, me arranqué los pelos, le pedí por el alma de su madre y de quien tiene en el otro mundo... El, tieso. —La renta, o salen del lugar. El atraso de ustedes ya no viene de este año, ni es culpa de la mala cosecha... Su marido bebe y su hijo es otro que bien baila... El señor Marqués le diría lo mismo... Quemado está con ustedes... Al Marqués no le gustan los borrachos en sus lugares. Yo repliquéle: —Señor, venderemos los bueyes y la vaquiña..., y luego, ¿con qué labramos? Nos venderemos por esclavos nosotros... —La renta, les digo... y lárguese ya. —Mismo así, empurrando, empurrando... echóme por la puerta. ¡Ay! Hace bien en cuidar a su hombre, señora Jacoba... ¡Un hombre que no bebe! A mí me ha de llevar a la sepultura aquel pellejo... Si le da por enfermare, con medicina que yo le compre no sanará.

En tales pláticas iban entreteniendo las dos comadres el camino. Como en invierno anochece pronto, hicieron por atajar, internándose hacia el monte, entre espesos pinares. Oíase el toque del *Angelus* en algún campanario distante, y la niebla, subiendo del río, empezaba a velar y confundir los objetos. Los pinos y los zarzales se esfumaban entre aquella vaguedad gris, con espectral apariencia. A las labradoras les costaba trabajo encontrar el sendero.

—Comadre —advirtió de pronto y con inquietud Jacoba— por Dios le encargo que no cuente en la aldea lo del unto...

—No tenga miedo, comadre... Un pozo es mi boca.

—Porque si lo sabe el señor cura, es capaz de echarnos en misa una pauliña...

—¿Y a él qué le interesa?

—Pues como dicen que esta untura *es de lo que es...*

—¿De qué?

—¡Ave María de gracia, comadre! —susurró Jacoba, deteniéndose y bajando la voz, como si los pinos pudiesen oírla y delatarla— ¿de veras no lo sabe? Me pasmo. Pues hoy en el mercado no tenían las mujeres otra cosa que decir, y las mozas primero se dejaban hacer trizas que llegarse al soportal. Yo, si entré allí, es porque de moza ya he pasado: pero vieja y todo, si usté no me acompaña, no pongo el pie en la botica. ¡La gloriosa Santa Minia nos valga!

—A fe, comadre, que no sé ni esto... Cuente, comadre, cuente... Callaré lo mismo que si muriera.

—¡Pues si no hay más de qué hablar, señora! ¡Asús querido! Estos remedios tan milagrosos, que resucitan a los difuntos, hácelos don Custodio con *unto de moza.*

—¿Unto de moza...?

—De moza soltera, rojiña, que ya esté en sazón de se poder casar. Con un cuchillo les saca las mantecas, y va y las derrite, y prepara los medicamentos. Dos criadas mozas tuvo, y ninguna se sabe qué fue de ella, sino que como si la tierra se las tragase, que desaparecieron y nadie las volvió a ver. Dice que ninguna persona humana ha entrado en la trasbotica: que allí tiene una *trapela*, y que muchacha que entra y pone el pie en la trapela... ¡plás!, cae en un pozo muy hondo, muy hondísimo, que no se puede medir la perfundidad que tiene... y allí el boticario le arranca el unto.

Sería cosa de haberle preguntado a la Jacoba a cuantas brazas bajo tierra estaba situado el laboratorio del destripador de antaño; pero las facultades analíticas de la Pepona eran menos profundas que el pozo, y limitóse a preguntar con ansia mal definida:

—¿Y para *eso* sólo sirve el unto de las mozas?

—Sólo. Las viejas no valemos ni para que nos saquen el unto siquiera.

Pepona guardó silencio. La niebla era húmeda: en aquel lugar montañoso convertíase en *brétema*, e imperceptible y menudísima llovizna calaba a las dos comadres, transidas de frío y ya asustadas por la oscuridad. Como se internasen en la escueta gándara que precede al lindo vallecito de Tornelos, y desde la cual ya se divisa la torre del santuario, Jacoba murmuró con apagada voz:

—Mi comadre... ¿no es un lobo eso que por ahí va?

—¿Un lobo? —dijo estremeciéndose Pepona.

—Por allí... detrás de aquellas piedras... Dicen que estos días ya llevan comida mucha gente. De un rapaz de Morlán sólo dejaron la cabeza y los zapatos. ¡Asús!

El susto del lobo se repitió dos o tres veces antes que las comadres llegasen a avistar la aldea. Nada, sin embargo, confirmó sus temores; ningún lobo se les vino encima. A la puerta de la casucha de Jacoba despidiéronse, y Pepona entró sola en su miserable hogar. Lo primero con que tropezó en el umbral de la puerta fue el cuerpo de Juan Ramón, borracho como una cuba, y al cual fue preciso levantar entre maldiciones y reniegos, llevándole en peso a la cama. A eso de media noche, el borracho salió de su sopor, y con estropajosas palabras acertó a preguntar a su mujer qué teníamos de la renta. A esta pregunta, y a su desconsoladora contestación, siguieron reconvenciones, amenazas, blasfemias, un cuchicheo raro, acalorado, furioso. Minia, tendida sobre la paja, prestaba oído, latíale el corazón; el pecho se le oprimía; no respiraba; pero llegó un momento en que Pepona, arrojándose del lecho, la ordenó que se trasladase al otro lado de la cabaña, a la parte donde dormía el ganado. Minia cargó con su brazado de paja, y se acurrucó no lejos del establo, temblando de frío y susto. Estaba muy cansada aquel día; la ausencia de Pepona la había obligado a cuidar de todo, a hacer el caldo, a coger hierba, a lavar, a cuantos menesteres y faenas exigía la casa... Rendida de fatiga y atormentada por las singulares desazones de costumbre, por aquel desasosiego que la molestaba, aquella opresión indecible, ni acababa de venir el sueño a sus párpados, ni de aquietar su espíritu. Rezó maquinalmente, pensó en la Santa, y dijo entre sí, sin mover los labios: «Santa Minia querida, llévame pronto al cielo; pronto, pronto.» Al fin se quedó, si no precisamente dormida, al menos en ese estado mixto propicio a las visiones, a las revelaciones psicológicas, y hasta a las revoluciones físicas. Entonces le pareció, como la noche anterior, que veía la efigie de la mártir; sólo que, ¡cosa rara!, no era la Santa: era ella misma, la pobre rapaza, huérfana de todo amparo, quien estaba allí tendida en la urna de cristal, entre los cirios, en la iglesia. Ella tenía la corona de rosas; la dalmática de brocado verde cubría sus hombros; la palma la agarraban sus manos pálidas y frías; la herida sangrienta se abría en su propio pescuezo, y por allí se le iba la vida, dulce e insensiblemente, en oleaditas de sangre muy suaves, que al salir la dejaban tranquila, extática, venturosa... Un suspiro se escapó del pecho de la niña; puso los ojos en blanco, se estremeció..., y quedóse completamente inerte. Su última impresión confusa fue que ya había llegado al cielo, en compañía de la Patrona.

III

En aquella rebotica, donde, según los autorizados informes de Jacoba de Alberte, no entraba nunca persona humana, solía hacer tertulia a don Custodio las más noches un canónigo de la Santa Metropolitana Iglesia, compañero de estudios del farmacéutico, hombre ya maduro, sequito como un pedazo de yesca, risueño, gran tomador de tabaco. Este tal era constante amigo e íntimo confidente de don Custodio, y, a ser verdad los horrendos crímenes que al boticario atribuía el vulgo, ninguna persona más a propósito para guardar el secreto de tales abominaciones que el canónigo don Lucas Llorente, el cual era la quinta esencia del misterio y de la incomunicación con el público profano. El silencio, la reserva más absoluta tomaban en Llorente proporciones y carácter de manía. Nada dejaba transparentar de su vida y acciones, aun las más leves e inocentes. El lema del Canónigo era: «Que nadie sepa cosa alguna de ti.» Y aun añadía (en la intimidad de la trasbotica): «Todo lo que averigua la gente acerca de lo que hacemos o pensamos, lo convierte en arma nociva y mortífera. Vale más que invente, que no que edifique sobre el terreno que le ofrezcamos nosotros mismos».

Por este modo de ser y por la inveterada amistad, don Custodio le tenía por confidente absoluto, y sólo con él hablaba de ciertos asuntos graves, y sólo de él se aconsejaba en los casos peligrosos o difíciles. Una noche en que, por señas, llovía a cántaros y tronaba y relampagueaba a trechos, encontró Llorente al boticario agitado, nervioso, semiconvulso. Al entrar el canónigo se arrojó hacia él, y tomándole las manos y arrastrándole hacia el fondo de la rebotica, donde, en vez de la pavorosa *trapela* y el pozo sin fondo, había armarios, estantes, un canapé y otros trastos igualmente inofensivos, le dijo con voz angustiosa:

—¡Ay, amigo Llorente! ¡De qué modo me pesa haber seguido en todo tiempo sus consejos de usted, dando pábulo a las hablillas de los necios! A la verdad, yo debí desde el primer día desmentir cuentos absurdos y disipar estúpidos rumores... Usted me aconsejó que no hiciese nada, absolutamente nada, para modificar la idea que concibió el vulgo de mí, gracias a mi vida retraída, a los viajes que realicé al extranjero para aprender los adelantos de mi profesión, a mi soltería y a la maldita casualidad (aquí el boticario titubeó un poco) de que dos criadas... jóvenes... hayan tenido que marcharse secretamente de casa, sin dar cuenta al público de los motivos de su viaje...; porque... ¿qué calabazas le importaban al público los tales motivos, me hace el favor de decir? Usted me repetía siempre: «Amigo Custodio, deje correr la bola; no se empeñe nunca en desengañar a los bobos, que al fin no se desengañan, e interpretan mal los esfuerzos que se hacen para combatir sus preocupaciones. Que crean que usted fabrica sus ungüentos con grasa de difunto y que se los paguen más caros por eso, bien; dejarles, dejarles que rebuznen. Usted véndales remedios buenos, y nuevos, de la farmacopea moderna, que asegura usted está muy adelantada allá en esos países extranjeros que usted visitó. Cúrense las enfermedades, y crean los imbéciles que es por arte de birlibirloque. La borricada mayor de cuantas hoy inventan y propalan los malditos liberales es esa de *ilustrar a las multitudes*. ¡Buena ilustración te dé Dios! Al pueblo no puede ilustrársele: es y será eternamente un atajo de babiecas, una recua de jumentos. Si le presenta usted las cosas naturales y racionales, no las cree. Se pirra por lo raro, estrambótico, maravilloso e imposible. Cuanto más gorda es una rueda de molino, tanto más aprisa la comulga. Conque, amigo Custodio, usted deje andar la procesión, y si puede, apande el estandarte... Este mundo es una danza...»

—Cierto —interrumpió el canónigo, sacando su cajita de rapé y torturando entre las yemas el polvito—; eso le debí decir: y que, ¿tan mal le ha ido a usted con mis consejos? Yo creí que el cajón de la botica estaba de duros a reverter, y que recientemente había usted comprado unos lugares muy hermosos en Valeiro.

—¡Los compré, los compré; pero también los amargo! —exclamó el farmacéutico—. ¡Si le cuento a usted lo que me ha pasado hoy! Vaya, discurra. ¿Qué creerá usted que me ha sucedido? Por mucho que prense el entendimiento para idear la mayor barbaridad..., lo que es con ésta no acierta usted ni tres como usted.

—¿Qué ha sido ello?

—¡Verá, verá! Esto es lo gordo. Entra hoy en mi botica, a la hora en que estaba completamente sola, una mujer de la aldea, que ya había venido días atrás con otra a pedirme un remedio para el asma: una mujer alta, de rostro duro, cejijunta, con la mandíbula saliente, la frente chata y los ojos como dos carbones: un tipo imponente, créalo usted. Me dice que quiere hablarme en secreto, y después de verse a solas conmigo y en sitio seguro, resulta... ¡Aquí entra lo mejor! —Resulta que viene a ofrecerme el unto de una muchacha, sobrina suya, casadera ya, virgen, roja, con todas las condiciones requeridas, en fin, para que el unto convenga a los remedios que yo acostumbro hacer... ¿Qué dice usted de esto, Canónigo? A tal punto hemos llegado. Es por ahí cosa corriente y moliente que yo destripo a las mozas, y que, con las mantecas que les saco, compongo esos remedios maravillosos, ¡puf!, capaces hasta de resucitar a los difuntos —la mujer me lo aseguró—. ¿Lo está usted viendo? ¿Comprende la mancha que sobre mí ha caído? Soy el terror de las aldeas, el espanto de las muchachas y el ser mas aborrecible y más cochino que puede concebir la imaginación.

Un trueno lejano y profundo acompañó las últimas palabras del boticario. El Canónigo se reía, frotando sus manos sequitas y meneando alegremente la cabeza. Parecía que hubiese logrado un grande y apetecido triunfo.

—Yo sí que digo: ¿lo ve usted, hombre? ¿Ve cómo son todavía más bestias, animales, cinocéfalos y mamelucos de lo que yo mismo pienso? ¿Ve cómo se les ocurre siempre la mayor barbaridad, el desatino de más grueso calibre y la burrada más supina? Basta que usted sea el hombre más sencillo, bonachón y pacífico del orbe; basta que tenga usted ese corazón blandujo, que se interese usted por las calamidades ajenas, aunque le importen un rábano; que sea usted incapaz de matar a una mosca y sólo piense en sus librotes, y en sus estudios, y en sus químicas, para que los grandísimos salvajes le tengan por un monstruo horrible, asesino, reo de todos los crímenes y abominaciones.

—Pero, ¿quién habrá inventado estas calumnias, Llorente?

—¿Quién? La estupidez universal... forrada en la malicia universal también. La bestia del Apocalipsis... que es el vulgo, créame, aunque San Juan no lo haya dejado muy claramente dicho.

—¡Bueno! Así será; pero yo, en lo sucesivo, no me dejo calumniar más: no quiero; no señor. ¡Mire usted qué conflicto! ¡A poco que me descuide, una chica muerta por mi culpa! Aquella fiera, tan dispuesta a acogotarla. Figúrese usted que repetía: «La despacho y la dejo en el monte, y digo que la comieron los lobos; andan muchos por este tiempo del año, y verá cómo es cierto, que al día siguiente aparece comida». ¡Ay, Canónigo! ¡Si usted viese el trabajo que me costó convencer a aquella caballería mayor de que ni yo saco el unto a nadie, ni he soñado en tal! Por más que le repetía: «Eso es una animalada que corre por ahí, una infamia, una atrocidad, un desatino, una picardía; y como yo averigüe quién es el que lo propala, a ese sí que le destripo», la mujer, firme como un poste, y erre que erre. «Señor, dos onzas nada más... Todo calladito, todo calladito... En dos onzas tiene los untos. Otra proporción tan buena no la encuentra nunca.» ¡Qué víbora malvada! Las furias del infierno deben de tener una cara así... Le digo a usted que me costó un triunfo persuadirla. No quería irse. A poco la echo con un garrote.

—¡Y ojalá que la haya usted persuadido! —articuló el Canónigo, repentinamente preocupado y agitado, dando vueltas a la tabaquera entre los dedos—. Me temo que ha hecho usted un pan como unas hostias. ¡Ay Custodio! La ha errado usted; ahora sí que juro yo que la ha errado.

—¿Qué dice usted, hombre, o Canónigo, o demonio? —exclamó el boticario, saltando en su asiento alarmadísimo.

—Que la ha errado usted; nada, que ha hecho una tontería de marca mayor, por figurarse, como siempre, que en esos brutos cabe una chispa de razón natural, y que es lícito o conducente para algo el decirles la verdad y argüirles con ella y alumbrarles con las luces del intelecto. A tales horas, probablemente la chica está en la gloria, tan difunta como mi abuela... Mañana por la mañana, o pasado, le traen el unto envuelto en un trapo... Ya lo verá!

—Calle, calle... No puedo oír eso. Eso no cabe en cabeza humana... ¿Yo qué debí hacer? ¡Por Dios, no me vuelva loco!

—¿Que qué debió hacer? Pues lo contrario de lo razonable, lo contrario de lo verdadero, lo contrario de lo que haría usted conmigo o con cualquier otra persona capaz de sacramentos, y aunque quizás tan mala como el populacho, algo menos bestia... Decirles que sí; que usted compraba el unto en dos onzas, o en tres, o en ciento...

—Pero entonces...

—Aguarde, déjeme acabar... Pero que

el unto sacado por ellos de nada servía; que usted en persona tenía que hacer la operación y, por consiguiente, que le trajesen a la muchacha sanita y fresca... Y cuando la tuviese segura en su poder, ya echaríamos mano de la justicia para prender y castigar a los malvados... ¿Pues no ve usted claramente que esa es una criatura de la cual se quieren deshacer, que les estorba, o porque es una boca más o porque tiene algo y ansían heredarla? ¿No se le ha ocurrido que una atrocidad así se decide en un día, pero se prepara y fermenta en la conciencia a veces largos años? La chica está sentenciada a muerte. Nada; crea usted que a estas horas...

(Y el Canónigo blandió la tabaquera haciendo el expresivo ademán del que acogota.)

—¡Canónigo, usted acabará conmigo! ¿Quién duerme ya esta noche? Ahora mismo ensillo la yegua y me largo a Tornelos...

Un trueno más cercano y espantoso contestó al boticario que su resolución era impracticable. El viento mugió y la lluvia se desencadenó furiosa, aporreando los vidrios.

—¿Y usted afirma —preguntó con abatimiento don Custodio— que serán capaces de tal iniquidad?

—De todas. Y de inventar muchísimas que aún no se conocen. ¡La ignorancia es invencible, y es hermana del crimen!

—Pues usted —arguyó el boticario— bien aboga por la perpetuidad de la ignorancia.

—¡Ay, amigo mío! —respondió el oscurantista—. ¡La ignorancia es un mal; pero el mal es necesario y eterno, de tejas abajo, en este pícaro mundo! Ni del mal ni de la muerte conseguiremos jamás vernos libres.

¡Qué noche pasó el honrado boticario, tenido, en concepto del pueblo, por el monstruo más espantable, y a quien tal vez, dos siglos antes, hubiesen procesado acusándole de brujería! Al amanecer echó la silla a la yegua blanca que montaba en sus excursiones al campo, y tomó el camino de Tornelos. El molino debía servirle de seña para encontrar presto lo que buscaba.

El sol empezaba a subir por el cielo, que después de la tormenta se mostraba despejado y sin nubes, de una limpidez radiante. La lluvia que cubría las hierbas se empapaba ya, y secábase el llanto derramado sobre los zarzales por la noche. El aire diáfano y transparente, no excesivamente frío, empezaba a impregnarse de olores ligeros que exhalaban los mojados pinos. Una pega, manchada de negro y blanco, saltó casi a los pies del caballo de don Custodio. Una liebre salió de entre los matorrales, y loca de miedo, graciosa y brincadora, pasó por delante del boticario. Todo anunciaba uno de esos días espléndidos de invierno, que en Galicia suelen seguir a las noches tempestuosas, y que tienen incomparable placidez, y el boticario, penetrado por aquella alegría del ambiente, comenzaba a creer que todo lo de la víspera era un delirio, una pesadilla trágica o una extravagancia de su amigo. ¿Cómo podía nadie asesinar a nadie, y así, de un modo tan bárbaro e inhumano? Locuras, insensateces, figuraciones del Canónigo. ¡Bah! En el molino, a tales horas, de fijo que estarían preparándose a moler el grano; del santuario de Santa Minia venía, conducido por la brisa, el argentino toque de la campana, que convocaba a la misa primera: todo era paz, amor y serena dulzura en el campo... Don Custodio se sintió feliz y alborozado como un chiquillo, y sus pensamientos cambiaron de rumbo. Si la rapaza de los untos era bonita y humilde... se la llevaría consigo a su casa, redimiéndola de la triste esclavitud y del peligro y abandono en que vivía. Y si resultaba buena, leal, sencilla, modesta, no como aquellas dos locas, que la una se había escapado a Zamora con un sargento, y la otra andando en malos pasos con un estudiante, para que al fin resultara lo que resultó y la obligó a esconderse... Si la molinerita no era así, y al contrario, realizaba un suave tipo soñado alguna vez por el empedernido solterón... entonces... ¿Quién sabe, Custodio? Aún no eres tan viejo que...

Embelesado con estos pensamientos, dejó la rienda a la yegua... y no reparó que iban metiéndose monte adentro, monte adentro, por lo más intrincado y áspero de él. Notólo cuando ya llevaba andado buen trecho de camino; volvió grupas y lo desanduvo; pero con poca fortuna, pues hubo de extraviarse más, encontrándose en un sitio riscoso y salvaje. Oprimía su corazón, sin saber por qué, extraña angustia. De repente, allí mismo, bajo los rayos del sol, del sol alegre, hermoso, que reconcilia a los humanos consigo mismos y con la existencia, divisó un bulto, un cuerpo muerto, el de una muchacha... Su doblada cabeza descubría la tremenda herida del cuello; un *mantelo* tosco cubría la mutilación de las despedazadas y puras entrañas; sangre alrededor, desleída ya por la lluvia, las hierbas y malezas pisoteadas, y en torno el gran silencio de los altos montes y de los solitarios pinares...

IV

A Pepona la ahorcaron en La Coruña. Juan Ramón fue sentenciado a presidio. Pero la intervención del boticario en este drama jurídico bastó para que el vulgo le creyese más destripador que antes, y destripador que tenía la habilidad de hacer que pagasen justos por pecadores, acusando a otros de sus propios atentados. Por fortuna, no hubo entonces en Compostela ninguna jarana popular; de lo contrario, es fácil que le pegasen fuego a la botica, lo cual haría frotarse las manos al Canónigo Llorente, que vería confirmadas sus doctrinas acerca de la estupidez universal e irremediable.

11 Leopoldo Alas ("Clarín")

(1852 - 1901)

Fue hijo del Gobernador civil de Zamora. En 1865 su familia fija residencia en Oviedo —ciudad a la que el novelista llamaría «Vetusta» en sus ficciones—. Asturias sería su habitat literario y vital. Laura de los Ríos resume los rasgos mozos del novelista en pocos trazos: «Fue Alas de niño y de muchacho sumamente ágil en los juegos, tanto físicos como de ingenio, de los cuales solía salir triunfante. Tenía un gran poder de persuasión que ejercía sobre sus compañeros, y siempre se rodeaba de un grupo de amigos incondicionales que le seguían y le escuchaban con admiración. Bajo de estatura, de ojos miopes, de espíritu romántico e inquieto, sentimental y atrevido, tímido y zahiriente, este muchacho iba a ser uno de los escritores más agudos y finos de la España de fin de siglo.»

Alas llega a Madrid en 1871. Alterna los estudios universitarios con las redacciones de los periódicos y las obligadas tertulias de café. En la universidad trabaría amistad con Nicolás Salmerón, eminente político y profesor de Metafísica, y con don Francisco Giner de los Ríos, prestigioso catedrático de Filosofía, del Derecho. Salmerón, Giner de los Ríos, Ruiz de Quevedo, Fernando de Castro y otros, formaban parte de la escuela **krausista,** tendencia filosófica y pedagógica que cultivaban los mejores cerebros del sector liberal del país. Puede decirse que la polémica entre krausistas y tradicionalistas constituye —junto a las apasionadas disputas de Feijóo y la contienda entre neoclásicos y románticos—, uno de los hitos fundamentales en el desarrollo del pensamiento español. Leopoldo Alas fue krausista, liberal y republicano, credos de perfecta congruencia en el último tercio del XIX. En las tertulias literarias, tan importantes en la vida cultural de España—, Alas se relaciona con Pérez Galdós, Echegaray, Campoamor, Núñez de Arce, la Condesa de Pardo Bazán, Palacio Valdés, etc.

Le cautiva el naturalismo preconizado por Zola en Francia y defendido por la Pardo Bazán en España, pero tomando de éste no tanto la mecánica interpretación de la conducta humana, como la rigurosa observación de los seres y su medio. **La Regenta** (1884), monumento de la literatura realista, sólo comparable a la **Fortunata y Jacinta**, de Galdós, fue la obra de «Clarín» que más acusara la prédica naturalista, y ello, por supuesto, sin llegar a los extremos de sus correligionarios franceses. En 1882 se casa y muda a Zaragoza, en cuya universidad obtiene una cátedra. Más adelante marcha a Oviedo, también para continuar ejerciendo el magisterio. Muere a los cuarenta y nueve años tras una prolongada enfermedad. Si se prescinde de los textos jurídicos de Leopoldo Alas, es lícito, como hiciera Azorín, estudiar su obra desde cuatro ángulos: Primero: el polemista agresivo y mordaz, autor de los famosos «Paliques»; segundo, el crítico ponderado que emitía sus «Solos de Clarín»; tercero, el novelista profundo seducido por ciertos aspectos del naturalismo; cuarto, el cuentista formidable, capaz de alcanzar toda la gama de posibles matices literarios. La obra novelística de «Clarín» se reduce a dos tomos: **La regenta** (1884) y **Su único hijo** (1891). Sus colecciones de cuentos incluyen: **Pipá** (1886), **Doña Berta, Cuervo, Superchería** (1892), **El señor, y lo demás son cuentos** (1893), **Cuentos Morales** (1896), **El gallo de Sócrates** (1901), etc. Como dramaturgo y poeta tuvo escasa fortuna.

La prosa de Alas —y lo comprobará el lector en los cuentos que hemos seleccionado para esta antología—, pasa con agilidad del vocablo exquisito a la expresión populachera; del lenguaje literario, al coloquial. Logra con pasmosa habilidad esconder el estilo en una aparente naturalidad, semejante a la que luego inmortalizaría a Baroja. Se ha dicho que Leopoldo Alas es el puente entre la generación de la Restauración —la de Galdós, la del realismo— y la que luego siguiera del 98. Por lo pronto, comparte con los del 98 una serie de actitudes y preocupaciones fundamentales y no pocas coincidencias en la estética.

Cuento futuro

I

La Humanidad de la Tierra se había cansado de dar vueltas mil y mil veces alrededor de las mismas ideas, de las mismas costumbres, de los mismos dolores y de los mismos placeres. Hasta se había cansado de dar vueltas alrededor del mismo sol. Este cansancio último lo había descubierto un poeta lírico del género de los desesperados que, no sabiendo ya qué inventar, inventó eso: el cansancio del Sol. Su libro titulado «Heliofobe»[1] hizo furor, sobre todo en el Africa central y en el Ecuador, donde todos aseguraban que el Sol ya los tenía fritos.

Después del poeta vinieron los filósofos

[1] *Heliofobe*, fobia al sol.

y los políticos, sosteniendo lo que ya se llamaba universalmente la Heliofobia.

La ciencia discutió en Academias, Congresos y sección de variedades en los periódicos: 1.º, si la vida sería posible separando la Tierra del Sol y dejándola correr libre sobre el vacío hasta engancharse en otro sistema; 2.º, si habría medio, dado lo mucho que las ciencias físicas habían adelantado, de romper el yugo de Febo[2] y dejarse caer en lo infinito. Los sabios dijeron que sí y que no y que qué sabían ellos respecto de ambas cuestiones.

Un sabio muy acreditado, que acababa de descubrir el bacilus del hambre y libraba a la humanidad doliente con inoculaciones de caldo gordo, sabio aclamado por el mundo entero, y que ya tenía en todos los continentes más estatuas que pelos en la cabeza, el doctor Judas Adambis, natural de Mozambique, emporio de las ciencias a la sazón, Atenas moderna, Judas Adambis tomó cartas en el asunto y escribió una «Epístola Universal», cuya primera edición vendió por una porción de millones.

Dice así el doctor Judas Adambis:

«...Yo creo que la Humanidad de la Tierra debe, en efecto, romper las cadenas que la sujetan a este sistema planetario, miserable y mezquino para los vuelos de la ambición del hombre. La solución que el poeta francés nos propuso es magnífica, sublime...; pero no es más que poesía. Hablemos claro, señores. ¿Qué es lo que se desea? ¡Es que no puede llamarse la Tierra libre e independiente mientras viva sujeta a la cadena impalpable que la ata al sol, y la luna dé vueltas alrededor del astro tiránico...! ¡Ah, no, señores! No es esto. Aquí hay algo más que esto. No negaré yo que esta dependencia del Sol nos humilla; sí, nuestro orgullo padece con semejante sujeción. Pero eso es lo de menos. Lo que quiere la Humanidad es algo más que librarse del Sol..., es librarse de la vida.

Hoy sabemos que el hombre vuelve a las andadas, que nuestra descendencia está condenada a ser salvaje y sus descendientes remotos, a ser como nosotros, hombres aburridos de puro civilizados. No se trata de una teoría, se trata de un hecho viril: del suicidio universal. La ciencia y las relaciones internacionales permiten hoy llevar a cabo tal intento. El que suscribe, sabe cómo puede realizarse el suicidio de todos los habitantes del globo en un mismo segundo. ¿Lo acepta la Humanidad?»

CAPITULO II

La idea de Judas Adambis era el secreto deseo de la mayor parte de los humanos...; casi todos estaban convencidos de eso, de que esto debía dar un estallido. Pero, ¿cómo estallar? Esta era la cuestión.

El doctor Adambis, no sólo había encontrado la fórmula de la aspiración universal, sino que prometía facilitar el medio de poner en práctica su grandiosa idea. El suicidio individual no resolvía nada; los suicidios menudeaban; pero los partos felices mucho más. Crecía la población que era un gusto, y por ahí no se iba a ninguna parte.

El suicidio en grandes masas se había ensayado varias veces, pero no bastaba. El caso era encontrar un medio para realizar el suicidio universal.

Los gobiernos de todos los países se entendieron con Judas Adambis, el cual dijo que lo primero que necesitaban era

[2] *Febo*, el Sol.

un gran empréstito, y además la seguridad de que todas las naciones aceptaban su proyecto, pues sin esto no revelaría su secreto ni comenzarían los trabajos preparatorios de tan gran empresa.

Se puso a votación en todas las Asambleas legislativas del mundo el suicidio universal, y en todas ellas fue aprobado por gran mayoría... Se votó definitivamente el fin del mundo por lo que tocaba a los hombres, y se dieron plenos poderes al doctor Adambis para que cortara y rajara a su antojo.

Con auxilio de los Gobiernos pudo Adambis llevar a cabo su obra magna que, por medio de aplicaciones mecánicas de condiciones químicas hoy desconocidas, puso a todos los hombres de la Tierra en contacto con la muerte.

Se trataba de no sé qué diablo de fuerza recientemente descubierta que, mediante conductores de no se sabe ahora qué género, convertía el globo en una gran red que encerraba en sus mallas mortíferas a todos los hombres, «velis nolis».[3] Había la seguridad de que ni uno solo podría escaparse del estallido universal.

El ceremonial del tremendo trance costó muchas discusiones y disgustos y por poco fracasa el gran proyecto por culpa de la etiqueta. ¿En qué traje, en qué postura, qué día y a qué hora debía estallar la Humanidad?

Se aprobó que el traje fuese el de etiqueta rigurosa entre las clases altas, y en las demás, el traje nacional. Se desechó una proposición de suicidarse en el traje de Adán antes de las hojas de higuera, era indecorosa. En cuanto a la postura, cada cual podía adoptar la que creyese la más digna y elegante. ¿Día? Se designó el primero de año por aquello de que año nuevo, vida nueva. ¿Hora? Las doce del día, para que el sol aborrecido presidiese y pudiera dar testimonio de la suprema resolución de los humanos.

El doctor Adambis pasó un atento besalamano[4] a todos los habitantes del globo avisándoles la hora y demás circunstancias del lance.

Llegó el día de Año Nuevo, y a las once y media de la mañana el doctor, acompañado de su digna y bella esposa Evelina Apple, se presentó en el palacio en que residía la comisión internacional, organizadora del suicidio universal.

Vestía el doctor riguroso traje de luto, frac y corbata negra y gasa en el sombrero. Evelina Apple, rubia, alta, de anchas caderas y vientre arrogante, de negro también, escotada y con manga corta, daba el brazo a su digno esposo. La comisión en masa, de frac y corbata negra también, salió a recibirlos al vestíbulo. Entraron en el salón del Gran Aparato, sentáronse los esposos en un trono en sendos sillones; alrededor los comisionados y en silencio todos, esperaron a que sonaran las doce en un gran reloj de cuco colocado detrás del trono. Delante de éste, había una mesa pequeña, cuadrada, con tabla de marfil. En medio de ésta, un botón negro, sencillísimo, atraía las miradas de todos los presentes.

El reloj era una primorosa obra de arte. Estaba fabricado con material de un extraño pedrusco que la ciencia actual permitía asegurar que era procedente del planeta Marte. El cuco era un esqueleto de este pajarraco.

Judas miró a Evelina con aire de triunfo a las doce menos un minuto. Entre los comisionados ya había cinco o seis muertos de miedo. Al comisionado español se le ocurrió que iba a perder la co-

[3] *Velis nolis*, quiéranlo o no.

[4] *Besalamano*, invitación.

rrida del próximo domingo y se levantó diciendo que él adoptaba el retraimiento y se retiraba. Adambis, sonriendo, le advirtió que era inútil, pues lo mismo estallaría su cerebro en la calle que en el puesto de honor. El español se sentó dispuesto a morir como un valiente.

¡Plin! Con un estallido estridente se abrió la portezuela del reloj y apareció el esqueleto del cuco.

—¡Cucú, cucú! —gritó hasta seis veces, con largos intervalos de silencio.

—¡Una, dos! —iba contando el doctor.

Evelina Apple fue la que miró entonces a su marido, con gesto de angustia y algo desconfiada.

El doctor sonrió y, por debajo de la mesa que tenía delante, dio a su mujer la mano. Evelina se asió a su marido como a un clavo ardiendo.

—¡Cucú, cucú!

—¡Tres, cuatro!

—¡Cucú, cucú!

—¡Cinco, seis!... —Adambis puso el dedo índice de la mano derecha sobre el botón negro.

Los comisionados internacionales, que aún vivían, cerraron los ojos por no ver lo que iba a pasar y se dieron por muertos.

—¡Cucú, cucú!

—¡Siete, ocho!

—¡Cucú, cucú!

—¡Nueve, diez!

CAPITULO III

—¡Cucú, cucú!

—¡Once! —exclamó con voz solemne Adambis y mientras el reloj repetía: ¡Cucú, cucú! En vez de decir: «doce» Judas calló y oprimió el botón negro.

Los comisionados permanecieron inmóviles en su respectivo asiento. El doctor y su esposa se miraron: pálido él y serio; ella, pálida también, pero sonriente.

—Te confieso —dijo Evelina— que al llegar el momento terrible temía que me jugaras una mala pasada. Y apretó la mano de su marido que tenía cogida por debajo de la mesa.

—¡Ya estamos solos en el mundo! —exclamó el doctor con acento de bajo profundo, ensimismado.

—¿Crees tú que no habrá quedado nadie más?...

—Absolutamente nadie.

Evelina se acercó a su marido. Aquella soledad del mundo le daba miedo.

—De modo que, por lo pronto, todos esos señores...

—Cadáveres. Ven, acércate.

—¡No, gracias!

El doctor descendió de su trono y se acercó a los bancos de los comisionados. Ninguno se había movido. Todos estaban perfectamente muertos.

—Los más de ellos dan señales de haber sucumbido antes de la descarga, de puro miedo. Lo mismo habrá pasado a muchos en el resto del mundo.

—¡Qué horror! —gritó Evelina que se había asomado a un balcón, del que se retiró corriendo. Adambis miró a la calle y en la gran plaza que rodeaba el palacio vio un espectáculo tremendo, con el que no había contado y que era, sin embargo, naturalísimo.

La multitud, cerca de 500.000 seres humanos que llenaban el círculo grandioso de la plaza, formando una masa compacta, apretada, de carne, no era ya más que un inmenso montón de cadáveres, casi todos en pie.

Balcones, ventanas, buhardillas y tejados estaban cuajados de cadáveres también, y en las ramas de algunos árboles y sobre los pedestales de las estatuas yacían pilluelos muertos, supinos o de bruces, o colgados. El doctor sentía terribles remordimientos: «Había asesinado a toda la Humanidad». Dígase en su descargo: él había obrado de buena fe al proponer el suicidio universal.

¡Pero su mujer!... Evelina le tenía en un puño.

Era la hermosa rubia de la minoría en aquello del suicidio; no tanto por horror a la muerte, como por llevarle la contraria a su marido.

—¿No tienes medios de salvarnos a tí y a mí?...

El doctor, aunque lo negó al principio, tuvo que confesar al fin que sí; que podían salvarse ellos, pero sólo ellos.

Evelina no tenía amantes, se conformó con salvarse sola, pues su marido no era nadie para ella.

Merced a ciertos menjurjes, el doctor se aisló de la corriente mortífera; mas, para probar la fe de Evelina, no quiso untarla a ella con el salvador ingrediente y la obligó a confiar en su palabra de honor. Llegado el momento terrible, Adambis, mediante el simple contacto de las manos, comunicó a su esposa la virtud de librarse de la conmoción mortal que debía acabar con el género humano.

Evelina estaba satisfecha de su marido. Pero aquello de quedarse a solas en el mundo con él era muy aburrido.

—¿Y cómo vamos a salir de aquí? Imposible atravesar esa plaza; esa muralla de carne humana lo impedirá...

El doctor sonrió. Sacó del bolsillo del chaleco un pedacito de tela muy sutil, lo estiró entre los dedos, lo dobló varias veces y lo desdobló, como quien hace una pajarita de papel; resultó un poliedro regular; por un agujero que tenía la tela sopló varias veces, después de meterse una pastilla en la boca, y el poliedro fue hinchándose, se convirtió en esfera y lle-

...ner un diámetro de dos metros: ...globo de bolsillo, mueble muy co... aquel tiempo.

—... —dijo Evelina— has sido previso... y va... traído el globo. Pues volemos tanto...os; porque el espectáculo de ...os, entre los que habrá muchos c...os, no me divierte.

La pa... ...ntró en el globo que tenía dentro tod... necesario para la dirección del aparato ... ara la comodidad de dos o tres viajeros.

Y volaron. Se remontaron mucho. Huían, sin decirse nada, de la *tierra* en que habían nacido.

Evelina, asomada a una ventanilla del globo, iba ya distraída, contemplando el *paisaje*. El fresco la animaba; un vientecillo sutil, que jugaba con los rizos de su frente, la hacía cosquillas. «No se estaba mal allí.»

Pero de repente se acordó de algo. Volvióse al doctor y le dijo:

—Chico, tengo hambre.

El doctor, sin decir palabra, tomó del bolsillo del frac una especie de petaca y de ésta sacó un rollo que semejaba un cigarro puro. Era una quinta esencia alimenticia, invención del doctor mismo. Con aquel cigarro comestible se podía pasar perfectamente dos o tres días sin más alimento.

—No; quiero comer de veras. Tu comida química me apesta, ya lo sabes. Yo no como por sustentar el cuerpo; como por comer, por gusto. Descendamos a la Tierra; en cualquier parte encontraremos provisiones: todo el mundo es nuestro.

Adambis, pálido de emoción, con voz temblorosa, se atrevió a decir:

—Evelina, ya sabes... que siempre he sido esclavo voluntario de tus caprichos...; pero en esta ocasión... perdóname si no puedo complacerte. Primero me arrojaré de cabeza desde este globo, que descender a la Tierra... a robarle la [illegible]a a cualquiera de mis víctimas. As[illegible] fui, pero no seré ladrón.

—¡Imbécil! Todo lo que hay [illegible] la T[illegible]rra es tuyo; tú serás el prim[illegible]cup[illegible].

—Evelina, pide otra cosa. [illegible] n[illegible]rir

—Y entonces... ¿nos vam[illegible] aquí de hambre?

[illegible]ento.

—Aquí tienes mis cigarros d[illegible]

—Pero ¿y [illegible] concluyéndol[illegible]aire y de

—Con un poco de agua [illegible]que buscaré dos o tres cuerpos simple[illegible] en lo más alto de alg[illegible]montañas poco habitadas, tendré lo suficiente para componer sustancia de la que hay en estos extractos.

—Pero eso es muy soso.

—Pero basta para no morirse.

—¿Y vamos a estar siempre en el aire?

—No sé hasta cuando. Yo no bajo.

—¿De modo que yo no voy a ver el mundo entero? ¿No voy a apoderarme de todos los tesoros, de todos los museos, de todas las joyas, de todos los tronos de los grandes de la Tierra?

—Yo no bajo.

—¿Pero por qué? ¡Imbécil!

—Porque tengo miedo.

—¿A quién?

—A mi conciencia.

—¿Pero hay conciencia?

—Por lo visto.

—¿No estaba demostrado que la conciencia es una aprensión de la materia orgánica en cierto estado de desarrollo?

—Sí estaba.

—¿Y entonces...?

—Pero hay conciencia.

—¿Y qué te dice tu conciencia?

—Me habla de Dios.

—¡De Dios! ¿De qué Dios?

—¡Qué sé yo! De Dios.

—Estás incapaz, hijo. No hay quien te entienda. Explícate. ¿No te burlabas tú de mí porque predicaba? ¿porque iba a misa y me confesaba a veces? Yo era y soy católica... pero no me impedía reconocer que tú, como casi todos los hombres del mundo, tendrías tus razones para ser ateo y racionalista, y recordarás que nunca te armé ningún caramillo por motivos religiosos.

—Es cierto.

—Pero ahora, cuando menos falta hace, te vienes tú con la conciencia y con Dios... Eres tonto, Judas, siempre lo he dicho, eres un sabio muy tonto.

—Pues yo no bajo.

—Pues yo no fumo. Yo no me alimento con esas porquerías que tú fabricas. A lo menos, hombre, descendamos donde no haya gente... en alguna región donde haya buena fruta... espontánea. ¡Qué sé yo! Tú que lo sabes todo, sabrás dónde hay de eso.

—¿Te contentarías con eso... con buena fruta?

—Por ahora, sí... puede.

Adambis se quedó pensativo. El recordaba que entre los modernísimos comentaristas de la Biblia, tanto católicos como protestantes, se había tratado con gran erudición y copia de datos la cuestión geográficoteologica del lugar que ocuparía en la Tierra el Paraíso.

Y después de pensar así, dijo en voz alta:

—Ea, Evelina, voy a darte gusto. Voy a buscar eso que pides: una región no habitada que produce espontáneos frutos y frutas de los más delicados.

Y seguía pensando el doctor: «Dado que el Paraíso exista y que yo dé con él, ¿será lo que fue? ¿Seguirá Dios haciéndole producir tan sabrosos frutos? ¡Oh, sí, busquemos el Paraíso! Paraíso para mí, porque será el único lugar de la Tierra desierto; es decir, que no sea un cementerio; único lugar donde no encontraré el espectáculo horrendo de la Humanidad muerta e insepulta».

Abreviemos. Buscando, buscando desde el aire con un buen anteojo, comparando sus investigaciones con sus recuerdos de la famosa discusión teologicogeográfica, Adambis llegó a una región del Africa Central donde, o mucho se engañaba, o estaba lo que buscaba.

Cuando él dudaba así, de repente, Evelina, que también observaba con unos anteojos de teatro, gritó:

—¡Ah, Judas, Judas! Por aquel prado se pasea un señor... muy alto, sí, parece alto..., de bata blanca, con muchas barbas, blancas también...

—¡Cáscaras! —exclamó el doctor, que sintió un escalofrío mortal. Y dirigiendo su catalejo hacia la parte a que apuntaba Evelina, dijo con voz de espanto: —No hay duda..., es él. ¡El, mejor dicho!

—Pero ¿quién?

—¡Yova Elhoim! ¡Jehová! ¡El Señor Dios! ¡El Dios de nuestros mayores!

CAPITULO IV

El autor de toda esta farsa necesita, al llegar a este punto de su narración, interrumpirla; tengo que entendérmelas con los timoratos y escrupulosos en materia religiosa, que acaso quieran ver ribetes de impiedad en mi cuento. No hay tal impiedad: primero y principalmente, porque sólo se trata de una broma, y yo aquí no quiero probar nada, ni acabar con la Iglesia de Pedro... Lo que puedo jurar es que respeto a Jehová, escríbase como se escriba, tanto como el que más, y que en este cuento no pretendo reemplazar la religión de nuestros mayores con otra de mi invención.

Apresúrome a decir que la bata que Evelina creyó haber visto pendiente de los hombros del que se paseaba por aquel prado del Paraíso, no debía de ser tal bata, ni las barbas, barbas; pero ya saben ustedes que las mujeres todo lo materializan.

Ello es que aquel era Jehová efectivamente y que se estaba paseando por aquel prado del Paraíso, como solía todas las tardes que hacía bueno; costumbre que le había quedado desde los tiempos de Adán.

Adambis, aturdido por la presencia del Señor, de que no dudaba, pues si hubiese sido un hombre como los demás hubiese muerto a las doce de la mañana, Adambis, lleno de terror y de vergüenza, perdió los estribos... del globo; es decir, trocó los frenos, y el globo comenzó a bajar rápidamente y se enredó en las ramas de un árbol.

Evelina gritaba, espantando las aves del Paraíso, que volaban en grandes círculos alrededor de los inesperados viajeros.

Levantó el Señor la cabeza al oír tanto ruido y, viendo el trance, acudió a salvar a los náufragos del aire.

En presencia de Jehová, el doctor Judas permanecía silencioso y avergonzado. Evelina miraba al Señor con curiosidad, pero sin asombro. Encontrarse con un Dios personal de manos a boca le parecía tan natural como le hubiera parecido la demostración matemática de que Dios no existe. Lo que ella quería era tomar algo.

Judas se creyó en el deber de humillarse y de confesar su error. Pero Jehová hizo que la conversación cambiase de rumbo.

Lo pasado, pasado. Ahora se trataba de reformar la Humanidad por segunda vez. Lo de Adán había salido mal; el remedio del diluvio tampoco había probado; tal vez el mal habría estado en dejar vivos a tantos parientes; un mundo que comienza entre suegros y cuñadas no puede ir bien. Además lo primero que había hecho Noé, pasada la borrasca, había sido emborracharse. Jehová esperaba más formalidad por parte de Judas Adambis. Judas había acabado con la Humanidad... Corriente. Poco se había perdido.

El pesimismo era la tontería que menos podía tolerar Elhoim; la Humanidad se había hecho pesimista... bien muerta estaba. Ahora se trataba de otro ensayo: Adambis iba a repoblar el mundo, y si esta nueva cría salía mal también, bastaba de ensayos: la Tierra se quedaría en barbecho [5] por ahora.

El matrimonio de Adambis y Evelina había sido hasta entonces infecundo; pero con las aguas del Paraíso, Jehová prometía que la fecundidad visitaría el seno de aquella señora.

—No serán ustedes inocentes —vino a decir Jehová—, porque eso ya no puede ser. Pero esto mismo me conviene. Inocente y todo, Adán hizo lo que hizo. Usted, señor Adambis, es un sabio verdadero, a pesar de sus errores teológicos y quiero ver si me conviene más la suprema malicia que la suprema inocencia. Desde hoy llevan ustedes en arrendamiento todo este jardín amenísimo. La renta que me han de pagar son sus buenas obras. Todo lo que ustedes ven es de ustedes.

—¿Absolutamente todo? —exclamó Evelina.

Y Jehová, aunque con otras palabras, vino a decir:

—Sí, señora... sin más excepción que una... insignificante. Pongo por condición la misma que puse al otro. No se ha de tocar a este manzano, que en un tiempo fue el árbol de la ciencia del bien y del mal, y que ahora no es más que un manzano de la acreditada clase de los que producen las ricas manzanas de Balsaín. Por comer de esas manzanas no sabrán ustedes ni más ni menos de lo que saben, ni serán como dioses, ni nada de eso. Si Satanás se presenta otra vez y quiere tentar a esta señora, no le haga caso ninguno. Como este manzano los hay a porrillo en todo el Paraíso. Pero yo me entiendo y no quiero que se toque en ese árbol. Si coméis de esas manzanas... vuelta a empezar: os echo de aquí, tendréis que trabajar, parirá esta señora con dolor, etc., etc. En fin, ya saben ustedes el programa. Y no digo más.

Y desapareció Jehová Elhoim.

Y casi me alegro, porque ahora ya puedo copiar el diálogo textualmente.

Evelina encogió los hombros y dijo:

—Tú, Judas, ¿qué opinas de todo esto?

—¡Figúrate!

—Valiente sabio estabas tú. Mira qué bien hacía yo en ir a misa, por un si acaso. Afortunadamente, el Señor parece un señor muy amable.

—¡Oh! La Bondad Infinita...

—Sí, pero...

—El Sumo Bien...

—Sí, pero...

—La Sabiduría Infinita.

—Sí, pero...

—¿Pero qué, hija?

—Pero algo raro.

—Y tan raro, como que es único.

—No, no quiero decir raro en ese sentido, sino en el de... ¡Mira tú que prohibirnos comer de esas manzanas como si fuéramos unos chiquillos!...

—¡Y no comeremos!

—Claro que no, hombre. No te pongas tan fiero. Pues por eso digo que es raro. ¿Qué trabajo nos cuesta a nosotros prescindir de unas cuantas manzanas que son como las demás?

[5] *En barbecho*, sin cultivar.

—Mira, en eso no nos metamos. Dios es Dios, ¿estás? Y lo que él hace, bien hecho está.

—Pero confiesa que eso es un capricho.

—No confieso tal, ni tú tampoco; y te prohibo blasfemar en adelante. Por lo pronto no pienses más en tales manzanas... que el diablo las carga.

—¡Qué ha de cargar, infeliz! A propósito: tengo sed... deseo de eso, de eso... de fruta..., de manzanas precisamente, y de Balsaín.

—¡Mujer!

—¡Bobalicón! ¿No ha dicho que de esa clase hay aquí a porrillo? Pues vamos a buscar otro árbol igual, y me das un hartazgo... ¿Conoces tú el Balsaín?

—Sí, Evelina. *(Busca.)* Aquí tienes otro árbol igual que ese prohibido. Toma. ¿Ves qué hermosa manzana? Balsaín legítimo.

Evelina clavó los blancos y apretados dientes en la manzana que le ofrecía su esposo.

Mientras Judas volvía la espalda y buscaba otro ejemplar de la hermosa fruta, una voz como un silbido, gritó al oído de Evelina:

—¡Eso no es Balsaín!

Tomó ella el aviso por voz interior, por revelación del paladar, y gritó irritada:

—Mira, Judas, a mí no me la das tú. ¡Esto no es Balsaín!

Un sudor frío, como el de las novelas, inundó el cuerpo de Adambis.

—Buenos estamos —pensó— ¡Si Evelina empieza a desconfiar... no va a haber Balsaín en el Paraíso!

Así fue. A cien árboles se arrancó fruta y la voz siempre gritaba al oído de la esposa:

—¡Eso no es Balsaín!

—No te canses, Judas —dijo ella ya fatigada—. No hay más manzanas de Balsaín en todo el Paraíso que las del árbol prohibido.

Hubo una pausa.

—Pues, hija... —se atrevió a decir Adambis— ya ves... No hay remedio... Si te empeñas en que no hay más que ésas, te quedarás sin ellas.

—¡Bien, hombre, bien; me quedaré! Pero no es esa manera de decírselo a una.

La voz de antes gritó al oído de Evelina:

—¡No te quedarás!

—Otro sería más... enamorado que tú. Claro, un sabio no sabe lo que es pasión...

—¿Qué quieres decir, Evelina?

—Que Adán, con ser Adán, era más cumplido amador que tú.

—Tengamos la fiesta en paz, y renuncia al Balsaín.

—¡Bueno! pues tú..., ya que prefieres cumplir un capricho de quien hace una hora negabas que existiese, a satisfacer un deseo de tu mujer... tú, mameluco,[6] renuncia a lo otro.

—¿Qué es lo otro?

—¿No se nos ha dicho que seré fecunda en adelante?

—Sí, hija mía; de eso iba a hablarte...

—Pues no hay de qué. Nada de fecundidad.

—Pero hija...

—Nada, que no quiero.

—¡Así, perfectamente! dijo la voz que le hablaba al oído a Evelina.

Volvióse ella y vio al diablo con figura de serpiente, enroscado en el tronco del árbol prohibido.

Evelina contuvo una exclamación a una señal del diablo que comprendió perfec-

[6] *Mameluco*, dicho con el sentido de «tonto».

tamente; se dirigió a su marido y le dijo sonriente:

—Pues mira, pichón; si quieres que seamos amigos, corre a pescarme truchas de aquel río que serpentea allá abajo...

—Con mil amores...

Y desapareció el sabio a todo escape. Evelina y la serpiente quedaron solas.

—Supongo que usted será el demonio..., como la otra vez.

—Sí, señora; pero créame usted a mí: debe usted comer de estas manzanas y hacer que coma su marido. No digo que después sean ustedes iguales que dioses, nada de eso. Pero la mujer que no sabe imponer su voluntad en el matrimonio, está perdida. Si ustedes comen, perderán ustedes el Paraíso, ¿y qué?... Aquí no haría usted más que aburrirse y parir...

—¡Qué horror!

—Y eso por una eternidad...

—¡Jesús! No lo quiera Dios. Venga, venga.

Y Evelina se acercó al árbol, arrancó una, dos, tres manzanas, y les fue hincando el diente con apetito de fiera hambrienta.

Desapareció la serpiente, y a poco volvió Adambis, sin truchas.

—Perdóname, mona mía, pero en ese río... no hay truchas.

Evelina echó los brazos al cuello de su esposo.

El se dejó querer.

Evelina le puso delante de la boca media manzana ya mordida por ella y con sonrisa capaz de seducir a Saia Muní, dijo:

—Pues come.

—*¡Vade retro!*[7] —gritó Judas poniéndose en salvo de un brinco. ¿Qué has hecho, desdichada?

—Comer, perderme... Pues ahora piérdete conmigo: come... y yo te haré feliz... mi adorado Judas...

—Primero me ahorcan. No, señora, no como. Yo no me pierdo. Tú no sabes cómo las gasta Jehová. No como.

Irritóse Evelina y fue en vano. No sirvieron ruegos, ni amenazas, ni tentaciones: Judas no comió.

Así pasaron aquel día y la noche, riñendo como energúmenos.

Al día siguiente, muy de madrugada, se presentó Jehová en el huerto.

—¿Qué tal, habéis comido bien? —vino a preguntar.

En fin, hubo explicaciones. Jehová lo supo todo.

—Pues ya sabéis la pena cuál es —vino a decir, pero sin incomodarse. Fuera de aquí y a ganarse la vida...

—Señor —observó Adambis —debo advertir a Vuestra Divina Majestad que yo no he comido del fruto prohibido... por consiguiente, el destierro no debe ir conmigo.

—¿Cómo, y me dejarás marchar sola? —gritó ella furiosa.

—Ya lo creo, hasta aquí hemos llegado.

—De modo —vino a decir el Señor —que lo que tú quieres es el divorcio.

—Justo.

—Pero entonces se va a acabar la humanidad en muriendo tu esposa... es decir, no quedará más hombre que tú, que por ti solo no puedes procrear —vino a decir Jehová.

—Pues que se acabe. Yo quiero quedarme aquí.

Y, en efecto, se quedó Adambis en el Paraíso.

Salió Evelina arrastrada por dos ángeles de guardia.

Renuncio a describir el furor de la desdeñada esposa al verse sola fuera del Paraíso. La historia no dice de ella sino que vivió sola algún tiempo como pudo.

[7] *¡Vade retro!*, ¡retrocede!

Una leyenda cuenta que acabó por entregar sus encantos al demonio.

En cuanto al prudente Adambis, se quedó, por lo pronto, en la gloria, en el Paraíso.

Pasaron siglos y siglos y Adambis llegó a cansarse del jardín amenísimo. Intentó varias veces el suicidio, pero fue inútil. Era inmortal. Pidió a Dios la traslación y Judas fue transportado de la Tierra, según ya lo había sido Enoch y algún otro.

Así fue cómo, al fin, se acabó el mundo, por lo que toca a los hombres.

EL ENTIERRO DE LA SARDINA[1]

Rescoldo, o mejor, la Pola de Rescoldo, es una ciudad de muchos vecinos; está situada en la falda norte de una sierra muy fría, sierra bien poblada de monte abajo, donde se prepara en gran abundancia carbón de leña, que es una de las principales riquezas con que se industrian aquellos honrados montañeses. Durante gran parte del año, lo polesos dan diente con diente y muchas patadas en el suelo para calentar los pies; pero este rigor del clima no les quita el buen humor cuando llegan las fiestas en que la tradición local manda divertirse de firme. Rescoldo tiene obispado, juzgado de primera instancia, instituto de segunda enseñanza agregado al de la capital; pero la gala, el orgullo del pueblo, es el paseo de los Negrillos, bosque secular, rodeado de prados y jardines que el Municipio cuida con relativo esmero. Allí se celebran por la primavera las famosas romerías de Pascua, y las de San Juan y Santiago en el verano. Entonces los árboles, vestidos de reluciente y fresco verdor, prestan con él sombra a las cien meriendas improvisadas, y la alegría de los consumidores parece protegida y reforzada por la benigna temperatura, el cielo azul, la enramada poblada de pájaros siempre gárrulos y de francachela. Pero la gracia está en mostrar igual humor, el mismo espíritu de broma y fiesta, y, más, si cabe, allá, en febrero, el miércoles de Ceniza, a media noche, en aquel mismo bosque, entre los troncos y las ramas desnudas, escuetas, sobre un terreno endurecido por la escarcha, a la luz rojiza de antorchas pestilentes.

Los naturales enemigos de las expansiones y del holgorio tienen que transigir cuando llegan las fiestas tradicionales; porque así como por hacer lo que siempre se hizo, las familias son religiosas a la manera antigua, así también las romerías de Pascua y de San Juan y Santiago se celebran con estrépito y alegría, bailes, meriendas, regocijos al aire libre, inevitables ocasiones de pecar, no siempre vencidas desde tiempo inmemorial. No parecen las mismas las niñas vestidas de blanco, rosa y azul, que ríen y bailan en los Negrillos sobre la fresca hierba, y las que en otoño y en invierno, muy de oscuro, muy tapadas, van a las novenas y huyen de bailes, teatros y paseos.

Pero no es eso lo peor, desde el punto de vista de los misioneros; lo peor es Antruejo.[2]

[1] El entierro de la sardina es una ceremonia que se lleva a cabo la noche del Miércoles de Ceniza en algunos pueblos españoles.

[2] *Antruejo*, los tres días de Carnaval que preceden al Miércoles de Ceniza.

En Rescoldo, Antruejo dura lo que debe durar, tres días: domingo, lunes y martes; el miércoles de Ceniza nada de máscaras... se acabó Carnaval, «memento homo»,[3] arrepentimiento y tente tieso... ¡pobres niñas polesas! Pero ¡ay! amigo, llega la noche... el último relámpago de locura, la agonía del pecado que da el último mordisco a la manzana tentadora, ¡pero qué mordisco! Se trata del entierro de la sardina, un aliento póstumo del Antruejo; lo más picante del placer, por lo mismo que viene después del propósito de enmienda, después del desengaño; por lo mismo que es fugaz, sin esperanza de mañana; la alegría en la muerte.

No hay habitante de Rescoldo, hembra o varón que no confiese, si es franco, que el mayor placer mundano que ofrece el pueblo está en la noche del miércoles de Ceniza, al enterrar la sardina en el paseo de los Negrillos. Si no llueve o nieva, la fiesta es segura. Que hiele no importa. Entre las ramas secas brillan en lo alto las estrellas; debajo, entre los troncos seculares, van y vienen las antorchas, los faroles verdes, azules y colorados; la mayor parte de las sábanas limpias de Rescoldo circulan por allí, sirviendo de ropa talar[4] a improvisados fantasmas que, con largos cucuruchos de papel blanco por toca, miran al cielo empinando la bota.[5] Los señoritos que tienen coche y caballos los lucen en tal noche, adornando animales y vehículos con jaeces fantásticos, todo más aparatoso que precioso y caro, si bien se mira. Mas a la luz de aquellas antorchas y farolillos, todo se transforma; la fantasía ayuda, el vino transporta, y el vidrio puede pasar por brillante, por seda el percal...

[3] *Memento homo*, recuerda, hombre.
[4] *Ropa talar*, hasta los talones.
[5] *Empinar la bota*, tomar de un recipiente de cuero.

Somos ceniza, ha dicho por la mañana el cura, y... ya lo sabemos, dice Rescoldo en masa por la noche, brincando, bailando, gritando, cantando, bebiendo, comiendo golosinas, amando a hurtadillas, tomando a broma el dogma universal de la miseria y brevedad de la existencia...

* * *

Celso Arteaga era uno de los hombres más formales de Rescoldo; era director de un colegio, y a veces juez municipal; de su seriedad inveterada dependía su crédito de buen pedagogo, y de éste dependían los garbanzos. Nunca se le veía en malos sitios; ni en tabernas, que frecuentaban los señoritos más finos, ni en la sala de juegos prohibidos en el casino, ni en otros lugares nefandos, perdición de los polesos concupiscentes.

Su flaco era el entierro de la sardina. Aquello de gozar en lo oscuro, entre fantasmas, desafiando la picadura de la helada, desafiando las tristezas de la Ceniza; aquel contraste del bosque seco, muerto, que presencia la romería inverniza, como algunos meses antes veía, cubierto de verdor, lleno de vida, la romería del verano, eran atractivos irresistibles, por lo complicados y picantes, para el espíritu contenido, prudente, pero en el fondo apasionado, soñador, del buen Celso.

Solían agruparse los polesos, para cenar fuerte, el miércoles de Ceniza; familias numerosas que se congregaban en el comedor de la casa solariega; gente alegre de una tertulia que durante todo el invierno escotaban para contribuir a los gastos de la gran cena, traída de la fonda; solterones y calaveras viudos, casados o solteros, que celebraban sus «gaudeamus»[6] en el casino o en los cafés;

[6] *Gaudeamus*, vieja canción de estudiantes: «divirtámonos ahora que somos jóvenes».

todos estos grupos, bien llena la panza, con un poquillo de alegría alcohólica en el cerebro, eran los que después animaban el paseo de los Negrillos, prolongando al aire libre las libaciones, como ellos decían, de la colación de casa.

Celso, ya se sabía, en la clásica cena se ponía a medios pelos, pronunciaba veinte discursos, abrazaba a todos los comensales, predicando la paz universal, la hermandad universal y el holgorio universal. El mundo, según él, debiera ser una fiesta perpetua, una semiborrachera no interrumpida, y el amor puramente electivo, sin trabas del orden civil, canónico o penal ¡Viva la broma! —Y éste era el hombre que se pasaba el año entero grave como un colchón, enseñando a los chicos buena conducta moral y buenas formas sociales, con el ejemplo y con la palabra.

* * *

Un año, cuando tendría cerca de treinta Celso, llegó el buen pedagogo a los Negrillos con tan solemne semiborrachera (no consentía él que se le supusiera capaz de pasar de la semi a la entera), que quiso tomar parte activa en la solemnidad burlesca de enterrar la sardina. Se vistió con capuchón blanco, se puso el cucurucho clásico, unas narices como las del escudero del Caballero de los Espejos[7] y pidió la palabra, ante la bullanguera multitud, para pronunciar a la luz de las antorchas la oración fúnebre del humilde pescado que tenía delante de sí en una caja negra. Es de advertir que el ritual consistía en llevar siempre una sardina de metal blanco muy primorosamente trabajada; el guapo que se atrevía a pronunciar ante el pueblo entero la oración fúnebre, si lo hacia a gusto de cierto jurado de gente moza y alegre que le rodeaba, tenía derecho a la propiedad de la sardina metálica, que allí mismo regalaba a la mujer que más le agradase entre las muchas que le rodeaban y habían oído.

Gran sorpresa causó en el vecindario allí reunido que don Celso, el del colegio, pidiera la palabra para pronunciar aquel discurso de guasa, que exigía mucha correa, muy buen humor, gracia y sal, y otra porción de ingredientes. Pero no conocía la multitud a Celso Arteaga. Estuvo sublime, según opinión unánime; los aplausos frenéticos le interrumpían al final de cada período.

Por labios de Celso hablaba el más recóndito anhelo de toda aquella masa popular, esclava del aburrimiento levítico.[8] Las niñas casaderas y no pocas casadas y jamonas, disimulaban a duras penas el entusiasmo que les producía aquel predicador del diablo. ¡Y lo más gracioso era pensar que se trataba de don Celso el del colegio, que nunca había tenido novia ni trapicheos!

Como a dos pasos del orador, le oía arrobada, con los ojos muy abiertos, la respiración anhelante, Cecilia Pla, una joven honestísima, de la más modesta clase media, hermosa sin arrogancia, más dulce que salada en el mirar y en el gesto; una de esas bellas que no deslumbran, pero que pueden ir entrando poco a poco alma adelante. Cuando llegó el momento solemnísimo de regalar el triunfante Demóstenes[9] de Antruejo la joya de pesca a la mujer más de su gusto, a Cecilia se le puso un nudo en la garganta, un

[7] Alusión a la nariz de un personaje del *Quijote* que «casi le hacía sombra a todo el cuerpo».

[8] *Aburrimiento levítico*, por causa de las normas religiosas.

[9] *Demóstenes*, famoso orador griego (384-322 A. C.).

volcán se le subió a la cara; porque, como en una alucinación, vio que, de repente, Celso se arrojaba de rodillas a sus pies, y, con ademanes del Tenorio, le ofrecía el premio de la elocuencia, acompañado de una declaración amorosa ardiente, de palabras que parecían versos de Zorrilla... en fin, un encanto.

Todo era broma, claro; pero burla, burlando, ¡qué efecto le hacía la inesperada escena a la modestísima rubia, pálida, delgada y de belleza así, como recatada y escondida!

El público rio y aplaudió la improvisada pasión del famoso don Celso, el del colegio. Allí no había malicia, y el padre de Cecilia, un empleado del almacén de máquinas del ferrocarril, que presenciaba el lance, era el primero que celebraba la ocurrencia, con cierta vanidad, diciendo al público por si acaso:

—Tiene gracia, tiene gracia... En Carnaval todo pasa. ¡Vaya con don Celso!

A la media hora, es claro, ya nadie se acordaba de aquello; el bosque de los Negrillos estaba en tinieblas, a solas con los murmullos de sus ramas secas; cada mochuelo a su olivo. Broma pasada, broma olvidada.

Celso Arteaga volvió el jueves, desde muy temprano, a sus habituales ocupaciones, serio, tranquilo, sin remordimientos ni alegría. La broma de la víspera no le dejaba mal sabor de boca, ni bueno. Cada cosa en su tiempo.

Algo pensó durante unos días en la joven a cuyos pies había caído inopinadamente, y a quien había regalado la simbólica sardina. ¿Qué habría hecho de ella? ¿La guardaría? Esta idea no desagradaba al señor Arteaga. Conocía a la muchacha de vista; era hija de un empleado del ferrocarril; vestía la niña de oscuro siempre y sin lujo; no frecuentaba, ni durante el tiempo alegre, paseos, bailes ni teatros. Recordaba que caminaba con los ojos humildes. Tiene el tipo de la dulzura, pensó. Y después: Supongo que no la habré parecido grotesco, y otras cosas así. Pasó tiempo, y nada. En todo el año no la encontró en la calle más que dos o tres veces. Ella no le miró siquiera, a lo menos cara a cara. Bueno, es natural. En Carnaval como en Carnaval, ahora como ahora. Y tan tranquilo.

Pero lo raro fue que, volviendo el entierro de la sardina, el público pidió que hablara otra vez don Celso, porque no había quien se atreviera a hacer olvidar el discurso del año anterior. Y Arteaga, que estaba allí, es claro, no se hizo rogar... y habló, y venció, y ¡cosa más rara! al caer como el año pasado, a los pies de una hermosa, para ofrecerle una flor que llevaba en el ojal de la americana, porque aquel año la sardina (por una broma de mal gusto) no era metálica, sino del Océano, vio que tenía delante de sí a la mismísima Cecilia Pla de marras. ¡Qué casualidad! ¡pero qué casualidad! ¡pero qué casualidad! repetían cuantos recordaban la escena del año anterior.

Y sí era casualidad, porque ni Cecilia había buscado a Celso, ni Celso a Cecilia. Entre las brumas de la semiborrachera pensaba él: «Esto ya me ha sucedido otra vez; yo he estado a los pies de esta muchacha en otra ocasión»...

* * *

Y al día siguiente, Arteaga, sin dejo amargo por la semiorgía de la víspera, con la conciencia tranquila, como siempre, notó que deseaba con alguna viveza volver a ver a la chica de Pla, el del ferrocarril.

Varias veces la vio en la calle, Cecilia se inmutó, no cabía duda; sin vanidad de ningún género, Celso podía asegurarlo.

Cierta mañana de primavera, paseando en los Negrillos, se tuvieron que tocar al pasar uno junto al otro; Cecilia se dejó sorprender mirando a Celso; se hablaron los ojos, hubo como una tentativa de sonrisa, que Arteaga saboreó con deliciosa complacencia.

Sí, pero aquel invierno Celso contrajo justas nupcias con una sobrina de un magistrado muy influyente, que le prometió plaza segura si Arteaga se presentaba a unas oposiciones a la judicatura. Pasaron tres años, y Celso, juez de primera instancia en un pueblo de Andalucía, vino a pasar el verano con su señora e hijos a Rescoldo.

Vio a Cecilia Pla algunas veces en la calle: no pudo conocer si ella se fijó en él o no. Lo que sí vio fue que estaba muy delgada, mucho más que antes.

* * *

El juez llegó a poco a magistrado, a presidente de sala; y ya viejo, se jubiló. Viudo, y con hijos casados, quiso pasar sus últimos años en Rescoldo, donde estaba ya para él la poca poesía que le quedaba en la tierra.

Estuvo en la fonda algunos meses; pero cansado de la cocina pseudofrancesa, decidió poner casa, y empezó a visitar pisos que se alquilaban. En un tercero, pequeño, pero alegre y limpio, pintiparado para él, le recibió una solterona que dejaba el cuarto por caro y grande para ella. Celso no se fijó al principio en el rostro de la enlutada señora, que con la mayor amabilidad del mundo le iba enseñando las habitaciones.

Le gustó la casa, y quedaron en que se vería con el casero. Y al llegar a la puerta, hasta donde le acompañó la dama, reparó en ella; la pareció flaquísima, un espíritu puro; el pelo le relucía como plata, muy pegado a las sienes.

—Parece una sardina —pensó Arteaga, al mismo tiempo que detrás de él se cerraba la puerta.

Y como si el golpe del portazo le hubiera despertado los recuerdos, don Celso exclamó:

—¡Caramba! ¡Pues si es aquella!... ¡aquella del entierro!... ¿Me habrá conocido?... Cecilia... el apellido era... catalán... creo... sí, Cecilia Prast... o cosa así.

Don Celso, con su ama de llaves, se vino a vivir a la casa que dejaba Cecilia Pla, pues ella era en efecto; sola en el mundo.

Revolviendo una especie de alacena empotrada en la pared de su alcoba, Arteaga vio relucir una cosa metálica. La cogió... miró... era una sardina de metal blanco, muy amarillenta ya, pero muy limpia.

—¡Esa mujer se ha acordado siempre de mí! —pensó el funcionario jubilado con una íntima alegría que a él mismo le pareció ridícula, teniendo en cuenta los años que habían volado.

Pero como nadie le veía pensar y sentir, siguió acariciando aquellas delicias inútiles del amor propio retroactivo.

—Sí, se ha acordado siempre de mí; lo prueba que ha conservado mi regalo de aquella noche... del entierro de la sardina.

Y después pensó:

—Pero también es verdad que lo ha dejado aquí, olvidada sin duda de cosa tan insignificante... o ¿quién sabe si para que yo pudiera encontrarlo? Pero... de todas maneras... Casarnos, no, ridículo sería. Pero... mejor ama de llaves que este sargento que tengo, había de serlo...

Y suspiró el viejo, casi burlándose del prosaico final de sus románticos recuerdos.

¡Lo que era la vida! Un miércoles de

Ceniza, un entierro de la sardina... y después la Cuaresma triunfante. Como Rescoldo, era el mundo entero. La alegría un relámpago; todo el año hastío y tristeza.

* * *

Una tarde de lluvia, fría, oscura, salía el jubilado don Celso Arteaga del Casino, defendiéndose como podía de la intemperie, con chanclos y paraguas.

Por la calle estrecha, detrás de él, vio que venía un entierro.

—¡Maldita suerte! —pensó, al ver que se tenía que descubrir la cabeza, a pesar de un pertinaz catarro. —¡Lo que voy a toser esta noche! —se dijo, mirando distraído el féretro. En la cabecera leyó estas letras doradas: C. P. M. El duelo no era muy numeroso. Los viejos eran mayoría.

Conoció a un cerero,[10] su contemporáneo, y le preguntó el señor Arteaga:

—¿De quién es?

—Una tal Cecilia Pla... de nuestra época... ¿No recuerda usted?

—¡Ah, sí! —dijo don Celso.

Y se quedó bastante triste, sin acordarse ya del catarro. Siguió andando entre los señores del duelo.

De pronto se acordó de la frase que se le había ocurrido la última vez que había visto a la pobre Cecilia.

—«Parece una sardina.»

Y el diablo burlón, que siempre llevamos dentro, le dijo:

—Sí, es verdad, era una sardina. Este es, por consiguiente, el «entierro de la sardina».

Ríete, si tienes gana.

[10] *Cerero*, fabricante de velas.

CAPITULO CUARTO

LA GENERACION DEL '98

La generación del '98

Tradicionalmente la literatura española se ordena con una perspectiva netamente estética. Es decir, se traza la línea imaginaria entre dos períodos cuando las diferencias en estilo, técnica, temas, etc., se hacen ostensibles. De esta suerte, los manuales encadenan el curso de las letras españolas en una secuencia ampliamente aceptada: literatura medieval, renacentista, barroca, neoclásica, romántica, realista, generaciones del 98, del 10, del 27, del 36, y posterior a la Guerra Civil. Por supuesto que estas casillas no constituyen rupturas súbitas o caprichosas, sino se deben a una evolución gradual de los supuestos teóricos —y de las realizaciones— de los hombres entregados al quehacer creativo. Pero lo que nos interesa ahora es que de pronto, rompiendo la tradicional cadencia —que es, por demás, la del resto de Europa, lo que sin duda supone una inevitable desfiguración y una esquematización por analogía tan útil como sospechosa— comparece no un género o una corriente estética, sino un grupo de hombres de aproximadamente la misma edad —nacidos alrededor del 70— y cuyas coincidencias serán tan notables como sus diferencias.

José Martínez Ruiz, «Azorín», como se hiciera llamar, fue quien bautizó al grupo, a su grupo. Eligió el año 1898 por las razones que explica el crítico Romera Navarro: «No faltaron en las postrimerías del siglo XIX voces austeras que pidiesen la renovación de la política española, gritos aislados de rebeldía y protesta contra el peso muerto de la tradición; escritores progresistas que aspiraban a orientar con un sentido moderno el espíritu nacional. En 1898, a consecuencia de la guerra contra los Estados Unidos, España pierde las últimas colonias ultramarinas. La juventud intelectual, que entonces surgía a la vida literaria, la llamada **generación del '98,** presentició con dolor y cólera, como todo el país, el final del derrumbamiento del antiguo poderío español. Y los gritos aislados de protesta que antes habían sonado, se hacen ahora generales. La España tradicional había fracasado. Era imprescindible un nuevo espíritu nacional.»

De manera que la «Generación del 98» se lanzó a la tarea de renovar el alma española. La gestión del grupo iría encaminada a devolverle dignidad y contenido a una nacionalidad desgastada por errores centenarios y, aparentemente, sin objetivos legítimos que perseguir.

Aunque los historiadores modernos se nieguen a aceptar la visión del «desastre del '98» —antes bien, suponen que la pérdida de las últimas colonias fue el fin de una sangría costosísima y el inicio de una época de relativo auge—, no hay duda que los del '98 se sintieron convocados por los hechos de fin de siglo para el reencauzamiento de la patria.

Esta grave y trascendental vinculación entre los integrantes del grupo dará lugar a determinadas posturas colectivas: desprecio por la generación inmediata anterior —injusticia que deberá penar el inocente Galdós junto al culpable Cánovas—; búsqueda intensa de los perfiles reales y profundos de España; revalorización de Castilla y de su paisaje desolado; actitud más inconforme, más «contestataria», más irreverente hacia las jerarquías establecidas; más radicalismo —tomada esta palabra en su más lato sentido. Los del grupo reconocieron a un precursor de sus actitudes: Larra. El romántico que sacudió la España de su tiempo. Pero le regatearon mérito a otros dos personajes, acaso porque no fueron fundamentalmente escritores: Joaquín Costa (1844-1911) y Ricardo Macías Picavea (1847-1899). El primero, catedrático, escritor, y por encima de todo agitador, dejó escrita media docena de libros, entre los que se destacan los relacionados con la cuestión agraria. En frase epigramática que pasaría a la historia, pidió «cerrar con siete llaves el sepulcro del Cid», o, lo que es lo mismo, deshacerse del peso de la tradición —en los hábitos, en las costumbres, en las leyes— para darse a la tarea de reconstruir a España con un criterio moderno y efectivo. El segundo, Macías Picavea, en un libro difícil de encontrar hoy día, pero que desperezó conciencias en su momento **(El problema nacional:**

hechos, causas y remedios, 1891) trajo al ruedo no pocos de los asuntos que luego ocuparon a los del '98.

Entre los miembros del grupo —los «cursores»— que por razones de espacio no hemos incluido en esta antología, habría que mencionar, en primer término, a Angel Ganivet (1862-1898), suicida como Larra —y también por razones de amor—, autor de **Idearium Español** (1897), serio libro, bellamente escrito, sobre la naturaleza íntima del ser español; Ramiro de Maeztu (1874-1936), diplomático y político militante que basculó, a lo largo de su vida, del anarquismo al tradicionalismo católico. Autor de algunos ensayos excelentes, aunque debatibles: **Crisis del humanismo, Don Quijote, Don Juan y la Celestina, Defensa de la hispanidad;** Jacinto Benavente (1866-1954), «Premio Nóbel 1922», renovador del teatro español y maestro en España del «teatro de conversación», piezas nada densas, llenas de parlamentos ingeniosos, no exentos de cierta ironía, como es observable en **Los intereses creados, La Malquerida, Señora ama, El nido ajeno,** etc.

Esta antología se ocupará de las cinco figuras claves del 98: Unamuno, Valle Inclán, Baroja, Azorín y Antonio Machado.

12 Miguel de Unamuno
(1864 - 1936)

Aparece don Miguel en el escenario de la vida española en hora difícil. Era el momento de crísis, que en la moderna historia de España va asociado al año 1898. Es Unamuno la más vigorosa personalidad, la figura más animada, más atrayente de la generación que ha sido agrupada alrededor de esa fecha. Singularísimo pensador, ensayista, poeta, novelista y dramaturgo, surge como la fuerza cumbre de la España intelectual contemporánea.

Nació Miguel de Unamuno y Jugo en Bilbao, el 28 de septiembre de 1864, de padres vascos, de abuelos vascos, vasco puro, «por los dieciséis costados», como él mismo se encargara de proclamar. Dos largas veces fue rector de la Universidad de Salamanca, donde dictó la cátedra de griego por más de cuarenta años. Por razones políticas fue desterrado a Fuerteventura, de donde huyó para refugiarse en Francia, hasta que pudo regresar nuevamente a Castilla. Contrajo matrimonio con doña Concepción Lizárraga. Tuvo hijos. Combatió sin descanso y le combatieron sin tregua. Hirió y le hirieron. Murió con la serenidad del justo el último día del año 1936.

Se nos presenta Unamuno como una figura histórica, como un alma poseída del sentimiento y la necesidad de la inmortalidad del alma, es decir, en definitiva, del sentimiento y la necesidad de Dios. Su vida y su obra van de la mano; tan consecuentes son las dos, tan parecidas, tan pares. Sabía indignarse, no sabía disimular sus repugnancias. España se encarnó en el don Miguel «donquijotesco», que dijo Antonio Machado.

Toda su producción se halla saturada de una honda preocupación filosófica. Pero la filosofía es en él algo no solamente pensado sino intensamente vivido. Le interesan especialmente los temas de la personalidad humana y el de la inmortalidad.

Su estilo, tan admirado, responde a un deseo de huir del tópico retórico. De ahí la abundancia de paradojas y antítesis, que unidas a frecuentes exclamaciones, dan a su prosa, siempre brusca y llena de aceradas aristas, un tono personalísimo e inconfundible.

Autor múltiple, escribe ensayos, novelas, poesías y piezas de teatro. Entre sus ensayos más famosos destacan los cinco de **En torno al casticismo** (1895), sobre la tradición y el alma de España, en los que se advierte aún el entusiasmo por la cultura europea. **Sobre la europeización** (1906), obra en la que reacciona contra el «progreso» europeo: «Maldito lo que se gana con un progreso que nos obliga a emborracharnos con el negocio, el trabajo y la ciencia, para no oír la voz de la sabiduría eterna, que repite el **vanitas vanitatum**». Ya no se trata, pues, de europeizar a España, sino de españolizar a Europa. El eterno **La vida de Don Quijote y Sancho** (1905); **Del sentimiento trágico de la vida** (1913), que es, desde el punto de vista ideológico, su obra fundamental. Aquí plantéase en toda su amplitud el tema de la inmortalidad y el del conflicto entre la lógica y la vida, entre la inteligencia y el sentimiento. En la imposibilidad de reconciliarlas radica, para Unamuno, el sentimiento trágico de la vida, que distingue a los españoles de los demás pueblos de Europa. **La agonía del cristianismo** (Madrid, 1931-París, 1930), último libro de Unamuno que expresa todo el desasosiego y la inquietud que constituyen el factor capital de una auténtica vida religiosa.

Casi todas las novelas de Unamuno se reducen a una proyección literaria de sus problemas personales; ya que de ellas, con alguna excepción, eliminó toda alusión al paisaje y a las circunstancias que rodean a los personajes. Entre las principales figuran **Paz en la guerra** (1897), en torno al Bilbao de la época de la segunda guerra carlista; **Niebla** (1914); **Tres novelas ejemplares; La tía Tula,** sobre el sentimiento de la maternidad; y **San Manuel Bueno** (1933), quizá la mejor, en la que se vuelve a plantear el tema de la fe en la inmortalidad; son «nivolas», algo diferente —como Unamuno califica sus novelas—.

Si se atiende estrictamente a las normas fundamentales del género, don Miguel no es un novelista ortodoxo, porque no dosifica bien el interés, ni es pictórico en las descripciones. Pero en compensación ¡qué criaturas las suyas tan características!, ¡qué problemas tan humanos y urgentes los novelados por él!

En sus libros **Por tierras de Portugal y España** (1911) y en **Andanzas y visiones españolas** (1922), el autor interpreta magistralmente el paisaje.

Sus obras de teatro **Fedra, El hermano Juan** son de contenido trágico y giran en torno al problema de la personalidad. A pesar del gran interés humano del teatro unamuniano, lo rudimentario de sus recursos escénicos lo convierte en lo menos interesante de su obra.

Unamuno es uno de los grandes líricos de nuestro siglo. La forma suele ser de escasa musicalidad, pero la riqueza de ideas y la intensa vibración emocional de los poemas compensa con creces la ausencia de halagos formales. Entre sus obras poéticas figuran **Rosario de sonetos líricos** (1911); el extenso poema **El Cristo de Velázquez** (1920): comentarios líricos suscitados por la contemplación de la imagen del gran pintor español; **Teresa; El Cuaderno de la Magdalena,** etc. El modernismo de Unamuno no fue modernismo de escuela en modo alguno; fue el modernismo de una revolución literaria trascendente.

Para cumplir con los propósitos de nuestra Antología hemos elegido **San Manuel Bueno y Mártir,** ficción que sintetiza la cardinal preocupación unamuniana: la fe en la inmortalidad del alma.

San Manuel Bueno, Mártir

Si sólo en esta vida esperamos en Cristo, somos los más miserables de los hombres todos.
(San Pablo, I *Corintios*, xv, 19.)

Ahora que el obispo de la diócesis de Renada, a la que pertenece esta mi querida aldea de Valverde de Lucerna, anda, a lo que se dice, promoviendo el proceso para la beatificación de nuestro Don Manuel, o mejor San Manuel Bueno, que fue en ésta párroco, quiero dejar aquí consignado, a modo de confesión y sólo Dios sabe, que no yo, con qué destino, todo lo que sé y recuerdo de aquel varón matriarcal que llenó toda la más entrañada vida de mi alma, que fue mi verdadero padre espiritual, el padre de mi espíritu, del mío, el de Angela Carballino.

Al otro, a mi padre carnal y temporal, apenas si le conocí, pues se me murió siendo yo muy niña. Sé que había llegado de forastero a nuestra Valverde de Lucerna, que aquí arraigó al casarse aquí con mi madre. Trajo consigo unos cuantos libros, el *Quijote,* obras de teatro clásico, algunas novelas, historias, el *Bertoldo,* todo revuelto, y de esos libros, los únicos casi que había en toda la aldea, devoré yo ensueños siendo niña. Mi buena madre apenas si me contaba hechos o dichos de mi padre. Los de Don Manuel, a quien, como todo el pueblo, adoraba, de quien estaba enamorada —claro que castísimamente—, le habían borrado el recuerdo de los de su marido. A quien encomendaba a Dios, y fervorosamente, cada día al rezar el rosario.

De nuestro Don Manuel me acuerdo como si fuese de cosa de ayer, siendo yo niña, a mis diez años, antes de que me llevaran al Colegio de Religiosas de la ciudad catedralicia de Renada. Tendría él, nuestro santo, entonces unos treinta y siete años. Era alto, delgado, erguido, llevaba la cabeza como nuestra Peña del

Buitre lleva su cresta, y había en sus ojos toda la hondura azul de nuestro lago. Se llevaba las miradas de todos, y tras ellas, los corazones, y él al mirarnos parecía, traspasando la carne como un cristal, mirarnos al corazón. Todos le queríamos, pero sobre todo los niños. ¡Qué cosas nos decía! Eran cosas, no palabras. Empezaba el pueblo a olerle la santidad; se sentía lleno y embriagado de su aroma.

Entonces fue cuando mi hermano Lázaro, que estaba en América, de donde nos mandaba regularmente dinero con que vivíamos en decorosa holgura, hizo que mi madre me mandase al Colegio de Religiosas, a que se completara fuera de la aldea mi educación, y esto aunque a él, a Lázaro, no le hiciesen mucha gracia las monjas. «Pero como ahí —nos escribía— no hay hasta ahora, que yo sepa, colegios laicos y progresivos, y menos para señoritas, hay que atenerse a lo que haya. Lo importante es que Angelita se pula y que no siga entre zafias aldeanas.» Y entré en el Colegio, pensando en un principio hacerme en él maestra, pero luego se me atragantó la pedagogía.

En el Colegio conocí a niñas de la ciudad e intimé con algunas de ellas. Pero seguía atenta a las cosas y a las gentes de nuestra aldea, de la que recibía frecuentes noticias y tal vez alguna visita. Y hasta al Colegio llegaba la fama de nuestro párroco, de quien empezaba a hablarse en la ciudad episcopal. Las monjas no hacían sino interrogarme respecto a él.

Desde muy niña alimenté, no sé bien cómo, curiosidades, preocupaciones e inquietudes debidas, en parte al menos, a aquel revoltijo de libros de mi padre, y todo ello se me medró en el Colegio, en el trato, sobre todo con una compañera que se me aficionó desmedidamente y que unas veces me proponía que entrásemos juntas a la vez en un mismo convento, jurándonos, y hasta firmando el juramento con nuestra sangre, hermandad perpetua, y otras veces me hablaba, con los ojos semicerrados, de novios y de aventuras matrimoniales. Por cierto que no he vuelto a saber de ella ni de su suerte, y eso que cuando se hablaba de nuestro Don Manuel, o cuando mi madre me decía algo de él en sus cartas —y era en casi todas—, que yo leía a mi amiga, ésta exclamaba como en arrobo: «¡Qué suerte, chica, la de poder vivir cerca de un santo así, de un santo vivo, de carne y hueso, y poder besarle la mano! Cuando vuelvas a tu pueblo escríbeme mucho, mucho y cuéntame de él».

Pasé en el Colegio unos cinco años, que ahora se me pierden como un sueño de madrugada en la lejanía del recuerdo, y a los quince volví a mi Valverde de Lucerna. Ya toda ella era Don Manuel; Don Manuel con el lago y con la montaña. Llegué ansiosa de conocerle, de ponerme bajo su protección, de que él me marcara el sendero de mi vida.

Decíase que había entrado en el Seminario para hacerse cura, con el fin de atender a los hijos de una su hermana recién viuda, de servirles de padre; que en el Seminario se había distinguido por su agudeza mental y su talento y que había rechazado ofertas de brillante carrera eclesiástica porque él no quería ser sino de su Valverde de Lucerna, de su aldea perdida como un broche entre el lago y la montaña que se mira en él.

¡Y cómo quería a los suyos! Su vida era arreglar matrimonios desavenidos, reducir a sus padres hijos indómitos o reducir los padres a sus hijos, y sobre todo consolar a los amargados y atediados y ayudar a todos a bien morir.

Me acuerdo, entre otras cosas, de que al volver de la ciudad la desgraciada hija de la tía Rabona, que se había perdido y volvió, soltera y desahuciada, trayendo un hijito consigo, Don Manuel no paró hasta que hizo que se casase con ella un antiguo novio, Perote, y reconociese como suya a la criaturita, diciéndole:

—Mira, da padre a este pobre crío que no le tiene más que en el cielo.

—¡Pero, Don Manuel, si no es mía la culpa...!

—¡Quién lo sabe, hijo, quién lo sabe...!, y sobre todo no se trata de culpa.

Y hoy el pobre Perote, inválido, paralítico, tiene como báculo y consuelo de su vida al hijo aquel que, contagiado de la santidad de Don Manuel, reconoció por suyo no siéndolo.

En la noche de San Juan, la más breve del año, solían y suelen acudir a nuestro lago todas las pobres mujerucas, y no pocos hombrecillos, que se creen poseídos, endemoniados, y que parece no son sino histéricos y a las veces epilépticos, y Don Manuel emprendió la tarea de hacer él de lago, de piscina probática, y tratar de aliviarles y si era posible de curarles. Y era tal la acción de su presencia, de sus miradas, y tal sobre todo la dulcísima autoridad de sus palabras y sobre todo de su voz —¡qué milagro de voz!—, que consiguió curaciones sorprendentes. Con lo que creció su fama, que atraía a nuestro lago y a él a todos los enfermos del contorno. Y alguna vez llegó una madre pidiéndole que hiciese un milagro en su hijo, a lo que contestó sonriendo tristemente:

—No tengo licencia del señor obispo para hacer milagros.

Le preocupaba, sobre todo, que anduviesen todos limpios. Si alguno llevaba un roto en su vestidura, le decía: «Anda a ver al sacristán, y que te remiende eso». El sacristán era sastre. Y cuando el día primero de año iban a felicitarle por ser el de su santo —su santo patrono era el mismo Jesús Nuestro Señor—, quería Don Manuel que todos se le presentasen con camisa nueva, y al que no la tenía se la regalaba él mismo.

Por todos mostraba el mismo afecto, y si a algunos distinguía más con él era a los más desgraciados y a los que aparecían como más díscolos. Y como hubiera en el pueblo un pobre idiota de nacimiento, Blasillo el bobo, a éste es a quien más acariciaba y hasta llegó a enseñarle cosas que parecía milagro que las hubiese podido aprender. Y es que el pequeño rescoldo de inteligencia que aún quedaba en el bobo se le encendía en imitar, como un pobre mono, a su Don Manuel.

Su maravilla era la voz, una voz divina, que hacía llorar. Cuando al oficiar en misa mayor o solemne entonaba el prefacio, estremecíase la iglesia y todos los que le oían sentíanse conmovidos en sus entrañas. Su canto, saliendo del templo, iba a quedarse dormido sobre el lago y al pie de la montaña. Y cuando en el sermón de Viernes Santo clamaba aquello de: «¡Dios mío, Dios mío!, ¿por qué me has abandonado?», pasaba por el pueblo todo un temblor hondo como por sobre las aguas del lago en días de cierzo de hostigo. Y era como si oyesen a Nuestro Señor Jesucristo mismo, como si la voz brotara de aquel viejo crucifijo a cuyos pies tantas generaciones de madres habían depositado sus congojas. Como que una vez, al oírlo su madre, la de Don Manuel, no pudo contenerse, y desde el suelo del templo, en que se sentaba, gritó: «¡Hijo mío!» Y fue un chaparrón de lágrimas entre todos. Creeríase que el grito maternal había brotado de la boca entreabierta de aquella Dolorosa —el corazón traspasado por siete espadas— que había en una de las capillas del templo. Luego Blasillo el tonto iba repitiendo en tono patético por las callejas, y como en eco, el «¡Dios mío, Dios mío!, ¿por qué me has abandonado?», y de tal manera que al oírselo se les saltaban a todos las lágrimas, con gran regocijo del bobo por su triunfo imitativo.

Su acción sobre las gentes era tal que nadie se atrevía a mentir ante él, y todos, sin tener que ir al confesonario, se le confesaban. A tal punto que como hubiese una vez ocurrido un repugnante crimen en una aldea próxima, el juez, un insensato que conocía mal a Don Manuel, le llamó y le dijo:

—A ver si usted, Don Manuel, consigue que este bandido declare la verdad.

—¿Para que luego pueda castigársele? —replicó el santo varón—. No, señor juez, no; yo no saco a nadie una verdad que le lleve acaso a la muerte. Allá entre él y Dios... La justicia humana no me concierne. «No juzguéis para no ser juzgados», dijo Nuestro Señor.

—Pero es que yo, señor cura...

—Comprendido; dé usted, señor juez, al César lo que es del César, que yo daré a Dios lo que es de Dios.

Y al salir, mirando fijamente al presunto reo, le dijo:

—Mira bien si Dios te ha perdonado, que es lo único que importa.

En el pueblo todos acudían a misa, aunque sólo fuese por oírle y por verle en el altar, donde parecía transfigurarse, encendiéndosele el rostro. Había un santo ejercicio que introdujo en el culto popular, y es que, reuniendo en el templo a todo el pueblo, hombres y mujeres, viejos y niños, unas mil personas, recitábamos al unísono, en una sola voz, el Credo; «Creo en Dios Padre Todopoderoso, Creador del Cielo y de la Tierra...» y lo que sigue. Y no era un coro, sino una sola voz, una voz simple y unida, fundidas todas en una y haciendo como una montaña, cuya cumbre, perdida a las veces en nubes, era Don Manuel. Y al llegar a lo de «creo en la resurrección de la carne y la vida perdurable» la voz de Don Manuel se zambullía, como en un lago, en la del pueblo todo, y era que él se callaba. Y yo oía las campanadas de la villa que se dice aquí que está sumergida en el lecho del lago —campanadas que se dice también se oyen la noche de San Juan— y eran las de la villa sumergida en el lago espiritual de nuestro pueblo; oía la voz de nuestros muertos que en nosotros resucitaban en la comunión de los santos. Después, al llegar a conocer el secreto de nuestro santo, he comprendido que era como si una caravana en marcha por el desierto, desfallecido el caudillo al acercarse al término de su carrera, le tomaran en hombros los suyos para meter su cuerpo sin vida en la tierra de promisión.

Los más no querían morirse sino cojidos de su mano como de un ancla.

Jamás en sus sermones se ponía a declamar contra impíos, masones, liberales o herejes. ¿Para qué, si no los había en la aldea? Ni menos contra la mala prensa. En cambio, uno de los más frecuentes temas de sus sermones era contra la mala lengua. Porque él lo disculpaba todo y a todos disculpaba. No quería creer en la mala intención de nadie.

—La envidia —gustaba repetir— la mantienen los que se empeñan en creerse envidiados, y las más de las persecuciones son efecto más de la manía persecutoria que no de la perseguidora.

—Pero fíjese, Don Manuel, en lo que me ha querido decir...

Y él:

—No debe importarnos tanto lo que uno quiera decir como lo que diga sin querer...

Su vida era activa y no contemplativa, huyendo cuanto podía de no tener nada que hacer. Cuando oía eso de que la ociosidad es la madre de todos los vicios, contestaba: «Y del peor de todos, que es el pensar ocioso.» Y como yo le preguntara una vez qué es lo que con eso quería decir, me contestó: «Pensar ocioso es pensar para no hacer nada o pensar demasiado en lo que se ha hecho y no en lo que hay que hacer. A lo hecho pecho, y a otra cosa, que no hay peor que remordimiento sin enmienda». ¡Hacer!, ¡hacer! Bien comprendí yo ya desde entonces que Don Manuel huía de pensar ocioso y a solas, que algún pensamiento le perseguía.

Así es que estaba siempre ocupado, y no pocas veces en inventar ocupaciones. Escribía muy poco para sí, de tal modo que apenas nos ha dejado escritos o notas; mas, en cambio, hacía de memorialista para los demás, y a las madres, sobre todo, les redactaba las cartas para sus hijos ausentes.

Trabajaba también manualmente, ayudando con sus brazos a ciertas labores del pueblo. En la temporada de trilla íbase a la era a trillar y aventar, y en tanto, les aleccionaba o les distraía. Sustituía a las veces a algún enfermo en su tarea. Un día del más crudo invierno se encontró con un niño, muertito de frío, a quien su padre le enviaba a recoger una res a larga distancia, en el monte.

—Mira —le dijo al niño—, vuélvete a casa, a calentarte, y dile a tu padre que yo voy a hacer el encargo.

Y al volver con la res se encontró con el padre, todo confuso, que iba a su encuentro. En invierno partía leña para los pobres. Cuando se secó aquel magnífico nogal —«un nogal matriarcal» le llamaba—, a cuya sombra había jugado de niño y con cuyas nueces se había durante tantos años regalado, pidió el tronco, se lo llevó a su casa y después de labrar en él seis tablas, que guardaba al pie de su lecho, hizo del resto leña para calentar a los pobres. Solía hacer también las pelotas para que jugaran los mozos, y no pocos juguetes para los niños.

Solía acompañar al médico en su visita y recalcaba las prescripciones de éste. Se interesaba sobre todo en los embarazos y en la crianza de los niños, y estimaba como una de las mayores blasfemias aquello de: «¡teta y gloria!» y lo otro de: «angelitos al cielo». Le conmovía profundamente la muerte de los niños.

—Un niño que nace muerto o que se muere recién nacido y un suicidio —me dijo una vez— son para mí de los más terribles misterios: ¡Un niño en cruz!

Y como una vez, por haberse quitado uno la vida, le preguntara el padre del suicida, un forastero, si le daría tierra sagrada, le contestó:

—Seguramente, pues en el último momento, en el segundo de la agonía, se arrepintió sin duda alguna.

Iba también a menudo a la escuela a ayudar al maestro, a enseñar con él, y no sólo el catecismo. Y es que huía de la ociosidad y de la soledad. De tal modo que por estar con el pueblo, y sobre todo con el mocerío y la chiquillería, solía ir al baile. Y más de una vez se puso en él a tocar el tamboril para que los mozos y las mozas bailasen, y esto, que en otro hubiera parecido grotesca profanación del sacerdocio, en él tomaba un sagrado carácter y como de rito religioso. Sonaba el *Angelus*, dejaba el tamboril y el palillo, se descubría y todos con él, y rezaba: «El ángel del Señor anunció a María: Ave María...» Y luego; «Y ahora, a descansar para mañana».

—Lo primero —decía— es que el pueblo esté contento, que estén todos contentos de vivir. El contentamiento de vivir es lo primero de todo. Nadie debe querer morirse hasta que Dios quiera.

—Pues yo sí —le dijo una vez una recién viuda—, yo quiero seguir a mi marido...

—¿Y para qué? —le respondió—. Quédate aquí para encomendar su alma a Dios.

En una boda dijo una vez: «¡Ay, si pudiese cambiar el agua toda de nuestro lago en vino, en un vinillo que por mucho que de él se bebiera alegrara siempre sin emborracharse nunca... o por lo menos con una borrachera alegre!»

Una vez pasó por el pueblo una banda de pobres titiriteros. El jefe de ella, que llegó con la mujer gravemente enferma y embarazada, y con tres hijos que le ayudaban, hacía de payaso. Mientras él estaba en la plaza del pueblo haciendo reír a los niños y aun a los grandes, ella, sintiéndose de pronto gravemente indispuesta, se tuvo que retirar, y se retiró escoltada por una mirada de congoja del payaso y una risotada de los niños. Y escoltada por Don Manuel, que luego, en un rincón de la cuadra de la posada, la ayudó a bien morir. Y cuando, acabada la fiesta, supo el pueblo y supo el payaso la tragedia, fuéronse todos a la posada y el pobre hombre, diciendo con llanto en la voz: «Bien se dice, señor cura, que es usted todo un santo», se acercó a éste queriendo tomarle la mano para besársela, pero Don Manuel se adelantó, y tomándosela al payaso, pronunció ante todos:

—El santo eres tú, honrado payaso; te vi trabajar y comprendí que no sólo lo haces para dar pan a tus hijos, sino también para dar alegría a los de los otros, y yo te digo que tu mujer, la madre de tus hijos, a quien he despedido a Dios mientras trabajabas y alegrabas, descansa en el Señor, y que tú irás a juntarte con ella y a que te paguen riendo los ángeles a los que haces reír en el cielo de contento.

Y todos, niños y grandes, lloraban, y lloraban tanto de pena como de un misterioso contento en que la pena se ahogaba. Y, más tarde, recordando aquel solemne rato, he comprendido que la alegría imperturbable de Don Manuel era la forma temporal y terrena de una infinita y eterna tristeza que con heroica santidad recataba a los ojos y los oídos de los demás.

Con aquella su constante actividad, con aquel mezclarse en las tareas y las diversiones de todos, parecía querer huir de sí mismo, querer huir de su soledad. «Le temo a la soledad», repetía. Mas, aun así, de vez en cuando se iba solo, orilla del lago, a las ruinas de aquella vieja abadía donde aún parecen reposar las almas de los piadosos cistercienses a quienes ha sepultado en el olvido la Historia. Allí está la celda del llamado Padre Capitán, y en sus paredes se dice que aún quedan señales de las gotas de sangre con que las salpicó al mortificarse. ¿Qué pensaría allí nuestro Don Manuel? Lo que sí recuerdo es que como una vez, hablando de la abadía, le preguntase yo cómo era que no se le había ocurrido ir al claustro, me contestó:

—No es sobre todo porque tenga, como tengo, mi hermana viuda y mis sobrinos a quienes sostener, que Dios ayuda a sus pobres, sino porque yo no nací para ermitaño, para anacoreta; la soledad me mataría el alma, y en cuanto a un monasterio, mi monasterio es Valverde de Lucerna. Yo no debo vivir solo; yo no debo morir solo. Debo vivir para mi pueblo, morir para mi pueblo. ¿Cómo voy a salvar mi alma si no salvo la de mi pueblo?

—Pero es que ha habido santos ermitaños, solitarios... —le dije.

—Sí, a ellos les dio el Señor la gracia de soledad que a mí me ha negado, y tengo que resignarme. Yo no puedo perder a mi pueblo para ganarme el alma. Así me ha hecho Dios. Yo no podría soportar las tentaciones del desierto. Yo no podría llevar solo la cruz del nacimiento.

He querido con estos recuerdos, de los que vive mi fe, retratar a nuestro Don Manuel tal como era cuando yo, mocita de cerca de dieciséis años, volví del Colegio de Religiosas de Renada a nuestro monasterio de Valverde de Lucerna. Y volví a ponerme a los pies de su abad.

—¡Hola, la hija de la Simona —me dijo en cuanto me vio—, y hecha ya toda una moza, y sabiendo francés, y bordar y tocar el piano y qué sé yo qué más! Ahora a prepararte para darnos otra familia. Y tu hermano Lázaro, ¿cuando vuelve? Sigue en el Nuevo Mundo, ¿no es así?

—Sí, señor, sigue en América...

—¡El Nuevo Mundo! Y nosotros en el Viejo. Pues bueno, cuando le escribas, dile de mi parte, de parte del cura, que estoy deseando saber cuándo vuelve del Nuevo Mundo a este Viejo, trayéndonos las novedades de por allá. Y dile que encontrará al lago y a la montaña como los dejó.

Cuando me fui a confesar con él mi turbación era tanta que no acertaba a articular palabra. Recé el «yo pecadora» balbuciendo, casi sollozando. Y él, que lo observó, me dijo:

—Pero ¿qué te pasa, corderilla? ¿De qué o de quién tienes miedo? Porque tú no tiemblas ahora al peso de tus pecados ni por temor de Dios, no; tú tiemblas de mí, ¿no es eso?

Me eché a llorar.

—Pero ¿qué es lo que te han dicho de mí? ¿Qué leyendas son ésas? ¿Acaso tu madre? Vamos, vamos, cálmate y haz cuenta que estás hablando con tu hermano...

Me animé y empecé a confiarle mis inquietudes, mis dudas, mis tristezas.

—¡Bah, bah, bah! ¿Y dónde has leído eso, marisabidilla? Todo eso es literatura. No te des demasiado a ella, ni siquiera a Santa Teresa. Y si quieres distraerte lee el *Bertoldo*, que leía tu padre.

Salí de aquella mi primera confesión con el santo hombre profundamente consolada. Y aquel mi temor primero, aquel más que respeto miedo, con que me acerqué a él, trocóse en una lástima profunda. Era yo entonces una mocita, una niña casi; pero empezaba a ser mujer, sentía en mis entrañas el jugo de la maternidad, y al encontrarme en el confesonario junto al santo varón, sentí como una callada confesión suya en el susurro sumiso de su voz y recordé cómo cuando al clamar él en la iglesia las palabras de Jesucristo: «¡Dios mío, Dios mío!, ¿por qué me has abandonado?», su madre, la de Don Manuel, respondió desde el suelo: «¡Hijo mío!», y oí este grito que desgarraba la quietud del templo. Y volví a confesarme con él para consolarle.

Una vez que en el confesonario le expuse una de aquellas dudas, me contestó:

—A eso, ya sabes, lo del Catecismo: «eso no me lo preguntéis a mí, que soy ignorante; doctores tiene la Santa Madre Iglesia que os sabrán responder».

—¡Pero si el doctor aquí es usted, Don Manuel...!

—¿Yo, yo doctor?, ¿doctor yo? ¡Ni por pienso! Yo, doctorcilla, no soy más que un pobre cura de aldea. Y esas preguntas, ¿sabes quién te las insinúa, quién te las dirige? Pues... ¡el demonio!

Y entonces, envalentonándome, le espeté a boca de jarro:

—¿Y si se las dirigiese a usted, Don Manuel?

—¿A quién?, ¿a mí? ¿Y el demonio? No nos conocemos, hija, no nos conocemos.

—¿Y si se las dirigiera?

—No le haría caso. Y basta, ¿eh?, despachemos, que me están esperando unos enfermos de verdad.

Me retiré, pensando, no sé por qué, que nuestro Don Manuel, tan afamado curandero de endemoniadas, no creía en el demonio. Y al irme hacia mi casa topé con Blasillo el bobo, que acaso rondaba el templo, y que al verme, para agasajarme con sus habilidades, repitió —¡y de qué modo!— lo de «¡Dios mío, Dios mío!, ¿por qué me has abandonado?». Llegué a casa acongojadísima y me encerré en mi cuarto para llorar, hasta que llegó mi madre.

—Me parece, Angelita, con tantas confesiones, que tú te me vas a ir monja.

—No lo temas, madre —le contesté—, pues tengo harto que hacer aquí, en el pueblo, que es mi convento.

—Hasta que te cases.

—No pienso en ello —le repliqué.

Y otra vez que me encontré con Don Manuel, le pregunté, mirándole derechamente a los ojos:

—¿Es que hay infierno, Don Manuel?

Y él, sin inmutarse:

—¿Para ti, hija? No.

—¿Para los otros, lo hay?

—¿Y a ti que te importa, si no has de ir a él?

—Me importa por los otros. ¿Lo hay?

—Cree en el cielo, en el cielo que vemos. Míralo —y me lo mostraba sobre la montaña y abajo, reflejado en el lago—.

—Pero hay que creer en el infierno, como en el cielo —le repliqué.

—Sí, hay que creer todo lo que cree y enseña a creer la Santa Madre Iglesia Católica Apostólica Romana. ¡Y basta!

Leí no sé qué honda tristeza en sus ojos, azules como las aguas del lago.

Aquellos años pasaron como un sueño. La imagen de Don Manuel iba creciendo en mí sin que yo de ello me diese cuenta, pues era un varón tan cotidiano, tan de cada día como el pan que a diario pedimos en el Padrenuestro. Yo le ayudaba cuando podía en sus menesteres, visitaba a sus enfermos, a nuestros enfermos, a las niñas de la escuela, arreglaba el ropero de la Iglesia, le hacía, como me llamaba él, de diaconisa. Fui unos días invitada por una compañera de colegio, a la ciudad, y tuve que volverme, pues en la ciudad me ahogaba, me faltaba algo, sentía sed de la vista de las aguas del lago, hambre de la vista de las peñas de la montaña; sentía sobre todo, la falta de mi Don Manuel y como si su ausencia me llamara, como si corriese un peligro lejos de mí, como si me necesitara. Empezaba yo a sentir una especie de afecto maternal hacia mi padre espiritual; quería aliviarle del peso de su cruz del nacimiento.

Así fui llegando a mis veinticuatro años, que es cuando volvió de América, con un caudalillo ahorrado, mi hermano Lázaro. Llegó acá, a Valverde de Lucerna, con el propósito de llevarnos a mí y a nuestra madre a vivir a la ciudad, acaso a Madrid.

—En la aldea —decía— se entontece, se embrutece y se empobrece uno.

Y añadía:

—Civilización es lo contrario de ruralización; ¡aldeanerías no!, que no hice que fueras al Colegio para que te pudras luego aquí, entre estos zafios patanes.

Yo callaba, aun dispuesta a resistir la emigración; pero nuestra madre, que pasaba ya de la sesentena, se opuso desde un principio: «¡A mi edad, cambiar de aguas!», dijo primero; mas luego dio a conocer claramente que ella no podría vivir fuera de la vista de su lago, de su montaña, y sobre todo de su Don Manuel.

—¡Sois como las gatas, que os apegáis a la casa! —repetía mi hermano.

Cuando se percató de todo el imperio que sobre el pueblo todo y en especial sobre nosotras, sobre mi madre y sobre mí, ejercía el santo varón evangélico, se irritó contra éste. Le pareció un ejemplo de la oscura teocracia en que él suponía hundida a España. Y empezó a borbotar sin descanso todos los viejos lugares comunes anticlericales y hasta antirreligiosos y progresistas que había traído renovados del Nuevo Mundo.

—En esta España de calzonazos —decía— los curas manejan a las mujeres y las mujeres a los hombres..., ¡y luego el campo!, ¡el campo!, este campo feudal...

Para él feudal era un término pavoroso; feudal y medieval eran los dos calificativos que prodigaba cuando quería condenar algo.

Le desconcertaba el ningún efecto que sobre nosotras hacían sus diatribas y el casi ningún efecto que hacían en el pueblo, donde se le oía con respetuosa indiferencia. «A estos patanes no hay quien les conmueva.» Pero como era bueno por ser inteligente, pronto se dio cuenta de la clase de imperio que Don Manuel ejercía sobre el pueblo, pronto se enteró de la obra del cura de su aldea.

—¡No, no es como los otros —decía—, es un santo!

—Pero ¿tú sabes cómo son los otros curas? —le decía yo, y él:

—Me lo figuro.

Mas aun así ni entraba en la iglesia ni dejaba de hacer alarde en todas partes de su incredulidad, aunque procurando siempre dejar a salvo a Don Manuel. Y ya en el pueblo se fue formando, no sé cómo, una expectativa, la de una especie de duelo entre mi hermano Lázaro y Don Manuel, o más bien se esperaba la conversión de aquél por éste. Nadie dudaba de que al cabo el párroco le llevaría a su parroquia. Lázaro, por su parte, ardía en deseos —me lo dijo luego— de ir a oír a Don Manuel, de verle y oírle en la iglesia, de acercarse a él y con él conversar, de conocer el secreto de aquel su imperio espiritual sobre las almas. Y se hacía de rogar para ello, hasta que al fin, por curiosidad —decía—, fue a oírle.

—Sí, esto es otra cosa —me dijo luego de haberle oído—; no es como los otros, pero a mí no me la da; es demasiado inteligente para creer todo lo que tiene que enseñar.

—Pero ¿es que le crees un hipócrita? —le dije.

—¡Hipócrita... no!, pero es el oficio del que tiene que vivir.

En cuanto a mí, mi hermano se empeñaba en que yo leyese de libros que él trajo y de otros que me incitaba a comprar.

—Conque, ¿tu hermano Lázaro —me decía Don Manuel— se empeña en que leas? Pues lee, hija mía, lee y dale así gusto. Sé que no has de leer sino cosa buena; lee aunque sea novelas. No son mejores las historias que llaman verdaderas. Vale más que leas que no el que te alimentes de chismes y comadrerías del pueblo. Pero lee sobre todo libros de piedad que te den contento de vivir, un contento apacible y silencioso.

¿Le tenía él?

Por entonces enfermó de muerte y se nos murió nuestra madre, y en sus últimos días todo su hipo era que Don Manuel convirtiese a Lázaro, a quien esperaba volver a ver un día en el cielo, en un rincón de las estrellas desde donde se viese el lago y la montaña de Valverde de Lucerna. Ella se iba ya, a ver a Dios.

—Usted no se va —le decía don Manuel—, usted se queda. Su cuerpo aquí, en esta tierra, y su alma también aquí en esta casa, viendo y oyendo a sus hijos, aunque éstos ni le vean ni le oigan.

—Pero yo, padre —dijo—, voy a Dios.

—Dios, hija mía, está aquí como en todas partes, y le verá usted desde aquí, desde aquí. Y a todos nostros en El, y a El en nosotros.

—Dios se lo pague —le dije.

—El contento con que tu madre se muera —me dijo— será su eterna vida.

Y volviéndose a mi hermano Lázaro:

—Su cielo es seguir viéndote, y ahora es cuando hay que salvarla. Dile que rezarás por ella.

—Pero...

—¿Pero...? Dile que rezarás por ella, a quien debes la vida, y sé que una vez que se lo prometas rezarás y sé que luego que reces...

Mi hermano, acercándose, arrasados sus ojos en lágrimas, a nuestra madre, agonizante, le prometió solemnemente rezar por ella.

—Y yo en el cielo por ti, por vosotros —respondió mi madre, y besando el crucifijo y puestos sus ojos en los de Don Manuel, entregó su alma a Dios.

—«¡En tus manos encomiendo mi espíritu!» —rezó el santo varón.

Quedamos mi hermano y yo solos en la casa. Lo que pasó en la muerte de nuestra madre puso a Lázaro en relación con Don Manuel, que pareció descuidar algo a sus demás pacientes, a sus demás menesterosos, para atender a mi hermano. Ibanse por las tardes de paseo, orilla del lago, o hacia las ruinas, vestidas de hiedra, de la vieja abadía de cistercienses.

—Es un hombre maravilloso —me decía Lázaro—. Ya sabes que dicen que en el fondo de este lago hay una villa sumergida y que en la noche de San Juan, a las doce, se oyen las campanadas de su iglesia.

—Sí —le contestaba yo—, una villa feudal y medieval...

—Y creo —añadía él— que en el fondo del alma de nuestro Don Manuel hay también sumergida, ahogada, una villa y que alguna vez se oyen sus campanadas.

—Sí —le dije—, esa villa sumergida en el alma de Don Manuel, ¿y por qué no también en la tuya?, es el cementerio de las almas de nuestros abuelos, los de esta nuestra Valverde de Lucerna... ¡feudal y medieval!

Acabó mi hermano por ir a misa siempre, a oír a Don Manuel, y cuando se dijo que cumpliría con la parroquia, que comulgaría cuando los demás comulgasen, recorrió un íntimo regocijo al pueblo todo, que creyó haberle recobrado. Pero fue un regocijo tal, tan limpio, que Lázaro no se sintió ni vencido ni disminuido.

Y llegó el día de su comunión, ante el pueblo todo, con el pueblo todo. Cuando llegó la vez a mi hermano pude ver que Don Manuel, tan blanco como la nieve de enero en la montaña y temblando como tiembla el lago cuando le hostiga el cierzo, se le acercó con la sagrada forma en la mano, y de tal modo le temblaba ésta al arrimarla a la boca de Lázaro que se le cayó la forma a tiempo que le daba un vahído. Y fue mi hermano mismo quien recogió la hostia y se la llevó a la boca. Y el pueblo al ver a Don Manuel, lloró diciéndose: «¡Cómo le quiere!» Y entonces, pues era la madrugada, cantó un gallo.

Al volver a casa y encerrarme en ella con mi hermano, le eché los brazos al cuello y besándole le dije:

—¡Ay Lázaro, Lázaro, qué alegría nos has dado a todos, a todos, a todo el pueblo, a todo, a los vivos y a los muertos y sobre todo a mamá, a nuestra madre! ¿Viste? El pobre Don Manuel lloraba de alegría. ¡Qué alegría nos has dado a todos!

—Por eso lo he hecho —me contestó.

—¿Por eso? ¿Por darnos alegría? Lo habrás hecho ante todo por ti mismo, por conversión.

Y entonces Lázaro, mi hermano, tan pálido y tan tembloroso como Don Manuel cuando le dio la comunión, me hizo sentarme en el sillón mismo donde solía sentarse nuestra madre, tomó huelgo, y luego, como en íntima confesión doméstica y familiar, me dijo:

—Mira, Angelita, ha llegado la hora de decirte la verdad, toda la verdad, y te la voy a decir, porque debo decírtela, porque a ti no puedo, no debo callártela y porque además habrías de adivinarla y a medias, que es lo peor, más tarde o más temprano.

Y entonces, serena y tranquilamente, a media voz, me contó una historia que me sumergió en un lago de tristeza. Cómo Don Manuel le había venido trabajando, sobre todo en aquellos paseos a las ruinas de la vieja abadía cisterciense, para que no escandalizase, para que diese buen ejemplo, para que se incorporase a la vida religiosa del pueblo, para que fingiese creer si no creía, para que ocultase sus ideas al respecto, mas sin intentar siquiera catequizarle, convertirle de otra manera.

—Pero ¿es eso posible? —exclamé consternada.

—¡Y tan posible, hermana, y tan posible! Y cuando yo le decía: «¿Pero es usted, el sacerdote, el que me aconseja que finja?», él, balbuciente: «¿Fingir?, ¡fingir no!, ¡eso no es fingir! Toma agua bendita, que dijo alguien, y acabarás creyendo.» Y como yo, mirándole a los ojos, le dijese: «¿Y usted celebrando misa ha acabado por creer?», él bajó la mirada al lago y se le llenaron los ojos de lágrimas. Y así es cómo le arranqué su secreto.

—¡Lázaro! —gemí.

Y en aquel momento pasó por la calle Blasillo el bobo, clamando su: «¡Dios mío, Dios mío!, ¿por qué me has abandonado?» Y Lázaro se estremeció creyendo oír la voz de Don Manuel, acaso la de Nuestro Señor Jesucristo.

—Entonces —prosiguió mi hermano— comprendí sus móviles, y con esto comprendí su santidad; porque es un santo, hermana, todo un santo. No trataba al emprender ganarme para su santa causa —porque es una causa santa, santísima—, arrogarse un triunfo, sino que lo hacía por la paz, por la felicidad, por la ilusión si quieres, de los que le están encomendados; comprendí que si les engaña así —si es que esto es engaño— no es por medrar. Me rendí a sus razones, y he aquí mi conversión. Y no me olvidaré jamás del día en que diciéndole yo: «Pero, Don Manuel, la verdad, la verdad ante todo», él, temblando, me susurró al oído —y eso que estábamos solos en medio del campo—: «¿La verdad? La verdad, Lázaro, es acaso algo terrible, algo intolerable, algo mortal; la gente sencilla no podría vivir con ella.» «¿Y por qué me la deja entrever ahora aquí, como en confesión?», le dije. Y él: «Porque si no, me atormentaría tanto, tanto, que acabaría gritándola en medio de la plaza, y eso jamás, jamás, jamás. Yo estoy para hacer vivir a las almas de mis feligreses, para hacerles felices, para hacerles que se sueñen inmortales y no para matarles. Lo que aquí hace falta es que vivan sanamente, que vivan en unanimidad de sentido, y con la verdad, con mi verdad, no vivirían. Que vivan. Y esto hace la Iglesia, hacerles vivir. ¿Religión verdadera? Todas las religiones son verdaderas en cuanto hacen vivir espiritualmente a los pueblos que las profesan, en cuanto les consuelan de haber tenido que nacer para morir, y para cada pueblo la religión más verdadera es la suya, la que le ha hecho. ¿Y la mía? La mía es consolarme en consolar a los demás, aunque el consuelo que les doy no sea el mío.» Jamás olvidaré estas sus palabras.

—¡Pero esa comunión tuya ha sido un sacrilegio! —me atreví a insinuar, arrepintiéndome al punto de haberlo insinuado.

—¿Sacrilegio? ¿Y él que me la dio? ¿Y sus misas?

—¡Qué martirio! —exclamé.

—Y ahora —añadió mi hermano— hay otro más para consolar al pueblo.

—¿Para engañarle? —dije.

—Para engañarle no —me replicó—, sino para corroborarle en su fe.

—Y él, el pueblo —dije—, ¿cree de veras?

—¡Qué sé yo...! Cree sin querer, por hábito, por tradición. Y lo que hace falta es no despertarle. Y que viva en su pobreza de sentimientos para que no adquiera torturas de lujo. ¡Bienaventurados los pobres de espíritu!

—Eso, hermano, lo has aprendido de Don Manuel. Y ahora, dime, ¿has cumplido aquello que le prometiste a nuestra madre cuando ella se nos iba a morir, aquello de que rezarías por ella?

—¡Pues no se lo había de cumplir! Pero ¿por quién me has tomado, hermana? ¿Me crees capaz de faltar a mi palabra, a una promesa solemne, y a una promesa hecha, y en el lecho de muerte, a una madre?

—¡Qué sé yo...! Pudiste querer engañarla para que muriese consolada.

—Es que si yo no hubiese cumplido la promesa viviría sin consuelo.

—¿Entonces?

—Cumplí la promesa y no he dejado de rezar ni un solo día por ella.

—¿Sólo por ella?

—Pues, ¿por quién más?

—¡Por ti mismo! Y de ahora en adelante, por Don Manuel.

Nos separamos para irnos cada uno a su cuarto, yo a llorar toda la noche, a pedir la conversión de mi hermano y de don Manuel, y él, Lázaro, no sé bien a qué.

Después de aquel día temblaba yo de encontrarme a solas con Don Manuel, a quien seguía asistiendo en sus piadosos menesteres. Y él pareció percatarse de mi estado íntimo y adivinar su causa. Y cuando al fin me acerqué a él en el tribunal de la penitencia —¿quién era el juez y quién el reo?—, los dos, él y yo, doblamos en silencio la cabeza y nos pusimos a llorar. Y fue él, Don Manuel, quien rompió el tremendo silencio para decirme con voz que parecía salir de una huesa:

—Pero tú, Angelina, tú crees como a los diez años, ¿no es así? ¿Tú crees?

—Sí creo, padre.

—Pues sigue creyendo. Y si se te ocurren dudas, cállatelas a ti misma. Hay que vivir...

Me atreví, y toda temblorosa le dije:

—Pero usted, padre, ¿cree usted?

Vaciló un momento y reponiéndose me dijo:

—¡Creo!

—¿Pero en qué, padre, en qué? ¿Cree usted en la otra vida?, ¿cree usted que al morir no nos morimos del todo?, ¿cree que volveremos a vernos, a querernos en otro mundo venidero?, ¿cree en la otra vida?

El pobre santo sollozaba.

—¡Mira, hija, dejemos eso!

Y ahora, al escribir esta memoria, me digo: ¿Por qué no me engañó?, ¿por qué no me engañó entonces como engañaba a los demás? ¿Por qué se acongojó?, ¿porque no podía engañarse a sí mismo, o porque no podía engañarme? Y quiero creer que se acongojaba porque no podía engañarse para engañarme.

—Y ahora —añadió—, reza por mí, por tu hermano, por ti misma, por todos. Hay que vivir. Y hay que dar vida.

Y después de una pausa:

—¿Y por qué no te casas, Angelina?

—Ya sabe usted, padre mío, por qué.

—Pero no, no; tienes que casarte. Entre Lázaro y yo te buscaremos un novio. Porque a ti te conviene casarte para que se te curen esas preocupaciones.

—¿Preocupaciones, Don Manuel?

—Yo sé bien lo que me digo. Y no te acongojes demasiado por los demás, que harto tiene cada cual con tener que responder de sí mismo.

—¡Y que sea usted, Don Manuel, el que me diga eso!, ¡que sea usted el que me aconseje que me case para responder de mí y no acuitarme por los demás!, ¡que sea usted!

—Tienes razón, Angelina, no sé ya lo que me digo; no sé ya lo que me digo desde que estoy confesándome contigo. Y sí, sí, hay que vivir, hay que vivir.

Y cuando yo iba a levantarme para salir del templo, me dijo:

—Y ahora, Angelina, en nombre del pueblo, ¿me absuelves?

Me sentí como penetrada de un misterio sacerdotal y le dije:

—En nombre de Dios Padre, Hijo y Espíritu Santo, le absuelvo, padre.

Y salimos de la iglesia, y al salir se me estremecían las entrañas maternales.

Mi hermano, puesto ya del todo al servicio de la obra de Don Manuel, era su más asiduo colaborador y compañero. Les anudaba, además, el común secreto. Le acompañaba en sus visitas a los enfermos, a las escuelas, y ponía su dinero a disposición del santo varón. Y poco faltó para que no aprendiera a ayudarle a misa. E iba entrando cada vez más en el alma insondable de Don Manuel.

—¡Qué hombre! —me decía—. Mira, ayer, paseando a orillas del lago, me dijo: «He aquí mi tentación mayor.» Y como yo le interrogase con la mirada, añadió: «Mi pobre padre, que murió de cerca de noventa años, se pasó la vida, según me lo confesó él mismo, torturado por la tentación del suicidio, que le venía no recordaba desde cuándo, *de nación*, decía, y defendiéndose de ella. Y esa defensa fue su vida. Para no sucumbir a tal tentación extremaba los cuidados por conservar la vida. Me contó escenas terribles. Me parecía como una locura. Y yo la he heredado. ¡Y cómo me llama esa agua que con su aparente quietud —la corriente va por dentro— espeja al cielo! ¡Mi vida, Lázaro, es una especie de suicidio continuo, un combate contra el suicidio, que es igual; pero que vivan ellos, que vivan los nuestros!» Y luego añadió:

«Aquí se remansa el río en lago, para luego, bajando a la meseta, precipitarse en cascadas, saltos y torrenteras por las hoces y encañadas, junto a la ciudad, y así se remansa la vida, aquí, en la aldea. Pero la tentación del suicidio es mayor aquí, junto al remanso que espeja de noche las estrellas, que no junto a las cascadas que dan miedo. Mira, Lázaro, he asistido a bien morir a pobres aldeanos, ignorantes, analfabetos que apenas si habían salido de la aldea, y he podido saber de sus labios, y cuando no adivinarlo, la verdadera causa de su enfermedad de muerte, y he podido mirar, allí, a la cabecera de su lecho de muerte, toda la negrura de la sima del tedio de vivir. ¡Mil veces peor que el hambre! Sigamos, pues, suicidándonos en nuestra obra y en nuestro pueblo, y que sueñe éste su vida como el lago sueña el cielo.»

—Otra vez —me decía también mi hermano—, cuando volvíamos acá, vimos a una zagala, una cabrera, que enhiesta sobre un picacho de la falda de la montaña, a la vista del lago, estaba cantando con una voz más fresca que las aguas de éste. Don Manuel me detuvo, y señalándomela, dijo: «Mira, parece como si se hubiera acabado el tiempo, como si esa zagala hubiese estado ahí siempre, y como está, y cantando como está, y como si hubiera de seguir estando así siempre, como estuvo cuando no empezó mi conciencia, como estará cuando se me acabe. Esa zagala forma parte, con las rocas, las nubes, los árboles, las aguas, de la naturaleza y no de la historia.» ¡Cómo siente, cómo anima Don Manuel a la naturaleza! Nunca olvidaré el día de la nevada en que me dijo: «¿Has visto, Lázaro, misterio mayor que el de la nieve cayendo en el lago y muriendo en él mientras cubre con su toca a la montaña?»

Don Manuel tenía que contener a mi hermano en su celo y en su inexperiencia de neófito. Y como supiese que éste andaba predicando contra ciertas supersticiones populares, hubo de decirle:

—¡Déjalos! ¡Es tan difícil hacerles comprender dónde acaba la creencia ortodoxa y dónde empieza la superstición! Y más para nosotros. Déjalos, pues, mientras se consuelen. Vale más que lo crean todo, aun cosas contradictorias entre sí, a que no crean nada. Eso de que el que cree demasiado acaba por no creer nada, es cosa de protestantes. No protestemos. La protesta mata el contento.

Una noche de plenilunio —me contaba también mi hermano— volvían a la aldea por la orilla del lago, a cuya sobrehaz rizaba entonces la brisa montañesa y en el rizo cabrilleaban las razas de la luna llena, y Don Manuel le dijo a Lázaro:

—¡Mira, el agua está rezando la letanía y ahora dice: *ianua caeli, ora pro nobis*, puerta del cielo, ruega por nosotros!

Y cayeron temblando de sus pestañas a la yerba del suelo dos huideras lágrimas en que también, como en rocío, se bañó temblorosa la lumbre de la luna llena.

E iba corriendo el tiempo y observábamos mi hermano y yo que las fuerzas de Don Manuel empezaban a decaer, que ya no lograba contener del todo la insondable tristeza que le consumía, que acaso una enfermedad traidora le iba minando el cuerpo y el alma. Y Lázaro, acaso para distraerle más, le propuso si no estaría bien que fundasen en la iglesia algo así como un sindicato católico agrario.

—¿Sindicato? —respondió tristemente Don Manuel—. ¿Sindicato? ¿Y qué es eso? Yo no conozco más sindicato que la Iglesia, y ya sabes aquello de «mi reino no es de este mundo». Nuestro reino, Lázaro, no es de este mundo...

—¿Y del otro?

Don Manuel bajó la cabeza:

—El otro, Lázaro, está aquí también, porque hay dos reinos en este mundo. O mejor, el otro mundo... vamos, que no sé lo que me digo. Y en cuanto a eso del sindicato, es en ti un resabio de tu época de progresismo. No, Lázaro, no; la religión no es para resolver los conflictos económicos o políticos de este mundo que Dios entregó a las disputas de los hombres. Piensen los hombres y obren los hombres como pensaren y como obraren, que se consuelen de haber nacido, que vivan lo más contentos que puedan en la ilusión de que todo esto tiene una finalidad. Yo no he venido a someter los pobres a los ricos, ni a predicar a éstos que se sometan a aquéllos. Resignación y caridad en todos y para todos. Porque también el rico tiene que resignarse a su riqueza, y a la vida, y también el pobre tiene que tener caridad para con el rico. ¿Cuestión social? Deja eso, eso no nos concierne. Que traten una nueva sociedad, en que no haya ya ricos ni pobres, en que esté justamente repartida la riqueza, en que todo sea de todos, ¿y qué? ¿Y no crees que del bienestar general surgirá más fuerte el tedio a la vida? Sí, ya sé que uno de esos caudillos de la que llaman la revolución social ha dicho que la religión es el opio del pueblo. Opio... Opio... Opio, sí. Démosle opio, y que duerma y que sueñe. Yo mismo con esta mi loca actividad me estoy administrando opio. Y no logro dormir bien y menos soñar bien... ¡Esta terrible pesadilla! Y yo también puedo decir con el Divino Maestro: «Mi alma está triste hasta la muerte.» No, Lázaro, no; nada de sindicatos por nuestra parte. Si lo forman ellos me parecerá bien, pues que así se distraen. Que jueguen al sindicato, si eso les contenta.

El pueblo todo observó que a Don Manuel le menguaban las fuerzas, que se fatigaba. Su voz misma, aquella voz que era un milagro, adquirió un cierto temblor íntimo. Se le asomaban las lágrimas con cualquier motivo. Y sobre todo cuando hablaba al pueblo del otro mundo, de la otra vida, tenía que detenerse a ratos cerrando los ojos. «Es que lo está viendo», decían. Y en aquellos momentos era Blasillo el bobo el que con más cuajo lloraba. Porque ya Blasillo lloraba más que reía, y hasta sus risas sonaban a lloros.

Al llegar la última Semana de Pasión que con nosotros, en nuestro mundo, en nuestra aldea celebró Don Manuel, el pueblo todo presintió el fin de la tragedia. ¡Y cómo sonó entonces aquel: «¡Dios mío, Dios mío!, ¿por qué me has abandonado?», el último que en público sollozó Don Manuel! Y cuando dijo lo del Divino Maestro al buen bandolero —«todos los bandoleros son buenos», solía decir nuestro Don Manuel—, aquello de «mañana estarás conmigo en el paraíso». ¡Y la última comunión general que repartió nuestro santo! Cuando llegó a dársela a mi hermano, esta vez con mano segura, después del litúrgico: «... *in vitam aeternam*» se le inclinó al oído y le dijo: «No hay más vida eterna que ésta... que la sueñen eterna... eterna de unos pocos años...» Y cuando me la dio a mí me dijo: «Reza, hija mía, reza por nosotros.» Y luego, algo tan extraordinario que lo llevo en el corazón como el más grande misterio, y fue que me dijo con voz que parecía de otro mundo: «... y reza también por Nuestro Señor Jesucristo...»

Me levanté sin fuerzas y como sonámbula. Y todo en torno me pareció un sueño. Y pensé: «Habré de rezar también por el lago y por la montaña.» Y luego: «¿Es que estaré endemoniada?» Y en casa ya, cojí el crucifijo con el cual en las manos había entregado a Dios su alma mi madre, y mirándolo a través de mis lágrimas y recordando el «¡Dios mío, Dios mío!, ¿por qué me has abandonado?» de nuestros dos Cristos, el de esta tierra y el de esta aldea, recé, «hágase tu voluntad, así en la tierra como en el cielo», primero, y después: «y no nos dejes caer en la tentación, amén». Luego me volví a aquella imagen de la Dolorosa, con su corazón traspasado por siete espadas, que había sido el más doloroso consuelo de mi pobre madre, y recé: «Santa María, madre de Dios, ruega por nosotros, pecadores, ahora y en la hora de nuestra muerte, amén.» Y apenas lo había rezado cuando me dije: «¿pecadores?, ¿nosotros pecadores?, ¿y cuál es nuestro pecado, cuál?» Y anduve todo el día acongojada por esta pregunta.

Al día siguiente acudí a Don Manuel, que iba adquiriendo una solemnidad de religioso ocaso, y le dije:

—¿Recuerda, padre mío, cuando hace ya años, al dirigirle yo una pregunta me contestó: «Eso no me lo preguntéis a mí, que soy ignorante; doctores tiene la Santa Madre Iglesia que os sabrán responder»?

—¡Que si me acuerdo!... y me acuerdo que te dije que ésas eran preguntas que te dictaba el demonio.

—Pues bien, padre, hoy vuelvo yo, la endemoniada, a dirigirle otra pregunta que me dicta mi demonio de la guarda.

—Pregunta.

—Ayer, al darme de comulgar, me pidió que rezara por todos nosotros y hasta por...

—Bien, cállalo y sigue.

—Llegué a casa y me puse a rezar, y al llegar a aquello de «ruega por nosotros, pecadores, ahora y en la hora de nuestra muerte», una voz íntima me dijo: «¿pecadores?, ¿pecadores nosotros?, ¿y cuál es nuestro pecado?» ¿Cuál es nuestro pecado, padre?

—¿Cuál? —me respondió—. Ya lo dijo un gran doctor de la Iglesia Católica Apostólica Española, ya lo dijo el gran doctor de *La vida es sueño,* ya dijo que «el delito mayor del hombre es haber nacido». Ese es, hija, nuestro pecado: el haber nacido.

—¿Y se cura, padre?

—¡Vete y vuelve a rezar! Vuelve a rezar por nosotros, pecadores, ahora y en la hora de nuestra muerte... Sí, al fin se cura el sueño..., al fin se cura la vida..., al fin se acaba la cruz del nacimiento... Y como dijo Calderón, el hacer bien, y el engañar bien, ni aun en sueños se pierde...

Y la hora de su muerte llegó por fin. Todo el pueblo la veía llegar. Y fue su más grande lección. No quiso morirse ni solo ni ocioso. Se murió predicando al pueblo, en el templo. Primero, antes de mandar que le llevasen a él, pues no podía ya moverse por la perlesía, nos llamó a su casa a Lázaro y a mí. Y allí, los tres a solas, nos dijo:

—Oíd: cuidad de estas pobres ovejas, que se consuelen de vivir, que crean lo que yo no he podido creer. Y tú, Lázaro, cuando hayas de morir, muere como yo, como morirá nuestra Angela, en el seno de la Santa Madre Católica Apostólica Romana, de la Santa Madre Iglesia de Valverde de Lucerna, Y hasta nunca más ver, pues se acaba este sueño de la vida...

—¡Padre, padre! —gemí yo.

—No te aflijas, Angela, y sigue rezando por todos los pecadores, por todos los nacidos. Y que sueñen, que sueñen. ¡Qué ganas tengo de dormir, dormir, dormir sin fin, dormir por toda una eternidad y sin soñar!, ¡olvidando el sueño! Cuando me entierren, que sea en una caja hecha con aquellas seis tablas que tallé del viejo nogal, ¡pobrecito!, a cuya sombra jugué de niño, cuando empezaba a soñar... ¡Y entonces sí que creía en la vida perdurable! Es decir, me figuro ahora que creía entonces. Para un niño creer no es más que soñar. Y para un pueblo. Esas seis tablas que tallé con mis propias manos, las encontraréis al pie de mi cama.

Le dio un ahogo y, repuesto de él, prosiguió:

—Recordaréis que cuando rezábamos todos en uno, en unanimidad de sentido, hechos pueblo, el Credo, al llegar al final yo me callaba. Cuando los israelitas iban llegando al fin de su peregrinación por el desierto, el Señor les dijo a Aarón y a Moisés que por no haberle creído no meterían a su pueblo en la tierra prometida, y les hizo subir al monte de Hor, donde Moisés hizo desnudar a Aarón, que allí murió, y luego subió Moisés desde las llanuras de Moab al monte Nebo, a la cumbre del Fasga, enfrente de Jericó, y el Señor le mostró toda la tierra prometida a su pueblo, pero diciéndole a él: «¡No pasarás allá!» y allí murió Moisés y nadie supo su sepultura. Y dejó por caudillo a Josué. Sé tú, Lázaro, mi Josué, y si puedes detener el Sol, detenle, y no te importe del progreso. Como Moisés, he conocido al Señor, nuestro supremo ensueño, cara a cara, y ya sabes que dice la Escritura que el que le ve la cara a Dios, que el que le ve al sueño los ojos de la cara con que nos mira, se muere sin remedio y para siempre. Que no le vea, pues, la cara a Dios este nuestro pueblo mientras viva, que después de muerto ya no hay cuidado, pues no verá nada...

—¡Padre, padre, padre! —volví a gemir.

Y él:

—Tú, Angela, reza siempre, sigue rezando para que los pecadores todos sueñen hasta morir la resurrección de la carne y la vida perdurable...

Yo esperaba un «¿y quién sabe...?», cuando le dio otro ahogo a Don Manuel.

—Y ahora —añadió—, ahora, en la hora de mi muerte, es hora de que hagáis que se me lleve, en este mismo sillón, a la iglesia para despedirme allí de mi pueblo que me espera.

Se le llevó a la iglesia y se le puso, en el sillón, en el presbiterio, al pie del altar. Tenía entre sus manos un crucifijo. Mi hermano y yo nos pusimos junto a él, pero fue Blasillo el bobo quien más se arrimó. Quería coger de la mano a Don Manuel, besársela. Y como algunos trataran de impedírselo, Don Manuel les reprendió diciéndoles:

—Dejadle que se me acerque. Ven, Blasillo, dame la mano.

El bobo lloraba de alegría. Y luego Don Manuel dijo:

—Muy pocas palabras, hijos míos, pues apenas me siento con fuerzas sino para morir. Y nada nuevo tengo que deciros. Ya os lo dije todo. Vivid en paz y contentos y esperando que todos nos veamos un día, en la Valverde de Lucerna que hay allí, entre las estrellas de la noche que se reflejan en el lago, sobre la montaña. Y rezad, rezad a María Santísima, rezad a Nuestro Señor. Sed buenos, que esto basta. Perdonadme el mal que haya podido haceros sin quererlo y sin saberlo. Y ahora, después de que os dé mi bendición, rezad todos a una el Padrenuestro, el Ave María, la Salve, y por último el Credo.

Luego, con el crucifijo que tenía en la mano dio la bendición al pueblo, llorando las mujeres y los niños y no pocos hombres, y en seguida empezaron las oraciones, que Don Manuel oía en silencio y cogido de la mano por Blasillo, que al son del ruego se iba durmiendo. Primero el Padrenuestro con su «hágase tu voluntad así en la tierra como en el cielo», luego el Santa María con su «ruega por nosotros, pecadores, ahora y en la hora de nuestra muerte», a seguida la Salve con su «gimiendo y llorando en este valle de lágrimas», y por último el Credo. Y al llegar a la «resurrección de la carne y la vida perdurable», todo el pueblo sintió que su santo había entregado su alma a Dios. Y no hubo que cerrarle los ojos, porque se murió con ellos cerrados. Y al ir a despertar a Blasillo nos encontramos con que se había dormido en el Señor para siempre. Así que hubo luego que enterrar dos cuerpos.

El pueblo todo se fue en seguida a la casa del santo a recoger reliquias, a repartirse retazos de sus vestiduras, a llevarse lo que pudieran como reliquia y recuerdo del bendito mártir. Mi hermano guardó su breviario, entre cuyas hojas encontró, desecada y como en un herbario, una clavellina pegada a un papel y en éste una cruz con una fecha.

Nadie en el pueblo quiso creer en la muerte de Don Manuel; todos esperaban verle a diario, y acaso le veían, pasar a lo largo del lago y espejado en él o teniendo por fondo las montañas; todos seguían oyendo su voz, y todos acudían a su sepultura, en torno a la cual surgió todo un culto. Las endemoniadas venían ahora a tocar la cruz de nogal, hecha también por sus manos y sacada del mismo árbol de donde sacó las seis tablas en que fue enterrado. Y los que menos queríamos creer que se hubiese muerto éramos mi hermano y yo.

El, Lázaro, continuaba la tradición del santo y empezó a redactar lo que había oído, notas de que me he servido para esta mi memoria.

—El me hizo un hombre nuevo, un verdadero Lázaro, un resucitado —me decía—. El me dio fe.

—¿Fe? —le interrumpía yo.

—Sí, fe en el consuelo de la vida, fe en el contento de la vida. El me curó de mi progresismo. Porque hay, Angela, dos clases de hombres peligrosos y nocivos: los que convencidos de la vida de ultratumba, de la resurrección de la carne, atormentan, como inquisidores que son, a los demás para que, despreciando esta vida como transitoria, se ganen la otra, y los que no creyendo más que en este...

—Como acaso tú... —le decía yo.

—Y sí, y como Don Manuel. Pero no creyendo más que en este mundo, esperan no sé qué sociedad futura, y se esfuerzan en negarle al pueblo el consuelo de creer en otro...

—De modo que...

—De modo que hay que hacer que vivan de la ilusión.

El pobre cura, que llegó a sustituir a Don Manuel en el curato entró en Valverde de Lucerna abrumado por el recuerdo del santo y se entregó a mi hermano y a mí para que le guiásemos. No quería sino seguir las huellas del santo. Y mi hermano le decía: «Poca teología, ¿eh?, poca teología; religión, religión.» Y yo al oírselo me sonreía pensando si es que no era también teología lo nuestro.

Yo empecé entonces a temer por mi pobre hermano. Desde que se nos murió Don Manuel no cabía decir que viviese. Visitaba a diario su tumba y se pasaba horas muertas contemplando el lago. Sentía morriña de la paz verdadera.

—No mires tanto al lago —le decía yo.

—No, hermana, no temas. Es otro el lago que me llama; es otra la montaña. No puedo vivir sin él.

—¿Y el contento de vivir, Lázaro, el contento de vivir?

—Eso para otros pecadores, no para nosotros, que le hemos visto la cara a Dios, a quienes nos ha mirado con sus ojos el sueño de la vida.

—¿Qué, te preparas a ir a ver a Don Manuel?

—No, hermana, no; ahora y aquí en casa, entre nosotros solos, toda la verdad por amarga que sea, amarga como el mar a que van a parar las aguas de este dulce lago, toda la verdad para ti, que estás abroquelada contra ella...

—¡No, no, Lázaro; ésa no es la verdad!

—La mía, sí.

—La tuya, ¿pero y la de...?

—También la de él.

—¡Ahora no, Lázaro; ahora no! Ahora cree otra cosa, ahora cree...

—Mira, Angela, una de las veces en que al decirme Don Manuel que hay cosas que aunque se las diga uno a sí mismo debe callárselas a los demás, le repliqué que me decía eso por decírselas a él, esas mismas, a sí mismo, y acabó confesándome que creía que más de uno de los más grandes santos, acaso el mayor, había muerto sin creer en la otra vida.

—¿Es posible?

—¡Y tan posible! Y ahora, hermana, cuida que no sospechen siquiera aquí, en el pueblo, nuestro secreto...

—¿Sospecharlo? —le dije—. Si intentase, por locura, explicárselo, no lo entenderían. El pueblo no entiende de palabras; el pueblo no ha entendido más que vuestras obras. Querer exponerles eso sería como leer a unos niños de ocho años unas páginas de Santo Tomás de Aquino... en latín.

—Bueno, pues cuando yo me vaya, reza por mí y por él y por todos.

Y por fin llegó también su hora. Una enfermedad que iba minando su robusta naturaleza pareció exacerbársele con la muerte de Don Manuel.

—No siento tanto tener que morir —me decía en sus últimos días—, como que conmigo se muere otro pedazo del alma de Don Manuel. Pero lo demás de él vivirá contigo. Hasta que un día hasta los muertos nos moriremos del todo.

Cuando se hallaba agonizando entraron, como se acostumbra en nuestras aldeas, los del pueblo a verle agonizar, y encomendaban su alma a Don Manuel, a San Manuel Bueno, el mártir. Mi hermano no les dijo nada, no tenía ya nada que decirles; les dejaba dicho todo, todo lo que queda dicho. Era otra laña más entre las dos Valverdes de Lucerna, la del fondo del lago y la que en su sobrehaz se mira; era ya uno de nuestros muertos de vida, uno también, a su modo, de nuestros santos.

Quedé más que desolada, pero en mi pueblo y con mi pueblo. Y ahora, al haber perdido a mi San Manuel, al padre de mi alma, y a mi Lázaro, mi hermano aún más que carnal, espiritual, ahora es cuando me doy cuenta de que he envejecido y de cómo he envejecido. Pero ¿es que los he perdido?, ¿es que he envejecido?, ¿es que me acerco a mi muerte?

¡Hay que vivir! Y él me enseñó a vivir, a sentir la vida, a sentir el sentido de la vida, a sumergirnos en el alma de la montaña, en el alma del lago, en el alma del pueblo de la aldea, a perdernos en ellas para quedar en ellas. El me enseñó con su vida a perderme en la vida del pueblo de mi aldea, y no sentía yo más pasar las horas, y los días y los años, que no sentía pasar el agua del lago. Me parecía como si mi vida hubiese de ser siempre igual. No me sentía envejecer. No vivía yo ya en mí, sino que vivía en mi pueblo y mi pueblo vivía en mí. Yo quería decir lo que ellos, los míos, decían sin querer. Salía a la calle, que era la carretera, y como conocía a todos, vivía en ellos y me olvidaba de mí, mientras que en Madrid, donde estuve alguna vez con mi hermano, como a nadie conocía, sentíame en terrible soledad y torturada por tantos desconocidos.

Y ahora, al escribir esta memoria, esta confesión íntima de mi experiencia de la santidad ajena, creo que Don Manuel Bueno, que mi San Manuel y que mi hermano Lázaro se murieron creyendo no creer lo que más nos interesa, pero sin creer creerlo, creyéndolo en una desolación activa y resignada.

Pero ¿por qué —me he preguntado muchas veces— no trató Don Manuel de convertir a mi hermano también con un engaño, con una mentira, fingiéndose creyente sin serlo? Y he comprendido que fue porque comprendió que no le engañaría, que para con él no le serviría el engaño, que sólo con la verdad, con su verdad, le convertiría; que no habría conseguido nada si hubiese pretendido representar para con él una comedia —tragedia más bien—, la que representaba para salvar al pueblo. Y así le ganó, en efecto, para su piadoso fraude; así le ganó con la verdad de muerte a la razón de vida. Y así me ganó a mí, que nunca dejé transparentar a los otros su divino, su santísimo juego. Y es que creía y creo que Dios nuestro Señor, por no sé qué sagrados y no escudriñaderos designios, les hizo creerse incrédulos. Y que acaso en el acabamiento de su tránsito se les cayó la venda. ¿Y yo, creo?

Y al escribir esto ahora, aquí, en mi vieja casa materna, a mis más que cincuenta años, cuando empiezan a blanquear con mi cabeza mis recuerdos, está nevando, nevando sobre el lago, nevando sobre la montaña, nevando sobre las memorias de mi padre, el forastero; de mi madre, de mi hermano Lázaro, de mi pueblo, de mi San Manuel, y también sobre la memoria del pobre Blasillo, de mi San Blasillo, y que él me ampare desde el cielo. Y esta nieve borra esquinas y borra sombras, pues hasta de noche la nieve alumbra. Y yo no sé lo que es verdad y lo que es mentira, ni lo que vi y lo que soñé —o mejor lo que soñé y lo que sólo vi—, ni lo que supe ni lo que creí. No sé si estoy traspasando a este papel, tan blanco como la nieve, mi conciencia que en él se ha de quedar, quedándome yo sin ella. ¿Para qué tenerla ya...?

¿Es que sé algo?, ¿es que creo algo? ¿Es que esto que estoy aquí contando ha pasado y ha pasado tal y como lo cuento? ¿Es que pueden pasar estas cosas? ¿Es que todo esto es más que un sueño soñado dentro de otro sueño? ¿Seré yo, Angela Carballino, hoy cincuentona, la única persona que en esta aldea se ve acometida de estos pensamientos extraños para los demás? ¿Y éstos, los otros, los que me rodean, creen? ¿Qué es eso de creer? Por lo menos, viven. Y ahora creen en San Manuel Bueno, mártir, que sin esperar inmortalidad les mantuvo en la esperanza de ella.

Parece que el ilustrísimo señor obispo, el que ha promovido el proceso de beatificación de nuestro santo de Valverde de Lucerna, se propone escribir su vida, una especie de manual del perfecto párroco, y recoge para ello toda clase de noticias. A mí me las ha pedido con insistencia, ha tenido entrevistas conmigo, le he dado toda clase de datos, pero me he callado siempre el secreto trágico de Don Manuel y de mi hermano. Y es curioso que él no lo haya sospechado. Y confío en que no llegue a su conocimiento todo lo que en esta memoria dejo consignado. Les temo a las autoridades de la tierra, a las autoridades temporales, aunque sean las de la Iglesia.

Pero aquí queda esto, y sea de su suerte lo que fuere.

¿Cómo vino a parar a mis manos este documento, esta memoria de Angela Carballino? He aquí algo, lector, algo que debo guardar en secreto. Te la doy tal y como a mí ha llegado, sin más que corregir pocas, muy pocas particularidades de redacción. ¿Que se parece mucho a otras cosas que yo he escrito? Esto nada prueba contra su objetividad, su originalidad. ¿Y sé yo, además, si no he creado fuera de mí seres reales y efectivos, de *alma inmortalidad?* ¿Sé yo si aquel Augusto Pérez, el de mi novela *Niebla,* no tenía razón al pretender ser más real, más objetivo que yo mismo, que creía haberle inventado? De la realidad de este San Manuel Bueno, mártir, tal como me le ha revelado su discípula e hija espiritual Angela Carballino, de esta realidad no se me ocurre dudar. Creo en ella más que creía el mismo santo; creo en ella más que creo en mi propia realidad.

Y ahora, antes de cerrar este epílogo, quiero recordarte lector paciente, el versillo noveno de la Epístola del olvidado apóstol San Judas —¡lo que hace un nombre!—, donde se nos dice cómo mi celestial patrono, San Miguel Arcángel —Miguel quiere decir «¿Quién como Dios?», y arcángel, archimensajero—, disputó con el diablo —diablo quiere decir acusador, fiscal— por el cuerpo de Moisés y no toleró que se lo llevase en juicio de maldición, sino que le dijo al diablo: «El Señor te reprenda». Y el que quiera entender que entienda.

Quiero también, ya que Angela Carballino mezcló a su relato sus propios sentimientos, ni sé que otra cosa quepa, comentar yo aquí lo que ella dejó dicho de que si Don Manuel y su discípulo Lázaro hubiesen confesado al pueblo su estado de creencia, éste, el pueblo, no les habría entendido. Ni les habría creído, añado yo. Habrían creído a sus obras y no a sus palabras, porque las palabras no sirven para apoyar las obras, sino que las obras se bastan. Y para un pueblo como el de Valverde de Lucerna no hay más confesión que la conducta. Ni sabe el pueblo qué cosa es fe, ni acaso le importa mucho.

Bien sé que en lo que se cuenta en este relato, si se quiere novelesco —y la novela es la más íntima historia, la más verdadera, por lo que no me explico que haya quien se indigne de que se llame novela al Evangelio, lo que es elevarle, en realidad, sobre un cronicón cualquiera—, bien sé que en lo que se cuenta en este relato no pasa nada; mas espero que sea porque en ello todo se queda, como se quedan los lagos y las montañas y las santas almas sencillas asentadas más allá de la fe y de la desesperación, que en ellos, en los lagos y las montañas, fuera de la historia, en divina novela, se cobijaron.

Salamanca, noviembre de 1936.

13 Ramón María del Valle Inclán (1869 - 1936)

Magnífico poeta, prosista y novelista. Nació en Galicia, en Villanueva de Arosa (Pontevedra), el año de 1869 y murió también en Galicia, en la bella ciudad de Santiago de Compostela, en 1936.

Con su imaginación portentosa, se forjó otra vida «más bella», que contaba por todas partes, siempre añadida y más extraordinaria, convencido de haberla vivido. Fue, en la vida real, de carácter altivo, fantástico, aventurero. Estudió las primeras letras en un pueblo gallego. Sus verdaderos nombre y apellidos eran Ramón del Valle y Peña. Pero le gustaba a don Ramón contar una y mil patrañas de sus gloriosos ascendientes. De 1877 a 1885 cursó el bachillerato en Pontevedra, empezando la carrera de Derecho en Santiago de Compostela, pronto abandonada para dedicarse a la conquista de la gloria literaria. En 1892, tras una breve estancia en Madrid, marchó a Méjico, donde adquirió el gusto de la tierra caliente, destilado luego en relatos de extraños lances autobiográficos.

De regreso a España y en 1899 aparece su pequeña novela **Adega,** y pierde el brazo al recibir un bastonazo durante una disputa con Manuel Bueno. En 1910 marchó a América del Sur como director artístico de la compañía teatral Guerrero-Mendoza. Visitó Francia el año 1916, recogiendo sus impresiones en un librito titulado **La media noche: Visión estelar de un momento de guerra.** En 1917 desempeñó la cátedra de Estética en la Escuela de Bellas Artes de San Fernando. El 22 volvió a visitar Méjico, y desde 1924 vivió con residencia fija en Madrid, alternando con las épocas de retiro en los campos gallegos. En 1929, un ataque contra la dictadura del general Primo de Rivera y un escándalo público le motivaron un corto arresto en la Cárcel Modelo, de Madrid. Director de la Escuela de Bellas Artes de Roma en 1931. Por último se refugió en Galicia, el 34, para morir el 5 de enero de 1936 en Santiago de Compostela.

Artista puro de la palabra y de la imaginación, creador de un mundo ajeno casi por completo a las preocupaciones fundamentales ideológicas de la época, estuvo Valle Inclán íntimamente asociado, desde el comienzo, al movimiento renovador del 98. Si es verdad que el estetismo decadente es una de sus notas esenciales, y que todo en él se supedita al encanto poético, musical, sugeridor, de la palabra, no es menos cierto que todo va encaminado en su obra al anhelo de crear, sin traicionar su vocación de poeta personalísimo, una interpretación de lo español y tan profundamente como cualquier escritor de su tiempo.

Sus primeras narraciones ofrecen una prosa refinada, muy próxima al modernismo. Trata el autor de crear en este momento inicial un mundo señorial y arcaico donde el recuerdo nostálgico ocupa un lugar primordial. Con el tiempo Valle Inclán forja una prosa en la que el humor desgarrado sustituye a la melancolía, el colorido chillón a los tonos delicados, la imagen grotesca a la emoción nostálgica, y donde lo aristocrático es visto con apicarada malicia. En las obras de este segundo estilo hay además una sátira caricaturesca de la realidad española.

El primer grupo importante de sus novelas lo constituyen las cuatro **Sonatas: de Primavera, Estío, Otoño** e **Invierno** (1902-1905), supuestas memorias del marqués de Bradomín, un don Juan ochocentista, cínico y sensual. Escritos en estilo modernista, insisten en la nota señorial y nostálgica. **Flor de santidad** refleja el paso de lo aristocrático a los motivos populares gallegos. También son de ambiente gallego las **Comedias bárbaras,** en las que se ofrece un mundo grandioso de pasiones primitivas. Como transición a las obras de última factura puede considerarse un tercer grupo, formado por los relatos de **La guerra carlista** (1909).

En las novelas de su segundo estilo, el lenguaje, nervioso y chispeante, luce un notable desenfado. Trátase de grotescas deformaciones de la realidad, que hacen pensar en Quevedo, en la pintura de Goya o de un Solana. **El Ruedo Ibérico** es una formidable caricatura de la Corte de Isabel II; **Tirano Banderas** (1936), la historia tragicómica de un cabecilla latinoamericano.

Las primeras obras teatrales de Valle Inclán se hallan cerca del teatro poético; así lo vemos en **Voces de gesta** (1912), llena de resonancias épicas. Ambiente rústico tiene la intensa tragicomedia en prosa **Divinas palabras** (1920). Distinto es el grupo constituido por las **Farsas en verso —«Farsa y licencia de la Reina Castiza»** (1920)— y los **Esperpentos** en prosa, de estilo semejante a sus últimas novelas y en la misma línea caricaturizadora.

El genial don Ramón María nos ha dejado tres libros de poesía modernista. El primero —**Aromas de Leyenda** (1919)—

representa la fusión del modernismo con los motivos líricos de la Galicia mítica. **La pipa de Kif** (1919) presenta de nuevo el estilo colorístico, abigarrado y caricaturesco de las narraciones de **Ruedo Ibérico.**

A través de toda su obra, Valle Inclán demuestra un prodigioso dominio de los recursos del idioma. Su producción, dominada siempre por un impulso estetizador orientado hacia lo lírico o hacia lo grotesco, alcanza alturas inimaginadas. Ello permite considerarle como uno de los máximos estetistas españoles del siglo XX.

De su propia naturaleza, de su espíritu gallego y del arte modernista, en admirable fusión, nació la obra valleinclanesca, tan rica en matices, tan sugestiva en la temática. A Valle Inclán le cabe la gloria de haber realizado en la prosa la obra que Rubén Darío realizó en la poesía castellana: reconstruirla, sanearla, rejuvenecerla, darle empaque y nueva gracia.

Retablo de la avaricia, la lujuria y la muerte

LA CABEZA DEL BAUTISTA (1924)

DRAMATIS PERSONÆ

DON IGI EL INDIANO
LA PEPONA
EL JÁNDALO
VALERIO EL PAJARITO
EL BARBERO
EL SASTRE
EL ENANO DE SALNÉS
RONDALLA DE MOZOS

(La Bandera Roja y Gualda,[1] *Café y Billares del Indiano.*[2] *Don Igi el Gachupín,*[3] *le decían en las tierras remotas por donde anduvo. Don Igi hace cuentas tras el mostrador, tiene un rictus de fantoche triste y hepático. En la acera de los billares hay rueda de mozos, se conciertan para salir de parranda, y deshacer el baile de Pepiño el Peinado. Una mujerona con rizos negros, ojeras y colorete, en el fondo del café, juega con el gato. A su espalda brilla la puerta de cristales, y el claro de luna en el huerto de limoneros. Noche de estrellas con guitarras y cantares, disputas y naipes en las tabernas, a la luz melodramática del acetileno. En la puerta de los billares, los mozos están templando.*[4] *Valerio el Pajarito alarga el cuello sobre la guitarra.)*

VALERIO
Primero a la casa del cura. Hay que cantarle alguna pulla que le encienda el pelo.

[1] La bandera de España (N. de Marín).
[2] El emigrado vuelto de Hispanoamérica.
[3] Don Higinio era llamado así en Méjico por ser español.
[4] Afinando las guitarras.

EL BARBERO

El cura con nadie se mete.

VALERIO

Pues alguno se duele de sus pláticas. ¿Qué le va ni le viene al cura, con que haya amancebamientos?

EL SASTRE

Don Igi te paga, Valerio.

VALERIO

Don Igi es libre pensador, y se ríe de pamemas.[5]

EL ENANO DE SALNÉS

Pepona, como mujer, es quien se consume viéndose señalada por la Iglesia.

EL SASTRE

¡No es para menos!

VALERIO

El cura, y todos los curas, predican el oscurantismo, y ninguno cumple su misión, que es de paz. Aquí están haciendo mucha falta los ingleses.[6]

EL BARBERO

¿Has templado, Valerio?

VALERIO

Por mí no se espera.

EL BARBERO

Primero debiera ser un recorrido general.

EL DE SALNÉS

¡Lo apruebo! Viene a ser como un cumplido a la población.

EL BARBERO

Justamente.

VALERIO

¿Cuántos son los Pepes?

EL DE SALNÉS

Pues el secretario, el teniente, el fiscal, don Pepe Dueñas, don Pepito el presidente del Orfeón, doña Pepita Puente, Pepitiña Rua. En todas las calles tenemos Pepe. ¡En alguna tres!

[5] Escrúpulos (por cosas insignificantes).

[6] Los protestantes.

VALERIO

¡Todo lo cotillas,[7] Merengue!

[*Sobre un caballo tordillo,*[8] *con jaeces gauchos, viene por la carretera un jinete. Poncho, jarano,*[9] *altas botas con sonoras espuelas. Se apea con fantasía de valentón.*]

EL JÁNDALO[10]

¡Salud, amigos! ¿A lo que parece, hay buen humor en este pueblo? No se extrañe la pregunta, que soy forastero.

VALERIO

Pues sí, amigo, nos divertimos.

EL JÁNDALO

Alberto Saco reclama su puesto.

VALERIO

¿Qué puesto quiere Alberto Saco?

EL JÁNDALO

Alberto Saco, donde entró, fue primero.

VALERIO

En pocas villas habrás entrado, poco corrido los mundos.

EL JÁNDALO

He rodado por todos los cabos del planeta. De América vengo.

[*Valerio el Pajarito, parodiando al gaucho pampero, le alarga la mano en compadre,*[11] *y el otro, en el mismo talante, choca la suya.*]

VALERIO

¡Ché! ¿Venite vos de la América? ¿Conocé, vos, la Pampa Argentina?

EL JÁNDALO

¡Desde el Cabo de Hornos al Estre-

[7] Comentas (maliciosamente); *Merengue* es apodo burlón.

[8] Gris, con manchas oscuras.

[9] Sombrero ancho.

[10] Palabra derivada de «andaluz», aplicada al español de la Montaña (Santander) que ha vivido en Andalucía y adquirido su acento y maneras (aquí se refiere a uno que ha vuelto de Hispanoamérica).

[11] Como un viejo amigo.

cho de Bering, nada me queda por conocer!

VALERIO

Buena tierra toda ella para ganar plata. Se gana y se bota juntamente, pero el ahorrativo se enriquece. Hable don Igi.

[*El jándalo entra por el ámbito de los billares, azotándose las botas con el rebenque,*[12] *y haciendo el gallo se acerca a la mujer de los rizos.*]

EL JÁNDALO

Niña, ¿se puede platicar al patrón?

LA PEPONA

¿Tienen ustedes algún negocio?

EL JÁNDALO

Una cuenta traspapelada.

LA PEPONA

¿Usted no es de estos reinos?

EL JÁNDALO

Yo soy un poco de todas partes.

[*Don Igi, curioso, viene al mostrador y se reclina a placer, cruzando los brazos, la pluma en la oreja y los espejuelos sobre la calva. El gato se escurre de los brazos de la mujerona: taciturno y elástico trepa al mostrador, y se coloca al lado del tendero como para inspirarle.*]

DON IGI

Honradez y trabajo ha sido mi lema durante veintisiete años que radiqué en Toluca.[13] ¡Lo que es el sino de los hombres! Merito[14] acababa de traspasar el negocio y retirarme, estalló la revolución. ¡Son batallas campales todos los días y tiroteos a los trenes! El español, tan situado con el porfirismo[15] se ha visto más que fregado.[16]

[12] Látigo.
[13] Capital del estado de México.
[14] Dim. de *mero*, recientemente (amer.).
[15] La dictadura de Porfirio Díaz, terminada en 1911 por la revolución.
[16] Fastidiado (amer.).

VALERIO

Eso, patrón, ocurre por todo el extranjero. Usted lo habrá visto.

DON IGI

Yo en todas partes fanaticé por mi patria. ¡España sobre todas las naciones!

[*El jándalo, tirada la mangana*[17] *a la hembra de los rizos, camina al mostrador, y la morocha amusga la oreja*[18] *para entender lo que trata con el patrón. Sólo percibe el murmullo de las voces en sordina, y el guiño verdoso de las caras bajo el mechero de luz. Don Igi tiene una actitud de fantoche asustado. Con los pelos de punta, huraño y verdoso, se lleva un dedo a los labios.*]

EL JÁNDALO

Pensé no me reconocería usted, don Igi.

DON IGI

No estás tan cambiado.

EL JÁNDALO

No ha sido, con todo, al primer pronto.

DON IGI

¿Dejaste tu nombre?

EL JÁNDALO

Me pesaba.

DON IGI

Siempre rodando.

EL JÁNDALO

Siempre. ¿Usted, aquí radicado?

DON IGI

Trabajando sin ver fruto. Arruinándome por dotar a este pueblo de café y billares. Un progreso que no saben estimar.

EL JÁNDALO

¿Se ve usted incomprendido?

DON IGI

Y arruinado.

EL JÁNDALO

¿Conque tan carente de plata?

[17] Lazo (*fig.* mirando).
[18] La morena echa la oreja atrás.

DON IGI

Quebrado.

EL JÁNDALO

¿Tendrá usted crédito?

DON IGI

Tampoco.

EL JÁNDALO

Pues yo vengo por numerario.

DON IGI

¡Estaba esperando esa puñalada!

EL JÁNDALO

¡Soñación, Don Igi, que me vaya sin plata! A todo vengo dispuesto.

DON IGI

¡Prudencia!

EL JÁNDALO

Decidido a publicar nuestro conocimiento.

DON IGI

¡Espera!

EL JÁNDALO

Estoy rematado de condena,[19] y la denuncia que haga hasta puede valerme una recompensa.

DON IGI

¡Ten juicio!

(El jándalo se volvió para mirar al fondo de los billares: Había sentido el magnetismo de los ojos de la mujerona, fosforecidos bajo el junto entrecejo: La Pepa le sonreía, pasándose la lengua por los labios, y le respondió con un guiño obsceno. En la acera de los billares, la ronda de mozos templaba las guitarras.)

EL JÁNDALO

¡Don Igi, tiene usted una buena hembra por compañera!

DON IGI

¡Muy honesta!

EL JÁNDALO

¿Va usted a pasaportarla como a la difunta?

[19] Condenado a una pena.

DON IGI

¡Calla, malvado!

VALERIO

¡Ché! ¿El amigo, que pedía una guitarra, y no la quiere?

EL JÁNDALO

Alberto Saco no más se raja.[20] Don Igi, nos vemos.

DON IGI

Así tendrá que ser. Horita,[21] diviértete.

EL JÁNDALO

¡Venga la guitarra! Patrón, despida usted a estos amigos con una copa. Va por mi cuenta.

EL DE SALNÉS

Mira si tienes la guitarra bien templada, Alberto Saco. Me parece que no ha de faltarte gracia para puntearla.

VALERIO

¡Alberto Saco, tú entodavía no conoces a Merengue!

(Babel de burlas. Los mozos entonan y rasguean en la acera de los billares, y de allí parten con una mazurca de aldea. La mujerona se ata una liga, enseñando las medias listadas, a los ojos del gato y del gachupín.)

DON IGI

Ese pendejo que has visto, me pondrá el revólver en la mano.

LA PEPONA

¡Ay, qué célebre!

DON IGI

No es modo de respuesta a un compromiso tan urgente.

LA PEPONA

Te llevo el aire.[22]

DON IGI

¿Y ni preguntas quién sea el tal sujeto?

[20] No se vuelve atrás.
[21] Ahorita, ahora (amer.).
[22] Te sigo el tono.

LA PEPONA
Un conocimiento que tienes de la América.

DON IGI
¡El propio Satanás!

LA PEPONA
¿Y qué le trae?

DON IGI
¡Perderme!

LA PEPONA
¿Te pide el alma?

DON IGI
¡Me pide dinero!

LA PEPONA
¡Pues, sí, que no sabes hacerte el guaja! [23]

DON IGI
Ese sujeto es mi más mortal enemigo. ¡Y todo ello porque no quiero entregarle el fruto de mi sudor! ¡Que trabaje! ¡Que se sujete! ¡Que aprenda en la escuela del mundo lo que cuesta el dinero! ¡Ese malvado quiere dejarme pobre!

LA PEPONA
¡Condenado pensamiento!

DON IGI
¡Arruinarme!

LA PEPONA
¡No te dejes!

DON IGI
¡Me cuesta ya muchos miles!

LA PEPONA
¡Ladrón!

DON IGI
Esta noche volverá.

LA PEPONA
¿Y si encontrase cerrado el establecimiento?

DON IGI
Volvería mañana.

LA PEPONA
¿Y si encontrase aún más cerrada tu bolsa?

[23] Granuja, pícaro (para no pagar).

DON IGI
¡Me deshonrará, me calumniará con algún falso testimonio, y hará que me prendan!

LA PEPONA
¡Mucho le temes!

DON IGI
¡Cómo no! Ese malvado me ha hecho liquidar con un quebranto de algunos miles el negocio de Toluca.

LA PEPONA
¡Espanto me das! ¿Qué oculto poder tiene sobre ti ese sujeto?

DON IGI
¡Será mi ruina!

LA PEPONA
¡Higinio Pérez, tú has cometido alguna gran culpa! ¿Qué secreto es el tuyo? ¡No pierdas la cabeza! ¡Declárate con una mujer que te ha dado cuanto tenía, que no reparó en su decoro para quererte!

DON IGI
¡Ya está llamando!

LA PEPONA
¡Asosiega! El gato, que saltó del mostrador al suelo, ha dado ese golpe.

DON IGI
¡Vendrá! ¡Acabará por dejarme en cueros!

LA PEPONA
¿Pero qué nudo de horca te aprieta ese Alberto Saco?

DON IGI
Trae el nombre mudado.

LA PEPONA
¡Higinio Pérez, desahoga tu pecho en mi pecho! ¿De qué estas culpado? ¿Acaso una muerte?

DON IGI
¡Por tan vil calumnia liquidé el negocio de Toluca! ¡Ese trueno es hijo de mi difunta Baldomerita! ¡Mató a su mamá por heredarla, y me complicó en el crimen! ¡Lo creyeron, con el odio

que allí hay para todos los españoles prominentes! ¡Por apasionamiento se indujeron en mi contra los jueces!

LA PEPONA

¿Te condenaron?

DON IGI

Era la tema rabiosa de los jueces, condenar a un gachupín. ¡Parcialidades! Todo motivado por la calumnia de ese Satanás.

LA PEPONA

¡Acaba! ¿Te condenaron?

DON IGI

Sin fundamento. Inducidos, no más, por una hipoteca que pesaba sobre los bienes de la difuntita. Ahí radica la mala voluntad del hijo desnaturalizado. Quería heredar a su víctima, y encontró que no había tal herencia. Pensó que, a las escondidas, era yo el heredero.

LA PEPONA

¡Y aunque lo fueses!

DON IGI

Su pobrecita mamá le aborrecía más que yo le aborrezco. Desde chamaco mostró las más malas inclinaciones. ¡Un disoluto incontinente! ¡Pobrecita la difunta, tan contenta de saber que yo acrecentaría su dinerito, que siempre estaría redituando [24] y creciendo! ¡Este saqueo, esta estafa, este latrocinio, no puede continuar! ¡Lo dicho, me pone el revólver en la mano, y a pique de perder la cabeza! ¡Mudó de nombre, mudó de cara, solamente su ruin condición no muda!

LA PEPONA

Pues no parece que le hayas desconocido.

DON IGI

¡Me hizo la mueca de la difunta!

LA PEPONA

¡Jesús, qué escarnio!

[24] Dando rédito o interés.

DON IGI

¡Despavorí [25] con ella!

LA PEPONA

Bebe una copa, que ahora lo que tú tienes es fiebre.

DON IGI

¡Sudores de muerte!

LA PEPONA

Voy a cerrar el establecimiento.

DON IGI

¡Publicará mi deshonra! ¡Rebajará mi crédito en la plaza! ¡Es preciso ver de transigirlo, y darle uno, si pide ciento!

LA PEPONA

¿Y rematar de una vez, no te hace más cuenta?

DON IGI

¡Solamente la muerte liquida este saqueo!

LA PEPONA

Todo hay que mirarlo. ¡Tú Higinio Pérez, comienza por no aflojar la mosca!

DON IGI

¿Y entonces? ¿Dejar a ese tuno que me difame?

LA PEPONA

Según el mal que te venga.

DON IGI

Tendré pecho. Si desentierran la causa, cegaré [26] a los funcionarios del Consulado, me quedaré pobre, pero no verá un níquel ese matraco. [27]

LA PEPONA

No juegues con la cárcel, ni te expongas a perder lo que tienes. Del hombre arruinado el mundo se ríe.

DON IGI

¡Me das buen consuelo!

LA PEPONA

Cerraré el pico. Mejor sabes tú lo que más te conviene.

[25] Me asusté.
[26] Sobornaré.
[27] Fastidioso.

DON IGI

¡Ahorcarme!

LA PEPONA

¡No es el caso tan extremoso!

DON IGI

Me toma muy viejo.

LA PEPONA

Viejo y pendejo. Consientes que te roben, y te miras[28] para hacerle un obsequio a quien te ha sacrificado su decoro. ¡Algunas mujeres estamos ciegas! ¿Qué plata te pide ese hombre?

DON IGI

Aún no se manifestó.

LA PEPONA

¿Qué hablabas antes de ponerle fin con el revólver?

DON IGI

¡Habla! ...Me tiene en sus manos, y solamente la muerte liquida este negocio.

LA PEPONA

¡Tampoco te digo menos! ¿Pero por qué has de ser tú el señalado?

DON IGI

¡Me toma muy viejo!

LA PEPONA

A ese hombre, por estos lugares, nadie le conoce. Hoy pasó, mañana desapareció.

DON IGI

Tiene los ojos de la difunta. ¡Me gana con ellos!

LA PEPONA

Ese Alberto Saco me miró, y volverá a mirarme. Pues estando en ello, vería de sujetarle con alguna seña.

DON IGI

¡Como no me haga la carantoña de la viejita!

LA PEPONA

Bebe, para quitarte el sobresalto. Busca ánimo en el copeo. El ron con ginebra, a estilo de navegante, es muy confortador.

DON IGI

Para un caso como el que propones, conviene tener despejada la cabeza.

LA PEPONA

Casi seguro que podrías clavarle por la espalda. ¡Bebe!

DON IGI

Me descubres mi propio pensamiento.

LA PEPONA

Cuando me mirase, yo le sujetaría con una seña.

DON IGI

¡Casual, que el facón[29] está afilado de recién!

LA PEPONA

Si diste el pasaporte a la vieja, te cumple no ser pendejo y rematar tu obra.

DON IGI

Se le podría enterrar bajo los limoneros, sin dejar rastro.

LA PEPONA

¿Te reconoces salvado?

DON IGI

¡Pepita, esto nos une para siempre!

LA PEPONA

¿Y esto te pesa? ¿Te pido algo? Soy tu esclava sin esperar ninguna recompensa, y el día que de mí te canses, con ponerme el baúl en la acera, me pagas.

DON IGI

Pronto me tendrás sujeto.

LA PEPONA

¿De mí desconfías, cuando por amor tuyo me echo encima una cadena? El presidio se abre para los dos.

DON IGI

¡Justamente! El presidio se abre para los dos. ¡Justamente! No podrías tenerme en las uñas. ¡Eres un ángel!

[28] Resistes.

[29] Faca o cuchillo grande.

La Pepona

Te doy mi ayuda sin prendas. El día que de mí te canses, me pones en la acera.

Don Igi

Higinio Pérez tendrá contigo la correspondencia de un caballero.

La Pepona

Nada pido.

Don Igi

Cumpliré con mi conciencia llevándote a la iglesia.

La Pepona

No te ates por ese escrúpulo.

Don Igi

Dame un besito.

La Pepona

No quiero.

Don Igi

¡Eres muy rica!

La Pepona

De ilusiones.

Don Igi

Ilusiones y salud valen más que riqueza. Andale, un besito. No sea renuente, niña.

La Pepona

Luego.

Don Igi

Luego tendremos la fiesta.

La Pepona

¡No estás poco gallo!

Don Igi

Palomita, hay que cavar una cueva bajo los limoneros.

La Pepona

Muy honda tendrá que ser.

Don Igi

Para un cuerpo. No hay que perder la cabeza.

La Pepona

A ti te lo digo.

Don Igi

Negra, no te vayas sin darme un besito.

La Pepona

Cuando lo merezcas.

(Con un remangue,[30] *se sale al huerto lunero, y el indiano gachupín requiere sus libros, para ajustar la cuenta de debes y haberes. Llega de lejos el final de una copla. Por la calle desciende el rasgueo de un pasodoble, y en el mismo trocaico compás rueda un tropel de pisadas. Jaleo de mozos en parranda. Se presiente el grupo de rondadores, concertándose en voz baja para la copla alusiva, delante de la puerta. Y salta la copla, punteada por Alberto Saco.)*

El jándalo

Patrón, descorra la llave,
por hacer gasto venimos,
y a darle las buenas noches
la lengua mojada en vino.

(Aplausos y voces la celebran por bien cantada. Luego recae un silencio, y se presiente al grupo de rondadores recaído en el métrico problema de concertar otra copla. Don Igi saca del cajón dos taleguillos con dinero, y los esconde bajo una tabla del piso. Pálido, con los pelos como un gato espantado, sale a la puerta del ejido.[31] *Se oye el golpe del azadón bajo los nocturnos limoneros.)*

Don Igi

¡Paloma! ¡Palomita! ¡Venga, niña! No más te dilates, Pepita.

La Pepona

¡Arde la casa!

(Aparece, levantando el azadón, que brilla a la luna, y queda en el umbral con gesto de dura interrogación. Don Igi se pone un dedo en los labios. La ronda de mozos canta el repertorio de la musa barroca y plebeya:)

[30] Gesto de rápida resolución.
[31] Campo comunal.

PARRANDISTAS

Asómate a la ventana,
que a cantarte hemos venido
rosa la más soberana
en el pensil de Cupido.

DON IGI

¡Prudencia! Se oye el golpe de cavar la tierra.

LA PEPONA

Está dura como un peñasco.

DON IGI

Pues recién ha llovido.

LA PEPONA

Empálmate el facón.

DON IGI

Me impone la maldita carantoña.

LA PEPONA

¡Abreles! Y, si no, espera.

(Retocándose el peinado y jaleando las caderas, se acerca a una ventana y entorna la falleba. Entra la luna. La Pepona cobra un prestigio popular y romántico, con el rasgueo de las guitarras, inclinada sobre la noche de estrellas, para oír la copla.)

EL JÁNDALO

Niña, abra usted la puerta.

LA PEPONA

¿Y no le parece a usted, amigo, que son horas de recogerse?

EL JÁNDALO

¿Es la opinión de su esposo?

LA PEPONA

No tengo ese tirano.

EL JÁNDALO

De su protector.

LA PEPONA

Diga usted del patrón, y acabemos.

EL JÁNDALO

Pues dicho. Interróguele usted, primorosa.

LA PEPONA

¿A santo de qué?

EL JÁNDALO

A santo de Alberto Saco.

LA PEPONA

¿De verdad es esa su gracia? ¿Y qué saca usted? ¿Las mantecas?[32]

EL JÁNDALO

A usted un cachito de lengua. ¡Debe ser muy apetitosa!

LA PEPONA

¡Juicio!

EL JÁNDALO

¡No me fleche usted esos ojos, morena!

LA PEPONA

¡Ya sabe usted lo suyo para camelar mujeres!

EL JÁNDALO

Hasta hoy he vivido indiferente.

LA PEPONA

Amigo, no pasa esa bola.

EL JÁNDALO

¿Quiere usted darme la miel?[33]

LA PEPONA

¡Que nos está mirando el público!

EL JÁNDALO

Abra usted la puerta.

LA PEPONA

Vuelva usted solo.

(Se retira de la ventana y cierra. Con las manos en las caderas cruza el ámbito oscuro de los billares. Don Igi avizora, de codos sobre el mostrador, los pelos de punta, los anteojos en la frente; y el gato soplándole a la oreja.)

DON IGI

¿Alejaste a ese hombre?

LA PEPONA

Ahora se va, para volver solo. Cazado lo tienes.

DON IGI

¿Qué te habló?

[32] Entrañas (por *sacamantecas*, criminal que mutila a sus víctimas).

[33] Un beso.

LA PEPONA

Pues me ha camelado.

DON IGI

Tú le darías pie.

LA PEPONA

No me traigas cargos de celoso en una hora como ésta.

DON IGI

Tampoco le temo. Ese hombre no puede darte ni agua. ¿Qué sacarías de irte con él, corriendo los mundos? ¡Trabajos! El hombre sin plata nunca puede hacer la felicidad de una mujer.

LA PEPONA

¡Qué hablar por no callar, Higinio Pérez!

DON IGI

Como otras veces, te digo: Pepita, considera lo que te juegas.

LA PEPONA

Porque lo considero, me opongo al ladronicio de ese Alberto Saco. Deja que me camele, sé sordo y ciego. Le verías llegar hasta mis brazos, y no habías de moverte hasta el seguro momento de clavarle el facón. Esta noche acaba de sacarte más la plata ese aparecido de América.

DON IGI

Vamos a pensar bien lo que se hace.

LA PEPONA

El cuchillo debes tenerlo en la manga. Cuando entre, le ofreces una copa, y bebemos los tres. Tú no reparas si hacemos cambio,[34] ni tampoco si me chulea.[35] Piensa que entregártelo indefenso es mi juego. Ya está en la puerta.

DON IGI

¿Quién abre?

LA PEPONA

Yo abro. No olvides convidarle.

DON IGI

¡Otra vez mi perdición ese pendejo!

[34] Caricias.

[35] Hace o dice algo indecoroso.

[*La Pepona abre la puerta, y aparece en el umbral Alberto Saco. El puño del rebenque —un brillo de metal— levanta el extremo del poncho. Entra con reto de amigazo y compadre.*]

EL JÁNDALO

Chulita, vengo a que usted me fleche.

LA PEPONA

¡Que nos está mirando el abuelo!

EL JÁNDALO

Don Igi, salud y plata.

DON IGI

Entra. Deja a la niña que cierre. Beberás una copa.

EL JÁNDALO

¿No será un veneno?

LA PEPONA

Beberemos los tres para celebrar el conocimiento.

EL JÁNDALO

El de usted y el mío. Con el patrón no es de ahora. ¡Don Igi, no se ponga tétrico!

LA PEPONA

¿Qué bebida es la suya, amigo?

EL JÁNDALO

La más de su gusto.

LA PEPONA

La que usted diga.

EL JÁNDALO

Para decirlo déjeme usted sentirle el aliento.

LA PEPONA

¡Ay, qué gracia!

EL JÁNDALO

Don Igi, esta mujer no es para un viejo.

DON IGI

Hablas sin comedimiento.

LA PEPONA

Ya ve usted cómo el patrón le reconviene.

EL JÁNDALO

Don Igi, me parece usted algo tétrico,

y con esta mucama[36] a su lado, es un mal gusto.

LA PEPONA

A callar, y a tomar una copa. ¿Conoce usted esta botella?

EL JÁNDALO

¡Cómo no!

DON IGI

Hoy es de lo más caro en el comercio, no admite adulteraciones.

EL JÁNDALO

Esta marca no vale un níquel.

DON IGI

Pues no lo entiendes.

EL JÁNDALO

¡Don Igi, mucho roba usted si es así todo el género!

DON IGI

No mereces respuesta.

LA PEPONA

Diga usted qué bebida le agrada, y no ponga tachas.

EL JÁNDALO

Hay que perdonar una chunga.[37] La bebida es de mérito.

LA PEPONA

Pues bebamos.

EL JÁNDALO

¡Y alegrémonos! Don Igi, pronto dejará usted de verme.

DON IGI

En sueños te veo.

EL JÁNDALO

¿Tiene usted enterada a la niña?

DON IGI

Sabe quién eres.

LA PEPONA

A dejar el pleito para mañana, que las sábanas nos esperan. Usted, amigo, excusa de buscar hospedaje. ¡Y ahora a cumplir y a verle el fondo al caneco![38]

[36] Sirvienta (amer.).
[37] Broma.
[38] Jarro de barro.

EL JÁNDALO

Es usted una mujer dispuesta.

LA PEPONA

No se lleve usted mi copa, que será saber mis secretos.

EL JÁNDALO

Ya sus ojos me los han contado.

LA PEPONA

¡Es usted atrevido!

DON IGI

¡Tú le das pie!

LA PEPONA

¡Cuernos!

EL JÁNDALO

Don Igi, vaya usted contando tres mil pesos.

DON IGI

¡Estás demente!

EL JÁNDALO

Pensaba pedirle a usted mucho más, pero en vista de que me llevo a esta niña, lo dejo en ese pico.

DON IGI

¿A quién te llevas?

EL JÁNDALO

A esta morena.

DON IGI

Dale tú la respuesta que merece, Pepita.

LA PEPONA

Siempre se desagera.[39]

EL JÁNDALO

Don Igi, ándele por la plata, y no más se preocupe por esta chinita. Es el trato que yo me la lleve. Una mujer como ésta a usted no le conviene.

DON IGI

¡Insolente!

LA PEPONA

Amigo, deje las chanzas, y a beber formales. El pleito con el patrón lo transigirá mañana.

EL JÁNDALO

¡Esta mujer me torea! Don Igi, vaya

[39] Exagera (vulgarismo).

usted contando ese pico, que tengo el overo[40] con la silla puesta.

Don Igi

Te daré un cheque. ¡Pero no por esa cantidad!

La Pepona

Que se acabó por esta noche el pleito.

El jándalo

Niña, esto ya no es de su incumbencia. Don Igi, ándele por el talonario, que rabia usted de verme lejos.

[*Remata guiñando un ojo y sacando la lengua —la mueca de la difunta—. Don Igi, con pasos vacilantes, llega al pie de la escalera. Inesperado estrépito de cristales le hace girar como un fantoche. El compadrito estrecha el talle de la coima*[41] *y le pide los labios. Arden los ojos de la bribona. Por entre los pliegues del poncho saca una mano, y con el índice apuñala en el aire la espalda del jándalo. El dedo, con luces de un anillo, se aguza rabioso. Don Igi se advierte el facón oculto en la manga. La punta, lenta y furtiva, asoma sobre los rancios dedos del fantoche. Parece cambiada la ley de las cosas y el ritmo de las acciones. Como en los sueños y en las muertes, parece mudada la ley del tiempo. La coima suspira rendida. Toda la mano blanca se posa sobre el cuello quemado de soles y mares. Sus ojos turbados, se aprietan, al resplandor del facón que levanta el espectro amarillo de don Igi. La Pepona, desvanecida, siente enfriarse sobre su boca la boca del jándalo.*]

La Pepona

¡Flor de mozo!

[40] Caballo (color de melocotón).
[41] Concubina.

Don Igi

¡Horita tenemos que ahondarle la cueva bajo los limoneros, negra!

La Pepona

¡Roja estoy de tu sangre!

Don Igi

El flux[42] hay que quemarlo.

La Pepona

¡Bésame otra vez, boca de piedra!

Don Igi

No le platiques al cadáver.

La Pepona

¡Flor de mozo! ¡Yo te maté cuando la vida me dabas!

Don Igi

¿Niña, qué hace? ¿La boca le besa, después de ultimarle?

La Pepona

¡La muerdo!

Don Igi

¡Supera el escarnio![43]

La Pepona

¡La muerdo y la beso! ¡Valía más que tú, viejo malvado!

Don Igi

¡Vil ramera, me das espanto!

La Pepona

¡Anda a cavar bajo los limoneros, malvado! ¡Quiero bajar a la tierra con este cuerpo abrazada! ¡Bésame otra vez, flor galana! ¡Vuélveme los besos que te doy, cabeza yerta! ¡Abrazada contigo quiero ir a la tierra! ¡Tan desconocido, tan desconocido!... ¡Venir a morir en mis brazos, de tan lejos!... ¿Eres engaño? ¡Te muerdo la boca! ¡Vida, sácame de este sueño!

Don Igi

¡Mejor me fuera haberlo transigido con plata!

[42] Traje (amer.).
[43] ¡No cabe burla mayor!

14 Pío Baroja

(1872 - 1956)

Uno de los más grandes y fecundos novelistas españoles de todos los tiempos. Nació Pío Baroja y Nessi el año de 1872, en San Sebastián, y murió el 30 de octubre de 1956 en Madrid.

Baroja empezó a estudiar medicina en Valencia, doctorándose en Madrid —1903—. Ejerció su profesión en el balneario de Cestona (Guipúzcoa) durante dos años. Pero aquella vida monótona de pueblo se avenía mal con su carácter rebelde, voluntarioso. Por tanto, don Pío se trasladó a Madrid. Tanteó varios negocios, entre ellos la explotación de una panificadora. Se dedicó al periodismo, colaborando en **El País**, en **El Imparcial**, en **El Globo**, en **Electra**, en la **Revista Nueva**... Desde un principio se manifestó arisco, duro, rebelde, agresivo. Revolucionario en ideas religiosas, poco afecto a la mayoría de las instituciones sociales, discípulo de Nietzsche y Schopenhauer en su filosofía pesimista, fue despreciador de la gramática y de la retórica en sus escritos. Pero, tras sus acres exabruptos e improperios contra lo que consideraba falso y convencional, se esconde un alma sentimental, llena de ternura.

Baroja permaneció siempre fiel al tono negativo del momento inicial del 98. Nuestro autor no se cansa de protestar contra los defectos de la sociedad contemporánea: los prejuicios de su moral, su aburguesamiento cobarde, su injusticia; protesta que dirige también contra el pasado y la tradición. Tras esta visión pesimista de la sociedad late un honrado deseo de reforma. Sus ideas personalísimas le llevan a considerar la vida presente como un caos absurdo en el que la única posibilidad de salvación está en la lucha, en «la acción por la acción».

Baroja es el novelista más completo de su generación y al mismo tiempo una de las figuras cumbres de toda la novelística española. La importancia concedida a la acción es, tal vez, lo que mejor le define. La mayor parte de sus novelas no son más que una atropellada sucesión de escenas, donde la intriga y la aventura ocupan un lugar central. En algunas de sus obras el interés se centra en las opiniones que por boca de sus personajes expone el autor. Surge entonces el Baroja escéptico, pesimista, el eterno descontento que va acumulando tétricas consideraciones sobre la vida y la sociedad con implacable acritud y a menudo con un humor amargo.

En las descripciones el trazo es siempre rápido, enérgico. Así, lo advertimos en sus visiones del paisaje; generalmente tétricas, hoscas, cuando se trata del paisaje castellano; más líricamente emotivas cuando se refieren a su terruño vasco. En cuanto a las figuras humanas, la técnica es la misma: pocas pero acertadas pinceladas le sirven para trazar su perfil físico o sicológico.

A veces, sin embargo, la aventura, la reflexión amarga o la descripción de un ambiente hosco dejan paso a breves remansos líricos en los que la emoción del autor halla acentos de melancolía, ternura y de suave nostalgia. Ejemplo de ello sería su célebre **«Elogio del acordeón»**.

El estilo de Baroja es el más desaliñado y antirretórico de su generación, pero también el más dinámico y expresivo. Es el suyo un estilo espontáneo, rápido, nervioso, que no busca la frase primorosa, sino la claridad y la sencillez.

Las **«Trilogías»** son una larga serie de relatos que el autor ha reunido de tres en tres. En algunos predomina la acción —**Zalacaín el aventurero** (1909), **Las inquietudes de Shanti Andía** (1911)—; en otros, la reflexión amarga —**Camino de perfección** (1902), **El árbol de la ciencia**— o bien la intención social y la descripción descarnada de los suburbios madrileños —**La busca** (1904), **Mala hierba, Aurora roja.**

Las **«Memorias de un hombre de acción»** (veintidós volúmenes), son una colección de novelas escritas a base de las supuestas memorias de Eugenio Aviraneta, aventurero que tomó parte en la guerra de la Independencia y en la carlista. Algunos títulos de estas novelas, en las que la acción dinámica lo es todo, son **El aprendiz de conspirador** (1913), **El escuadrón de Brigante, Los recursos de la astucia**, etc.

Su producción literaria es enorme. Sus libros se acercan al centenar, entre novelas, cuentos, ensayos, reflexiones y memorias. En sus obras no saca conclusiones, sino que se limita a enumerar premisas; es austero, con austeridad que linda con la amargura; siente una pasión infinita por cuanto la pasión egoísta de la Humanidad parece desdeñar; huye discretamente de ese «arte predicador» que hipertrofia desagradablemente tantas novelas. Pío Baroja —y es este uno de los valores más altos de su espiritualidad— posee una de las sensibilidades que con más trágica intensidad vibran ante los males y dolores de su patria. Pese a su ascendencia vasca es un escritor enormemente castellano. El sentimiento trágico de Castilla es el único resorte que le mueve y le conmueve. Hasta cuando quiere hablar de Vasconia o describir lugares vascos lo hace con el dibujo escueto, con los colores austeros y desnudos del castellanismo.

El mundo es ansí

PROLOGO

1. La boda de Juanito Velasco

Siempre se distinguió el joven Velasco como elegante y como *sportman;* muchacho rico, hijo de un cosechero riojano, gastó dinero en abundancia, ensayó varias carreras y deportes y, por último, decidió ser pintor.

El arte es un mullido lecho para los que nos sentimos vagos de profesión. Cuando uno comprende esta verdad se proclama a sí mismo solemnemente artista, escritor o pintor, músico o poeta.

Luego, los demás, empezando por la familia y por los amigos, no aceptan casi nunca esta solemne proclamación individual, que les parece subterfugio, un buen pretexto para no trabajar.

Pasado el tiempo, si el vago, por casualidad, resultara un artista estimable, la vagancia no se toma en cuenta: es, en algunos casos, una belleza más, un gracioso lunar; en cambio, si el supuesto artista no produce nada que valga la pena, entonces su vagancia se pone al descubierto y se convierte ante los ojos de sus conocidos en algo criminal, desagradable y repelente.

En esto, como en todo, el éxito establece la ley.

La decisión artística de Velasco coincidió con la muerte de su padre y con su mayoría de edad.

El joven *sportman,* transformado por efecto de su libre albedrío en joven artista, recogió una cantidad considerable en dinero y en papel del Estado y se fue a liquidarlo y a recorrer el mundo.

Todos sabemos, por haberlo leído en los folletines franceses, que los viajes y los clásicos sirven para formar la juventud y completar la educación.

Pronto Velasco pudo dar un juicio técnico consumado acerca de Botticelli, de Donatello, del *champagne* de la viuda Clicquot, de las bailarinas de *music-halls* más ilustres, de los rincones de la vida galante, en las principales capitales europeas.

Enriquecido con estos conocimientos, lanzó una mirada de águila a su alrededor y comenzó a darse cuenta de las cosas.

Velasco, fuera de España, se transformó: de anglómano furibundo quedó convertido en españolista rabioso.

No se sabe si le intoxicó alguna ostra, de esas que guardan bacilos tíficos, en un restaurante a la moda, o si tuvo alguna aventura desgraciada; el caso fue que Juanito Velasco pensó que fuera de España no valía la pena de vivir, ni de pintar, ni de comer ostras.

Únicamente le parecía digno de sus pinceles y de ser trasladado al lienzo, aunque él no se tomara el trabajo de hacerlo, lo trágico y lo grotesco, lo verdaderamente dionisíaco: escenas de toros, bacanales de Carnaval, procesiones de pueblos, Cristos sangrientos, adoraciones nocturnas...

En arte, Velasco no aceptaba más que lo genuinamente español, lo castellano castizo, y cuanto más crudo y más violento, le parecía mejor.

Si Velázquez era un dios, el viejo Goya era un profeta. Realmente, si hay en el arte español un huerto lleno de agradables y de inverosímiles sorpresas, es el de don Francisco de Goya y Lucientes.

—En la España actual —afirmaba Velasco— no hay más que dos pintores interesantes: Regoyos y yo. Ahora, poniendo banderillas, yo soy el primero.

Efectivamente, Velasco había toreado en algunas novilladas con gran lucimiento, demostrando lo que llaman los técnicos taurinos las facultades.

Varias veces vi a Velasco en Madrid y en Sevilla, casi siempre con gente del bronce, y me habló de sus proyectos, que a veces realizaba, y de sus cuadros, que no realizaba nunca.

Un día, al final del verano, estaba yo en un pueblecito de la costa vasca, cuando recibí un telegrama que decía así: «¿Puede usted venir esta tarde, en el tren de las tres y veinte, a Biarritz? Le necesito para testigo de mi boda. Si se decide, póngame usted un telegrama. Le esperaré en la estación de la Negresse.—*Juan de Velasco.*»

Le contesté que iría, tomé el tren para Biarritz, llegué a la Negresse y me encontré a Velasco muy elegante, de negro, fumando con impaciencia un cigarrillo.

Salimos de la estación, montamos en un coche y fuimos a la carrera.

—Perdone usted que le haya avisado —me dijo Juan, mordiendo con sus dientes blancos el cigarrillo egipcio—; no le hubiera molestado a usted si un imbécil de primo mío hubiera venido aquí como prometió. ¿Usted tendrá escrúpulo en servir de testigo para mi boda?

—Yo, ninguno.

—Es que me caso con una rusa divorciada.

—¡Hombre! Es usted un fantástico. ¿Dónde se casa usted? ¿En la alcaldía?

—No. En la alcaldía nos presentaban dificultades. El alcalde es un republicano socialista, y, ¡claro!, cree que el matrimonio es una cosa santa y respetable. En vista de los obstáculos decidimos mi novia y yo casarnos en la capilla rusa.

—¿Ahí les dan a ustedes más facilidades?

—Sí. Muchas más. La única condición del pope es que si tenemos hijos se eduquen en la religión ortodoxa.

—¿Y qué va usted a hacer con unos hijos ortodoxos?

—¡Pchs! Que vivan si pueden.

—Veo que la cuestión de religión no le preocupa a usted gran cosa.

—No me preocupa nada. Puede usted creerlo.

—¡En cambio, cuando lo sepa su familia!

—Protestará, seguramente; pero ¡qué demonio!, hay que hacer hablar un poco a las personas respetables. Así tienen algo en qué ocuparse, y, además, un ejemplo de la mala conducta donde se puede destacar su moralidad.

—¿De manera que usted considera sus vicios como un holocausto a la respetabilidad ajena?

—¿No es una manera como otra cualquiera de rendir un tributo a la virtud?

—Yo siempre lo he creído así.

El coche en que íbamos Velasco y yo

cruzó Biarritz a la carrera y se detuvo delante de la verja de un hotel. Bajamos del coche, atravesamos el jardín, subimos al piso principal, llamó él en una puerta y pasamos a un cuarto donde se estaba ataviando la novia de mi amigo, ayudada por una doncella.

—Sacha —le dijo Velasco—; este señor nos va a servir de testigo de boda. Ha tenido la amabilidad de hacer un viaje sólo para eso.

—¡Oh!, muchas gracias.

Ella me dio la mano sonriendo. Era una mujer de veinticuatro a veinticinco años, rubia, muy blanca y sonrosada, los ojos claros e ingenuos, que mostraban al sonreír una dentadura fuerte y brillante. No era una mujer bonita, pero sí de un gran atractivo; tenía aire de salvajismo, de candidez.

A su lado, Velasco, con su tipo de hombre moreno, su nariz prominente y algo torcida, su pelo negro y sus cejas pobladas, hacía un raro contraste.

Se me figuraba ver un romano de los antiguos tiempos con alguna joven escita robada en las selvas vírgenes de la ignorada Europa.

Sacha me dijo que les dispensara a ella y a su futuro por haberme llamado y perturbado en mis costumbres. Yo contesté que no valía la pena de ocuparme del tiempo de un desocupado.

Sacha me mostró su niña, una niña de tres o cuatro años, rubia, con aire de muñeca. En aquel momento jugaba en la galería con una criada rusa, de un tipo de gitana.

Velasco me llevó al cuarto que había mandado disponer para mí, y poco después se presentó de levita y guantes amarillos.

La novia había acabado su tocado, vestía de negro y llevaba un ramo de rosas y crisantemos.

Me puso una flor en el ojal, y me dijo:

—No se incomodará usted porque el otro testigo de nuestra boda sea el mozo del hotel, ¿verdad?

—No, de ningún modo.

—Aquí no conocemos a nadie, y hemos tenido que echar mano de él.

—Ah, claro.

—Tenía algún miedo de que no quisiera usted aceptar. ¡Como los españoles tienen esa fama de orgullosos!

—Es la leyenda.

Salimos los novios y yo a la escalera, y poco después se presentó el *garçon* que había de asistir a la boda conmigo. Era un tipo de judío, muy moreno, con la nariz de buitre y el pelo negro y ensortijado. Nos dijo que el coche esperaba. El coche era una carroza de forma antigua; el cochero y el lacayo llevaban libreas azules con galones de plata.

—¿Por qué han traído este coche? —preguntó Velasco.

—Aquí es costumbre en las bodas llevarlos de esta clase —contestó el mozo.

—Qué afán tienen los franceses de dar a todo aire de *vaudeville* —dijo Velasco.

Sacha se echó a reír. Cruzamos los cuatro el jardín y entramos en la galoneada carroza nupcial. Llegamos en pocos momentos a la iglesia rusa, subimos rápidamente una escalinata y pasamos al vestíbulo.

El sacristán nos condujo a la capilla y salió después a avisar al pope. La capilla, grande, oscura, estaba imponente. La vaga luz del crepúsculo entraba por un alto ventanal y dejaba la nave en una semioscuridad incierta.

Los dos novios y los dos testigos esperamos algo impresionados.

De pronto se abrió una puerta próxima al altar y apareció el pope vestido de blanco. Era un hombre joven, de barba roja, nariz afilada, anteojos y melena.

Los novios avanzaron hasta ponerse frente a él y los dos testigos nos quedamos unos pasos atrás.

El pope encendió dos velas, y con ellas en la mano izquierda, bendijo sólo al novio con la derecha; luego puso un dedo sobre la frente de la novia y dio una vela a cada uno de los desposados.

El mozo del hotel tenía un aire tan extraño y tan solemne, con los pelos negros encrespados, la nariz corva, dirigida amenazadoramente hacia el cielo, la actitud gallarda y los guantes blancos en las manos cruzadas, que me daban ganas de reír.

Para dominar la inoportuna tendencia a la risa, me puse lo más compungido posible, haciéndome cuenta de que me encontraba en una ceremonia fúnebre.

El acólito trajo dos coronas grandes con piedras de colores, me dio una a mí, otra al mozo, y los dos tuvimos que sostenerlas sobre la cabeza de los novios. El pope llevaba de la mano a los desposados hacia adelante y hacia atrás; los testigos teníamos que avanzar y retroceder con las coronas a pulso, carga un poco pesada.

Mientras tanto, el acólito comenzó a recitar una oración en la que se oía a cada paso la palabra *Godospín*. El pope contestaba cantando e incensando a los novios.

Luego cambiaron el anillo y bebieron agua, y después vino, en la misma copa.

Cuando se concluyó la ceremonia, pasamos los cuatro a la sacristía y firmamos en un libro los novios y los testigos.

Inmediatamente salimos de la capilla y volvimos en la carroza nupcial al hotel.

Velasco apareció en mi cuarto con el traje de ordinario, charlamos un rato, bajamos al salón, y una hora más tarde se presentó Sacha. Había dejado a la niña dormida en la cuna, al cuidado de la niñera.

Sacha, Velasco y yo fuimos los tres a cenar al Gran Hotel.

Velasco, como hijo de cosechero y hombre de buen paladar, mandó traer marcas especiales de vino, de precios exorbitantes. En la cena se habló de todo: de pintura, de escultura, de política, de Rusia, de España.

Velasco explicó con detalles las corridas de toros en los pueblos riojanos y la procesión de Semana Santa en una aldea próxima a Logroño. Como hablando en francés no podía dar idea clara de las actitudes, se puso a dibujar en el cartón del *menú* siluetas de toreros, de picadores, de espadas, y luego perfiles de curas, de gente campesina, de sacristanes con la manga parroquial. Hizo una verdadera *espagnolade* gráfica.

Después de cenar fuimos al Casino. Velasco jugó unos francos; como hombre afortunado en amores, los perdió. Yo estuve hablando largo rato con Sacha.

Me dijo que pensaba ir a España con su marido, probablemente a Sevilla. La rusa tenía, en general, ideas absurdas de nuestro país, pero era muy ingenua, muy simpática, muy llena de optimismo.

No sabía qué pensar de los españoles. ¡Eramos tan distintos su marido y yo, a pesar de ser los dos españoles y de pueblos bastante próximos!

—¿La mayoría de los españoles son como usted o como Juan? —me preguntó Sacha.

—¡Qué sé yo! Es difícil contestar a eso. Había que conocer muy bien a los españoles, muy bien a su marido y muy bien a sí mismo, lo que es bastante difícil siempre.

—Sí, es verdad; pero si fuera indispensable tener un conocimiento tan completo para opinar, no se opinaría nunca.

—Tiene usted razón.

—De chica —añadió ella— yo creía que los españoles eran hombres pálidos, tristes, muy galantes y enamorados.

—¿Y por qué?

—Por una de las primeras novelas que leí, que tenía unas viñetas con unos caballeros melenudos, en donde se hablaba de los nobles sufrimientos de amor de un hidalgo español.

Yo le dije a la rusa que España era un país muy realista, en donde la gente dormía demasiado, pero soñaba poco, y ella supuso en mí intenciones de bromear. Era muy tarde cuando salimos del Casino, y entramos en el hotel.

Al día siguiente, al levantarse para almorzar, me encontré con Velasco y Sacha; me esperaban.

Velasco había decidido alquilar un automóvil para unos días y recorrer los pueblecillos de los alrededores.

—¿Quién va a dirigir el automóvil? ¿El marido de usted? —pregunté a Sacha.

—Sí.

—Entonces ya podemos encomendar el alma a Dios. Nos va a hacer pedazos en la carretera.

—No lo crea usted. Dirige muy bien.

Sacha, con su hija, la pequeña Olga, la niñera y yo, entramos en el automóvil, y Juan se sentó a dirigir.

Durante una semana vivimos así, parando en pueblecillos, recorriendo carreteras, almorzando en las ventas.

Velasco, como buen automovilista, no se preocupaba más que del motor, de la gasolina, de los neumáticos; el paisaje no le merecía la menor atención.

A la rusa le encantaban estas aldeas vascas, con el cementerio alrededor de la iglesia y sus viejas casas negruzcas. Sobre todo, un rincón, cerca de Biriatu, le parecía delicioso.

Pasamos varias veces a España por la costa y también por Roncesvalles, deteniéndonos en Saint Jean Pied-de-Port y en Burguete. En las dos vertientes del Pirineo no dejamos pueblecillo de la carretera sin visitar. Sacha me hablaba de su vida, de sus ilusiones, de sus ideales artísticos y políticos.

Velasco no prestaba atención a las confidencias de su mujer; le parecían, sin duda, sentimentalismos, cosa de poca importancia.

Por la noche, al llegar a Biarritz, solíamos comer en el hotel platos nacionales rusos, una sopa de legumbres que se llama *tchi*, *kascha* y algunas otras cosas que se me han ido de la memoria y del paladar; luego, como veníamos rendidos, yo al menos, no salía de mi cuarto.

De mi amistad con Sacha me quedaron unas cuantas palabras en ruso, de las que no recuerdo más que al gato se le llama *koska* y que *dobri nochi* quiere decir buenas noches.

A la conclusión de la semana, a pesar de que Velasco y Sacha me instaban a seguir en su compañía, me fui al pueblecillo en donde había estado veraneando y me volví a Madrid.

2. Una carta de Sacha

Transcurrieron varios años, y un día recibí una tarjeta postal desde un pueblo de Suiza. Era de Sacha. Contesté con otra y la envié un libro mío.

Meses más tarde, Sacha me escribió esta carta en francés:

«Estimado señor: Gracias por el interés que me demuestra usted y por su libro. Lo he leído con gran curiosidad, queriendo explicarme ese país tan poco amable para mí y a quien, sin embargo, guardo cariño.

»En su libro he creído ver reflejada la

vida española que tanto me ha perturbardo, esa vida tan irregular, tan áspera, tan inexorable, y que, a pesar de esto, produce sentimientos caballerescos y bondades poco comunes. Hay algo, indudablemente, muy humano en España, cuando, en contra de su vida arbitraria, injusta y cruel, se impone su recuerdo, no con indiferencia ni con odio, sino con cariño, con verdadera simpatía.

»Al escribirle a usted siento ganas de llorar; en la época que le conocí tenía grandes ilusiones. Usted mismo contribuyó a esto. Pensé si la mayoría de la gente de España sería como usted, apática, meditabunda, algo gris, y me alegré de ello, porque supuse que llevaría en este país una vida de calma y de tranquilidad. ¿Qué idea se formaría usted entonces de aquella rusa? Creo ahora que al verme tan engañada respecto a España y a mi marido debía usted sonreír con un sentimiento de lástima y de piedad.

»Estoy a orillas del lago Leman, en un pueblo, en una casa antigua, inmensa, fría y triste. Me instalé aquí creyendo encontrar paz y reposo para el espíritu, y me equivoqué. La pequeña Olga no se encuentra bien, quizá sea una debilidad pasajera, pero me hace sufrir mucho. Mi pensamiento es cada vez más triste, mi espíritu cada vez más cobarde para el dolor.

»Estos hermosos días de otoño me llenan de melancolía.

»Pienso volver a mi país, a casa de una antigua amiga de mi pobre madre, a la que tengo cariño y que me quiere todavía; esta idea de establecerme en Rusia no me seduce; me parece que es el reconocimiento absoluto del fracaso de mi vida.

»Vivir sin una esperanza, sin una amistad, es muy duro para una pobre mujer.

»He dejado en los países del sol parte de mi alma y vuelvo con ella mutilada y marchita al hogar abandonado; a la patria que ya no es patria para mí. Conocer nueva gente me da miedo; andar así, de pueblo en pueblo y de hotel en hotel, es horrible. Adiós.

»—¿Se acuerda usted de nuestros paseos por los caminos de su país? Si para usted por aquel rincón de Biriatu —¿no se llama Biriatu?—, salúdele usted de mi parte y acuérdese usted de mí. Yo guardaré también un recuerdo simpático del testigo de mi boda. Con su saludo afectuoso de su amiga, *Sacha V. Savarof.*»

Esta carta me produjo impresión. Alguna que otra vez, revolviendo mis papeles, la encontraba y pensaba en lo que habría sido de aquella rusa tan efusiva y tan simpática.

Años después me hablaron de Velasco. Estaba hecho un señor muy formal, que dirigía muy sabiamente sus negocios.

Un día le encontré en el tren y le pregunté por su mujer. Se veía que esta conversación no le agradaba.

Velasco, atropelladamente, y sin hablar de Sacha, me dijo que las mujeres que se consideran civilizadas son el producto más antipático de la civilización; que la única misión de la mujer es estar en la cocina y cuidar de los niños; que él mandaría azotar en la calle a las sufragistas y feministas...

—Y usted, ¿en qué situación quedó con Sacha? ¿Se separaron?

—Sí, nos separamos; fue ella la que lo quiso. Me hizo un favor.

Velasco habló confusamente de las locuras de la juventud, y concluyó diciendo:

—Créalo usted: no se puede vivir con una mujer sin religión.

Yo le contemplé con un poco de asombro.

—Ya ha llegado usted a considerar la religión como cosa útil, ¿eh? —le dije.

—Sí, me parece útil para los demás —contestó él categóricamente.

Y hablamos de otra cosa.

3. Una dama feminista

Tiempo después conocí en casa de un profesor, en Ginebra, a una señora suiza, feminista, que había viajado mucho y vivido cerca de veinte años en Rusia. Era una mujer ingeniosa, alta, con los ojos pequeños y la nariz de loro, muy emperifollada y coqueta, a pesar de su edad.

Esta señora habló mucho de Rusia, y en el curso de la conversación citó varias veces al general Savarof.

—Yo he conocido una rusa que se llamaba Sacha Savarof —le dije—. No sé si sería pariente de ese general.

—¡Sacha! ¡Ya lo creo! Era su hija. ¿La conocería usted en Sevilla?

—No; en Biarritz, donde fui testigo de su boda.

—¡Qué extraño! Hay que decir como los yanquis: «El mundo es pequeño.» ¿Es usted amigo del señor Velasco?

—Conocido, nada más.

—Lo celebro. El señor Velasco es una persona muy especial. ¿Y al señor Arcelu, le conoce usted?

—No.

—Es un pariente de Velasco.

—Pues no le conozco. ¿Y Sacha? ¿Dónde está?

—Ahora, en Moscú. Muy mal, la pobre.

—¿Y la niña? ¿La pequeña Olga?

—Con su tío, en San Petersburgo.

La señora aquella conocía la vida de Sacha en todos sus detalles; quería convencerme de lo protervo de la conducta de los hombres en general y de los españoles en particular.

Probablemente, solo con este objeto me invitó a ir a su casa y me contó la vida de Sacha, y me dejó, para que leyera, un paquete de cartas y unos apuntes que había escrito la rusa mientras estaba en España.

En la selección que, por razones de espacio, hemos hecho de El mundo es ansí, *hemos eliminado las partes primera y segunda, dejando el prólogo y la tercera.*

La primera parte narra la vida de Sacha en Rusia, su infancia y adolescencia juto a su padre, el general y terrateniente Miguel Nicolaievitch Savarof, hombre despótico, torpe y autoritario, y la gradual modificación de Sacha, desde su niñez un tanto silvestre, al refinamiento adquirido de su nodriza suiza al arribar a la pubertad. Esta «europeización» de la joven rusa no sólo tiene que ver con el aprendizaje de materias más o menos ortodoxas, sino con «toma de consciencia» frente a las injusticias sociales. La joven Sacha se ve envuelta en protestas de jóvenes idealistas —inspiradas en la figura humanista y humanitaria de Tolstoy, patriarca del socialismo fraternal ruso— en contra de los abusos del zarismo y del desnivel entre las clases económicas del país. Otra corriente de opinión enrola a la joven estudiante: el feminismo, movimiento muy en boga por aquellos años.

No tarda la joven Sacha en tener problemas con la policía zarista, por lo que el padre decide enviarla a Suiza a estudiar Medicina.

En Suiza la protagonista —porque es

Sacha el personaje central de la obra— traba amistad con varios estudiantes, la mayor parte rusos como ella, dándonos Baroja una acertada imagen de lo que sería la Suiza de aquellos primeros años del siglo: hervidero de todas las tendencias políticas que comenzaban a estremecer al mundo. Socialistas, anarquistas, sindicalistas de todo género desfilan por la inagotable galería novelesca de Baroja. Sacha se vincula especialmente a dos hombres: Leskoff, que la quiere, ruso como ella, y Ernesto Klein, judío ginebrino, calculador y falto de escrúpulos, que logra casarse con ella. No es desdeñable la figura de Vera, joven compañera de Sacha, femenina e intrascendente, que sería su perpetua confidente.

Tras morir el general Savarof, Sacha y su marido Klein marchan a Rusia a hacerse cargo de la parte que le tocaba de herencia a la joven. El ambicioso Klein, cazador de fortuna, descubre en su nuevo hogar que si bien las propiedades de su mujer son vastas, al mismo tiempo son rústicas, y acaba por sentirse a disgusto en aquella tierra feudal y semibárbara. Las disputas de la pareja aumentan en intensidad y frecuencia, y sin que obste el nacimiento de una niña, al cabo deciden separarse.

En la segunda parte de la novela, escrita en forma epistolar, Sacha, desde Florencia, a donde ha ido a vivir tras su fracaso matrimonial, le cuenta a su amiga Vera sus impresiones sobre la ciudad, sus habitantes y los amigos que ha hecho. Cambia Baroja de técnica —del puro relato a la epístola—, pero no abandona el constante análisis psicológico de los personajes. Aparece en las cartas de Sacha un nuevo nombre: el del pintor español Velasco. Voluntarioso e insistente, el español logra conquistar a la rusa.

La que narra es Sacha

TERCERA PARTE

1. Al entrar en España

Voy a anotar mis impresiones día por día. No quiero distraer a Vera con mis cartas. Ella tendrá también sus luchas, sus momentos de vacilación; pero está en terreno más firme que yo.

Se ha casado con un compatriota, con un hombre de ciencia; vive en un ambiente austero; yo, en cambio, no veo claro mi porvenir. Prefiero escribir estas páginas para mí sola, conteniéndome un poco para no avergonzarme mañana de mis sentimientos, porque mi experiencia anterior me ha hecho desconfiar un tanto de mi espontaneidad.

Mi preocupación actual nace de la situación en que he venido a colocarme un poco a la ligera. Me encuentro nuevamente casada, y ahora en la frontera de España, como ante esas puertas misteriosas de los cuentos, que lo mismo pueden resultar del infierno que del paraíso.

Es una carta a Vera

Mañana vamos a un pueblo de la Rioja, donde vive la familia de mi marido.

Juan me dice que me acostumbraré pronto a España; en cambio, ese escritor español, a quien he conocido en Biarritz, me aseguraba que España para un extranjero es un mundo aparte.

Me ha llevado mi marido a San Sebastián a que vea una corrida de toros; la ciudad me ha gustado, es muy bonita; pero el espectáculo me ha parecido repulsivo no sólo porque produce una impresión de ingratitud, de crueldad, sobre todo para los caballos, sino porque da una sensación de repugnancia física.

Al principio, cuando sale la cuadrilla, se figura una que va a presenciar un espectáculo elegante, rápido; cuando el toro aparece tan fuerte, tan bravo, la expectación es enorme; pero ya los mil detalles de fisiología, además de desagradables y repelentes, son de una lentitud y de una falta completa de interés.

En cambio, sin tener nada de dramático, me ha resultado agradable un partido de pelota. Claro que no es constantemente entretenido, pero, para no hacer daño a nadie, resulta un deporte interesante, lleno de movimiento, de agilidad y de destreza.

Juan dice que cuando vaya a ver la segunda corrida me gustará! pero no pienso volver a presenciar este espectáculo.

2. La familia de Juan

La primera visita que tenemos que hacer en España es a la familia de mi marido, en un pueblo de la Rioja. Por lo que dice Juan, se me figura que debe ser una familia a la antigua. Probablemente, supondrá que una rusa es un producto fantástico, como una sirena o un dragón con alas.

Mi marido me ha advertido que dirá a su madre que soy viuda de un profesor.

Está bien. No me gusta mentir; ya veremos cómo salgo del paso.

Momentos antes de la partida, María, la niñera me ha dicho que se queda aquí, en Biarritz. La pretende un chófer, que se ha retirado, y ha puesto un pequeño restaurante. Parece que entre la clientela cuenta con algunos criados de los rusos ricos que vienen por aquí. Además de los motivos sentimentales que pueda tener para casarse con mi niñera, tiene este práctico de que ella podrá entenderse con los rusos.

He deseado a María buena suerte; me hubiera gustado asistir a su boda; pero mi marido tiene prisa por ir a España. He tomado una niñera vasco-francesa, que se llama Graciosa, y que lo es. efectivamente. Me entiendo con ella muy bien.

Graciosa habla el vasco a la pequeña Olga.

No sé cómo se va a arreglar mi niña, cuando sea mayor, para hablar, oyendo en la infancia tantos idiomas al mismo tiempo.

Hemos hecho nuestro equipaje, tomando el tren hasta la frontera y seguido hasta Miranda de Ebro. Aquí bajamos, esperamos en la fonda y montamos en otro tren, que en una hora aproximadamente nos dejó en una pequeña estación, desde la que se ve un pueblo asentado en una colina, con grandes casas de piedra y viejos miradores de cristales.

Un coche de dos caballos nos esperaba a la salida de la estación. Un mozo ha cogido nuestras maletas, después de saludar a Juan con gran confianza y de mirarnos a Graciosa y a mí con curiosidad. Hemos montado; Juan se ha puesto al pescante y hemos subido al galope de los caballos la cuesta que conduce al pueblo.

—Nos va a tirar, señora —me decía Graciosa.

—No; no nos tirará —le contestaba yo; pero no las tenía todas conmigo.

El coche se detuvo ante una casa solariega, de piedra oscura, con un enorme portal. Subimos por una ancha escalera, pasamos por varios cuartos grandes y fríos hasta un comedor triste, y nos sentamos allí.

Ha transcurrido un largo rato y no se ha presentado nadie. Juan se ha puesto a encender en la chimenea unos trozos de vid seca. Yo estaba asombrada de un recibimiento tan frío. Al cabo de media hora ha aparecido una vieja, encorvada, con una toca de puntilla sobre escasos cabellos grises. Es mi suegra. Mi marido la ha abrazado con frialdad; ella se ha acercado a mí, y contemplándome atentamente, de una manera escrutadora, me ha dicho:

—¿Estará usted cansada?

—No.

—Ahora le preparan el cuarto.

Después de estas palabras, no muy amables, se ha puesto a hablar con su hijo de la casa, de la hacienda, de la bodega, del vino, con una mezcla de violencia y de cólera, como si mi marido tuviera la culpa de todo lo malo que pudiera ocurrir.

Juan le oía con displicencia, contestando de mala gana.

Mientras mi suegra hablaba, han aparecido tres señoritas viejas, dos de ellas hermanas y la otra tía de Juan. La acogida entre éstas ha sido igualmente glacial.

—Hola —les ha dicho mi marido sin mirarlas apenas—. ¿Estáis bien?

—Sí, muy bien.

Se han sentado las tres solteronas, y han dicho que hacía un día muy malo; una de ellas, la más efusiva, me ha preguntado si es la primera vez que vengo a este pueblo.

Mi marido me ha sacado de la situación molesta en que me encontraba, diciéndome:

—Bueno; vamos al cuarto.

La sala que nos han destinado es enorme, pero muy fría. Yo le he dicho a Juan que la niña se va a constipar aquí, porque no hay chimenea ni medio de calentar esto, y él ha mandado que traigan un brasero; pero un brasero en un cuarto tan grande es lo mismo que nada.

Graciosa me ha indicado que a donde puede ir con la niña es a una galería de la parte de atrás de la casa, en la que da el sol.

Hemos ido allá. Es un ancho balcón, en parte cubierto de cristales y en parte no. El calor ha carcomido y tostado todas las maderas; una parra mete una de sus ramas, que recorre toda la pared de la galería. En los ángulos del techo cuelgan mazorcas de maíz, racimos de uvas y ristras de ajos. Desde allí, la vista es espléndida. Se divisan una serie de colinas que dan la impresión de una explanada enorme; en el fondo, montes ceñudos y lejanos aparecen con sus crestas nevadas; sobre el río Ebro, que no se ve, tiende una niebla larga y blanquecina. Cerca del pueblo hay un bosquecillo de álamos, que el otoño va dejando rojos y sin hojas, y que parecen llamas cobrizas que salen de la tierra.

Es un paisaje éste verdaderamente hidalguesco, por donde parece que han de andar caballeros y gente de guerra.

He dado de comer a Olga y la he dejado con la niñera en la galería, entre ristras de ajos y cebollas, de pimientos y de uvas.

Nosotros hemos comido tarde, y la comida ha sido muy larga; entre plato y plato ha habido grandes tardanzas. Yo creí que en Rusia estarían las cosas de la vida práctica mal organizadas; pero en España están todavía peor. Aquí en esta casa la cocina se encuentra al otro extremo del comedor, y, naturalmente, la comida viene fría.

Juan se ha sentado en la mesa en el sitio de preferencia; a la derecha, su madre, y a la izquierda, yo. Mi suegra me ha preguntado si los rusos creen en Dios y en Jesucristo; le he dicho que sí; pero la buena señora no se ha convencido. En el fondo supone que todos los que no son católicos van en derechura al infierno. No diré que no.

Una de mis cuñadas se ha extrañado de que sintiera frío viniendo de Rusia; pero la he dicho que allí se caldean mucho las habitaciones.

No sé la impresión que he producido en los individuos de mi actual familia; creo que esperaban encontrarme más rara.

3. El escudo de Navaridas

Al terminar la comida, Juan ha dicho, levantándose:

—Bueno, vámonos.

—¿Adónde vais? —ha preguntado su madre.

—La voy a llevar a «La Hinojosa».

«La Hinojosa» es una finca de la familia que está a orillas del Ebro. Juan ha salido del comedor a preparar el coche.

Mientras tanto, yo he estado con las cuatro mujeres sufriendo un interrogatorio. Mi dificultad para hablar español me ha servido, porque varias veces he hecho como que no comprendía lo que me preguntaban, aunque comprendía perfectamente.

Poco después ha venido Juan y me ha acompañado al coche y hemos marchado rápidamente por la carretera.

El campo, formado por colinas amarillentas pobladas de viñedos, no es bonito de cerca. Nos detenemos en un pueblo pequeño y solitario, y bajamos en la plaza. Este pueblo se llama Navaridas, y antes era casi en su totalidad posesión de la familia de Velasco. Como esta aldea queda oculta en un repliegue del terreno, Juan ha dicho que hay un refrán que dice: «Navaridas, el de las malas entradas y peores salidas.»

Bajamos en la plaza y entramos en la Iglesia, que es amplia, grande y tiene un viejo retablo muy hermoso.

Al salir de nuevo al atrio, el cura del pueblo se acerca a saludar a Juan.

Mientras hablan, contemplo estas viejas casas amarillentas de la plaza, casi todas cerradas. Una de ellas, bajita, rojiza, con dos rejas a un lado y a otro, con sus cruces de hierro, me ha llamado la atención por el escudo que ostenta en la clave del arco apuntado que le sirve de entrada.

Es un escudo pequeño y desgastado por la acción del aire y de la humedad. Representa tres puñales en forma de cruz, esgrimidos por manos cerradas, que se clavan en tres corazones. Cada corazón va destilando gotas de sangre. Alrededor se lee esta leyenda sencilla: «El mundo es ansí.»

¡El mundo es ansí! Es decir, todo es crueldad, barbarie, ingratitud.

Por si acaso no entendía el significado del blasón, he preguntado a mi marido y al cura qué quería indicar, y me han dicho lo que yo suponía de antemano: que esa leyenda quiere decir que el mundo todo es brutalidad, dolor, pena.

¿Quién sería el hombre que se le ocurrió poner un blasón tan triste en su casa? ¿Qué le habría pasado? ¿Qué penas, qué dolores tendría?

Salimos del pueblo después de saludar al cura y recorrimos la finca de la familia de Juan. Al volver, en el camino vimos una mujer con un niño en brazos montada en un burro y un ciego detrás andando, apoyándose con las manos en las ancas del animal y llevando en la espalda una guitarra envuelta en una funda de cuero. El grupo tenía un aire trágico.

—¿Qué serán esas gentes —le he preguntado a Juan?

—Vagabundos. El tocará la guitarra por los pueblos —me ha contestado mi marido—; la mujer cantará y pedirá limosna.

¡Qué vidas más miserables! Si una tuviera esto en cuenta, no se quejaría nunca.

Para el anochecer ya estábamos en casa. He acostado a la niña y me he preparado para una cena lenta, pesada y ceremoniosa.

Después se han presentado en el comedor a hacer tertulia el vicario del pueblo, unas señoras viejas y un currutaco prehistórico y sin dientes, tan obsequioso y ceremonioso que llegaba a empalagar.

4. El mundo es ansí

Por ahora, de todo lo visto en España lo que más me ha impresionado ha sido ese escudo de la plaza de Navaridas con sus corazones y sus puñales y su dolorosa sentencia: «El mundo es ansí.»

Como no puedo dormir bien en esta casa, grande y sombría, he pasado algunas horas comentando, sin querer, esa frase, y por lo mismo que es muy vaga y muy general, la he aplicado a muchas cosas.

¡El mundo es ansí! Es verdad. Todo es dureza, todo crueldad, todo egoísmo. ¡En la vida de la persona menos cruel, cuánta injusticia, cuánta ingratitud!... El mundo es ansí.

He repasado en mi memoria los accidentes de mi vida, y me he visto a mí misma como un monstruo. Desde aquella vieja nodriza, Matriona, que me quería tanto y que me despidió deshecha en lágrimas cuando me fui de Rusia, hasta ese pobre pintor húngaro que nos consideraba a Olga y a mí como dos seres angelicales y a quien no fui a ver al dejar Florencia, ni me he preocupado de él. ¡Cuánta ingratitud! ¡Cuánto dolor producido a los demás de una manera caprichosa e indiferente!

Esta casa me entristece. Lo único alegre en ella es ese mirador en donde suelo tener a la niña y desde el que se divisa un panorama tan espléndido.

Yo deseo marcharme de aquí.

El otro día dimos una vuelta alrededor del pueblo, al oscurecer, una de mis cuñadas y yo. Al volver hacia casa, ya de noche, me chocó ver tanta gente en la calle.

—¿Qué pasa? —le pregunté a mi cuñada.

—Van a la novena de las Animas —me contestó—. ¿Quieres que entremos en la iglesia?

—Bueno.

No sé si esperaría hacer una conversión y llevar un alma por el buen sendero católico.

Entramos; detrás del altar mayor había un ataúd negro colocado sobre un catafalco, vestido de paños también negros, que tenían aplicadas unas calaveras recortadas en papel blanco. A los lados brillaban filas de cirios amarillos.

Era una cosa al mismo tiempo imponente y grotesca, ridícula y horrible.

La nave de la iglesia se veía llena de mujeres con mantillas negras y de campesinos envueltos en mantas y en trajes remendados.

Salimos, y este hormiguero de hombres desharrapados por la callejuela estrecha y mal iluminada por lámparas eléctricas y rojizas me pareció una cosa completamente siniestra.

5. En Madrid

Pretextando asuntos urgentes, Juan ha dicho a su familia que necesitamos marcharnos.

Hemos tomado el rápido para Madrid. En el camino he podido notar la falta de sentido social de los españoles. Ibamos mi marido, Graciosa, la niña y yo en el departamento, de noche; la niña dormía, cuando se abrió la puerta y entró un hombre con trazas de campesino envuelto en una capa parda. El hombre se sentó y comenzó a escupir y a echar humo de un cigarro apestoso. A Olga le dio tos con el humo y se despertó.

Este hombre de la capa dijo a mi marido que era comerciante en granos y que no había tenido tiempo de coger el tren anterior.

Todo esto se lo explicó envolviendo sus palabras en una serie de exclamaciones soeces, escupiendo y fumando.

Se veía que no creía que pudiese molestar.

Cuando se acercó a la estación donde tenía que bajar, salió al pasillo y abrió el cristal de la ventana. El aire frío de la noche entró en nuestro departamento. Graciosa cerró la portezuela; pero el hombre volvió a abrirla. Yo envolví a Olga en un chal para que no se enfriara.

Afortunadamente, la estación donde paraba el molesto viajero estaba próxima, y el comerciante en granos se marchó, tan indiferente de nosotros como si no existiéramos.

He hablado de esta manera de ser a mi marido.

Parece que cada español no se ha enterado todavía de que hay otros hombres en el mundo además de él. Juan mismo no hace caso de nada. Todas las advertencias y prohibiciones se le figuran hechas para el prójimo. Encuentra muy bien las leyes para los demás; ahora, para él, no.

Aquí cada cual, sin duda, se considera de distinta sustancia que los otros y el eje del mundo. Llegamos a Madrid a medianoche y entramos en el automóvil de un hotel.

A través del vidrio empañado, Madrid me pareció una ciudad del Norte, envuelta en una bruma espesa. Los arcos voltaicos brillaban en el aire rodeados de un halo rojizo.

Dormimos en el hotel, y por la mañana nos encontramos con un tiempo triste y lluvioso.

—Nada, hasta que lleguemos a Sevilla no vamos a tener sol —ha dicho Juan.

Hemos salido de casa, y en un coche vamos al Museo del Prado. Mi marido me ha elogiado unas cosas, me ha denigrado otras.

Yo comenzaba a decir delante de un cuadro de Murillo que era lo que más me gustaba, cuando Juan me ha interrumpido, exclamando:

—Eso no vale nada.

No me hago la ilusión de tener gusto artístico, ni me preocupa la pintura gran cosa; pero ¿cómo es posible que esos santos del Greco extravagantes, con una cabecita pequeña y el cuerpo dos veces más largo que el de una persona cualquiera, estén bien y sean admirables? ¿Cómo es posible que esas figuras de Murillo, tan verdaderas, no tengan mérito alguno? No lo comprendo.

Juan es un hombre demasiado arbitrario en sus opiniones y en sus gustos.

He dicho a todo que sí, y he salido del Museo algo mareada y sin ninguna gana de volver.

El tiempo sigue triste; las calles llenas de barro; no se puede pasear. Los cinco días que llevamos en Madrid hemos ido por las noches al teatro.

A mi marido le impacienta la lluvia. Yo le digo riendo que no le hago a él responsable de que llueva en España; pero él me replica:

—Habrá que ir a Sevilla. Allí estará haciendo un sol magnífico.

Mis impresiones madrileñas han sido muy ligeras. Aquí se nota, como en Italia, quizá más que en Italia, que la gente tiene un tipo muy acusado. Sin embargo, entre los dos países hay grandes diferencias.

Madrid no es cosmopolita como Florencia, por ejemplo; yo creo que Madrid es una de las capitales menos internacionalizadas del mundo; aquí al extranjero se le da poca importancia, y el dinero no tiene, como en Italia, un valor tan absoluto.

Encuentro esta manera de ser más digna y mejor; debe ser odioso vivir entregado al capricho de los extranjeros.

Otra cosa que me ha parecido notar, hablando con los amigos de mi marido, es que los españoles tienen orgullo individual, pero no patriotismo.

Aquel violinista Amati, de Florencia, a pesar de ocuparse más que de su arte, hablaba de la caballería italiana, de la marina italiana con un entusiasmo que a mí, extranjera, me parecía cómico.

Aquí creen, o lo dicen al menos, que todo lo que hacen los españoles es malo, y consideran que sus políticos, sus generales, sus hombres de Estado están vendidos o son unos botarates.

Un convencimiento así, de hacerlo todo mal, le deja a cada español en una situación de ironía y de mordacidad.

Al decirles que su país ha de progresar, a algunos les hace encogerse de hombros, a otros se me figura que les molesta, quizá por orgullo, quizá les parece una vulgaridad confundirse con los franceses o con los alemanes.

Otra cosa que me asombra es la falta de curiosidad de esta gente.

Tengo en mi cuarto del hotel una doncella morenita, vivaracha, muy servicial y muy simpática.

—¿La señora es francesa? —me preguntó el otro día.

—No.

—¿Alemana quizá?

—No, soy rusa. De mucho más lejos. ¿Ya iría usted por allá?

—¿Por qué no? —me ha contestado—. Allí se vivirá como en todas partes.

Qué fondo de innata sabiduría y de falta de curiosidad tiene que haber para comprender esto.

6. Un pueblo de sueño

Como la alondra que levanta el vuelo al amanecer, mi corazón se ha sentido con alas y ha volado lleno de esperanza al entrar en Andalucía. ¡Qué extraño espejismo! ¡Qué ilusión más absurda!

Era cerca de Baeza y comenzaba la mañana. El sol brillaba de una manera mágica; parecía que las piedras y las plantas iban a incendiarse, a fundirse, con la luz del día; yo también tuve un momento de esperanza ilusoria, de creer que bastaba llegar a esta tierra soleada para ser feliz.

Parece que las personas son como gusanos de seda que han oído que pueden convertirse en mariposas, y hay momentos en que se creen cruzar ligeramente el espacio sobre las alas nacidas en la espalda.

Entre Córdoba y Sevilla el cielo comenzó a llenarse de nubes, y el espejismo de mi alma palideció y se borró.

He ido asomada a la ventanilla.

En las extensas llanuras regadas por el Guadalquivir se veían a derecha e izquierda praderas con caballos y toros bravos.

En algunos olivares, los campesinos, subidos a una escalera, recogían la aceituna de los árboles. Luego pasamos por en medio de huertos de naranjos llenos de fruta roja y de hileras de grandes pitas con brazos grises y carnosos, rígidos y puntiagudos como puñales.

Llegamos a Sevilla y fuimos a un hotel de una plaza con grandes palmeras.

Nos han instalado en habitaciones del piso bajo, cuyas ventanas dan a un patio con una fuente en medio, enlosado, de mármol blanco, y rodeado de una arcada también de mármol.

El cuarto me ha parecido húmedo y frío, como sitio donde no entra el sol y que no tiene chimenea ni nada con que calentarlo.

He preguntado al dueño del hotel si no hay alguna habitación en el piso alto con ventana a la calle, y me ha dicho que cuando se desocupe alguna me lo advertirá.

Después de descansar y de almorzar, hemos ido en coche al paseo de las Delicias. El día estaba muy hermoso, hemos bajado del coche y Olga ha andado jugando por estas avenidas.

De vuelta del paseo, a media tarde, he dado la comida a la niña y la he acostado.

Mi marido y yo cenamos a las ocho, y después de cenar fuimos a dar una vuelta por el pueblo.

En la calle de las Sierpes he llamado la atención. ¿Por qué? Realmente no llevaba nada llamativo. Quizá encontraban en mí cierto aire exótico.

Dimos varias vueltas a esta calle estrecha y tortuosa entre la Campana y la plaza del Ayuntamiento, y luego nos sentamos en un café.

Al extranjero que viene a Sevilla lo que le choca primero son los muchos hombres que andan por la calle y las pocas mujeres.

En España he oído decir que se considera a las mujeres de Sevilla como muy bonitas; pero a mí, si tengo que decir la verdad y juzgar por las de la calle, no me han llamado la atención. En el Norte y en Madrid he visto tipos más bellos y con el mismo carácter meridional.

Realmente, en España no hay gran diferencia entre la gente del Norte y la del Sur, no pasa como en Italia; aquí, por lo que veo, apenas se distingue un andaluz de un vascongado y un gallego de un catalán.

Desde la ventana del café veo, un poco cansada, cómo se agita la multitud de hombres que llenan la calle. Hay muchos que deben ser toreros, porque llevan coleta como los chinos, una coleta pequeña, retorcida para arriba, que parece el rabito de un cerdo.

Entre algunas de estas caras anémicas, borrosas, de poca expresión, hay unos tipos de hombres altos, con aire enérgico, que me han recordado las esculturas romanas del Museo de Florencia. Muchos se apoyan en las paredes en actitud de languidez y de pereza.

—¿Estás cansada o damos otro paseo? —me ha preguntado Juan.

—No, vamos.

Hemos salido del café. Son cerca ya de las diez de la noche y muchas tiendas están abiertas. Sigue el eterno ir y venir de la gente.

Un relojero trabaja todavía delante del cristal del escaparate con la lente en un ojo...

Vamos hacia la catedral; pasamos por delante de un muro con una puerta, la Puerta del Perdón.

Sobre esta muralla se destaca la torre, la Giralda; en una ventana alta, delante de una imagen pintada, se balancean al viento cuatro faroles encendidos.

Bordeamos la Giralda y entramos en una plaza con palmeras, limitada por la pared almenada amarillo-rojiza del Alcázar.

Los arcos voltaicos derraman su luz blanca y fuerte sobre los muros del Alcázar y de la catedral, y esta plaza, la plaza del Triunfo, con sus grandes palmeras y sus macizos de verde, iluminada por la claridad cruda y azulada de la luz eléctrica, parece una decoración de teatro.

Entramos por un arco a una plazoleta del Alcázar con casas pequeñas a los lados, que creo que se llama Patio de la Montería, y avanzamos por entre callejuelas estrechas con las casas pintadas de rojo, de azul y de blanco.

El ambiente, húmedo y tibio, tenía esta noche una suavidad de caricia: a mí se me figuraba marchar por una de esas calles que se ven en los sueños, cuando se recorre un pueblo ideal, y me sentía también ahora como crisálida que va a romper su envoltura para lanzarse al espacio.

De este laberinto de callejuelas salimos de nuevo a la plaza del Triunfo. En la Giralda brillaban unos azulejos a la luz de la luna con un resplandor pálido y misterioso.

Volvimos de la calle de las Sierpes y entramos en el hotel todavía temprano.

7. La moral decorativa

Mi vida es una vida de movimiento continuo: ir al teatro, al museo, subir a la Giralda, hacer visitas, corretear por las calles.

Una vida así me parece demasiado exterior, demasiado superficial para que me guste. No sé, la verdad, si podré acostumbrarme.

No comprendo bien la manera de ser española; a primera vista parece que se vive aquí con una gran libertad, pero después se advierte que la moral tiene frenos de hierro.

De la vida informe de Rusia a ésta, tan sometida a reglas estrechas, hay, como se dice, un abismo.

Este es un pueblo con dogma, pero sin moralidad, con gestos, pero sin entusiasmo, con franqueza y sin efusión. No lo comprendo bien.

Gran parte de su manera de ser creo que procede de la falta de hogar. La calle les parece a estos meridionales el pasillo de su casa; hablan a las novias en la calle, discuten en la calle; para la casa no guardan más que las funciones vegetativas y la severidad.

El español, como Arlequín celoso, se muestra amable y sonriente ante el público; dice sus chistes, hace sus gracias y luego encierra y trata severamente a la pobre Colombina.

Tanta severidad acaba con el hogar, al menos con el hogar sociable, civilizado. A mi marido le choca la preocupación mía; no comprende qué deseo, qué espero, qué echo de menos.

—¿Pero es que no vamos a tener casa? —le digo yo.

—Ya la tendrás, no tengas cuidado —me contesta.

Para él, sin duda, la perspectiva del hogar es una perspectiva fastidiosa y desagradable. Considera que se vive bien así.

Hoy hemos estado en casa de una señora parienta de mi marido, que tiene tres hijas. Las tres han estudiado en un colegio aristocrático, donde han aprendido únicamente a rezar y a hacer labores. Tienen las tales niñas, así las llama su madre, a pesar de ser talluditas, un carácter de coquetería, de ñoñería y de infantilismo verdaderamente desagradable.

Estas señoritas parecen niños mimados y empalagosos; no les gusta nada, no quieren nada. Sólo hablar de novios o de trajes les saca de su marasmo.

Viven soñolientas, alimentando la imaginación con el recuerdo de las fiestas del año pasado y pensando en las del año próximo.

A mi marido le parece esto muy bien, porque dice que tiene carácter; pero si la única razón de vivir las personas fuera el carácter, nos habríamos lucido.

Hay aquí muchos prejuicios y lugares comunes aceptados como artículos de fe. Las españolas suponen que las demás mujeres del mundo nos pasamos la vida andando de un lado a otro. Se figuran que todas somos como las turistas inglesas: un poco hombrunas y muy decididas. Yo les digo que no; que en otras partes se vive también muy en su casa, con la diferencia de que el hombre no es el dueño absoluto, porque comparte la dirección de todo con la mujer.

También hay un equívoco con la libertad de hablar a los hombres y la coquetería. Aquí se cree que la extranjera es una mujer libre y atrevida, y esto en parte es verdad y en parte no.

Cierto que yo no he vivido en Rusia entre la misma clase de personas que en Italia y que en España; pero allí no he visto la coquetería refinada que hay en otros países.

Yo comprendo que las rusas que estudiábamos seríamos un poco pedantes hablando de Medicina y de ciencias; pero al menos había entre nosotras entusiasmo, idealismo.

Las muchachas de aquí no quieren saber más ciencia que la de pescar marido rico; lo demás les tiene sin cuidado. Toda su inteligencia, toda su malicia, está al servicio de esta idea capital.

Un encauzamiento así de las facultades a un fin hace a la mujer soltera muy viva, muy graciosa, seductora para el hombre; en cambio, la mujer casada, como ya ha conseguido su objeto, como ya no tiene que ilusionar a nadie, se abandona y toma un aire de pasividad y de indiferencia absoluto.

Hay en el hotel una cubana muy joven, cuyos gestos y ademanes son una continua provocación. Se sienta en el patio en la mecedora, con una flor en el pelo, y coquetea con todos; señores o criados, para ella es lo mismo. Cuando no tiene con quién hablar mira periódicos ilustrados, y esto parece que la fatiga.

Yo no he visto una mujer así: mira, sonríe, habla con una dejadez provocativa e incitante. Todos los hombres andan tras ella sin disimular la impresión que les causa.

Hablaba con mi marido de esta manera tan provocativa y tan coqueta, y mi marido decía muy convencido:

—Es una muchacha muy decente.

—¿Tú crees?

—Sí. Ya lo creo.

—En Suiza, una muchacha que se condujera así se supondría que era una *cocotte.*

—Es que la moral varía con el clima —dice mi marido en broma.

—Eso debe ser, porque a los hombres de aquí, que les parece bien la conducta de esta muchacha, les parecería una cosa horrible si vieran una de aquellas estudiantas que se va a vivir con un hombre sin casarse con él.

—¡Ah, claro! En el fondo no hay más moral que ésa —dice Juan.

Yo creo que sí, que hay otra moral que no es únicamente decorativa. Esta quizá es la moral católica usual; pero no hay otra más alta y más humana.

Se nota aquí claramente que los hombres no tienen consideración alguna por las mujeres.

Se habla de ellas como de caballos. No es raro oír decir a uno:

—¿Qué tal es esa mujer?

Habla de la moral / diferencia - en creencia

Y a otro que contesta:

—Es una buena jaca.

A pesar de esto, se canta mucho la galantería española.

8. Mala noche

Ayer mi marido se empeñó en que fuéramos a un café cantante que se llama Novedades.

Es un café dedicado exclusivamente al cante y baile flamencos, cuyo público principal es la gente del bronce de Sevilla y sobre todo los extranjeros.

En el fondo, el espectáculo está fuera de las costumbres actuales de la ciudad, pero se conserva como una cosa de carácter. El local es un patio con galería en el primer piso con varios palcos.

Abajo hay mesas donde se sienta la gente a tomar café y a contemplar a los artistas.

Desde uno de los palcos vimos unas parejas de mujeres solas que bailaron bailes españoles; luego oímos a un tocador de guitarra y a una cantadora, y después a una comparsa grotesca que allí llaman murga, de lo más canallesco y desvergonzado.

Yo no entendía bien lo que cantaban; pero por los gestos y ademanes me pareció algo muy cínico y grosero.

Al volver al hotel me encontré con mi hija en brazos de la niñera, llorando. Tenía algo de fiebre. La acosté y me quedé a su lado.

Me temo que se haya enfriado en este cuarto sin calefacción, en donde entra el viento por puertas y ventanas, que no cierran bien; también podía ser, y sería peor, que los mosquitos le hayan inoculado alguna intermitente.

Por la mañana he advertido al encargado del hotel que si no hay habitación en el piso alto y con ventana a la calle, me marcho a otra parte.

El encargado ha desalojado una, y en ella estoy.

Al llegar la noche, Olga tiene miedo de que me vaya. La tranquilizo y consigo que se duerma, agarrándola la mano.

Juan ha salido y tarda. Envío a Graciosa a acostarse, y me quedo sola. Una serie de pensamientos tristes me angustian y sobrecogen.

Temo en mi vida haberme equivocado otra vez.

No he tenido fuerza para luchar con el que se me imponía. He sido vencida por él, por Juan, y ahora comienza a mirarme como la presa fácil que no se estima.

El mundo es ansí. Esta sentencia del escudo de Navaridas se me viene a la imaginación a cada paso.

A medianoche me sacan de mi desvarío los pasos de alguien que se acerca por el corredor. Pienso si será Juan, pero no es él; es algún huésped, y algún huésped retardado y malhumorado, porque se le oye gruñir, taconear y tirar las botas al suelo con furia.

Olga se despierta y comienza a llorar. Tengo el corazón oprimido, mi marido no viene...

9. Por las Delicias

No me quiero quejar; mi marido cree que no tengo derecho a quejarme; me ha propuesto vivir así, de fiesta en fiesta, de teatro en teatro, constantemente en la calle. ¿No quiero hacer esa vida? Pues la hará él. No debo quejarme.

No comprende Juan que soy madre, que tengo una hija a la que debo cuidar y educar; sin duda se figura que con alimentarla y dejarla en brazos de la niñera he cumplido con mi deber.

He pasado estos últimos días bastante tristemente. Por la tarde voy con Olga y con Graciosa al paseo de las Delicias. Es un hermoso paseo con sus palmeras, sus naranjos y sicómoros, pero me da una gran impresión de tristeza.

Me parece que estoy convaleciente de alguna enfermedad, y la luz fuerte, la tibieza del aire, me producen una impresión de languidez y de nostalgia.

Muchas veces no llegamos a las Delicias y nos sentamos en la plaza del Triunfo. En la acera de la casa Lonja suelen andar unos cordoneros que hacen cordones con carretes de distintos colores, y Olga se divierte mucho viéndolos. Los días que llueve bajamos la niña, Graciosa y yo al salón de lectura. Constantemente suelen estar aquí un abate francés con un señorito a quien enseña Matemáticas.

El muchacho hace como que oye atentamente las explicaciones del preceptor, pero se ve que no piensa en lo que le explica.

He pasado una Nochebuena triste, sosa, banal, en el salón de lectura, leyendo unos libros en francés. La lluvia salta en las losas blancas y negras del patio, golpea en las hojas de las palmeras y de los plátanos, y el surtidor del centro sube en el aire.

10. Vamos al museo

Hoy hemos tenido una visita, la de un primo de mi marido, que se llama José Ignacio Arcelu, que ha llegado en compañía de un pintor vascongado, Ricardo Briones.

Arcelu es alto, flaco, encorvado; va vestido de una manera extravagante; no sé si es que tiene mal gusto para vestir o es que es pobre y aprovecha mucho la ropa; pero usa unos chaqués absurdos.

Al verle por primera vez sorprende por su tipo raro. Arcelu debe estar ya en los cuarenta años: es enormemente calvo, va todo afeitado y tiene canas en las sienes. Usa monóculo, que encaja de cuando en cuando en la órbita, porque no ve igual con los dos ojos.

Entre el tipo raro, el monóculo y la falta de acento (habla español sin ningún carácter regional), muchos le toman por extranjero.

El pintor Briones es un hombre bajito, muy simpático, con la mirada viva y brillante y el bigote gris.

Mi marido ha convidado a los dos amigos a comer con nosotros. Briones cuenta en la mesa una serie de anécdotas muy graciosas de su vida de bohemio. Arcelu las celebra riendo.

Después, Briones y mi marido discuten de cuestiones de pintura con tanta viveza, que la gente de las mesas de alrededor se nos queda mirando.

La discusión ha sido principalmente acerca de si Andalucía es más pintable o menos pintable que el resto de España, y, sobre todo, que el Norte.

—A mí no me gusta el paisaje andaluz —dice Briones—; para mí, esto no se puede pintar. Con sol es de una luz terrible, y sin sol es feo; no tiene matices.

—En cambio, el paisaje del Norte —dice mi marido—, con niebla está bien, pero es oscuro, y con sol es agrio y chillón.

—Sí —dice Briones—; pero hay efectos atmosféricos, que son los que a mí me gustan; hay tonalidades suaves, perspectivas lejanas..., y aquí no.

—¿Entonces, no piensa usted pintar aquí? —le pregunto yo.

—Sí, tengo que pintar, porque los pocos cuadros que vendo los vendo fuera de España; si envío un paisaje sin sol, me dicen: «Esto no es España.» Y tengo que venir a Andalucía, aunque no me gusta esta luz.

—Pero yo no comprendo bien por qué

Aquí: El primo de Juan de ... de diferentes paisajes

no le gusta a usted una luz tan hermosa, tan clara —le he dicho yo—.

—Sí; para pasear, para tomar el sol, esto es muy hermoso —replica Briones—; pero a mí me parece impintable. Aquí hay mucha luz, pero poco color; esta vegetación del Mediodía tiene muchas menos tonalidades que la del Norte de España; la fuerza del sol y el polvo borran los matices y hacen todo más blanco y más negro. Además, en un día sereno como los de aquí no se puede dar la impresión de la atmósfera; ¿cómo se pinta un cielo uniformemente azul? Es imposible. Se necesitan nubes. Una detrás de otra, para que se note el espacio. Yo un cielo vacío no lo puedo pintar; necesito que haya algo en él, que esté amueblado.

Esto del cielo amueblado nos ha parecido un poco cómico.

—Todo eso será verdad —ha dicho Juan, no sin cierta dureza—; pero no evita que con esta luz y este sol hayan pintado los mejores pintores del mundo: Velázquez, el Greco, Zurbarán, Goya...

—Sí; pero es que buscaban la figura —replica Briones—; no les preocupaba el paisaje, o a lo más, les preocupaba como una cosa decorativa. ¿No le parece a usted, Arcelu?

—Yo, ya sabe usted que no entiendo nada de pintura —ha dicho Arcelu—. Además, creo que la pintura no tiene importancia. Si viviera Leonardo de Vinci, probablemente preferiría construir aeroplanos que pintar cuadros. Hoy la pintura no la pueden cultivar más que gentes de mentalidad inferior.

La opinión de Arcelu ha producido una verdadera cólera en Juan, que ha acusado a su primo de farsante y de preocupado por parecer original. Arcelu ha sufrido la acusación con estoica indiferencia y ha replicado con su frialdad acostumbrada:

—Yo no veo que el arte colabore en nuestra civilización; por eso no me entusiasma. Me gusta preocuparme de las cosas humanas, y en este sentido, lo que más me interesa es la ciencia y aún más el nacimiento de la conciencia colectiva. Este creo yo que es el fenómeno más grande que registra la historia moderna.

—Sin embargo, el arte —he comenzado a decir yo.

—A mí la efusión artística —ha interrumpido Arcelu— me parece el puente de los asnos, donde se reúnen todos los imbéciles y todos los rutinarios de Europa.

Briones ha dicho que si se refería a los críticos tenía razón.

Luego han discutido acerca de la pintura española moderna. Briones encuentra a Zuloaga más artista que Sorolla; pero si le elogian a Zuloaga, entonces le parece mucho mejor Sorolla.

—Yo creo —ha dicho Arcelu seriamente— que Sorolla tiene un mérito geográfico y climatológico.

—¡Hombre! Es extraño ese mérito en un pintor.

—Sí —ha seguido él—. Se ve un cuadro suyo y se puede afirmar: Esta es la playa de Valencia a las tres de la tarde de un día de julio en que hace treinta y nueve grados a la sombra.

—Entonces debe ser un gran paisajista —he dicho yo.

—Sí, es posible; pero como a mí no me gusta encontrarme en una playa ni en ese tiempo, ni a esas horas, ni a esas temperaturas, pues no me resultan los cuadros de Sorolla.

—¿Y Zuloaga?

—Zuloaga, como pintor, no sé si es bueno o malo; creo que no es tan bueno como Sorolla. Ahora, se diferencia mucho de éste. Sorolla, artista, no tiene ninguna idea anterior a su obra; Zuloaga sí tiene una idea anterior de su país, pero es una idea falsa. Es la idea teatral de cualquier francés, que quiere encontrar a Carmen la cigarrera en todas partes. Zuloaga cree, o hace como que cree, que España es un país de enanos, de brujas, de monstruos, de cosas extraordinarias. Y esto no es verdad. La España actual es un país de una civilización menos intensa que los pueblos del centro de Europa, pero que en el fondo no tiene nada específico.

—No, no; creo que exagera usted la tesis contraria. España tiene algo suyo.

Después de comer, el pintor Briones ha propuesto que fuéramos al Museo. Yo he advertido que tenía que ir con Olga a las Delicias, pero mi marido se ha incomodado.

—Ya no tanto —ha dicho—; no es cosa de que no puedas hacer nada por la niña.

—Bueno, bueno, iré.

Hemos salido y marchado al Museo. Briones y Juan han discutido con apasionamiento.

Arcelu iba conmigo.

—Si tiene usted que ver a la niña —me ha dicho—, yo la acompañaré; porque éstos se van a eternizar aquí discutiendo si la nariz de uno de estos santos debía de ser blanca o roja.

—Estaré un momento.

Arcelu se ha dedicado a hacer observaciones cómicas. Se ponía el monóculo y decía:

—¿No le parece a usted que este Murillo debía ser un hombre estólido?

—No sé por qué.

—A mí me da esa impresión.

Luego hemos estado contemplando un santo que se está marcando con un estilete una H en el pecho, encima del corazón, y ha dicho Arcelu:

—Esa es la marca de la ganadería.

—No debía ser un mal veragua —ha añadido el mozo del Museo, riendo.

—Esa marca se la pone para que cuando se muera le reconozcan arriba —ha añadido Arcelu—. Así no hay que catalogarle. Llega al paraíso, dice a la puerta «letra H», y ya se sabe qué sitio le corresponde.

Luego, Arcelu se ha parado delante de la figura de San Ignacio pintada por Zurbarán.

—Qué cara de granuja tiene este tipo, ¿eh?

—¿Quién es?

—San Ignacio. Hoy es el capitán general más importante del ejército católico. ¡Y eso que le han cortado las alas! ¡Que si no!, desbanca al mismo Padre Eterno, da un golpe de Estado y se corona él, o por lo menos proclama la República allá arriba y se hace dictador, como esos generales sudamericanos.

Arcelu me ha instado para que dijera cuándo quería volver al hotel. No he tenido necesidad de decir nada, porque han avisado que iban a cerrar el Museo, y hemos salido todos.

Al pasar por la calle de las Sierpes me decía Arcelu:

—Como ve usted, los hombres nos creemos aquí uno de los mejores ornamentos de la ciudad.

—¿Por qué?

—¿No ve usted cómo nos exhibimos en casinos y en peluquerías?

—Sí, es verdad. Es un poco cómico. ¿Y las mujeres no pueden exhibirse en alguna parte?

—¡Ca!, no. Ustedes no tienen bastante importancia para eso.

Hemos vuelto al hotel.

—¿Vas a estar mucho tiempo aquí? —ha preguntado mi marido a Arcelu.

—Sí; es posible que esté cerca de un mes, porque el rey va a venir a pasar una temporada a Sevilla y tendré que mandar alguna cosa a mi periódico.

—¿Por qué no te quedas en este hotel?

—No, no.

—¿Por qué?

—Este es un hotel de ricos; yo estoy en una fonda modesta.

—¡Qué tontería! Yo te apuesto cualquier cosa a que el dueño del hotel te [illegible]e aquí por el mismo precio que pagues allá. Si quieres, se lo preguntaré.

—Bueno.

—¿Y si es igual te quedas aquí?

—Sí; me quedaré.

11. Los caracteres hostiles

Mi marido ha hecho que Arcelu venga a vivir al hotel. Le han dado un cuarto en el piso segundo, próximo al mío.

Aunque sea por egoísmo, me alegro de que Arcelu esté en el hotel, porque es un hombre muy amable y muy atento conmigo.

El pintor Briones parece que ha marchado a Granada en busca de paisajes y de cielos *amueblados*.

Como yo me suelo quejar del frío en este hotel, Arcelu ha comprado una estufa, y él mismo la ha colocado en mi cuarto.

—Ahora que pague la cuenta Juan —ha dicho.

—Naturalmente —le he contestado yo—. Muchas gracias.

—Lo he hecho —me ha replicado él— pensando que usted me dejará pasar aquí una hora de tertulia al día.

—Las que usted quiera.

Arcelu y Graciosa se encargan de la estufa. Arcelu tiene gran cuidado de que la temperatura oscile entre dieciocho y veinte grados. Suele poner encima de la estufa un cazo con agua, para que hierva, y echa hojas de eucaliptos y resina, que compra en las boticas.

Desde que hay calor, ya mi cuarto tiene más aire de hogar.

—Qué, ¿te ha puesto estufa el amo? —me ha preguntado mi marido.

—No; ha sido Arcelu.

—¿Se ha metido a estufista ahora?

—Dice que lo ha hecho a condición de que le permita venir a pasar unas horas de tertulia al anochecer.

—Ese Arcelu es una vieja beata —ha dicho Juan.

Mi marido siente una profunda antipatía por Arcelu; más que antipatía, una incompatibilidad que tiene razones de temperamento y de familia.

A Juan, como hombre enérgico y decidido, le gusta dominar y ser el director; ir, por ejemplo, todos a un lado; luego, todos a otro; pero Arcelu es irreductible, se mete en su cuarto, lo cierra y se pone a pasear y a tararear una canción vasca y otra andaluza, y no sale aunque se lo pidan como favor especial.

—No tengo nada que hacer —decía el otro día—, pero me gusta estar solo.

Un individualismo tan huraño, a mi marido le incomoda y le irrita. Así como está dispuesto a encontrar la gente más simpática y amable a todo el que se deja llevar por él, en cambio le parece un tipo odioso y absurdo el que intenta sustraerse a su dirección.

Las razones de familia obran más en mi marido que en Arcelu. Parece que la casa de éste se fue arruinando por abandono y por mala administración.

El padre de Juan compró a un precio muy bajo las posesiones que los Arcelu tenían en Jerez y en el Puerto de Santa María, y luego, cuando le convino, las fue vendiendo.

Mi marido, por lo que veo, supone que Arcelu guarda cierto resquemor contra él; pero creo que no. En el fondo, Arcelu debe de ser un hombre sin energía para odiar.

Hay días enteros que se pasa andando de un lado a otro por el corredor, tarareando alternativamente la canción andaluza y la canción vasca.

Cuando se cansa de tararear, comienza a silbar.

—Con esos paseos de fiera enjaulada me recuerda usted aquel tipo de Ibsen, Juan Gabriel Borkman —le he dicho yo.

—¡Ca! —ha contestado él—. A no ser que lo diga por reírse de mí.

—Nada de eso.

—Ibsen quiso pintar allí un hombre fuerte y sin medios de acción. Yo, no; yo, en el fondo, soy un pobre diablo. Es decir —agrega luego—, en el fondo y en la superficie.

Cuando entra en el comedor el buen Arcelu, suele venir frotándose las manos.

—¿Es que está usted contento? —le he preguntado varias veces al verle así.

El me mira con asombro, y dice:

—No. ¿Por qué?

Se ve que exagera la sonrisa y el acento para fingir alegría y dar importancia a las cosas.

—¡Hombre! ¡Hombre! Tenemos langosta —exclama, frotándose las manos. Y luego no la come, porque no la puede digerir.

Arcelu debe estar convencido de que es de muy mal tono manifestarse ante los demás malhumorado o descontento.

Me da pena este hombre. Mi marido dice que es un farsante, que a fuerza de vivir a la moda, con ideas de *snob* y de echárselas de espiritual, se ha arruinado, y se ha hecho enemigo del *snobismo* y del *chic;* pero aunque esto sea verdad, no creo que haya motivo para tenerle odio.

El hombre, en medio de su charla amable y mundana, se queda a veces distraído y absorto, tan triste, que produce impresión de lástima.

Mi marido le suele atacar con violencia y con intención de ofenderle; pero el otro se defiende con maña, descarta todo lo que tiene de personal el ataque, sin darse por aludido, y cae sobre las ideas del adversario buscando razones, unas veces fuertes y otras cómicas.

12. Las desilusiones de Arcelu

Por las tardes, al anochecer, oigo pasos cerca de la puerta y luego dos golpecitos suaves.

—¿Se puede pasar? —pregunta Arcelu.

—Adelante.

Arcelu entra, acaricia a la niña, mira a la estufa, luego al termómetro, dice dos o tres palabras a Graciosa en vasco y se sienta a la mesa.

—Si no le molesta a usted, voy a venir a hacer cigarros aquí.

—No; no me molesta.

Arcelu trae tabaco, que extiende sobre un papel, y con una maquinilla va liando cigarros muy cuidadosamente. Olga le importuna y abusa un poco, y él le hace pajaritas de papel y le cuenta cuentos.

Arcelu cuenta los cuentos de una manera dramática; además, para darles mayor interés, hace un muñeco con el pañuelo, a quien considera el personaje; y le insulta, le hace reflexiones filosóficas, le recrimina por sus vicios y por sus crímenes.

A Olga le divierte muchísimo.

La historia de Arcelu es curiosa. Su padre fue un vasco que se estableció en el Puerto de Santa María y se hizo rico en el comercio de vinos.

Arcelu estudió en un colegio de jesuitas, y al salir de él tenía tanta antipatía por todo lo que se relacionase con el pueblo, que no quiso estar allí más tiempo.

Se fue a Inglaterra y pasó en Londres muchos años. Al principio su familia le enviaba bastante dinero; luego, menos, y al último, nada.

Un pariente que administraba las fincas, después de la muerte del padre, se encargó de arruinar a Arcelu y a sus hermanas. Arcelu dice de este pariente enriquecido a su costa que no es que fuera en realidad un ladrón, sino que jugaba con los ceros.

—Ahora, cuando uno tiene la habilidad de jugar con los ceros —añade gravemente— y no le llevan a la cárcel, se enriquece siempre y arruina a los demás.

A los quince años de estancia en Londres, Arcelu se encontró con que no le quedaban para toda su vida más que unos tres mil francos.

Entonces se estableció en Biarritz en una pensión de última clase, y desde allí comenzó a mandar cartas, y algunas veces telegramas, gratis, a los periódicos ingleses y americanos, hasta que uno de los más importantes le aceptó como corresponsal en España, y comenzó a ganar lo suficiente para vivir.

Se ve que Arcelu es un hombre que podría ser cualquier cosa, porque tiene aptitudes muy diversas. Quizá esta misma facilidad le perjudica y le hace ser exclusivamente un *dilettante*. El dice que hay una frase española que le cuadra muy bien; es ésta: «Aprendiz de todo, maestro de nada.»

Las cuestiones técnicas y complicadas son las que a Arcelu le encantan. Afirma que le da muchas más sensaciones un manual de relojería que el *Quijote* o el *Hamlet*.

Ahora se dedica a leer un tratado del cazador de pájaros, que, según dice, es admirable. Piensa aprovechar sus notas en varios artículos acerca de la caza en España.

Le he instado para que me lea algún artículo suyo, pero no quiere; asegura que es una cosa ridícula con alabanzas a todo el mundo; pero como el público suyo es un público de advenedizos, tiene que escribir así.

—Es usted un hombre extraordinario —le digo yo.

—No; no lo crea usted. No lo soy, y tampoco quisiera serlo —contesta él—. Lo que sí he tenido siempre es como una tendencia de acabar. Me gustaría ser uno de esos obreros ingleses que trabajan toda la semana, y el sábado se emborrachan hasta que caen como muertos.

—¡Pues vaya un plan!

—También me gustaría la vida de esas gentes que tienen un odio fuerte contra un cacique o un capataz, y que un día se sublevan y lo degüellan.

—Pero usted no tiene más que ideas de destrucción —le digo yo.

—Sí, es verdad; tengo un instinto de destrucción grande; ahora, que como no tengo voluntad ni perseverancia, no lo he podido realizar nunca. Si hubiera sido uno de esos hombres que tienen papel en el mundo, creo que mis únicas pasiones hubieran sido la gloria y el exterminio.

—Es usted un fantaseador.

—Sí, es posible; pero hay algo de verdad en lo que digo. Me hubiera gustado vivir en una sociedad inmoral, entre hombres corrompidos por el poder, en el seno de la violencia, y dejar un nombre un tanto execrado.

—Esas son cosas que se le ocurren a usted metido en su cuarto.

—Es que, aunque le parezca a usted cómico, lo siento así. En el cuarto me meto, más que nada, por encontrarme un poco, para saber que yo soy yo.

—¿Qué le pasa a usted? ¿Tiene usted poca voluntad?

—Ninguna. Para mí todas las cosas están como detrás de una serie de obstáculos. El más insignificante detalle de la vida práctica me produce una gran turbación. ¿Usted ha estudiado Medicina, verdad?

—Sí.

—¿Usted sabe cuál es en el cerebro el centro de la volición?

—No. No sé si existe.

—Porque ese centro yo lo debo tener atrofiado. Mi voluntad es tan grotesca que no me dice ni me ordena nada. Cualquier cosa que otro resuelva instintivamente, yo tengo que resolver por razonamiento. Desde ponerme los pantalones hasta salir a la calle, he de ir calculando todos los días si sería mejor hacer o no hacer.

—¿Es que la vida no tiene atractivos para usted?

—¡Pchs! No he pensado nunca en eso. Verdad es que no he sospechado nunca que la vida pueda tener atractivos.

—¿Ha sufrido usted grandes desilusiones?

—Sí, algunas. Sobre todo, de chico.

—¿De chico? Es raro.

—De pequeño, una cosa que me preocupaba era el Carnaval; creía que bastaba ponerse la careta para que uno se sintiera vivo, ingenioso, lleno de gracia. Un domingo de Carnaval, en el Puerto de Santa María, me vestí de máscara y salí a la calle. Vi pasar a un amigo y me acerqué a él dispuesto a embromarle. «¡Adiós! ¡Adiós!», le dije, y no pude salir de ahí. Avergonzado, fui al paseo de la Victoria, me quité la careta, me senté en un banco y casi estuve a punto de romper a llorar.

—Vamos, la desilusión no era muy grande —le he dicho yo.

—A mí me pareció enorme. Otra vez estaba en Madrid; tenía diecisiete o dieciocho años, y quería tener novia. Un día, con un amigo, nos acercamos a dos muchachitas y las acompañamos. Yo quería demostrar que era un hombre ingenioso, ameno, y estuve hablando con la muchacha hasta cerca de su casa. Ya en el portal, se volvió la chiquilla, me miró y me dijo: «¿Es usted catedrático» Yo me quedé avergonzado. Fue mi segunda gran desilusión.

—Pues tampoco me parece tan grande.

—Era el convencimiento de mi falta de gracia, de interés, de amenidad. Creo que mi tercera desilusión importante la tuve como jugador de billar. Yo creía que sabía jugar bien. Un día me encontré con Juanito Díaz, un condiscípulo del Puerto. «¿Tú juegas al billar?», me dijo. «Sí, juego bastante bien», le contesté yo. «Yo, no; yo juego poco», dijo él. «¿Quieres que juguemos?» «Bueno.» Jugamos y me ganó tres veces seguidas. El jugaba poco, pero yo no jugaba nada. Fue mi tercera desilusión grande. Así es que cuando yo oigo decir a la gente: «Se tienen muchas desilusiones con las personas», yo suelo pensar: «No; con quien se tienen desilusiones es con uno mismo.»

—Es usted un farsante, señor Arcelu —le digo yo cuando acaba de hablar.

—Sí, es posible —replica él sonriendo.

13. Una ruina jovial

A pesar del tono jovial que emplea con frecuencia Arcelu, hay una gran tristeza en todo lo que dice. Se ve que vive en un profundo desconcierto. El se cree un hombre poco agradable, y no es verdad.

Hay aquí en el hotel una jovencita muy graciosa que le mira mucho. Se lo he indicado, y él ha dicho:

—Sí, a veces hay mujeres que tienen tendencia a acercarse a tipos como yo; pero no es porque sientan gran simpatía por la manera de ser de esos hombre, sino más bien porque quieren traerlos al orden, a la regularidad. Esta fuerza centrífuga que tenemos los tipos antisociales a la mujer le molesta. Ellas son como chicos que quieren cazar vencejos y tenerlos metidos en una jaula.

—¿Y usted se siente vencejo?

—Sí; soy un vagabundo sin raíces en ninguna parte. Mi tendencia ha sido siempre huir y destruir. Esta tendencia destructora en un hombre sin fuerza como yo es una cosa cómica. Yo soy como esos animales mal construidos que parece que alguno los ha hecho por entretenimiento.

—No sea usted tan severo consigo mismo, Arcelu —le digo yo—. Está usted fantaseando.

—No, no; de chico leí una novela de Mayne Reid, en donde un grumete maltratado va a la sentina del barco y hace un agujero para que se hunda. Cuando estaba en el colegio, aunque no me maltrataban, yo no pensaba más que en echarlo abajo, hacer algo como aquel grumete. Luego, cuando salí de allí, mi afán consistió en huir. Primero me marché de casa.

—¿Estaba usted mal con la familia?

—No, pero se me metió en la cabeza que mi padre era un tirano insoportable. Iba por el camino pensando en mi madre y en mis hermanas llorando. Mi dignidad lo exigía. Después, en mi vida no he hecho más que huir de todo, de ser andaluz, de ser vasco, de ser español, de ser rico, de ser bueno, de ser malo. Si no fuera tan definitiva la fuga...

—Hubiera usted huido de la vida.

—Probablemente.

—Arcelu, es usted un pobre hombre.

—Sí, es verdad; un pobre hombre completo.

—¿No quiere usted desear nada?

—No, no.

—¿Ni protestar por nada?

—No, ¿para qué?

—¿Ni competir con nadie?

—Con nadie.

—Pero eso le hace a usted daño.

—No; ahora, no. Antes, sí me escocía, pero me he ido acostumbrando.

Y Arcelu mira, sonriendo, con su cara de viejo, decrépita y lamentable.

Tiene este hombre una risa que llora. En cada arruga de su cara parece que hay un dolor que se ha hecho una mueca amable. Es una ruina humana de la que sale una palabra jovial.

14. El grumete de Mayne Reid

Como mi marido falta tan a menudo de casa, hablo mucho con Arcelu, que me hace compañía. Arcelu tiene la manía del análisis y de las definiciones. Yo le digo que ésa es una enfermedad de la que debía curarse.

—Sí —decía él el otro día—, uno va buscando la verdad, va sintiendo el odio por la palabrería, por la hipérbole, por todo lo que lleva oscuridad a las ideas. Uno quisiera estrujar el idioma, recortarlo, reducirlo a su quintaesencia, a una cosa algebraica; quisiera uno suprimir todo lo superfluo, toda la carnaza, toda la hojarasca.

—¿Para qué?

—Para ver claro, sin oscuridades, sin brumas.

—Pero lo brumoso tiene también sus encantos.

—A mí no me gusta más que lo claro, lo frío, lo agudo, lo que está desprovisto de perífrasis, y cuando uno avanza por este camino ve uno que se dibuja su figura como la caricatura de un inquisidor. Comprende uno que un rayo en la inteligencia podría hacer de uno un hombre grande, un hombre bueno, pero nunca un hombre social.

—¿Ya va usted a la sentina, como el grumete de Mayne Reid? —le pregunto yo.

—Sí, no puedo salir de ella.

Arcelu, según me dice, cuando está en un país hace un cuadro sinóptico de todas las cosas desagradables que son verdad y de las cuales no debe hablar en sus artículos.

En el cuadro sinóptico de España, dice que ha dejado chiquito en sagacidad a Sherlock Holmes, el detective de las novelas policíacas de Conan-Doyle.

Las observaciones de Arcelu, que a mí me hacen gracia, a mi marido le exasperan.

Se lo he hecho notar a Arcelu, y me ha dicho:

—¡Ah, claro! Somos dos tipos opuestos: él es un impulsivo y yo un razonador. A él no le gusta que se le deshagan los planes entre los dedos; lo que quiere es constantemente hacer algo. A mí, en cambio, me gusta pedantear un poco acerca de la vida y de la sociedad. Tengo ese defecto.

15. La aristocracia y el pueblo

Arcelu no quiere más que hablar a todo pasto.

—Hoy —me ha dicho al entrar en el comedor— he escrito una crónica acerca de la sociedad elegante española, tomando los datos de un periódico madrileño, y cuando la escribía me estaba riendo. ¿Usted ha estado en alguna recepción palaciega en Madrid?

—No.

—Pues no se puede usted figurar qué gente más fea va, qué poco aire distinguido tienen todos. Este es el país de los viceversas. Mire usted a estos camareros: parecen todos príncipes, con su frac y su aire desenvuelto.

—Sí, es verdad. Aquí todo el mundo tiene carácter.

—Todo se nos va en eso. Estábamos una vez en Granada, en la mesa redonda de una fonda barata, y había tal conjunto de tipos aguileños y raros, que un italiano le decía a otro: *Questo è un circolo gallistico.*

—Y ese carácter que tiene la gente pobre, ¿no lo tienen los aristócratas?

—Sí; en el fondo lo que pasa es que no hay diferencia entre unos y otros. Aquí no hay raza aristocrática. Ni espíritu aristocrático tampoco.

—¿Por qué?

—Por muchas razones. Primeramente, esa tendencia orgullosa a distinguirse que han tenido, sobre todo los aristócratas ingleses, aquí no la ha habido; luego, la aristocracia española, ya desde hace tiempo, se desentiende de toda actuación en colectividad, piensa que no tiene deber, ni, por tanto, derecho, más que el que le pueda dar su dinero.

—¿Es decir, que ya no se siente aristocracia?

—Eso es. Hay países donde la aristocracia lucha con fuerzas democráticas formidables, y a veces llega a dominarlas y a imponerse como una cosa útil y necesaria. Ese multimillonario americano que regala millones y millones a Universidades, a Museos, a centros de enseñanza, es un valor, indudablemente. El aristócrata español hace todo lo contrario: si tiene cuadros de mérito, los vende, no da un céntimo para nada que sea general, y si puede ocultar su riqueza, la oculta.

—¿No será porque el millonario yanqui es un advenedizo y el aristócrata español un noble antiguo algo degenerado?

—No. No hay familia que en línea directa pueda durar cuatrocientos años. En algunos pueblos de Inglaterra se ha visto que en trescientos años se extinguían casi todas las familias fundadoras.

—Entonces, ¿no hay aristocracia?

—La hay y no la hay. Lo que no hay es una aristocracia que sea lo mejor del país. Yo creo, como el doctor Iturrioz, un señor que ha escrito unos artículos sobre el porvenir de la Península, que en España, desde un punto de vista ético y moral, hay dos tipos principales: el tipo ibero y el tipo semita. El tipo celta, el *homo alpinus* mongoloide, no es más que un producto neutro influido por los otros dos fermentos activos, según Iturrioz.

—¡Bah! No creo en esas cosas.

—Es una hipótesis. El tipo ibero, grave, fuerte, domina en España en la época de la Reconquista, anterior a la formación de la aristocracia; el tipo semita, astuto, hábil, aparece cuando los antiguos reinos moros entran a formar parte del territorio nacional, cuando se forma la aristocracia. El tipo ibero es el hidalgo del campo; el semita, el cortesano y el artífice de la ciudad. Poco a poco, al hacerse la unidad nacional, toda la España semítica crece, triunfa, y la España ibera se oscurece. La ciudad predomina sobre el campo. La aristocracia se forma y se consolida. Probablemente, con el elemento más próximo, con el elemento semita.

—Todo esto no es más que una fantasía, una suposición.

—Sí, pero tiene alguna base; hay un libro de un arzobispo de Toledo, en el que intenta demostrar que las principales casas españolas proceden de moriscos y de judíos conversos. A mí no me chocaría nada; el judío entonces no iba a ser más torpe de lo que es hoy, y lo que el judío hace en nuestros días en Francia y en Inglaterra, cambiando su apellido alemán por otro francés o inglés, de aspecto decorativo y antiguo, lo haría seguramente entonces en España, dejando de ser Isaac, Abraham o Salomón, y apareciendo como Rodrigo, Lope o Alvaro.

—¿Y cree usted que eso ha podido influir en la marcha de España?

—¿Por qué no? Por lo menos, ha hecho que el elemento ibero, el elemento campesino, no haya tenido representación alguna.

—¿Cree usted?

—Es una explicación que yo me doy. Para mí, durante todo el período brillante de nuestra Historia, la España ibera queda borrada, suprimida por la semítica. La literatura española clásica es medio italiana, medio semítica; el *Quijote* mismo es una obra semítica.

—Entonces todo lo bueno es semítico en España.

—Si hubiese habido un ibero genial, como Cervantes, capaz de escribir un libro así, jamás se le hubiese ocurrido burlarse de un héroe como Don Quijote; se necesitaba ese sentido antiidealista, nacido de los zocos y de los *ghettos*, para moler a golpes a un hidalgo valiente y esforzado; se necesitaba ese odio por la exaltación individualista, que ha sido la característica del español primitivo.

—¡Cuánta fantasía, señor Arcelu! Y la consecuencia que deduce usted de todo esto, ¿cuál es?

—¡La consecuencia! Que como la aristocracia española no es un producto depurado intelectual ni étnicamente, como es una aristocracia semítica, su actuación es ramplona, perjudicial. En España puede afirmarse que a mayor aristocracia corresponde mayor incultura, mayor miseria, mayor palabrería. La aristocracia en España va vinculada al latifundio, a las grandes dehesas, a los cotos de caza, que se quieren sin colonos; a la usura, a la torería, a la chulapería, al caciquismo, a todo lo tristemente español, cada vez más pobre, más anémico, más enclenque.

En todo esto que usted dice hay una porción de contradicciones. Tan pronto supone usted que los aristócratas son iguales a los demás españoles como que son distintos y peores. No se le puede hacer caso a usted, Arcelu. Además, no creo en esas divisiones de iberos y semitas; todo eso me parecen tonterías.

—Yo le doy a usted mis datos. Usted elija.

—¡Elegir! No es tan fácil para quien no conoce el país. Además, España es una cosa contradictoria. Encontrar un rasgo general para mí sería imposible.

—Lo es también para nosotros los españoles. La consecuencia de todo esto es...

—Lo supongo. Que España va muy mal.

—¡Ah! Claro.

—Que son ustedes una raza inútil.

—Seguramente; de una enorme incapacidad actual para todo lo que sea orden, ciencia, civilización.

—¿Y que será siempre así?

—Yo lo temo; pero ahora hay una secta nueva de europeizadores que, como usted, no creen en iberos y en semitas, y que dicen que todo eso de la raza, de la alimentación, del clima, del medio ambiente, no tiene importancia, y que un negro no se diferencia de un blanco en el color, sino en que el uno sabe matemáticas y lee a Kant y el otro cuenta por los dedos y no ha leído *La crítica de la razón pura.*

—¿De manera que hay esperanza?

—Parece que sí, que hay esperanza.

16. Los chimpancés y los gorilas

—¿Y vida social? ¿Hay vida de sociedad entre la gente rica en España?

—Muy escasa. Aquí todos vivimos de nuestra propia sustancia. Y en Andalucía más aún. Así estamos tan consumidos. El hombre a quien no le gusten los toros y el vino está perdido. Respecto a las mujeres, su misión es estar en su casa. ¿Creo que ha visitado usted a mis primas, que son también primas de Juan?

—Sí.

—Pues llevan la vida de la mayoría de las mujeres de la buena sociedad de aquí: no hacen nada, ni se ocupan de nada.

—Algo harán.

—Nada.

—Por lo menos, leerán novelas.

—¡Ca!

—¿Qué personalidad pueden tener entonces estas mujeres?

—Personalidad intelectual o moral, ninguna. La personalidad femenina es un producto del Norte, de Inglaterra, de Noruega, de Rusia... Aquí, en el Mediodía, encontrará usted en la mujer la personalidad biológica, el carácter, el temperamento; nada más. Es el catolicismo, que la ha convencido de su inferioridad. Todas las sectas semíticas han mirado siempre a la mujer como a un animal lascivo y peligroso.

—La vida de estas muchachas que no hacen nada, que no leen, que no tienen ocupación, debe ser horrible.

—Claro; una vida de envidia, de despecho, de tristeza; con las llagas ocultas por un poco de polvos de arroz místico que les dan en el confesonario. Estas primas mías, mientras el mundo no les envíe el pequeño aristócrata con una buena renta para casarse con él, se considerarán ofendidas. Y así viven, dormitando como boas en plena digestión, hablando del niño del marqués o del conde, de sus amigas las hijas del general...

—De eso, los hombres tienen la mayor culpa.

—¡Ah, claro! Los españoles consideran a las mujeres como a un enemigo no beligerante, al que se puede robar y entregar al pillaje. Las españolas miran a los hombres como a un enemigo beligerante, con quien se puede pactar.

—No hay que decir que en esta relación las mujeres salen perdiendo.

—¡Ah!, mientras no haya ese pacto inmoral que se llama matrimonio, es indudable.

—¿Por qué le llama usted inmoral? Lo que es inmoral es que no se casen todas las mujeres. Yo creo que entre la casa de un empleado de París y la casa de un empleado de Sevilla, están como los dos polos del hogar. El francés deja a su mujer en plena lucha por la vida; la mujer tiene que sufrir las consecuencias y los peligros de su libertad; pero esta lucha, cuando no mata, mortifica; en cambio, el español ahorra a la mujer el combate en la calle, la deja recluida en la casa, y esta reclusión tiene que hacer a la mujer cobarde.

—¿Usted cree? Yo, a todas las casas adonde voy veo que quien manda es la mujer.

—¿De manera que aquí el hombre es amable en el interior del hogar?

—En general, sí. El español, en esta época de democracia, es un buen animal doméstico; quizá lo haya sido siempre, y le han pintado, por equivocación, como un hombre terrible y feroz. Se preocupa de la casa y de los niños; es un buen padre de familia y un maridito aceptable.

—No, pues ese retrato no se parece en nada a mi marido.

—Es que Juan es un hombre a la alta escuela. Se destaca entre la ñoñería ambiente como un hombre esbelto entre jorobados.

—¿De manera que para usted la España actual es un país ñoño, insulso?

—Completamente. Lo único que nos hace un poco decorosos es la envidia. En Madrid, por ejemplo, se envidia con pasión, y por eso la vida es más entretenida. Hay allá mucho advenedizo, recién llegado que va en busca de gangas; la vida es más insegura y la lucha por la existencia más fuerte. Yo no recuerdo qué filósofo moderno dice que si el furor de quererse los unos a los otros se generalizara, la Humanidad se sentiría tan ridícula y tan odiosa que los hombres recordarían con entusiasmo la época en que el egoísmo y la envidia reinaban en el mundo. Pues el reinado de esa época lo tiene usted en Madrid, en donde la gente, sobre todo la burguesía, se odia de la manera más cordial posible. El mejor día vendrá un telegrama diciendo que en Madrid se ha desarrollado el canibalismo y que todo el mundo se muerde en la calle con furor.

—Es una exageración de usted; no creo que en Madrid se envidien más que en los otros pueblos.

—A mí me da esa impresión la vida madrileña.

—Eso será porque es más activa que aquí.

—No crea usted; esta gente no es tan perezosa como aparenta, no. Un andaluz mismo le dirá a usted: «Nosotros somos un poco vagos, con mucha imaginación, con una despreocupación grande de la vida.» No le haga usted caso; es mentira. Es gente que trabaja, se mueve, economiza y que, además, no tiene ninguna imaginación.

—¿Cree usted que no?

—Ninguna. Aquí hay ese lugar común

de que los andaluces tienen mucha imaginación porque la heredaron de los árabes. Es absurdo. Está demostrado que los árabes forman la raza menos imaginativa del orbe. No hay cuento de *Las mil y una noches* que no esté tomado de alguna parte, ni frase del Corán que no sea una mala traducción de otra. Empecé a leer este libro traducido al inglés, y es la cosa más pesada y fastidiosa que puede usted imaginarse.

—De manera que, según usted, los españoles tienen poca imaginación.

—Todos los meridionales. Otro antropólogo, émulo de Iturrioz, ha encontrado, según dice, la verdadera clasificación de los hombres. Según él, no hay más que dos castas en Europa: los alpinos, que proceden del gorila, y los mediterráneos, del chimpancé.

—¿De manera que han desaparecido los iberos y los semitas y han aparecido en el escenario los gorilas y los chimpancés que estaban entre bastidores?

—¿Tampoco le parece a usted bien la clasificación? —me pregunta Arcelu—. Pues diga usted que es usted imposible de contentar.

—No, si me parece muy bien. Ahora que una no sabe por qué decidirse.

—Usted es gorila, no hay duda.

—¿Y usted?

—Yo, chimpancé, con algunas gotas de sangre de gorila. En España el gorilismo está en baja. Parece que hay en Santander, en Asturias y en Cataluña algunas manchas de gorilas, de hombres mongoloides, pero son pequeñas.

—¿Y qué caracteres tienen los unos y los otros?

—El gorila sublime es idealista; el chimpancé es siempre realista y de una fisiología complicada. Claro que es una arbitrariedad; se puede decir que los meridionales, es decir, los chimpancés, tenemos más fisiología.

—No es ésa la idea general.

—No, claro; pero la idea general a mí no me parece la exacta. ¿Usted no ha leído los versos de los poetas árabes y de los trovadores provenzales?

—No.

—Es la cosa más aburrida que se puede imaginar. Yo escribí un artículo en mi periódico diciendo que era lo más bello que se había escrito.

—¿Para llevarse la contraria?

—Es lo que había de gustar a mis lectores. Además, tiene uno sus lugares comunes hechos, y es más fácil repetirlos que no ir a calentarse los cascos para extraer una idea del cerebro y expresarla con exactitud. El Mediodía espiritualmente es eso, una cosa hueca, gesticulante, exaltada por fuera y fría por dentro; algo como el palacio de San Telmo; forma y falta de imaginación.

—Pero ¿no habrá muchas clases de imaginación?

Sí, con seguridad; hay una imaginación intelectual y sentimental, que es la de los gorilas sublimes a lo Dickens, y hay la imaginación verbal, que es la de los chimpancés excelsos a lo Lucano y a lo Góngora; la frase, el adjetivo...

—Pero eso indica ingenio.

—¡Ah, claro! Un ingenio especial. Ahora, en el pueblo, este ingenio es un ingenio heredado, del acervo común, como decimos los periodistas. Todos estos chistes que oye usted aquí son obra que pasa de generación en generación. Es probable que Trajano, que era de Itálica, es decir, nieto de chimpancés, ya dijera las mismas gracias que se oyen por Sevilla. Max Müller ha seguido la fábula de la lechera desde La Fontaine hasta los fabulistas indios y la ha encontrado catorce o quince veces. Si se buscara el ori-

que vayamos, que tanto Arcelu como yo tenemos grandes deseos de ir al Puerto, y se ha encargado de hacer los preparativos necesarios.

18. Puerto de Santa María

Era imposible que, habiéndoselo propuesto Juan, no hiciéramos el viaje. Hemos ido al Puerto.

Arcelu nos ha contado en el tren una serie de historias íntimas de su casa; todo el proceso de la ruina de su familia ha aparecido ante nuestros ojos: una sucesión de intrigas, de odios, de pequeñas venganzas de gente incapaz y de gente hipócrita y hábil.

Lo curioso es que Arcelu cuenta todo esto como como si fuera una cosa extraña a él, sin darle más valor que el pintoresco.

Al llegar, Arcelu quería que fuésemos a su casa, pero Juan ha decidido que nos quedemos en el hotel. Así tiene libertad de entrar y salir cuando se le antoje.

—No es cosa de molestar a tus hermanas —ha dicho Juan, como pretexto.

Hemos ido a una fonda próxima a la ría, que se llama Vista Alegre. Esta fonda debió ser de un italiano; yo lo supongo al ver las paredes llenas de litografías y de grabados con vistas de Italia; probablemente el dueño era algún lombardo o veneciano, porque hay un plano del reino lombardovéneto hecho el año 1859.

Desde el balcón de mi cuarto se ve la entrada del Guadalete. En el barro del río hay un casco viejo de un barco, que están componiendo; un poco más lejos, al lado de una barraca, se ven las costillas de otro barco sostenidas por puntales. Sobre el muelle de la Ribera, unos cuantos hombres y chicos hacen cuerda de cáñamo; los hombres marchan hacia atrás, con una madeja de estopa en la cintura, y los chicos dan vueltas, mientras tanto, a una manivela, que retuerce la maroma. Cerca, a la izquierda, hay, junto al río, una antigua fuente, pintada de rojo, que se llama *La Galera.*

Vamos todos a visitar a las hermanas de Arcelu. Este, al pasar por una calle, entra en un estanco y vuelve después con un sobre en la mano.

—Fíjese usted —me dice— cómo ponen los sellos a las cartas en mi pueblo, torcidos, en cualquier lado. En toda España sucede lo mismo. Esta carta va para Madrid, por eso la echo; si fuera para mi periódico, no la enviaría así. Un inglés que recibiera una carta con el sello de este modo creería que se le insultaba.

Llegamos a casa de Arcelu, una casa enorme con un gran jardín.

Hemos subido al piso principal, en donde saludamos a las dos hermanas de Arcelu. Estas dos solteronas son muy simpáticas y hablan con una suavidad y una dulzura grandes.

La mayor, con sus cincuenta años, tiene el pelo blanco y la cara sonrosada; la menor, Margarita, es una mujer de un tipo ideal. Les ha quedado, en medio de su ruina, esta casa grandísima, con un jardín espléndido.

Arcelu ha hablado con sus hermanas como si acabara de verlas. Es extraña la sequedad de esta gente; quizá nosotros, los rusos, somos excesivamente cariñosos y zalameros. Arcelu no tiene tampoco ningún sentimentalismo por los recuerdos de la época en que su familia estaba en una situación desahogada; parece que le son perfectamente indiferentes.

De casa de Arcelu hemos ido a comer, y luego hemos dado una vuelta por el pueblo, a contemplar estas calles anchas, estas casas viejas, grandes: la plaza de la Pescadería, con el castillo de San Marcos, y otra, con unos edificios bajos, que se llama la plaza de Polvorista. Luego, por los jardines de Vergel, hemos ido al paseo de la Victoria, un paseo muy hermoso y muy triste.

Arcelu conoce a casi todos los que pasan, chicos y grandes.

—¡Hola, Pepe Ignacio! —le dicen.

—¡Hola, *Maolillo!* ¡Hola, *Chavito!* —contesta él.

Al anochecer hemos vuelto a la fonda. Juan, Arcelu y otros parece que están convidados a cenar en un rincón de por aquí.

Graciosa, la niña y yo nos hemos quedado en casa. Antes de acostarme he estado un momento en el balcón. La noche estaba tibia; la marea, alta; la ría brillaba bajo el cielo, lleno de nubes plateadas iluminadas por la luna; las barcas se levantaban en la Ribera, y enfrente, en la otra orilla, sobre una lengua de tierra, se destacaba en el cielo el perfil de unos pinos.

19. Moralizamos demasiado

La luz, al entrar en mi cuarto, me despierta; hace un día espléndido; el sol brilla en el río y lanza reflejos que ciegan.

Antes de almorzar se presenta Arcelu con un amigo suyo, médico. Juan dice que va a ir a Cádiz.

—¿Qué hicieron ustedes ayer? —pregunto yo.

—Estuvimos en la taberna de *El Resbalón* —contesta Juan.

—¿Algún sitio raro?

—Sí; figúrese usted —dice Arcelu—: especie de camarote, pintado de amarillo; una mesa redonda, grande, en medio, y alrededor sillones de paja con el asiento inclinado, y de cuando en cuando unos gatos, que entraban por debajo de un tabique y se llevaban lo que podían.

—¿Y qué cenaron ustedes?

—Unos platos de pescado frito y un caldillo de perro.

—Pero ¿cómo? ¿De perro?

—Un guiso que aquí llamamos así.

Nos sentamos a la mesa, y Juan convidó a comer al médico y a Arcelu; ninguno de los dos aceptó, y entonces Juan mandó traer una botella de jerez.

—Usted beberá —le dijo Juan al médico.

—Sí —contestó el otro.

—Más le valía no beber. Aquí tiene usted este hombre —me indicó Arcelu—, que es un hombre de talento, que hubiera podido ser un buen médico, brillar y distinguirse; pues aquí le tiene usted hecho un alcohólico indecente.

—¡Ya empiezas a moralizar! —exclamó Juan, con sorna—. Deja la moral para otra ocasión.

—Yo le agradezco lo que dice Pepe Ignacio —agregó el médico—, porque me quiere, y yo también le quiero a él.

—No se ponga usted sentimental —replicó Juan—, que vamos a creer que ya está usted borracho.

—No; pues no lo estoy todavía. Pero quería decir que me alcoholizo porque soy un hombre inútil. He tenido varias apendicitis, una pleuresía supurada y padezco una lesión cardíaca. Soy un organismo en ruinas.

—No haga usted caso —dijo Juan—; no hay pleuresías, ni enfermedades cardíacas, ni nada.

—¡Es lástima este hombre! —repuso Arcelu—, porque, aquí donde le ve usted, este borracho es una excelente persona; pero ya no tiene fuerza para vivir.

—Lo que no tiene fuerza es para beber —replicó Juan.

—Pues si la gente buena no tiene ganas de vivir —dije yo—, y sólo los canallas saben imponerse, nos vamos a lucir.

Mi marido, al verme por el comedor del hotel, se acercó.

—Tendrás que perdonarme las palabras de ayer —me dijo—; me enviaron un anónimo que me enfureció.

—Podías haber supuesto que lo que te decían era mentira —contesté yo—. Debías haber tenido la seguridad de que lo era.

—No reflexioné.

—Pues yo sí he reflexionado. A mí también me han enviado un anónimo, con la diferencia de que, al leerlo, yo sabía que lo que me decían era verdad, y, sin embargo, nada dije.

—¡Si supiera quién es!

—¿Qué importa quién es? Es un miserable, que decía la verdad cuando me escribía a mí, y que mentía cuando se dirigía a ti. Pero, miserable o no, es lo de menos. No podemos vivir así más tiempo. Separémonos.

—¿Hablas en serio, Sacha?

—Sí, hablo en serio. Eres un egoísta; no has tenido consideración ninguna conmigo. Yo no te he pedido nada, y tú me has tratado con una brutalidad, con una crueldad que ya me ha sublevado. No quiero estar más aquí. Me voy.

—¿Es tu última palabra?

—Sí; es mi última palabra.

Juan ha entrado en su cuarto, y, poco después, se ha marchado de casa. No me atrevo a ir a ver a Carolina y a Margarita; querrían disuadirme, convencerme de que me quedase. Esta vida vegetativa para mí sería imposible. Además, esa mirada negra del hombre que me persigue me espanta.

21. Todo es igual

En mi afán por huir, he cruzado toda España, he llegado a París, donde he descansado en el hotel unos días y he tomado el expreso para Berlín. Me parecía que bastaba con acercarme a Rusia para que mis tristezas desaparecieran. Nunca una deja de engañarse. Al cruzar por estas llanuras alemanas, míseras, próximas al mar, envueltas en una niebla melancólica, me ha asaltado la sospecha de que podía estar engañada por un nuevo espejismo.

Desde la frontera alemana a Varsovia hacía mucho frío; cerca de Minsk ha comenzado a nevar, y así hemos llegado a Moscú; dentro del vagón, con temperatura de veinte grados; fuera, cayendo la nieve en enormes copos.

Mi estancia en Moscú ha sido para mí un terrible desencanto.

¿Cómo ha podido cambiar en tan poco tiempo el ambiente de esta ciudad? Ya aquí nadie se preocupa de lo que nosotros nos preocupábamos; ya nadie habla, entre la gente joven, de vivir para los demás, de sacrificarse por el pueblo.

Los estudiantes se ríen del antiguo idealismo.

He ido a ver a un profesor, entusiasta de nuestra época.

—Aquello se paró —me ha dicho—. Nosotros soñábamos con la revolución, dispuestos a sacrificar nuestras vidas; con una revolución espiritual y moral que transformara y perfeccionara la sociedad. Estos jóvenes no sueñan con nada. Quieren vivir, aprovechar la vida, y todo el mundo se lanza a los placeres con una brutalidad horrorosa. Hay Sociedades para fomentar la borrachera y la voluptuosidad. Ya los estudiantes no leen a Dostoiewski, ni a Tolstoi, ni a los escritores socialistas; en las Universidades, las obras eróticas son las únicas que privan.

—¿Pero es posible?

—Es la pura verdad. Los rusos estamos entre dos corrientes: la que va a Oriente y la que va a Occidente. El ruso de hoy parece que se ha decidido a ser oriental.

Le he preguntado a este profesor por algunos amigos y conocidos. Unos fueron llevados a Siberia, otros se suicidaron, la mayoría han desaparecido; algunos, muy pocos, los astutos y los intrigantes, han progresado y se han acercado al Poder. Los débiles, los idealistas, han perecido. ¡El mundo es ansí! Con mucha frecuencia me acuerdo de aquel escudo del pueblo y de su concisa leyenda.

La vida es esto: crueldad, ingratitud, inconsciencia, desdén de la fuerza por la debilidad, y así son los hombres y las mujeres, y así somos todos.

Sí; todo es violencia, todo es crueldad en la vida. ¿Y qué hacer? No se puede abstenerse de vivir, no se puede parar, hay que seguir marchando hasta el final.

Epílogo

Al principio del verano, Sacha, cansada de la vida de Moscú, escribió a Vera y se presentó en Ginebra.

Vera y Leskoff salieron a recibirla. La llevaron a su casa, un hotel en el campo muy bien arreglado; Vera estaba contenta: tenía un niño muy hermoso y no se ocupaba más que de sus quehaceres.

Sacha la encontró muy hacendosa, muy burguesa, demasiado preocupada de las cosas prácticas. Sacha experimentó alguna decepción al verla tan cambiada.

Como ni Moscú ni Ginebra le daban lo que esperaba, escribió a España, a Margarita Arcelu, diciéndole que le perdonara su rápida fuga. Se había marchado de allí herida, ofendida, sin querer ver ni hablar con nadie.

Margarita le contestó a vuelta de correo. Su marcha les había producido una gran tristeza a las dos hermanas, pero no la olvidaron; hablaban de ella constantemente. José Ignacio, al volver de Tánger y saber que Sacha se había marchado del Puerto, sin decir adónde, experimentó un gran aplanamiento y estuvo varios días sin hablar.

Una semana después pidió al periódico inglés, donde escribía, que le enviaran a la China para hacer una información acerca de la revolución en el Celeste Imperio, y del periódico le constestaron diciéndole que saliera en seguida.

Hacía ya más de dos meses que no teníamos noticias suyas.

Al leer esta carta, Sacha se encerró en su cuarto y estuvo llorando. Ella también, al hombre que le quería humildemente, desinteresadamente, le había tratado con indiferencia y con desdén.

Y el lema del escudo de Navaridas le vino otra vez a la imaginación: «El mundo es ansí.»

dos Luises, El licenciado Vidriera, El paisaje de España visto por los españoles, Anarquistas literarios, El escritor, Capricho, Pensando en España, etc. En cuanto a la narrativa, se deben tener en cuenta, además, **Salvadora de Olbena, La isla sin aurora, Félix Vargas, María Fontán, Blanco en azul**... Y en lo que respecta al teatro: **Brandy, mucho brandy, Angelita, Old Spain, Comedia del arte.**

Es justamente en sus cuadritos, en sus miniaturas, que «Azorín» ha inmortalizado infinitas «naderías», con un dibujo asombroso, con colorido encantador, con luz casi milagrosa. Por eso Jean Cassou ha dicho que es el pintor más maravilloso de lo inorgánico.

Los pueblos (1905)

[Ensayos sobre la vida provinciana]

EL BUEN JUEZ

Azorín, ¿quiere usted decir algo de las «Sentencias del presidente Magnaud»?—.

MARQUINA.

I

Diré, con mucho gusto, algo; pero no sé si voy a escribir una página subversiva. Ello es que la casa editorial Carbonell y Esteva, de Barcelona, cuya dirección literaria tiene el poeta Marquina [1] ha publicado la traducción española de los fallos y veredictos del juez Magnaud. Un ejemplar de este volumen, desde la librería barcelonesa, ha pasado a la capital de una provincia manchega; aquí ha estado seis, ocho, diez días puesto en el escaparate de una tienda, entre una escribanía de termómetro y una agenda con las tapas rojas. El polvo había puesto ya una sutil capa sobre la cubierta de este pequeño volumen; el sol ardiente de la estepa comenzaba ya a hacer palidecer los caracteres de su título. ¿No había nadie en la ciudad que comprase este diminuto libro? ¿Tendría que volver este diminuto libro a Barcelona después de haber visto, desde el escaparate polvoriento, entre la agenda y la escribanía, el desfile lento, silencioso, de las devotas, de los clérigos, de las lindas mozas, de los viejos que tosen y hacen sonar sus bastones sobre la acera? No, no; un alto, extraordinario destino le está reservado a este volumen. Ante el escaparate acaba de pararse un señor grueso, con ojuelos chiquitos y una recia cadena de plata que luce en la negrura del chaleco. Este señor mira los cachivaches expuestos en la vitrina y lee los títulos de los libros; estos títulos él los ha leído cien veces; pero el título de este diminuto libro es la primera vez que entra en su espíritu.

—¡Caramba! —piensa el señor desconocido—. ¡Caramba!, las *Sentencias del*

[1] Eduardo Marquina, poeta y dramaturgo catalán (1879-1946).

presidente Magnaud, ese juez tan raro de que hablaba el otro día el periódico.

Después que ha pensado tal cosa el señor grueso, sonríe con una sonrisa especial, única, y luego traspone los umbrales de la librería. Tenga en cuenta el lector que en la vida nada hay que no revista una trascendencia incalculable y que estos pasos que acaba de dar el señor grueso, para penetrar en la tienda, son pasos históricos, pasos de una importancia extraordinaria, terrible. Porque este señor va a comprar el libro y porque este libro ha de ir a parar al despacho de don Alonso, y porque don Alonso, leyendo las páginas de este libro, ha de sentir abrirse ante él un mundo desconocido. Pero no anticipemos los acontecimientos. Cuando el señor grueso e irónico ha salido de la librería aún llevaba en su cabeza el mismo pensamiento que llevaba al entrar. «Se lo regalaré a don Alonso» —pensaba él, metiéndose en el bolsillo el libro. Después, llegado a la fonda, ha puesto el volumen en la maleta —admirad los destinos de los libros— entre un queso de bola y un señuelo para las codornices. Y luego, a la tarde, él y la maleta se han marchado en la diligencia hacia un pueblo de la provincia.

En todos los pueblos, bien sean de esta provincia manchega, o bien de otra cualquiera, por las noches (y también por las mañanas y por las tardes) hay que ir al Casino. El señor grueso ha cumplido la misma noche de su llegada con este requisito; en el Casino le esperaban los señores que forman la tertulia cotidiana; él los ha saludado a todos, todos han charlado de varias y amenas cosas y, al fin, el señor grueso ha sacado su libro y le ha dicho a don Alonso:

—Don Alonso, he comprado esto esta mañana en Ciudad Real para regalárselo a usted.

Don Alonso ha dicho:

—¡Hombre, muchas gracias!

Y ha tomado en sus manos el diminuto volumen. Otra vez vuelvo a recordar al lector que considere con detención el gesto de don Alonso al coger el libro, puesto que es de suma trascendencia para la historia contemporánea de nuestra patria. El gesto de don Alonso ha sido de una vaga curiosidad; acaso, en el fondo no sentía curiosidad ninguna, y este tenue gesto era sólo una deferencia por el presente que se le hacía. Después, don Alonso ha leído el título: *Novísimas sentencias del presidente Magnaud,* y este título tampoco le ha dicho nada a don Alonso. Pero el señor grueso que ha traído el libro ha dicho:

—Este Magnaud es un juez muy raro que ha hecho en Francia algunas cosas extrañas...

—Sí, sí —ha replicado don Alonso, que no conocía a Magnaud—; sí, sí, he oído hablar mucho de este juez.

Y después que han hablado otro poco, se han separado. Don Alonso, cuando ha llegado a su casa, ha puesto el libro en la mesa de su despacho. Un vidente del alma de las cosas hubiera podido observar que ante este libro y los demás que había sobre la mesa se ha establecido súbitamente una corriente sorda y formidable de hostilidad. Los demás libros eran —tendré que decirlo— el Código civil, el Código penal, los Procedimientos judiciales, la ley Hipotecaria, comentarios a los Códigos, volúmenes de revistas jurídicas, colecciones de sentencias del Tribunal Supremo. Pero si una antipatía mutua ha nacido entre estos libros terribles, inexorables, y este diminuto libro, en cambio, en el estante de enfrente hay otros volúmenes que le han enviado un saludo cariñoso, efusivo, al pequeño volumen. Son todos historias locas, fantásticas, poesías

mo que esta cosa delicada y formidable, va a hacer su aparición en esta sala. Don Alonso está decidido a ello, y éste es el motivo de aquella sonrisa estupenda, que ni doña María, ni Lola, ni Carmencita han comprendido. ¿Añadiré que don Alonso ha dictado ya sentencia en el pleito que examinaba anoche? ¿Podré pintar la estupefacción, el asombro inaudito que se ha apoderado de todo el pequeño mundo judicial al conocer esta sentencia? ¿Cómo haré yo para que os figuréis la cara que ha puesto don Fructuoso, el abogado más listo de la ciudad manchega, y el ruido peculiar que ha hecho, al contraer los labios, don Joaquín, el procurador más antiguo?

Por la tarde, después de comer, en el Casino, un breve silencio se ha hecho a la llegada de don Alonso. Ya conocéis estos silencios que se producen cuando se acerca a un grupo un hombre de quien a la sazón se ocupan todas las lenguas; estos silencios o son un homenaje involuntario o son una reprobación discreta. Pero, de todos modos, el silencio es prontamente roto y la charla torna a surgir entusiasta u opaca, según se trate de uno o del otro caso citado. ¿De cuál se trata ahora? En realidad, no hay motivo para abominar de don Alonso por la sentencia dictada esta mañana. Don Fructuoso y don Joaquín, que han perdido el pleito, afirman que es un disparate mayúsculo; pero en el Casino nadie llega a sentirse tan tremendamente indignado.

—Es una sentencia rara —dice don Luis.

—No existe precedente ninguno que la justifique —añade don Rodolfo, un viejo que estudió el año 54 Derecho civil en la Central[6] con don Juan Manuel Montalbán y Herranz.

—Sin embargo —se atreve a decir don Paco, un abogado joven, que es un poco orador y que ha leído dos o tres discursos de Santa María de Paredes—; [7] sin embargo, si atendemos a un interés social, colectivo; un interés superior que se remonte sobre las personalidades, sobre el derecho individual, para...

Pero los señores graves no le dejan seguir.

—¡Hombre, Paco, hombre! —grita don Leopoldo, un poco indignado—. Usted saca de quicio la cuestión.

—¡Caramba, Paco! —dice don Pedro—. Está usted hoy verdaderamente terrible.

—¡Pero, por Dios, Paco! —observa con voz meliflua don Juan—. Usted pretende destruir los fundamentos del orden social...

Sin embargo, Paco no pretende destruir nada; Paco es una excelente persona. Y después de discutir un rato, Paco, que va a casarse dentro de un mes con la hija de don Luis, conviene con éste en que es una sentencia rara la dictada por don Alonso y aun llega a afirmar con don Rodolfo que no es posible encontrarle precedentes.

¿Necesitaré decir después de esto qué género de silencio se ha producido en la tertulia a la llegada de don Alonso? ¿Diré que era algo así como un silencio entre irónico y compasivo? ¿Tendré que añadir que luego, en el curso de la conversación, han abundado las alusiones discretas, veladas, a la famosa sentencia? Pero don Alonso no ha perdido su bella y noble tranquilidad. «El verdadero hombre honrado —dice La Rochefoucauld[8] en una de sus máximas— es aquel que no se pica por nada.» El buen caballero ha dejado que hablasen todos; él sonríe afa-

[6] Universidad de Madrid.

[7] Vicente Santa María de Paredes, catedrático de Derecho (Madrid) y político (1853-1924).

[8] Escritor francés (1613-1680).

ble y satisfecho; después, a media tarde, ha dado su paseo por la huerta.

Mas, entretanto que discurría por los escondidos senderos, apartado de la ciudad, la ciudad se iba llenando del asombro y de la extrañeza que la sentencia de por la mañana produjera primeramente entre los leguleyos. Y al anochecer, el buen caballero ha regresado a su hogar. Ya las criadas habían traído a la casa los ruidos y hablillas de la calle. Durante la cena, doña María, Lola y Carmencita han guardado silencio; pero, al final, doña María no ha podido contenerse y ha dicho:

—Alonso, ¿qué es eso que dicen por ahí que has hecho?

Lola ha insinuado:

—Las muchachas nos han contado...

Y Carmencita, poniendo unos ojos tristes, ha suplicado:

—Papá, cuéntanos lo que ha sucedido.

Don Alonso ha contestado:

—No ha sucedido nada.

Pero doña María ha insistido:

—Alonso, algo será cuando murmura la gente.

—No nos ocultes nada, Alonso —ha tornado a decir Lola.

—Papá —ha exclamado Carmencita—, papá, no nos tengas así.

Y don Alonso ha sonreído y ha dicho:

—No ha sucedido nada. Esta mañana, cuando me habéis preguntado, yo me he hecho un poco el interesante, y vosotras os habéis llenado de preocupaciones; y no había más sino que yo, en vez de pasar la noche durmiendo, la había pasado trabajando. Ahora os veo también alarmadas, y no sucede otra cosa sino que yo he dictado hoy una sentencia apartándome de la ley, pero con arreglo a mi conciencia, a lo que yo creía justo en este caso. Yo no sé si vosotras entenderéis esto; pero el espíritu de la Justicia es tan sutil, tan ondulante, que al cabo de cierto tiempo los moldes que los hombres han fabricado para encerrarlo, es decir, las leyes, resultan estrechos, anticuados, y entonces, mientras otros moldes no son fabricados por los legisladores, un buen juez debe fabricar, para su uso particular, provisionalmente, unos moldes chiquitos y modestos en la fábrica de su conciencia...

Doña María, Lola y Carmencita han tratado de sonreír; pero algo les quedaba allá dentro.

—Ya sé —han continuado don Alonso—, ya sé que a vosotras os preocupa lo que las gentes van diciendo. No se me oculta que la ciudad está alborotada; pero esto no es extraño. Sobre la tierra hay dos cosas grandes: la Justicia y la Belleza. La Belleza nos la ofrece espontáneamente la Naturaleza y la vemos también en el ser humano; mas la Justicia, si observamos todos los seres grandes y pequeños que pueblan la tierra, la veremos perpetuamente negada por la lucha formidable que todas las criaturas, aves, peces y mamíferos mantienen entre sí. Por esto, la Justicia, la Justicia pura, limpia de egoísmos, es una cosa tan rara, tan espléndida, tan divina, que, cuando un átomo de ella desciende sobre el mundo, los hombres se llenan de asombro y se alborotan. Este es el motivo por lo que yo encuentro natural que si hoy ha bajado acaso sobre esta ciudad manchega una partícula de esa Justicia, anden sus habitantes escandalizados y trastornados.

Y don Alonso ha sonreído, por última vez, con esa sonrisa extraordinaria, inmersa, que sólo le es dable contemplar a la humanidad cada dos o tres siglos...

CASTILLA
(1912)

Se ha pretendido en este libro aprisionar una partícula del espíritu de Castilla. Las formas y modalidades someras y aparatosas han sido descartadas; más valor y eficiencia concedemos, por ejemplo, a los ferrocarriles —obra capital en el mundo moderno— que a los hechos de la historia concebida en su sentido tradicional y ya en decadencia.

Una preocupación por el poder del tiempo compone el fondo espiritual de estos cuadros. La sensación de la corriente perdurable —e inexorable— de las cosas, cree el autor haberla experimentado al escribir algunas de las presentes páginas.

UNA CIUDAD Y UN BALCON

No me podrán quitar el dolorido sentir...
GARCILASO.[1]

Entremos en la catedral; flamante, blanca, acabada de hacer está. En un ángulo, junto a la capilla en que se venera la Virgen de la Quinta Angustia, se halla la puertecilla del campanario. Subamos a la torre; desde lo alto se divisa la ciudad toda y la campiña. Tenemos un maravilloso, mágico catalejo: descubriremos con él hasta los detalles más diminutos. Dirijámoslo hacia la lejanía: allá, por los confines del horizonte, sobre unos lomazos redondos, ha aparecido una manchita negra; se remueve, levanta una tenue polvareda, avanza. Un tropel de escuderos, lacayos y pajes es, que acompaña a un noble señor. El caballero marcha en el centro de su servidumbre; ondean al viento las plumas multicolores de su sombrero; brilla el puño de la espada; fulge sobre su pecho una firmeza[2] de oro. Vienen todos a la ciudad; bajan ahora de las colinas y entran en la vega. Cruza la vega un río: sus aguas son rojizas y lentas; ya sesga en suaves meandros; ya se embarranca en hondas hoces. Crecen los árboles tupidos en el llano. La arboleda se ensancha y asciende por las alturas inmediatas. Una ancha vereda —parda entre la verdura— parte de la ciudad y sube por la empinada montaña de allá lejos. Esa vereda lleva los rebaños del pueblo, cuando declina el otoño, hacia las cálidas tierras de Extremadura. Ahora las mesetas vecinas, la llanada de la vega, los alcores que bordean el río están llenos de blancos carneros que sobre las pedrerías forman como grandes copos de nieve.

De la lana y el cuero vive la diminuta ciudad. En las márgenes del río hay un obraje de paños y unas tenerías.[3] A la salida del pueblo —por la Puerta Vieja— se desciende hasta el río; en esa cuesta están las tenerías. Entre las tenerías se ve una casita medio caída, medio arruinada; vive en ese chamizo una buena vieja —llamada Celestina— que todas las mañanas sale con un jarrillo desbocado y lo trae lleno de vino para la comida, y que luego va de casa en casa, en la ciudad, llevando agujas, gorgueras, garvines, ceñideros y otras bujerías[4] para las mozas. En el pueblo, los oficiales de ma-

[1] Garcilaso de la Vega, poeta español (¿1501?-1536) (*N. de Marín*).

[2] Joya triangular.

[3] *Obraje*, taller; *tenerías*, lugar donde trabajan las pieles.

[4] *Gorgueras... bujerías*, cuello grande y rizado, red para el pelo, cinta o cordón para ceñir la cintura, mercaderías de poco valor.

no[5] se agrupan en distintas callejuelas; aquí están los tundidores, perchadores, cardadores,[6] arcadores,[7] perailes; allá en la otra, los correcheros,[8] guarnicioneros, boteros, chicarreros. Desde que quiebra el alba, la ciudad entra en animación; cantan los perailes los viejos romances de Blancaflor y del Cid —como cantan los cardadores de Segovia en la novela *El donado hablador*—; [9] tunden los paños los tundidores; córtanle con sus sutiles tijeras el pelo los perchadores; cardan la blanca lana los cardadores; los chicarreros trazan y cosen zapatillas y chapines; embrean y trabajan las botas y cueros en que se ha de encerrar el vino y el aceite, los boteros. Ya se han despertado las monjas de la pequeña monjía que hay en el pueblo; ya tocan las campanitas cristalinas. Luego, cuando avance el día, estas monjas saldrán de su convento, devanearán por la ciudad, entrarán y saldrán en las casas de los hidalgos, pasarán y tornarán a pasar por las calles. Todos los oficiales trabajan en las puertas y en los zaguanes. Cuelga de la puerta de esta tiendecilla la imagen de un cordero; de la otra, una olla; de la de más allá, una estrella. Cada mercader tiene su distintivo. Las tiendas son pequeñas, angostas, lóbregas.

A los cantos de los perailes se mezclan en estas horas de la mañana las salmodias de un ciego rezador. Conocido es en la ciudad; la oración del Justo Juez, la de San Gregorio y otras muchas va diciendo por las casas con voz sonora y lastimera; secretos sabe para toda clase de dolores y trances mortales; un muchachuelo le conduce; la malicia y la inteligencia brillan en los ojos del mozuelo. En las tiendecillas se ven las caras finas de los judíos. Pasan por las callejas los frailes con sus estameñas[10] blancas o pardas. La campana de la catedral lanza sus largas campanadas. Allá, en la orilla del río, unas mujeres lavan y carmenan[11] la lana.

(Se ha descubierto un nuevo mundo; sus tierras son inmensas; hay en él bosques formidables, ríos anchurosos, montañas de oro, hombres extraños, desnudos y adornados con plumas. Se multiplican en las ciudades de Europa las imprentas; corren y se difunden millares de libros. La antigüedad clásica ha renacido; Platón y Virgilio han vuelto al mundo. Florece el tronco de la vieja humanidad.)

En la plaza de la ciudad se levanta un caserón de piedra; cuatro grandes balcones se abren en la fachada. Sobre la puerta, resalta un recio blasón. En el primer balcón de la izquierda se ve sentado en un sillón un hombre; su cara está pálida, exangüe[12] y remata en una barbita afilada y gris. Los ojos de este caballero están velados por una profunda tristeza; el codo lo tiene el caballero puesto en el brazo del sillón y su cabeza descansa en la palma de la mano...

Le sucede algo al catalejo con que estábamos observando la ciudad y la campiña.

No se divisa nada; indudablemente se ha empañado el cristal. Limpiémosle. Ya está claro; tornemos a mirar. Los bosques que rodeaban la ciudad han desaparecido. Allá, por aquellas lomas redondas que se recortan en el cielo azul, en los

[5] Artesanos.
[6] Los que sacan el pelo con la *carda* al paño.
[7] Los que dan forma de arco a la lana y la ahuecan (algunos de estos términos antiguos los explica el autor a continuación).
[8] Pelaires (cardadores de paños, arcaico); *correcheros*, fabricantes de correas.
[9] Novela picaresca de Jerónimo de Alcalá (1563-1632).
[10] Tejido grueso de lana.
[11] Desenredan.
[12] Sin color.

confines del horizonte, ha aparecido una manchita negra; se remueve, avanza, levanta una nubecilla de polvo. Un coche enorme, pesado, ruidoso, es; todos los días, a esta hora, surge en aquellas colinas, desciende por las suaves laderas, cruza la vega y entra en la ciudad. Donde había un tupido boscaje, aquí en la llana vega, hay ahora trigales de regadío, huertos, herreñales,[13] cuadros y emparrados[14] de hortalizas; en las caceras, azarbes y landronas[15] que cruzan la llanada, brilla el agua que se reparte por toda la vega desde las represas del río. El río sigue su curso manso como antaño. Ha desaparecido el obraje de paños que había en sus orillas; quedan las aceñas[16] que van moliendo las maquilas[17] como en los días pasados. En la cuesta que asciende hasta la ciudad, no restan más que una o dos tenerías; la mayor parte del año están cerradas. No encontramos ni rastro de aquella casilla medio derrumbada en que vivía una vieja que todas las mañanas salía a por vino con un jarrico y que iba de casa en casa llevando chucherías[18] para vender.

En la ciudad no cantan los perailes. De los oficios viejos del cuero y de la lana, casi todos han desaparecido; es que ya por la ancha y parda vereda que cruza la vega no se ve la muchedumbre de ganados que antaño, al declinar el otoño, pasaban a Extremadura. No quedan más que algunos boteros en sus zaguanes lóbregos; en las callejas altas, algún viejo telar va marchando todavía con su son rítmico. La ciudad está silenciosa; de tarde en tarde pasa un viejo rezador que salmodia la oración del Justo Juez. Los caserones están cerrados. Sobre las tapias de un jardín surgen las cimas agudas, rígidas, de dos cipreses. Las campanas de la catedral lanzan —como hace tres siglos— sus campanadas lentas, solemnes, clamorosas.

(Una tremenda revolución ha llenado de espanto al mundo; millares de hombres han sido guillotinados; han subido al cadalso un rey y una reina. Los ciudadanos se reúnen en Parlamento. Han sido votados y promulgados unos códigos en que se proclama que todos los humanos son libres e iguales. Vuelan por todo el planeta muchedumbre de libros, folletos y periódicos.)

En el primero de los balcones de la izquierda, en la casa que hay en la plaza, se divisa un hombre. Viste una casaca sencillamente bordada. Su cara es redonda y está afeitada pulcramente. El caballero se halla sentado en un sillón; tiene el codo puesto en uno de los brazos del asiento y su cabeza reposa en la palma de la mano. Los ojos del caballero están velados por una profunda, indefinible tristeza...

Otra vez se ha empañado el cristal de nuestro catalejo; nada se ve. Limpiémoslo. Ya está; enfoquémoslo de nuevo hacia la ciudad y el campo. Allá en los confines del horizonte, aquellas lomas que destacan sobre el cielo diáfano, han sido como cortadas con un cuchillo. Las rasga una honda y recta hendidura; por esa hendidura, sobre el suelo, se ven dos largas y brillantes barras de hierro que cruzan una junto a otra, paralelas, toda la campiña. De pronto aparece en el costado de las lomas una manchita negra; se mueve, adelanta rápidamente, va dejando en el cielo un largo manchón de humo. Ya avanza por la vega. Ahora vemos un extraño carro de hierro con una chimenea

13 Terrenos sembrados de herrén o forraje para el ganado.
14 Cobertizos hechos con parras de vid.
15 *Caceras... landronas*, canales de riego.
16 Molino de harina dentro de un río.
17 Porción de trigo para moler.
18 Cosas de poco valor.

que arroja una espesa humareda, y detrás de él, una hilera de cajones negros con ventanitas; por las ventanitas se divisan muchas caras de hombres y mujeres. Todas las mañanas surge en la lejanía este negro carro con sus negros cajones; despide penachos de humo, lanza agudos silbidos, corre vertiginosamente y se mete en uno de los arrabales de la ciudad.

El río se desliza manso, con sus aguas rojizas; junto a él —donde antaño estaban los molinos y el obraje de paños— se levantan dos grandes edificios; tienen una elevadísima y sutil chimenea; continuamente están llenando de humo denso el cielo de la vega. Muchas de las callejas del pueblo han sido ensanchadas; muchas de aquellas callejitas que serpenteaban en entrantes y salientes —con sus tiendecillas— son ahora amplias y rectas calles donde el sol calcina las viviendas en verano y el vendaval frío levanta cegadoras tolvaneras en invierno. En las afueras del pueblo, cerca de la Puerta Vieja, se ve un edificio redondo, con extensas graderías llenas de asientos y un círculo rodeado de un vallar de madera en medio.[19] A la otra parte de la ciudad se divisa otra enorme edificación, con innumerables ventanitas: por la mañana, a mediodía, por la noche, parten de ese edificio agudos, largos, ondulantes sones de cornetas.[20] Centenares de lucecitas iluminan la ciudad durante la noche; se encienden y se apagan ellas solas.

[19] La plaza de toros.
[20] Se trata de una academia militar.

(Todo el planeta está cubierto de una red de vías férreas; caminan veloces por ellas los trenes; otros vehículos también movidos por sí mismos— corren vertiginosos por campos, ciudades y montañas. De nación a nación se puede transmitir la voz humana. Por los aires, etéreamente, de continente en continente, van los pensamientos del hombre. En extraños aparatos se remonta el hombre por los cielos; a los senos de los mares desciende en unas raras naves y por allí marcha; de las procelas[21] marinas, antes espantables, se ríe ahora subido en gigantescos barcos. Los obreros de todo el mundo se tienden las manos por encima de las fronteras.)

En el primer balcón de la izquierda, allá en la casa de piedra que está en la plaza, hay un hombre sentado. Parece abstraído en una profunda meditación. Tiene un fino bigote de puntas levantadas. Está el caballero, sentado, con el codo puesto en uno de los brazos del sillón y la cara apoyada en la mano. Una honda tristeza empaña sus ojos...

¡Eternidad, insondable eternidad del dolor! Progresará maravillosamente la especie humana; se realizarán las más fecundas transformaciones. Junto a un balcón, en una ciudad, en una casa, siempre habrá un hombre con la cabeza, meditadora y triste, reclinada en la mano. No le podrán quitar el dolorido sentir.

[21] Tormentas.

LAS NUBES

Calisto y Melibea se casaron —como sabrá el lector, si ha leído *La Celestina*[1]— a pocos días de ser descubiertas las rebozadas[2] entrevistas que tenían en el jardín. Se enamoró Calisto de la que después había de ser su mujer un día que entró en la huerta de Melibea persiguiendo un halcón. Hace de esto diez y ocho años. Veintitrés tenía entonces Calisto. Viven ahora marido y mujer en la casa solariega de Melibea; una hija les nació, que lleva, como su abuela, el nombre de Alisa. Desde la ancha solana[3] que está en la parte trasera de la casa, se abarca toda la huerta en que Melibea y Calisto pasaban sus dulces coloquios de amor. La casa es ancha y rica; labrada escalera de piedra arranca de lo hondo del zaguán. Luego, arriba, hay salones vastos, apartadas y silenciosas camarillas, corredores penumbrosos, con una puertecilla de cuarterones[4] en el fondo que, como en *Las Meninas,* de Velázquez, deja ver un pedazo de luminoso patio. Un tapiz de verdes ramas y piñas gualdas sobre el fondo bermejo cubre el piso del salón principal: el salón, donde en cojines de seda, puestos en tierra, se sientan las damas. Acá y allá destacan silloncitos de cadera, guarnecidos de cuero rojo, o sillas de tijera con embutidos mudéjares;[5] un contador[6] con cajonería de pintada y estofada talla,[7] guarda papeles y joyas; en el centro de la estancia, sobre la mesa de nogal, con las patas y las chambranas[8] talladas, con fiadores[9] de forjado hierro, reposa un lindo juego de ajedrez con embutidos de márfil, nácar y plata; en el alinde[10] de un ancho espejo reflejanse las figuras aguileñas,[11] sobre fondo de oro, de una tabla[12] colgada en la pared frontera.

Todo es paz y silencio en la casa. Melibea anda pasito[13] por cámaras y corredores. Lo observa todo; ocurre a todo. Los armarios están repletos de nítida y bien oliente ropa, aromada por gruesos membrillos. En la despensa, un rayo de sol hace fulgir la ringla[14] de panzudas y vidriadas orcitas talaveranas.[15] En la cocina son espejos los artefactos y cacharros de azófar[16] que en la espetera[17] cuelgan, y los cántaros y alcarrazas[18] obrados por la mano de curioso alcaller[19] en los alfares[20] vecinos, muestran, bien ordenados, su vientre redondo, limpio y rezumante.[21] Todo lo previene y a todo ocurre la diligente Melibea; en todo pone sus dulces ojos verdes. De tarde en tarde en el silencio de la casa, se escucha el lánguido y melodioso son de un clavicordio: es Alisa que tañe. Otras veces, por los viales[22] de la huerta, se ve escabullirse calladamente la figura alta y esbel-

[1] Los amantes murieron trágicamente en la obra (*N. siguientes de Marín*).
[2] Encubiertas.
[3] Terraza donde da el sol de lleno (también *carasol*).
[4] Segmentos cuadrados.
[5] Con incrustaciones árabes.
[6] Especie de escritorio.
[7] Escultura de madera en color sobre fondo dorado.
[8] Adorno de los bordes.
[9] Soportes.
[10] Superficie brillante (arcaico).
[11] De rostro largo y delgado.
[12] Pintura.
[13] Con paso leve.
[14] Fila.
[15] Orzas o vasijas de Talavera (Toledo).
[16] Latón.
[17] Tabla con garfios.
[18] Vasija de arcilla porosa para refrescar el agua.
[19] Cuidadoso alfarero (el fabricante de vasijas de barro).
[20] Taller de alfarero.
[21] Húmedo.
[22] Calles formadas por los árboles.

ta de una moza: es Alisa que pasea entre los árboles.

La huerta es amena y frondosa. Crecen las adelfas a par de los jazmineros; al pie de los cipreses inmutables ponen los rosales la ofrenda fugaz —como la vida— de sus rosas amarillas, blancas y bermejas. Tres colores llenan los ojos en el jardín: el azul intenso del cielo, el blanco de las paredes encaladas y el verde del boscaje. En el silencio se oye —al igual de un diamante sobre un cristal— el chiar de las golondrinas, que cruzan raudas sobre el añil del firmamento. De la taza de mármol de una fuente cae deshilachada,[23] en una franja, el agua. En el aire se respira un penetrante aroma de jazmines, rosas y magnolias. «Ven por las paredes de mi huerto», le dijo dulcemente Melibea a Calisto hace diez y ocho años.

Calisto está en el solejar,[24] sentado junto a uno de los balcones. Tiene el codo puesto en el brazo del sillón, y la mejilla reclinada en la mano. Hay en su casa bellos cuadros; cuando siente apetencia de música, su hija Alisa le regala con dulces melodías; si de poesía siente ganas, en su librería puede coger los más delicados poetas de España e Italia. Le adoran en la ciudad; le cuidan las manos solícitas de Melibea; ve continuada su estirpe, si no en un varón, al menos, por ahora, en una linda moza, de viva inteligencia y bondadoso corazón. Y, sin embargo, Calisto se halla absorto, con la cabeza reclinada en la mano. Juan Ruiz, el arcipreste de Hita, ha escrito en su libro:

...et crie la fabrilla[25]
Que dis:[26] *Por lo pasado no estés mano en mejilla.*

No tiene Calisto nada que sentir del pasado; pasado y presente están para él al mismo rasero de bienandanza. Nada puede conturbarle ni entristecerle. Y, sin embargo, Calisto, puesta en la mano la mejilla, mira pasar a lo lejos, sobre el cielo azul, las nubes.

Las nubes nos dan una sensación de inestabilidad y de eternidad. Las nubes son —como el mar— siempre varias y siempre las mismas. Sentimos, mirándolas, cómo nuestro ser y todas las cosas corren hacia la nada, en tanto que ellas —tan fugitivas— permanecen eternas. A estas nubes que ahora miramos, las miraron hace doscientos, quinientos, mil, tres mil años, otros hombres con las mismas pasiones y las mismas ansias que nosotros. Cuando queremos tener aprisionado el tiempo —en un momento de ventura— vemos que han pasado ya semanas, meses, años. Las nubes, sin embargo, que son siempre distintas en todo momento, todos los días van caminando por el cielo. Hay nubes redondas, henchidas de un blanco brillante, que destacan en las mañanas de primavera sobre los cielos traslúcidos. Las hay como cendales[27] tenues, que se perfilan en un fondo lechoso. Las hay grises sobre una lejanía gris. Las hay de carmín y de oro en los ocasos inacabables, profundamente melancólicos, de las llanuras. Las hay como velloncitos[28] iguales e innumerables, que dejan ver por entre algún claro un pedazo de cielo azul. Unas marchan lentas, pausadas; otras pasan rápidamen-

[23] Suelta (como los hilos que cuelgan de una tela).
[24] Solana (terraza con mucho sol).

[25] Refrán arcaico.
[26] Dice.
[27] Tela de seda.
[28] Pedazos de lana cortada a las ovejas.

te. Algunas, de color de ceniza, cuando cubren todo el firmamento, dejan caer sobre la tierra una luz opaca, tamizada, gris, que presta su encanto a los paisajes otoñales.

Siglos después de este día en que Calisto está con la mano en la mejilla, un gran poeta —Campoamor— habrá de dedicar a las nubes un canto en uno de sus poemas titulado *Colón*. Las nubes —dice el poeta— nos ofrecen el espectáculo de la vida. La existencia, ¿qué es sino un juego de nubes? Diríase que las nubes son «ideas que el viento ha condensado»; ellas se nos representan como un «traslado del insondable porvenir»; «vivir —escribe el poeta— es *ver pasar*». Sí, vivir es ver pasar: ver pasar, allá en lo alto, las nubes. Mejor diríamos: vivir es *ver volver*. Es ver volver todo en un retorno perdurable, eterno; ver volver todo —angustia, alegrías, esperanzas—, como esas nubes que son siempre distintas y siempre las mismas, como esas nubes fugaces e inmutables.

Las nubes son la imagen del Tiempo. ¿Habrá sensación más trágica que aquella de quien sienta el Tiempo, la de quien vea ya en el presente el pasado y en el pasado lo porvenir?

En el jardín, lleno de silencio, se escucha el chiar de las rápidas golondrinas. El agua de la fuente cae deshilachada por el tazón de mármol. Al pie de los cipreses se abren las rosas fugaces, blancas, amarillas, bermejas. Un denso aroma de jazmines y magnolias embalsama el aire. Sobre las paredes de nítida cal resalta el verde de la fronda; por encima del verde de la fronda; por encima del verde y del blanco, se extiende el añil del cielo. Alisa se halla en el jardín, sentada, con un libro en la mano. Sus menudos pies asoman por debajo de la falda de fino contray; [29] están calzados con chapines de terciopelo negro, adornados con rapacejos y clavetes [30] de bruñida plata. Los ojos de Alisa son verdes, como los de su madre; el rostro más bien alargado que redondo. ¿Quién podría contar la nitidez y sedosidad de sus manos? Pues de la dulzura de su habla, ¿cuántos loores no podríamos decir?

En el jardín todo es silencio y paz. En lo alto de la solana, recostado sobre la barandilla, Calisto contempla extático a su hija. De pronto, un halcón aparece revolando rápida y violentamente por entre los árboles. Tras él, persiguiéndole, todo agitado y descompuesto, surge un mancebo. Al llegar frente a Alisa, se detiene absorto, sonríe y comienza a hablarla.

Calisto lo ve desde el carasol y adivina sus palabras. Unas nubes redondas, blancas, pasan lentamente, sobre el cielo azul, en la lejanía.

LO FATAL

Lo primero que se encuentra al entrar en la casa —lo ha contado el autor desconocido del *Lazarillo*— es un patizuelo empedrado de menudos y blancos guijos. Las paredes son blancas, encaladas. Al fondo hay una puertecilla. Franqueadla; veréis una ancha pieza con las paredes también blancas y desnudas. Ni tapices, ni armarios, ni mesas, ni sillas. Nada; todo está desnudo, blanco y desierto. Allá arriba, en las anchas cámaras, no se ven tampoco muebles; las ventanas están

[29] Paño fino de Courtrai (Flandes).
[30] Cordoncillos y pequeños clavos.

siempre cerradas; nadie pone los pies en aquellas estancias; por las hendiduras y rendijas de las maderas —ya carcomidas y alabeadas—[1] entran sutilísimos hilillos de claridad vivísima, que marcan, en las horas de sol, unas franjas luminosas sobre el pavimento de ladrillos rojizos. Cerradas están asimismo, en lo más alto de la casa, las ventanas del sobrado. Un patinillo en que crecen hierbajos verdes entre las junturas de las losas se abre en el centro de la casa.

Por la mañana, a mediodía y al ocaso, resuenan leves pisadas en las estancias del piso bajo. Hablan un hidalgo y un mozuelo. El hidalgo se halla sentado en un poyo del patio; el mozuelo, frente a él, va comiendo unos mendrugos de pan que ha sacado del seno. Tanta es la avidez con que el rapaz yanta, que el hidalgo sonríe y le pregunta si tan sabroso, tan exquisito es el pan que come. Asegura el muchacho que de veras tales mendrugos son excelentes, y entonces el hidalgo, sonriendo como por broma —mientras hay una inenarrable amargura allá en lo más íntimo de su ser—, le toma un mendrugo al muchachito y comienza a comer.

Ya las campanas de la catedral han dejado caer sobre la vieja y noble ciudad las sonoras, lentas campanadas del mediodía. Todo es silencio y paz; en el patio, allá en lo alto, entre las cuatro nítidas paredes, fulge un pedazo de intenso cielo azul. Viene de las callejas el grito lejano de un vendedor; torna luego, más denso, más profundo, el reposo. El hidalgo, a media tarde, se ciñe el talabarte,[2] se coloca sobre los hombros la capa y abre la puerta. Antes ha sacado la espada —una fina, centelleante, ondulante espada toledana— y la ha hecho vibrar en el aire ante los ojos asombrados, admirativos, del mozuelo. Cuando nuestro hidalgo se pone en el umbral, se planta la mano derecha en la cadera y con la siniestra puesta en el puño de la espada comienza a andar reposada y airosamente calle arriba. Los ojos del mozuelo le siguen hasta que desaparece por la esquina; este rapaz siente por su señor un profundo cariño. Sí, él sabe que es pobre, pero sabe también que es bueno, noble, leal y que si las casas y palomares que tiene allá en Valladolid, en lugar de estar caídos, estuvieran en buen estado, su amo podría pasearse a estas horas en carroza y su casa podría estar colgada de ricos tapices y alhajada con soberbios muebles.

* * *

Hace de esto diez años. El rico caballero, que ahora vive aquí en Valladolid, aposentado en ancho y noble caserón, habitaba una mezquina casa en Toledo. No había en ella ni tapices ni muebles; un cantarillo desbocado y un cañizo[3] con una manta componían todo el menaje. El hidalgo no podía pagar el modesto alquiler; un día, entristecido, abandonó la ciudad a sombra de tejados. Paso tras paso vino a Valladolid. Le favoreció la fortuna; un pariente lejano dejóle por heredero de una modesta hacienda. Ya con caudal bastante, el hidalgo pudo restaurar las casas caídas y poner en cultivo las tierras abandonadas. En poco tiempo, su caudal aumentó considerablemente; era activo, perseverante. Su afabilidad y discreción encantaban a todos. Mostrábase llano y bondadoso con los humildes, pero no transigía con los grandes y soberbíos. «Un hidalgo —decía él frecuente-

[1] Combadas por el tiempo.
[2] Cinturón de la espada.
[3] Bastidor de caña.

mente— no debe a otro que a Dios y al rey nada.» Por encontrarse en la calle un día con otro hidalgo y no querer quitarse el sombrero antes que él, tuvo un disgusto, años atrás, que le obligó a ausentarse de la ciudad.

La casa en que ahora habita el caballero es ancha y recia. Tiene un zaguán con un farolón en el centro, anchas cámaras y un patio. La despensa se halla provista de cuantas mantenencias y golosinas pueda apetecer el más delicado lamiznero,[4] y en las paredes del salón, en panoplias, se ven las más finas y bellas espadas que hayan salido de las forjas toledanas. Pero ni de la mesa puede gozar el buen hidalgo, ni para el ejercicio de las armas están ya sus brazos y sus piernas. Diríase que la fortuna ha querido mofarse extraña y cruelmente de este hombre. Desde hace algunos años, conforme la hacienda aumentaba prósperamente, la salud del hidalgo se iba tornando más inconsistente y precaria. Poco a poco, el caballero adelgazaba y quedábase amarillo y exangüe; llovían sobre él dolamas y alifafes.[5] Una tristeza profunda velaba sus ojos. Años enteros había pasado allá en el patizuelo toledano conllevando —con algún mozuelo que le servía de criado— la rigurosa estrechez; su dignidad, su sentido del honor, el puntillo imperecedero de la honra, le sostenían y alentaban. Ahora, al verse ya rico, morador de una casa ricamente abastada, no podía gozar de estas riquezas entre las que él paseaba, que estaban al alcance de su mano. ¿Para qué estas espadas? ¿Para qué el alazán que abajo, en la caballeriza, piafaba reciamente de impaciencia? ¿Para qué esta plata labrada —bernegales,[6] bandejas y tembladeras— puesta en los aparadores de tallado nogal? ¿Para qué la carroza pintada en que él pudiera ir a los sotos del río, en las mañanas claras de mayo, cuando las tapadas van en recuesta de algún galán dadivoso y convidador?

Ni los más experimentados físicos aciertan a decidir lo que el hidalgo tiene. Muchos le han visitado; por estas salas han desfilado graves doctores con sus gruesos anillos y sus redondos anteojos guarnecidos de concha. Multitud de mixturas, jarabes lenitivos, aceites y pistajes[7] han entrado en su cuerpo o han embadurnado sus miembros. Nada ha contrastado el misterioso mal. El caballero cada vez está más pálido, más ojeroso y más débil. No duerme; a veces, en la noche, a las altas horas, en esas horas densas de la madrugada, el ladrido del perro —un ladrido lejano, casi imperceptible— le produce una angustia inexpresable.

* * *

Tiene don Luis de Góngora un extraño soneto en que lo irreal se mezcla a lo misterioso; uno de esos sonetos del gran poeta, en que parece que se entreabre un mundo de fantasmagoría, de ensueño y de dolor. El poeta habla de un ser a quien no nombra, ni de quien nos da señas ningunas. Ese hombre de quien habla Góngora anda por el mundo, descaminado, peregrino, enfermo; no sale de las tinieblas; por ellas va pisando con pie incierto. Todo es confusión, inseguridad, para ese peregrino. De cuando en cuando da voces en vano. Otras veces, a lo largo de su misteriosa peregrinación, oye a lo lejos el latir de un can.

[4] Goloso.
[5] Tumores y «mataduras» de los caballos (fig.).
[6] Taza de boca ancha.
[7] Caldos espesos.

Repetidor latir, si no vecino,
distinto oyó de can, siempre despierto...

¿Quién es ese hombre que el poeta ha pintado en sus versos? ¿Qué simbolismo angustioso, trágico, ha querido expresar Góngora al pintar a ese peregrino, lanzando voces en vano y escuchando el ladrido de ese perro lejano, siempre despierto? Una honda tristeza hay en el latir de esos perros, lejanos, muy lejanos, que en las horas de la noche, en las horas densas y herméticas de la madrugada, atraviesan por nuestro insomnio calenturiento, desasosegado, de enfermos; en esos ladridos casi imperceptibles, tenues, que los seres queridos que nos rodean en esos momentos de angustia escuchan inquietos, íntimamente consternados, sin explicarse por qué.

Nuestro hidalgo escucha en la noche este latir lejano del can, siempre despierto. Cuando la aurora comienza a blanquear, un momentáneo reposo sosiega sus nervios.

* * *

Después de ocho años de este continuo sufrir, un día quiso nuestro caballero ir a Toledo; le llevaba el deseo de visitar a su antiguo criado —el buen Lázaro—, ahora ya casado, holgadamente establecido. Entonces fue cuando un pintor hizo su retrato. Se cree generalmente que no fue otro ese pintor sino Domenico Theotocópuli, llamado *el Greco.* Puede serlo; dignos son del gran maestro el retrato con la cara buida,[8] alargada; una barbilla rala le corre por las mandíbulas y viene a acabar en punta sobre la nítida gorguera; en lo alto de la frente tiene unos mechoncillos cenicientos. Sus ojos están hundidos, cavernosos, y en ellos hay —como en quien ve la muerte cercana— un fulgor de eternidad.

El paisaje de España visto por los españoles

CASTILLA

Castilla... ¡Qué profunda, sincera emoción experimentamos al escribir esta palabra! La escribimos después de un largo período, motivado por una enfermedad, en que no hemos puesto la pluma sobre el papel. A Castilla, nuestra Castilla, la ha hecho la literatura. La Castilla literaria es distinta —acaso mucho más lata— de la expresión geográfica de Castilla. Ahora, cuando después de tanto tiempo volvemos a escribir, al trazar el nombre de Castilla, se nos aparecen en las mientes cien imágenes diversas y dilectas, de pueblecitos, caminos, ríos, yermos desamparados y montañas. ¿Qué es Castilla? ¿Qué nos dice Castilla? Castilla: una larga tapia blanca que en los aledaños del pueblo forma el corral de un viejo caserón; hay una puerta desmesurada. ¿Va a salir por ella un caballero amojamado, alto, con barbita puntiaguda y ojos hundidos y ensoñadores? Los sembrados se extienden verdes hacia lo lejos y se pierden en el horizonte azul. Canta una alondra; baja su canto hasta el caballero, y es como el himno —¡tan sutil!— del amor

[8] Aguda.

y de lo fugaz. Castilla: el cuartito en que murió Quevedo,[1] allá en Villanueva de los Infantes; una vieja, vestida de negro, nos lo enseña y suspira. Pensamos si suspira *todavía*. Todavía, porque ésta es la misma viejecita que tenía piadosamente una vela encendida en tanto que a don Francisco le estaban poniendo en pies y manos los santos aceites. Castilla: en León, en un mediodía de primavera hemos dejado la ciudad y hemos salido al campo, y ya en el campo, caminando por este camino bordeado de enhiestos chopos —cuyas hojas tiemblotean—, nos hemos detenido y nos hemos sentado en una piedra. ¡Minutos de serenidad inefable, en que la Historia se conjunta con la radiante Naturaleza! A lo lejos se destacan las torres de la catedral; una campana suena; torna el silencio. Los siglos han creado todas esas maravillas artísticas; ante nosotros, átomos en la eternidad, se abren, arcanos e insondables, los tiempos venideros. ¿Qué hombre estará sentado en esta piedra, aspirando la paz y la luminosidad de la mañana, dentro de trescientos años? Castilla: en una noche estrellada, pasos sonoros en una callejuela; una celosía allá, en lo alto; el tañer de una campanita argentina, y luego, en el silencio profundo, la melodía apagada de un órgano y como un rumoreo de abejas que zumban suavemente, a intervalos. En la bóveda inmensa y fosca, eternas, inextinguibles, relumbran las misteriosas luminarias. A nuestra mente acuden los versos ardorosos de fray Luis de León, y ¡cuántas cosas, cuántas cosas, dulces y torturadoras a un tiempo mismo, sentimos en este momento supremo!

¿Quién es este hombre que va a pintarnos a Castilla? Es un hombre que lleva un sombrerito blando; siempre que se retrata, este chapeo está sobre sus rodillas. Tiene este hombre unos ojitos entornados; parece que no ha de mirar nada con ellos, pero él lo escudriña, registra, pesquisa, cataloga todo con ellos; no pierde ni se le escapan detalles. Pasito a paso, como adormilado, con su eterno cigarrillo en la boca, este transeúnte, este viandante, lo va observando todo. Se mete en las casas humildes; charla con las mujeres y los niños. Pregunta aquí, se hace el distraído allá. Y cuando ya, como las abejas, tiene cargadas sus patitas de miel, es decir, de observación, de realidad, él va depositando esta realidad en unos papeles blancos que se llaman cuartillas. Don Benito Pérez Galdós: aquí tenéis el nombre de este observador maravilloso. Galdós ha pintado a España; pero Galdós ha escrito entre sus páginas, quizá con más amor que ningunas, las dedicadas a Castilla. ¡Qué admirable segundo volumen de *Angel Guerra!* ¡Oh Toledo, ciudad ilustre, y oh cigarral toledano, donde el pastor milenario pintado por Galdós tiene sus pláticas arcaicas! Galdós es un pintor de interiores y de figuras. Sería interesante examinar en qué grado el amor a Castilla, a las viejas ciudades, a los pueblos, al paisaje, suscitado por la generación de 1898, ha influido en el maestro. Si Galdós ha influido sobre esos aludidos escritores, esos escritores han ejercido, a su vez, influencia sobre Galdós. Pero esto no es un estudio crítico; nuestro objeto es transcribir algunos fragmentos de las pinturas que Galdós hace de Castilla. Elegiremos el extenso y hermoso prólogo que el maestro ha puesto al libro de José María Salaverría,[2] *Vieja España* (Madrid. 1907). Galdós nos da el trasunto en estas páginas de un viaje

[1] Francisco de Quevedo y Villegas (1580-1645).

[2] *José María Salaverría* (1873-1940), novelista y ensayista español.

por tierras de Valladolid. Va caminando hacia Madrigal de las Altas Torres:

«Entre la Mota y Madrigal, caminando hacia la cuna de doña Isabel, sentí la llanura con impresión hondísima. Es la perfecta planimetría sin accidentes, como un mar convertido en tierra. Al salir de Medina queda a la espalda la torre de la Mota, que no se pierde de vista en todo el camino. Este es recto hasta Rubí de Bracamonte, como trazado con una cuerda tirante de trece kilómetros. En aquel mar endurecido, la torre de Rubí, la de Pozáldez y las que, lejanas, se ven a un lado y otro, parecen velámenes de barcos que han quedado inmóviles al petrificarse el mar en que navegan. El campo era en aquellos días, de primavera lluviosa, verdegueante y encharcado a trechos, con gragea de amapolas como gotas de sangre. Casas lejanas, escasos árboles, supervivientes de los que se plantaron al construir la carretera, no logran romper la uniformidad plana de aquel suelo que se rebela contra todo lo que pretende alterar su quietud, su horizontalidad lacustre y su tristeza reconcentrada, ensoñadora. Es el paisaje elemental, el descanso de los ojos y el suplicio de la imaginación. Detrás del coche, la torre de la Mota enfila el camino; delante, entre las cabezas de los caballos, la torre de Rubí se alza como una mira.[4]

«Entre dos miras lejanas y verticales rodamos derechamente, sin desviarnos a un lado ni otro. No vamos llevados por la fantasía, sino por la razón pura... Poca gente encontramos en este camino de la verdad matemática. Hombres o mujeres cabalgando en borricos pasan y saludan con gravedad... En algún árbol petiseco, la abubilla,[5] coronada de plumas y con sus faldones casaquiles, da los tres golpes de su canto y vuela hacia otro árbol, tomándonos la delantera. El *ti-ti-ti* de la abubilla es la suma sencillez musical, como el campo, el camino y el suelo son la suma sencillez topográfica. El alma del viajero se adormece en dulce pereza. Por un camino psicológico, igualmente rectilíneo, se va al ascetismo y al desprecio de todos los goces.»

El camino se extiende inacabable ante la mirada. Todo es llano, uniforme. Desde el tren, que cruza vertiginoso uno de estos caminos, ¿no hemos contemplado, rápidamente, uno de estos viandantes que al punto quedan atrás, perdidos en la lejanía, esfumados en la llanada? En el ocaso de la tarde, cuando el sol tiende oblicuos sus rayos dorados, al comenzar esta hora de melancolía en la campiña, tal visión de un viajero que se aleja hacia no sabemos dónde nos hace meditar un momento... El camino se extiende interminable. Queda atrás Moraleja.[6] Queda atrás Blasco Nuño de Matacabras. ¡Blasco Nuño de Matacabras! Nombre de una de esas estaciones donde el tren para un minuto, y en que se ve detrás del esmirriado edificio un coche destartalado y polvoriento, que va a alejarse en seguida lentamente.

Y se llega a Madrigal de las Altas Torres. ¿Hay en la población una fondita del Comercio o de la Amistad, y a la noche se reúnen en el comedor un comisionista y un viejo militar y otro hidalgo que se ha arruinado y se ha ido a vivir a tal posada? No hay nada de esto en Madrigal de las Altas Torres. No hay nada en Madrigal de las Altas Torres. Silencio, paz, muerte...

«La primera calle es ancha, fangosa (era tiempo de aguas), con viejos y ce-

[3] Ciudad cercana a Valladolid.
[4] *Mira*, torre, atalaya.
[5] *Abubilla*, pájaro insectívoro.

[6] *Moraleja*, pueblo de Avila.

ñudos edificios. ¡Qué soledad tan profunda, quietud de un dormir indefinido, en que apenas se oye el resuello del durmiente! Este pueblo y el de Viana, en la ribera de Navarra, son los más vetustos y sepulcrales que he visto en mis correrías por España. Su sueño es como de ancianidad y niñez combinados, juntos, en reposo inocente.»

El autor va deambulando por el pueblo. Pueblo como todos los de Castilla. Soportales, una tiendecilla con mantas en la puerta, un mesón, un viejo palacio con un escudo de piedra, las celosías de un convento de monjas... En Madrigal, el testimonio histórico más vivo es la casa del famoso pastelero que se fingió rey.[7]

«Sin oír otro ruido que el de los propios pasos, avanzamos por la calle anchurosa, y en un recodo que conduce a la plaza vemos algunas casas modernas, construidas con la vulgaridad que rabiosamente desentona en las poblaciones de noble vejez. En la plaza, irregular, desnivelada, se ven por un lado soportales que guarecen míseras tiendas; por otro, la mole adusta de la parroquia principal, de escaso interés arquitectónico; más allá, otra iglesia vulgar y corpulenta. De esta plaza arrancan calles angostas y costaneras que conducen a la población baja, donde alienta el alma histórica de Madrigal de las Altas Torres. Los habitantes, que, sin duda, son en corto número, se esconden en sus casas... Aquí atisban mujeres desde altos respiraderos al modo de ventanas; allí salen chicos que se brindan a enseñar el pueblo... Interviene un hombre, entre señor y campesino, de buenos modos, que espanta a los muchachos y saluda a los forasteros con grave cortesía; les indica, por la calle abajo, un edificio mal escondido entre árboles. «Allí, allí es», dice, y sigue su camino. Vuelven los rapaces, y por ellos se advierte que la tradición más viva en Madrigal es la del famoso pastelero.»

¡Castilla, Castilla! Sentados en la piedra, en el camino orlado de álamos —cuyas hojas temblotean—, hemos sentido cómo este paisaje limpio y diáfano es reflejado de un modo profundo en los maravillosamente diáfanos y limpios romances que han creado, hace siglos, el pueblo y los poetas: romances que son la más inspirada obra literaria de Castilla; romances en que se exhala delicadamente una queja o en que retoza con elegancia suprema una ironía.

[7] *Gabriel de Espinosa*, famoso impostor que fingió ser el rey Sebastián de Portugal.

16 Antonio Machado

(1875 - 1939)

Excepcional poeta español. Nació en Sevilla en 1875 y la muerte le sorprendió al huir a Francia, en Colliure, el año 1939. Doctor en Filosofía y Letras, catedrático de francés —entre 1907-1936— en los Institutos de Soria, Segovia, Baeza y Madrid. Académico de la Real Española de la Lengua. Estuvo en París algunas temporadas y hasta representó —1900— en esta capital, como vicecónsul, a Guatemala. En Soria permaneció cinco años; «allí me casé, allí murió mi esposa, cuyo recuerdo me acompaña siempre», dice el poeta.

Hombre de vida interior, reconcentrado, sencillo, enemigo de vanidades y tertulias, enamorado «de la soledad sonora». Su andalucismo no fue epidérmico, pimpante, circunstancial, por cierto, sino íntimo, recatado, patético, carne viva de anhelo, pozo hondísimo de la emoción, delicadísimo aroma de las soledades y eco conmovido de los silencios; un andalucismo cuyo valor es consonante con el neto de Castilla.

La sobriedad elegante y el sentido de lo popular son dos de las características esenciales del poeta. Porque repudiaba el afán de exquisiteces prefirió acercarse a la tradición popular. Sintió desdén por los procedimientos de los modernistas —sugestionados por la belleza sensorial y los efectos musicales—, el que expresó con estas palabras: «Pensaba yo que el elemento poético no era la palabra por su valor fónico ni el color ni la línea... sino una honda palpitación del espíritu». El buscaba ante todo una poesía que fuera producto de una auténtica emoción humana. Huyó siempre de lo abstracto o decorativo y creyó —como Unamuno— que la misión del poeta era eternizar lo momentáneo. Magnífica definición la suya de la poesía: «Lo que pone el alma, si es que algo pone, o lo que dice, si es que algo dice, con voz propia, en respuesta del mundo».

Sin embargo, Antonio Machado, que creyó que el intelecto no ha cantado jamás, que las ideas del poeta son categóricas, nunca pudo desprenderse de la ideología de fines del siglo XIX; ideología pesimista, aprendida en Kant y en Schopenhauer, en

Sanz del Río y en Giner. El supremo acierto poético de Machado fue haber sustituido la sensación del modernismo por la impresión de lo íntimo.

En cuanto a los temas y el estilo usados por el poeta abundan en primer lugar las alusiones a su vida íntima: los lejanos recuerdos y, sobre todo, el amor y la muerte de su esposa. A su lado vemos las preocupaciones y motivos típicos del 98: el concepto pesimista de la realidad española, la esperanza de una patria mejor, la visión del paisaje castellano. En general, puede afirmarse que uno de los ejes fundamentales de su poesía lo constituye una sensación de profundo desaliento, al que acompaña un anhelo de luz y pureza.

La métrica revela una preferencia por las formas más simples de la tradición popular —romance, cantar— o de la culta —soneto, silva—. La expresión, como el fondo —siempre dolorido y empañado por un vaho de nostálgica tristeza—, se ajusta también al sentir estético del 98: sobriedad, sencillez, y al mismo tiempo emoción honda y sincera.

En el primer libro de Machado —**Soledades, galerías y otros poemas** (1907)— hay una leve influencia del modernismo —«la fronda marchita», «el parque mustio y dorado»...—; no obstante la densidad lírica de su lenguaje, plenamente simbólico —recuérdese el tema de las «galerías», del «espejo», y del «sueño»...—, y la dirección intimista de los versos le separan ya de las orientaciones de Rubén.

En **Campos de Castilla** (1912), la blanda melancolía que asoma a veces en **«Soledades»**... tórnase aquí emoción austera y grave que llega incluso a adquirir un sentido trágico. En su tercer libro —**Nuevas canciones** (1925)—, utiliza los metros cortos de la poesía popular para expresar unas reflexiones íntimas que tienen la misma vibración lírica que cuando se trataba de un recuerdo o un paisaje.

Posteriormente escribió algunas composiciones más, entre las que se hallan las que atribuyó a dos supuestos poetas: «Abel Martín» y «Juan de Mairena». Como de ellos figuran también unas meditaciones en prosa excepcional, índice de humanismo, sensibilidad e ingenio profundos.

Fue hermano del también famoso poeta Manuel Machado, que naciera un año antes que él (1874) y, por supuesto, en Sevilla. Fruto de la colaboración con su hermano Manolo son varias piezas de teatro, entre las que figura **La Lola se va a los puertos** (1929), para que fuera representada especialmente por la gran actriz y entrañable amiga de ambos: Lola Membrives.

En conjunto, los versos de Machado, desnudos, sobrios e impregnados de una emoción grave, revelan esa «honda palpitación del espíritu» de que él hablaba y llegan a nosotros —para decirlo con una expresión suya— como la «ola humilde... de unas pocas palabras verdaderas». Y así habrán de permanecer en la historia de la poesía española y universal a despecho de los cambios de gusto. Su influjo ha pesado decisivamente sobre la lírica de los años más recientes, al brotar un anhelo general de entrar en contacto con las más auténticas realidades humanas, huyendo de todo esteticismo.

En el entierro de un amigo

Tierra le dieron una tarde horrible
del mes de julio, bajo el sol de fuego.
A un paso de la abierta sepultura,
había rosas de podridos pétalos,
entre geranios de áspera fragancia
y roja flor. El cielo
puro y azul. Corría
un aire fuerte y seco.
De los gruesos cordeles suspendido,
pesadamente, descender hicieron
el ataúd al fondo de la fosa
los dos sepultureros...
Y al reposar sonó con recio golpe
solemne, en el silencio.
Un golpe de ataúd en tierra es algo
perfectamente serio.
Sobre la caja negra se rompían
los pesados terrones polvorientos...
El aire se llevaba
de la honda fosa el blanquecino aliento.
—Y tú, sin sombra ya, duerme y reposa,
larga paz a tus huesos...
Definitivamente,
duerme un sueño tranquilo y verdadero.

Soledades, 1903

RECUERDO INFANTIL

Una tarde parda y fría
de invierno. Los colegiales
estudian. Monotonía
de lluvia tras los cristales.
Es la clase. En un cartel
se representa a Caín
fugitivo, y muerto Abel,
junto a una mancha carmín.
Con timbre sonoro y hueco
truena el maestro, un anciano
mal vestido, enjuto y seco,
que lleva un libro en la mano.
Y todo un coro infantil
va cantando la lección:
«Mil veces ciento, cien mil,
mil veces mil, un millón.»
Una tarde parda y fría
de invierno. Los colegiales
estudian. Monotonía
de la lluvia en los cristales.

Soledades, 1903

El limonero lánguido suspende
una pálida rama polvorienta,
sobre el encanto de la fuente limpia,
y allá, en el fondo, sueñan
los frutos de oro...
Es una tarde clara,
casi de primavera,
tibia tarde de marzo,
que el hálito de abril cercano lleva;
y estoy solo, en el patio silencioso,
buscando una ilusión cándida y vieja:
alguna sombra sobre el blanco muro,
algún recuerdo, en el pretil de piedra
de la fuente dormido, o, en el aire,
algún vagar de túnica ligera.
En el ambiente de la tarde flota
ese aroma de ausencia,
que dice al alma luminosa: ¡nunca!,
y al corazón: ¡espera!
Ese aroma que evoca los fantasmas
de las fragancias vírgenes y muertas.
Sí, te recuerdo, tarde alegre y clara,
casi de primavera,
tarde sin flores, cuando me traías
el buen perfume de la hierbabuena,
y de la buena albahaca,
que tenía mi madre en sus macetas.
Que tú me viste hundir mis manos pu-
[ras
en el agua serena,
para alcanzar los frutos encantados
que hoy en el fondo de la fuente sueñan...
Sí, te conozco, tarde alegre y clara,
casi de primavera.

Soledades, 1903

YO VOY SOÑANDO CAMINOS

Yo voy soñando caminos
de la tarde. ¡Las colinas
doradas, los verdes pinos,
las polvorientas encinas!...
¿Adónde el camino irá?
Yo voy cantando, viajero
a lo largo del sendero...
—La tarde cayendo está—.
«En el corazón tenía
la espina de una pasión,
logré arrancármela un día;
ya no siento el corazón.»
Y todo el campo un momento
se queda mudo y sombrío,
meditando. Suena el viento
en los álamos del río.
La tarde más se oscurece;
y el camino que serpea
y débilmente blanquea,
se enturbia y desaparece.
Mi cantar vuelve a plañir:
«Aguda espina dorada,
quién te pudiera sentir
en el corazón clavada.»

Soledades, 1903

Daba el reloj las doce... y eran doce
golpes de azada en tierra...
...¡Mi hora! —grité—... El silencio
me respondió: —No temas;
tú no verás caer la última gota
que en la clepsidra tiembla.
Dormirás muchas horas todavía
sobre la orilla vieja,
y encontrarás una mañana pura
amarrada tu barca a otra ribera.

Soledades, galerías y otros poemas, 1907

GLOSA

Nuestras vidas son los ríos
que van a dar en la mar
que es el morir. ¡Gran cantar!
Entre los poetas míos
tiene Manrique un altar.

Dulce goce de vivir:
mala ciencia del pasar,
ciego huir a la mar.
Tras el pavor del morir
está el placer de llegar.

¡Gran placer!
Mas ¿y el horror de volver?
¡Gran pesar!

Soledades, galerías y otros poemas, 1907

DESDE EL UMBRAL DEL SUEÑO

Desde el umbral del sueño me llama-
[ron...
Era la buena voz, la voz querida.

—Dime: ¿vendrás conmigo a ver el
[alma?...
Llegó a mi corazón una caricia.

—Contigo siempre... Y avancé en mi
[sueño
por una larga, escueta galería,
sintiendo el roce de la veste pura
y el palpitar suave de la mano amiga.

Soledades, galerías y otros poemas, 1907

RETRATO

Mi infancia son recuerdos de un patio de Sevilla
y un huerto claro donde madura el limonero;
mi juventud, veinte años en tierra de Castilla;
mi historia, algunos casos que recordar no quiero.
Ni un seductor Mañara,[1] ni un Bradomín[2] he sido
—ya conocéis mi torpe aliño indumentario—,
mas recibí la flecha que me asignó Cupido,
y amé cuanto ellas pueden tener de hospitalario,
pero mi verso brota de manantial sereno;
y, más que un hombre al uso que sabe su doctrina
soy, en el buen sentido de la palabra, bueno.
Adoro la hermosura, y la moderna estética
corté las viejas rosas del huerto de Ronsard;[3]
mas no amo los afeites de la actual cosmética,
ni soy una ave de ésas del nuevo gay-trinar.[4]
Desdeño las romanzas de los tenores huecos
y el coro de los grillos que cantan a la luna.

[1] *Don Miguel de Mañara* (1626-79), famoso libertino sevillano.
[2] *El Marqués de Bradomín*, personaje donjuanesco de las *Sonatas* de Valle Inclán.
[3] *Pierre de Ronsard* (1524-85), poeta líricofrancés.
[4] *Gay-trinar*, poesía de los trovadores.

A distinguir me paro las voces de los ecos,
y escucho solamente, entre las voces, una.
¿Soy clásico o romántico? No sé. Dejar quisiera
mi verso, como deja el capitán su espada:
famosa por la mano viril que la blandiera,
no por el docto oficio del forjador preciada.
Converso con el hombre que siempre va conmigo
—quien habla solo espera hablar con Dios un día —;
mi soliloquio es plática con este buen amigo
que me enseñó el secreto de la filantropía.
Y al cabo, nada os debo; debéisme cuanto he escrito.
A mi trabajo acudo, con mi dinero pago
el traje que me cubre y la mansión que habito,
el pan que me alimenta y el lecho en donde yago.
Y cuando llegue el día del último viaje,
y esté al partir la nave que nunca ha de tornar,
me encontraréis a bordo ligero de equipaje,
casi desnudo, como los hijos de la mar.

Campos de Castilla, 1912

A ORILLAS DEL DUERO

Mediaba el mes de julio. Era un hermoso día.
Yo, solo, por las quiebras del pedregal subía,
buscando los recodos de sombra, lentamente.
A trechos me paraba para enjugar mi frente
y dar algún respiro al pecho jadeante;
o bien, ahincando el paso, el cuerpo hacia adelante
y hacia la mano diestra vencido y apoyado
en un bastón, a guisa de pastoril cayado,
trepaba por los cerros que habitan las rapaces
aves de altura, hollando las hierbas montaraces
de fuerte olor — romero, tomillo, salvia, espliego.
Sobre los agrios campos caía un sol de fuego.

Un buitre de anchas alas con majestuoso vuelo
cruzaba solitario el puro azul del cielo.
Yo divisaba, lejos, un monte alto y agudo,
y una redonda loma cual recamado escudo,
y cárdenos alcores sobre la parda tierra,
—harapos esparcidos de un viejo arnés de guerra—

las serrezuelas calvas por donde tuerce el Duero
para formar la corva ballesta de un arquero
en torno a Soria. —Soria es una barbacana
hacia Aragón que tiene la torre castellana—.
Veía el horizonte cerrado por colinas
oscuras, coronadas de robles y de encinas;
desnudos peñascales, algún humilde prado
donde el merino pace y el toro arrodillado
sobre la hierba, rumia, las márgenes del río
lucir sus verdes álamos al claro sol de estío,
y, silenciosamente, lejanos pasajeros,
¡tan diminutos! —carros, jinetes y arrieros—
cruzar el largo puente y bajo las arcadas
de piedra ensombrecerse las aguas plateadas del Duero.

El Duero cruza el corazón de roble
de Iberia y de Castilla. ¡Oh, tierra triste y noble,
la de los altos llanos y yermos y roquedas,
de campos sin arados, regatos ni arboledas;
decrépitas ciudades, caminos sin mesones,
y atónitos palurdos sin danzas ni canciones
que aún van, abandonando el mortecino hogar,
como tus largos ríos, Castilla, hacia la mar!

Castilla miserable, ayer dominadora,
envuelta en sus andrajos desprecia cuanto ignora.
¿Espera, duerme o sueña? ¿La sangre derramada
recuerda, cuanto tuvo la fiebre de la espada?
Todo se mueve, fluye, discurre, corre o gira;
cambian la mar y el monte y el ojo que los mira.
¿Pasó? Sobre sus campos aún el fantasma yerra
de un pueblo que ponía a Dios sobre la guerra.

La madre en otro tiempo fecunda en capitanes
madrastra es hoy apenas de humildes ganapanes.
Castilla no es aquella tan generosa un día,
cuando Myo Cid Rodrigo el de Vivar volvía,
ufano de su nueva fortuna y su opulencia,
a regalar a Alfonso los huertos de Valencia;
o que, tras la aventura que acreditó sus bríos,
pedía la conquista de los inmensos ríos
indianos a la corte, la madre de soldados
guerreros y adalides que han de tornar cargados
de plata y oro a España, en regios galeones,
para la presa cuervos, para la lid leones.

Filósofos nutridos de sopa de convento
contemplan impasibles el amplio firmamento;
y si les llega en sueños, como un rumor distante,
clamor de mercaderes de muelles de Levante,
no acudirán siquiera a preguntar ¿qué pasa?
Y ya la guerra ha abierto las puertas de su casa.

Castilla miserable, ayer dominadora,
envuelta en sus harapos desprecia cuanto ignora.

El sol va declinando. De la ciudad lejana
me llega un armonioso tañido de campana
—ya irán a su rosario las enlutadas viejas—.
De entre las peñas salen dos lindas comadrejas;
me miran y se alejan, huyendo, y aparecen
de nuevo ¡tan curiosas!... Los campos se oscurecen.
Hacia el camino blanco está el mesón abierto
al campo ensombrecido y al pedregal desierto.

Campos de Castilla, 1912

POR TIERRAS DE ESPAÑA

El hombre de estos campos que incendia los pinares
y su despojo aguarda como botín de guerra,
antaño hubo raído los negros encinares,
talado los robustos robledos de la sierra.
Hoy ve sus pobres hijos huyendo de sus lares;
la tempestad llevarse los limos de la tierra
por los sagrados ríos hacia los anchos mares;
y en páramos malditos trabaja, sufre y yerra.
Es hijo de una estirpe de rudos caminantes,
pastores que conducen sus hordas de merinos
a Extremadura fértil, rebaños trashumantes
que mancha el polvo y dora el sol de los caminos.
Pequeño, ágil, sufrido, los ojos de hombre astuto,
hundidos, recelosos, movibles; y, trazadas
cual arco de ballesta, en el semblante enjuto
de pómulos salientes, las cejas muy pobladas.
Abunda el hombre malo del campo y de la aldea,
capaz de insanos vicios y crímenes bestiales,

que bajo el pardo sayo esconde un alma fea,
esclava de los siete pecados capitales.
Los ojos siempre turbios de envidia o de tristeza,
guarda su presa y llora la que el vecino alcanza;
ni para su infortunio ni goza su riqueza;
le hieren y acongojan fortuna y malandanza.
El numen de estos campos es sanguinario y fiero;
al declinar la tarde, sobre el remoto alcor,
veréis agigantarse la forma de un arquero,
la forma de un inmenso centauro flechador.
Veréis llanuras bélicas y páramos de asceta
—no fue por estos campos el bíblico jardín—;
son tierras para el águila, un trozo de planeta
por donde cruza errante la sombra de Caín.

Campos de Castilla, 1912

LAS ENCINAS

¡Encinares castellanos
en laderas y altozanos,
serrijones y colinas
llenos de oscura maleza,
encinas, pardas encinas;
humildad y fortaleza!

Mientras que llenándoos va
el hacha de calvijares,
¿nadie cantaros sabrá,
encinares?

El roble es la guerra, el roble
dice el valor y el coraje,
rabia inmoble
en su torcido ramaje;
y es más rudo
que la encina, más nervudo
más altivo y más señor.

El alto roble parece
que recalca y ennudece
su robustez como atleta
que, erguido, afinca en el suelo.

El pino es el mar y el cielo
y la montaña: el planeta.
La palmera es el desierto,
el sol y la lejanía:
la sed; una fuente fría
soñada en el campo yerto.

Las hayas son la leyenda.
Alguien, en las viejas hayas,
leía una historia horrenda
de crímenes y batallas.

¿Quién ha visto sin temblar
un hayedo en un pinar?
Los chopos son la ribera,
liras de la primavera,
cerca del agua que fluye,
pasa y huye,
viva o lenta,
que se emboca turbulenta
o en un remanso se dilata.
En su eterno escalofrío
copian del agua del río
las vivas ondas de plata.

De los parques las olmedas
son las buenas arboledas
que nos han visto jugar,
cuando eran nuestros cabellos
rubios y, con nieve en ellos,
nos han de ver meditar.

Tiene el manzano el olor
de su poma,
el eucalipto el aroma
de sus hojas, de su flor
el naranjo la fragancia;
y es del huerto
la elegancia
el ciprés oscuro y yerto.
¿Qué tienes tú, negra encina
campesina,
con tus ramas sin color
en el campo sin verdor:
con tu tronco ceniciento
sin esbeltez ni altiveza,
con tu vigor sin tormento
y tu humildad que es firmeza?
En tu copa ancha y redonda
nada brilla,
ni tu verdioscura fronda
ni tu flor verdiamarilla.
Nada es lindo ni arrogante
en tu porte, ni guerrero,
nada fiero
que aderece tu talante.
Brotas derecha o torcida
con esa humildad que cede
sólo a la ley de la vida,
que es vivir como se puede.
El campo mismo se hizo
árbol en ti, parda encina.
Ya bajo el sol que calcina,
ya contra el hielo invernizo,
el bochorno y la borrasca,
el agosto y el enero,
los copos de la nevasca,
los hilos del aguacero,
siempre firme, siempre igual,
impasible, casta y buena,
¡oh tú, robusta y serena,
eterna encina rural
de los negros encinares
de la raya aragonesa
y las crestas militares
de la tierra pamplonesa:
encinas de Extremadura,
de Castilla, que hizo a España,
encinas de la llanura,
del cerro y de la montaña;
encinas del alto llano
que el joven Duero rodea,
y del Tajo que serpea
por el suelo toledano;
encinas de junto al mar
—en Santander—, encinar
que pones tu nota arisca,
como un castellano ceño,
en Córdoba la morisca,
y tú, encinar madrileño,
bajo Guadarrama frío,
tan hermoso, tan sombrío,
con tu adustez castellana
corrigiendo
la vanidad y el atuendo
y la hetiquez cortesana!...
Ya sé, encinas
campesinas,
que os pintaron, con lebreles
elegantes y corceles,
los más egregios pinceles,
y os cantaron los poetas
augustales,
que os asordan escopetas
de cazadores reales;
mas sois el campo y el lar
y la sombra tutelar
de los buenos aldeanos
que visten parda estameña,
y que cortan vuestra leña
con sus manos.

Campos de Castilla, 1912

CAMPOS DE SORIA

VI

¡Soria fría, *Soria pura,*
cabeza de Extremadura,
con su castillo guerrero

arruinado, sobre el Duero;
con sus murallas roídas
y sus casas denegridas!
¡Muerta ciudad de señores
soldados o cazadores;
de portales con escudos
de cien linajes hidalgos,
y de famélicos galgos,
de galgos flacos y agudos,
que pululan
por las sórdidas callejas,
y a la media noche ululan,
cuando graznan las cornejas!
¡Soria fría! La campana
de la Audiencia da la una.
Soria, ciudad castellana
¡tan bella! bajo la luna.

VII

¡Colinas plateadas,
grises alcores, cárdenas roquedas
por donde traza el Duero
su curva de ballesta
en torno a Soria, oscuros encinares,
ariscos pedregales, calvas sierras,
caminos blandos y álamos del río,
tardes de Soria, mística y guerrera,
hoy siento por vosotros, en el fondo
del corazón, tristeza,
tristeza que es amor! ¡Campos de Soria
donde parece que las rocas sueñan,
conmigo vais! ¡Colinas plateadas,
grises alcores, cárdenas roquedas!...

VIII

He vuelto a ver los álamos dorados,
álamos del camino en la ribera
del Duero, entre San Polo y San Saturio,
tras las murallas viejas
de Soria—barbacana
hacia Aragón, en castellana tierra.

Estos chopos del río, que acompañan
con el sonido de sus hojas secas
el son del agua, cuando el viento sopla,
tienen en sus cortezas
grabadas iniciales que son nombres
de enamorados, cifras que son fechas.
¡Alamos del amor que ayer tuvisteis
de ruiseñores vuestras ramas llenas;
álamos que seréis mañana liras
del viento perfumado en primavera;
álamos del amor cerca del agua
que corre y pasa y sueña,
álamos de las márgenes del Duero,
conmigo vais, mi corazón os lleva!

IX

¡Oh! sí, conmigo vais, campos de Soria,
tardes tranquilas, montes de violeta,
alamedas del río, verde sueño
del suelo gris y de la parda tierra,
agria melancolía
de la ciudad decrépita,
me habéis llegado al alma,
¿o acaso estábais en el fondo de ella?
¡Gentes del alto llano numantino
que a Dios guardáis como cristianas vie-
[jas,
que el sol de España os llene
de alegría, de luz y de riqueza!

Campos de Castilla, 1912

A JOSE MARIA PALACIO

Palacio, buen amigo,
¿está la primavera
vistiendo ya las ramas de los chopos
del río y los caminos? En la estepa
del alto Duero, primavera tarda,
¡pero es tan bella y dulce cuando llega!...

¿Tienen los viejos olmos
algunas hojas nuevas?
Aún las acacias estarán desnudas
y nevados los montes de las sierras.
¡Oh, mole del Moncayo blanca y rosa,
allá, en el cielo de Aragón, tan bella!
¿Hay zarzas florecidas
entre las grises peñas,
y blancas margaritas
entre la fina hierba?
Por esos campanarios
ya habrán ido llegando las cigüeñas.
Habrá trigales verdes,
y mulas pardas en las sementeras,
y labriegos que siembran los tardíos
con las lluvias de abril. Ya las abejas
libarán del tomillo y del romero.
¿Hay ciruelos en flor? ¿Quedan violetas?
Furtivos cazadores, los reclamos
de la perdiz bajo las capas luengas,
no faltarán. Palacio, buen amigo,
¿tienen ya ruiseñores las riberas?
Con los primeros lirios
y las primeras rosas de las huertas,
en una tarde azul, sube al Espino,
al alto Espino donde está su tierra...

Baeza, Abril 29, 1913

LA SAETA

¿Quién me presta una escalera
para subir al madero,
para quitarle los clavos
a Jesús el Nazareno?

¡Oh, la saeta, el cantar
al Cristo de los gitanos,
siempre con sangre en las manos,
siempre por desenclavar!
¡Cantar del pueblo andaluz,
que todas las primaveras
anda pidiendo escaleras
para subir a la cruz!
¡Cantar de la tierra mía,
que echa flores
al Jesús de la agonía,
y es la fe de mis mayores!
¡Oh, no eres tú mi cantar!
¡No puedo cantar, ni quiero
a ese Jesús del madero,
sino al que anduvo en el mar!

Campos de Castilla, 1912

A DON FRANCISCO GINER DE LOS RIOS

Como se fue el maestro,
la luz de esta mañana
me dijo: Van tres días
que mi hermano Francisco no trabaja.
¿Murió?... Sólo sabemos
que se nos fue por una senda clara,
diciéndonos: Hacedme
un duelo de labores y esperanzas.
Sed buenos y no más, sed lo que he sido
entre vosotros: alma.
Vivid, la vida sigue,
los muertos mueren y las sombras pasan;
lleva quien deja y vive el que ha vivido.
¡Yunques, sonad: enmudeced, campanas!
Y hacia otra luz más pura
partió el hermano de la luz del alba,
del sol de los talleres,
el viejo alegre de la vida santa.
...Oh, sí, llevad, amigos,
su cuerpo a la montaña,
a los azules montes
del ancho Guadarrama.
Allí hay barrancos hondos
de pinos verdes donde el viento canta.
Su corazón repose
bajo una encina casta,

en tierra de tomillos, donde juegan
mariposas doradas...
Allí el maestro un día
soñaba un nuevo florecer de España.

Baeza, Febrero 21, 1915

EL AMOR Y LA SIERRA

Cabalgaba por agria serranía,
una tarde, entre roca cenicienta.
El plomizo balón de la tormenta
de monte en monte rebotar se oía.
Súbito, al vivo resplandor del rayo,
se encabritó, bajo de un alto pino,
al borde de una peña, su caballo.
A dura rienda le tornó al camino.
Y hubo visto la nube desgarrada,
y, dentro, la afilada crestería
de otra sierra más lueñe y levantada,
—relámpago de piedra parecía—.
¿Y vio el rostro de Dios? Vio el de su
[amada.
Gritó: ¡Morir en esta sierra fría!

Nuevas Canciones, 1924

ROSA DE FUEGO

Tejidos sois de primavera, amantes,
de tierra y agua y viento y sol tejidos.
La sierra en vuestros pechos jadeantes,
en los ojos los campos florecidos,

pasead vuestra mutua primavera,
y aun bebed sin temor la dulce leche
que os brinda hoy la lúbrica pantera,
antes que, torva, en el camino aceche.

Caminad, cuando el eje del planeta
se vence hacia el solsticio de verano,
verde el almendro y mustia la violeta,

cerca la sed y el hontanar cercano,
hacia la tarde del amor, completa,
con la rosa de fuego en vuestra mano.

Los Complementarios
en *Cancionero apócrifo*

CANCIONES A GUIOMAR

En un jardín te he soñado,
alto, Guiomar, sobre el río,
jardín de un tiempo cerrado
con verjas de hierro frío.

Un ave insólita canta
en el almez, dulcemente,
junto al agua viva y santa,
toda sed y toda fuente.

En ese jardín, Guiomar,
el mutuo jardín que inventan
dos corazones al par,
se funden y complementan
nuestras horas. Los racimos
de un sueño —juntos estamos—
en limpia copa exprimimos,
y el doble cuento olvidamos.
(Uno: Mujer y varón,
aunque gacela y león,
llegan juntos a beber.
El otro: No puede ser
amor de tanta fortuna:
dos soledades en una,
ni aun de varón y mujer.)

Por ti la mar ensaya olas y espumas,
y el iris, sobre el monte, otros colores,
y el faisán de la aurora canto y plumas,
y el buho de Minerva ojos mayores.
Por ti, ¡oh, Guiomar!...

CAPITULO QUINTO

GENERACION DE TRANSICION

Generación de Transición

Años antes de la guerra del 14 —hacia 1910 aproximadamente— surge un nuevo grupo de escritores cuya aportación entraña un cambio de rumbo respecto de las orientaciones del 98 y del modernismo, en las cuales, por lo demás, tiene su punto de partida, y es un paso significativo hacia el «arte de vanguardia» que habrá de cristalizar después del primer conflicto mundial.

Aunque esta segunda generación no presenta unas líneas tan definidas como la anterior, pueden señalarse algunos rasgos generales: frente al 98 se observa una superación del pesimismo y del espíritu de protesta típico de aquél, y una cierta aversión a adoptar una postura desasosegada y dramática frente al problema nacional, prefiriendo un enfoque más sereno e intelectual y al propio tiempo europeo; frente al modernismo, un progresivo abandono de la pompa decorativa y del sentimiento vago para llegar, a través de formas estatizadas, a un tipo de poesía más depurada y más íntima, y de superior concreción intelectual y emotiva.

Prescindiendo de detalles, lo escrito hacia estos años revela —tanto en la expresión como en el contenido— un gran rigor conceptual y una clara resistencia a dejar libremente la emoción subjetiva, para lograr, aun a costa de la espontaneidad, una mayor precisión en las ideas y el lenguaje. No obstante, adviértese en el estilo una doble evolución, pues si el verso se va despojando de elementos ornamentales en busca de una mayor sencillez, la prosa, enriquecida con una gran profusión de metáforas, se hace cada vez más recargada y lujosa hasta llegar al extremo opuesto de la sobriedad de un Baroja. Ortega en el ensayo y Juan Ramón en el poema serán en este sentido las dos figuras de mayor significación.

Conviene destacar la aparición en esta época de un grupo de pensadores y ensayistas —con Ortega en primer término—, cuya labor de divulgación influirá en modo decisivo en el nivel cultural de España, dando a la producción de esos años un sello eminentemente intelectual. El género había tenido ya cultivadores en los años precedentes —Ganivet, Unamuno—, pero adquirirá en esta generación de transición un gran incremento con la participación de escritores procedentes de diversos campos: Filosofía, Medicina, Filología, etc.

Uno de los puntos más difíciles respecto a esta generación es la situación estética de estos escritores en el camino de transición, con una fuerte herencia de la generación anterior y una marcada incidencia del sentimentalismo y decorativismo modernista, así como de los elementos germinales del vanguardismo. Entre los escritores famosos de estos años hemos escogido a quienes mejor los tipifican: Juan Ramón Jiménez, José Ortega y Gasset y León Felipe Camino, por la importancia y universalidad de sus obras.

17 Juan Ramón Jiménez

(1881 - 1958)

Admirable poeta español. Uno de los más grandes de todas las épocas. Premio Nobel 1956. Nació en Moguer (Huelva) —1881— y murió en San Juan de Puerto Rico el 29 de mayo de 1958.

Estudió con los jesuitas y en la Universidad de Sevilla. Vivió una juventud delicada y furtiva. En 1916 se casó con Zenobia Camprubí, española educada en Estados Unidos, muy culta, traductora de Tagore. Juan Ramón viajó mucho por España, Francia y Norteamérica. Fundó varias revistas de admirable selección poética. En toda su obra se nota infiltrada y patentísima la influencia de su tierra de Andalucía la Baja, que, siendo explosiva de luminosidad, penetrante de sensualidad, efervescente de ingenio, es, sin embargo, íntima y melancólica de musicalidad, personalísima y recóndita de gracia pura.

En la extensísima obra de Juan Ramón —más de cuarenta títulos— pueden distinguirse dos épocas bien distintas entre sí, aun cuando sea la segunda lógica consecuencia de la primera, depurada y superada. De 1898 a 1916, una; otra, de 1916 a 1949. En la primera época, sobrio, señoril, exquisito, esencial, inimitable ya, el «andaluz universal», como le llamó Rodó, puede señalársele influencias de Bécquer, de Góngora, de Verlaine, de Heine, de Shelley, de Rimbaud, de Rubén Darío. Luego, cuando más estrepitosa era en España la resonancia rubeniana, cuando todos los poetas españoles se miraban obsesos en el espejo iluminado del cisne de Nicaragua, nuestro autor se adentró por su camino riguroso, misterioso, de infinitas sugestiones apenas susurradas. Se dedicó a exaltar su mundo interior, expresado en formas sencillas y tradicionales del octosílabo y el romance, en imágenes limpias y sencillas, de una musicalidad inefable. Se convierte, así, Juan Ramón Jiménez, en su segunda época, en el primer heterodoxo de la escuela rubeniana.

Entre sus primeros libros, todavía de inspiración modernista, se encuentran **Arias tristes** (terminado en 1903), **Jardines leja-**

nos, y en una fase más avanzada de su primer estilo, **La soledad sonora** (escrito en 1908) que significa el paso de lo lánguido a lo apasionado o juvenil, con la aparición de nuevos ritmos de arte mayor y de una brillante gama de colores. Hacia el final de esta época se sitúa su delicioso **Platero y yo** (1914), emocionada elegía a un borriquillo, magistralmente escrita en estilo musical.

Con el **Diario de un poeta recién casado** (1917), Juan Ramón inicia una poesía más difícil en la que desaparecen los elementos decorativos modernistas para dejar paso a una expresión sobria y desnuda que revela un superior esfuerzo intelectual. Ahora la realidad exterior existirá sólo como mera imagen del mundo interior del poeta. Toda su producción posterior —**Eternidades, Piedra y cielo** (1918), **Estación total** (1936), hasta llegar a las intuiciones metafísicas de **Animal de fondo** (1949)— ya no será más que un constante perfeccionamiento de su nuevo estilo.

Una ansia total de perfección sería tal vez el rasgo que mejor definiría la actitud lírica de Juan Ramón Jiménez. Junto a ello, cabría citar al absoluto subjetivismo de su poesía. Tendencia que va acentuándose hasta llegar a los últimos libros, más intelectuales y abstractos, donde la única realidad la constituye el mundo de sus experiencias íntimas.

En el supremo afán de arte de Juan Ramón se halla también, tal vez, la raíz de la escasa densidad humana de su obra. Sus poemas —sobre todo los últimos— son un prodigio de limpidez y transparencia y cuentan entre lo más puro y exquisito de la poesía del siglo XX; no obstante, a veces echamos de menos en ellos aquella intensa vibración cordial, aquella sensación de vida cálida, profunda y plena que nos transmiten los versos de un Antonio Machado, por ejemplo.

Juan Ramón Jiménez ejerció una influencia decisiva en los poetas de la tercera generación del siglo. Gracias a su delicada sensibilidad y a su perpetuo anhelo de perfección y de belleza, la lírica española pudo salvar el momento peligroso del agotamiento del modernismo y hallar el camino que la condujese a una nueva época de esplendor.

«La labor de Juan Ramón —escribe Valbuena Prat— no es sólo la de su admirable obra, sino la de su escuela. A diferencia de Rubén, que era la apoteosis de una época que terminaba, por lo cual los discípulos brotaron a veces de lo más inconsistente de su obra, que, por tanto, como la de Wagner, fue genial, y, en ocasiones, estéril, Juan Ramón presenta todo lo aprovechable de un gran estilo y una generación nueva; él adivina los valores líricos siguientes, los dirige y orienta. Una de las mayores adquisiciones es la de una poderosa escuela. Escuela capaz de ser original, de liberarse literariamente del punto de partida. Es Juan Ramón, por tanto, el maestro de poetas, no el maestro de discípulos.»

Viento negro, luna blanca

Viento negro, luna blanca.
Noche de Todos los Santos.
Frío. Las campanas todas
de la tierra están doblando.

El cielo, duro. Y su fondo
da un azul iluminado
de abajo, al romanticismo
de los secos campanarios.

Faroles, flores, coronas
—¡campanas que están doblando!—
...Viento largo, luna grande,
noche de Todos los Santos.

...Yo voy muerto, por la luz
agria de las calles; llamo
con todo el cuerpo a la vida;
quiero que me quieran; hablo
a todos los que me han hecho
mudo, y hablo sollozando,
roja de amor esta sangre
desdeñosa de mis labios.

¡Y quiero ser otro, y quiero
tener corazón, y brazos
infinitos, y sonrisas
inmensas, para los llantos
aquellos que dieron lágrimas
por mi culpa!

...Pero ¿acaso,
puede hablar de sus rosales
un corazón sepulcrado?

—¡Corazón, estás bien muerto!
¡Mañana es tu aniversario!—
Sentimentalismo, frío.
La ciudad está doblando.
Luna blanca, viento negro.
Noche de Todos los Santos.

Jardines místicos,
de *Jardines lejanos,* 1904

YA ESTAN AHI LAS CARRETAS

Ya están ahí las carretas...
—Lo han dicho el pinar y el viento,
lo ha dicho la luna de oro,
lo han dicho el humo y el eco...—
Son las carretas que pasan
estas tardes, al sol puesto,
las carretas que se llevan
del monte los troncos muertos.

¡Cómo lloran las carretas,
camino de Pueblo Nuevo!

Los bueyes vienen soñando,
a la luz de los luceros,
en el establo caliente
que sabe a madre y a heno.
Y detrás de las carretas,
caminan los carreteros,
con la aijada sobre el hombro
y los ojos en el cielo.

¡Cómo lloran las carretas,
camino de Pueblo Nuevo!

En la paz del campo, van
dejando los troncos muertos
un olor fresco y honrado
a corazón descubierto.
Y cae el ánjelus[1] desde
la torre del pueblo viejo
sobre los campos talados,
que huelen a cementerio.

¡Cómo lloran las carretas,
camino de Pueblo Nuevo!

Pastorales, 1903-05

MAÑANA DE LA LUZ

Dios está azul. La flauta y el tambor
anuncian ya la luz de primavera.
¡Vivan las rosas, las rosas del amor,
en el verdor con sol de la pradera!

Vámonos al campo por romero,
vámonos, vámonos
por romero y por amor...

Le pregunté: «¿Me dejas que te quiera?»
Me respondió, radiante de pasión:
«Cuando florezca la luz de primavera,
yo te querré con todo el corazón.»

Vámonos al campo por romero
vámonos, vámonos
por romero y por amor...

«Ya floreció la luz de primavera.
¡Amor, la luz, amor, ya floreció!»
Me dijo seria: «¿Tú quieres que te quie-
[ra?»
¡Y la mañana de luz me traspasó!

Vámonos al campo por romero,
vámonos, vámonos
por romero y por amor...

Alegran flauta y tambor nuestra bande-
[ra.
La mariposa está aquí con la ilusión...
¡Mi novia es la virgen de la era
y va a quererme con todo el corazón!

Baladas de primavera, 1907

PRIMAVERA AMARILLA

Abril galán venía, lleno
todo de flores amarillas:
amarillo el arroyo,
amarillo el vallado, la colina,
el cementerio de los niños,
el huerto aquel donde el amor vivía.
El sol unjía de amarillo el mund
con sus luces caídas;
¡ay, por los lirios áureos,
el agua de oro, tibia;
las amarillas mariposas
sobre las rosas amarillas!
Guirnaldas amarillas escalaban
los árboles; el día
era una gracia perfumada de oro,
en un dorado despertar de vida.
Entre los huesos de los muertos,
abría Dios sus manos amarillas.

Poemas májicos y dolientes, 1909

AMANECER

Una fantasía blanca
y carmesí. El pinar blando
prende el verdor goteante
de un oro granate y májico.
La aurora viene de frente,
las alondras sonrojando;
del ancho de todo el monte,
entra del mar un viento claro.

[1] J. R. J. tenía sus propias ideas sobre la ortografía y siempre escribía *j* antes de *e* o *i*.

Se cuelga el espacio, limpio,
de nardos que tejen rayos
de sol con hilos de brisa,
entrecielo puro y salado.
El mundo, que hubiera sido,
anoche, un gran carbón, mago,
se trueca en un gran diamante,
luna y sol en sólo un astro.
Ya están las rosas primeras
dispuestas a embriagarnos.
¡Pronto; que la luz se mancha
con otra luz!
...Pasan bandadas de pájaros.

AMOR

No has muerto, no.
Renaces,
con las rosas, en cada primavera.
Como la vida, tienes
tus hojas secas;
tienes tu nieve, como
la vida...
Mas tu tierra,
amor, está sembrada
de profundas promesas,
que han de cumplirse aun en el mismo olvido.
¡En vano es que no quieras!
La brisa dulce torna, un día, al alma;
una noche de estrellas,
bajas, amor, a los sentidos,
casto como la vez primera.
¡Pues eres puro, eres
eterno! A tu presencia,
vuelven por el azul, en blanco bando,
tiernas palomas que creímos muertas...
Abres la sola flor con nuevas hojas...
Doras la inmortal luz con lenguas nuevas...
¡Eres eterno, amor,
como la primavera!

La frente pensativa, 1911-12

PLATERO Y YO

LA NOVIA

El claro viento del mar sube por la cuesta roja, llega al prado del cabezo, ríe entre las tiernas florecillas blancas; después, se enreda por los pinetes sin limpiar y mece, hinchándolas como velas sutiles, las encendidas telarañas celestes, rosas, de oro... Toda la tarde es ya viento marino. Y el sol y el viento ¡dan un blando bienestar al corazón!

Platero me lleva, contento, ágil, dispuesto. Se dijera que no le peso. Subimos, como si fuésemos cuesta abajo, a la colina. A lo lejos, una cinta de mar, brillante, incolora, vibra entre los últimos pinos, en un aspecto de paisaje isleño. En los prados verdes, allá abajo, saltan los asnos trabados, de mata en mata.

Un estremecimiento sensual vaga por las cañadas. De pronto, Platero yergue las orejas, dilata las levantadas narices, replegándolas hasta los ojos y dejando ver las grandes habichuelas de sus dientes amarillos. Está respirando largamente, de los cuatro vientos, no sé qué honda esencia que debe transirle el corazón. Sí. Ahí tiene ya, en otra colina, fina y gris sobre el cielo azul, a la amada. Y dobles rebuznos, sonoros y largos, desbaratan con su trompetería la hora luminosa y caen luego en gemelas cataratas.

He tenido que contrariar los instintos amables de mi pobre Platero. La bella novia del campo lo ve pasar, triste como él, con sus ojazos de azabache cargados de estampas... ¡Inútil pregón misterioso, que ruedas brutalmente, como un instinto hecho carne libre, por las margaritas!

Y Platero trota indócil, intentando a

cada instante volverse, con un reproche en su refrenado trotecillo menudo:

—Parece mentira, parece mentira, parece mentira...

LA MUERTE

Encontré a Platero echado en su cama de paja, blandos los ojos y tristes. Fui a él, lo acaricié hablándole, y quise que se levantara...

El pobre se removió todo bruscamente, y dejó una mano arrodillada... No podía... Entonces le tendí su mano en el suelo, lo acaricié de nuevo con ternura, y mandé venir a su médico.

El viejo Darbón, así que lo hubo visto, sumió la enorme boca desdentada hasta la nuca y meció sobre el pecho la cabeza congestionada, igual que un péndulo.

—Nada bueno, ¿eh?

No sé qué contestó... Que el infeliz se iba... Nada... Que un dolor... Que no sé qué raíz mala... La tierra, entre la hierba...

A mediodía, Platero estaba muerto. La barriguilla de algodón se le había hinchado como el mundo, y sus patas, rígidas y descoloridas, se elevaban al cielo. Parecía su pelo rizoso ese pelo de estopa apolillada de las muñecas viejas, que se cae, al pasarle la mano, en una polvorienta tristeza...

Por la cuadra en silencio, encendiéndose cada vez que pasaba por el rayo de sol de la ventanilla, revolaba una bella mariposa de tres colores...

MELANCOLIA

Esta tarde he ido con los niños a visitar la sepultura de Platero, que está en el huerto de la Piña, al pie del pino redondo y paternal. En torno, abril había adornado la tierra húmeda de grandes lirios amarillos.

Cantaban los chamarices allá arriba, en la cúpula verde, toda pintada de cenit azul, y su trino menudo, florido y reidor, se iba en el aire de oro de la tarde tibia, como un claro sueño de amor nuevo.

Los niños, así que iban llegando, dejaban de gritar. Quietos y serios, sus ojos brillantes en mis ojos, me llenaban de preguntas ansiosas.

—¡Platero, amigo! —le dije yo a la tierra—; si, como pienso, estás ahora en un prado del cielo y llevas sobre tu lomo peludo a los ángeles adolescentes, ¿me habrás, quizá, olvidado? Platero, dime: ¿te acuerdas aún de mí?

Y, cual contestando a mi pregunta, una leve mariposa blanca, que antes no había visto, revolaba insistentemente, igual que un alma, de lirio en lirio...

Platero y yo, 1914

HASTIO

Lo mismo que el enfermo desahuciado,
que vuelve a la pared, débil, su frente,
para morirse, resignadamente
mi espalda vuelvo a tu glacial cuidado.
¡Gracias a ti, mujer! Más tú me has
[dado
que merecí. ¡Capricho impertinente
de niño que creía en lo demente!...
...Pero estoy ya de agradecer cansado.
Tu sol discreto que desgarra un punto
el cielo gris de enero, y, dulce, dora
mi pena, ni me gusta, ni me incita.
¡Déjame! ¡Que se caiga todo junto,
tu conciencia y mi amor, en esta hora
que llega ya, vacía e infinita!

Sonetos espirituales, 1914-15

RETORNO FUGAZ

¿Cómo era, Dios mío, cómo era?
—¡Oh, corazón falaz, mente indecisa!—
¿Era como el pasaje de la brisa?
¿Como la huída de la primavera?

Tan leve, tan voluble, tan lijera
cual estival vilano... ¡Sí! Imprecisa
como sonrisa que se pierde en risa...
¡Vana en el aire, igual que una bandera!

¡Bandera, sonreír, vilano, alada
primavera de junio, brisa pura!...
¡Qué loco fue tu carnaval, qué triste!

Todo tu cambiar trocóse en nada
—¡memoria, ciega abeja de amargura!—
¡No sé cómo eras, yo que sé que fuiste!

Sonetos espirituales, 1914-15

OCTUBRE

Estaba echado yo en la tierra, enfrente
del infinito campo de Castilla,
que el otoño envolvía en la amarilla
dulzura de su claro sol poniente.

Lento, el arado, paralelamente
abría el haza oscura, y la sencilla
mano abierta dejaba la semilla
en su entraña partida honradamente.

Pensé arrancarme el corazón, y echarlo,
pleno de su sentir alto y profundo,
al ancho surco del terruño tierno,

a ver si con romperlo y con sembrarlo,
la primavera le mostraba al mundo
el árbol puro del amor eterno.

Sonetos espirituales, 1914-15

CONVALECENCIA

Sólo tú me acompañas, sol amigo.
Como un perro de luz, lames mi lecho
[blanco;
y yo pierdo mi mano por tu pelo de oro,
caída de cansancio.

¡Qué de cosas que fueron
se van... más lejos todavía!
Callo
y sonrío, igual que un niño,
dejándome lamer de ti, sol manso.

...De pronto, sol, te yergues,
fiel guardián de mi fracaso,
y, en una algarabía ardiente y loca,
ladras a los fantasmas vanos
que, mudas sombras, me amenazan
desde el desierto del ocaso.

Estío, 1915

¡Intelijencia, dame
el nombre esacto [1] de las cosas!
Que mi palabra sea
la cosa misma,
creada por mi alma nuevamente.
Que por mí vayan todos
los que no las conocen, a las cosas;
que por mí vayan todos
los que ya las olvidan, a las cosas;
que por mí vayan todos
los mismos que las aman, a las cosas...
¡Intelijencia, dame
el nombre esacto, y tuyo,
y suyo, y mío, de las cosas!

Eternidades, 1916-17

[1] J. R. J. frecuentemente utilizaba la *s* en lugar de la *x*.

Vino, primero, pura,
vestida de inocencia.
Y la amé como un niño.

Luego se fue vistiendo
de no sé qué ropajes.
Y la fui odiando, sin saberlo.

Llegó a ser una reina,
fastuosa de tesoros...
¡Qué iracundia de yel y sin sentido!

... Mas se fue desnudando.
Y yo le sonreía.

Se quedó con la túnica
de su inocencia antigua.
Creí de nuevo en ella.

Y se quitó la túnica,
y apareció desnuda toda...
¡Oh pasión de mi vida, poesía
desnuda, mía para siempre!

Eternidades, 1916-17

Nocturno

¡Oh mar sin olas conocidas,
sin «estaciones» de parada,
agua y luna, no más, noches y noches!

... Me acuerdo de la tierra,
que, ajena, era de uno,
al pasarla en la noche de los trenes,
por los lugares mismos y a las horas
de otros años...

—¡Madre lejana,
tierra dormida,
de brazos firmes y constantes,
de igual regazo quieto,
—tumba de vida eterna
con el mismo ornamento renovado—;
tierra madre, que siempre
aguardas en tu sola
verdad el mirar triste
de los errantes ojos!—

... Me acuerdo de la tierra
—los olivares a la madrugada—
firme frente a la luna
blanca, rosada o amarilla,
esperando retornos y retornos
de los que, sin ser suyos ni sus dueños,
la amaron y la amaron...

Diario de un poeta recién casado, 1917

Tal como estabas

En el recuerdo estás tal como estabas.
Mi conciencia ya era esta conciencia,
pero yo estaba triste, siempre triste,
porque aún mi presencia no era la seme-
[jante
de esta final conciencia.

Entre aquellos jeranios, bajo aquel li-
[món,
junto a aquel pozo, con aquella niña,
tu luz estaba allí, dios deseante;
tú estabas a mi lado,
dios deseado,
pero no habías entrado todavía en mí.

El sol, el azul, el oro eran,
como la luna y las estrellas,

tu chispear y tu coloración completa,
pero yo no podía cojerte con tu esencia,
la esencia se me iba
(como la mariposa de la forma)
porque la forma estaba en mí
y al correr tras lo otro la dejaba;
tanto, tan fiel que la llevaba,
que no me parecía lo que era.

Y hoy, así, sin yo saber por qué,
la tengo entera, entera.

No sé qué día fue ni con qué luz
vino a un jardín, tal vez, casa, mar, mon-
[te,
y vi que era mi nombre sin mi nombre,
sin mi sombra, mi nombre,
el nombre que yo tuve antes de ser
oculto en este ser que me cansaba,
porque no era este ser que hoy he fijado
(que pude no fijar)
para todo el futuro iluminado
iluminante,
dios deseado y deseante.

Animal de fondo, 1949

18 José Ortega y Gasset

(1883 - 1955)

Un lugar destacadísimo en la historia del pensamiento español corresponde a José Ortega y Gasset. Este extraordinario ensayista y prosista nació y murió en Madrid. Cursó el bachillerato en el colegio de los padres Jesuitas de Miraflores del Palo (Málaga), aprendiendo a la perfección las lenguas griega y latina. Doctor en Filosofía y Letras —1904— por la Universidad Central. Pasó varios años en Alemania, completando sus estudios en las Universidades de Leipzig, Berlín y Marburgo. Conferencista enjundioso, recorrió toda Europa y América, ganando merecida fama universal de original pensador y expositor inimitable. Académico (1916) de la Real de Ciencias Morales y Políticas. Fundador de la **Revista de Occidente** (1923), la más interesante, culta e inquieta publicación que ha tenido España. Director de la «Biblioteca de ideas del siglo XX». Fundador (1931), con Pérez de Ayala y el doctor Marañón, de la «Agrupación al Servicio de la República». Diputado a Cortes (1931). Verdadero inspirador del diario madrileño **El Sol,** de reconocido prestigio intelectual. Desde su cátedra de Metafísica y desde sus libros logró la difusión en España de las principales corrientes culturales —sobre todo germánicas— del siglo XX europeo.

Aunque el núcleo de su actividad intelectual han sido los temas filosóficos, su curiosidad le ha hecho acercarse a los más variados temas de la cultura. Por eso de él ha dicho Ernest Robert Curtius que «es acaso el único hombre en Europa que puede hablar con la misma intensidad, con igual autoridad de juicio, con igual brillantez de exposición, sobre Kant como sobre Proust, sobre Debussy como sobre Max Scheler».

En **España invertebrada** (1921), Ortega afirma que «la gran desgracia de la historia española ha sido la carencia de minorías egregias y el imperio imperturbado de sus masas». Esta opinión refleja uno de sus rasgos más característicos: su afán aristocrático de selección y su desdén por lo plebeyo. En otra obra posterior —**La rebelión de las masas** (1930)— opondrá al principio democrático de igualdad el de la jerarquía.

La realidad suprema —dice Ortega— no está en el «yo» —como quería el idealismo racionalista del siglo XIX—, sino en la relación del «yo» con su circunstancia, es decir, en la vida, a la que habrá que subordinarlo todo, sustituyendo la «razón pura» por la «razón vital».

El tema de nuestro tiempo (1923) contiene la doctrina del «perspectivismo», según la cual son igualmente válidas las más distintas concepciones del mundo, porque en el fondo su diversidad no depende más que del punto de vista adoptado.

Los temas de estética y de crítica literaria ocupan un lugar importante en la obra orteguiana. Ejemplo de ello es **La deshumanización del arte** (1925), donde analiza y defiende los rasgos capitales del arte surgido a raíz de la primera guerra europea —estilización y huida de la realidad, abandono del elemento emotivo, actitud minoritaria, quehacer estético como juego...—.

Otros ensayos de estética y crítica literaria son sus brillantes **Meditaciones del Quijote** (1916), **Ideas sobre la novela**, **El espíritu de la letra** (1927), etc.

Dos cualidades esenciales avaloran la prosa de Ortega: claridad y belleza. A ambas contribuye el uso constante y acertadísimo de la metáfora, utilizada no sólo como brillante ornato literario, sino como recurso para facilitar la comprensión de una idea. Si a esto se añade la pulcra elegancia, se tendrá una de las claves del gran éxito de sus libros.

Ortega ha sido objeto de duras críticas: se ha visto en su obra el producto de una sutil pero excesiva dispersión intelectual y se le ha acusado de falta de interés por lo trascendental y eterno. No obstante, siempre habrá que ver en él al más ágil y agudo pensador del siglo XX, a uno de los mejores estilistas españoles y al hombre que ha sabido renovar más profundamente al panorama ideolólgico de España.

Puede decirse que Ortega y Gasset no tiene, ciertamente, los rasgos emotivos y patéticos, paradójicos y anhelantes, ardientes y contradictorios de Unamuno; pero excede a éste en serenidad, en los matices de la crítica morosa, en la elegancia expositiva. Al alma española de Unamuno opone Ortega y Gasset su espíritu europeo.

Primores de estilo, modelos de «ordenada espiritualidad», las inducciones más juiciosamente atrevidas y las deducciones más atrevidamente juiciosas, los más sorprendentes atisbos de la pura emoción literaria, los más extraordinarios matices de la sensibilidad puesta en trance de crear belleza, se hallarán siempre en sus obras, traducidos a todos los idiomas cultos, y leídos y comentados por los más célebres pensadores de todos los climas.

La deshumanización del arte

Non creda donna Berta e ser Martino.

Divina Comedia.—Paradiso xiii.

IMPOPULARIDAD DEL ARTE NUEVO

Entre las muchas ideas geniales, aunque mal desarrolladas, del genial francés Güyau, hay que contar su intento de estudiar el arte desde el punto de vista sociológico. Al pronto le ocurriría a uno pensar que parejo tema es estéril. Tomar el arte por el lado de sus efectos sociales se parece mucho a tomar el rábano por las hojas o a estudiar al hombre por la sombra. Los efectos sociales del arte son, a primera vista, cosa tan extrínseca, tan remota de la esencia estética, que no se ve bien cómo, partiendo de ellos, se puede penetrar en la intimidad de los estilos. Guyau, ciertamente, no extrajo de su genial intento el mejor jugo. La brevedad de su vida y aquella su trágica prisa hacia la muerte impidieron que serenase sus inspiraciones, y, dejando a un lado todo lo que es obvio y primerizo, pudiese insistir en lo más sustancial y recóndito. Puede decirse que de su libro *El arte desde el punto de vista sociológico* solo existe el título; el resto está aún por escribir.

La fecundidad de una sociología del arte me fue revelada inesperadamente cuando, hace unos años, me ocurrió un día escribir algo sobre la nueva época musical que empieza con Debussy.[1] Yo me proponía definir con la mayor claridad posible la diferencia de estilo entre la nueva música y la tradicional. El problema era rigurosamente estético y, sin embargo, me encontré con que el camino más corto hacia él partía de un fenómeno sociológico: la impopularidad de la nueva música.

Hoy quisiera hablar más en general y referirme a todas las artes que aún tienen en Europa algún vigor; por tanto, a la música nueva, la nueva pintura, la nueva poesía, el nuevo teatro. Es, en verdad, sorprendente y misteriosa la compacta solidaridad consigo mismo que cada época histórica mantiene en todas sus manifestaciones. Una inspiración idéntica, un mismo estilo biológico, pulsa en las artes más diversas. Sin darse de ello cuenta, el músico joven aspira a realizar con sonidos exactamente los mismos valores estéticos que el pintor, el poeta y el dramaturgo, sus contemporáneos. Y esta identidad de sentido artístico había de rendir, por fuerza, idéntica consecuencia sociológica. En efecto, a la impopularidad de la nueva música responde una impopularidad de igual cariz en las demás musas. Todo el arte joven es impopular, y no por caso y accidente, sino en virtud de su destino esencial.

Se dirá que todo estilo recién llegado sufre una etapa de lazareto y se recordará la batalla de *Hernani* y los demás combates acaecidos en el advenimiento del romanticismo. Sin embargo, la impopularidad del arte nuevo es de muy distinta fisonomía. Conviene distinguir entre lo que no es popular y lo que es impopular. El estilo que innova tarda algún tiempo en

[1] Véase «Musicalia» en *El Espectador*. [Tomo III, publicado en esta colección.]

conquistar la popularidad; no es popular, pero tampoco impopular. El ejemplo de la irrupción romántica que suele aducirse fue, como fenómeno sociológico, perfectamente inverso del que ahora ofrece el arte. El romanticismo conquistó muy pronto al «pueblo», para el cual el viejo arte clásico no había sido nunca cosa entrañable. El enemigo con quien el romanticismo tuvo que pelear fue precisamente una minoría selecta que se había quedado anquilosada en las formas arcaicas del «antiguo régimen» poético. Las obras románticas son las primeras —desde la invención de la imprenta— que han gozado de grandes tiradas. El romanticismo ha sido por excelencia el estilo popular. Primogénito de la democracia, fue tratado con el mayor mimo por la masa.

En cambio, el arte nuevo tiene a la masa en contra suya y la tendrá siempre. Es impopular por esencia; más aún, es antipopular. Una obra cualquiera por él engendrada produce en el público automáticamente un curioso efecto sociológico. Lo divide en dos porciones: una, mínima, formada por reducido número de personas que le son favorables; otra, mayoritaria, innumerable, que le es hostil. (Dejemos a un lado la fauna equívoca de los *snobs.)* Actúa, pues, la obra de arte como un poder social que crea dos grupos antagónicos, que separa y selecciona en el montón informe de la muchedumbre dos castas diferentes de hombres.

¿Cuál es el principio diferenciador de estas dos castas? Toda obra de arte suscita divergencias: a unos les gusta, a otros no; a unos les gusta menos, a otros más. Esta disociación no tiene carácter orgánico, no obedece a un principio. El azar de nuestra índole individual nos colocará entre los unos y entre los otros. Pero en el caso del arte nuevo la disyunción se produce en un plano más profundo que aquel en que se mueven las variedades del gusto individual. No se trata de que a la mayoría del público *no le guste* la obra joven y a la minoría sí. Lo que sucede es que la mayoría, la masa, *no la entiende.* Las viejas coletas que asistían a la representación de *Hernani* entendían muy bien el drama de Víctor Hugo, y precisamente porque le entendían no les gustaba. Fieles a determinada sensibilidad estética, sentían repugnancia por los nuevos valores artísticos que el romántico les proponía.

—A mi juicio, lo característico del arte nuevo, «desde el punto de vista sociológico», es que divide al público en estas dos clases de hombres: los que lo entienden y los que no lo entienden. Esto implica que los unos poseen un órgano de comprensión negado, por tanto, a los otros, que son dos variedades distintas de la especie humana. El arte nuevo, por lo visto, no es para todo el mundo, como el romántico, sino que va desde luego dirigido a una minoría especialmente dotada. De aquí la irritación que despierta en la masa. Cuando a uno no le gusta una obra de arte, pero la ha comprendido, se siente superior a ella y no ha lugar a la irritación. Mas cuando el disgusto que la obra causa nace de que no se la ha entendido, queda el hombre como humillado, con una oscura conciencia de su inferioridad que necesita compensar mediante la indignada afirmación de sí mismo frente a la obra. El arte joven, con sólo presentarse, obliga al buen burgués a sentirse tal y como es: buen burgués, ente incapaz de sacramentos artísticos, ciego y sordo a toda belleza pura. Ahora bien, esto no puede hacerse impunemente después de cien años de halago omnímodo a la masa y apoteosis del «pueblo». Habituada a predominar en todo, la masa se siente ofendida en sus «derechos del hombre» por el arte nuevo, que es un arte de privilegio, de nobleza de nervios, de aristocracia instintiva. Dondequiera que las jóvenes musas se presentan la masa cocea.

Durante siglo y medio el «pueblo», la masa, ha pretendido ser toda la sociedad. La música de Strawinsky o el drama de Pirandello tienen la eficacia sociológica de obligarle a reconocerse como lo que es, como «sólo pueblo», mero ingrediente, entre otros, de la estructura social, inerte materia del proceso histórico, factor secundario del cosmos espiritual. Por otra parte, el arte joven contribuye también a que los «mejores» se conozcan y reconozcan entre el gris de la muchedumbre y aprendan su misión, que consiste en ser pocos y tener que combatir contra los muchos.

Se acerca el tiempo en que la sociedad, desde la política al arte, volverá a organizarse, según es debido, en dos órdenes o rangos: el de los hombres egregios y el de los hombres vulgares. Todo el malestar de Europa vendrá a desembocar y curarse en esta nueva y salvadora escisión. La unidad indiferenciada, caótica, informe, sin arquitectura anatómica, sin disciplina regente en que se ha vivido por espacio de ciento cincuenta años no puede continuar. Bajo toda la vida contemporánea late una injusticia profunda e irritante: el falso supuesto de la igualdad real entre los hombres. Cada paso que damos entre ellos nos muestra tan evidentemente lo contrario que cada paso es un tropezón doloroso.

Si la cuestión se plantea en política, las pasiones suscitadas son tales que acaso no es aún buena hora para hacerse entender. Afortunadamente, la solidaridad del espíritu histórico a que antes aludía permite subrayar con toda claridad, serenamente, en el arte germinal de nuestra época los mismos síntomas y anuncios de reforma moral que en la política se presentan oscurecidos por las bajas pasiones.

Decía el evangelista: *Nolite fieri sicut equus et mulus quibus non est intellectus.* No seáis como el caballo y el mulo, que carecen de entendimiento. La masa cocea y no entiende. Intentemos nosotros hacer lo inverso. Extraigamos del arte joven su principio esencial y entonces veremos en qué profundo sentido es impopular.

ARTE ARTISTICO

Si el arte nuevo no es inteligible para todo el mundo, quiere decirse que sus resortes no son los genéricamente humanos. No es un arte para los hombres en general, sino para una clase muy particular de hombres que podrán no valer más que los otros, pero que, evidentemente, son distintos.

Hay, ante todo, una cosa que conviene precisar. ¿A qué llama la mayoría de la gente goce estético? ¿Qué acontece en su ánimo cuando una obra de arte, por ejemplo una producción teatral, le «gusta»? La respuesta no ofrece duda: a la gente le gusta un drama cuando ha conseguido interesarse en los destinos humanos que le son propuestos. Los amores, odios, penas, alegrías de los personajes conmueven su corazón: toma parte en ellos, como si fuesen casos reales de la vida. Y dice que es «buena» la obra cuando esta consigue producir la cantidad de ilusión necesaria para que los personajes imaginarios valgan como personas vivientes. En la lírica buscará amores y dolores del hombre que palpita bajo el poeta. En pintura sólo le atraerán los cuadros donde encuentre figuras de varones y hembras con quienes, en algún sentido, fuera interesante vivir. Un cuadro de paisaje le parecerá «bonito» cuando el paisaje real que representa merezca por su amenidad o patetismo ser visitado en una excursión.

Esto, quiere decir, que para la mayoría de la gente el goce estético no es una actitud espiritual diversa en esencia de la que habitualmente adopta el resto de su vida. Sólo se distingue de ésta en calidades adjetivas: es, tal vez, menos utilitaria, más densa y sin consecuencias penosas. Pero, en definitiva, el objeto de que en el arte se ocupa, lo que sirve de término a su atención, y con ella a las demás potencias, es el mismo que en la existencia cuotidiana: figuras y pasiones humanas. Y llamará arte al conjunto de medios por los cuales les es proporcionado ese contacto con cosas humanas interesantes. De tal suerte que sólo tolerará las formas propiamente artísticas, las irrealidades, la fantasía, en la medida en que no intercepten su percepción de las formas y peripecias humanas. Tan pronto como estos elementos puramente estéticos dominen y no puedan agarrar bien la historia de Juan y María, el público queda despistado y no sabe qué hacer delante del escenario, del libro o del cuadro. Es natural; no conoce otra actitud ante los objetos que la práctica, la que nos lleva a apasionarnos y a intervenir sentimentalmente en ellos. Una obra que no le invite a esta intervención le deja sin papel.

Ahora bien: en este punto conviene que lleguemos a una perfecta claridad. Alegrarse o sufrir con los destinos humanos que, tal vez, la obra de arte nos refiere o presenta es cosa muy diferente del verdadero goce artístico. Más aún: esa ocupación con lo humano de la obra es, en principio, incompatible con la estricta fruición estética.

Se trata de una cuestión de óptica sumamente sencilla. Para ver un objeto tenemos que acomodar de una cierta manera nuestro aparato ocular. Si nuestra acomodación visual es inadecuada no veremos el objeto o lo veremos mal. Imagínese el lector que estamos mirando un jardín al través del vidrio de una ventana. Nuestros ojos se acomodarán de suerte que el rayo de la visión penetre el vidrio, sin detenerse en él, y vaya a prenderse en las flores y frondas. Como la meta de la visión es el jardín y hasta él va lanzando el rayo visual, no veremos el vidrio, pasará nuestra mirada a su través, sin percibirlo. Cuanto más puro sea el cristal menos lo veremos. Pero luego, haciendo un esfuerzo, podemos desentendernos del jardín y, retrayendo el rayo ocular, detenerlo en el vidrio. Entonces el jardín desaparece a nuestros ojos y de él sólo vemos unas masas de color confusas que parecen pegadas al cristal. Por tanto, ver el jardín y ver el vidrio de la ventana son dos operaciones incompatibles: la una excluye a la otra y requieren acomodaciones oculares diferentes.

Del mismo modo, quien en la obra de arte busca el conmoverse con los destinos de Juan y María o de Tristán e Iseo y a ellos acomoda su percepción espiritual, no verá la obra de arte. La desgracia de Tristán sólo es tal desgracia y, consecuentemente, sólo podrá conmover en la medida en que se la tome como realidad. Pero es el caso que el objeto artístico sólo es artístico en la medida en que no es real. Para poder gozar del retrato ecuestre de *Carlos V*, por Tiziano, es condición ineludible que no veamos allí a Carlos V en persona, auténtico y viviente, sino que, en su lugar, hemos de ver sólo un retrato, una imagen irreal, una ficción. El retrato y su retrato son dos objetos completamente distintos: o nos interesamos por el uno o por el otro. En el primer caso, «convivimos» con Carlos V; en el segundo, «contemplamos» un objeto artístico como tal.

Pues bien: la mayoría de la gente es incapaz de acomodar su atención al vidrio y transparencia que es la obra de arte; en vez de esto, pasa al través de ella sin fijarse y va a revolcarse apasionadamente en la realidad humana que en la obra está aludida. Si se le invita a soltar esta presa y a detener la atención sobre la obra misma de arte, dirá que no ve en ella nada, porque, en efecto, no ve en ella cosas humanas, sino sólo transparencias artísticas, puras virtualidades.

Durante el siglo XIX los artistas han procedido demasiado imprudentemente. Reducían a un mínimun los elementos estrictamente estéticos y hacían consistir la obra, casi por entero, en la ficción de realidades humanas. En este sentido es preciso decir que, con uno u otro cariz, todo el arte normal de la pasada centuria ha sido realista. Realistas fueron Beethoven y Wagner. Realista Chateaubriand como Zola. Romanticismo y naturalismo, vistos desde la altura de hoy, se aproximan y descubren su común raíz realista.

Productos de esta naturaleza sólo parcialmente son obras de arte, objetos artísticos. Para gozar de ellos no hace falta ese poder de acomodación a lo virtual y transparente que constituye la sensibilidad artística. Basta con poseer sensibilidad humana y dejar que en uno repercutan las angustias y alegrías del prójimo. Se comprende, pues, que el arte del siglo XIX haya sido tan popular: está hecho para la masa diferenciada en la proporción en que no es arte, sino extracto de vida. Recuérdese que en todas las épocas que han tenido dos tipos diferentes de arte, uno para minorías y otra para la mayoría,[1] este último fue siempre realista.

[1] Por ejemplo, en la Edad Media. Correspondiendo a la estructura binaria de la sociedad, dividida en dos capas: los nobles y los plebeyos, existió un arte noble que era «convencional», «idealista», esto es, artístico, y un arte popular, que era realista y satírico.

No discutamos ahora si es posible este arte puro. Tal vez no lo sea; pero las razones que nos conducen a esta negación son un poco largas y difíciles. Más vale, pues, dejar el tema ahora. Además, no importa mayormente para lo que ahora hablamos. Aunque sea imposible un arte puro, no hay duda alguna de que cabe una tendencia a la purificación del arte. Esta tendencia llevará a una eliminación progresiva de los elementos humanos, demasiado humanos, que denominan en la producción romántica y naturalista. Y en este proceso se llegará a un punto en que el contenido humano de la obra sea tan escaso que casi no se le vea. Entonces tendremos un objeto que sólo puede ser percibido por quien posea ese don peculiar de la sensibilidad artística. Sería un arte para artistas, y no para la masa de los hombres; será un arte de casta, y no demótico.

He aquí por qué el artista nuevo divide al público en dos clases de individuos: los que lo entienden y los que no lo entienden; esto es, los artistas y los que no lo son. El arte nuevo es un arte artístico.

Yo no pretendo ahora ensalzar esta manera nueva de arte y menos denigrar la usada en el último siglo. Me limito a filiarlas, como hace el zoólogo con dos faunas antagónicas. El arte nuevo es un hecho universal. Desde hace veinte años, los jóvenes más alertas de dos generaciones sucesivas —en París, en Berlín, en Londres, Nueva York, Roma, Madrid— se han encontrado sorprendidos por el hecho ineluctable de que el arte tradicional no les interesaba; más aún, les repugnaba. Con estos jóvenes cabe hacer una de dos cosas: o fusilarlos o esforzarse en comprenderlos. Yo he optado resueltamente por esta segunda operación. Y pronto he advertido que germina en ellos un nuevo sentido del arte, perfectamente claro, coherente y racional. Lejos de ser un capricho, significa su sentir el resultado inevitable y fecundo de toda la evolulución artística anterior. Lo caprichoso, lo arbitrario y, en consecuencia, estéril, es resistirse a este nuevo estilo y obstinarse en la reclusión dentro de formas ya arcaicas, exhaustas y periclitadas. En arte, como en moral, no depende el deber de nuestro arbitrio; hay que aceptar el imperativo de trabajo que la época nos impone. Esta docilidad a la orden del tiempo es la única probabilidad de acertar que el individuo tiene. Aun así, tal vez no consiga nada; pero es mucho más seguro su fracaso si se obstina en componer una ópera wagneriana más o una novela naturalista.

En arte es nula la repetición. Cada estilo que aparece en la historia puede engendrar cierto número de formas diferentes dentro de un tipo genérico. Pero llega un día en que la magnífica cantera se agota. Esto ha pasado, por ejemplo, con la novela y el teatro romántico-naturalista. Es un error ingenuo creer que la esterilidad actual de ambos géneros se debe a la ausencia de talentos personales. Lo que acontece es que se han agotado las combinaciones posibles dentro de ellos. Por esta razón, debe juzgarse venturoso que coincida con este agotamiento la emergencia de una nueva sensibilidad capaz de denunciar nuevas canteras intactas.

Si se analiza el nuevo estilo se hallan en él ciertas tendencias sumamente conexas entre sí. Tiende: 1.°, a la deshumanización del arte; 2.°, a evitar las formas vivas; 3.°, a hacer que la obra de arte no sea, sino obra de arte; 4.°, a considerar el arte como juego, y nada más; 5.°, a una esencial ironía; 6.°, a eludir toda falsedad, y, por tanto, a una escrupulosa realización. En fin, 7.°, el arte, según los artistas jóvenes, es una cosa sin trascendencia alguna.

COMIENZA LA DESHUMANIZACION DEL ARTE

Con rapidez vertiginosa el arte joven se ha disociado en una muchedumbre de direcciones e intentos divergentes. Nada es más fácil que subrayar las diferencias entre unas producciones y otras. Pero esta acentuación de lo diferencial y específico resultará vacía si antes no se determina el fondo común que variamente, a veces contradictoriamente, en todas se afirma. Ya enseñaba nuestro buen viejo Aristóteles que las cosas diferentes se diferencian en lo que se asemejan, es decir, en cierto carácter común. Porque los cuerpos tienen todos color, advertimos que los unos tienen color diferente de los otros. Las especies son precisamente especificaciones de un género y sólo las entendemos cuando las vemos modular en formas diversas su común patrimonio.

Las diferencias particulares del arte joven me interesan mediocremente, y salvando algunas excepciones, me interesa todavía menos cada obra en singular. Pero a su vez, esta valoración mía de los nuevos productos artísticos no debe interesar a nadie. Los escritores que reducen su inspiración a expresar su estima o desestima por las obras de arte no debían escribir. No sirven para este arduo menester. Como *Clarín* decía de unos torpes dramaturgos, fuera mejor que dedicasen su esfuerzo a otras faenas; por ejemplo, a fundar una familia. ¿Que la tienen? Pues que funden otra.

Lo importante es que existe en el mundo el hecho indubitable de una nueva sensibilidad estética.[1] Frente a la pluralidad

[1] **Esta nueva sensibilidad no se da solo en los creadores de arte, sino también en gente que es sólo público. Cuando he dicho que el**

de direcciones especiales y de obras individuales, esa sensibilidad representa lo genérico y como el manantial de aquéllas. Esto es lo que parece de algún interés definir.

Y buscando la nota más genérica y característica de la nueva producción encuentro la tendencia a deshumanizar el arte. El párrafo anterior proporciona a esta fórmula cierta precisión.

Si al comparar un cuadro a la manera nueva con otros de 1860 seguimos el orden más sencillo, empezaremos por confrontar los objetos que en uno y otro están representados, tal vez un hombre, una casa, una montaña. Pronto se advierte que el artista de 1860 se ha propuesto ante todo que los objetos en su cuadro tengan el mismo aire y aspecto que tienen fuera de él, cuando forman parte de la realidad vivida o humana. Es posible que, además de esto, el artista de 1860 se proponga muchas otras complicaciones estéticas; pero lo importante es notar que ha comenzado por asegurar ese parecido. Hombre, casa, montaña son, al punto, reconocidos: son nuestros viejos amigos habituales. Por el contrario, en el cuadro reciente nos cuesta trabajo reconocerlos. El espectador piensa que tal vez el pintor no ha sabido conseguir el parecido. Mas también el cuadro de 1860 puede estar «mal pintado», es decir, que entre los objetos del cuadro y esos mismos objetos fuera de él exista una gran distancia, una importante divergencia. Sin embargo, cualquiera que sea la distancia, los errores del artista tradicional señalan hacia el objeto «humano», son caídas en el camino hacia él y equivalen al «Esto es un gallo» con que el Orbaneja cervantino orientaba a su público. En el cuadro reciente acaece todo lo contrario: no es que el pintor yerre y que sus desviaciones del «natural» (natural = humano) no alcancen a éste, es que señalan hacia un camino opuesto al que puede conducirnos hasta el objeto humano.

Lejos de ir el pintor más o menos torpemente hacia la realidad, se ve que ha ido contra ella. Se ha propuesto denodadamente deformarla, romper su aspecto humano, deshumanizarla. Con las cosas representadas en el cuadro tradicional podríamos ilusoriamente convivir. De la *Gioconda* se han enamorado muchos ingleses. Con las cosas representadas en el cuadro nuevo es imposible la convivencia: al extirparles su aspecto de realidad vivida, el pintor ha cortado el puente y quemado las naves que podían transportarnos a nuestro mundo habitual. Nos deja encerrados en un universo abstruso, nos fuerza a tratar con objetos con los que no cabe tratar humanamente. Tenemos, pues, que improvisar otra forma de trato por completo distinto del usual vivir las cosas; hemos de crear e inventar actos inéditos que sean adecuados a aquellas figuras insólitas. Esta nueva vida, esta vida inventada previa anulación de la espontánea, es precisamente la comprensión y el goce artísticos. No faltan en ella sentimientos y pasiones, pero evidentemente estas pasiones y sentimientos pertenecen a una flora psíquica muy distinta de la que cubre los pasajes de nuestra vida primaria y humana. Son emociones secundarias que en nuestro artista interior provocan esos ultra-objetos.[2] Son sentimientos específicamente estéticos.

Se dirá que para tal resultado fuera más simple prescindir totalmente de esas

arte nuevo es un arte para artistas, entendía por tales no sólo los que producen este arte, sino los que tienen la capacidad de percibir valores puramente artísticos.

[2] El «ultraísmo» es uno de los nombres más certeros que se han forjado para denominar la nueva sensibilidad.

formas humanas —hombre, casa, montaña— y construir figuras del todo originales. Pero esto es, en primer lugar, impracticable.[3] Tal vez en la más abstracta línea ornamental vibra larvada una tenaz reminiscencia de ciertas formas «naturales». En segundo lugar —y esta es la razón más importante—, el arte de que hablamos no es sólo inhumano por no conocer cosas humanas, sino que consiste activamente en esa operación de deshumanizar. En su fuga de lo humano no le importa tanto el término *ad quem*, la fauna heteróclita a que llega, como el término *a quo*, el aspecto humano que destruye. No se trata de pintar algo que sea por completo distinto de un hombre, o casa, o montaña, sino de pintar un hombre que se parezca lo menos posible a un hombre, una casa que conserve de tal lo estrictamente necesario para que asistamos a su metamorfosis, un cono que ha salido milagrosamente de lo que era antes una montaña, como la serpiente sale de su camisa. El placer estético para el artista nuevo emana de ese triunfo sobre lo humano; por eso es preciso concretar la victoria y presentar en cada caso la víctima estrangulada.

Cree el vulgo que es cosa fácil huir de la realidad, cuando es lo más difícil del mundo. Es fácil decir o pintar una cosa que carezca por completo de sentido, que sea ininteligible o nula: bastará con enfilar palabras sin nexo,[4] o trazar rayas al azar. Pero lograr construir algo que no sea copia de lo «natural» y que, sin embargo, posea alguna substantividad, implica el don más sublime.

La «realidad« acecha constantemente al artista para impedir su evasión. ¡Cuánta astucia supone la fuga genial! Ha de ser un Ulises al revés, que se liberta de su Penélope cuotidiana y entre escollos navega hacia el brujerío de Circe. Cuando logra escapar un momento a la perpetua asechanza no llevamos a mal en el artista un gesto de soberbia, un breve gesto a lo San Jorge, con el dragón yugulado a los pies.

SIGUE LA DESHUMANIZACION DEL ARTE

La gente nueva ha declarado «tabú» toda injerencia de lo humano en el arte. Ahora bien: lo humano, el repertorio de elementos que integran nuestro mundo habitual posee una jerarquía de tres rangos. Hay primero el orden de las personas, hay luego el de los seres vivos, hay, en fin, las cosas inorgánicas. Pues bien: el veto del arte nuevo se ejerce con una energía proporcional a la altura jerárquica del objeto. Lo personal, por ser lo más humano de lo humano, es lo que más evita el arte joven.

Esto se advierte muy claramente en la música y la poesía.

Desde Beethoven a Wagner el tema de la música fue la expresión de sentimientos personales. El artista mélico componía grandes edificios sonoros para alojar en ellos su autobiografía. Más o menos era el arte confesión. No había otra manera de goce estético que la contaminación. «En la música —decía aún Nietzsche— las pasiones gozan de sí mismas.» Wagner inyecta en el «Tristán» su adulterio con la Wesendonk y no nos queda otro remedio, si queremos complacernos en su obra, que volvernos durante un par de horas vaga-

[3] Un ensayo se ha hecho en este sentido extremo (ciertas obras de Picasso), pero con ejemplar fracaso.

[4] Que es lo que ha hecho la broma dadaísta. Puede irse advirtiendo (véase la nota anterior) cómo las mismas extravagancias y fallidos intentos del arte nuevo se derivan con cierta lógica de su principio orgánico. Lo cual demuestra *ex abundantia* que se trata, en efecto, de un movimiento unitario y lleno de sentido.

mente adúlteros. Aquella música nos compunge, y para gozar de ella tenemos que llorar, angustiarnos o derretirnos en una voluptuosidad espasmódica. De Beethoven o Wagner toda la música es melodrama.

Eso es una deslealtad —diría un artista actual—. Eso es prevalecerse de una noble debilidad que hay en el hombre, por la cual suele contagiarse del dolor o alegría del prójimo. Este contagio no es de orden espiritual, es una repercusión mecánica, como la dentera que produce el roce de un cuchillo sobre un cristal. Se trata de un efecto automático, nada más. No vale confundir la cosquilla con el regocijo. El romántico caza con reclamo; se aprovecha inhonestamente del celo del pájaro para incrustar en él los perdigones de sus notas. El arte no puede consistir en el contagio psíquico, porque este es un fenómeno inconsciente y el arte ha de ser todo plena claridad, mediodía de intelección. El llanto y la risa son estéticamente fraudes. El gesto de la belleza no pasa nunca de la melancolía o la sonrisa. Y mejor aún si no llega. *Toute maîtrise jette le froid.* (Mallarmé).

Yo creo que es bastante discreto el juicio del artista joven. El placer estético tiene que ser un placer inteligente. Porque entre los placeres los hay ciegos y perspicaces. La alegría del borracho es ciega; tiene, como todo el mundo. su causa: el alcohol, pero carece de motivo. El favorecido con un premio de la Lotería también se alegra, pero con una alegría muy diferente; se alegra «de» algo determinado. La jocundia del borracho es hermética, está encerrada en sí misma, no sabe de dónde viene y, como suele decirse, «carece de fundamento». El regocijo del premiado, en cambio, consiste precisamente en darse cuenta de un hecho que lo motiva y justifica. Se regocija porque ve un objeto en sí mismo regocijante. Es una alegría con ojos, que vive de su motivación y parece fluir del objeto hacia el sujeto.[1]

Todo lo que quiera ser espiritual y no mecánico habrá de poseer este carácter perspicaz, inteligente y motivado. Ahora bien: la obra romántica provoca un placer que apenas mantiene conexión con su contenido. ¿Qué tiene que ver la belleza musical —que debe ser algo situado allá, fuera de mí, en el lugar donde el sonido brota— con los derretimientos íntimos que en mí acaso produce y en paladear los cuales el público romántico se complace? ¿No hay aquí un perfecto *quid pro quo?* En vez de gozar del objeto artístico, el sujeto goza de sí mismo; la obra ha sido sólo la causa y el alcohol de su placer. Y esto acontecerá siempre que se haga consistir radicalmente el arte en una exposición de realidades vividas. Estas, sin remedio, nos sobrecogen, suscitan en nosotros una participación sentimental que impide contemplarlas en su pureza objetiva.

Ver es una acción a distancia. Y cada una de las artes maneja un aparato proyector que aleja las cosas y las transfigura. En su pantalla mágica las contemplamos desterradas, inquilinas de un astro inabordable y absolutamente lejanas. Cuando falta esa desrealización se produce en nosotros un titubeo fatal: no sabemos si vivir las cosas o contemplarlas.

Ante las figuras de cera todos hemos sentido una peculiar desazón. Proviene ésta del equívoco urgente que en ellas habita y nos impide adoptar en su presencia una actitud clara y estable. Cuando las sentimos como seres vivos nos burlan

[1] Causación y motivación son, pues, dos nexos completamente distintos. Las causas de nuestros estados de conciencia no existen para éstos: es preciso que la ciencia las averigüe. En cambio, el motivo de un sentimiento, de una volición, de una creencia forma parte de estos, es un nexo consciente.

descubriendo su cadavérico secreto de muñecos, y si las vemos como ficciones parecen palpitar irritadas. No hay manera de reducirlas a meros objetos. Al mirarlas, nos azora sospechar que son ellas quienes nos están mirando a nosotros. Y concluimos por sentir asco hacia aquella especie de cadáveres alquilados. La figura de cera es el melodrama puro.

Me parece que la nueva sensibilidad está dominada por un asco a lo humano en el arte muy semejante al que siempre ha sentido el hombre selecto ante las figuras de cera. En cambio, la macabra burla ha entusiasmado siempre a la plebe. Y nos hacemos de paso algunas preguntas impertinentes con ánimo de no responderlas ahora: ¿Qué significa ese asco humano en el arte? ¿Es, por ventura, asco a lo humano, a la realidad, a la vida, o es más bien todo lo contrario: respeto a la vida y una repugnancia a verla confundida con el arte, con una cosa tan subalterna como es el arte? Pero, ¿qué es esto de llamar al arte función subalterna, al divino arte, gloria de la civilización, penacho de la cultura, etcétera, etc.? Ya dije, lector, que se trataba de unas preguntas impertinentes. Queden, por ahora, anuladas.

El melodrama llega en Wagner a la más demesurada exaltación. Y como siempre acaece, al alcanzar una forma su máximo se inicia su conversión en la contraria. Ya en Wagner la voz humana deja de ser protagonista y se sumerge en el griterío cósmico de los demás instrumentos. Pero era inevitable una conversión más radical. Es forzoso extirpar de la música los sentimientos privados, purificarla en una ejemplar objetivación. Esta fue la hazaña de Debussy. Desde él es posible oír música serenamente, sin embriaguez y sin llantos. Todas las variaciones de propósitos que en estos últimos decenios ha habido en el arte musical pisan sobre el nuevo terreno ultraterreno genialmente conquistado por Debussy. Aquella conversión de lo subjetivo a lo objetivo es de tal importancia que ante ella desaparecen las diferenciaciones ulteriores.[2] Debussy deshumanizó la música, y por ello data de él la nueva Era del arte sonoro.

La misma peripecia aconteció en el lirismo. Convenía libertar la poesía, que, cargada de materia humana, se había convertido en un grave, e iba arrastrando sobre la tierra, hiriéndose contra los árboles y las esquinas de los tejados, como un globo sin gas. Mallarmé fue aquí el libertador que devolvió al poema su poder aerostático y su virtud ascendente. El mismo, tal vez no realizó su ambición, pero fue el capitán de las nuevas exploraciones etéreas que ordenó la maniobra decisiva: soltar lastre.

Recuérdese cuál era el tema de la poesía en la centuria romántica. El poeta nos participaba lindamente sus emociones privadas de buen burgués; sus penas grandes y chicas. sus nostalgias, sus preocupaciones religiosas o políticas y, si era inglés, sus ensoñaciones tras de la pipa. Con unos u otros medios aspiraba a envolver en patetismo su exigencia cuotidiana. El genio individual permitía que, en ocasiones, brotase en torno al núcleo humano del poema una fotosfera radiante, de más sutil materia —por ejemplo, en Baudelaire. Pero este resplandor era impremeditado. El poeta quería siempre ser un hombre.

—¿Y esto parece mal a los jóvenes? —pregunta con reprimida indignación alguien que no lo es—. ¿Pues qué quieren? ¿Que el poeta sea un pájaro, un ictiosauro, un dodecaedro?

[2] Un análisis más detenido de lo que significa Debussy frente a la música romántica puede verse en mi ensayo «Musicalia», recogido en *El Espectador*, III.

No sé, no sé; pero creo que el poeta joven, cuando poetiza, se propone simplemente ser poeta. Ya veremos cómo todo el arte nuevo, coincidiendo en esto con la nueva ciencia, con la nueva política, con la nueva vida, en fin, repugna ante todo la confusión de fronteras. Es un síntoma de pulcritud mental querer que las fronteras entre las cosas estén bien demarcadas. Vida es una cosa, poesía es otra— piensan o, al menos, sienten. No las mezclemos. El poeta empieza donde el hombre acaba. El destino de éste es vivir su itinerario humano; la misión de aquél es inventar lo que no existe. De esta manera se justifica el oficio poético. El poeta aumenta el mundo, añadiendo a lo real, que ya está ahí por sí mismo, un irreal continente. Autor viene de «auctor», el que aumenta. Los latinos llamaban así al general que ganaba para la patria un nuevo territorio.

Mallarmé fue el primer hombre del siglo pasado que quiso ser un poeta. Como él mismo dice, «rehusó los materiales naturales« y compuso pequeños objetos líricos, diferentes de la fauna y la flora humanas. Esta poesía no necesita ser «sentida», porque, como no hay en ella nada humano, no hay en ella nada patético. Si se habla de una mujer es de la «mujer ninguna», y si suena una hora es «la hora ausente del cuadrante». A fuerza de negaciones, el verso de Mallarmé anula toda resonancia vital y nos presenta figuras tan extraterrestres que el mero contemplarlas es ya sumo placer. ¿Qué puede hacer entre estas fisonomías el pobre rostro del hombre que oficia de poeta? Sólo una cosa: desaparecer, volatizarse y quedar convertido en una pura voz anónima que sostiene en el aire las palabras, verdaderas protagonistas de la empresa lírica. Esa pura voz del poeta, que sabe aislarse de su hombre circundante.

Por todas partes salimos a lo mismo: huida de la persona humana. Los procedimientos de deshumanización son muchos. Tal vez hoy dominan otros muy distintos de los que empleó Mallarmé, y no se me oculta que a las páginas de éste llegan todavía vibraciones y estremecimientos románticos. Pero lo mismo que la música actual pertenece a un bloque histórico que empieza con Debussy, toda la nueva poesía avanza en la dirección señalada por Mallarmé. El enlace con uno y otro nombre me parece esencial si, elevando la mirada sobre las indentaciones marcadas por cada inspiración particular, se quiere buscar la línea matriz de un nuevo estilo.

Es muy difícil que a un contemporáneo menor de treinta años le interese un libro donde, so pretexto de arte, se le refieran las idas y venidas de unos hombres y unas mujeres. Todo esto le sabe a sociología, a psicología y lo aceptaría con gusto si, no confundiendo las cosas, se le hablase sociológicamente o psicológicamente de ello. Pero el arte para él es otra cosa.

La poesía es hoy el álgebra superior de las metáforas.

LA INTRASCENDENCIA DEL ARTE

Todo ello viene a condensarse en el síntoma más agudo, más grave, más hondo que presenta el arte joven, una facción extrañísima de la nueva sensibilidad estética que reclama alerta meditación. Es algo muy delicado de decir, entre otros motivos, porque es muy difícil de formular con justeza.

Para el hombre de la generación novísima, el arte es una cosa sin trascendencia. Una vez escrita esta frase me espanto de ella al advertir su innumerable irradiación de significados diferentes. Porque no se trata de que a cualquier hombre de hoy le parezca el arte cosa sin importancia o menos importante que al hombre de ayer, sino que el artista mismo ve su arte como una labor instrascendente. Pero aun esto no expresa con rigor la verdadera actuación. Porque el hecho no es que al artista le interesen poco su obra y oficio, sino que le interesan precisamente porque no tienen importancia grave y en la medida que carecen de ella. No se entiende bien el caso si no se le mira en confrontación con lo que era el arte hace treinta años, y, en general, durante todo el siglo pasado. Poesía o música eran entonces actividades de enorme calibre: se esperaba de ellas poco menos que la salvación de la especie humana sobre la ruina de las religiones y el relativismo inevitable de la ciencia. El arte era trascendente en un noble sentido. Lo era por su tema, que solía consistir en los más graves problemas de la humanidad, y lo era por sí mismo, como potencia humana que prestaba justificación y dignidad a la especie. Era de ver el solemne gesto que ante la masa adoptaba el gran poeta y el músico genial, gesto de profeta o fundador de religión, majestuosa apostura de estadista responsable de los destinos universales.

A un artista de hoy sospecho que le aterraría verse ungido con tan enorme misión y obligado, en consecuencia, a tratar en su obra materias capaces de tamañas repercusiones. Precisamente le empieza a saber algo a fruto artístico cuando empieza a notar que el aire pierde seriedad y las cosas comienzan a brincar livianamente, libres de toda formalidad. Ese piruetéo universal es para él el signo auténtico de que las musas existen. Si cabe decir que el arte salva al hombre, es sólo porque le salva de la seriedad de la vida y suscita en él inesperada puericia. Vuelve a ser símbolo del arte la flauta mágica de Pan, que hace danzar a los chivos en la linde del bosque.

Todo el arte nuevo resulta comprensible y adquiere cierta dosis de grandeza cuando se le interpreta como un ensayo de crear puerilidad en un mundo viejo. Otros estilos obligaban a que se les pusiera en conexión con los dramáticos movimientos sociales y políticos o bien con las profundas corrientes filosóficas o religiosas. El nuevo estilo, por el contrario, solicita, desde luego, ser aproximado al triunfo de los deportes y juegos. Son dos hechos hermanos, de la mismo oriundez.

En pocos años hemos visto crecer la marea del deporte en las planas de los periódicos, haciendo naufragar casi todas las carabelas de la seriedad. Los artículos de fondo amenazan con descender a su abismo titular, y sobre la superficie cinglan victoriosas las yolas de regata. El culto al cuerpo es eternamente síntoma de inspiración pueril, porque sólo es bello y ágil en la mocedad, mientras el culto al espíritu indica voluntad de envejecimiento, porque sólo llega a plenitud cuando el cuerpo ha entrado en decadencia. El triunfo del deporte significa la victoria de los valores de juventud sobre los valores de senectud. Lo propio acontece con el cinematógrafo, que es, por excelencia, arte corporal.

Todavía en mi generación gozaban de gran prestigio las maneras de la vejez. El muchacho anhelaba dejar de ser muchacho lo antes posible y prefería imitar los andares fatigados del hombre caduco. Hoy los chicos y las chicas se esfuerzan en prolongar su infancia y los mozos en retener y subrayar su juventud. No hay duda: entra Europa en una etapa de puerilidad.

El suceso no debe sorprender. La historia se mueve según grandes ritmos biológicos. Sus mutaciones máximas no pueden originarse en causas secundarias y de detalle, sino en factores muy elementales, en fuerzas primarias de carácter cósmico. Bueno fuera que las diferencias mayores y como polares, existentes en el ser vivo —los sexos y las edades—, no ejerciesen también un influjo sobre el perfil de los tiempos. Y, en efecto, fácil es notar que la historia se columpia rítmicamente del uno al otro polo, dejando que en unas épocas predominen las calidades masculinas y en otras las femeninas, o bien exaltando unas veces la índole juvenil y otras la madurez o ancianidad.

El cariz que en todos los órdenes va tomando la existencia europea anuncia un tiempo de varonía y juventud. La mujer y el viejo tienen que ceder durante un período el gobierno de la vida a los muchachos, y no es extraño que el mundo parezca ir perdiendo formalidad.

Todos los caracteres del arte nuevo pueden resumirse en este de su intrascendencia, que, a su vez, no consiste en otra cosa sino en haber el arte cambiado su colocación en la jerarquía de las preocupaciones o intereses humanos. Pueden representarse éstos como una serie de círculos concéntricos, cuyo radio mide la distancia dinámica al eje de nuestra vida, donde actúan nuestros supremos afanes. Las cosas de todo orden —vitales o culturales— giran en aquellas diversas órbitas atraídas más o menos por el centro cordial del sistema. Pues bien: yo diría que el arte situado antes —como la ciencia o la política— muy cerca del eje entusiasta, sostén de nuestra persona, se ha desplazado hacia la periferia. No ha perdido ninguno de sus atributos exteriores, pero se ha hecho distante, secundario y menos grávido.

La aspiración al arte puro no es, como suele creerse, una soberbia, sino, por el contrario, gran modestia. Al vaciarse el arte de patetismo humano queda sin trascendencia alguna —como sólo arte, sin más pretensión.

CONCLUSION

Isis miriónima, Isis la de diez mil nombres, llamaban los egipcios a su diosa. Toda realidad en cierto modo lo es. Sus componentes, sus facciones son innumerables. ¿No es audaz, con unas cuantas denominaciones, querer definir una cosa, la más humilde? Fuera ilustre casualidad que las notas subrayadas por nosotros entre infinitas resultasen ser, en efecto, las decisivas. La improbabilidad aumenta cuando se trata de una realidad naciente que inicia su trayectoria en los espacios.

Es, pues, sobremanera probable que este ensayo de filiar el arte nuevo no contenga sino errores. Al terminarlo, en el volumen que él ocupaba, brotan ahora en mí curiosidad y esperanza de que tras él se hagan otros más certeros. Entre muchos podremos repartirnos los diez mil nombres.

Pero sería duplicar mi error si se pretendiese corregirlo destacando sólo algún rasgo parcial no incluido en esta anatomía. Los artistas suelen caer en ello cuando hablan de su arte, y no se alejan debidamente para tomar una amplia vista sobre los hechos. Sin embargo, no es dudoso que la fórmula más próxima a la verdad será la que en giro más unitario y armónico valga para mayor número de particularidades —y, como en el telar, un solo golpe anude mil hilos.

Me ha movido exclusivamente la delicia de intentar comprender —ni la ira ni el entusiasmo. He procurado buscar el sentido de los nuevos propósitos artísticos, y esto, claro es, supone un estado de espíritu lleno de previa benevolencia. Pero ¿es posible acercarse de otra manera a un tema sin condenarlo a la esterilidad?

Se dirá que el arte nuevo no ha producido hasta ahora nada que merezca la pena, y yo ando muy cerca de pensar lo mismo. De las obras jóvenes he procurado extraer su intención, que es lo jugoso, y me he despreocupado de su realización. ¡Quién sabe lo que dará de sí este estilo! La empresa que acontece es fabulosa —quiere crear de la nada. Yo espero que más adelante se contente con menos y acierte más.

Pero, cualesquiera sean sus errores, hay un punto, a mi juicio, inconmovible en la nueva posición: la imposibilidad de volver hacia atrás. Todas las objeciones que a la inspiración de estos artistas se hagan pueden ser acertadas y, sin embargo, no aportarán razón suficiente para condenarla. A las objeciones habría que añadir otra cosa: la insinuación de otro camino para el arte que no sea deshumanizador ni reitere las vías usadas y abusadas.

Es muy fácil gritar que el arte es siempre posible dentro de la tradición. Mas esta frase confortable no sirve de nada al artista que espera, con el pincel o la pluma en la mano, una inspiración concreta.

La rebelión de las masas

PRIMERA PARTE

I

EL HECHO DE LAS AGLOMERACIONES [1]

Hay un hecho que, para bien o para mal, es el más importante en la vida pública europea de la hora presente. Este hecho es el advenimiento de las masas al pleno poderío social. Como las masas, por definición, no deben ni pueden dirigir su propia existencia, y menos regentar la sociedad, quiere decirse que Europa sufre ahora la más grave crisis que a pueblos, naciones, culturas, cabe padecer. Esta crisis ha sobrevenido más de una vez en la historia. Su fisonomía y sus consecuencias son conocidas. También se conoce su nombre. Se llama rebelión de las masas.

Para la inteligencia del formidable hecho conviene que se evite dar luego las palabras «rebelión», «masas», «poderío social», etc., significado exclusiva o primariamente político. La vida pública no es sólo política, sino, a la par y aun antes, intelectual, moral, económica, religiosa; comprende los usos todos colectivos e incluye el modo de vestir y el modo de gozar.

Tal vez la mejor manera de acercarse a este fenómeno histórico consista en referirnos a una experiencia visual, subrayando una facción de nuestra época que es visible con los ojos de la cara.

[1] En mi libro *España invertebrada*, publicado en 1921; en un artículo de *El Sol*, titulado *Masas* (1926), y en dos conferencias dadas en la Asociación de Amigos del Arte, en Buenos Aires (1928), me he ocupado del tema que el presente ensayo desarrolla. Mi propósito ahora es recoger y completar lo ya dicho por mí, de manera que resulte una doctrina orgánica sobre el hecho más importante de nuestro tiempo.

Sencillísimo de enunciar, aunque no de analizar, yo la denomino el hecho de la aglomeración, del «lleno». Las ciudades están llenas de gente. Las casas, llenas de inquilinos. Los hoteles llenos de huéspedes. Los trenes, llenos de viajeros. Los cafés llenos de consumidores. Los paseos, llenos de transeúntes. Las salas de los médicos famosos, llenas de enfermos. Los espectáculos, como no sean muy extemporáneos, llenos de espectadores. Las playas, llenas de bañistas. Lo que antes no solía ser problema empieza a serlo casi de continuo: encontrar sitio.

Nada más. ¿Cabe hecho más simple, más notorio, más constante, en la vida actual? Vamos ahora a punzar el cuerpo trivial de esta observación, y nos sorprenderá ver cómo de él brota un surtidor inesperado, donde la blanca luz del día, de este día, del presente, se descompone en todo su rico cromatismo interior.

¿Qué es lo que vemos, y al verlo nos sorprende tanto? Vemos la muchedumbre, como tal, posesionada de los locales y utensilios creados por la civilización. Apenas reflexionamos un poco, nos sorprendemos de nuestra sorpresa. Pues que, ¿no es el ideal? El teatro tiene sus localidades para que se ocupen; por lo tanto, para que la sala esté llena. Y lo mismo los asientos del ferrocarril, y sus cuartos el hotel. Sí, no tiene duda. Pero el hecho es que antes ninguno de estos establecimientos y vehículos solían estar llenos, y ahora rebosan, queda fuera gente afanosa de usufructarlos. Aunque el hecho sea lógico, natural, no puede desconocerse que antes no acontecía y ahora sí; por lo tanto, que ha habido un cambio, una innovación, la cual justifica, por lo menos en el primer momento, nuestra sorpresa.

Sorprenderse, extrañarse, es comenzar a entender. Es el deporte y el lujo específico del intelectual. Por eso su gesto gremial consiste en mirar el mundo con los ojos dilatados por la extrañeza. Todo el mundo es extraño y es maravilloso para unas pupilas bien abiertas. Esto, maravillarse, es la delicia vedada al futbolista, y que, en cambio, lleva al intelectual por el mundo en perpetua embriaguez de visionario. Su atributo son los ojos en pasmo. Por eso los antiguos dieron a Minerva la lechuza, el pájaro con los ojos siempre deslumbrados.

La aglomeración, el lleno, no era antes frecuente. ¿Por qué lo es ahora?

Los componentes de esas muchedumbres no han surgido de la nada. Aproximadamente, el mismo número de personas existía hace quince años. Después de la guerra parecía natural que ese número fuese menor. Aquí topamos, sin embargo, con la primera nota importante. Los individuos que integran estas muchedumbres preexistían, pero no como muchedumbre. Repartidos por el mundo en pequeños grupos, o solitarios, llevaban una vida, por lo visto, divergente, disociada, distante. Cada cual —individuo o pequeño grupo— ocupaba un sitio, tal vez el suyo, en el campo, en la aldea, en la villa, en el barrio de la gran ciudad.

Ahora, de pronto, aparecen bajo la especie de aglomeración, y nuestros ojos ven dondequiera muchedumbres. ¿Dondequiera? No, no; precisamente en los lugares mejores, creación relativamente refinada de la cultura humana, reservados antes a grupos menores, en definitiva, a minorías.

La muchedumbre, de pronto se ha hecho visible, se ha instalado en los lugares preferentes de la sociedad. Antes, si existía, pasaba inadvertida, ocupaba el fondo del escenario social; ahora se ha adelantado a las baterías, es ella el personaje principal. Ya no hay protagonistas: sólo hay coro.

El concepto de muchedumbre es cuantitativo y visual. Traduzcámoslo, sin alterarlo, a la terminología sociológica. Entonces hallamos la idea de masa social. La sociedad es siempre una unidad dinámica de dos factores: minorías y masas. Las minorías son individuos o grupos de individuos especialmente cualificados. La masa es el conjunto de personas no especialmente cualificadas. No se entienda, pues, por masas sólo ni principalmente «las masas obreras». Masa es el «hombre medio». De este modo se convierte lo que era meramente cantidad —la muchedumbre— en una determinación cualitativa: es la cualidad común, es lo mostrenco social, es el hombre en cuanto no se diferencia de otros hombres, sino que repite en sí un tipo genérico. ¿Qué hemos ganado con esta conversión de la cantidad a la cualidad? Muy sencillo: por medio de ésta comprendemos la génesis de aquélla. Es evidente, hasta perogrullesco, que la formación normal de una muchedumbre, implica la coincidencia de deseos, de ideas, de modo de ser, en los individuos que la integran. Se dirá que es lo que acontece con todo grupo social, por selecto que pretenda ser. En efecto; pero hay una esencial diferencia.

En los grupos que se caracterizan por no ser muchedumbre y masa, la conciencia efectiva de sus miembros consiste en algún deseo, idea o ideal, que por sí solo excluye el gran número. Para formar una minoría, sea la que fuere, es preciso que antes cada cual se separe de la muchedumbre por razones *especiales*, relativamente individuales. Su coincidencia con los otros que forman la minoría es, pues, secundaria, posterior, a haberse cada cual singularizado, y es, por lo tanto, en buena parte, una coincidencia en no coincidir. Hay casos en que este carácter singularizador del grupo aparece a la intemperie: los grupos ingleses que se llaman a sí mismos «no conformistas», es decir, la agrupación de los que concuerdan sólo en su disconformidad respecto a la muchedumbre ilimitada. Este ingrediente de juntarse los menos, precisamente para separarse de los más, va siempre involucrado en la formación de toda minoría. Hablando del reducido público que escuchaba a un músico refinado, dice graciosamente Mallarmé que aquel público subrayaba con la presencia de su escasez la ausencia multitudinaria.

En rigor, la masa puede definirse, como hecho psicológico, sin necesidad de esperar a que aparezcan los individuos en aglomeración. Delante de una sola persona podemos saber si es masa o no. Masa es todo aquel que no se valora a sí mismo —en bien o en mal— por razones especiales, sino que se siente «como todo el mundo» y, sin embargo, no se angustia, se siente a sabor el sentirse idéntico a los demás. Imagínese un hombre humilde que al intentar valorarse por razones especiales —al preguntarse si tiene talento para esto o lo otro, si sobresale en algún orden—, advierte que no posee ninguna cualidad excelente. Este hombre se sentirá mediocre y vulgar, mal dotado; pero no se sentirá «masa».

Cuando se habla de «minorías selectas», la habitual bellaquería suele tergiversar el sentido de esta expresión, fingiendo ignorar que el hombre selecto no es el petulante que se cree superior a los demás, sino el que se exige más que los demás, aunque no logre cumplir en su persona esas exigencias superiores. Y es indudable que la división más radical que cabe hacer de la humanidad es ésta, en dos clases de criaturas: las que se exigen mucho y acumulan sobre sí mismas dificultades y deberes, y las que no se exigen nada especial, sino que para ellas vivir es ser en cada instante lo que ya son, sin esfuerzo de perfección sobre sí mismas, boyas que van a la deriva.

Esto me recuerda que el budismo ortodoxo se compone de dos religiones distintas: una, más rigurosa y difícil; otra, más laxa y trivial: el Mahayana —«gran vehículo», o «gran carril»—, el Himayona —«pequeño vehículo», «camino menor»—. Lo decisivo es si ponemos nuestra vida a uno u otro vehículo, a un máximo de exigencias o a un mínimo.

La división de la sociedad en masas y minorías excelentes no es, por lo tanto, una división en clases sociales, sino en clases de hombres, y no puede coincidir con la jerarquización en clases superiores e inferiores. Claro está que en las superiores, cuando llegan a serlo, y mientras lo fueron de verdad, hay más verosimilitud de hallar hombres que adoptan el «gran vehículo», mientras las inferiores están normalmente constituidas por individuos sin calidad. Pero, en rigor, dentro de cada clase social hay masa y minoría auténtica. Como veremos, es característico del tiempo el predominio, aun en los grupos cuya tradición era selectiva, de la masa y el vulgo. Así, en la vida intelectual, que por su misma esencia requiere y supone la cualificación, se advierte el progresivo triunfo de los seudointelectuales incualificados, incalificables y descalificados por su propia contextura. Lo mismo en los grupos supervivientes de la «nobleza» masculina y femenina. En cambio, no es raro encontrar hoy entre los obreros, que antes podían valer como el ejemplo más puro de esto que llamamos «masa», almas egregiamente disciplinadas.

Ahora bien: existen en la sociedad operaciones, actividades, funciones del más diverso orden, que son, por su misma naturaleza, especiales, y, consecuentemente, no pueden ser bien ejecutadas sin dotes también especiales. Por ejemplo: ciertos placeres de carácter artístico y lujoso o bien las funciones de gobierno y de juicio político sobre los asuntos públicos. Antes eran ejercidas estas actividades especiales por minorías calificadas —calificadas, por lo menos, en pretensión—. La masa no pretendía intervenir en ellas: se daba cuenta de que si quería intervenir tendría, congruentemente, que adquirir esas dotes especiales y dejar de ser masa. Conocía su papel en una saludable dinámica social.

Si ahora retrocedemos a los hechos enunciados al principio, nos aparecerán inequívocamente como nuncios de un cambio de actitud en la masa. Todos ellos indican que ésta ha resuelto adelantarse al primer plano social y ocupar los locales y usar los utensilios y gozar de los placeres antes adscritos a los pocos. Es evidente que, por ejemplo, los locales no estaban premeditados para las muchedumbres, puesto que su dimensión es muy reducida, y el gentío rebosa constantemente de ellos, demostrando a los ojos y con lenguaje visible el hecho nuevo: la masa que, sin dejar de serlo, suplanta a las minorías.

Nadie, creo yo, deplorará que las gentes gocen hoy en mayor medida y número que antes, ya que tienen para ello el apetito y los medios. Lo malo es que esta decisión tomada por las masas de asumir las actividades propias de las minorías no se manifiesta, ni puede manifestarse, sólo en el orden de los placeres, sino que es una manera general del tiempo. Así —anticipando lo que luego veremos—, creo que las innovaciones políticas de los más recientes años no significan otra cosa que el imperio político de las masas. La vieja democracia vivía templada por una abundante dosis de liberalismo y de entusiasmo por la ley. Al servir a estos principios, el individuo se obligaba a sostener en sí mismo una disciplina difícil. Al amparo del principio liberal y de la norma jurídica podían actuar y vivir las minorías. Democracia y ley, convivencia legal, eran sinónimos. Hoy asistimos al triunfo de una hiperdemocracia en que la masa actúa directamente sin ley, por medio de materiales presiones, imponiendo sus aspiraciones y sus gustos. Es falso interpretar las situaciones nuevas como si la masa se hubiese cansado de la política y encargase a personas especiales su ejercicio. Todo lo contrario. Eso era lo que antes acontecía, eso era la democracia liberal. La masa presumía que, al fin y al cabo, con todos sus defectos y lacras, las minorías de los políticos entendían un poco más de los problemas públicos que ella. Ahora, en cambio, cree la masa que tiene derecho a imponer y dar vigor de ley a sus tópicos de café. Yo dudo que haya habido otras épocas de la historia en que la muchedumbre llegase a gobernar tan directamente como en nuestro tiempo. Por eso hablo de hiperdemocracia.

Lo propio acaece en los demás órdenes, muy especialmente en el intelectual. Tal vez padezco un error; pero el escritor, al tomar la pluma para escribir sobre un tema que ha estudiado largamente, debe pensar que el lector medio, que nunca se ha ocupado del asunto, si le lee, no es con el fin de aprender algo de él, sino, al revés, para sentenciar sobre él cuando no coincide con las vulgaridades que este lector tiene en la cabeza. Si los individuos que integran la masa se creyesen especialmente dotados, tendríamos no más que un caso de error personal, pero no una subversión sociológica. *Lo característico del momento es que el alma vulgar, sabiéndose vulgar, tiene el denuedo de afirmar el derecho de la vulgaridad y lo impone dondequiera.* Como se dice en Norteamérica: ser diferente es indecente. La masa arrolla todo lo diferente, egregio, individual, calificado y selecto. Quien no sea como todo el mundo, quien no piense como todo el mundo, corre el riesgo de ser eliminado. Y claro está que ese «todo el mundo» no es «todo el mundo». «Todo el mundo» era, normalmente, la unidad compleja de masa y minorías discrepantes, especiales. Ahora «todo el mundo» es sólo la masa.

VI

COMIENZA LA DISECCION DEL HOMBRE-MASA

¿Cómo es este hombre-masa que domina hoy la vida pública? —la política y la no política—. ¿Por qué es como es?; quiero decir, ¿cómo se ha producido?

Conviene responder conjuntamente a ambas cuestiones, porque se prestan mutuo esclarecimiento. El hombre que ahora intenta ponerse al frente de la existencia europea es muy distinto del que dirigió al siglo XIX, pero fue producido y preparado en el siglo XIX. Cualquiera mente perspicaz de 1820, de 1850, de 1880, pudo, por un sencillo razonamiento *a priori*, prever la gravedad de la situación histórica actual. Y, en efecto, nada nuevo acontece que no haya sido previsto cien años hace. «¡Las masas avanzan!», decía, apocalíptico, Hegel. «Sin un nuevo poder espiritual, nuestra época, que es una época revolucionaria, producirá una catástrofe», anunciaba Augusto Comte. «¡Veo subir la pleamar del nihilismo!», gritaba desde un risco de la Engadina el mostachudo Nietzsche. Es falso decir que la historia no es previsible. Innumerables veces ha sido profetizada. Si el porvenir no ofreciese un flanco a la profecía, no podría tampoco comprendérsele cuando luego se cumple y se hace pasado. La idea de que el historiador es un profeta del revés, resume toda la filosofía de la historia. Ciertamente que sólo cabe anticipar la estructura general del futuro; pero eso mismo es lo único que en verdad comprendemos del pretérito o del presente. Por eso, si quiere usted ver bien su época, mírela usted desde lejos. ¿A qué distancia? Muy sencillo: a la distancia justa que le impida ver la nariz de Cleopatra.

¿Qué aspecto ofrece la vida de ese hombre multitudinario, que con progresiva abundancia va engendrando el siglo XIX? Por lo pronto, un aspecto de omnímoda facilidad material. Nunca ha podido el hombre medio resolver con tanta holgura su problema económico. Mientras en proporción menguaban las grandes fortunas y se hacía más dura la existencia del obrero industrial, el hombre medio de cualquier clase social encontraba cada día más franco su horizonte económico. Cada día agregaba un nuevo lujo al repertorio de su *standard* vital. Cada día su posición era más segura y más independiente del arbitrio ajeno. Lo que antes se hubiera considerado como un beneficio de la suerte, que inspiraba humilde gratitud hacia el destino, se convirtió en un derecho que no se agradece, sino que se exige.

Desde 1900 comienza también el obrero a ampliar y asegurar su vida. Sin embargo, tiene que luchar para conseguirlo. No se encuentra, como el hombre medio, con un bienestar puesto ante él solícitamente por una sociedad y un Estado que son un portento de organización.

A esta facilidad y seguridad económica añádanse las físicas: el *confort* y el orden público. La vida va sobre cómodos carriles, y no hay verosimilitud de que intervenga en ella nada violento y peligroso.

Situación de tal modo abierta y franca tenía por fuerza que decantar en el estrato más profundo de esas almas medias una impresión vital, que podía expresarse con el giro, tan gracioso y agudo, de nuestro viejo pueblo: «ancha es Castilla». Es decir, que en todos esos órdenes elementales y decisivos, la vida se presentó al hombre nuevo *exenta de impedimentos*. La comprensión de este hecho y su importancia surgen automáticamente cuando se recuerda que esa franquía vital faltó por completo a los hombres vulgares del pasado. Fue, por el contrario, para ellos la vida un destino premioso —en lo económico y en lo físico—. Sintieron el vivir *a nativitate* como un cúmulo de impedimentos que era forzoso soportar, sin que cupiera otra solución que adaptarse a ellos, alojarse en la angostura que dejaban.

Pero es aún más clara la contraposición de situaciones si de lo material pasamos a lo civil y moral. El hombre medio, desde la segunda mitad del siglo XIX, no halla ante sí barreras sociales ningunas. Es decir, tampoco en las formas de la vida pública se encuentra al nacer con trabas y limitaciones. Nada le obliga a contener su vida. También aquí «ancha es Castilla». No existen los «estados» ni las «castas». No hay nadie civilmente privilegiado. El hombre medio aprende que todos los hombres son legalmente iguales.

Jamás en toda la historia había sido puesto el hombre en una circunstancia o contorno vital que se pareciera ni de lejos al que esas condiciones determinan. Se trata, en efecto, de una innovación radical en el destino humano, que es implantada por el siglo XIX. Se crea un nuevo escenario para la existencia del hombre, nuevo en lo físico y en lo social. Tres principios han hecho posible ese nuevo mundo: la democracia liberal, la experimentación científica y el industrialismo. Los dos últimos pueden resumirse en uno: la técnica. Ninguno de esos principios fue inventado por el siglo XIX, sino que proceden de las dos centurias anteriores. El honor del siglo XIX no estriba en su invención, sino en su implantación. Nadie desconoce esto. Pero no basta con el reconocimiento abstracto, sino que es preciso hacerse cargo de sus inexorables consecuencias.

El siglo XIX fue esencialmente revolucionario. Lo que tuvo de tal no ha de buscarse en el espectáculo de sus barricadas, que, sin más, no constituyen una revolución, sino en que colocó al hombre medio —a la gran masa social— en condiciones de vida radicalmente opuestas a las que siempre le habían rodeado. Volvió del revés la existencia pública. La revolución no es la sublevación contra el orden preexistente, sino la implantación de un nuevo orden que tergiversa el tradicional. Por eso no hay exageración alguna en decir que el hombre engendrado por el siglo XIX es, para los efectos de la vida pública, un hombre aparte de todos los demás hombres. El del siglo XVIII se diferencia, claro está, del dominante en el XVII, y éste del que caracteriza al XVI, pero todos ellos resultan parientes, similares y aun idénticos en lo esencial si se confronta con ellos este hombre nuevo. Para el «vulgo» de todas las épocas, «vida» había significado ante todo limitación, obligación, dependencia; en una palabra, presión. Si se quiere, dígase opresión, con tal que no se entienda por ésta sólo la jurídica y social, olvidando la cósmica. Porque esta última es la que no ha faltado nunca hasta hace cien años, fecha en que comienza la expansión de la técnica científica —física y administrativa—, prácticamente ilimitada. Antes, aun para el rico y poderoso, el mundo era un ámbito de pobreza, dificultad y peligro.[1]

El mundo que desde el nacimiento rodea al hombre nuevo no le mueve a limitarse en ningún sentido, no le presenta veto ni contención alguna, sino que, al contrario, hostiga sus apetitos, que, en principio, pueden crecer indefinidamente. Pues acontece —y esto es muy importante— que ese mundo del siglo XIX y comienzos del XX, no sólo tiene las perfecciones y amplitudes que de hecho posee, sino que además sugiere a sus habitantes una seguridad radical en que mañana será aún más rico, más perfecto y más amplio, como si gozase de un espontáneo e inagotable crecimiento. Todavía hoy, a pesar de algunos signos que inician una pequeña brecha en esa fe rotunda, todavía hoy muy pocos hombres dudan de que los automóviles serán dentro de cinco años más confortables y más baratos que los del día. Se cree en esto lo mismo que en la próxima salida del sol. El símil es formal. Porque, en efecto, el hombre vulgar, al encontrarse con ese mundo técnica y socialmente tan perfecto, cree que lo ha producido la naturaleza, y no piensa nunca en los esfuerzos geniales de individuos excelentes que supone su creación. Menos todavía admitirá la idea de que todas estas facilidades siguen apoyándose en ciertas difíciles virtudes de los hombres, el menor fallo de los cuales

[1] Por muy rico que un individuo fuese en relación con los demás, como la totalidad del mundo era pobre, la esfera de facilidades y comodidades que su riqueza podía proporcionarle era muy reducida. La vida del hombre medio es hoy más fácil, cómoda y segura que la del más poderoso en otro tiempo. ¿Qué le importa no ser más rico que otros si el mundo lo es y le proporciona magníficos caminos, ferrocarriles, telégrafos, hoteles, seguridad corporal y aspirina?

volatilizaría rápidamente la magnífica construcción.

Esto nos lleva a apuntar en el diagrama psicológico del hombre-masa actual dos primeros rasgos: la libre expansión de sus deseos vitales —por lo tanto, de su persona— y la radical ingratitud hacia cuanto ha hecho posible la facilidad de su existencia. Uno y otro rasgo componen la conocida psicología del niño mimado. Y en efecto, no erraría quien utilice ésta como una cuadrícula para mirar a su través el alma de las masas actuales. Heredero de un pasado larguísimo y genial —genial de inspiraciones y de esfuerzos—, el nuevo vulgo ha sido mimado por el mundo en torno. Mimar es no limitar los deseos, dar la impresión a un ser de que todo le está permitido y a nada está obligado. La criatura sometida a este régimen no tiene la experiencia de sus propios confines. A fuerza de evitarle toda presión en derredor, todo choque con otros seres, llega a creer efectivamente que sólo él existe, y se acostumbra a no contar con los demás, sobre todo a no contar con nadie como superior a él. Esta sensación de la superioridad ajena sólo podía proporcionársela quien, más fuerte que él, le hubiese obligado a renunciar a un deseo, a reducirse, a contenerse. Así habría aprendido esta esencial disciplina: «Ahí concluyo yo y empieza otro que puede más que yo. En el mundo, por lo visto, hay dos: yo y otro superior a mí.» Al hombre medio de otras épocas le enseñaba cotidianamente su mundo esta elemental sabiduría, porque era un mundo tan toscamente organizado, que las catástrofes eran frecuentes y no había en él nada seguro, abundante ni estable. Pero las nuevas masas se encuentran con un paisaje lleno de posibilidades y, además, seguro, y todo ello presto, a su disposición, sin depender de su previo esfuerzo, como hallamos el sol en lo alto sin que nosotros lo hayamos subido al hombro. Ningún ser humano agradece a otro el aire que respira, porque el aire no ha sido fabricado por nadie: pertenece al conjunto de lo que «está ahí», de lo que decimos «es natural», porque no falta. Estas masas mimadas son lo bastante poco inteligentes para creer que esa organización material y social, puesta a su disposición como el aire, es de su mismo origen, ya que tampoco falla, al parecer, y es casi tan perfecta como natural.

Mi tesis es, pues, ésta: la perfección misma con que el siglo XIX ha dado una organización a ciertos órdenes de la vida, es origen de que las masas beneficiarias no la consideren como organización, sino como naturaleza. Así se explica y define el absurdo estado de ánimo que esas masas revelan: no les preocupa más que su bienestar, y, al mismo tiempo, son insolidarias de las causas de ese bienestar. Como no ven en las ventajas de la civilización un invento y construcción prodigiosos, que sólo con grandes esfuerzos y cautelas se pueden sostener, creen que su papel se reduce a exigirlas perentoriamente, cual si fuesen derechos nativos. En los motines que la escasez provoca suelen las masas populares buscar pan, y el medio que emplean suele ser destruir las panaderías. Esto puede servir como símbolo del comportamiento que, en más vastas y sutiles proporciones, usan las masas actuales frente a la civilización que las nutre.[2]

[2] Abandonada a su propia inclinación, la masa, sea la que sea, plebeya o «aristocrática», tiende siempre, por afán de vivir, a destruir las causas de su vida. Siempre me ha parecido una graciosa caricatura de esta tendencia a *propter vitam, vivendi perdere causas,* lo que aconteció en Níjar, pueblo cerca de Almería, cuando el 13 de septiembre de 1759 se proclamó rey a Carlos III. Hízose la proclamación en la plaza de la villa. «Después mandaron traer de beber a todo aquel

IX

PRIMITIVISMO Y TECNICA

Me importa mucho recordar aquí que estamos sumergidos en el análisis de una situación —la del presente— sustancialmente equívoca. Por eso insinué al principio que todos los rasgos actuales, y en especial la rebelión de las masas, presentan doble vertiente. Cualquiera de ellos no sólo tolera, sino que reclama una doble interpretación, favorable y peyorativa. Y este equívoco no reside en nuestro juicio, sino en la realidad misma. No es que pueda parecerme por un lado bien, por otro mal, sino que en sí misma la situación presente es potencia bifronte de triunfo o de muerte.

No es cosa de lastrar este ensayo con toda una metafísica de la historia. Pero claro es que lo voy construyendo sobre el cimiento subterráneo de mis convicciones filosóficas expuestas o aludidas en otros lugares. No creo en la absoluta determinación de la historia. Al contrario, pienso que toda vida y, por lo tanto, la histórica, se compone de puros instantes, cada uno de los cuales está relativamente indeterminado con respecto al anterior, de suerte que en él la realidad vacila, *piétine sur place*, y no sabe bien si decidirse por una u otra entre varias posibilidades. Este titubeo metafísico proporciona a todo lo vital esa inconfundible cualidad de vibración y estremecimiento.

La rebelión de las masas *puede*, en efecto, ser tránsito a una nueva y sin par organización de la humanidad, pero también *puede* ser una catástrofe en el destino humano. No hay razón para negar la realidad del progreso; pero es preciso corregir la noción que cree seguro este progreso. Más congruente con los hechos es pensar que no hay ningún progreso seguro, ninguna evolución sin la amenaza de involución y retroceso. Todo, todo es posible en la historia —lo mismo el progreso triunfal e indefinido que la periódica regresión—. Porque la vida, individual o colectiva, personal o histórica, es la única entidad del universo cuya sustancia es peligro. Se compone de peripecias. Es, rigurosamente hablando, drama.[1]

Esto, que es verdad en general, adquie-

gran concurso, el que consumió 77 arrobas de Vino y cuatro pellejos de Aguardiente, cuyos espíritus los calentó de tal forma, que con repetidos vítores se encaminaron al pósito, desde cuyas ventanas arrojaron el trigo que en él había, y 900 reales de sus Arcas. De allí pasaron al Estanco del Tabaco y mandaron tirar el dinero de la Mesada y el tabaco. En las tiendas practicaron lo propio, mandando derramar, para más authorizar la función quantos géneros líquidos y comestibles havía en ellas. El Estado eclesiástico concurrió con igual eficacia, pues a voces indugeron a las Mugeres tiraran quanto havía en sus casas, lo que egecutaron con el mayor desinterés, pues no quedó en ellas pan, trigo, harina, zebada, platos, cazuelas, almireces, morteros, ni sillas, quedando dicha villa destruida.» Según un papel del tiempo en poder del señor Sánchez de Toca, citado en *Reinado de Carlos III* por don Manuel Danvila, tomo II, pág. 10, nota 2. Este pueblo, para vivir su alegría monárquica, se aniquila a sí mismo. ¡Admirable Níjar! ¡Tuyo es el porvenir!

[1] Ni que decir tiene que casi nadie tomará en serio estas expresiones, y los mejor intencionados las entenderán como simples metáforas, tal vez conmovedoras. Sólo algún lector lo bastante ingenuo para no creer que sabe ya definitivamente lo que es la vida, o por lo menos lo que no es, se dejará ganar por el sentido primario de estas frases y será precisamente el que —verdaderas o falsas— las *entienda*. Entre los demás reinará la más efusiva unanimidad, con esta única diferencia: los unos pensarán que, *hablando en serio*, vida es el proceso existencial de un alma, y los otros, que es una sucesión de reacciones químicas. No creo que mejore mi situación ante lectores tan herméticos resumir toda una manera de pensar diciendo que el sentido *primario* y radical de la palabra vida aparece cuando se la emplea en el sentido de biografía, y no en el de biología. Por la fortísima razón de que toda biología es, en definitiva, sólo un capítulo de ciertas bio-

re mayor intensidad en los «momentos críticos», como es el presente. Y así, los síntomas de nueva conducta que bajo el imperio actual de las masas van apareciendo y agrupábamos bajo el título de «acción directa», *pueden* anunciar también futuras perfecciones. Es claro que toda vieja cultura arrastra en su avance tejidos caducos y no parva cargazón de materia córnea, estorbo a la vida y tóxico residuo. Hay instituciones muertas, valoraciones y respetos supervivientes y ya sin sentido, soluciones indebidamente complicadas, normas que han probado su insustancialidad. Todos estos elementos de la *acción indirecta,* de la civilización, demandan una época del frenesí simplificador. La levita y el plastrón románticos solicitan una venganza por medio del actual *déshabillé* y el «en mangas de camisa». Aquí la simplificación es higiene y mejor gusto; por lo tanto, una solución más perfecta, como siempre que con menos medios se consigue más. El árbol del amor romántico exigía también una poda para que cayeran las demasiadas magnolias falsas zurcidas a sus ramas y el furor de lianas, volutas, retorcimientos e intrincaciones que no lo dejaban solearse.

En general, la vida pública, sobre todo la política, requería urgentemente una reducción a lo auténtico, y la humanidad europea no podría dar el salto elástico que el optimista reclama de ella si no se pone antes desnuda, si no se aligera hasta su pura esencialidad, hasta cumplir consigo misma. El entusiasmo que siento por esta disciplina de nudificación, de autenticidad, la conciencia de que es imprescindible para franquear el paso a un futuro estimable, me hace reivindicar plena libertad de ideador frente a todo el pasado. Es el porvenir quien debe imperar sobre el pretérito, y de él recibimos la orden para nuestra conducta frente a cuanto fue.[2]

Pero es preciso evitar el pecado mayor de los que dirigieron el siglo XIX: la defectuosa conciencia de su responsabilidad, que les hizo no mantenerse alerta y en vigilancia. Dejarse deslizar por la pendiente favorable que presenta el curso de los acontecimientos y embotarse para la dimensión de peligro y mal cariz que aun la hora más jocunda posee, es precisamente faltar a la misión de responsable. Hoy se hace menester suscitar una hiperestesia de responsabilidad en los que sean capaces de sentirla, y parece lo más urgente subrayar el lado palmariamente funesto de los síntomas actuales.

Es indudable que en un balance diagnóstico de nuestra vida pública los factores adversos superan con mucho a los favorables, si el cálculo se hace no tanto pensando en el presente como en lo que anuncian y prometen.

Todo el crecimiento de posibilidades concretas que ha experimentado la vida corre riesgo de anularse a sí mismo al topar con el más pavoroso problema sobrevenido en el destino europeo y que de nuevo formulo: se ha apoderado de la dirección social un tipo de hombre a quien no interesan los principios de la

grafías, es lo que en su vida (biografiable) hacen los biólogos. Otra cosa es abstracción, fantasía y mito.

[2] Esta holgura de movimientos frente al pasado no es, pues, una petulante rebeldía, sino por el contrario, una clarísima obligación de toda «época crítica». Si yo defiendo el liberalismo del siglo XIX contra las masas que incivilmente lo atacan, no quiere decir que renuncie a una plena libertad frente a ese propio liberalismo. Viceversa: el primitivismo, que en este ensayo aparece bajo su haz peor, es, por otra parte y en cierto sentido, condición de todo gran avance histórico. Véase lo que hace no pocos años decía yo sobre esto en el ensayo *Biología y pedagogía* (*El espectador*, III, «La paradoja del salvajismo»).

civilización. No los de ésta o los de aquélla, sino —a lo que hoy puede juzgarse— los de ninguna. Le interesan, evidentemente, los anestésicos, los automóviles y algunas cosas más. Pero esto confirma su radical desinterés hacia la civilización. Pues esas cosas son sólo productos de ella, y el fervor que se les dedica hace resaltar más crudamente la insensibilidad para los principios de que nacen. Baste hacer constar este hecho: desde que existen las *nuove scienze,* las ciencias físicas —por lo tanto, desde el Renacimiento—, el entusiasmo hacia ellas había aumentado sin colapso a lo largo del tiempo. Más concretamente: el número de gentes que en proporción se dedicaban a esas puras investigaciones era mayor en cada generación. El primer caso de retroceso —repito, proporcional— se ha producido en la generación que hoy va de los veinte a los treinta. En los laboratorios de ciencia pura empieza a ser difícil atraer discípulos. Y esto acontece cuando la industria alcanza su mayor desarrollo y cuando las gentes muestran mayor apetito por el uso de aparatos y medicinas creados por la ciencia.

Si no fuera prolijo, podría demostrarse pareja incongruencia en política, en arte, en moral, en religión y en las zonas cotidianas de la vida.

¿Qué nos significa situación tan paradójica? Este ensayo pretende haber preparado la respuesta a tal pregunta. Significa que el hombre hoy dominante es un primitivo, un *Naturmensch* emergiendo en medio de un mundo civilizado. Lo civilizado es el mundo, pero su habitante no lo es: ni siquiera ve en él la civilización, sino que usa de ella como si fuese naturaleza. El nuevo hombre desea el automóvil y goza de él; pero cree que es fruta espontánea de un árbol edénico. En el fondo de su alma desconoce el carácter artificial, casi inverosímil, de la civilización, y no alargará su entusiasmo por los aparatos hasta los principios que los hacen posibles. Cuando más arriba, transponiendo unas palabras de Rathenau, decía yo que asistimos a la «invasión vertical de los bárbaros», pudo juzgarse —como es sólito— que se trataba sólo de una «frase». Ahora se ve que la expresión podrá enunciar una verdad o un error, pero que es lo contrario de una «frase», a saber: una definición formal que condensa todo un complicado análisis. El hombre-masa actual es, en efecto, un primitivo, que por los bastidores se ha deslizado en el viejo escenario de la civilización.

A toda hora se habla hoy de los progresos fabulosos de la técnica; pero yo no veo que se hable, ni por los mejores, con una conciencia de su porvenir suficientemente dramático. El mismo Spengler, tan sutil y tan hondo— aunque tan maniático—, me parece en este punto demasiado optimista. Pues cree que a la «cultura» va a suceder una época de «civilización», bajo la cual entiende sobre todo la técnica. La idea que Spengler tiene de la «cultura», y en general de la historia, es tan remota de la presupuesta en este ensayo, que no es fácil, ni aun para rectificarlas, traer aquí a comento sus conclusiones. Sólo brincando sobre distancias y precisiones, para reducir ambos puntos de vista a un común denominador, pudiera plantearse así la divergencia: Spengler cree que la técnica puede seguir viviendo cuando ha muerto el interés por los principios de la cultura. Yo no puedo resolverme a creer tal cosa. La técnica es, consustancialmente, ciencia, y la ciencia no existe si no interesa en su pureza y por ella misma, y no puede interesar si las gentes no continúan entusiasmadas con los principios generales de la cultura. Si se embota este fervor —como parece ocurrir—, la técnica sólo puede pervivir un rato, el que le dure la inercia del impulso cultural que la creó. Se vive con la técnica, pero no *de* la técnica. Esta no se nutre ni respira a sí misma, no es *causa sui*, sino precipitado útil, práctico, de preocupaciones superfluas, imprácticas.[3]

Voy, pues, a la advertencia de que el actual interés por la técnica no garantiza nada, y menos que nada el progreso mismo o la perduración de la técnica. Bien está que se considere el tecnicismo como uno de los rasgos característicos de la «cultura moderna», es decir, de una cultura que contiene un género de ciencia, el cual resulta materialmente aprovechable. Por eso, al resumir la fisonomía novísima de la vida implantada por el siglo XIX, me quedaba yo con estas dos solas facciones: democracia liberal y técnica.[4] Pero repito que me sorprende la ligereza con que al hablar de la técnica se olvida que su víscera cordial es la ciencia pura, y que las condiciones de su perpetuación involucran las que hacen posible el puro ejercicio científico. ¿Se ha pensado en todas las cosas que necesitan seguir vigentes en las almas para que pueda seguir habiendo de verdad «hombres de ciencia»? ¿Se cree en serio que mientras haya dólares habrá ciencia? Esta idea en que muchos se tranquilizan no es sino una prueba más de primitivismo.

¡Ahí es nada la cantidad de ingredientes, los más dispares entre sí, que es menester reunir y agitar para obtener el *cocktail* de la ciencia fisicoquímica! Aun contentándose con la presión más débil y somera del tema, salta ya el clarísimo hecho de que en toda la amplitud de la tierra y en toda la del tiempo, la fisicoquímica sólo ha logrado constituirse, establecerse plenamente en el breve cuadrilátero que inscriben Londres, Berlín, Viena y París. Y aun dentro de ese cuadrilátero, sólo en el siglo XIX. Esto demuestra que la ciencia experimental es uno de los productos más improbables de la historia. Magos, sacerdotes, guerreros y pastores han pululado donde y como quiera. Pero esta fauna del hombre experimental requiere, por lo visto, para producirse, un conjunto de condiciones más insólito que el que engendra al unicornio. Hecho tan sobrio y tan magro debía hacer reflexionar un poco sobre el carácter supervolátil, evaporante, de la inspiración científica.[5] ¡Lucido va quien crea que si Europa desapareciese podrían los norteamericanos *continuar* la ciencia!

Importaría mucho tratar a fondo el asunto y especificar con toda minucia cuáles son los supuestos históricos, vitales de la ciencia experimental y, consecuentemente, de la técnica. Pero no se espere que, aun aclarada la cuestión, el hombre-masa se daría por enterado. El hombre-masa no atiende a razones, y sólo aprende en su propia carne.

Una observación me impide hacerme

[3] De aquí que, a mi juicio, no dice nada quien cree haber dicho algo definiendo a Norteamérica por su «técnica». Una de las cosas que perturban más gravemente la conciencia europea es el conjunto de juicios pueriles sobre Norteamérica, que oye uno sustentar aun a las personas más cultas. Es un caso particular de la desproporción que más adelante apunto entre la complejidad de los problemas actuales y la capacidad de las mentes.

[4] En rigor, la democracia liberal y la técnica se implican e intersuponen a su vez tan estrechamente, que no es concebible la una sin la otra, y por lo tanto, fuera deseable un tercer nombre, más genérico, que incluyese ambas. Este sería el verdadero nombre, el substantivo de la última centuria.

[5] No hablemos de cuestiones más internas. La mayor parte de los investigadores mismos no tienen hoy la más ligera sospecha de la gravísima, peligrosísima crisis íntima que hoy atraviesa su ciencia.

ilusiones sobre la eficacia de tales prédicas, que a fuer de racionales tendrían que ser sutiles. ¿No es demasiado absurdo que en las circunstancias actuales no sienta el hombre medio, espontáneamente y sin prédicas, fervor superlativo hacia aquellas ciencias y sus congéneres las biológicas? Porque repárese en cuál es la situación actual: mientras, evidentemente, todas las demás cosas de la cultura se han vuelto problemáticas —la política, el arte, las normas sociales, la moral misma—, hay una que cada día comprueba, de la manera más indiscutible y más propia para hacer efecto al hombre-masa, su maravillosa eficiencia: la ciencia empírica. Cada día facilita un nuevo invento que ese hombre medio utiliza; cada día produce un nuevo analgésico o vacuna, de que ese hombre medio se beneficia. Todo el mundo sabe que, no cediendo la inspiración científica, si se triplicasen o decuplicasen los laboratorios, se multiplicarían automáticamente riqueza, comodidades, salud, bienestar. ¿Puede imaginarse propaganda más formidable y contundente en favor de un principio vital? ¿Cómo, no obstante, no hay sombra de que las masas se pidan a sí mismas un sacrificio de dinero y de atención para dotar mejor la ciencia? Lejos de eso, la posguerra ha convertido al hombre de ciencia en el nuevo paria social. Y conste que me refiero a físicos, químicos, biólogos —no a los filósofos—. La filosofía no necesita ni protección, ni atención, ni simpatía de la masa. Cuida su aspecto de perfecta inutilidad,[6] y con ello se liberta de toda supeditación al hombre medio. Se sabe a sí misma, por esencia, problemática, y abraza alegre su libre destino de pájaro del Buen Dios, sin pedir a nadie que cuente con ella, ni recomendarse, ni defenderse. Si a alguien, buenamente, le aprovecha para algo, se regocija por simple simpatía humana; pero no vive de ese provecho ajeno, ni lo premedita, ni lo espera. ¿Cómo va a pretender que nadie la tome en serio, si ella comienza por dudar de su propia existencia, si no vive más que en la medida en que se combata a sí misma, en que se desviva a sí misma? Dejemos, pues, a un lado la filosofía, que es aventura de otro rango.

Pero las ciencias experimentales sí necesitan de la masa, como ésta necesita de ellas, so pena de sucumbir, ya que en un planeta sin fisicoquímica no puede sustentarse el número de hombres hoy existentes.

¿Qué razonamientos pueden conseguir lo que no consigue el automóvil, donde van y vienen esos hombres, y la inyección de pantopón, que fulmina, *milagrosa*, sus dolores? La desproporción entre el beneficio constante y patente que la ciencia les procura, y el interés que por ella muestran es tal que no hay modo de sobornarse a sí mismo con ilusorias esperanzas y esperar más que barbarie de quien así se comporta. *Máxime si, según veremos, este despego hacia la ciencia como tal, aparece, quizá con mayor claridad que en ninguna otra parte, en la masa de los técnicos mismos —de médicos, ingenieros,* etc., los cuales suelen ejercer su profesión con un estado de espíritu idéntico en lo esencial al de quien se contenta con usar del automóvil o comprar el tubo de aspirina—, sin la menor solidaridad íntima con el destino de la ciencia, de la civilización.

Habrá quien se sienta más sobrecogido por otros síntomas de barbarie emergente que, siendo de cualidad positiva, de acción, y no de omisión, saltan más a los ojos y se materializan en espectáculo. Para mí es este de la desproporción entre el provecho que el hombre medio recibe

[6] Aristóteles: *Metafísica*, 893 a 910.

de la ciencia y la gratitud que le dedica —que no le dedica— el más aterrador.[7] Sólo acierto a explicarme esta ausencia del adecuado reconocimiento si recuerdo que en el centro de Africa los negros van también en automóvil y se aspirinizan. El europeo que *empieza* a predominar —ésta es mi hipótesis— sería, *relativamente a la compleja civilización en que ha nacido*, un hombre primitivo, un bárbaro emergiendo por escotillón, un «invasor vertical».

XII

LA BARBARIE DEL «ESPECIALISMO»

La tesis era que la civilización del siglo XIX ha producido automáticamente el hombre-masa. Conviene no cerrar su exposición general sin analizar, en un caso particular, la mecánica de esa producción. De esta suerte, al concretarse, la tesis gana en fuerza persuasiva.

Esta civilización del siglo XIX, decía yo, puede resumirse en dos grandes dimensiones: democracia liberal y técnica. Tomemos ahora sólo la última. La técnica contemporánea nace de la copulación entre el capitalismo y la ciencia experimental. No toda técnica es científica. El que fabricó las hachas de sílex, en el período chelense, carecía de ciencia y, sin embargo, creó una técnica. La China llegó a un alto grado de tecnicismo sin sospechar lo más mínimo la existencia de la física. Sólo la técnica moderna de Europa tiene una raíz científica, y de esa raíz le viene su carácter específico, la posibilidad de un ilimitado progreso. Las demás técnicas —mesopotámica, nilota, griega, romana, oriental— se estiran hasta un punto de desarrollo que no pueden sobrepasar, y apenas lo tocan comienzan a retroceder en lamentable involución.

Esta maravillosa técnica occidental ha hecho posible la maravillosa proliferación de la casta europea. Recuérdese el dato de que tomó su vuelo este ensayo y que, como dije, encierra germinalmente todas estas meditaciones. Del siglo [illegible] a 1800, Europa no consigue tener una población mayor de 180 millones. De 1800 a 1914 asciende a más de 460 millones. El brinco es único en la historia humana. No cabe dudar de que la técnica —junto con la democracia liberal— ha engendrado al hombre-masa en el sentido cuantitativo de esta expresión. Pero estas páginas han intentado mostrar que también es responsable de la existencia del hombre-masa en el sentido cualitativo y peyorativo del término.

Por «masa» —prevenía yo al principio— no se entiende especialmente al obrero; no designa aquí una clase social, sino una clase o modo de ser hombre que se da hoy en todas las clases sociales, que por lo mismo representa a nuestro tiempo, sobre el cual predomina e impera. Ahora vamos a ver esto con sobrada evidencia.

¿Quién ejerce hoy el poder social? ¿Quién impone la estructura de su espíritu en la época? Sin duda, la burguesía.

¿Quién, dentro de esa burguesía, es considerado como el grupo superior, como la aristocracia del presente? Sin duda, el técnico: ingeniero, médico, financiero, profesor, etc., etc. ¿Quién dentro del gru-

[7] Centuplica la monstruosidad del hecho que —como he indicado— todos los demás principios vitales —política, derecho, arte, moral, religión— se hallan, efectivamente, y *por sí* mismos, en crisis, en, por lo menos, transitoria falla. Sólo la ciencia no falla, sino que cada día cumple con fabulosas creces cuanto promete y más de lo que promete. No tiene, pues, concurrencia, no cabe disculpar el despego hacia ella, suponiendo al hombre medio distraído por algún otro entusiasmo de cultura.

po técnico, lo representa con mayor altitud y pureza? Sin duda, el hombre de ciencia. Si un personaje astral visitase a Europa, y con ánimo de juzgarla, le preguntase por qué tipo de hombre, entre los que la habitan, preferiría ser juzgada, no hay duda de que Europa señalaría, complacida y segura de una sentencia favorable, a sus hombres de ciencia. Claro que el personaje astral no preguntaría por individuos excepcionales, sino que buscaría la regla, el tipo genérico «hombre ciencia», cima de la humanidad europea.

Pues bien: resulta que el hombre de ciencia actual es el prototipo del hombre-masa. Y no por casualidad, ni por defecto unipersonal de cada hombre de ciencia, sino porque la ciencia misma —raíz de la civilización— lo convierte automáticamente en hombre-masa; es decir, hace de él un primitivo, un bárbaro moderno.

La cosa es harto sabida: innumerables veces se ha hecho constar; pero sólo articulada en el organismo de este ensayo adquiere la plenitud de su sentido y la evidencia de su gravedad.

La ciencia experimental se inicia al finalizar el siglo XVI (Galileo), logra constituirse a fines del siglo XVII (Newton) y empieza a desarrollarse a mediados del XVIII. El desarrollo de algo es cosa distinta de su constitución y está sometido a condiciones diferentes. Así, la constitución de la física, nombre colectivo de la ciencia experimental, obligó a un esfuerzo de unificación. Tal fue la obra de Newton y demás hombres de su tiempo. Pero el desarrollo de la física inició una faena de carácter opuesto a la unificación. Para progresar, la ciencia necesitaba que los hombres de ciencia se especializasen. Los hombres de ciencia, no ella misma. La ciencia no es especialista. *Ipso facto* dejaría de ser verdadera. Ni siquiera la ciencia empírica, tomada en su integridad, es verdadera si se la separa de la matemática, de la lógica, de la filosofía. Pero el trabajo de ella sí tiene —irremisiblemente— que ser especializado.

Sería de gran interés, y mayor utilidad que la aparente a primera vista, hacer una historia de las ciencias físicas y biológicas mostrando el proceso de creciente especialización en la labor de los investigadores. Ella haría ver cómo, generación tras generación, el hombre de ciencia ha ido constriñéndose, recluyéndose, en un campo de ocupación intelectual cada vez más estrecho. Pero no es esto lo importante que esa historia nos enseñaría, sino más bien lo inverso: cómo en cada generación el científico, por tener que reducir su órbita de trabajo, iba progresivamente perdiendo contacto con las demás partes de la ciencia, con una interpretación integral del Universo, que es lo único merecedor de los nombres de ciencia, cultura, civilización europea.

La especialización comienza precisamente en un tiempo que llama hombre civilizado al hombre «enciclopédico». El siglo XIX inicia sus destinos bajo la dirección de criaturas que viven enciclopédicamente, aunque su producción tenga ya carácter de especialismo. En la generación subsiguiente, la ecuación se ha desplazado, y la especialidad empieza a desalojar dentro de cada hombre de ciencia a la cultura integral. Cuando en 1890 una tercera generación toma el mando intelectual de Europa, nos encontramos con un tipo de científico sin ejemplo en la historia. Es un hombre que, de todo lo que hay que saber para ser un personaje discreto, conoce sólo una ciencia determinada, y aun de esa ciencia sólo conoce bien la pequeña porción en que él es activo investigador. Llega a proclamar como una virtud el no enterarse de cuanto quede fuera del angosto paisaje que especialmente cultiva, y llama *dilettantismo* a la curiosidad por el conjunto del saber.

El caso es que, recluido en la estrechez de su campo visual, consigue, en efecto, descubrir nuevos hechos y hacer avanzar su ciencia, que él apenas conoce, y con ella la enciclopedia del pensamiento, que concienzudamente desconoce. ¿Cómo ha sido y es posible cosa semejante? Porque conviene recalcar la extravagancia de este hecho innegable: la ciencia experimental ha progresado en buena parte merced al trabajo de hombres fabulosamente mediocres, y aun menos que mediocres. Es decir, que la ciencia moderna, raíz, y símbolo de la civilización actual, da acogida dentro de sí al hombre intelectualmente medio y le permite operar con buen éxito. La razón de ello está en lo que es, a la par, ventaja mayor y peligro máximo de la ciencia nueva y de toda civilización que ésta dirige y representa: la mecanización. Una buena parte de las cosas que hay que hacer en física o en biología es faena mecánica de pensamiento que puede ser ejecutada por cualquiera, o poco menos. Para los efectos de innumerables investigaciones es posible dividir la ciencia en pequeños segmentos, encerrarse en uno y desentenderse de los demás. La firmeza y exactitud de los métodos permiten esta transitoria y práctica desarticulación del saber. Se trabaja con uno de esos métodos como con una máquina, y ni siquiera es forzoso, para obtener abundantes resultados, poseer ideas rigurosas sobre el sentido y fundamento de ellos. Así, la mayor parte de los científicos empujan el progreso general de la ciencia encerrados en la celdilla de su laboratorio, como la abeja en la de su panal o como el pachón de asador en su cajón.

Pero esto crea una casta de hombres sobremanera extraños. El investigador que ha descubierto un nuevo hecho de la naturaleza tiene por fuerza que sentir una impresión de dominio y seguridad en su persona. Con cierta aparente justicia, se considerará como «un hombre que sabe». Y, en efecto, en él se da un pedazo de algo que junto con otros pedazos no existentes en él constituyen verdaderamente el saber. Esta es la situación íntima del especialista, que en los primeros años de este siglo ha llegado a su más frenética exageración. El especialista sabe muy bien su mínimo rincón de universo; pero ignora de raíz todo el resto.

He aquí un precioso ejemplar de este extraño hombre nuevo que he intentado, por una y otra de sus vertientes y haces, definir. He dicho que era una configuración humana sin par en toda la historia. El especialista nos sirve para concretar enérgicamente la especie y hacernos ver todo el radicalismo de su novedad. Porque antes los hombres podían dividirse, sencillamente, en sabios e ignorantes, en más o menos sabios y más o menos ignorantes. Pero el especialista no puede ser subsumido bajo ninguna de esas dos categorías. No es un sabio, porque ignora formalmente cuanto no entra en su especialidad; pero tampoco es un ignorante, porque es «un hombre de ciencia» y conoce muy bien su porciúncula de universo. Habremos de decir que es un sabio-ignorante, cosa sobremanera grave, pues significa que es un señor el cual se comportará en todas las cuestiones que ignora, no como un ignorante, sino con toda la petulancia de quien en su cuestión especial es un sabio.

Y, en efecto, éste es el comportamiento del especialista. En política, en arte, en los usos sociales, en las otras ciencias tomará posiciones de primitivo, de ignorantísimo; pero las tomará con energía y suficiencia, sin admitir —y esto es lo paradójico— especialistas de esas cosas. Al especializarlo, la civilización le ha hecho hermético y satisfecho dentro de su limitación; pero esta misma sensación íntima de dominio y valía le llevará a querer predominar fuera de su especialidad. De donde resulta que aun en este caso, que representa un máximun de hombre calificado —especialismo— y, por lo tanto, lo más opuesto al hombre-masa, el resultado es que se comportará sin cualificación y como hombre-masa en casi todas las esferas de la vida.

La advertencia no es vaga. Quienquiera puede observar la estupidez con que piensan, juzgan y actúan hoy en política, en arte, en religión y en los problemas generales de la vida y el mundo los «hombres de ciencia», y claro es, tras ellos, médicos, ingenieros, financieros, profesores, etcétera. Esa condición de «no escuchar», de no someterse a instancias superiores que reiteradamente he presentado como característica del hombre-masa, llega al colmo precisamente en estos hombres parcialmente cualificados. Ellos simbolizan, y en gran parte constituyen, el imperio actual de las masas, y su barbarie es la causa inmediata de la desmoralización europea.

Por otra parte, significan el más claro y preciso ejemplo de cómo la civilización del último siglo, *abandonada a su propia inclinación*, ha producido este rebrote de primitivismo y barbarie.

El resultado más inmediato de este especialismo *no compensado* ha sido que hoy, cuando hay mayor número de «hombres de ciencia» que nunca, haya muchos menos hombres «cultos» que, por ejemplo, hacia 1750. Y lo peor es que con esos pachones del asador científico ni siquiera está asegurado el progreso íntimo de la ciencia. Porque ésta necesita de tiempo en tiempo, como orgánica regulación de su propio incremento, una labor de reconstitución, y, como he dicho, esto requiere un esfuerzo de unificación, cada vez más difícil, que cada vez complica regiones más vastas del saber total. Newton pudo crear su sistema físico sin saber mucha filosofía, pero Einstein ha necesitado saturarse de Kant y de Mach para poder llegar a su aguda síntesis. Kant y Mach —con estos nombres se simboliza sólo la masa enorme de pensamientos filosóficos y psicológicos que han influido en Einstein— han servido para *liberar* la mente de éste y dejarle la vía franca hacia su innovación. Pero Einsteins no es suficiente. La física entra en la crisis más honda de su historia, y sólo podrá salvarla una nueva enciclopedia más sistemática que la primera.

El especialismo, pues, que ha hecho posible el progreso de la ciencia experimental durante un siglo, se aproxima a una etapa en que no podrá avanzar por sí mismo si no se encarga una generación mejor de construirle un nuevo asador más poderoso.

Pero si el especialista desconoce la fisiología interna de la ciencia que cultiva, mucho más radicalmente ignora las condiciones históricas de su perduración, es decir, cómo tienen que estar organizados la sociedad y el corazón del hombre para que pueda seguir habiendo investigadores. El descenso de vocaciones científicas que en estos años se observa —y a que ya aludí— es un síntoma preocupador para todo el que tenga una idea clara de lo que es civilización, la idea que suele faltar al típico «hombre de ciencia», cima de nuestra actual civilización. También él cree que la civilización está *ahí*, simplemente, como la corteza terrestre y la selva primigenia.

XIII

EL MAYOR PELIGRO, EL ESTADO

En una buena ordenación de las cosas públicas, la masa es lo que no actúa por sí misma. Tal es su misión. Ha venido al mundo para ser dirigida, influida, representada, organizada —hasta para dejar de ser masa o, por lo menos, aspirar a ello—. Pero no ha venido al mundo para hacer todo eso por sí. Necesita referir su vida a la instancia superior, constituida por las minorías excelentes. Discútase cuanto se quiera quiénes son los hombres excelentes; pero que sin ellos —sean unos o sean otros— la humanidad no existiría en lo que tiene de más esencial, es cosa sobre la cual conviene que no haya duda alguna, aunque lleve Europa todo un siglo metiendo la cabeza debajo del alón, al modo de los estrucios, para ver si consigue no ver tan radiante evidencia. Porque no se trata de una opinión fundada en hechos más o menos frecuentes, sino en una ley de la «física» social, mucho más inconmovible que las leyes de la física de Newton. El día que vuelva a imperar en Europa una auténtica filosofía [1] —única cosa que puede salvarla— se volverá a caer en la cuenta de que el hombre es, tenga de ello ganas o no, un ser constitutivamente forzado a buscar una instancia superior. Si logra por sí mismo encontrarla, es que es un hombre excelente; si no, es que es un hombre-masa y necesita recibirla de aquél.

Pretender la masa actuar por sí misma es, pues, rebelarse contra su propio destino, y como eso es lo que hace ahora, hablo yo de la rebelión de las masas. Porque a la postre la única cosa que sustancialmente y con verdad puede llamarse rebelión es la que consiste en no aceptar cada cual su destino, en rebelarse contra sí mismo. En rigor, la rebelión del arcángel Luzbel no lo hubiera sido menos si en vez de empeñarse en ser Dios —lo que no era su destino— se hubiese empecinado en ser el más íntimo de los ángeles, que tampoco lo era. (Si Luzbel hubiera sido ruso, como Tolstoi, habría acaso preferido este último estilo de rebeldía, que no es más ni menos contra Dios que el otro tan famoso.)

Cuando la masa actúa por sí misma, lo hace sólo de una manera, porque no tiene otra: lincha. No es completamente casual que la ley de Lynch sea americana, ya que América es, en cierto modo, el paraíso de las masas. Ni mucho menos podrá extrañar que ahora, cuando las masas triunfan, triunfe la violencia y se haga de ella la única *ratio*, la única doctrina. Va para mucho tiempo que hacía yo notar este progreso de la violencia como norma. [2] Hoy ha llegado a un máximo desarrollo, y esto es un buen síntoma, porque significa que automáticamente va a iniciarse su descenso. Hoy es ya la violencia la retórica del tiempo; los retóricos, los inanes, la hacen suya. Cuando una realidad humana ha cumplido su historia, ha naufragado y ha muerto, las olas la escupen en las costas de la retórica,

[1] Para que la filosofía impere no es menester que los filósofos imperen —como Platón quiso primero—, ni siquiera que los emperadores filosofen —como quiso, más modestamente, después—. Ambas cosas son, en rigor, funestísimas. Para que la filosofía impere, basta con que la haya; es decir, con que los filósofos sean filósofos. Desde hace casi una centuria los filósofos son todo menos eso —son políticos, son pedagogos, son literatos o son hombres de ciencia.

[2] Véase *España invertebrada*, 1921.

donde, cadáver, pervive largamente. La retórica es el cementerio de las realidades humanas, cuando más, su hospital de inválidos. A la realidad sobrevive su nombre, que, aun siendo sólo palabra, es, al fin y al cabo, nada menos que palabra, y conserva siempre algo de su poder mágico.

Pero aun cuando no sea imposible que haya comenzado a menguar el prestigio de la violencia como norma cínicamente establecida, continuaremos bajo su régimen; bien que en otra forma.

Me refiero al peligro mayor que hoy amenaza a la civilización europea. Como todos los demás peligros que amenazan a esta civilización, también éste ha nacido de ella. Más aún: constituye una de sus glorias; es el Estado contemporáneo. Nos encontramos, pues, con una réplica de lo que en el capítulo anterior se ha dicho sobre la ciencia: la fecundidad de sus principios la empuja hacia un fabuloso progreso; pero éste impone inexorablemente la especialización, y la especialización amenaza con ahogar a la ciencia.

Lo mismo acontece con el Estado.

Rememórese lo que era el Estado a fines del siglo XVIII en todas las naciones europeas. ¡Bien poca cosa! El primer capitalismo y sus organizaciones industriales, donde por primera vez triunfa la técnica, la nueva técnica, la racionalizada, habían producido un primer crecimiento de la sociedad. Una nueva clase social apareció, más poderosa en número y potencia que las preexistentes: la burguesía. Esta indina burguesía poseía, ante todo y sobre todo, una cosa: talento, talento práctico. Sabía organizar, disciplinar, dar continuidad y articulación al esfuerzo. En medio de ella, como en un océano, navegaba azarosa la «nave del Estado». La nave del Estado es una metáfora reinventada por la burguesía, que se sentía a sí mismo oceánica, omnipotente y encintada de tormentas. Aquella nave era cosa de nada o poco más: apenas si tenía soldados, apenas si tenía burócratas, apenas si tenía dinero. Había sido fabricada en la Edad Media por una clase de hombres muy distintos de los burgueses: los nobles, gente admirable por su coraje, por su don de mando, por su sentido de responsabilidad. Sin ellos no existirían las naciones de Europa. Pero con todas esas virtudes del corazón, los nobles andaban, han andado siempre, mal de cabeza. Vivían de la otra víscera. De inteligencia muy limitada, sentimentales, instintivos, intuitivos; en suma, «irracionales». Por eso no pudieron desarrollar ninguna técnica, cosa que obliga a la racionalización. No inventaron la pólvora. Se fastidiaron. Incapaces de inventar nuevas armas, dejaron que los burgueses —tomándola de Oriente u otro sitio— utilizaran la pólvora, y con ello, automáticamente, ganaran la batalla al guerrero noble, al «caballero», cubierto estúpidamente de hierro, que apenas podía moverse en la lid, y a quien no se le había ocurrido que el secreto eterno de la guerra no consiste tanto en los medios de defensa como en los de agresión; secreto que iba a redescubrir Napoleón.[3]

[3] Esta imagen sencilla del gran cambio histórico en que se sustituye la supremacía de los nobles por el predominio de los burgueses, se debe a Ranke; pero claro es que su verdad simbólica y esquemática requiere no pocos aditamentos para ser completamente verdadera. La pólvora era conocida de tiempo inmemorial. La invención de la carga en un tubo se debió a alguien de la Lombardía. Aun así no fue eficaz hasta que se inventó la bala fundida. Los «nobles» usaron en pequeña dosis el arma de fuego, pero era demasiado cara. Sólo los ejércitos burgueses, mejor organizados económicamente, pudieron emplearla en grande. Queda, sin embargo, como literalmente cierto que los nobles, representados por el ejército del tipo medieval de los borgoñones, fueron derrotados de manera defi-

Como el Estado es una técnica —de orden público y de administración—, el «antiguo régimen» llega a los fines del siglo XVIII con un Estado debilísimo, azotado de todos lados por una ancha y revuelta sociedad. La desproporción entre el poder del Estado y el poder social es tal en ese momento, que comparando la situación con la vigente en tiempos de Carlomagno, aparece el Estado del siglo XVIII como una degeneración. El Estado carolingio era, claro está, mucho menos pudiente que el de Luis XVI; pero, en cambio, la sociedad que lo rodeaba no tenía fuerza ninguna.[4] El enorme desnivel entre la fuerza social y la del poder público hizo posible la revolución, las revoluciones (hasta 1848).

Pero con la revolución se adueñó del poder público la burguesía y aplicó al Estado sus innegables virtudes, y en poco más de una generación creó un Estado poderoso, que acabó con las revoluciones. Desde 1848, es decir, desde que comienza la segunda generación de Gobiernos burgueses, no hay en Europa verdaderas revoluciones. Y no ciertamente porque no hubiese motivos para ellas, sino porque no había medios. Se niveló el poder público con el poder social. *¡Adiós revoluciones para siempre!* Ya no cabe en Europa más que lo contrario: el golpe de Estado. Y todo lo que con posterioridad pudo darse aires de revolución, no fue más que un golpe de Estado con máscara.

En nuestro tiempo, el Estado ha llegado a ser una máquina formidable que funciona prodigiosamente, de una maravillosa eficiencia por la cantidad y precisión de sus medios. Plantada en medio de la sociedad, basta tocar un resorte para que actúen sus enormes palancas y operen fulminantes sobre cualquier trozo del cuerpo social.

El Estado contemporáneo es el producto más visible y notorio de la civilización. Y es muy interesante, es revelador, percatarse de la actitud que ante él adopta el hombre-masa. Este lo ve, lo admira, sabe que *está* ahí, asegurando su vida; pero no tiene conciencia de que es una creación humana inventada por ciertos hombres y sostenida por ciertas virtudes y supuestos que hubo ayer en los hombres y que puede evaporarse mañana. Por otra parte, el hombre-masa ve en el Estado un poder anónimo, y, como él se siente a sí mismo anónimo —vulgo—, cree que el Estado es cosa suya. Imagínese que sobreviene en la vida pública de un país cualquiera dificultad, conflicto o problema: el hombre-masa tenderá a exigir que inmediatamente lo asuma el Estado, que se encargue directamente de resolverlo con sus gigantescos e incontrastables medios.

Este es el mayor peligro que hoy amenaza a la civilización: la estatificación de la vida, el intervencionismo del Estado, la

nitiva por el nuevo ejército, no profesional, sino de burgueses, que formaron los suizos. Su fuerza primaria consistió en la nueva disciplina, y la nueva racionalización de la táctica.

[4] Merecería la pena de insistir sobre este punto y hacer notar que la época de las monarquías absolutas europeas ha operado con Estados muy débiles. ¿Cómo se explica esto? Ya la sociedad en torno comenzaba a crecer. ¿Por qué, si el Estado lo podía todo —era «absoluto»—, no se hacía más fuerte? Una de las causas es la apuntada: incapacidad técnica, racionalizadora, burocrática, de las aristocracias de sangre. Pero no basta esto. Además de eso, aconteció que el Estado absoluto, que *aquellas aristocracias, no quisieron agrandar el Estado a costa de la sociedad.* Contra lo que se cree, el Estado absoluto respeta instintivamente la sociedad mucho más que nuestro Estado democrático, más inteligente, pero con menos sentido de la responsabilidad histórica.

absorción de toda espontaneidad social por el Estado; es decir, la anulación de la espontaneidad histórica, que en definitiva sostiene, nutre y empuja los destinos humanos. Cuando la masa siente alguna desventura o, simplemente, algún fuerte apetito, es una gran tentación para ella esa permanente y segura posibilidad de conseguir todo —sin esfuerzo, lucha, duda, ni riesgo— sin más que tocar el resorte y hacer funcionar la portentosa máquina. La masa se dice: «El Estado soy yo», lo cual es un perfecto error. El Estado es la masa sólo en el sentido en que puede decirse de dos hombres que son idénticos, porque ninguno de los dos se llama Juan. Estado contemporáneo y masa coinciden sólo en ser anónimos. Pero el caso es que el hombre-masa cree, en efecto, que él es el Estado, y tenderá cada vez más a hacerlo funcionar con cualquier pretexto, a aplastar con él toda minoría creadora que lo perturbe —que lo perturbe en cualquier orden: en política, en ideas, en industria.

El resultado de esta tendencia será fatal. La espontaneidad social quedará violentada una vez y otra por la intervención del Estado; ninguna nueva simiente podrá fructificar. La sociedad tendrá que vivir *para* el Estado; el hombre, *para* la máquina del gobierno. Y como a la postre no es sino una máquina cuya existencia y mantenimiento dependen de la vitalidad circundante que la mantenga, el Estado, después de chupar el tuétano a la sociedad, se quedará hético, esquelético, muerto con esa muerte herrumbrosa de la máquina, mucho más cadavérica que la del organismo vivo.

Este fue el sino lamentable de la civilización antigua. No tiene duda que el Estado imperial creado por los Julios y los Claudios fue una máquina admirable, incomparablemente superior como artefacto al viejo Estado republicano de las familias patricias. Pero, curiosa coincidencia, apenas llegó a su pleno desarrollo, comienza a decaer el cuerpo social. Ya en los tiempos de los Antoninos (siglo II) el Estado gravita con una antivital supremacía sobre la sociedad. Esta empieza a ser esclavizada, a no poder vivir más que *en servicio del Estado. La vida toda se burocratiza.* ¿Qué acontece? La burocratización de la vida produce su mengua absoluta —en todos los órdenes—. La riqueza disminuye y las mujeres paren poco. Entonces el Estado, para subvenir a sus propias necesidades, fuerza más la burocratización de la existencia humana. Esta burocratización en segunda potencia es la militarización de la sociedad. La urgencia mayor del Estado en su aparato bélico, su ejército. El Estado es, ante todo, productor de seguridad (la seguridad de que nace el hombre-masa, no se olvide). Por eso es, ante todo, ejército. Los Severos, de origen africano, militarizan el mundo. ¡Vana faena! La miseria aumenta, las matrices son cada vez menos fecundas. Faltan hasta soldados. Después de los Severos el ejército tiene que ser reclutado entre extranjeros.

¿Se advierte cuál es el proceso paradójico y trágico del estatismo? La sociedad, para vivir mejor ella, crea, como un utensilio, el Estado. Luego, el Estado se sobrepone, y la sociedad tiene que empezar a vivir para el Estado.[5] Pero, al fin y al cabo, el Estado se compone aún de los hombres de aquella sociedad. Mas pronto no basta con éstos para sostener el Estado y hay que llamar a extranjeros: pri-

[5] Recuérdense las últimas palabras de Septimio Severo a sus hijos: «Permaneced unidos, pagad a los soldados y despreciad el resto.»

mero, dálmatas; luego, germanos. Los extranjeros se hacen dueños del Estado, y los restos de la sociedad, del pueblo inicial, tienen que vivir esclavos de ellos, de gente con la cual no tiene nada que ver. A esto lleva el intervencionismo del Estado: el pueblo se convierte en carne y pasta que alimentan el mero artefacto y máquina que es el Estado. El esqueleto se come la carne en torno a él. El andamio se hace propietario e inquilino de la casa.

Cuando se sabe esto, azora un poco oir que Mussolini pregona con ejemplar petulancia, como un prodigioso descubrimiento hecho ahora en Italia, la fórmula: *Todo por el Estado; nada fuera del Estado; nada contra el Estado.* Bastaría esto para descubrir en el fascismo un típico movimiento de hombre-masa. Mussolini se encontró con un Estado admirablemente construido —no por él, sino precisamente por las fuerzas e ideas que él combate: por la democracia liberal—. El se limita a usarlo incontinentemente; y sin que yo me permita ahora juzgar el detalle de su obra, es indiscutible que los resultados obtenidos hasta el presente no pueden compararse con los logrados en la función política y administrativa por el Estado liberal. Si algo ha conseguido, es tan menudo, poco visible y nada sustantivo, que difícilmente equilibra la acumulación de poderes anormales que le consiente emplear aquella máquina en forma extrema.

El estatismo es la forma superior que toman la violencia y la acción directa constituidas en norma. Al través y por medio del Estado, máquina anónima, las masas actúan por sí mismas.

Las naciones europeas tienen ante sí una etapa de grandes dificultades en su vida interior, problemas económicos, jurídicos y de orden público sobremanera arduos. ¿Cómo no temer que bajo el imperio de las masas se encargue el Estado de aplastar la independencia del individuo, del grupo, y agostar así definitivamente el porvenir?

Un ejemplo concreto de este mecanismo lo hallamos en uno de los fenómenos más alarmantes de estos últimos treinta años: el aumento enorme en todos los países de las fuerzas de Policía. El crecimiento social ha obligado ineludiblemente a ello. Por muy habitual que nos sea, no debe perder su terrible paradojismo ante nuestro espíritu el hecho de que la población de una gran urbe actual, para caminar pacíficamente y acudir a sus negocios, necesita, sin remedio, una Policía que regule la circulación. Pero es una inocencia de las gentes de «orden» pensar que estas «fuerzas de orden público», creadas para el orden, se van a contentar con imponer siempre el que aquéllas quieran. Lo inevitable es que acaben por definir y decidir ellas el orden que van a imponer —y que será, naturalmente, el que les convenga.

Conviene que aprovechemos el roce de esta materia para hacer notar la diferente reacción que ante una necesidad pública puede sentir una u otra sociedad. Cuando, hacia 1800, la nueva industria comienza a crear un tipo de hombre —el obrero industrial— más criminoso que los tradicionales, Francia se apresura a crear una numerosa Policía. Hacia 1810 surge en Inglaterra, por las mismas causas, un aumento de la criminalidad, y entonces caen los ingleses en la cuenta de que ellos no tienen Policía. Gobiernan los conservadores. ¿Qué harán? ¿Crearán una Policía? Nada de eso. Se prefiere aguantar, hasta donde se pueda, el crimen. «La gente se resigna a hacer su lugar al desorden, considerándolo como rescate de la libertad.» «En París —escribe John William Ward— tienen una Policía admirable; pero pagan caras sus ventajas. Prefiero ver que cada tres o cuatro años se degüella a media docena de hombres en Ratcliffe Road, que estar sometido a visitas domiciliarias, al espionaje y a todas las maquinaciones de Fouché.[6] Son dos ideas distintas del Estado. El inglés quiere que el Estado tenga límites.

[6] Véase Elie Halécy: *Histoire du peuple anglais au XIX siècle* (tomo I, pág. 40, 1912).

19 León Felipe Camino

(1884 - 1969)

Notable poeta español contemporáneo. Nació en Tábara (Zamora) el año de 1884. Murió en México en 1969. De niño vivió en Salamanca. Cursó el bachillerato en Santander y la carrera de Farmacia en Valladolid y Madrid. Durante varios años fue actor y representó en la compañía del gran trágico José Tallaví. Más tarde ejerció su profesión farmacéutica en la Alcarria y en la Guinea española. Viajó por toda América y residió en Estados Unidos y en México como lector e instructor de español en distintas Universidades.

En la poesía de León Felipe, líricamente desnuda, de forma nueva y muy libre, se delatan influencias tradicionales de Jorge Manrique y de Gil Vicente; influencias modernas de Juan Ramón Jiménez y de Antonio Machado. Sin embargo, dichas influencias han sido asimiladas y rebasadas por el poeta, quien se muestra profundo de humanidad, con cierta tendencia a un fondo y una forma de surrealismo, y siempre original, auténtico, renovado.

Son conocidas sus obras **Versos y oraciones del caminante** (Madrid, 1929), **Antología** (Madrid, 1935), **El payaso de las bofetadas** (México, 1938), **Español del éxodo y del llanto** (México, 1939), **El poeta maldito** (México, 1944), **Llamadme publicano** (México, 1950), **El ciervo** (México, 1958) y otros libros más, igualmente sugestivos y novedosos.

Descoyuntado, hondo, trágico, lleno de vigor y de verbo, penetra León-Felipe en una dimensión infinita en que se resuelven oraciones, anatemas, desesperanzas y gritos anárquicos. Solo, angustiado, peregrino, en voz de sangre y de salto alcanza una cima de poesía extraña y personalísima, llena de muy buena emoción. Puede servir como uno de los más bellos ejemplos su glosa al tema del hijo pródigo en **El poeta prometeico** o **Regad la sombra,** en el mismo libro, como caso más unido a su ritmo peculiar, procedente de su primera época, más agudamente logrado y expresivo. Qué dramas poderosos, qué voz de soledad potente, cómo se unen en él acentos de Juvenal y Sartre, y de Antonio Machado, en una línea serpenteante o en contraste. Distante unas veces, penetrando en su esencia española, aun en sus dicterios desesperados, como en la elegía implacable e impresionante. **El hacha** (1939) se acoge tantas veces al más grande de nuestros mitos, a Don Quijote, para hablarle como un discípulo y hermano, y entre sus anécdotas de heterodoxia, muchas veces más externa que fundamental, preside entre dolor, ansia de justicia y caídas abismales, la línea escueta, sobre las horcas y esqueletos, de una cruz irradiante de fulgores. Ansias de vuelo, llamadas del viento, sobrenadan ante charcos de sangre y nubes de polvo.

León-Felipe es un lujo estético de las letras españolas.

Nadie fué ayer

Nadie fue ayer,
ni va hoy,
ni irá mañana
hacia Dios
por este mismo camino
que yo voy.
Para cada hombre guarda
un rayo nuevo de luz el sol...
Y un camino virgen,
Dios.

Versos y oraciones del caminante, Libro I, 1920

ROMERO SOLO...

Ser en la vida romero,
romero solo que cruza siempre por caminos nuevos.
Ser en la vida romero
sin más oficio, sin otro nombre y sin pueblo.
Ser en la vida romero, romero..., sólo romero.
Que no hagan callo las cosas ni en el alma ni en el cuerpo;
pasar por todo una vez, una vez solo y ligero,
ligero, siempre ligero.

Que no se acostumbre el pie a pisar el mismo suelo,
ni el tablado de la farsa, ni la losa de los templos,
para que nunca recemos
como el sacristán los rezos,
ni como el cómico viejo
digamos los versos.
La mano ociosa es quien tiene más fino el tacto en los dedos,
decía el príncipe Hamlet, viendo

cómo cavaba una fosa y cantaba al mismo tiempo
un sepulturero.
No sabiendo los oficios, los haremos con respeto.
Para enterrar a los muertos
como debemos,
cualquiera sirve, cualquiera... menos un sepulturero.
Un día todos sabemos
hacer justicia. Tan bien como el rey hebreo [1]
la hizo Sancho el escudero
y el villano Pedro Crespo. [2]

Que no hagan callo las cosas ni en el alma ni en el cuerpo.
Pasar por todo una vez, una vez sólo y ligero,
ligero, siempre ligero.

Sensibles a todo viento
y bajo todos los cielos,
poetas, nunca cantemos
la vida de un mismo pueblo
ni la flor de un solo huerto.
Que sean todos los pueblos
y todos los huertos nuestros.

Versos y oraciones de caminante, 1920

[1] Alude a Salomón.
[2] *Pedro Crespo*, protagonista de *El alcalde de Zalamea*, de Calderón.

COMO TU...

Así es mi vida,
piedra,
como tú. Como tú,
piedra pequeña;
como tú,
piedra ligera;
como tú,
canto que ruedas
por las calzadas
y por las veredas;
como tú,
guijarro humilde de las carreteras;
como tú,
que en días de tormenta
te hundes
en el cieno de la tierra
y luego
centelleas
bajo los cascos
y bajo las ruedas;
como tú, que no has servido
para ser ni piedra
de una lonja,
ni piedra de una audiencia,
ni piedra de un palacio,
ni piedra de una iglesia;
como tú,

piedra aventurera;
como tú,
que tal vez estés hecha
sólo para una honda,
piedra pequeña
y
ligera...

Versos y oraciones de caminante, 1920

¡QUE LASTIMA!

¡Qué lástima
que yo no pueda cantar a la usanza
de este tiempo lo mismo que los poetas de hoy cantan!
¡Qué lástima
que yo no pueda entonar con una voz engolada
esas brillantes romanzas
a las glorias de la patria!
¡Qué lástima
que yo no tenga una patria!
Me da igual Francia que España
y que Alemania y que Italia.
Sé que la historia es la misma, la misma siempre, que pasa
desde una tierra a otra tierra, desde una raza
a otra raza,
como pasan
esas tormentas de estío desde ésta a aquélla comarca.
¡Qué lástima
que yo no tenga comarca,
patria chica, tierra provinciana!
Debí nacer en la entraña
de la estepa castellana
y fui a nacer en un pueblo del que no recuerdo nada;
pasé los días azules de mi infancia en Salamanca,
y mi juventud, una juventud sombría, en la Montaña.
Después... ya no he vuelto a echar el ancla,
y ninguna de estas tierras me levanta
ni me exalta
para poder cantar siempre en la misma tonada
al mismo río que pasa
rodando las mismas aguas,
al mismo cielo, al mismo campo y en la misma casa.
¡Qué lástima
que yo no tenga una casa!,
una casa solariega y blasonada,

una casa
en que guardara,
a más de otras cosas raras,
un sillón viejo de cuero, una mesa apolillada...
y el retrato de mi abuelo que ganara
una batalla.
¡Qué lástima
que yo no tenga un abuelo que ganara
una batalla,
retratado con una mano cruzada
en el pecho, y la otra mano en el puño de la espada!
Y, ¡qué lástima
que yo no tenga siquiera una espada!
Porque... ¿qué voy a cantar si no tengo ni una patria,
ni una tierra provinciana,
ni una casa
solariega y blasonada,
ni el retrato de mi abuelo que ganara
una batalla,
ni un sillón viejo de cuero, ni una mesa, ni una espada?
¡Qué voy a cantar si soy un paria
que apenas tiene una capa!
Sin embargo...
                    en esta tierra de España
y en un pueblo de la Alcarria
hay una casa
en la que estoy de posada
y donde tengo, prestadas,
una mesa de pino y una silla de paja.
Un libro tengo también.   Y todo mi ajuar se halla
en una sala
muy amplia
y muy blanca
que está en la parte más baja
y más fresca de la casa.
Tiene una luz muy clara
esta sala
tan amplia
y tan blanca...
Una luz muy clara
que entra por una ventana
que da a una calle muy ancha.
Y a la luz de esta ventana
vengo todas las mañanas.
Aquí me siento sobre mi silla de paja

y venzo las horas largas
leyendo en mi libro y viendo cómo pasa
la gente al través de la ventana.
Cosas de poca importancia
parecen un libro y el cristal de una ventana
en un pueblo de la Alcarria,
y, sin embargo, me bastan
para sentir todo el ritmo de la vida a mi alma.
Que todo el ritmo del mundo por estos cristales pasa
cuando pasan
ese pastor que va detrás de las cabras
con una enorme cayada,
esa mujer agobiada
con una carga
de leña en la espalda,
esos mendigos que vienen arrastrando sus miserias, de Pastrana,
y esa niña que va a la escuela de tan mala gana.
¡Oh, esa niña! Hace un alto en mi ventana
siempre y se queda a los cristales pegada
como si fuera una estampa.
¡Qué gracia
tiene su cara
en el cristal aplastada
con la barbilla sumida y la naricilla chata!
Yo me río mucho mirándola
y la digo que es una niña muy guapa...
Ella, entonces, me llama ¡tonto!, y se marcha.
¡Pobre niña! Ya no pasa
por esta calle tan ancha
caminando hacia la escuela de muy mala gana,
ni se para
en mi ventana,
ni se queda a los cristales pegada
como si fuera una estampa.
Que un día se puso mala,
muy mala,
y otro día doblaron por ella a muerte las campanas.
Y en una tarde muy clara,
por esta calle tan ancha,
al través de la ventana,
vi cómo se la llevaban
en una caja,
muy blanca...
En una caja
muy blanca

que tenía un cristalito en la tapa.
Por aquel cristal se la veía la cara,
lo mismo que cuando estaba
pegadita al cristal de mi ventana...
Al cristal de esta ventana
que ahora me recuerda siempre el cristalito de aquella caja
tan blanca.
Todo el ritmo de la vida pasa
por este cristal de mi ventana...
¡Y la muerte también pasa!
¡Qué lástima
que no pudiendo cantar otras hazañas,
porque no tengo una patria,
ni una tierra provinciana,
ni una casa
solariega y blasonada,
ni el retrato de un mi abuelo que ganara
una batalla,
ni un sillón viejo de cuero, ni una mesa, ni una espada,
y soy un paria
que apenas tiene una capa...
venga forzado, a cantar cosas de poca importancia!

Versos y oraciones de caminante, 1920

DESHACED ESE VERSO

Deshaced ese verso.
Quitadle los caireles de la rima,
el metro, la cadencia
y hasta la idea misma.
Aventad las palabras,
y si después queda algo todavía,
eso
será la poesía.

¿Qué
importa
que la estrella
esté remota
y deshecha
la rosa?
Aún tendremos
el brillo y el aroma.

Versos y oraciones de caminante, 1920

¿QUIEN SOY YO?

No es verdad.
Yo no ahueco la voz para asustaros.

¿Voy a vestir de luto las tinieblas?
Yo digo secamente: Poetas,
para alumbrarnos
quemamos el azúcar de las viejas canciones
con un poco de ron.
Y aún andamos colgados de la sombra.
Oíd,
gritan desde la torre sin vanos de la frente:

¿Quién soy yo?
¿Me he escapado de un sueño o navego hacia un sueño?
¿Huí de la casa del Rey o busco la casa del Rey?
¿Soy el príncipe esperado o el príncipe muerto?
¿Se enrolla o se desenrolla el film?
Este túnel, ¿me trae o me lleva?
¿Me aguardan los gusanos o los ángeles?
Mi vida está en el aire
dando vueltas, ¡miradla!
como una moneda que decide...
¿Cara o cruz?
¿Quién puede decirme quién soy?

¿Oísteis? es la nueva canción...
Y la vieja canción...
¡Nuestra pobre canción!...

¿Quién soy yo?...

Yo no soy nadie. Un hombre
con un grito de estopa en la garganta
y una gota de asfalto en la retina.
Yo no soy nadie. Y sin embargo,
mis antenas de hormiga han ayudado
a clavar la lanza en el costado del mundo
y detrás de la lupa de la luna
hay un ojo que me ve como a un microbio
royendo el corazón de la tierra.
Tengo ya cien mil años, y hasta ahora
no he encontrado otro mástil de más fuste
que el silencio y la sombra donde colgar mi orgullo.
Tengo ya cien mil años
y mi nombre en el cielo se escribe con lápiz.
El agua, por ejemplo, es más noble que yo.
Por eso las estrellas se duermen en el mar
y mi frente romántica es áspera y opaca.
Detrás de mi frente (escuchad esto bien)
detrás de mi frente hay un viejo dragón:

El sapo negro que saltó de la primera charca del mundo
y está aquí, agazapado en mis sesos,
sin dejarme ver el amor y la justicia...
—Yo no soy nadie.
(¿Has entendido ya
que YO eres TU también?...)

Antología, 1935

DROP A STAR

¿Dónde está la estrella de los nacimientos?
La tierra, encabritada, se ha parado en el viento.
Y no ven los ojos de los marineros.
Aquel pez —¡seguidle!—
se lleva, danzando,
la estrella polar.

El mundo es un *slot-machine,*
con una ranura en la frente del cielo,
sobre la cabecera del mar.
(Se ha parado la máquina,
se ha acabado la cuerda.)

El mundo es algo que funciona
como el piano mecánico de un bar.
(Se ha acabado la cuerda,
se ha parado la máquina...)

Marinero,
tú tienes una estrella en el bolsillo...
¡Drop a star!
Enciende con tu mano la nueva música del mundo,
la canción marinera del mañana,
el himno venidero de los hombres...
¡Drop a star!
Echa a andar otra vez este barco varado, marinero.
Tú tienes una estrella en el bolsillo...
Una estrella nueva de paladio, de fósforo y de imán.

Antología, 1935

CAPITULO SEXTO

LA GENERACION DEL '27

La Generación del '27

La década de 1920, cuando ya se iban calmando los dolores de la primera conflagración mundial, aparece una nueva generación, la **«de 1927»**, o también conocida como la de los «nietos del '98» o la «generación de la Dictadura». Hay quienes la sitúan, sin embargo, en «1925».

Esta generación es sobre todo conocida por sus poetas, sin que por ello deje de haber buenos representantes en los otros géneros literarios.

Es justamente la convulsión mundial de la guerra del 14 la que marca el paso hacia nuevas formas estéticas rompiendo con un pasado que se consideraba culturalmente agotado. Este nuevo espíritu dio lugar a la aparición de unos grupos llamados «escuelas de vanguardia», cuyo deseo era dejar atrás la tradición y dar un arte nuevo con absoluta libertad formal y, paradójicamente, dada la coyuntura histórica, mostrando un optimismo esperanzador.

En España la primera reacción de este movimiento revolucionario fue el ultraísmo, que duró de 1919 a 1923. Se caracteriza por el abandono de los elementos decorativos y musicales del modernismo, a cambio de una poesía metafórica que penetra en los temas que preocupan al mundo moderno.

Luego de este giro iconoclasta se percibe una vuelta a la tradición. Dámaso Alonso dice que «esa generación no se alza contra nada», ni en lo literario ni en lo político, a diferencia, por ejemplo, del modernismo o de la generación del '98. Pero si es verdad que se respetan y admiran los grandes maestros de la literatura nacional, se notan ciertos elementos ultraístas como la sustitución de lo decadente y sentimental por un sentimiento optimista, fuertemente juvenil, y como son la metáfora libre y la estilización de la realidad como savia poética.

Nos encontramos así en los años felices de la estilización culta de lo popular, en que son excelsos Lorca y Alberti, o de la «poesía pura» de Guillén y Salinas. Así como Lorca, en el uso del tema popular, utiliza el romance o la copla, Alberti echa mano de los cancioneros de tradición medioeval. Por otro lado, Salinas y Guillén persiguen la poesía pura, eliminando todo lo que no sea puramente lírico, produciendo un verso esencial y desnudo.

El superrealismo hace su aparición al final de 1920, movimiento literario que viene de Francia y que se basa en el «automatismo síquico puro», que prescinde de la lógica, concentrándose en el mundo subconsciente, con libertad métrica irrestricta.

En España el superrealismo tuvo sus orígenes propios, pero sólo interesó a unos cuantos poetas, como Alberti, Lorca, Aleixandre, Cernuda. Con este nuevo aporte estético se enriqueció la poesía en su contenido dramático. Y la vuelta a lo humano ha sido definida por Dámaso Alonso con un neorrealismo orientado «hacia la ternura, hacia la pasión, hacia el grito acre, hacia el vaticinio». Es así cómo la poesía española de 1930 pudo llegar a ese alto grado de madurez que la caracteriza.

Ciertamente que en este comentario es indispensable señalar que los poetas de esta época mostraron en sus obras las heridas causadas por la guerra civil española y la segunda conflagración mundial. El dolor y la congoja sustituyen a los juegos estéticos de tiempos anteriores. Este fue el destino signado por la tragedia que forzó la ruta de los poetas de esta generación que habían comenzado dedicando sus mejores esfuerzos a las formas estrictas de la poesía pura.

Vemos, pues, que esta generación llamada de **1927** es el resultado de la conjunción de transformaciones humanas y de nuevos elementos estéticos. Así, los horrores sufridos por la humanidad en las dos guerras mundiales y la tragedia española de la guerra civil fratricida producen fuera y dentro de España un profundo cambio en todos los ámbitos de la vida. Este nuevo modo de ser y de sentir trajo, como era lógico esperar, nuevas y variadas interpretaciones en el campo de las ideas estéticas. Este espíritu revolucionario se va desenvolviendo desde las «escuelas de vanguardia» a las metáforas libérrimas del ultraísmo, para volver por los cauces de la tradición, seguir los caminos de la estilización de lo popular y medioeval hasta llegar a los ataques despiadados contra la lógica del movimiento superrealista. Estos procesos configuran las características de esta sufrida y renovadora generación que supo alzarse sobre la destrucción y el derrotismo para darnos los frutos de su entereza y de su genio.

20 Jorge Guillén
(1893)

Gran poeta español. Nació en Valladolid el año 1893. Cursó estudios de Filosofía y Letras en las Universidades de Madrid y Granada, licenciándose en 1913 y doctorándose en 1924. Durante casi tres años, de 1909 a 1911, residió en Suiza. Durante casi seis, de 1917 a 1923, fue lector de español en la Sorbona. Catedrático de Literatura española —1925— en la Universidad de Murcia. Lector —de 1929 a 1931— de español en la Universidad de Oxford. Desde 1932, catedrático de la misma asignatura en la Universidad de Sevilla. Ha colaborado en revistas de poesía pura como **Litoral, Carmen, Poesía.** Ha dirigido —con Juan Guerrero— **Verso y Prosa** —Murcia, 1927 y 1928—. También ha publicado artículos y poemas en periódicos y revistas de gran público: **La Libertad,** de Madrid, con el seudónimo de «Pedro Villa»; **Revista de Occidente, La Pluma, Indice, España,** etc. Ha traducido en verso español poesías de Paul Valéry y Jules Supervielle. A su vez, sus poesías originales han sido traducidas y publicadas en varias revistas francesas, inglesas e italianas.

Ha reunido casi toda su producción en un libro: **Cantico** (1928), del que ha dado varias ediciones, cada vez más amplias. En 1931 publicó **Ardor.** La poesía de Guillén busca lo inefable sentimental. Dos notas la caracterizan: entusiasmo y rigor. Como dice Dámaso Alonso, su poesía es un «grito, una interjección, pero con contenido intelectual». Grito entusiasta ante el maravilloso espectáculo de los seres, ante su mera presencia; rigor en la expresión intelectual, precisa y exacta, de su júbilo de existir y de contemplar la vibración luminosa de las cosas.

Para Guillén, perfección es sinónimo de existencia; por eso el contacto con la realidad se resuelve en sensación de plenitud y exclamación gozosa. Ajena a toda nostalgia, su poesía se halla firmemente anclada en el presente, cuya momentaneidad detiene para cantar con éxtasis admirativo el «aquí» y el «ahora».

En la poesía de Guillén desaparecen por completo todos los elementos decorativos que había aportado el modernismo para quedar tan solo una pura emoción lírica. La forma, ceñida al contenido con lúcida precisión, llega a su máxima desnudez y exactitud, y la realidad, reducida a sus líneas esenciales —espacio, luz, instante— se nos ofrece ahora limpia, transparente, perfecta.

A Guillén le bastará para conseguir la poesía pura —o simple, según él prefiere llamarla— describir, exaltar «algo» sin complicarlo para nada consigo mismo. «Cabe —declara Guillén— la fabricación, la creación de un poema compuesto únicamente de elementos poéticos en todo el rigor del análisis: poesía poética, poesía pura.» Pero por mucho primor que ponga el poeta en este juego lírico, que consiste en hallar la poesía fuera de la sugestión del poeta, la poesía, sin el calor subjetivo —que es traza y estilo, apasionamiento y desistimiento—, aparece demasiado «fría». Así, interesa, pero no llega a emocionar. Porque precisamente todo cuanto, por pasajero y vital, ha eliminado Guillén de su producción, es lo que otorga calor humano al poema, y lo que deja es lo que da a su poesía su imposibilidad desconcertante. Seguramente es Guillén el poeta que ha conseguido llevar la poesía a sus límites últimos y estrictos de forma y expresión.

Jorge Guillén es uno de los líricos más importantes e interesantes de la actual poesía española. Su influencia en parte de los poetas jóvenes es inmensa y decisiva. Guillén es como el iniciador de la «poesía pura» en su manera intelectualista. Su poesía, desnuda y esencial, lo es en ocasiones con cierto cultismo refinado y frío. Más que un afán por encontrar la vena «elemental» de lo poético, diríase que impone su fervor en eliminar cuanto de poético puede saltar al lirismo. Los elementos poéticos que resisten sin descomponerse el análisis turbador de Guillén, son los que procuran el trance fundamental de su inspiración. Posiblemente, toda la honda tortura de este gran poeta se quema, se volatiliza en ese análisis trascendental.

Guillén es un poeta difícil; pero lograda la incursión en su dificultad, presenta y proyecta con netitud espléndida la más exquisita de las complejidades fecundas.

Advenimiento

¡Oh luna! ¡Cuánto abril!
¡Qué vasto y dulce el aire!
Todo lo que perdí
volverá con las aves.

Sí, con las avecillas
que en coro de alborada
pían y pían, pían
sin designio de gracia.

La luna está muy cerca,
quieta en el aire nuestro.
El que yo fui me espera
bajo mis pensamientos.

Cantará el ruiseñor
en la cima del ansia.
¡Arrebol, arrebol
entre el cielo y las auras!

¿Y se perdió aquel tiempo
que yo perdí? La mano
dispone, dios ligero,
de esta luna sin año.

NATURALEZA VIVA

¡Tablero de la mesa
que, tan exactamente
raso nivel, mantiene
resuelto en una idea

su plano: puro, sabio,
mental para los ojos
mentales! Un aplomo,
mientras, requiere al tacto,

que palpa y reconoce
cómo el plano gravita
con pesadumbre rica
de leña, tronco, bosque

de nogal. ¡El nogal
confiado a sus nudos
y vetas, a su mucho
tiempo de potestad

reconcentrada en este
vigor inmóvil, hecho
materia de tablero
siempre, siempre silvestre!

CIMA DE LA DELICIA

¡Cima de la delicia!
Todo el aire es pájaro.
Se cierne lo inmediato
resuelto en lejanía.

¡Hueste de esbeltas fuerzas!
¡Qué alacridad de mozo
en el espacio airoso,
henchido de presencia!

El mundo tiene cándida
profundidad de espejo.
Las más claras distancias
sueñan lo verdadero.

¡Dulzura de los años
irreparables! ¡Bodas
tardías, con la historia
que desamé a diario!

¡Más, todavía más!
Hacia el sol, en volandas,
la plenitud se escapa.
¡Ya sólo sé cantar!

LOS NOMBRES

Albor. El horizonte
entreabre sus pestañas,
y empieza a ver. ¿Qué? Nombres.
Están sobre la pátina

de las cosas. La rosa
se llama todavía
hoy rosa, y la memoria
de su tránsito, prisa.

¡Prisa de vivir más!
¡Al largo amor nos alce
esa pujanza agraz
del Instante, tan ágil

que en llegando a su meta
corre a imponer después!
¡Alerta, alerta, alerta!
¡Yo seré, yo seré!

¿Y las rosas?... Pestañas
cerradas: horizonte
final. ¿Acaso nada?
Pero quedan los nombres.

BEATO SILLON

¡Beato sillón! La casa
corrobora su presencia
con la vaga intermitencia
de su invocación en masa
a la memoria. No pasa
nada. Los ojos no ven,
saben. El mundo está bien
hecho. El instante lo exalta
a marea, de tan alta,
de tan alta, sin vaivén.

NOCHE ENCENDIDA

Tiempo, ¿prefieres la noche encendida?
¡Que lentitud, soledad, en tu colmo!
Bien, radiador, ruiseñor del invierno.
¿La claridad de la lámpara es breve?
Cerré las puertas. El mundo me ciñe.

PERFECCION

Queda curvo el firmamento,
compacto azul sobre el día.
Es el redondeamiento
del esplendor: mediodía.
Todo es cúpula. Reposa,
central sin querer, la rosa,
a un sol en cénit sujeta.
Y tanto se da el presente
que el pie caminante siente
la integridad del planeta.

ESOS CERROS

¿Pureza, soledad? Allí. Son grises.
Grises intactos que ni el pie perdido
sorprendió, soberanamente leves.
Grises junto a la Nada, melancólica.

bella, que el aire acoge como un alma,
visible de tan fiel a un fin: la espera.
— ¡Ser, ser, y aun más remota, para el humo,
para los ojos de los más absortos,
una Nada amparada: gris intacto
sobre tierna aridez, gris de esos cerros!

NIVEL DEL MAR

LA SALIDA

¡Salir por fin, salir
a glorias, a rocíos,
(certera ya la espera,
ya fatales los ímpetus)
resbalar sobre el fresco
dorado del estío
— ¡gracias¡— hasta oponer
a las ondas el tino
gozoso de los músculos
súbitos del instinto,
lanzar, lanzar sin miedo
los lujos y los gritos
a través de la aurora
central de un paraíso,
ahogarse en plenitud
y renacer clarísimo,
(rachas de espacios vírgenes,
acordes inauditos)
feliz, veloz, astral,
ligero y sin amigo!

RIO

¡Qué serena va el agua!
Silencios unifica.
Espadas de cristal
a la deriva esquivan
— lenta espera — sus filos.
El mar los necesita.
Pero un frescor errante
por el río extravía
voces enamoradas.
Piden, juran, recitan.
¡Pulso de la corriente!
¡cómo late: delira!
Bajo las aguas cielos
íntimos se deslizan.
La corola del aire
profundo se ilumina.
Van más enamoradas
las voces   Van, ansían.
Yo quisiera, quisiera...
Todo el río suspira.

CANTICO

EL ACORDE

I

La mañana ha cumplido su promesa.
Arboles, muros, céspedes, esquinas,
Todo está ya queriendo ser la presa
Que nos descubra su filón: hay minas.

Rumor de transeúntes, de carruajes,
Esa mujer que aporta su hermosura,

Niños, un albañil, anuncios: viajes
Posibles... Algo al aire se inaugura

Libre y con paz, nuestra salud dedica
Su involuntario temple a este momento
— Cualquiera — de una calle así tan rica
Del equilibrio entre el pulmón y el viento.

Historia bajo el sol ocurre apenas.
Ocurre que este viento respiramos
A compás de la sangre en nuestras venas.
Es lo justo y nos basta. Sobran ramos.

Modestamente simple con misterio
— Nada resuena en el que no se asorde—,
Elemental, robusto, sabio, serio,
Nos ajusta al contorno el gran acorde:

Estar y proseguir entre los rayos
De tantas fuerzas de la amparadora
Conjunción, favorable a más ensayos
Hacia más vida, más allá de ahora.

No hay gozo en el acorde ni se siente
Como un hecho distinto de la escueta
Continuación de nuestro ser viviente:
Gracia inmediata en curso de planeta.

II

Acorde primordial. Y sin embargo,
Sucede, nos sucede... Lo sabemos
El día fosco llega a ser amargo,
Al buen remero se le van los remos,

Y el dolor, por asalto, con abuso,
Nos somete a siniestro poderío,
Que desgobierna al fin un orbe obtuso
De hiel, de rebelión, de mal impío,

Origen de la náusea con ira,
Ira creciente. Polvo de una arena
Cegadora nos cubre, nos aspira.
Y la mañana duele, no se estrena.

Surge el ceño del odio y nos dispara
Con un azufre tan vil un arrebato

Destructor de sí mismo, de esa cara
Que dice: más a mí yo me combato

Turbas, turbas... Y el mal se profundiza,
Nos lo profundizamos, sombra agrega
De claroscuro a grises de ceniza,
Alza mansión con pútrida bodega.

¿Es venenoso el mundo? ¿Quién, culpable?
¿Culpa nuestra la Culpa? Tan humana,
Del hombre es quien procede aún sin cable
Del tentador, sin pérfida manzana.

Entre los males y los bienes, libre,
Carga Adán, bien nacido, con su peso
— Con su amor y su error — de tal calibre
Que le deja más claro o más obseso.

Sin cesar escogiendo nuestra senda
— Mejor, peor, según, posible todo —
Necesitamos que se nos entienda:
Nuestro vivir es nuestro, sol por lodo.

Y se consuma el hombre todo humano.
Rabia, terror, humillación, conquista.
Se convence al hostil pistola en mano.
Al sediento más sed: que la resista.

Escuchad. Ya no hay coros de gemidos.
Al cómitre de antigua o nueva tralla
No le soportan ya los malheridos.
Y con su lumbre la erupción estalla.

Una chispa en un brinco se atraviesa
Desbaratando máquina y cortejo.
Mugen toros. El mundo es su dehesa.
Más justicia, desorden, caos viejo.

III

Pero el caos se cansa, torpe, flojo,
Las formas desenvuelven su dibujo,
Acomete el amor con más arrojo.
Equilibrada la salud. No es lujo.

La vida, más feroz que toda muerte,
Continúa agarrándose a estos arcos
Entre pulmón y atmósfera. Lo inerte
Vive bajo los cielos menos zarcos.

Si titubea tu esperanza, corta,
Y tus nervios acrecen la maraña
De calles y de tráfagos, no importa.
El acorde a sí mismo no se engaña.

Y cuando más la depresión te oprima,
Y más condenes tu existencia triste,
El gran acorde mantendrá en tu cima
Propia luz esencial: así te asiste.

Con el sol nuestro enlace se renueva.
Robustece el gentío a su mañana.
Esa mujer es inmortal, es Eva.
La Creación en torno se devana.

Cierto, las horas de caricia amante,
Y mientras nos serena su rosario,
Trazan por las arrugas del semblante
Caminos hacia el Fin, ay, necesario.

Nuestra muerte vendrá, la viviremos.
Pero entonces, no ahora, buen minuto
Que no infectan los débiles extremos.
Es todavía pronto para el luto.

Al manantial de creación constante
No lo estancan fracaso ni agonía.
Es más fuerte el impulso de levante,
Triunfador con rigores de armonía.

Hacia el silencio del astral concierto
El músico dirige la concreta
Plenitud del acorde, nunca muerto,
De todo realidad, principio y meta.

Clamor

SOY MORTAL

El piso era una pista,
Los coches eran cuerpos tan seguros
Como estrellas por órbitas,

La mañana era el éter.
Obedecía el mundo a los volantes,
Que desplegaban o que recogían

Tantas rápidas curvas,
Algunos casi quiebros.
Y de repente... ¡No!

Entonces un abismo
— Abismo de segundos —
Nos salvó. Finalmente
Quedamos en la orilla espeluznante,
Y el choque, tan posible,
No llegó a ser suceso.
Un quid:
Durante dos segundos se afrontaron
Nuestra vida arrojada a predominio
Veloz,
A veloz porvenir, y nuestra muerte.

Aquella imagen, sólo aquella imagen,
Torpe boceto apenas ideado,
Me sumió en un terror que me retuvo
Muy dentro de mi propio calabozo:
Este vivir — mortal.

Entre los días y su desenlace
Oscuro de ataúd
No hay congruencia próxima.
A la larga a aparece
— Trazando un arco siempre necesario
Desde el hoy con su afán hacia el remoto
Futuro —
Mi deber de morir,
Acorde al gran concierto ineludible,
Y tras mi frente aguarda sin protesta.
Pero el paso real, sin duda brusco,
La agonía, realísima invasora...
¡Mal «trago», don Rodrigo,
Don Jorge!

Pude yacer allí, quizá deshecho.
Accidente común:
Curiosos, policía, la ambulancia.
Informe ya une forma,
Tan ajena a un aliento que fue espíritu.

¿Aquel soplo, mi soplo,
Se habría remontado
Libre de la catástrofe hacia el sol?
¿Mi ser, mi ser más mío,
Persistiría, trunco?
¿Aquel fuego ardería sin materia,
Pura llama en un aire ya sin aire?
¿Yo no soy mi unidad de carne y hueso
Con alma, con palabra?

Imagino otra faz de la aventura:
Colapso.
Difícil, lento, lento recobrarse...
Pero en contra de muerte, ¿mariposa
Súbitamente así recuperada,
Volado habría yo?
¿Yo, polvo sobre el polvo de una tierra?

Soy más pobre que Lázaro.
Ignorancia es más fuerte que esperanza.
Hombre humilde y perdido,
Yo no sé ni esperar ante ese polvo.
Pero heme aquí, por vocación dispuesto
Siempre a la maravilla.

Heme aquí, cuerpo y alma,
Maravillosamente sólo un ser
Indivisible — mientras voy viviendo,
Y soy yo todavía
Pese a las amenazas del azar,
Por las ciudades y los descampados
Azar salteador,
Escandaloso a ciegas,

Impío.

Entre el azar y el mundo,
Mundo nuestro por fin,
Flexible, manejable,
A caballo en el filo fragilísimo,
He de ser y vivir sobreviviendo,
Cerniéndome
Sobre las asechanzas
Sin clave, sin propósito,
Innúmeras:
Filtraciones de caos
Sin cesar renaciente,

Vil proliferación de una tiniebla
Surgida
Contra la luz en medio de las luces.
Condenado me siento aunque sin átomo
Todavía de muerte,
Y triunfante minuto por minuto,
De pie sobre un planeta que subsiste,
Lóbrego a trompicones, peligroso,
Y junto a los peligros
Me alberga: Creación,
Suprema Creación dominadora,
Pese al azar estólido,
A las suertes sin norte,
Creación donde es justo
Que algún día termine
Mi ser: una centella. Soy mortal.

Que van a dar en la mar

21 Federico García Lorca
(1898 - 1936)

Uno de los más grandes poetas y dramaturgos españoles de todos los tiempos. Nació —1898— en Fuentevaqueros (Granada). Y en Granada murió (1936) trágicamente. Hijo de familia acomodada. Licenciado en Derecho por la Universidad de Granada. Pianista, folklorista de personalísimo estilo. Dibujante y pintor de extraordinaria delicadeza. Viajero por Europa y toda América. Dramaturgo excelso, de alientos renovadores.

Lorca es granadino. Al recalcarlo queremos decir que vivió maravillado por los aromas y los rumores, por la sensación lejana de una nieve sonriente, por lo pintoresco que tiene movilidad cristalina de agua, por el colorido efervescente, por las incongruencias de las almas lánguidas y furtivas. Lorca es granadino y le encantó siempre tener en el oído un acorde turbador y en la mirada una exaltación de contraste.

El comienzo de su obra poética —**Libro de poemas** (1921), **Canciones** (1927)— denota aún la influencia de Juan Ramón Jiménez, aunque se advierte ya el uso de la nueva metáfora y la atracción de lo folklórico y tradicional. En el **Poema del cante jondo** (1931), Lorca encuentra su voz propia, y la estilización musical y graciosa de lo popular deja paso a un tono patético que recoge el tremendo dramatismo de la canción andaluza.

En el **Romancero gitano** (1928), se suma a la nota dramática una brillante y polícroma imaginería que estiliza los elementos pintorescos, dándoles una alta calidad poética. Lejos del colorismo superficial, García Lorca nos da aquí una interpretación lírica que llega al fondo misterioso y trágico del mundo andaluz. Tremenda fuerza dramática tiene también el **Llanto por la muerte de Sánchez Mejías.**

Otros aspectos de su obra nos los dan **El poeta en Nueva York** (1935), libro turbulento en que el autor adopta la forma superrealista para expresar su agrio desdén por la civilización moderna, o el **Diván del Tamarit** (1936), escrito bajo la sugestión de la poesía oriental.

A todo ello hay que añadir varias piezas dramáticas que constituyen lo más importante del teatro del siglo XX. En algunas, **La zapatera prodigiosa, Doña Rosita o el lenguaje de las flores,** por ejemplo, un humor satírico o una leve emoción matizada de ironía dan lugar a escenas deliciosas.

Lorca fue quien trajo a España el teatro nuevo, en el sector de lo poético. Toda su producción escénica es una combinación admirable y lograda de tradicionalismo en los temas, de intenso contenido poético, de humanidad fogosa y exaltada, de colorido brillantísimo, casi cegador; de espiritualidad que toca los límites de la tragedia helénica, de maestría técnica, de interés obsesionante.

El teatro de García Lorca, escrito en verso y en prosa, es siempre absolutamente poético. Ningún resorte de lo esencial falla en él. Y juegan en las distintas obras con una armonía semejante el fatalismo posromántico, los trazos satírico-sicológicos, el patetismo de un rectilíneo conflicto del alma, la gracia de una burla.

En **Bodas de sangre** (1933), **Yerma** (1934) y la **Casa de Bernarda Alba** (1936), nos ofrece un choque brutal de pasiones elementales en un ambiente rústico y en las que lo lírico se funde con lo trágico en un conjunto de intensa belleza y sentido humano.

La obra poética de García Lorca, refinadamente aristocrática y popular al mismo tiempo, se distingue del resto de la producción de la época por el colorido brillante de sus metáforas, por el vigoroso dramatismo de su visión del mundo andaluz, ese mundo que él veía cargado «de angustia y de tragedia», y sobre todo por la honda raíz hispánica de su lírica. Sus versos apenas inciden en lo íntimo, pero pocos han sabido intuir tan profundamente como él la esencia de la tradición poética española.

No hay que olvidar aquí el tipo de composición lorquiana de oda en torneados alejandrinos, intento de contención clásica, en línea cerrada, de un mundo de aromas, de convulsiones, de complejos. La clásica **Oda a Salvador Dalí** fue considerada por Guillermo de la Torre como la teoría en verso del estilo cubista. La **Oda al Santísimo Sacramento del Altar,** llena de un lado el aspecto folklóricamente granadino, de otro las nostalgias románticas de una línea de norma dogmática, de sistemas de atisbos teológicos.

Lorca ha dejado una huella grande ya en discípulos que después han adquirido personalidad independiente, ya en una escuela de meros seguidores, especialmente del **Romancero gitano,** como los artistas de toda una época o un estilo.

Balada de la Placeta

Cantan los niños
en la noche quieta:
¡Arroyo claro,
fuente serena!

Los niños
¿Qué tiene tu divino
corazón de fiesta?

Yo
Un doblar de campanas,
perdidas en la niebla.

Los niños
Ya nos dejas cantando
en la plazuela.
¡Arroyo claro,
fuente serena!
¿Qué tienes en tus manos
de primavera?

Yo
Una rosa de sangre
y una azucena.

Los niños
Mójalas en el agua
de la canción añeja.
¡Arroyo claro,
fuente serena!
¿Qué sientes en tu boca
roja y sedienta?

Yo
El sabor de los huesos
de mi gran calavera.

Los niños
Bebe el agua tranquila
de la canción añeja.
¡Arroyo claro,
fuente serena!
¿Por qué te vas tan lejos
de la plazuela?

Yo
¡Voy en busca de magos
y de princesas!

Los niños
¿Quién te enseñó el camino
de los poetas?

Yo
La fuente y el arroyo
de la canción añeja.

Los niños
¿Te vas lejos, muy lejos,
del mar y de la tierra?

Yo
Se ha llenado de luces
mi corazón de seda,
de campanas perdidas,
de lirios y de abejas,
y yo me iré muy lejos,
más allá de esas sierras,
más allá de los mares
cerca de las estrellas,
para pedirle a Cristo
Señor que me devuelva
mi alma antigua de niño,
madura de leyendas,
con el gorro de plumas
y el sable de madera.

Los niños
Ya nos dejas cantando
en la plazuela.

¡Arroyo claro,
fuente serena!
Las pupilas enormes
de las frondas resecas,
heridas por el viento,
lloran las hojas muertas.

Libro de poemas, 1921

LAMENTACION DE LA MUERTE

A MIGUEL BENÍTEZ

Sobre el cielo negro,
culebrinas amarillas.

Vine a este mundo con ojos
y me voy sin ellos.
¡Señor del mayor dolor!

Y luego,
un velón y una manta
en el suelo.

Quise llegar adonde
llegaron los buenos.
¡Y he llegado, Dios mío!...
Pero luego,
un velón y una manta
en el suelo.

Poema del Cante Jondo, 1931

Canción de jinete

Córdoba.
Lejana y sola.

Jaca negra, luna grande,
y aceitunas en mi alforja.
Aunque sepa los caminos
yo nunca llegaré a Córdoba.

Por el llano, por el viento,
jaca negra, luna roja.
La muerte me está mirando
desde las torres de Córdoba.

¡Ay qué camino tan largo!
¡Ay mi jaca valerosa!
¡Ay que la muerte me espera,
antes de llegar a Córdoba!

Córdoba.
Lejana y sola.

Canciones, 1927

ROMANCE DE LA LUNA, LUNA

A CONCHITA GARCÍA LORCA

La luna vino a la fragua
con su polisón de nardos.
El niño la mira, mira.
El niño la está mirando.
En el aire conmovido
mueve la luna sus brazos
y enseña, lúbrica y pura,
sus senos de duro estaño.
—Huye luna, luna, luna.
Si vinieran los gitanos,
harían con tu corazón
collares y anillos blancos.
—Niño, déjame que baile.
Cuando vengan los gitanos,
te encontrarán sobre el yunque,
con los ojillos cerrados.
—Huye, luna, luna, luna,
que ya siento sus caballos.
—Niño, déjame, no pises
mi blancor almidonado.

El jinete se acercaba
tocando el tambor del llano.
Dentro de la fragua el niño
tiene los ojos cerrados.

Por el olivar venían,
bronce y sueño, los gitanos.
Las cabezas levantadas
y los ojos entornados.

Cómo canta la zumaya,
¡ay, cómo canta en el árbol!
Por el cielo va la luna
con un niño de la mano.

Dentro de la fragua lloran,
dando gritos, los gitanos.
El aire la vela, vela.
El aire la está velando.

Romancero gitano, 1928

REYERTA

A Rafael Méndez

En la mitad del barranco
las navajas de Albacete,
bellas de sangre contraria,
relucen como los peces.
Una dura luz de naipe
recorta en el agrio verde
caballos enfurecidos
y perfiles de jinetes.
En la copa de un olivo
lloran dos viejas mujeres.
El toro de la reyerta
se sube por las paredes.
Angeles negros traían
pañuelos y agua de nieve.
Angeles con grandes alas
de navajas de Albacete.
Juan Antonio el de Montilla
rueda muerto la pendiente,
su cuerpo lleno de lirios
y una granada en las sienes.
Ahora monta cruz de fuego,
carretera de la muerte.

*

El juez, con guardia civil,
por los olivares viene.
Sangre resbalada gime
muda canción de serpiente.
—Señores guardias civiles:
aquí pasó lo de siempre.
Han muerto cuatro romanos
y cinco cartagineses.

*

La tarde loca de higueras
y de rumores calientes
cae desmayada en los muslos
heridos de los jinetes.
Y ángeles negros volaban
por el aire del poniente.
Angeles de largas trenzas
y corazones de aceite.

Romancero gitano, 1928

ROMANCE SONAMBULO

A Gloria Giner
y a Fernando de los Ríos

Verde que te quiero verde.
Verde viento. Verdes ramas.
El barco sobre la mar
y el caballo en la montaña.
Con la sombra en la cintura
ella sueña en su baranda,
verde carne, pelo verde,
con ojos de fría plata.
Verde que te quiero verde.
Bajo la luna gitana,
las cosas la están mirando
y ella no puede mirarlas.

Verde que te quiero verde.
Grandes estrellas de escarcha
vienen con el pez de sombra
que abre el camino del alba.
La higuera frota su viento

con la lija de sus ramas,
y el monte, gato garduño,
eriza sus pitas agrias.
Pero ¿quién vendrá? ¿Y por dónde...?
Ella sigue en su baranda,
verde carne, pelo verde,
soñando en la mar amarga.

—Compadre, quiero cambiar
mi caballo por su casa,
mi montura por su espejo,
mi cuchillo por su manta.
Compadre, vengo sangrando,
desde los puertos de Cabra.
—Si yo pudiera, mocito,
este trato se cerraba.
Pero yo ya no soy yo,
ni mi casa es ya mi casa.
—Compadre, quiero morir
decentemente en mi cama.
De acero, si puede ser,
con las sábanas de holanda.
¿No ves la herida que tengo
desde el pecho a la garganta?
—Trescientas rosas morenas
lleva tu pechera blanca.
Tu sangre rezuma y huele
alrededor de tu faja.
Pero yo ya no soy yo,
ni mi casa es ya mi casa.
—Dejadme subir al menos
hasta las altas barandas;
¡dejadme subir!, dejadme
hasta las verdes barandas.
Barandales de la luna
por donde retumba el agua.

Ya suben los dos compadres
hacia las altas barandas.
Dejando un rastro de sangre.
Dejando un rastro de lágrimas.
Temblaban en los tejados
farolillos de hojalata.
Mil panderos de cristal
herían la madrugada.

Verde que te quiero verde,
verde viento, verdes ramas.
Los dos compadres subieron.
El largo viento dejaba
en la boca un raro gusto
de hiel, de menta y de albahaca.
—¡Compadre! ¿Dónde está, díme,
dónde está tu niña amarga?
—¡Cuántas veces te esperó!
¡Cuántas veces te esperara,
cara fresca, negro pelo,
en esta verde baranda!

Sobre el rostro del aljibe
se mecía la gitana.
Verde carne, pelo verde,
con ojos de fría plata.
Un carámbano de luna
la sostiene sobre el agua.
La noche se puso íntima
como una pequeña plaza.
Guardias civiles borrachos
en la puerta golpeaban.
Verde que te quiero verde.
Verde viento. Verdes ramas.
El barco sobre la mar.
Y el caballo en la montaña.

Romancero gitano, 1928

ROMANCE DE LA GUARDIA CIVIL ESPAÑOLA

Los caballos negros son.
Las herraduras son negras.
Sobre las capas relucen
manchas de tinta y de cera.
Tienen, por eso no lloran,
de plomo las calaveras.
Con el alma de charol
vienen por la carretera.
Jorobados y nocturnos,
por donde animan ordenan

silencios de goma oscura
y miedos de fina arena.
Pasan, si quieren pasar,
y ocultan en la cabeza
una vaga astronomía
de pistolas inconcretas.
¡Oh ciudad de los gitanos!
En las esquinas, banderas.
La luna y la calabaza
con las guindas en conserva.
¡Oh ciudad de los gitanos!
¿Quién te vio y no te recuerda?
Ciudad de dolor y almizcle,
con las torres de canela.

Cuando llegaba la noche,
noche que noche nochera,
los gitanos en sus fraguas
forjaban soles y flechas.
Un caballo malherido
llamaba a todas las puertas.
Gallos de vidrio cantaban
por Jerez de la Frontera.
El viento vuelve desnudo
la esquina de la sorpresa,
en la noche platinoche,
noche que noche nochera.

La Virgen y San José
perdieron sus castañuelas,
y buscan a los gitanos
para ver si las encuentran.
La virgen viene vestida
con un traje de alcaldesa,
de papel de chocolate
con los collares de almendras.
San José mueve los brazos
bajo una capa de seda.
Detrás va Pedro Domecq
con tres sultanes de Persia.
La media luna soñaba
un éxtasis de cigüeña.
Estandartes y faroles
invaden las azoteas.
Por los espejos sollozan
bailarinas sin caderas.
Agua y sombra, sombra y agua
por Jerez de la Frontera.

¡Oh ciudad de los gitanos!
En las esquinas, banderas.
Apaga tus verdes luces
que viene la benemérita.
¡Oh ciudad de los gitanos!
¿Quién te vio y no te recuerda?
Dejadla lejos del mar,
sin peines para sus crenchas.

Avanzan de dos en fondo
a la ciudad de la fiesta.
Un rumor de siemprevivas
invade las cartucheras.
Avanzan de dos en fondo.
Doble nocturno de tela.
El cielo, se les antoja
una vitrina de espuelas.

La ciudad, libre de miedo,
multiplicaba sus puertas.
Cuarenta guardias civiles
entran a saco por ellas.
Los relojes se pararon,
y el coñac de las botellas
se disfrazó de noviembre
para no infundir sospechas.
Un vuelo de gritos largos
se levantó en las veletas.
Los sables cortan las brisas
que los cascos atropellan.
Por las calles de penumbra
huyen las gitanas viejas
con los caballos dormidos
y las orzas de monedas.
Por las calles empinadas
suben las capas siniestras,
dejando detrás fugaces
remolinos de tijeras.

En el portal de Belén
los gitanos se congregan.
San José, lleno de heridas,
amortaja a una doncella.

Tercos fusiles agudos
por toda la noche suenan.
La Virgen cura a los niños
con salivilla de estrella.
Pero la Guardia Civil
avanza sembrando hogueras,
donde joven y desnuda
la imaginación se quema.
Rosa la de los Camborios
gime sentada en su puerta
con sus dos pechos cortados
puestos en una bandeja.
Y otras muchas corrían
perseguidas por sus trenzas,
en un aire donde estallan
rosas de pólvora negra.
Cuando todos los tejados
eran surcos en la tierra,
el alba meció sus hombros
en largo perfil de piedra.

¡Oh, ciudad de los gitanos!
La Guardia Civil se aleja
por un túnel de silencio
mientras las llamas te cercan.

¡Oh, ciudad de los gitanos!
¿Quién te vio y no te recuerda?
Que te busquen en mi frente.
Juego de luna y arena.

Romancero gitano, 1928

EL REY DE HARLEM

Con una cuchara
arrancaba los ojos a los cocodrilos
y golpeaba el trasero de los monos.
Con una cuchara.

Fuego de siempre dormía en los pedernales
y los escarabajos borrachos de anís
olvidaban el musgo de las aldeas.

Aquel viejo cubierto de setas
iba al sitio donde lloraban los negros
mientras crujía la cuchara del rey
y llegaban los tanques de agua podrida.

Las rosas huían por los filos
de las últimas curvas del aire,
y en los montones de azafrán
los niños machacaban pequeñas ardillas
con un rubor de frenesí manchado.

Es preciso cruzar los puentes
y llegar al rubor negro
para que el perfume de pulmón
nos golpee las sienes con su vestido
de caliente piña.

Es preciso matar al rubio vendedor de aguardiente,
a todos los amigos de la manzana y de la arena,
y es necesario dar con los puños cerrados
a las pequeñas judías que tiemblan llenas de burbujas,
para que el rey de Harlem cante con su muchedumbre,
para que los cocodrilos duerman en largas filas
bajo el amianto de la luna,
y para que nadie dude de la infinita belleza
de los plumeros, los ralladores, los cobres y las cacerolas de las cocinas.

¡Ay, Harlem! ¡Ay, Harlem! ¡Ay, Harlem!
No hay angustia comparable a tus ojos oprimidos,
a tu sangre estremecida dentro del eclipse oscuro,
a tu violencia granate sordomuda en la penumbra,
a tu gran rey prisionero, con un traje de conserje.

Tenía la noche una hendidura y quietas salamandras de marfil.
Las muchachas americanas
llevaban niños y monedas en el vientre
y los muchachos se desmayaban en la cruz del desperezo.

Ellos son.
Ellos son los que beben el whisky de plata junto a los volcanes
y tragan pedacitos de corazón por las heladas montañas del oso.

Aquella noche el rey de Harlem con una durísima cuchara
arrancaba los ojos a los cocodrilos
y golpeaba el trasero de los monos.
Con una cuchara.
Los negros lloraban confundidos
entre paraguas y soles de oro,
los mulatos estiraban las gomas, ansiosos de llegar al torso blanco,
y el viento empañaba espejos
y quebraba las venas de los bailarines.

Negros, Negros, Negros, Negros.

La sangre no tiene puertas en vuestra noche boca arriba.
No hay rubor. Sangre furiosa por debajo de las pieles,
viva en la espina del puñal y en el pecho de los paisajes,
bajo las pinzas y las retamas de la celeste luna de cáncer.

Sangre que busca por mil caminos muertes enharinadas y ceniza de nardo,
cielos yertos, en declive, donde las colonias de planetas
ruedan por las playas con los objetos abandonados.

Sangre que mira lenta con el rabo del ojo,
hecha de espartos exprimidos, néctares de subterráneos.

Sangre que oxida el alisio descuidado en una huella
y disuelve a las mariposas en los cristales de la ventana.

Es la sangre que viene, que vendrá
por los tejados y azoteas, por todas partes,
para quemar la clorofilia de las mujeres rubias,
para gemir al pie de las camas ante el insomnio de los lavabos
y estrellarse en una aurora de tabaco y bajo amarillo.

Hay que huir,
huir por las esquinas y encerrarse en los últimos pisos,
porque el tuétano del bosque penetrará por las rendijas
para dejar en vuestra carne una leve huella de eclipse
y una falsa tristeza de guante desteñido y rosa química.

Es por el silencio sapientísimo
cuando los camareros y los cocineros y los que limpian con la lengua
las heridas de los millonarios
buscan al rey por las calles o en los ángulos del salitre.

Un viento sur de madera, oblicuo en el negro fango,
escupe en las barcas rotas y se clava puntillas en los hombros;
un viento sur que lleva
colmillos, girasoles, alfabetos
y una pila Volta con avispas ahogadas.

El olvido está expresado por tres gotas de tinta sobre el monóculo
el amor por un solo rostro invisible a flor de piedra
Médulas y corolas componían sobre las nubes
un desierto de tallos sin una sola rosa.

A la izquierda, a la derecha, por el Sur y por el Norte,
se levanta el muro impasible
para el topo, la aguja del agua.
No busquéis, negros, su grieta
para hallar la máscara infinita.
Buscad el gran sol del centro
hechos una piña zumbadora.
El sol que se desliza por los bosques
seguro de no encontrar una ninfa,
el sol que destruye números y no ha cruzado nunca un sueño,
el tatuado sol que baja por el río
y muge seguido de caimanes.

Negros, Negros, Negros, Negros.

Jamás sierpe, ni cebra, ni mula
palidecieron al morir.

El leñador no sabe cuándo expiran
los clamorosos árboles que corta.
Aguardad bajo la sombra vegetal de vuestro rey
a que cicutas y cardos y ortigas turben postreras azoteas.

Entonces, negros, entonces, entonces,
podréis besar con frenesí las ruedas de las bicicletas,
poner parejas de microscopios en las cuevas de las ardillas
y danzar al fin, sin duda, mientras las flores erizadas
asesinan a nuestro Moisés casi en los juncos del cielo.

¡Ay, Harlem, disfrazada!
¡Ay, Harlem, amenazada por un gentío de trajes sin cabeza!
Me llega tu rumor,
me llega tu rumor atravesando troncos y ascensores,
a través de láminas grises
donde flotan tus automóviles cubiertos de dientes,
a través de los caballos muertos y los crímenes diminutos,
a través de tu gran rey desesperado
cuyas barbas llegan al mar.

Poeta en Nueva York, 1929-30

Poemas del lago Edem Mills

A Eduardo Ugarte.

POEMA DOBLE DEL LAGO EDEM

Nuestro ganado pace, el viento espira.
Garcilaso.

Era mi voz antigua
ignorante de los densos jugos amargos.
La adivino lamiendo mis pies
bajo los frágiles helechos mojados.

¡Ay voz antigua de mi amor,
ay voz de mi verdad,
ay voz de mi abierto costado,
cuando todas las rosas manaban de mi lengua
y el césped no conocía la impasible dentadura del caballo!

Estás aquí bebiendo mi sangre,
bebiendo mi humor de niño pesado,

mientras mis ojos se quiebran en el viento
con el aluminio y las voces de los borrachos.

Déjame pasar la puerta
donde Eva come hormigas
y Adán fecunda peces deslumbrados.
Déjame pasar hombrecillo de los cuernos
al bosque de los desperezos
y los alegrísimos saltos.

Yo sé el uso más secreto
que tiene un viejo alfiler oxidado
y sé del horror de unos ojos despiertos
sobre la superficie concreta del plato.

Pero no quiero mundo ni sueño, voz divina,
quiero mi libertad, mi amor humano
en el rincón más oscuro de la brisa que nadie quiera.
¡Mi amor humano!

Esos perros marinos se persiguen
y el viento acecha troncos descuidados.
¡Oh voz antigua, quema con tu lengua
esta voz de hojalata y de talco!

Quiero llorar porque me da la gana
como lloran los niños del último banco,
porque yo no soy un hombre, ni un poeta, ni una hoja,
pero sí un pulso herido que sonda las cosas del otro lado.

Quiero llorar diciendo mi nombre,
rosa, niña y abeto a la orilla de este lago,
para decir mi verdad de hombre de sangre
matando en mí la burla y la sugestión del vocablo.

No, no, yo no pregunto, yo deseo,
voz mía libertada que me lames las manos.
En el laberinto de biombos es mi desnudo el que recibe
la luna de castigo y el reloj encenizado.

Así hablaba yo.
Así hablaba yo cuando Saturno detuvo los trenes
y la bruma y el Sueño y la Muerte me estaban buscando.
Me estaban buscando
allí donde mugen las vacas que tienen patitas de paje
y allí donde flota mi cuerpo entre los equilibrios contrarios.

LLANTO POR LA MUERTE DE IGNACIO SANCHEZ MEJIAS[1]

I

LA COGIDA Y LA MUERTE

A las cinco de la tarde.
Eran las cinco en punto de la tarde.
Un niño trajo la blanca sábana
a las cinco de la tarde.
Una espuerta de cal ya prevenida
a las cinco de la tarde.
Lo demás era muerte y sólo muerte
a las cinco de la tarde.

El viento se llevó los algodones
a las cinco de la tarde.
Y el óxido sembró cristal y níquel
a las cinco de la tarde.
Ya luchan la paloma y el leopardo
a las cinco de la tarde.
Y un muslo con un asta desolada
a las cinco de la tarde.

Comenzaron los sones de bordón
a las cinco de la tarde.
Las campanas de arsénico y el humo
a las cinco de la tarde.
En las esquinas grupos de silencio
a las cinco de la tarde.
¡Y el toro solo corazón arriba!
a las cinco de la tarde.
Cuando el sudor de nieve fue llegando
a las cinco de la tarde,
cuando la plaza se cubrió de yodo
a las cinco de la tarde,
la muerte puso huevos en la herida
a las cinco de la tarde.
A las cinco de la tarde.
A las cinco en punto de la tarde.

Un ataúd con ruedas es la cama
a las cinco de la tarde.
Huesos y flautas suenan en su oído
a las cinco de la tarde.
El toro ya mugía por su frente
a las cinco de la tarde.
El cuarto se irisaba de agonía
a las cinco de la tarde.
A lo lejos ya viene la gangrena
a las cinco de la tarde.
Trompa de lirio por las verdes ingles
a las cinco de la tarde.
Las heridas quemaban como soles
a las cinco de la tarde,
y el gentío rompía las ventanas
a las cinco de la tarde.
A las cinco de la tarde.
¡Ay, qué terribles cinco de la tarde!
¡Eran las cinco en todos los relojes!
¡Eran las cinco en sombra de la tarde!

II

LA SANGRE DERRAMADA

¡Que no quiero verla!

Díle a la luna que venga,
que no quiero ver la sangre
de Ignacio sobre la arena.

¡Que no quiero verla!

La luna de par en par.
Caballo de nubes quietas,
y la plaza gris del sueño
con sauces en las barreras.
¡Que no quiero verla!
Que mi recuerdo se quema.
¡Avisad a los jazmines
con su blancura pequeña!

¡Que no quiero verla!

La vaca del viejo mundo
pasaba su triste lengua
sobre un hocico de sangres
derramadas en la arena,
y los toros de Guisando,

[1] *Ignacio Sánchez Mejías*, torero andaluz, amigo de Lorca.

casi muerte y casi piedra,
mugieron como dos siglos
hartos de pisar la tierra.
No.
¡Que no quiero verla!

Por las gradas sube Ignacio
con toda su muerte a cuestas.
Buscaba el amanecer,
y el amanecer no era.
Busca su perfil seguro,
y el sueño lo desorienta.
Buscaba su hermoso cuerpo
y encontró su sangre abierta.
¡No me digáis que la vea!
No quiero sentir el chorro
cada vez con menos fuerza;
ese chorro que ilumina
los tendidos y se vuelca
sobre la pana y el cuero
de muchedumbre sedienta.
¡Quién me grita que me asome!
¡No me digáis que la vea!

No se cerraron sus ojos
cuando vio los cuernos cerca,
pero las madres terribles
levantaron la cabeza.
Y a través de las ganaderías,
hubo un aire de voces secretas
que gritaban a toros celestes,
mayorales de pálida niebla.
No hubo príncipe en Sevilla
que comparársele pueda,
ni espada como su espada
ni corazón tan de veras.
Como un río de leones
su maravillosa fuerza,
y como un torso de mármol
su dibujada prudencia.
Aire de Roma andaluza
le doraba la cabeza
donde su risa era un nardo
de sal y de inteligencia.
¡Qué gran torero en la plaza!
¡Qué buen serrano en la sierra!
¡Qué blando con las espigas!
¡Qué duro con las espuelas!
¡Qué tierno con el rocío!
¡Qué deslumbrante en la feria!
¡Qué tremendo con las últimas
banderillas de tiniebla!

Pero ya duerme sin fin.
Ya los musgos y la hierba
abren con dedos seguros
la flor de su calavera.
Y su sangre ya viene cantando:
cantando por marismas y praderas,
resbalando por cuernos ateridos,
vacilando sin alma por la niebla,
tropezando con miles de pezuñas
como una larga, oscura, triste lengua,
para formar un charco de agonía
junto al Guadalquivir de las estrellas.
¡Oh blanco muro de España!
¡Oh negro toro de pena!
¡Oh sangre dura de Ignacio!
¡Oh ruiseñor de sus venas!
No.
¡Que no quiero verla!
Que no hay cáliz que la contenga,
que no hay golondrinas que se la beban,
no hay escarcha de luz que la enfríe,
no hay canto ni diluvio de azucenas,
no hay cristal que la cubra de plata.
No.
¡¡Yo no quiero verla!!

III

CUERPO PRESENTE

La piedra es una frente donde los sueños gimen
sin tener agua curva ni cipreses helados.

La piedra es una espalda para llevar al tiempo
con árboles de lágrimas y cintas y planetas.

Yo he visto lluvias grises correr hacia las olas,
levantando sus tiernos brazos acribillados,
para no ser cazadas por la piedra tendida
que desata sus miembros sin empapar la sangre.

Porque la piedra coge simientes y nublados,
esqueletos de alondras y lobos de penumbra;
pero no da sonidos, ni cristales, ni fuego,
sino plazas y plazas y otras plazas sin muros.

Ya está sobre la piedra Ignacio el bien nacido.
Ya se acabó; ¿qué pasa? Contemplad su figura:
la muerte le ha cubierto de pálidos azufres
y le ha puesto cabeza de oscuro minotauro.

Ya se acabó. La lluvia penetra por su boca.
El aire como loco deja su pecho hundido,
y el Amor, empapado con lágrimas de nieve,
se calienta en la cumbre de las ganaderías.

¿Qué dicen? Un silencio con hedores reposa.
Estamos con un cuerpo presente que se esfuma,
con una forma clara que tuvo ruiseñores,
y la vemos llenarse de agujeros sin fondo.

¿Quién arruga el sudario? ¡No es verdad lo que dice!
Aquí no canta nadie, ni llora en el rincón,
ni pica las espuelas, ni espanta la serpiente:
aquí no quiero más que los ojos redondos
para ver ese cuerpo sin posible descanso.

Yo quiero ver aquí los hombres de voz dura.
Los que doman caballos y dominan los ríos:
los hombres que les suena el esqueleto y cantan
con una boca llena de sol y pedernales.

Aquí quiero yo verlos. Delante de la piedra.
Delante de este cuerpo con las riendas quebradas.
Yo quiero que me enseñen dónde está la salida
para este capitán atado por la muerte.

Yo quiero que me enseñen un llanto como un río
que tenga dulces nieblas y profundas orillas,
para llevar el cuerpo de Ignacio y que se pierda
sin escuchar el doble resuello de los toros.

Que se pierda en la plaza redonda de la luna
que finge cuando niña doliente res inmóvil;
que se pierda en la noche sin canto de los peces
y en la maleza blanca del humo congelado.

No quiero que le tapen la cara con pañuelos
para que se acostumbre con la muerte que lleva.
Véte, Ignacio: No sientas el caliente bramido.
Duerme, vuela, reposa: ¡También se muere el mar!

IV

ALMA AUSENTE

No te conoce el toro ni la higuera,
ni caballos ni hormigas de tu casa.
No te conoce el niño ni la tarde
porque te has muerto para siempre.

No te conoce el lomo de la piedra,
ni el raso negro donde te destrozas.
No te conoce tu recuerdo mudo
porque te has muerto para siempre.

El otoño vendrá con caracolas,
uva de niebla y montes agrupados,
pero nadie querrá mirar tus ojos
porque te has muerto para siempre.

Porque te has muerto para siempre,
como todos los muertos de la Tierra,
como todos los muertos que se olvidan
en un montón de perros apagados.

No te conoce nadie. No. Pero yo te canto.
Yo canto para luego tu perfil y tu gracia.
La madurez insigne de tu conocimiento.
Tu apetencia de muerte y el gusto de su boca.
La tristeza que tuvo tu valiente alegría,

Tardará mucho tiempo en nacer, si es que nace,
un andaluz tan claro, tan rico de aventura.
Yo canto su elegancia con palabras que gimen,
y recuerdo una brisa triste por los olivos.

22 Vicente Aleixandre

(1898)

Vicente Aleixandre y Merlo nació en Sevilla en 1898. Su infancia la pasó en Málaga, donde cursó el bachillerato. En Madrid se hizo abogado. Empezó a publicar sus primeros versos en la famosa **Revista de Occidente** (1926), que dirigía Ortega y Gasset. Su primer libro poético, **Ambito,** apareció en 1928, en Málaga, como suplemento de la revista **Litoral.** En 1933, como afirmación y confirmación del alto valor lírico de Aleixandre, le fue concedido el «Premio Nacional de Literatura».

Este gran poeta ha visitado Suiza, Francia e Inglaterra, y desde 1950 es miembro de la Real Academia Española de la Lengua.

Ha publicado los siguientes libros de poesía: **Espadas como labios** (Madrid, 1932), **La destrucción o el amor** (1935), **Pasión de la tierra** (México, 1935), **Sombra del paraíso** (Madrid, 1944), **Mundo a solas** (1950), **Nacimiento último** (1953), **Historia del corazón** (Madrid, 1952), **Poemas paradisíacos** (1952). En 1958 publicó **Los encuentros** (retratos en prosa).

Espadas como labios tiene un tono borrascoso o apasionado, cuya expresión coincide parcialmente con la técnica superrealista. Así también **La destrucción o el amor,** donde, como dice Salinas, se advierte un «panteísmo pesimista» que hace del impulso amoroso una vía para la destrucción del individuo y para la fusión con la gran fuerza cósmica, meta anhelada del poeta, para quien la vida del hombre es sólo imperfección, dolor y angustia.

Sombra del paraíso destaca lleno de una serena y melancólica nostalgia que evoca, en medio del dolor y la impureza, propios de lo humano, un mundo perfecto de belleza no hollada.

Aleixandre desempeñó para buena parte de la década de 1940-1950, un papel semejante al que tuvo Juan Ramón Jiménez entre los de la tercera generación. A pesar de la excesiva frondosidad retórica de los versos, en la que se diluye, perdiendo intensidad, la emoción poética, su obra aporta una de las notas más originales de la poesía española contemporánea. Como tales hay que considerar su romántica y dinámica visión del mundo, y la exuberante belleza de su lenguaje poético, basado más en una intuición emotiva que en asociaciones de tipo racional.

González Ruano ha escrito atinadamente de este poeta: «Le caracteriza una especial concepción del tiempo, un desbordamiento de lo soñado, de lo íntimo, que busca los equivalentes de expresión en una selva casi genesíaca, inflamada, en la que la carne es carne y entre el mundo subconsciente y el lenguaje poético de primera calidad, la obsesión de los temas, no ya amorosos, sino voluptuosos, sensuales hasta el dolor, es una pervivencia angustiosa. Poeta, en todo caso, de un misticismo panteísta, exigente en ordenar sus pasiones; de órbita grande y con igual dominio para el verso libre, de largo período, que generalmente prefiere, que para el verso medio y formalmente clásico.»

Aleixandre es, indiscutiblemente, un altísimo poeta, de una personalidad señera y paradigmática. Ha renunciado, más que el que más, a la forma y a la musicalidad. No le interesan las cosas, los sucesos y las personas. Todo su mundo es él; y su angustia noble, su fervor casi olímpico, sus fantasmas y sus sombras, sus anhelos y sus esceptismos. Aleixandre se ha creado un clima poético irreal y vive y clama o gime en él con una voz impresionante por su obsesivo tono inmutable. No le interesa tampoco la lógica; busca sus sin razones sugestivas en la propia lucha de sensaciones, sentimientos, ideas e ideales. La órbita de su irradiación poética es fenomenal; pero es centrípeta, exclusivista y excluyente. Las fuerzas instintivas que lo mueven parecen irreprimibles y surgen a borbotones, a oleadas. Cuando se lamenta, no busca la compasión, sino la admiración a su dolor. Diríase que la poesía de Aleixandre busca los abismos, las luces o las tinieblas que sean absolutas, las catástrofes cósmicas. Tras el suspicaz existencialista se esconde con dificultad un romántico.

Posesión

Negros de sombra Caudales
de lentitud. Impaciente
se esfuerza en armar la luna
sobre la sombra sus puentes.

(¿De plata? Son levadizos
cuando, bizarro, de frente,
de sus puertos despegado
cruzar el día se siente.)

Ahora los rayos desgarran
la sombra espesa. Reciente,
todo el paisaje se muestra
abierto y mudo, evidente.

Húmedos pinceles tocan
las superficies, se mueven
ágiles, brillantes, tersos
brotan a flor los relieves.

Extendido ya el paisaje
está.   Su mantel no breve
flores y frutos de noche,
en dulce peso, sostiene.

La noche madura toda
gravita sobre la nieve
hilada.   ¿Qué zumos densos
dará en mi mano caliente?

Su pompa rompe la cárcel
precisa, y la pulpa ardiente,
constelada de pepitas
iluminadas, se vierte.

Mis rojos labios la sorben.
Hundo en su yema mis dientes.
Toda mi boca se llena
de amor, de fuegos presentes.

Ebrio de luces, de noche,
de brillos, mi cuerpo extiende
sus miembros,   ¿pisando estrellas?,
temblor pisando celeste.

La noche en mí.   Yo la noche.
Mis ojos ardiendo.   Tenue,
sobre mi lengua naciendo
un sabor a alba creciente.

Ambito, 1924—27

LA SELVA Y EL MAR

Allá por las remotas
luces o aceros aún no usados,
tigres del tamaño del odio,
leones como un corazón hirsuto,
sangre como la tristeza aplacada,
se baten con la hiena amarilla que toma la forma del poniente insaciable.

Oh la blancura súbita,
las ojeras violáceas de unos ojos marchitos,
cuando las fieras muestran sus espadas o dientes
como latidos de un corazón que casi todo lo ignora,
menos el amor,
al descubierto en los cuellos allá donde la arteria golpea,
donde no se sabe si es el amor o el odio
lo que reluce en los blancos colmillos.

Acariciar la fosca melena
mientras se siente la poderosa garra en la tierra,
mientras las raíces de los árboles, temblorosas,
sienten las uñas profundas
como un amor que así invade.

Mirar esos ojos que sólo de noche fulgen,
donde todavía un cervatillo ya devorado

luce su diminuta imagen de oro nocturno,
un adiós que centellea de póstuma ternura.

El tigre, el león cazador, el elefante que en sus colmillos lleva algún suave
la cobra que se parece al amor más ardiente, [collar,
el águila que acaricia a la roca como los sesos duros,
el pequeño escorpión que con sus pinzas sólo aspira a oprimir un instante
[la vida,
la menguada presencia de un cuerpo de hombre que jamás podrá ser con-
[fundido con una selva,
ese piso feliz por el que viborillas perspicaces hacen su nido en la axila del
mientras la pulcra coccinela[1] [musgo,
se evade de una hoja de magnolia sedosa...
Todo suena cuando el rumor del bosque siempre virgen
se levanta como dos alas de oro,
élitros, bronce o caracol rotundo,
frente a un mar que jamás confundirá sus espumas con las ramillas tiernas.

La espera sosegada,
esa esperanza siempre verde,
pájaro, paraíso, fasto de plumas no tocadas,
inventa los ramajes más altos,
donde los colmillos de música,
donde las garras poderosas, el amor que se clava,
la sangre ardiente que brota de la herida,
no alcanzará, por más que el surtidor se prolongue,
por más que los pechos entreabiertos en tierra
proyecten su dolor o su avidez a los cielos azules.

Pájaro de la dicha,
azul pájaro o pluma,
sobre un sordo rumor de fieras solitarias,
del amor o castigo contra los troncos estériles,
frente al mar remotísimo que como la luz se retira.

La destrucción o el amor, 1932-33

UNIDAD EN ELLA

Cuerpo feliz que fluye entre mis manos,
rostro amado donde contemplo el mundo,
donde graciosos pájaros se copian fugitivos,
volando a la región donde nada se olvida.

[1] *Coccinela,* insecto.

Tu forma externa, diamante o rubí duro,
brillo de un sol que entre mis manos deslumbra,
cráter que me convoca con su música íntima,
con esa indescifrable llamada de tus dientes.

Muero porque me arrojo, porque quiero morir,
porque quiero vivir en el fuego, porque este aire de fuera
no es mío, sino el caliente aliento
que si me acerco quema y dora mis labios desde un fondo.

Deja, deja que mire, teñido del amor,
enrojecido el rostro por tu purpúrea vida,
deja que mire el hondo clamor de tus entrañas
donde muero y renuncio a vivir para siempre.

Quiero amor o la muerte, quiero morir del todo,
quiero ser tú, tu sangre, esa lava rugiente
que regando encerrada bellos miembros extremos
siente así los hermosos límites de la vida.

Este beso en tus labios como una lenta espina,
como un mar que voló hecho un espejo,
como el brillo de un ala,
es todavía unas manos, un repasar de tu crujiente pelo,
un crepitar de la luz vengadora,
luz o espada mortal que sobre mi cuello amenaza,
pero que nunca podrá destruir la unidad de este mundo.

La destrucción o el amor, 1932-33

VEN SIEMPRE, VEN

No te acerques. Tu frente, tu ardiente frente, tu encendida frente,
las huellas de unos besos,
ese resplandor que aun de día se siente si te acercas,
ese resplandor contagioso que me queda en las manos,
ese río luminoso en que hundo mis brazos,
en el que casi no me atrevo a beber, por temor después a ya una dura vida
[de lucero.

No quiero que vivas en mí como vive la luz,
con ese ya aislamiento de estrella que se une con su luz,
a quien el amor se niega a través del espacio
duro y azul que separa y no une,

donde cada lucero inaccesible
es una soledad que, gemebunda, envía su tristeza.

La soledad destella en el mundo sin amor.
La vida es una vívida corteza,
una rugosa piel inmóvil
donde el hombre no puede encontrar su descanso,
por más que aplique su sueño contra un astro apagado.

Pero tú no te acerques. Tu frente destellante, carbón encendido que me
[arrebata a la propia conciencia,
duelo fulgúreo en que de pronto siento la tentación de morir,
de quemarme los labios con tu roce indeleble,
de sentir mi carne deshacerse contra tu diamante abrasador.

No te acerques, porque tu beso se prolonga como el choque imposible de
[las estrellas,
como el espacio que súbitamente se incendia,
éter propagador donde la destrucción de los mundos
es un único corazón que totalmente se abrasa.

Ven, ven, ven como el carbón extinto oscuro que encierra una muerte;
ven como la noche ciega que me acerca su rostro;
ven como los dos labios marcados por el rojo,
por esa línea larga que funde los metales.

Ven, ven, amor mío; ven, hermética frente, redondez casi rodante
que luces como una órbita que va a morir en mis brazos;
ven como dos ojos o dos profundas soledades,
dos imperiosas llamadas de una hondura que no conozco.

¡Ven, ven, muerte, amor; ven pronto, te destruyo;
ven, que quiero matar o amar o morir o darte todo;
ven, que ruedas como liviana piedra,
confundida como una luna que me pide mis rayos!

La destrucción o el amor, 1932-33

SE QUERIAN

Se querían.
Sufrían por la luz, labios azules en la madrugada,
labios saliendo de la noche dura,
labios partidos, sangre, ¿sangre dónde?
Se querían en un lecho navío, mitad noche, mitad luz.

Se querían como las flores a las espinas hondas,
a esa amorosa gema del amarillo nuevo,
cuando los rostros giran melancólicamente,
giralunas que brillan recibiendo aquel beso.

Se querían de noche, cuando los perros hondos
laten bajo la tierra y los valles se estiran
como lomos arcaicos que se sienten repasados:
caricia, seda, mano, luna que llega y toca.

Se querían de amor entre la madrugada,
entre las duras piedras cerradas de la noche,
duras como los cuerpos helados por las horas,
duras como los besos de diente a diente sólo.

Se querían de día, playa que va creciendo,
ondas que por los pies acarician los muslos,
cuerpos que se levantan de la tierra y flotando...
Se querían de día, sobre el mar, bajo el cielo.

Mediodía perfecto, se querían tan íntimos,
mar altísimo y joven, intimidad extensa,
soledad de lo vivo, horizontes remotos
ligados como cuerpos en soledad cantando.

Amando. Se querían como la luna lúcida,
como ese mar redondo que se aplica a ese rostro,
dulce eclipse de agua, mejilla oscurecida,
donde los peces rojos van y vienen sin música.

Día, noche, ponientes, madrugadas, espacios,
ondas nuevas, antiguas, fugitivas, perpetuas,
mar o tierra, navío, lecho, pluma, cristal,
metal, música, labio, silencio, vegetal,
mundo, quietud, su forma. Se querían, sabedlo.

La destrucción o el amor, 1932-33

LA MUERTE

¡Ah! Eres tú, eres tú, eterno nombre sin fecha,
bravía lucha del mar con la sed,
cantil todo de agua que amenazas hundirte
sobre mi forma lisa, lámina sin recuerdo.

Eres tú, sombra del mar poderoso,
genial rencor verde donde todos los peces son como piedras por el aire,
abatimiento o pesadumbre que amenazas mi vida
como un amor que con la muerte acaba.

Mátame si tú quieres, mar de plomo impiadoso,
gota inmensa que contiene la tierra,
fuego destructor de mi vida sin numen
aquí en la playa donde la luz se arrastra.

Mátame como si un puñal, un sol dorado o lúcido,
una mirada buida de un inviolable ojo,
un brazo prepotente en que la desnudez fuese el frío,
un relámpago que buscase mi pecho o su destino...

¡Ah, pronto, pronto; quiero morir frente a ti, mar,
frente a ti, mar vertical cuyas espumas tocan los cielos,
a ti cuyos celestes peces entre nubes
son como pájaros olvidados del hondo!

Vengan a mí tus espumas rompientes, cristalinas,
vengan los brazos verdes desplomándose,
venga la asfixia cuando el cuerpo se crispa
sumido bajo los labios negros que se derrumban.

Luzca el morado sol sobre la muerte uniforme.
Venga la muerte total en la playa que sostengo,
en esta terrena playa que en mi pecho gravita,
por la que unos pies ligeros parece que se escapan.

Quiero el color rosa o la vida,
quiero el rojo o su amarillo frenético,
quiero ese túnel donde el color se disuelve
en el negro falaz con que la muerte ríe en la boca.

Quiero besar el marfil de la mudez penúltima,
cuando el mar se retira apresurándose,
cuando sobre la arena quedan sólo unas conchas,
unas frías escamas de unos peces amándose.

Muerte como el puñado de arena,
como el agua que en el hoyo queda solitaria,
como la gaviota que en medio de la noche
tiene un color de sangre sobre el mar que no existe.

La destrucción o el amor, 1932-33

MUNDO INHUMANO

Una mar.   Una luna.
Un vacío sin horas bajo un cielo volado.
Un clamor que se escapa desoyendo la sangre.
Una luz al poniente ligera como el aire.

Todo vuela sin términos camino del oriente,
camino de los aires veloces para el seno.
Allí donde no hay pájaros, pero ruedan las nubes
aleves como espuma de un total océano.

Allí, allí, entre las claras dichas
de ese azul ignorado de los hombres mortales,
bate un mar que no es sangre,
un agua que no es yunque,
un verde o desvarío
de lo que se alza al cabo con sus alas extensas.

Allí no existe el hombre.
Altas águilas rozan su límite inhumano.
Plumas tibias se escapan de unas garras vacías,
y un sol que bate solo lejanamente envía
unas ondas doradas, pero nunca a los pulsos.

La luz, el oro, el carmen de matices palpita.
Un ramo o fuego se alza como un brazo de rosas.
Una mano no existe, pero ciñera el cielo
buscando ciegamente la turgencia rosada.

¡Inmensidad del aire!   No hay una voz que clama.
Profundidad sin noche donde la vida es vida.
Donde la muerte escapa como muerte finita,
con un puño clamando contra los secos muros.

¡No!
El hombre está muy lejos.   Alta pared de sangre.
El hombre grita sordo su corazón de bosque.
Su gotear de sangre, su pesada tristeza.
Cubierto por las telas de un cielo derrumbado
lejanamente el hombre contra un muro se seca.

Mundo a solas, 1934-36

NACIMIENTO DEL AMOR

¿Cómo nació el amor? Fué ya en otoño.
Maduro el mundo,
no te aguardaba ya. Llegaste alegre,
ligeramente rubia, resbalando en lo blando
del tiempo. Y te miré. ¡Qué hermosa
me pareciste aún, sonriente, vívida,
frente a la luna aún niña, prematura en la tarde,
sin luz, graciosa en aires dorados; como tú,
que llegabas sobre el azul, sin beso,
pero con dientes claros, con impaciente amor!

Te miré. La tristeza
se encogía a lo lejos, llena de paños largos,
como un poniente graso que sus ondas retira.
Casi una lluvia fina —¡el cielo, azul!— mojaba
tu frente nueva. ¡Amante, amante era el destino
de la luz! Tan dorada te miré que los soles
apenas se atrevían a insistir, a encenderse
por ti, de ti, a darte siempre
su pasión luminosa, ronda tierna
de soles que giraban en torno a ti, astro dulce,
en torno a un cuerpo casi transparente, gozoso,
que empapa luces húmedas, finales, de la tarde
y vierte, todavía matinal, sus auroras.

Eras tú, amor, destino, final amor luciente,
nacimiento penúltimo hacia la muerte acaso.
Pero no. Tú asomaste. ¿Eras ave, eras cuerpo,
alma sólo? ¡Ah, tu carne traslúcida
besaba como dos alas tibias,
como el aire que mueve un pecho respirando,
y sentí tus palabras, tu perfume,
y en el alma profunda, clarividente
diste fondo. Calado de ti hasta el tuétano de la luz,
sentí tristeza, tristeza del amor: amor es triste.
En mi alma nacía el día. Brillando
estaba de ti; tu alma en mí estaba.
Sentí dentro, en mi boca, el sabor a la aurora.
Mis ojos dieron su dorada verdad. Sentí a los pájaros
en mi frente piar, ensordeciendo
mi corazón. Miré por dentro
los ramos, las cañadas luminosas, las alas variantes,
y un vuelo de plumajes de color, de encendidos
presentes me embriagó, mientras todo mi ser a un mediodía,

raudo, loco, creciente se incendiaba
y mi sangre ruidosa se despeñaba en gozos
de amor, de luz, de plenitud, de espuma.

Sombra del paraíso, 1939-43

ULTIMO AMOR

¿Quién eres, dime? ¿Amarga sombra
o imagen de la luz? ¿Brilla en tus ojos
una espada nocturna,
cuchilla tenebrosa donde está mi destino,
o miro dulce en tu mirada el claro
azul del agua en las montañas puras,
lago feliz sin nubes en el seno
que un águila solar copia extendida?

¿Quién eres, quién? Te amé, te amé naciendo.
Para tu lumbre estoy, para ti vivo.
Miro tu frente sosegada, excelsa.
Abre tus ojos, dame, dame vida.
Sorba en su llama tenebrosa el sino
que me devora, el hambre de tus venas.
Sorba su fuego derretido y sufra,
sufra por ti, por tu carbón prendiéndome.
Sólo soy tuyo si en mis venas corre
tu lumbre sola, si en mis pulsos late
un ascua, otra ascua: sucesión de besos.
Amor, amor, tu ciega pesadumbre,
tu fulgurante gloria me destruye,
lucero solo, cuerpo inscrito arriba,
que ardiendo puro se consume a solas.

Pero besarte, niña mía, ¿es muerte?
¿Es sólo muerte tu mirada? ¿Es ángel?
O es una espada larga que me clava
contra los cielos, mientras fuljo sangres
y acabo en luz, en titilante estrella?

Niña de amor, tus rayos inocentes,
tu pelo terso, tus paganos brillos,
tu carne dulce que a mi lado vive,
no sé, no sé, no sabré nunca, nunca,
si es sólo amor, si es crimen, si es mi muerte.

Golfo sombrío, vórtice, te supe,
te supe siempre. En lágrimas te beso,
paloma niña, cándida tibieza,
pluma feliz: tus ojos me aseguran
que el cielo sigue azul, que existe el agua,
y en tus labios la pura luz crepita
toda contra mi boca amaneciendo.

¿Entonces? Hoy, frente a tus ojos miro,
miro mi enigma. Acerco ahora a tus labios
estos labios pasados por el mundo,
y temo, y sufro, y beso. Tibios se abren
los tuyos, y su brillo sabe a soles
jóvenes, a reciente luz, a auroras.

¿Entonces? Negro brilla aquí tu pelo,
onda de noche. En él hundo mi boca.
¡Qué sabor a tristeza, qué presagio
infinito de soledad! Lo sé: algún día
estaré solo. Su perfume embriaga
de sombría certeza, lumbre pura,
tenebrosa belleza inmarcesible,
noche cerrada y tensa en que mis labios
fulgen como una luna ensangrentada.

¡Pero no importa! Gire el mundo y dame,
dame tu amor, y muera yo en la ciencia
fútil, mientras besándote rodamos
por el espacio y una estrella se alza.

Sombra del paraíso, 1939-43

LA EXPLOSION

Yo sé que todo esto tiene un nombre: existirse.
El amor no es el estallido, aunque también exactamente lo sea.
Es como una explosión que durase toda la vida.
Que arranca en el rompimiento que es conocerse y que se abre, se abre,
se colorea como una ráfaga repentina que, trasladada en el tiempo,
se alza, se alza y se corona en el transcurrir de la vida,
haciendo que una tarde sea la existencia toda, mejor dicho, que toda la
[existencia sea como una gran tarde,
como una gran tarde toda del amor, donde toda
la luz se diría repentina, repentina en la vida entera,

hasta colmarse en el fin, hasta cumplirse y coronarse en la altura
y allí dar la luz completa, la que se despliega y traslada
como una gran onda, como una gran luz en que los dos nos reconociéramos.

Toda la minuciosidad del alma la hemos recorrido.
Sí, somos los amantes que nos quisiéramos una tarde.
La hemos recorrido, ese alma, minuciosamente, cada día sorprendiéndonos
[con un espacio más.
Lo mismo que los enamorados de una tarde, tendidos,
revelados, van recorriendo su cuerpo luminoso, y se absorben,
y en una tarde son y toda la luz se da y estalla, y se hace,
y ha sido una tarde sola del amor, infinita,
y luego en la oscuridad se pierden, y nunca ya se verán, porque nunca se
[reconocerían...

Pero esto es una gran tarde que durase toda la vida. Como tendidos,
nos existimos, amor mío, y tu alma,
trasladada a la dimensión de la vida, es como un gran cuerpo
que en una tarde infinita yo fuera reconociendo.
Toda la tarde entera del vivir te he querido.
Y ahora lo que allí cae no es el poniente, es sólo
la vida toda lo que allí cae; y el ocaso
no es: es el vivir mismo el que termina,
y te quiero. Te quiero y esta tarde se acaba,
tarde dulce, existida, en que nos hemos ido queriendo.
Vida que toda entera como una tarde ha durado.
Años como una hora en que he recorrido tu alma,
descubriéndola despacio, como minuto a minuto.
Porque lo que allí está acabando, quizá, sí, sea la vida.
Pero ahora aquí el estallido que empezó se corona
y en el colmo, en los brillos, toda estás descubierta,
y fue una tarde, un rompiente, y el cenit y las luces
en alto ahora se abren de todo, y aquí estás: ¡nos tenemos!

Historia del corazón, 1945-53

23 Miguel Hernández
(1910 - 1942)

Este original y magnífico poeta español nació en Orihuela (Alicante) el año de 1910 y murió en la misma provincia alicantina en 1942.

Revela Hernández una de las más hondas calidades entre los poetas jóvenes, dejando adivinar desde un principio el ímpetu de su musa, su plenitud juvenil de intenso lírico. En él lo amoroso se expresa con fogosa retórica. La dramática experiencia de la cárcel, donde había de morir, da origen a sencillos poemas de desolada emoción.

De familia modesta, colaborador de las principales revistas españolas, ha escrito de él González Ruano: «Quizá sea el más espontáneo y el más hondo de los poetas de su grupo. Hay una vena clásica en sus versos, incluso en las composiciones libres, unida a una creación del mundo poético, un tanto desordenada y salvaje. Poeta de aliento fuerte, de lenguaje dramático justo y directo, combatido y triste. Dejó una labor más bien dispersa, composiciones que hacen advertir la presencia de un poeta que tiene en sus manos, con mucha ventaja, todos los triunfos que se necesitan para encumbrarse en el albur de la poesía. Hay en él aciertos sencillamete magistrales... Poeta, por lo general, ceñido y seco...»

Hondamente humano, con una secreta angustia y un secreto gozo de sensibilidades preciosas, es Hernández un poeta brioso de espíritu y de depurada técnica. La muerte, lamentable y prematura, mutiló una obra que se perfilaba grandiosa. Sin embargo, al morir es ya uno de los más extraordinarios líricos que ha tenido España, como puede verse en sus obras: **Perito en lunas** (Murcia, 1933), **Quién te ha visto y quién te vé** (Madrid, 1934), **El rayo que no cesa** (Madrid, 1936), **El labrador de más aire** —poema dramático— (Valencia, 1937), **El silbo vulnerado** (Buenos Aires, 1949). En 1952 Aguilar publicó en Madrid sus **Obras escogidas,** y en Buenos Aires se publicaron sus **Obras completas,** en 1960.

Miguel Hernández dejó esbozada la humanización absoluta de la poesía. Es decir, que la poesía sirva para declarar únicamente valores humanos de la mayor trascendencia espiritual; valores íntimos, para cuya exaltación se precisa una casi feroz sinceridad; los valores que se oponen, exactamente, a las negativas del medio humano: a la injusticia, a la venganza, a la religión bastardeada, a la conculcación hipócrita —con ánimos de futuras contriciones o atriciones— de los diez mandamientos. Luchando titánicamente, como Jacob con su ángel, con las sombras, con los fantasmas, con los contrasentidos, con los dolores, con las injusticias; Miguel Hernández hubiera querido llegar a la suprema paz y a la definitiva luz: sólo el hombre es la culminación de la eterna poesía.

Se ha insinuado que la poesía de Miguel Hernández enraíza con la de Unamuno y la de Antonio Machado. Este enriquecimiento con sus valores propios universales produjeron una poesía que brillará por largo tiempo. El encasillamiento cronológico que exige toda antología tropieza, en el caso de Miguel Hernández, con uno de esos autores a caballo entre dos generaciones. Muy joven para incluirlo en la de 1927, tampoco pertenece a la postguerra (murió en la primera etapa de dicho conflicto). Hemos optado por incluirlo junto a los nombres de Lorca o Guillén.

El silbo vulnerado

Gozar, y no morirse de contento,
sufrir, y no vencerse en el sollozo:
¡oh qué ejemplar severidad del gozo
y qué serenidad del sufrimiento!

Dar a la sombra el estremecimiento,
si a la luz el brocal del alborozo,
y llorar tierra adentro como el pozo,
siendo el aire un sencillo monumento.

Anda que te andarás, ir por la pena,
pena adelante, a penas y alegrías
sin demostrar fragilidad ni un tanto.

¡Oh la luz de mis ojos qué serena!:
¡qué agraciado en su centro encontrarías
el desgraciado alrededor del llanto!

Como queda en la tarde que termina,
convertido en espera de barbecho
el cereal rastrojo barbihecho,
hecho una pura llaga campesina,

hecho una pura llaga campesina,
así me quedo yo solo y maltrecho
con un arado urgente junto al pecho,
que hurgando en mis entrañas me asesina.

Así me quedo yo cuando el ocaso,
escogiendo la luz, el aire amansa
y todo lo avalora y lo serena:

perfil de tierra sobre cielo raso,
donde un arado en paz fuera descansa
dando hacia dentro un aguijón de pena.

El silbo vulnerado, 1934

Un carnívoro cuchillo
de ala dulce y homicida
sostiene un vuelo y un brillo
alrededor de mi vida.

Rayo de metal crispado
fulgentemente caído,
picotea mi costado
y hace en él un triste nido.

Mi sien, florido balcón
de mis edades tempranas,
negra está, y mi corazón
y mi corazón con canas.

Tal es la mala virtud
del rayo que me rodea,
que voy a mi juventud
como la luna a la aldea.

Recojo con las pestañas
sal del alma y sal del ojo
y flores de telarañas
de mis tristezas recojo.

☆

¿Adónde iré que no vaya
mi perdición a buscar?
Tu destino es de la playa
y mi vocación del mar.

Descansar de esta labor
de huracán, amor o infierno,
no es posible, y el dolor
me hará, mi pesar eterno.

Pero al fin podré vencerte,
ave y rayo secular,
corazón, que de la muerte
nadie ha de hacerme dudar.

Sigue, pues, sigue cuchillo,
volando, hiriendo. Algún día
se pondrá el tiempo amarillo
sobre mi fotografía.

☆

Umbrío por la pena, casi bruno,
porque la pena tizna cuando estalla,
donde yo no me hallo no se halla
hombre más apenado que ninguno.

Sobre la pena duermo solo y uno,
pena es mi paz y pena mi batalla,
perro que ni me deja ni se calla,
siempre a su dueño fiel, pero importuno.

Cardos y penas llevo por corona,
cardos y penas siembran sus leopardos
y no me dejan bueno hueso alguno.

No podrá con la pena mi persona
rodeada de penas y de cardos:
¡cuánto penar para morirse uno!

Tengo estos huesos hechos a las penas
y a las cavilaciones estas sienes:
pena que vas, cavilación que vienes,
como el mar de la playa a las arenas.

Como el mar de la playa a las arenas,
voy a este naufragio de vaivenes,
por una noche oscura de sartenes
redondas, pobres, tristes y morenas.

Nadie me salvará de este naufragio
si no es tu amor, la tabla que procuro,
si no es tu voz, el norte que pretendo.

Eludiendo por eso el mal presagio
de que ni en ti siquiera habré seguro,
voy entre pena y pena sonriendo.

☆

Me llamo barro aunque Miguel me llame.
Barro es mi profesión y mi destino,
que mancha con su lengua cuanto lame.

Soy un triste instrumento del camino.
Soy una lengua dulcemente infame
a los pies que idolatro desplegada.

Como un nocturno buey de agua y
[barbecho
que quiere ser criatura idolatrada,
embisto a tus zapatos y a sus alrededores,
y hecho de alfombras y de besos hecho
tu talón que me injuria beso y siembro
[de flores.

Coloco relicarios de mi especie
a tu talón mordiente a tu pisada,
y siempre a tu pisada me adelanto
para que tu impasible pie desprecie
todo el amor que hacia tu pie levanto.

Más mojado que el rostro de mi llanto,
cuando el vidrio lanar del hielo bala,
cuando el invierno tu ventana cierra
bajo tus pies un gavilán de ala,
de ala manchada y de corazón de tierra.
Bajo tus pies un ramo derretido
de humilde miel pataleada y sola,
un despreciado corazón caído
en forma de alga y en figura de ola.

Barro, en vano me invisto de amapola,
barro, en vano vertiendo voy mis brazos,
barro, en vano te muerdo los talones,
dándote a malheridos aletazos
sapos como convulsos corazones.

Apenas si me pisas, si me pones
la imagen de tu huella sobre encima,
se despedaza y rompe la armadura
de arrope bipartido que me ciñe la boca
en carne viva y pura,
pidiéndote a pedazos que la oprima
siempre tu pie de liebre libre y loca.

Su taciturna nata se arracima,
los sollozos agitan su arboleda
de lana cerebral bajo tu paso.
Y pasas, y se queda
incendiando su cera de invierno ante el
[ocaso,
mártir, alhaja y pasto de la rueda.
Harto de someterse a los puñales
circulantes del carro y la pezuña,
teme del barro un parto de animales
de corrosiva piel y vengativa uña.

Teme que el barro crezca en un mo-
[mento,
teme que crezca y suba y cubra tierna,
tierna y celosamente
tu tobillo de junco, mi tormento,
teme que inunde el nardo de tu pierna
y crezca más y ascienda hasta tu frente.

Teme que se levante huracanado
del blando territorio del invierno
y estalle y truene y caiga diluviado
sobre tu sangre duramente tierno.

Teme un asalto de ofendida espuma
y teme un amoroso cataclismo.

Antes que la sequía lo consuma
el barro ha de volverte de lo mismo.

El rayo que no cesa, 1936

ELEGIA

(En Orihuela, su pueblo y el mío, se me ha muerto como el rayo *Ramón Sijé,* con quien tanto quería.)

Yo quiero ser llorado el hortelano
de la tierra que ocupas y estercolas,
compañero del alma, tan temprano.

Alimentando lluvias, caracolas
y órganos mi dolor sin instrumento,
a las desalentadas amapolas

daré tu corazón por alimento.
Tanto dolor se agrupa en mi costado,
que por doler me duele hasta el aliento.

Un manotazo duro, un golpe helado,
un hachazo invisible y homicida,
un empujón brutal te ha derribado.

No hay extensión más grande que mi
[herida,
lloro mi desventura y sus conjuntos
y siento más tu muerte que mi vida.

Ando sobre rastrojo de difuntos,
y sin calor de nadie y sin consuelo
voy de mi corazón a mis asuntos.

Temprano levantó la muerte el vuelo,
temprano madrugó la madrugada,
temprano estás rodando por el suelo.

No perdono a la muerte enamorada,
no perdono a la vida desatenta,
no perdono a la tierra ni a la nada.

En mis manos levanto una tormenta
de piedras, rayos y hachas estridentes
sedienta de catástrofes y hambrienta.

Quiero escarbar la tierra con los dien-
[tes,
quiero apartar la tierra parte a parte
a dentelladas secas y calientes.

Quiero minar la tierra hasta encon-
[trarte
y besarte la noble calavera
y desamordazarte y regresarte.

Volverás a mi huerto y a mi higuera:
por los altos andamios de las flores
pajareará tu alma colmenera

de angelicales ceras y labores.
Volverás al arrullo de las rejas
de los enamorados labradores.

Alegrarás la sombra de mis cejas,
y tu sangre se irán a cada lado
disputando tu novia y las abejas.

Tu corazón, ya terciopelo ajado,
llama a un campo de almendras espu-
[mosas
mi avariciosa voz de enamorado.

A las aladas almas de las rosas
del almendro de nata te requiero,
que tenemos que hablar de muchas cosas,
compañero del alma, compañero.

10 de enero de 1936.

El rayo que no cesa, 1936

La muerte, toda llena de agujeros
y cuernos de su mismo desenlace,
bajo una piel de toro pisa y pace
un luminoso prado de toreros.

Volcánicos bramidos, humos fieros
de general amor por cuanto nace,
a llamaradas echa mientras hace
morir a los tranquilos ganaderos.

Ya puedes, amorosa fiera hambrienta,
pastar mi corazón, trágica grama,
si te gusta lo amargo de su asunto.

Un amor hacia todo me atormenta
como a ti, y hacia todo se derrama
mi corazón vestido de difunto.

El rayo que no cesa, 1936

SINO SANGRIENTO

De sangre en sangre vengo,
como el mar de ola en ola,
de color de amapola el alma tengo,
y amapola sin suerte es mi destino,
y llego de amapola en amapola
a dar en la cornada de mi sino.

Criatura hubo que vino
desde la sementera de la nada,
y vino más de una
bajo el designio de una estrella airada
en una turbulenta y mala luna.

Cayó una pincelada
de ensangrentado pie sobre mi herida,
cayó un planeta de azafrán en celo,
cayó una nube roja enfurecida,
cayó un mar malherido, cayó un cielo.

Vine con un dolor de cuchillada,
me esperaba un cuchillo a mi venida,
me dieron a mamar leche de tuera,
zumo de espada loca y homicida,
y al sol el ojo abrí por vez primera

y lo que vi primero era una herida
y una desgracia era.

Me persigue la sangre, ávida fiera,
desde que fui fundado,
y aun antes de que fuera
proferido, empujado
por mi madre a esta tierra codiciosa
que de los pies me tira y del costado,
y cada vez más fuerte, hacia la fosa.

Lucho contra la sangre, me debato
contra tanto zarpazo y tanta vena,
y cada cuerpo que tropiezo y trato
es otro borbotón de sangre, otra cadena.

Aunque leves, los dardos de la pena
aumentan las insignias de mi pecho:
en él se dió el amor a la labranza,
y mi alma de barbecho
hondamente ha surcado
de heridas sin remedio mi esperanza
por las ansias de muerte de su arado.

Todas las herramientas en mi acecho:
el hacha me ha dejado
recónditas señales,
las piedras, los deseos y los días
cavaron en mi cuerpo manantiales
que sólo se tragaron las arenas
y las melancolías.

Son cada vez más grandes las cadenas,
son cada vez más grandes las serpientes,
más grande y más cruel su poderío,
más grandes sus anillos envolventes,
más grande el corazón, más grande el [mío.

En su alcoba poblada de vacío
donde sólo concurren las visitas,
el picotazo y el color de un cuervo,
un manojo de cartas y pasiones escritas,
un puñado de sangre y una muerte con- [servo.

¡Ay sangre fulminante,
ay trepadora púrpura rugiente,
sentencia a todas horas resonante
bajo el yunque sufrido de mi frente!

La sangre me ha parido y me ha hecho [preso,
la sangre me reduce y me agiganta,
un edificio soy de sangre y yeso
que se derriba él mismo y se levanta
sobre andamios de huesos.

Un albañil de sangre, muerto y rojo,
llueve y cuelga su blusa cada día
en los alrededores de mi ojo,
y cada noche con el alma mía,
y hasta con las pestañas lo recojo.

Crece la sangre, agranda
la expansión de sus frondas en mi pecho
que álamo desbordante se desmanda
y en varios torvos ríos cae deshecho.

Me veo de repente
envuelto en sus coléricos raudales,
y nado contra todos desesperadamente
como contra un fatal torrente de puñales.

Me arrastra encarnizada su corriente,
me despedaza, me hunde, me atropella,
quiero apartarme de ella a manotazos,
y se me van los brazos detrás de ella,
y se me van las ansias en los brazos.

Me dejaré arrastrar hecho pedazos,
ya que así se lo ordenan a mi vida
la sangre y su marea,
los cuerpos y mi estrella ensangrentada.

Seré una sola y dilatada herida
hasta que dilatadamente sea
un cadáver de espuma, viento y nada.

Otros poemas sueltos, 1935-36

CANCION DEL ESPOSO SOLDADO

He poblado tu vientre de amor y sementera,
he prolongado el eco de sangre a que respondo
y espero sobre el surco como el arado espera:
he llegado hasta el fondo.

Morena de altas torres, alta luz y ojos altos,
esposa de mi piel, gran trago de mi vida,
tus pechos locos crecen hacia mí dando saltos
de cierva concebida.

Ya me parece que eres un cristal delicado,
temo que te me rompas al más leve tropiezo,
y a reforzar tus venas con mi piel de soldado
fuera como el cerezo.

Espejo de mi carne, sustento de mis alas,
te doy vida en la muerte que me dan y no tomo.
Mujer, mujer, te quiero cercado por las balas,
ansiado por el plomo.

Sobre los ataúdes feroces en acecho,
sobre los mismos muertos sin remedio y sin fosa
te quiero, y te quisiera besar con todo el pecho
hasta en el polvo, esposa.

Cuando junto a los campos de combate te piensa
mi frente que no enfría ni aplaca tu figura,
te acercas hacia mi como una boca inmensa
de hambrienta dentadura.

Escríbeme a la lucha, siénteme en la trinchera:
aquí con el fusil tu nombre evoco y fijo,
y defiendo tu vientre de pobre que me espera,
y defiendo tu hijo.

Nacerá nuestro hijo con el puño cerrado,
envuelto en un clamor de victoria y guitarras,
y dejaré a tu puerta mi vida de soldado
sin colmillos ni garras.

Es preciso matar para seguir viviendo.
Un día iré a la sombra de tu pelo lejano.
Y dormiré en la sábana de almidón y de estruendo
cosida por tu mano.

Tus piernas implacables al parto van derechas,
y tu implacable boca de labios indomables,

y ante mi soledad de explosiones y brechas
recorres un camino de besos implacables.

Para el hijo será la paz que estoy forjando.
Y al fin en un océano de irremediables huesos
tu corazón y el mío naufragarán, quedando,
una mujer y un hombre gastados por los besos.

Viento del pueblo, 1937

EL TREN DE LOS HERIDOS

Silencio que naufraga en el silencio
de las bocas cerradas por la noche.
No cesa de callar ni atravesarlo.
Habla el lenguaje ahogado de los muertos.

Silencio.

Abre caminos de algodón profundo,
amordaza las ruedas de los relojes,
detén la voz del mar, de la paloma:
emociona la noche de los sueños.

Silencio.

El tren lluvioso de la sangre suelta,
el frágil tren de los que se desangran,
el silencioso, el doloroso, el pálido,
el tren callado de los sufrimientos.

Silencio.

Tren de la palidez mortal que asciende:
la palidez reviste las cabezas,
el ¡ay! la voz, el corazón, la tierra,
el corazón de los que malhirieron.

Silencio.

Van derramando piernas, brazos, ojos,
van derramando por el tren pedazos.
Pasan dejando rastros de amargura,
otra vía láctea de estelares miembros.

Silencio.

Ronco tren desmayado, enrojecido:
agoniza el carbón, suspira el humo,
y maternal la máquina suspira,
avanza como un largo desaliento.

Silencio.

Detenerse quisiera bajo un túnel
la larga madre, sollozar tendida.
No hay estaciones donde detenerse,
si no es el hospital, si no es el pecho.

Para vivir, con un pedazo basta:
en un rincón de carne cabe un hombre.
Un dedo sólo, un trozo sólo de ala
alza el vuelo total de todo el cuerpo.

Silencio.

Detened ese tren agonizante
que nunca acaba de cruzar la noche.
Y se queda descalzo hasta el caballo,
y enarena los cascos y el aliento.

El hombre acecha, 1939

(ANTES DEL ODIO)

Beso soy, sombra con sombra.
Beso, dolor con dolor,
por haberme enamorado,
corazón sin corazón,
de las cosas, del aliento
sin sombra de la creación.
Sed con agua en la distancia,
pero sed alrededor.

Corazón en una copa
donde me lo bebo yo
y no se lo bebe nadie,
nadie sabe su sabor.
Odio, vida: ¡cuánto odio
sólo por amor!

No es posible acariciarte
con las manos que me dio
el fuego de más deseo,
el ansia de más ardor.
Varias alas, varios vuelos
abaten en ellas hoy
hierros que cercan las venas
y las muerden con rencor.
Por amor, vida, abatido,
pájaro sin remisión.
Sólo por amor odiado,
sólo por amor.

Amor, tú bóveda arriba
y yo abajo siempre, amor,
sin otra luz que estas ansias,
sin otra iluminación.
Mírame aquí encadenado,
escupido, sin calor,
a los pies de la tiniebla
más súbita, más feroz,
comiendo pan y cuchillo
como buen trabajador
y a veces cuchillo sólo,
sólo por amor.

Todo lo que significa
golondrinas, ascensión,
claridad, anchura, aire,
decidido espacio, sol,
horizonte aleteante,
sepultado en un rincón.
Espesura, mar, desierto,
sangre, monte rodador:
libertades de mi alma
clamorosas de pasión,
desfilando por mi cuerpo,
donde no se quedan, no,
pero donde se despliegan,
sólo por amor.

Porque dentro de la triste
guirnalda del eslabón,
del sabor a carcelero
constante y a paredón,
y a precipicio en acecho,
alto, alegre, libre soy.
Alto, alegre, libre, libre,
sólo por amor.

No, no hay cárcel para el hombre.
No podrán atarme, no.
Este mundo de cadenas
me es pequeño y exterior.
¿Quién encierra una sonrisa?
¿Quién amuralla una voz?
A lo lejos tú, más sola
que la muerte, la una y yo.
A lo lejos tú, sintiendo
en tus brazos mi prisión:
en tus brazos donde late
la libertad de los dos.
Libre soy, siénteme libre.
Sólo por amor.

Cancionero y romancero de ausencias,
1938-41

NANAS DE LA CEBOLLA

(Dedicadas a su hijo a raíz de recibir una carta de su mujer, en la que le decía que no comía más que pan y cebolla.)

La cebolla es escarcha
cerrada y pobre.
Escarcha de tus días
y de mis noches.
Hambre y cebolla,
hielo negro y escarcha
grande y redonda.

En la cuna del hambre
mi niño estaba.
Con sangre de cebolla
se amamantaba.

Pero tu sangre,
escarcha de azúcar,
cebolla y hambre.

Una mujer morena
resuelta en luna
se derrama hilo a hilo
sobre la cuna.
Ríete, niño,
que te tragas la luna
cuando es preciso.

Alondra de mi casa,
ríete mucho.
Es tu risa en los ojos
la luz del mundo.
Ríete tanto
que mi alma al oírte
bata el espacio.

Tu risa me hace libre,
me pones alas.
Soledades me quita,
cárcel me arranca.
Boca que vuela,
corazón que en tus labios
relampaguea.

Es tu risa la espada
más victoriosa,
vencedor de las flores
y las alondras.
Rival del sol.
Porvenir de mis huesos
y de mi amor.

La carne aleteante,
súbito el párpado,
el vivir como nunca
coloreado.
¡Cuánto jilguero
se remonta, aletea
desde tu cuerpo!

Desperté de ser niño:
nunca despiertes.
Triste llevo la boca:
ríete siempre.
Siempre en la cuna,
defendiendo la risa
pluma por pluma.

Ser de vuelo tan alto,
tan extendido,
que tu carne es el cielo
recién nacido.
¡Si yo pudiera
remontarme al origen
de tu carrera!

Al octavo me ríes
con cinco azahares.
Con cinco diminutas
ferocidades.
Con cinco dientes
como cinco jazmines
adolescentes.

Fronteras de los besos
serán mañana,
cuando en la dentadura
sientas un arma.
Sientas un fuego
correr dientes abajo
buscando el centro.

Vuela, niño, en la doble
luna del pecho:
él, triste de cebolla,
tú, satisfecho.
No te derrumbes.
No sepas lo que pasa
ni lo que ocurre.

Madrid, Paso elevado Raimundo Fdez. Villaverde-Castellana

CAPITULO SEPTIMO

LITERATURA DE POSGUERRA

Literatura de Posguerra

Terminada la dura prueba de la guerra civil en España, y con ella todo un momento de su historia, empieza una nueva época con características y enfoques diferentes. Es conveniente precisar, ante todo, que no se puede considerar en la literatura de posguerra sólo a los escritores que forman parte de ella a partir de 1939. La producción de magníficos autores de tres generaciones anteriores como Marañón, Menéndez Pidal, Dámaso Alonso, Juan Ramón Jiménez, Casona, Alberti, etc., llena brillantemente estos años.

Las características de la literatura de los años inmediatos a la conflagración civil son el silencio ante la tragedia que había sufrido España, como ante las dificultades para subsistir en los duros años de la reconstrucción del país. Así, sea en la poesía, o en el teatro, o en la novela, no se menciona para nada la pesadilla sufrida.

Fue la poesía la más afortunada, desarrollando un esteticismo frío, de gran pulcritud y de tendencia neoclásica. En cambio, se percibe un estancamiento en la novela y el teatro, situación que felizmente empieza a cambiar a partir de 1945, al finalizar la segunda guerra mundial.

La literatura de los últimos veinte años tiene la preocupación de ser auténticamente íntima, de representar los problemas de la colectividad, de ser europeísta al tiempo que fervorosa por las auténticas esencias de España. La caracteriza asimismo su anticonformismo frente a la burguesía, su lenguaje y su posición realistas, lo que la emparenta, en cierta forma, con la generación del 98.

En los primeros años de la posguerra la poesía no se diferencia mayormente de la escrita en 1936, ni rompe abiertamente con la generación del 27, además de mostrar una fuerte influencia de Garcilaso y, por corto tiempo, de Góngora. Es sólo a partir de 1945 que empiezan a aparecer las características que le son propias, como: incidencia en el mundo de lo íntimo, angustia existencial y defensa apasionada de los humildes que sufren injusticia.

Queda entonces indicado que entre 1939 y 1944 la poesía sigue los pasos de los representantes de la promoción de 1935, entre los que se encuentran M. Hernández, Vivanco, Panero, Ridruejo, Manuel Gil, etcétera. Es realmente a partir de 1940 que se produce un cambio que sienta las bases de la lírica actual.

En los años 50, aparecen un grupo de poetas también preocupados por los problemas sociales, como son Carlos Barral, Caballero Bonald, Angel Crespo, Jaime Gil de Biedma, Goytisolo, Valente, Angel González.

Si la poesía alcanza durante los primeros años de la posguerra desarrollo de gran significación, no sucede lo mismo desgraciadamente con la novela. Ella sufre de un relativo estancamiento hasta que aparece la promoción de 1945. La anterior —de 1935— es bastante difícil de caracterizar por la diversidad de sus componentes. Sin embargo, muestra un rasgo que se podría llamar general y es su apartamiento de las tendencias de la generación del 27 por una intención más realista y de mayor contenido humano. Sus mejores exponentes son Zunzunegui y Sender. Los escritores agrupados a partir de 1945 se diferencian por un realismo que queda desvirtuado en cierta forma por una mal disimulada carga afectiva, por un impulso inconsciente de evasión, por su sátira incisiva y por una emoción de fuertes tintes nostálgicos. Ellos son: C. J. Cela, Delibes, Aldecoa, los Goytisolo, Laforet, Matute, etc.

En cuanto al teatro es sólo a partir de 1950 que

aparece una nueva tónica estética, que abandona el tono ligero y la falsa idealización de los años anteriores por un deseo de autenticidad en el enfoque de las realidades humanas, en su dicotomía social e íntima. Puede decirse que hasta 1954, salvo raras y honrosas excepciones bien conocidas, el teatro en España estuvo aprisionado por la baja calidad creativa, y condicionado por las exigencias comerciales.

Sin desmerecer en absoluto los altos valores de los escritores de esta generación de posguerra, creemos, sin embargo, que son acreedores de especial atención en estas líneas dos escritores que han marcado hitos en sus respectivos géneros. Ellos son Camilo José Cela, en la novela, y Antonio Buero Vallejo, en el teatro.

Camilo José Cela llena las últimas décadas de la narrativa contemporánea española. Novelista, cuentista y también poeta, es uno de los escritores más interesantes de todos los tiempos. Estilista revolucionario, usa su pluma empapada de humor negro para estoquear con su sátira despiadada. Su fuerza expresiva está sostenida por una sinceridad sin condiciones. Con Cela muestra España su inagotable espíritu renovador. Asimismo, Antonio Buero Vallejo salta a la escena lleno de nuevas ideas, transformando profundamente el teatro español y dándole jerarquía universal, dirigiendo sus aptitudes y sensibilidad a la tragedia, que considera la máxima expresión teatral.

También faltaríamos a la verdad en esta breve reseña si no mencionáramos el aporte literario femenino de estas décadas. Este se hizo especialmente visible en la lírica. Esther de Andreis, Gloria Fuertes, Carmen Conde, Angela Figuera, Concha Zardoya, María Beneyto son las poetisas destacadas de estos años.

Es sin duda esta literatura de posguerra rica, variada de matices y original en todas sus expresiones. Es bueno insistir en la preocupación social que aporta, mostrando sentimientos profundamente humanos, sensibilidad por los sufrimientos e injusticias de los menos favorecidos y un deseo de repararlos y suprimirlos. Si la savia de la que se nutre sigue siendo los elementos castizos de la España eterna hay, sin embargo, un aire renovador europeizante y universal que la rescata de los elementos vernaculares que le podían restar interés a un público más amplio y esperanzado. Por eso, puede decirse que los escritores de estos años en la Península Ibérica han respondido al reto de la confrontación estética mundial.

24 Antonio Buero Vallejo

(1916)

Nacido en Guadalajara en 1916, comenzó, tras el bachillerato, sus estudios en la Escuela de Bellas Artes de San Fernando, en Madrid, estudios que la guerra interrumpió en 1936. Unos años después, su vocación literaria, sentida hasta entonces de forma indeterminada, se concreta en torno al teatro, y abandona la pintura para escribir comedias.

Menos afortunado que la poesía o la novela, el teatro de posguerra arrastró durante le década de 1940 una vida en cierto modo lánguida, sin apartarse demasiado de un tipo de comedia amable —con leves inflexiones poéticas, humorísticas o moralizadoras, según los casos—, muy del gusto de un sector social totalmente refractario a la nota cruda o realista. Pero hacia 1950 aproximadamente, surge, como en el campo de la poesía o de la novela, una nueva promoción más decididamente inclinada a plantear en toda su crudeza la problemática del hombre actual, en su doble vertiente individual y colectiva, abandonando el tono ligero y a veces conformista del grupo anterior. La figura capital de esta promoción será Antonio Buero Vallejo, a quien se le deben las obras más logradas del teatro español contemporáneo.

La Asociación de Amigos de los Quintero, en el concurso convocado al efecto, seleccionó tres obras en un acto, una de las cuales fue la tragedia **Las palabras en la arena,** de Buero Vallejo. Meses más tarde, en junio de 1949, ganó el Premio Lope de Vega, entre más de doscientos concursantes, con su drama en tres actos: **Historia de una escalera.**

Antonio Buero Vallejo propugna el retorno de la tragedia como la más pura y vigorosa expresión teatral. En realidad, esta **Historia de una escalera,** a pesar de su calificación de «drama», es un relato trágico, una tragedia de nuestro tiempo, en la que viejos temas sainetescos, evadiéndose del localismo pintoresco en que yacían, cobran profundidad y alcance.

El Tiempo, utilizado como factor dramático, como un Destino adverso e inexorable, traspasa de angustia la atmósfera de esta vieja escalera madrileña, donde el autor ha situado la acción de este drama con que su nombre sube por primera vez a los carteles de un teatro.

El estreno de **Historia de una escalera** constituyó uno de los éxitos más extraordinarios que se recuerdan en el teatro español desde 1939. Buero Vallejo se ha colocado entre los más interesantes, hondos y sugestivos autores dramáticos de hoy.

Posteriormente ha estrenado: **En la ardiente oscuridad** (1951) y la **Tejedora de sueños** (1952). Ambas obras han constituido éxitos extraordinarios, confirmando el valor de Antonio Buero como dramaturgo, como un valor auténticamente excepcional, de auténticos valores universales y eternos. Sus obras han sido y siguen siendo traducidas y estrenadas en el extranjero.

Otras obras famosas. **Las palabras en la arena** (1949), **La señal que se espera** (1952), **Casi un cuento de hadas** (1952), **Madrugada** (1953), **Irene o el tesoro** (1954), **Hoy es fiesta** (1956), **Las cartas boca abajo** (1957), **Un soñador para un pueblo** (1958), **Las Meninas** (1960), **El concierto de San Ovidio** (1962), **Aventura en lo gris** (1963).

Galardonado desde un principio, Buero ha obtenido el Premio María Rolland (1956, 1958 y 1960), el Premio March (1956), el Premio Nacional (1957 y 1958), el Premio de la Crítica (1958).

De gran destreza técnica, ha producido obras de alta dignidad estética, cuya raíz se halla en un vigoroso afán de adquirir conciencia de las realidades de tipo sicológico, social o metafísico, en que se desenvuelve la vida del hombre actual. Gravedad, rigor y dramatismo de buena ley son condiciones típicas de este teatro, en el que la nota sombría se halla a menudo compensada con una vaga esperanza en el futuro o en la eficacia de ciertos valores: el amor, la fe, la sinceridad.

Llegada de los Dioses

(FABULA EN DOS PARTES)

Se estrenó el 17 de septiembre de 1971, en el Teatro Lara, de Madrid.

REPARTO

(Por orden de intervención)

VERÓNICA
JULIO
ARTEMIO
FELIPE
MATILDE
NURIA
FABY
INÉS
MARGOT
EL HOMBRE (No habla)

En las islas de un bello archipiélago, en un país cualquiera.

Derecha e izquierda, las del espectador

Nota.—Los fragmentos encerrados entre corchetes fueron suprimidos en las representaciones.

PARTE PRIMERA

Salón moderno y cómodo en una villa de recreo. A la derecha, amplias cristaleras, con puerta corredera que da paso a la terraza y a la playa cercana. En el primer término de este lateral, estante de bebidas en la pared y un pequeño mostrador curvo. A la izquierda, chimenea. Sobre su repisa, cajitas de medicamentos, porcelanas. Coronándola, una gran acuarela de suaves tonos y pulcra ejecución que representa dos figuras mitológicas. A la izquierda de la pared del fondo, espacioso vano con doble cortina. A la derecha, librería baja y corrida adornada con fotografías, estatuillas de vidrio, trofeos de plata. Sobre ella, la pared desnuda. Hacia el centro y cerca del primer término, mesita baja de cristal con revistas, servicio de fumar y algún libro a medio abrir, con el puñal damasquinado que sirve de plegadera entre sus páginas. Tras la mesita y a sus lados, sofá y dos butacas. A ambos lados de la chimenea, sillón de orejas y taburete de piel. En rincones apropiados, otros asientos. Lámparas, moqueta oscura. A la izquierda pende del techo un adorno móvil, de buen tamaño y audaz geometría, constelado de poliedros, planchuelas y varillas de luciente metal y vidrios coloreados. El sol brilla en el exterior; el continuo rumor de las olas llega a veces muy nítido

(Una hermosa mujer, en el principio de su madurez, se encuentra junto a la cristalera abierta. Las lisas crenchas de su larga melena se deslizan sobre sus hombros; el pantalón, la fresca blusa que viste, son propios de las vacaciones que está pasando. Durante unos momentos mira hacia fuera en silencio; después reanuda la extraña operación en que se halla absorta y emite, de tanto en tanto, un corto silbido de advertencia. Al tercero o cuarto, enmudece y acecha; parece como si, en su deseo de no provocar el menor ruido, contuviese la respiración. Larga pausa. Empiezan a oírse los golpecitos de un bastón que se aproxima y que, cerca de la cristalera, se detiene.)

JULIO *(Su voz)*

Este suelo me es ya familiar. *(Golpecitos de tanteo.)* Estoy frente a la entrada y algo a su izquierda. ¿Derivé mucho al principio?

VERÓNICA

No.

JULIO

Has silbado varias veces.

VERÓNICA

Mañana lo intentaremos en silencio.

JULIO

Es más difícil sobre la arena que en el parque. *(Pausa).* Voy a entrar.

VERÓNICA

Levanta el bastón y dámelo en cuanto entres. La casa la conoces mejor.

(Avanza un paso y tiende su mano. La luz baja rápidamente hasta la oscuridad absoluta. Se oye en la tiniebla, y ya en escena, la voz de JULIO.*)*

JULIO

¿Me miraban ellos?

VERÓNICA

Aún miran hacia acá.

JULIO

Chismosos.

VERÓNICA

Estarán quejándose de que nunca nos sentamos a su lado en la playa.

JULIO *(Ríe).*

¡Tú no los soportas!

VERÓNICA

No muy bien...

JULIO

Yo tampoco.

VERÓNICA

Esas tiranteces perjudican tu reposo.

JULIO
Al contrario *(Se le oye moverse.)*
VERÓNICA
Cuidado. Vas a tropezar.
JULIO
No. ¿Quieres una copa?
VERÓNICA
¿La quieres tú?
JULIO
No.
VERÓNICA
Tampoco yo... ¿Cuántos días llevamos aquí?
JULIO
Ocho.
VERÓNICA
Sin resultado.
JULIO *(Irónico.)*
Así parece.
VERÓNICA
¿Ni siquiera percibes la claridad?
JULIO *(Ríe.)*
La más aterciopelada negrura.
VERÓNICA
¿Ninguna imagen repentina, aunque sea fugaz? *(Silencio.)* ¿Eh?
JULIO
No.
VERÓNICA
Entonces regresemos a París.
JULIO *(Voz risueña.)*
No he descansado lo bastante, Verónica...
VERÓNICA
Aquí no descansas.
JULIO
Sí descanso. Ese rumor... me calma. El sonido del mar es la más vieja nana del mundo. *(Escuchan ambos el son de las olas.)* ¿Sigue limpio el cielo?
VERÓNICA
Y muy azul.
JULIO
El azul de las Islas... *(Irónico.)* y el de las acuarelas de mi padre. ¿Continúan bajo el toldo?
VERÓNICA
Se han levantado. Vienen.
JULIO *(Frío.)*
Voy a vestirme.
VERÓNICA
Te acompaño.
JULIO
No me haces falta. Quédate si lo prefieres.
VERÓNICA
No lo prefiero. Aguarda: te levanto la cortina.
JULIO
Gracias.
(La luz vuelve al punto. JULIO *ha salido ya pero aún se divisa, por un segundo, a* VERÓNICA *desapareciendo tras las cortinas que vuelven a caer. Sobre el rumor de las olas, pronto se oyen palabras y pisadas que se acercan.)*
ARTEMIO *(Su voz.)*
¿Cuándo abres la tienda en el sur?
FELIPE *(Su voz.)*
Hay dificultades. Quizá tenga que ir a resolverlas personalmente. Y no quisiera ahora separarme de mi hijo... ¿Nos preparas los Martinis, Matilde?
MATILDE *(Su voz.)*
Claro.
(Aparece en la cristalera y se demora un momento para escuchar a ARTEMIO. *Es una mujer atractiva, de unos cuarenta años largos, cutis un tanto ajado y cabellos teñidos de platino que enmarcan su rostro fogoso y duro, de vivos ojos que brillan tras unas gafas de sol color de miel y caprichosa forma de mariposa. Sobre su bañador de dos piezas se ha enfundado el acampanado pantalón de fantasía, que deja ver las sandalias de correíllas doradas; la blusa de gayos tonos pende, floja y abierta, de su torso; un albornoz le cuelga del brazo y trae en la*

mano una bolsa playera y una pamela.)

ARTEMIO. *(Su voz, risueña.)*

Te están bien empleadas por no darme participación.

MATILDE

No es cuestión de dinero, muchacho. *(Abandona el quicio, tira sobre un asiento cuanto la embaraza y comienza, tras el mostrador, a preparar bebidas.)*

FELIPE *(Su voz.)*

El anticuario quiere hablar conmigo. Ahora dice que el precio del traspaso es barato.

ARTEMIO *(Su voz.)*

Eso se resuelve por teléfono.

FELIPE *(Su voz.)*

Pues quiere que vaya.

ARTEMIO *(Su voz.)*

¿No llevaba toda la operación tu hijo el mayor?

FELIPE *(Su voz.)*

Y la lleva. Pero no ha logrado convencerlo.

ARTEMIO *(Su voz.)*

Habrá olido nuestra urbanización. ¿No querrá invertir en esta zona?

FELIPE *(Su voz. Ríe.)*

¡No se te escapa una!

(Aparece en el umbral. Esbelto y apuesto, de cabello gris, lleva gallardamente sus sesenta años. Sobre el calzón de baño, camisa de color; bajo el brazo, un periódico doblado. Recostado en el quicio, sonríe levemente a MATILDE, *cuyos labios dibujan un beso para él desde el bar.)*

ARTEMIO *(Su voz.)*

Muchacho, yo seré un tonto para muchas cosas...

FELIPE

¿Quién dice eso?

(Riendo quedo, MATILDE *se señala a sí misma.)*

ARTEMIO *(Su voz, al mismo tiempo.)*

Mi mujer. Pero en los negocios soy un lince. Eso también lo reconoce ella. *(Aparece, cruza ante* FELIPE *y entra.)* Si hay que cambiar la apertura de tus flamantes Antigüedades por una inversión suya, estoy conforme. Nos vendrá bien su dinero; lo tienen, y muy saneado.

(Se sienta en el sofá y hojea una revista. Tiene unos cincuenta años. Aire vulgar; fisonomía ingenua, de boba mirada. Barriguita. Cuando se descubre, el castaño metálico de su cabello resulta sospechoso. Por el momento conserva puesto su sombrerito de paja. Lleva calzón de baño y una camisa floreada. En la muñeca, reloj con gruesa pulsera de oro.)

Cuando quieras hablamos del asunto.

FELIPE

Pronto ha de ser.

ARTEMIO

Cuando quieras.

MATILDE

Los dioses se han esfumado.

ARTEMIO

No digas tonterías.

MATILDE *(Señala a* FELIPE.*)*

Así los llama Felipe...

ARTEMIO

Ya lo sé. Minerva y Pan. Tonterías.

FELIPE *(Risueño.)*

Reconocerás que su aspecto es bastante divino.

ARTEMIO

El de dos buenos ejemplares humanos y nada más. Pero tú, siempre a vueltas con tus acuarelas de dioses griegos, o romanos...

(Abandona la revista, toma el libro que hay sobre la mesita, deja el puñalito sobre el cristal y hojea algunas páginas.)

FELIPE *(Señala a la acuarela colgada sobre la chimenea.)*

Desde que empecé a pintar. Ahí los tienes: Minerva y Pan.

(MATILDE *le da uno de los martinis, del que bebe un sorbo.)*

ARTEMIO

Y en tu exposición. ¡Dioses por todas partes! Tu chifladura. Aunque no estás tan loco: bien que los vendes... *(Toma su martini de manos de* MATILDE.)

FELIPE

Para ser pintor de domingo no está mal.

MATILDE

Ni tú te crees eso. Eres el pintor de las Islas, muchacho. ¡Nada menos! Margot lo acuñó y con tanto turista pronto se dirá hasta en Nueva York.

FELIPE *(Tira el periódico sobre la mesita al tiempo que cruza.)*

Y hoy lo repite en su crónica. ¡Bah! Cuadritos relamidos para bañistas. *(Llega a la chimenea.)*

MATILDE

A mí me encantan.

FELIPE *(Mirando la acuarela.)*

¿No se parecen algo?

ARTEMIO

¿A quiénes?

FELIPE

A Julio y a Verónica. *(Saca una píldora de una cajita, la toma y apura su copa.)* Esta acuarela los esperaba, los invocaba. *(Risueño.)* ¡Y al fin han venido! La raza mejora. Los dioses volverán a pasear un día por la tierra.

MATILDE *(Con leve inquietud.)*

¿Otra vez las pastillas?

FELIPE

No tiene importancia. Mi circulación se porta bien gracias a ellas.

ARTEMIO

De llamarle dios a alguien, ¿sabes a quién? A tu hijo el mayor. ¡Ese sí que se lo merece! Un chico estupendo, que ha hecho un matrimonio ventajosísimo y que nos ha ganado ya millones. Al frente de tus Antigüedades ya verás qué márgenes te saca.

FELIPE

Ya me ha vendido al triple de su valor una tabla gótica... que aún no es nuestra.

ARTEMIO *(Se descubre.)*

¡Ese es un dios!

MATILDE *(Se sienta, riendo.)*

El dios Mercurio.

FELIPE *(Pasea.)*

Estoy contentísimo con él, figúrate. Julio... es más raro, más difícil. Pero hay en él algo firme, brillante. El sí pintará; él se lo toma en serio.

ARTEMIO

Cariño de padre. *(Le apunta con el dedo.)* Y de viudo.

MATILDE. *(Le amonesta.)*

Muchacho...

ARTEMIO

Mujer, no digo que Julio sea de despreciar. Es más: tengo mis proyectos. *(Deja el libro sobre la mesita.)*

MATILDE

¿Proyectos?

ARTEMIO

¿Vosotros no lo habéis pensado?

FELIPE

¿De qué hablas?

ARTEMIO

De cuando nuestra Nuria sea mayorcita... (FELIPE *y* MATILDE *se miran. Ella se levanta y vuelve al bar, con su copa.* ARTEMIO *ríe.)* ¡No me digáis que os sorprende la idea!

MATILDE

¿Otro martini?

FELIPE *(Se sienta.)*

No, gracias.

MATILDE *(Se sirve de la coctelera.)*

¿Es otra de tus jugadas financieras?

ARTEMIO

¿Quién habla de negocios? Felipe es

nuestro mejor amigo. Pero, ya que hablas de finanzas, ninguno de los dos querréis que lo que le corresponda un día a Julio se lo lleve esa... señorita.

MATILDE

¿Por qué no?

ARTEMIO

Matilde, esa señorita ha venido con Julio por lo que ha venido, y cuanto antes desaparezca de su vida, mejor será. En cambio, Nuria...

MATILDE

Déjamela en paz, ¿quieres? *(Bebe.)* Enciéndeme un pitillo, anda.

ARTEMIO

Y en paz te la dejo. *(Saca un cigarrillo de la cigarrera que descansa sobre la mesita y lo enciende.)* Pero ¿quién nos impide irlos inclinando el uno al otro? *(Se levanta y le lleva el cigarrillo a su mujer.)*

MATILDE

Me harás el favor de respetar su libertad. *(Se pone a fumar.)*

ARTEMIO *(Vuelve a sentarse.)*

Si te molesta la idea porque él está ciego...

MATILDE *(Señalando a* FELIPE.*)*

¡Muchacho!

ARTEMIO *(Enciende un cigarrillo.)*

No es nada orgánico, los médicos lo han asegurado. *(Mira a* FELIPE.*)*

MATILDE *(Seca.)*

Todos sabemos que va a curar. *(Una pausa.* ARTEMIO *abre la cigarrera.)*

ARTEMIO *(A* FELIPE.*)*

¿No fumas?

FELIPE

Gracias. Ya agoté mi cupo matinal. *(Silencio.)*

ARTEMIO

¿He dicho algún disparate, Felipe?

FELIPE *(Recoge el periódico y lo abre.)*

En absoluto... Pero coincido con tu mujer. Déjalos a los dos con su libertad... Además, no sabemos cuándo curará.

ARTEMIO *(Le palmea la espalda, risueño.)*

En cuanto descanse unos días más, muchacho. Este clima hará maravillas.

FELIPE

Por eso lo traje.

MATILDE

Oye, Felipe: y en París... ¿no sospechastes de nada que pudiera ser el origen de su trastorno?

FELIPE

Estaba disgustado por la falta de eco de su exposición, pero no me parece motivo suficiente...

ARTEMIO

¿No se habrá drogado? *(Gesto de disgusto de* MATILDE.*)* Es una pregunta, mujer.

FELIPE

No lo sé. Pero ya os he dicho que su ceguera no es orgánica.

ARTEMIO

¿Entonces, mental?

FELIPE *(Asiente.)*

El ojo ve, pero el cerebro se niega a registrarlo.

ARTEMIO

¡Qué enfermedades más raras!

FELIPE

Al parecer es muy conocida.

MATILDE

Será por los médicos. *(Se sienta con ellos.)*

ARTEMIO

Por lo visto, hay que ir a París para contraerla...

MATILDE

Pero tú no te apures. Aquí se le pasará.

ARTEMIO

¡Seguro! ¿Y no le convendría, entre tanto, aprender alguna cosa útil, como el Braille...?

MATILDE
Eso es prematuro. Pero sí podría convenirle otra cosa...

FELIPE
¿El qué?

MATILDE
Tú sabes que en esta Isla tiene abierta consulta un psiquiatra buenísimo...

FELIPE
Se lo he propuesto a Julio y no quiere.

MATILDE *(Suspira.)*
Esperemos, entonces.

FELIPE
Eso hago, dándole todas las satisfacciones que puedo.

ARTEMIO
Incluso la de traerte a su amiguita...

FELIPE *(Baja la cabeza.)*
No quise negárselo... Parecían muy unidos. *(Se levanta.)* ¿Otra copa?

ARTEMIO
¡Buena idea!

(FELIPE *va al bar y prepara bebidas.)*

MATILDE *(Encendiendo otro cigarrillo.)*
Yo creo que la diosa sí se droga. Le noto algo raro en la cara.

ARTEMIO *(Hojea el periódico.)* Si se droga ella, se droga él. Vigílala, Felipe. Es ya mayorcita y debe de saber latín.

MATILDE
Estas putitas son de cuidado. Musas de la orilla izquierda en busca de sensaciones nuevas y de divisas saneadas.

FELIPE
Le haces poca justicia a la diosa. Tiene estudios y era profesora de literatura en un liceo.

MATILDE
¡Ah! ¿Por ahí fuera tienen estudios?

ARTEMIO
¡Muchacha!

(Ríen todos. Entran en tromba por el fondo NURIA, INÉS *y* FABY. *Vienen en bañador, con sus toallas playeras, y muestran con naturalidad sus bellos cuerpos de adolescentes.* NURIA *es la menor: casi una niña, que tal vez no cuente aún quince años. Las otras dos, más cercanas a los veinte, son sus maternales amiguitas.)*

LAS TRES
¡Buenos días!

ARTEMIO
¿Aún no os habéis bañado?

NURIA
No. ¿Pasamos a la playa por aquí, padrino?

FELIPE
Claro. ¿Queréis un refresco?

FABY
Después.

NURIA
Yo sí.

(FELIPE *le sirve un refresco.)*

INÉS
¡Tenemos prisa, Nuria! ¡Nos esperan!

MATILDE
¿Ya andáis de tonteo?

FABY
¡Pues claro!
(Ríen las tres.)

MATILDE
¿De dónde venís?

NURIA
Del parque.
(Toma el refresco y bebe un poco.)

INÉS
Se nos ha ido la mañana jugando con el saltador que le han regalado a Faby.

ARTEMIO
¿Un saltador?

NURIA *(Pasea, feliz.)*
¡Es fantástico, papá! Tiene un muelle abajo, en la plataforma. Tomas impulso, te montas y andas a saltos. ¡Yo ya no me caigo! ¡Es muy fácil! Pero Faby es una egoísta, no quiere dejárnoslo.

FABY
¡Mira ésta! Es mío y también yo quiero montar.

NURIA
¡Es... de lo más apasionante!
FELIPE
¿Más que el tenis?
NURIA
¡Más! *(Bebe.)* Padrino, me entusiasma este móvil. *(Lo agita.)* Fijáos, chicas, qué cambios da.
FELIPE *(Sonríe.)*
Pues... habrá que regalarte otro igual.
NURIA
¿Otro móvil?
FELIPE
Otro... saltador.
NURIA *(Loca de alegría.)*
¡Padrino! *(Y corre a abrazarlo.)*
ARTEMIO
La mimas demasiado.
NURIA
¡Soy su ahijada!
FELIPE
Y además, mi modelo predilecto. Le debo comisión por todas las acuarelas vendidas. *(Va a la mesita y deposita los martinis para el matrimonio.)*
INÉS
Mi papá quiere comprar la acuarela de la Sirenita, don Felipe.
FELIPE
¿Lo ves? *(A* NURIA.) El saltador es tuyo.
NURIA
¿Cuándo?
MATILDE
Cuando sea, niña. No lo agobies.
FABY
Bueno, ¿vamos a la playa?
INÉS
¡Vamos ya, Nuria!
NURIA
Termino mi refresco y os alcanzo.
FABY
Pues hasta ahora. *(Risita.)* Mira, Inés, mira quién está allí. ¡El rubito!
INÉS
Y toda la pandilla.
FABY
Nos han visto... Vamos muy serias, ¿eh?
INÉS
Muy serias. *(Salen por la cristalera, conteniendo la risa.)* ¡No te rías!
FABY *(Su voz.)*
¡Si no me río!... *(Se pierden sus murmullos.)*
ARTEMIO
¡Estas sí que son diosas! *(Ríen todos.)*
MATILDE
Y Nuria una niña. Le convendrían amiguitas menos crecidas.
NURIA
De mi edad.
MATILDE
Eso.
NURIA *(Le da un golpecito al móvil.)*
¿Y tú crees que a mi edad no se va con chicos?
ARTEMIO *(Riendo, a su mujer.)*
¡Respuesta salomónica!
FELIPE
Claro, Matilde. Incluso es mejor que sus amigas sean algo mayores. Velarán por ella.
NURIA *(Con infantil picardía.)*
Eso pienso yo.
(Ganados por su gracejo, ríen todos. Entra MARGOT: *una dama cincuentona, más bien angulosa, aunque no fea, evidentemente reteñida y de ostentosos atavíos juveniles, que trae bajo el brazo un periódico.)*
MARGOT
Se bebe y se ríe. La vida es bella.
FELIPE
¡Margot!
ARTEMIO
¡Hola, Margot!
MARGOT
¿Habéis dejado alcohol para mí?

FELIPE *(Le ofrece su copa.)*
Toma. Aún no la he probado.

MARGOT
Gracias. *(La toma y bebe un sorbito.)* Riquísimo. *(Va a besar a* MATILDE.*)* Estás deslumbradora, Matilde.

MATILDE
¡Tú sí que estás hecha un sol!

MARGOT *(Ríe.)*
Un sol poniente... A la nena ya la he visto cangurear con el saltador en el parque.

FELIPE
¿Cangurear?

MARGOT
Palabra nueva. Es mi oficio.

NURIA
Nueva y estupenda. *(Apura su refresco y deja el vaso en el bar.)* ¡Me voy a la playa! *(Se dirige a la cristalera.)* ¡No olvides tu promesa, padrino!

FELIPE
Cangurearás.

(Risas.)

NURIA *(Mirando al exterior con interés.)*
Eres un cielo. *(Se vuelve.)* ¿Y Julio? No lo veo en la playa...

MATILDE *(Después de un momento.)*
Subió a su habitación.

NURIA
¡Qué lástima! Había prometido contarme cosas del Barrio Latino... ¡Hasta luego!

(Y sale rápida. ARTEMIO, *que la señalaba, se está riendo en silencio.* MATILDE *lo mira con frialdad.)*

MARGOT
¿Cuál es el chiste?

MATILDE
No hagas caso. Tonterías de éste.

FELIPE
Mil gracias por tu bellísimo artículo Margot.

MARGOT
¿Ya lo has leído? Te lo traía...

(Enseña el periódico y lo deja sobre la mesita.)

ARTEMIO
En la playa no hemos hecho otra cosa que elogiarte.

MARGOT *(Feliz.)*
Me abrumáis... *(Se recuesta en el brazo de una butaca.)*

MATILDE
A mí, hay un párrafo que me enloquece.

(Busca en el periódico.)

ARTEMIO
¿Sólo uno?

MATILDE
¡Todos! Pero hay uno que... Aquí está. *(Lee.)* «Pintura amable, pero eterna. ¿O amable por eterna? ¿O acaso eterna por amable? *(Vehementes asentimientos de* ARTEMIO.*)* Después de tanto feísmo genialoide, hora es de atreverse a aplaudir la semilla de belleza sembrada por los griegos en nuestras Islas y florecida hoy en estas portentosas aguadas que cantan la gracia divina de los cuerpos humanos, la alegría de nuestra prosperidad y el azul remanso de paz donde tenemos el privilegio de vivir. Desde los rostros de estas nereidas y diosecillos sonrientes, es Dios quien nos sonríe.» ¿No te parece un párrafo sensacional, Felipe?

FELIPE *(Titubea.)*
Toda la crónica me gusta muchísimo.

MARGOT
Pues habrá otra.

FELIPE
Eres un amor.

MARGOT
Te lo mereces. Pero me gustaría que me aclarases un detallito. Hay algo centroeuropeo en tu estilo, y no me he atrevido a precisar por qué, aunque os parezca increíble, no sé exactamente cuál es tu patria.

FELIPE *(Sonríe.)*
Hace años que me lo preguntaste.

MARGOT
¡Curiosidad femenina que tú no te dignaste satisfacer! Pero necesito saberlo para escribir mi otra crónica. Quisiera esmerarme, dejarte muy contento... Todos sabemos que no naciste aquí, aunque te hayas nacionalizado y hables ya sin ningún acento. ¿De dónde eres exactamente?

FELIPE *(Afable.)*
Esta es mi patria, Margot. Me dejarás más contento si no apuntas influencias extranjeras... Hace ya muchos años que vine a las Islas. Aquí me casé y enviudé, aquí tuve a mis hijos y logré mi modesta fortuna... No merece la pena recordar años anteriores. Tus crónicas son perfectas sin esos pormenores, créeme. Y no pienses que el párrafo no era de mi gusto; simplemente, me ha desconcertado un poco...

MARGOT
¿Por qué?

FELIPE
Yo quería pedirte algo... a favor de Julio.

MARGOT
¡Con mil amores!

FELIPE
Algo que tal vez le ayudase. Pero, después de ese párrafo, no sé si pedírtelo...

MARGOT
Me ofenden esas vacilaciones, Felipe. Soy tu mejor amiga.

(MATILDE *sonríe a hurtadillas.)*

FELIPE
Verás. Esa otra crónica que tan amablemente me prometes, ¿no podrías dedicársela... cariñosamente... a mi hijo? Comprendo que no debería pedírtelo... Cuando viste las fotos en color que ha traído, me di cuenta de que su pintura no te agradaba. *(A* MATILDE *y* ARTEMIO.) Ni a vosotros... Aunque los tres le dedicáseis palabras amables... Pero en París, ya lo sabes, no ha tenido eco. Y para compensarle en lo posible de ello... Bueno, perdona. No he dicho nada.

MARGOT *(Después de un momento.)*
Llámalo.

ARTEMIO
¡Bravo, Margot!

FELIPE *(Le toma el rostro con ambas manos y la besa.)*
Eres la bondad personificada. Como si fuese idea tuya, ¿eh?

MARGOT
Descuida. *(Lo barbillea con afecto; quizá con excesivo afecto.)*

FELIPE
Voy a llamarlo.

(Ella lo retiene.)

MARGOT
Basta que tú lo quieras y que a él le pueda ayudar. Además, mi criterio es amplio... En ese párrafo he censurado el feísmo por simplificar. Pero cuando hay talento, es admirable. ¡Ahí están Goya y Picasso! (FELIPE *asiente y da un paso. Ella vuelve a sujetarlo.)* Y no te librarás por eso de mi nueva crónica...

FELIPE
Eres un encanto.

(Va hacia el fondo. Con el bastón de JULIO *en la mano, aparece por las cortinas* VERÓNICA *y se detiene, inmutada.)*

VERÓNICA
Lo siento... No queríamos importunar. *(Va a salir.)*

FELIPE
¡Al contrario, Verónica! Margot quiere hablar con Julio. ¿Ha bajado contigo?

VERÓNICA
Sí, pero...

FELIPE *(Levanta la cortina.)*
¿Por qué no entras, Julio? Margot quiere pedirte un favor. *(Aparta algo más*

la cortina para dejar pasar a su hijo, al tiempo que la luz decrece hasta llegar a la oscuridad total. Durante unos momentos, las voces se cruzan en la niebla.)

MARGOT
¡Qué buen aspecto, Julio! Las Islas te prueban.

JULIO *(Con el leve tono de burla que hay siempre en su voz.)*
¿Debería tener mal aspecto?

MARGOT
¡Claro que no! Yo me refería...

JULIO *(Cortante.)*
Gracias, Margot. No me conduzcas, padre. ¿Está vacía esta butaca?

MATILDE
Sí.

JULIO
Aquí estoy bien. *(Breve pausa.)* Qué hermosa mañana, ¿eh? ¡Y qué sol!

ARTEMIO
¡Muchacho! ¿Lo percibes?

JULIO
Naturalmente, no con los ojos. Para mis ojos ésta es una mañana espléndidamente... oscura. *(Silencio.)*

MATILDE
¿Quieres beber algo, Julio?

JULIO
No, muchas gracias.

MATILDE
¿Y tú, Verónica?

VERÓNICA
Gracias. Ahora no. *(Silencio.)*

JULIO *(Plácido.)*
No me miréis con lástima, por favor.

ARTEMIO
¡Muchacho! Nosotros no...

JULIO
Lo estáis haciendo y no hay por qué. Yo he sido pintor...

MARGOT
¡Lo eres!

JULIO
Tal vez, porque sigo pintando. Y es una bendición. *(Breve silencio. Ríe.)* No comprendéis nada. Pues es paradójico, pero cierto. Resulta que tengo una fantasía muy viva. Imagino pinturas en movimiento. *(Pausa.)* ¿No entendéis? Bueno, no importa.

FELIPE
Yo te entiendo, hijo.

JULIO
Y ante todo, me veo a mí mismo.

ARTEMIO
¿A ti mismo?

JULIO
Sí. En la oscuridad soy, casi siempre, consciente de mi propia imagen.

(Durante estas palabras un foco de lívida luz, que pronto gana fuerza, alumbra su cabeza: la de un sonriente mozo de unos veinticinco años, de cabello y barbita oscuros, en cuyas regulares facciones ponen su nota inquietante unas gafas muy negras que brillan como espejos. Se supone, por el lugar de esta aparición, que JULIO *se halla sentado en la butaca derecha del tresillo.)*

MARGOT
¿Y de las nuestras?

JULIO
También.

(Otro foco rescata de la tiniebla la cabeza de MARGOT, *cuyo rostro es, ahora, su propia caricatura. La nariz mucho más picuda, ojuelos diminutos de largas pestañas pintadas, sangrientos rodales de pepona, ricitos.* JULIO *ríe.)*
Sobre todo, cuando me hablan.

MATILDE
¿Me imaginas a mí ahora?

(Su cabeza surge de la oscuridad y parece la de una zorra: ojos rasgados y maliciosos, agudo y brillante hocico. Las gafas han desaparecido y, entre su platinada

melena, asoman las puntiagudas y sedosas orejitas.)

JULIO *(Risueño.)*

Sí.

MATILDE

¿Recuerdas mi cara?

JULIO *(Risita.)*

Y la de todos. Y la casa. *(Extiende una mano.) Ahí estaba el móvil de colores.*

FELIPE

Y ahí sigue.

(Su cabeza se ilumina: es él, ahora, quien lleva unas enormes gafas negras, con talcos laterales; en su piel, la violácea palidez de un difunto.)

JULIO *(Se quita despacio sus gafas y se las guarda.)* Era muy bello cuando giraba. *(El móvil comienza a girar; iluminado a su vez, arroja sobre la estancia sus chispazos.)* Y sobre la chimenea, la acuarela de los dioses. *(Breve pausa.)* De muchacho me gustaba.

FELIPE

¿Ya no te gusta?

JULIO

¿Cómo puedo saberlo?

(En la clara penumbra causada por los focos es más visible todo. Aunque no directamente alumbradas, se perciben las figuras de ARTEMIO *y de* VERÓNICA. *El ostenta ahora dos gruesos cuernos de carnero, y ella, erguida en el fondo, es la única que conserva su rostro normal; pero sus ojos, desmesuradamente abiertos, miran al vacío. Comienzan a filtrarse por los muros frías claridades que resaltan una maraña, antes invisible, de oscuras grietas; algunos muebles brillan extrañamente. Tras las cristaleras, pesadas nubes, cercanas y sombrías, muéstranse traspasadas por azulosos y violáceos fulgores, estáticos y redondos como borrosas lunas. El son de las olas invade la estancia.)*

¿Nadie habla? ¿Volvéis a compadecerme?

MATILDE *(Mientras asiente.)*

No, no.

ARTEMIO *(Asintiendo.)*

¡En absoluto!

(MARGOT *asiente en silencio.)*

JULIO *(Con irónica sonrisa.)*

¿Qué querías de mí, Margot?

MARGOT *(Es a* FELIPE *a quien mira y a quien se acerca.)*

Me encantaría hacerte una entrevista para mi periódico.

JULIO

¿Ahora soy noticia?

MARGOT

¿Cómo no? Un pintor que acaba de exponer en París...

JULIO

Y que está ciego. *(La extraña iluminación general gana intensidad.)*

MARGOT *(Toma una mano de* FELIPE.)

Una dolencia pasajera... Ni pensaba citarla. *(Con arrobo, pone sobre su corazón la mano de* FELIPE. ARTEMIO *se levanta y se acerca a* FELIPE.)

JULIO

Así la llamó tu periódico a mi llegada.

MARGOT

La citó por obligación profesional. Yo escribiría con mayor delicadeza aún.

(FELIPE *la barbillea, afectuoso; pero* ARTEMIO *lo aparta y le lleva junto a* MATILDE, *que se levanta.)*

JULIO

¿No sería engañar al lector? ¿Darle la impresión de que, ya que se habla de mi pintura, nada me sucede?

MARGOT *(Asintiendo.)*

¡De ningún modo!

FELIPE

¡No, Julio! *(Abraza a* MATILDE, *que se se lo come con los ojos, cubriéndola de voraces besos y caricias.)* Es una cuestión de delicadeza. *(Derriba a* MATILDE *sobre el sofá y la sigue besando.)*

ARTEMIO

¡Claro! De delicadeza. *(Aparta a* MARGOT *cubriéndole los ojos.)*

MARGOT

El lector se hace cargo, sobreentiende.

JULIO *(Ríe.)*

Yo también sobreentiendo. Al lector se le miente y no se le engaña, porque se hace cargo. Donde dice: «los jóvenes ojos del pintor brillan de fe», el lector comprende que son sus gafas negras las que brillan. Si aludes, muy delicadamente, a mi dolencia pasajera, ya sabrá entender él que estoy más ciego que un topo, aunque, si lo comenta con sus amigos en el golf, no hable de topos, sino de pasajeras dolencias, y el más tonto de ellos quizá piense que tengo gastritis. Y si comentas que mi exposición de París no ha tenido todo el eco que merecía, los listos entenderán que ha sido un fracaso rotundo.

(MATILDE *y* FELIPE *asienten con vehemencia.)*

MARGOT *(Asintiendo.)*

Pero no ha sido un fracaso rotundo...

FELIPE *(Asintiendo.)*

Ningún fracaso es absoluto, hijo.

JULIO

Debí decir otra pasajera dolencia. Ya comprendo que mi lenguaje no es delicado.

MARGOT *(Mientras niega con un dedo enérgico y despectivo.)*

Si prefieres que hable de tu ceguera, lo haré.

JULIO

Con tu inspirada pluma, iba a resultar una ceguera muy dulce.

FELIPE *(Mirando a los ojos de* MATILDE, *con su boca muy cercana a la de ella.)*

No debes hablar así a Margot. Es nuestra amiga y sólo quiere favorecerte...

JULIO

Y se lo agradezco. Pero no quiero ponerla en el aprieto de elogiar una pintura que hasta hoy mismo no le gustaba.

MARGOT *(A quien* ARTEMIO *sigue tapando los ojos.)* ¡Tu pintura me encanta! *(Se separa de* ARTEMIO *y va a contemplar, arrobada, la acuarela de los dioses.* ARTEMIO *tapa ahora sus propios ojos.)*

FELIPE *(Entre tanto.)*

Margot está entusiasmada desde que vio las fotos, Julio.

JULIO

¡Qué raro!... No hay dioses griegos en mi pintura, sino larvas. No es amable, ni eterna por amable. No es un... reposo... ¿Cómo decía Verónica?

VERÓNICA *(Impasible.)* Un remanso de paz.

(La luz, saturada de extraños colores, gana intensidad.)

JULIO

Verónica me ha leído tu artículo.

MARGOT *(Molesta.)* Siento que no te satisfaga.

JULIO *(Terminante.)* Insisto en que no soy noticia. Discúlpame, Margot, y muchas gracias.

(Un silencio tenso.)

MATILDE *(Acaricia el pelo de* FELIPE.*)*

Deplorable.

(JULIO *contiene la risa, que desde hace rato pugna por salirle a borbotones, y se levanta. En cuanto lo hace, todos, menos* VERÓNICA, *caen abyectamente de rodillas ante él.)*

JULIO

Estábais muy alegres en vuestro remanso de paz y he venido a aburriros. Vamos a la playa, Verónica.

MATILDE *(Va caminando a gatas.* FELIPE *gatea tras ella.)*

No te muevas. Somos nosotros quienes nos vamos.

FELIPE

¿No os animáis a otra copa? *(Y frota su cabeza contra el flanco de* MATILDE.*)*

MARGOT

Gracias. Yo he de volver a la Redacción. *(A gatas intenta besuquear a* FELIPE. MATILDE *le enseña los dientes amenazantes y ella le saca la lengua.)*

ARTEMIO

Y nosotros, a cambiarnos y a almorzar en el Club. *(Va a incorporarse.* MATILDE *y* FELIPE *se levantan al punto y, agarrándole cada uno por un cuerno, le obligan a arrodillarse de nuevo.* JULIO *se ríe. El salón es ya un diamante traspasado de claridades cromáticas y colmado de grietas.)*

FELIPE *(Entre tanto.)*

Os acompaño arriba.

MARGOT *(Mientras gatea hacia el fondo.)*

Hasta pronto, Julio. Y piénsalo. Yo mantengo mi oferta... de corazón.

JULIO *(Muy divertido.)*

Gracias.

ARTEMIO *(A gatas, conducido por la pareja que de pie, lo lleva por los cuernos.)*

Claro, Julio. Una crónica de Margot no es de despreciar... Ya verás como, dentro de unos días, se te quitan esas murrias y te pones a pintar. Y Margot a escribir de ti.

MATILDE

Adiós, señorita.

VERÓNICA

Buenos días.

(Salen MARGOT, FELIPE *y el matrimonio. El móvil continúa sus giros.* JULIO *se acerca a él. Tras la orgía luminosa, la penumbra crece de nuevo. Sólo un foco sobre las yertas facciones de* VERÓNICA. *Aumenta la rumorosa cadencia del mar.)*

JULIO

¿Está girando el móvil?

VERÓNICA

No.

(La luz se extingue. Negrura total.)

JULIO *(Suspira.)*

Me gusta ese rumor... Es el rumor de mi niñez.

(De repente vuelve el día y todo luce bajo los raudales de claridad que entran por la abierta cristalera. VERÓNICA *está ahora sentada sobre el borde del respaldo del sofá y observa a* JULIO, *que miraba sin ver, hacia el móvil parado. Con leve sobresalto,* JULIO *percibe este momento de visión, mira aquí y allá, se vuelve hacia* VERÓNICA. *Sus miradas se cruzan.)*

VERÓNICA

¿Qué te sucede?

JULIO *(Desvía la vista.)*

Nada.

(La luz tiembla y decrece. JULIO *mira a un lado y a otro; parpadea, y los guiños de la luz le secundan. Mantiene los ojos muy abiertos y, por un segundo, parece detenerse la extinción de la luz. De pronto, rápida, torna la oscuridad absoluta ante sus ojos.)*

VERÓNICA

¿Has notado algo?

JULIO *(Turbado.)*

No.

VERÓNICA

Me has mirado.

JULIO

¿Sí? Sería casual.

VERÓNICA

¿Nunca ves nada? ¿Ni siquiera por un momento?

JULIO *(Vacila.)*

No.

(Vuelven las irreales claridades. El rostro de VERÓNICA, *de nuevo abstraído.)*

VERÓNICA

¿No me engañas?

JULIO

¿Por qué iba a engañarte?

(Cruza para sentarse en el sofá. La luz le va creciendo sobre la figura.)

VERÓNICA
Cuando charlabas con ellos te has reído varias veces.

JULIO *(Ríe.)* Sí.

VERÓNICA
Imaginabas.

JULIO
Sí.

VERÓNICA
¿Lo que querías?

JULIO
Sí, por fortuna. *(Breve pausa.)* ¡Lo prefiero así, Verónica! Esos otros fantasmas que a veces se me imponen, ¿de dónde vienen?

VERÓNICA
Sabes muy bien que de tu mente.

JULIO
Parece como si fuesen ellos quienes me imaginasen a mí. *(Con dificultad.)* A menudo son tan verdaderos que... temo.

VERÓNICA
¿Por tu cordura?

JULIO
Confío en conservarla. No creo en espíritus y comprendo que hay rincones en mi cerebro que saben casi más que yo. Son los nidos de esos espectros, que también saben más que yo. Y eso es lo que me inquieta, porque, a veces, parecen traerme advertencias oscuras... *(Extiende una mano, que ella oprime.)* Prefiero las fantasías que yo mismo discurro. Las que me hacen reír.

VERÓNICA
Las que tú dominas.

JULIO *(Risueño.)*
Sí.

VERÓNICA
¿Me las cuentas?

JULIO
No merece la pena.

VERÓNICA *(Después de un momento.)*
Los imaginabas grotescos, embusteros y despreciables... Como en una buena farsa de teatro. ¿Me equivoco?

JULIO *(Reprime su risa.)*
Algo así.

VERÓNICA
Caricaturas.

JULIO
Lo que son. Así los pintaré, si algún día recobro la vista.

VERÓNICA *(Aunque sin mirarlo, sonríe y se inclina para abrazarlo con ternura.)*
Burguesito...

JULIO *(Se desprende con brusquedad.)*
¿Burguesito? ¿Porque los veo ridículos? *(Se levanta y pasea.)*

VERÓNICA
Vas a tropezar...

JULIO *(Mordaz.)*
Veo mejor desde que he cegado. *(Se detiene.)* Y a ellos también los veo mejor. ¿O prefieres que los imagine como a esos almibarados diosecillos de mi padre?

VERÓNICA *(Sigue mirando al vacío.)*
No.

JULIO
¡Me asombra tu reacción! ¿Cuántas veces no nos habremos reído juntos de su hipocresía?

(Iba hacia ella y tropieza con la esquina de un mueble. Ella se acerca con el bastón y se lo pone en la mano.)

VERÓNICA
Toma tu bastón.

JULIO
¿Ahora me lo devuelves? ¿Por sarcasmo? *(Lo empuña.)* Está bien, trae. ¿Y qué, si tropiezo? A ellos los veo con mucha claridad. *(Tanteando con el bastón, se acerca a* VERÓNICA.*)* ¡Los veíamos! Y tú me lo afeas de pronto, como si te hubieras impregnado de las dulzuras de su famoso remanso de paz...

VERÓNICA
No es eso.

JULIO

¿Entonces?

VERÓNICA

La risa y la sátira son duras, pero saludables... Algunos han sabido mirar de ese modo. Pocos, porque es una mirada difícil... Es la mirada de un desengaño. Pero, de repente, todos los jovencitos bien alimentados se han puesto a mirar así.

JULIO

¡Es nuestra mirada!

VERÓNICA

Es una moda. Para probarse a sí mismos la coartada revolucionaria. Despreciando a los burgueses; ya no son burgueses; mirándolos, como a gusanos diminutos, ellos son bellos, altos y conscientes... Dioses que, a falta de un Juez divino, juzgan entre risas a esos insectos y les preparan su infierno.

JULIO

¿Y no es así?

VERÓNICA

Según quien juzgue y el motivo por el que se juzgue.

JULIO

Si no aprendes a verlos como los bichejos que son, no te atreverás a aplastarlos.

VERÓNICA

¿Bichejos? Terribles alimañas... a nuestra talla humana. Y muy peligrosas, porque no saben lo que son y se creen nobles almas hasta cuando pecan. Ese error les costará caro, pero a la larga. Hoy los vuelve más fuertes, porque son los señores de la tierra. Reírse de ellos es una facilidad, un escape. Es desdeñar al enemigo para amortiguar el miedo que nos inspira su poder. Tenemos que aprender a combatirlos como a lobos, no como a bichejos. De otro modo, cuando más nos riamos de sus debilidades, nos cortarán la risa (y los ánimos) con sus dentelladas feroces.

JULIO

¿Conque, según tú, me río de ellos por moda y hasta por miedo?

VERÓNICA

No lo aseguro... Lo temo.

JULIO *(Con frialdad, después de un momento.)*

¿Estás contra la juventud?

VERÓNICA

¿Eres tú la juventud?

JULIO *(Desconcertado.)*

Nunca me has hablado así...

VERÓNICA

No. Me uní contigo... como una madrecita... *(Melancólica.)* Lo que los dos necesitábamos. *(Firme.)* Pero mis blanduras maternales te perjudican y debo reprimirlas.

JULIO

También tú eres joven...

VERÓNICA

Por eso puedo juzgar a los jóvenes. A los que nunca padecieron necesidad, sobre todo.

JULIO

¡No es ése mi caso!

VERÓNICA

Algo has sabido conmigo de escaseces. Pero no lo bastante. Porque no ignorabas que tu padre te ayudaría siempre... Que eras un muchacho rico jugando a la pobreza.

JULIO *(Amargo.)*

Si es eso lo que piensas de mí, debiste quedarte en París.

VERÓNICA *(Sin mirarlo, se acerca y lo abraza.)*

Julio, vine contigo para ayudarte. Estoy intentado comprender por qué te has quedado ciego. No volverás a ver si no ves primero en tu interior.

JULIO *(Humilde, casi tierno.)*

Los dos sabemos por qué.

VERÓNICA *(Duda.)*
...Creemos saberlo. *(El se aparta, brusco.)*

JULIO
¿No estás segura?

VERÓNICA
Ya no sé nada, Julio. Observo... y empiezo a temer que aquí no curarás. Volvamos a París. Abandónalos a todos en medio de su opulenta lepra.

(Por las cortinas aparece FELIPE, *con las gafas caladas, y avanza en silencio, mal iluminado. Intrigado,* JULIO *se vuelve hacia él.)*

JULIO
Hola.
(FELIPE *se detiene.)*

VERÓNICA
¿Me hablas a mí?

JULIO
¿No ha entrado alguien?

VERÓNICA
No.

JULIO
Me pareció escuchar pasos... *(Continúa atento y desconfiado. El padre se acerca a* VERÓNICA, *que lo mira fijamente.* JULIO *se aleja de ellos.)* ¿De verdad quieres tú volver?

VERÓNICA. *(Mira absorta a* FELIPE.)
Contigo sí. *(A espaldas de* VERÓNICA, *la impasible imagen de* FELIPE *le rodea la cintura con los brazos.)*

JULIO
Sabes que yo no quiero... No por ahora. Quizás tampoco quieres tú y hablas así... por fórmula. *(Pasea.)* Dime una cosa: ¿ya no te parecen bichos?

VERÓNICA
Los aborrezco más que tú. Pero de otra manera.

JULIO
De una manera que no te impide encontrarlos incluso agradables. ¿A que encuentras simpático a mi padre?

VERÓNICA
No debes deformarlo para juzgarle. Lo espantoso de tu padre es que es simpático. *(Silencio.* JULIO *se sienta en el sofá y oculta el rostro entre las manos.)* ¿Quieres que demos un paseo por la ciudad?

JULIO
Estoy cansado.

VERÓNICA
¿Te leo algo?

JULIO
No.

VERÓNICA. *(A* FELIPE.)
Perdóname...

JULIO. *(Rápido.)*
¿Hay algo que perdonar?

VERÓNICA. *(A* FELIPE.)
Si te he disgustado...

JULIO. *(Risita.)*
No.

VERÓNICA. *(A* FELIPE.)
Antes me necesitabas más...

JULIO
Nos necesitábamos.

VERONICA. *(A* FELIPE.)
Yo siempre te necesito. ¿Y tú?

JULIO
Déjame solo.

VERÓNICA. *(A* JULIO.)
¿Para siempre?

JULIO. *(Aspero.)*
¿Qué quieres decir?

VERÓNICA. *(A* JULIO.)
Hace días que noto tu frialdad. *(Se estrecha contra la inmóvil figura de* FELIPE *y la acaricia.)* Ni siquiera mi cuerpo te interesa. *(Con dificultad.)* Si te estorbo, me iré.

JULIO
Déjame solo, por favor.

VERÓNICA
A esto hemos llegado... Pero quizá tú te acostumbres.

JULIO
¿A qué?

VERÓNICA
A las Islas y a su gente. Eres un muchacho atractivo y adinerado. Te resultará grato sufrir tan confortablemente... Y acaso encuentres a otra muchacha de tu clase...

JULIO
¡Estupendo! Resulta que nos estamos echando en cara la misma debilidad. Tú sospechas que juego a despreciarlos, pero que me adapto. Y yo que no quieres irte, aunque lo digas. *(Ríe.)* ¡Cuánta sospecha! ¿Cuál de los dos tendrá razón?

VERÓNICA
El tiempo lo dirá.

JULIO
Lo dirá, pero aquí. ¡Yo recobraré aquí la visión! ¡Aquí solamente! Yo veré aquí claro, en mi interior y en el de los demás. ¿Lo entiendes?

VERONICA. *(Después de mirar a* FELIPE.*)*
No. *(Una pausa.* VERÓNICA *está mirando fascinada a* FELIPE.*)*

JULIO *(Desgarrado.)*
¡Verónica! ¡Acércate!

*(*VERÓNICA *se desprende de* FELIPE *y va a su lado mirando al vacío.* JULIO *la abraza con pasión, con angustia; sus manos recorren ávidas la espalda de la mujer.* VERÓNICA *le corresponde con tiernas caricias. La imagen del padre retrocede en silencio y sale por el fondo lentamente.)*

VERÓNICA
¡Julio!

JULIO *(Oprimiéndole los brazos la separa y se le enfrenta.)*
¿Me estás mirando a los ojos?

VERÓNICA
¡Claro, amor mío!

(Pero no lo mira. El se aparta y se sienta.)

JULIO
¡Quiero estar solo!

VERÓNICA *(Mirando al vacío.)*
¿Con tus fantasmas?

JULIO
Cállate.

VERÓNICA
Aunque te torturen, prefiero para ti los que te inquietan a los que inventas para reír. Estos no te salvarán.

(Sale por las cortinas. JULIO *frunce las cejas, sombrío. Crece el ruido de las olas y una densa penumbra. Segundos después se oye la voz de* NURIA.*)*

NURIA
¿Te molesto?

(Repentinas, tornan las claridades irreales. JULIO *levanta la cabeza.)*

JULIO
¿Quién eres?

NURIA
¿No reconoces mi voz?

JULIO
¿Nuria?

NURIA
Sí.

(Un foco la ilumina. Su cara, de suyo infantil, se muestra más aniñada todavía; una redonda carita de muñeca. JULIO *advierte su extraño atavío; un vestidito muy corto y anticuado, propio de una niña de seis años.)*

Les he dado esquinazo a mis amigas para volver sola a casa.

JULIO
¿Por qué quieres volver sola?

NURIA
No quiero volver sola.

JULIO
¿Entonces?

NURIA *(Ríe.)*
¡Tonto! ¿Nos tomamos un refresco? Vengo muerta de calor. *(Va hacia el bar.)* ¿Qué quieres tú? Yo tomaré naranjada con hielo; mis padres no me dejan beber ni fumar.

JULIO
¿Y los obedeces?

(Ha dejado el bastón a un lado. Sus manos juguetean con el cuchillito damasquinado.)

NURIA *(Busca botellas y vasos.)*
Alguna vez me bebo una copa en las reuniones donde ellos van. Me han prometido que me dejarán beber un poquito el año que viene.

JULIO
¿Y tú lo deseas?

NURIA
Si no bebes es un fastidio, porque los chicos se ríen de ti. ¿Qué te preparo?

JULIO
Naranjada, como tú.

NURIA
¡Viva!

JULIO
Y ellos, ¿por qué beben?

NURIA *(Echa naranjada en un vaso.)*
¿Los chicos?

JULIO
Nuestros padres.

NURIA *(Lo piensa.)*
Porque no tienen padres que se lo prohiban.

JULIO
Así que prohíben lo que no son capaces de prohibirse a sí mismo.

NURIA
¡Me encanta hablar contigo!... ¿Qué haces?

JULIO
Nada.

NURIA
Deja ese puñalito. *(Va hacia él.)* Está muy afilado y puedes cortarte.

(Se lo quita y vuelve con él al bar. Allí procede a una extraña operación: se da un tajo en el brazo con el puñalito y la sangre mana, abundante. Sobre el vaso vacío la deja caer hasta que se llena. Gesto desazonado de JULIO *por lo que imagina.)*

Tu sabes más que todos ellos. Y más que yo.

(Va hacia él con los dos vasos.)

Yo... te estaría escuchando siempre.

(Se sienta a su lado, toma una mano de JULIO *y le hace coger el vaso de sangre.)*

¿Brindamos por nosotros dos?

JULIO
Por nosotros dos.

(Beben.)

NURIA
¿Sabes que a los ocho años me enamoré de ti?

JULIO
¿Bromeas?

NURIA *(Ríe.)*
¡Te lo prometo! Pensando en ti ni dormía. Y buscaba los sitios desde donde podía verte pasar... ¿No lo notaste?

JULIO
No.

NURIA
Es natural. ¡Cualquiera se atrevía a hablarte! Con tus dieciocho años me parecías un hombretón... Una vez me diste un caramelo. Me gustaban a rabiar, ¿sabes?

JULIO
De que te gustaban sí me acuerdo.

NURIA
Pues no me lo comí.

JULIO
¿No?

NURIA
Lo acariciaba cada día, hasta que se puso pringoso y sucio. Entonces, sí me lo comí. ¿Y sabes de qué modo?

JULIO
No...

NURIA
Me puse de rodillas, cerré los ojos, me metí el caramelo en la boca y recé. *(Breve pausa.)* Te recé.

JULIO

¡Qué disparate!

NURIA

¿Tú crees?

(Pausa. El móvil inicia lentos giros. JULIO *bebe un sorbo. Ella asiente al verlo, turbada.* JULIO *apura de un trago el resto del vaso y ella respira hondo, con los ojos cerrados, echando hacia atrás la cabeza.)*

JULIO

Fantasías pueriles...

NURIA *(Bebe el resto de su vaso, toma el de* JULIO *y vuelve al bar para dejar ambos.)*

¿Tú me recuerdas, Julio?

JULIO

Me acuerdo de aquella niña. Aunque también he visto fotos tuyas más recientes...

NURIA *(Va hacia él.)*

He crecido. *(Silencio.)* Voy a cumplir quince años.

(Está a sus espaldas, tras el respaldo del sofá.)

JULIO

Una niña de quince años...

NURIA

Ahora ya no hay tanta distancia como entonces, y dentro de unos años habrá menos. Y yo sabré más cosas y podremos hablar de todo como buenos amigos.

(Da la vuelta al sofá. Vuelve a sentarse a su lado.)

JULIO

¿No es penoso hablar con un ciego?

NURIA *(Risueña.)* ¡Si vas a curar!

JULIO

Tal vez no.

NURIA *(Ríe.)*

Sí que curarás. *(Grave.)* Y aunque no curases..., yo nunca me cansaría de hablar contigo.

(Le toma una mano. El se envara.)

JULIO *(Frío.)*

Gracias.

(Se levanta y va, tanteando con su bastón, hacia la cristalera. Ante ella recibe el aire marino y el rumor de las olas.)

Te parece fácil. Quizá lo fuese. Con dinero abundante, criados... Amistades divertidas, constantes distracciones... Puede que resultase muy romántico vivir junto a un ciego. Las novelitas que lees cuentan esas cosas... Historias sentimentales para niñas sin problemas.

NURIA

¿Crees que no sería capaz de hacerlo sin dinero?

JULIO *(Riendo.)*

¿Otra novelita?

NURIA

Pues con dinero, Julio... ¿Por qué no? Yo estoy contenta de que nuestros padres sean ricos; eso facilita las cosas. Ahora da alegría tener dinero: todo el mundo lo va teniendo. Los pobres ya no son tan pobres.

JULIO

No digas tonterías.

NURIA

Papá sabe mucho de economía y lo dice.

JULIO

Porque quiere engañarse. O engañar.

NURIA

Ya sé que hay pobres. Pero cada día están mejor atendidos... En casa se hacen muchas caridades.

*(*JULIO *emite un gruñido burlón. El móvil está girando más aprisa. Vivamente alumbrado ahora, proyecta alrededor sus destellos coloreados.)*

¡Es tan bonita la vida, Julio! Cuando vuelvas a ver lo comprenderás. ¡Y mi cara también es bonita, según dicen! *(Se quita la máscara, que abandona sobre el sofa, y empieza a levantarse.)* Ya no es la de aquella muñequita que tú recuerdas.

(JULIO *ríe levemente.)*

A tu padre le gusta mucho pintarla... Si quieres, tú también la pintarás. ¡Y yo pintaré la tuya!

JULIO
¿Tú pintas?

NURIA *(Risueña.)*
Acuarelas... ¡muy malas! Tu padre me ha dado algunas lecciones... Y tú me las podrías seguir dando. Esa novia que has traído es guapa, pero ¿no es bastante mayor que tú?

JULIO *(Conteniendo la risa.)*
Sí.

NURIA
No podrá servirte muchos años de modelo...

(JULIO *ríe a carcajadas.)*

¡No te rías! ¡Ya no soy una niña!

JULIO
No quieres que te trate como a una niña... Está bien. Te hablaré como a una mujer.

NURIA *(Se acerca.)*
Lo prefiero.

JULIO
Tus padres se escandalizarían y me dirían: ¿cómo te atreves a marchitar la alegría de una niña con tus resentimientos?

NURIA *(Baja la voz.)*
¡Soy una mujer!

JULIO
Sin duda, sin duda... ¿Oyes las olas?

NURIA
Sí.

JULIO
¡Qué paz, qué gozo da respirar en estas playas!

NURIA *(Conmovida y contenta.)*
¡Julio!

(Llega a su lado y desliza su brazo bajo el de él.)

JULIO
La gente es feliz. Nadan, ríen, juegan... Tú también lo eres, con tu cieguecito al lado, jugando a la heroína de novela. No hay nada que temer. Esta tarde montarás en bicicleta, o jugarás al tenis...

NURIA
O volveré con mi cieguecito, si él quiere.

JULIO
Y si da tiempo.

NURIA
No te entiendo.

JULIO
Podemos estallar dentro de unos minutos. Supongo que lo sabes.

NURIA *(Asustada.)*
¿De qué hablas?

JULIO
En ese cielo tan brillante hay aviones. Todos los días pasan cerca de la playa, cargados de bombas.

NURIA *(Tranquilizada.)*
¡Ah, sí!... El peligro nuclear. ¿No crees que se exagera? Un accidente encima de nosotros sería mucha casualidad... Y aunque sucediese hay precauciones, las bombas no pueden estallar sin sus fulminantes... Todo el mundo sabe eso.

JULIO
Pueden arrojarlas a propósito.

NURIA
¡No!

JULIO
¿Por qué no?

NURIA
¡No hay guerra!

JULIO
¿Cómo lo sabes? Cuando se declare una nueva guerra mundial, quizá no nos avisen. Tal vez no dé tiempo... ni a declararla. ¿Cómo estar seguros de que la televisión no lo está diciendo ahora

mismo, minutos antes de que enmudezca bajo otra bomba?

NURIA

¿Hablas en serio?

JULIO

Acaso los aviones se acercan ya y sólo nos quedan segundos de vida.

NURIA

¡Estás delirando! ¡No pasa nada! ¡Y si pasase, lo sabríamos y escaparíamos!

JULIO

¿Adónde?

(Silencio.)

NURIA *(Temblorosa, intenta sonreír y aleja a* JULIO *unos pasos de la cristalera.)*

Julio, es natural que tengas esas ideas negras. Pronto se te pasarán. Todos te queremos y no sucede nada. ¡No está cayendo ninguna bomba!

JULIO

Hace años que está cayendo. Y no hay quien la detenga. Se acerca, girando vertiginosa como un asteroide que nos fuese a despedazar... *(Ríe.)* Girando como ese móvil.

NURIA *(Ríe, nerviosa.)*

Te estás riendo de mí... El móvil no gira ahora y, cuando lo hace, da gozo verlo.

(El móvil gira velozmente.)

JULIO

Da tanto gozo como mirar a ese azul de acuarela lleno de aviones, ¿no?

NURIA

¿Otra vez los aviones? ¡Te voy a pellizcar!

(Lo hace.)

JULIO *(Risueño.)*

¿Te disgusta? Lavamos la acuarela y los borramos. ¿Contenta?

NURIA *(Alegre, baila con él a la rueda.)*

¡Se acabaron! ¡Ni se les oye! No hay nada más que un cielo maravilloso.

JULIO *(Riendo, aumenta la velocidad de las vueltas.)*

¡Y contaminado!

*(*NURIA *va parando.)*

NURIA

¿Contaminado? *(Se para.)* Un poco sucio, pero en las ciudades...

JULIO *(Sonriente, se suelta de las manos de* NURIA *con un ademán brusco y va a recostarse a la pared del fondo.)*

Ya no queda lugar en la tierra donde no se respire muerte. Ese azul transparente que ves también está envilecido. Todo el aire que la naturaleza purifica no basta ya a renovar el que ensuciamos cada día. Son datos matemáticos: los han revelado los científicos. ¿Borramos el aire de la acuarela?

NURIA *(Avanza hacia el sofá, en cuyo respaldo se apoya.)*

Te estás burlando de mí.

JULIO

Nos queda el agua. No menos azul, no menos podrida. Sus algas, que regeneraban casi todo el oxígeno de la atmósfera, se están muriendo. También los peces. Porque el agua es su aire y se lo hemos colmado de ácidos. Pero los hombres no son sólo unos asesinos. Son también suicidas. Cuanta más natalidad, más miseria. A mejores medicinas, más radiaciones mortales en los huesos y en el sexo de sus hijitos...

NURIA *(Va hacia el bar, donde se apoya.)*

¡Julio, por favor!...

JULIO

Dentro de cuarenta años habrá ocho mil millones de seres humanos. Más del doble que hoy. Si es que todavía respiran algo que se parezca al aire, nuestra pobre tierra ya no les podrá dar de comer. Todo esto se llama Ecología: una ciencia importante. Desde hace años se reúnen en conferencia profesores muy bien pagados para estudiar qué se podría hacer. Lo seguirán estudiando...

NURIA *(Casi grita.)*

¡No entiendo!...

JULIO *(Seco.)*

Pues no te preocupes. Puede que ya no nos queden cuarenta años y no llegues a ver a tus hijos matarse por un pedazo de pan adulterado y racionado, o matarte para arrebatar el tuyo de tu boca. Quizá esas bombas que giran y se acercan lo resuelvan mucho antes. *(Orienta su rostro hacia el móvil, que salpica de centellas la estancia.* NURIA *emite un sollozo, se derrumba sobre el sofá y procura, en vano, volverse a cubrir con la máscara infantil.)* No llores... Yo te quiero... como a una hermanita. Tú deberías salvarte de esa... ceguera azul que a todos nos han destinado. Yo ya me escapé de ella, ya estoy en la mía. Negra. *(Todas las luces se extinguen rápidamente. Oscuridad total.)* Y *plácida.* ¿Oyes las olas? El mar es una madre que nos canta... Deberíamos obedecerla... y dormir.

(Silencio. Vuelven a oírse, de pronto, los desgarrados sollozos de NURIA.)

NURIA

¡Julio!

JULIO

No quiero hacerte daño. Lo que quiero es luchar contra el daño que te están haciendo. Pero si no puedes soportarlo olvida y vuelve a tus juegos infantiles. *(Otra pausa, entrecortada por los gemidos de* NURIA.) Tú has querido que te hablase como a una mujer...

(Llena de contenida irritación se oye entonces, en la tiniebla, la clara voz de FELIPE.)

FELIPE

¡Pues has hecho muy mal!

(Un foco ilumina a FELIPE, *que aparece con su extraña lividez y sus gafas oscuras.* NURIA *está en sus brazos. Vuelven las claridades irreales. El móvil ya no gira.)*

JULIO *(Se siente burlado.)*

¿Desde cuándo estás aquí?

FELIPE

¡Qué importa! ¡Ya te he oído lo bastante!

JULIO

¡Nuria! ¡No me has avisado!

NURIA

Tu padre me ordenó callar...

FELIPE

Y también hice mal; debí interrumpirte antes. Pero he querido cerciorarme... No podía creer que fueses capaz...

JULIO *(Burlón.)*

¿De marchitar la alegría de una niña con mis resentimientos?

FELIPE

¡Bribón! ¡No mereces lo que todos estamos haciendo por ti! ¡Ni el afecto de esta niña, ni...!

JULIO *(Casi riendo, avanza hacia el primer término.)*

¡Ni el tuyo!

FELIPE

Olvida sus palabras, nena. ¡Te juro que son falsas! Y cálmate... No llores más. Toma mi pañuelo. *(Le toma la máscara, que ella retenía en sus manos, y se la pone suavemente.* JULIO *sonríe.)* Y ahora vuelve a tu casa. ¡Y a tus juegos, y a tu risa! ¡Tu risa es buena y limpia! *(Risueño.)* Nada malo te sucederá; ni tus padres ni yo lo permitiríamos. Serás feliz, ya lo verás. El mundo no es como este imbécil lo describe... Ea. Todo pasó. *(Cariñoso, empuja a* NURIA *hacia las cortinas.)* Ve con tus padres... Déjame con él. Tengo yo que decirle algunas cosas. Mi sirenita... Mañana será tuyo algo... que te gusta con delirio... Te lo prometo.

(Ella va a salir y se detiene.)

NURIA
No le riñas... Habla así porque sufre.

JULIO *(Grave.)*
Gracias, Nuria.

FELIPE
No te apenes tú por nada, nena... Adiós... *(La besa. Ella sale por las cortinas. Una pausa. La espectral iluminación aumenta. Con leves tanteos,* JULIO *se encamina al bar y se recuesta en el mostrador, de cara al frente.)* No quiero reñirte. Ella tiene razón. Sufres y yo sufro contigo, hijo mío; más de lo que piensas. Los hijos son... toda nuestra vida. Y la daríamos por vosotros. Sin vacilar.

(JULIO *ríe quedamente.* FELIPE *avanza hacia el tresillo.)*

JULIO
No te preocupes demasiado por mí. Te he salido díscolo: mala suerte. Por fortuna tienes a mi hermano, que es un modelo de virtudes.

FELIPE
No pienses que lo prefiero. En tu espíritu hay una luz que él no tiene. ¿Crees que no lo sé?

JULIO
Gracias.

FELIPE *(Se sienta en el sofá.)*
No voy a reprocharte nada. Pero sí quiero rogarte algo.

JULIO
¿Te has sentado?

FELIPE
Sí.

JULIO
Voy aprendiendo.

FELIPE *(Suspira.)*
Te decía que quiero rogarte algo... No tienes el derecho de turbarla, de entristecerla... No hables así a Nuria.

JULIO
Es natural que me hayas hablado con tanta ira, aunque nunca lo hayas hecho antes... No te disculpes.

FELIPE
¡No me disculpo!

JULIO
Te disculpas ante ti mismo por haberle levantado la voz a tu hijo ciego.

FELIPE
Hazte cargo. Me sublevó esa crueldad tuya con la nena...

JULIO
¡Si lo comprendo! Defendías a otro hijo tuyo.

FELIPE
¿A otro hijo? ¿Qué tiene que ver tu hermano...?

JULIO
Me refiero a Nuria. Era natural que te irritases al ver llorar a tu hija.

FELIPE *(Se levanta.)*
¿Qué dices?

JULIO
¿Te has levantado?

FELIPE
¡Sí!

JULIO *(Asiente, satisfecho.)*
¿Me creías ignorante de que eres su padre? ¡Si es la evidencia misma! No hay más que ver cómo la tratas y la defiendes, incluso contra tu hijo predilecto.

FELIPE *(Descompuesto.)*
¡Eso es mentira!

JULIO
No me llames embustero, padre. Está feo, porque sabes que no lo soy.

FELIPE
¿Estás loco? ¡Nuria es mi ahijada!

JULIO
Eres su padrino porque eres su padre. De muchacho te he visto buscar la mano

de Matilde, abrazarla y besarla, separarte aprisa de ella porque entraba el marido... De niños somos espías. No nos véis, pero nosotros sí os vemos.

FELIPE *(Balbuciente.)*
¡No sabéis lo que véis! ¡Confundís bromas, besos amistosos, con...!

JULIO *(Sarcástico.)*
¿Amistosos?

FELIPE *(Pasea, agitado.)*
¿Qué entiende un muchacho? En todas partes ve sexo, porque ya le inquieta el sexo...

JULIO
Ve sexo porque lo hay. ¡Si también es natural! Costumbres de ricachones despreocupados. Cuando te acuestas con la mujer de tu mejor amigo no haces más que seguir la moda. Para ti, una moda fácil, pues siempre fuiste un conquistador... Juraría que esa pobre boba de Margot es otra antigua conquista: se desvive por complacerte con sus crónicas dulzarronas, quién sabe si buscando que se las pagues accediendo a recordarle viejos ardores... Pero, eso sí, hay que callar. O aplicar vuestro asombroso lenguaje. La caricia obscena es un beso amistoso; la traición al amigo, piedad por una mujer insatisfecha. Una piedad deliciosa, pues tal vez no hay ni traición y el amigo lo consiente...

FELIPE *(Que se detuvo a escucharlo.)*
Escucha, Julio...

JULIO
Y la hija es ahijada. (FELIPE *se vuelve a sentar.)* ¡Todo, antes de que vuestro bello pantano se remueva!

FELIPE
Julio, esta conversación es absurda. No tienes ninguna prueba de lo que has dicho y yo no reconozco nada. Espero que no lo olvides y que seas discreto.

JULIO
Callaré... Esa pobre niña me da lástima. La habéis deformado tanto que no resistiría la verdad. Sólo se le pueden ir dando pequeñas verdades... Y esperar a que madure para tratar de que comprenda.

FELIPE
Confío en que no estés aquí para entonces.

JULIO
Yo también.

FELIPE *(Suspira.)*
Hijo, ven a mi lado. Hablemos.

JULIO
Aquí estoy bien.

FELIPE
Lo más importante ahora es tu curación. Ya hace veinte días que estás enfermo...

JULIO
Ciego.

FELIPE
Al parecer, porque quieres. Te llevé en París a un oculista y a tres médicos: todos coincidieron. Ceguera psíquica.

JULIO
Histérica.

FELIPE
No me asustan las palabras. Elijo otras por esa delicadeza que para ti sólo es hipocresía. Cuando tu novia...

JULIO
Mi amante.

FELIPE
Cuando Verónica me envió el telegrama llevabas enfermo varios días. Corrí a tu lado y os traje a los dos conmigo para que descansaras.

JULIO
¿Por qué a ella también?

FELIPE *(Asombrado.)*
¡Tú mismo lo pediste!

JULIO *(Después de un momento.)* Cierto. Adelante.

FELIPE
Llevas aquí ocho días. Tus ojos están

sanos. ¿No has tenido ningún momento de visión normal?

(Breve pausa.)

JULIO

No.

FELIPE

Uno de los médicos indicó que podrías tenerlos.

JULIO *(Después de un momento.)*

¿Eso es todo?

FELIPE

Quisiera rogarte por segunda vez que visitases al psiquiatra.

JULIO *(Riendo.)*

¡Lo esperaba!

FELIPE

¡Es un médico excelente!

JULIO

No quiero un psiquiatra de ricos.

FELIPE

Tú no eres pobre.

JULIO

No. Yo soy tu hijo. Hablemos de otra cosa.

(Breve pausa.)

FELIPE

Como tú no querías, lo he visitado yo. *(Con irritada sorpresa,* JULIO *se vuelve hacia él.)* No te traicionaba: en la Isla no es un secreto lo que te pasa. Y quería saber su opinión.

JULIO *(Glacial.)*

Qué interesante.

FELIPE

Le he preguntado si podía exponértela... Ha dicho que sí. (JULIO *se sienta en la butaca derecha del tresillo.)* La hipótesis puede molestarte... Pero también te puede ayudar.

JULIO

¡Cuánto circunloquio!

FELIPE

¿Has reparado en lo curioso de la coincidencia? Cuando tú inaugurabas tu exposición, yo me disponía a abrir aquí la mía.

JULIO

¿Y qué?

FELIPE

Por supuesto, ahí termina toda la coincidencia y empiezan las diferencias. Yo soy un aficionado sin pretensiones: expongo en este rincón por divertirme y tú allá, de cara al mundo, para conquistarlo...

JULIO *(Risita.)*

Te ayudaré. Tu exposición triunfa y la mía se hunde. ¿Voy bien?

FELIPE

¡Ojalá hubiera sido al revés! Si mis acuarelas no gustasen, poco me importaría. *(Grave.)* Yo no habría cegado.

JULIO *(Da un respingo.)*

¿Qué?

FELIPE

No te exaltes... Piensa conmigo.

JULIO

¿Y con el psiquiatra?

FELIPE

Y con el psiquiatra.

JULIO *(Le asoma la risa.)*

¿Suponéis que he cegado por ese fracaso?

FELIPE

En cierto modo...

JULIO

No veo la relación. Aunque fracasase, ¿por qué cegar?

FELIPE

Porque dudas de ti. ¡Pero dudar es el mejor de los indicios! Los más grandes creadores sufren tremendos desalientos... Tú has dudado... desde pequeñín. Nunca haré esto, me decías, llorando, ante la pulcritud académica de mis acuarelas. Y yo me reía y te contestaba: los mejores pintores no son los más perfectos. Harás cosas mucho mejores. ¡Y ya las haces! Pero cualquier revés te sume de nuevo en tu negro pesimismo... En tu nobilísima duda. ¡Ah!... Si yo la sufriera, en vez de envanecerme como un chiquillo con mis relamidos cuadritos, sería un gran pintor. *(Se incorpora y se sienta cerca de* JULIO.) Vales mucho más que yo y tus ojos deben abrirse de nuevo. Mi ridículo éxito nada vale al lado de tu supuesto fracaso.

JULIO *(Se cruza de brazos, risueño.)*

Vamos a ver si he entendido. ¿Queréis decir, tú y el psiquiatra, que la envidia por el éxito de tu exposición me ha hecho cegar?

FELIPE *(Titubea.)*

Deberías hablar con él... Yo no lo expreso bien. El habló, sobre todo, de tus dudas... técnicas, y del trauma causado por el fracaso de la tuya.

JULIO

Pero no cegué ante las malas críticas ni ante la sala vacía, sino mucho después. Y tú ya me habías escrito dándome cuenta de tu éxito.

FELIPE

No debí mandarte aquella carta engreída y tonta.

JULIO *(Se ríe en silencio, cada vez más.)*

No era engreída. Era modesta y sencilla.

FELIPE

¡No me vas a decir que cegaste después de leerla!

JULIO

Al día siguiente.

FELIPE *(Desconcertado.)*

Bueno, si tú mismo lo admites... (JULIO *rompe a reír inconteniblemente.)* Pero es la duda, dudar de ti, sobre todo, lo que...

(JULIO *sigue riendo. Entre carcajadas se levanta y pasea.)*

JULIO

¡Qué confortables son vuestros psiquiatras! Nada grave: una crisis de sensibilidad debida al talento del muchacho y a sus dudas de creador. Y algo de envidia al padre también, lo cual no es deshonroso: resulta muy elegante y muy psicoanalítico. Si el chico lo comprende, se incorporará de nuevo a la vida. *(Se vuelve hacia su padre.)* Podrá volver a ser un alegre personaje... de la acuarela. *(Se acerca.)* Durante estos ocho días no me he decidido a hablarte. *(Cruza hacia el bar, donde se recuesta.)* Ahora tendrás que escucharme a mí, padre.

(Durante estas palabras se abre, en el primer término y ante la mesita, un oscuro hueco rectangular en el que, algo más tarde, empieza a crecer una vaga claridad violácea.)

FELIPE

¡No deseo otra cosa!

JULIO

Tú fuiste para mí un dios. De tu mano, cuando niño, me sentía invulnerable. Tú me enseñabas el mundo, lo creabas para mis ojos, y yo veía que era bueno. Después, crecí...

FELIPE

Y yo disminuí. (JULIO *asiente en silencio.)* No hay que divinizar a los padres. Todos los muchachos padecen esa decepción: es el principio de la madurez. Prefiero que me creas un ser humano, con sus defectillos... Lo mismo que el mundo.

JULIO

¿Lo mismo que el mundo?

FELIPE

También viste que no era bueno, pero no es tan malo como lo describes. Los hombres saben y pueden más cada día. Nuestra felicidad en estas Islas es una de sus conquistas. Y ya hay muchos lugares como éste.

JULIO

Padre, tú sabes que eso no es cierto.

FELIPE

¡Lo creo firmemente!

JULIO

Tú sabes que hay hambre, miseria, radiaciones, que la tierra está contaminada y que vamos hacia la hecatombre general.

FELIPE

Ya te oí antes todo eso. ¡Hay mucho dinero dedicado al estudio de esos problemas y se resolverán!

JULIO

Nunca el necesario, porque hay mucho más dedicado a los armamentos. Y con éstos se cierra la trampa. Si la paz dura, envenenaremos el mar, el aire y los alimentos; si no dura, miles de bombas nucleares saldrán de sus almacenes y nos abrasarán.

FELIPE

No saldrán. Hay más que suficientes para arrasar cinco planetas como el nuestro.

JULIO

¿Y eso es una garantía?

FELIPE

¡Nadie está tan loco para iniciar un desastre en el que sabe que él también caerá!

JULIO

Pero hay locos... y el temor los multiplica... Y también hay accidentes. De vez en cuando, estalla un polvorín. Y la tierra es hoy un polvorín gigantesco.

(El móvil inicia lentos giros.)

FELIPE *(Firme.)*

También son gigantescas las precauciones. Se evitará ese peligro. No habrá más que guerras localizadas. Y aquí no la hay.

JULIO

¡Porque ya la hubo!... Tu paz es ficticia. La guerra nos acecha. Siempre vuelve a estallar bajo nuestros pies. ¡Y tú la hiciste, padre! Tú eres guerra.

FELIPE *(Se levanta. Pasea.)*

¡No! Tuve que hacerla, pero amaba la paz. Y en cuanto pude, la busqué. Aquí. Para dársela a los hijos que quería engendrar. Olvidé aquel horror, me nacionalicé, me casé, ayude a crear prosperidad... Encontré la paz y te la brindo. Acepta la que te rodea, ya que tienes el privilegio de gozarla. Y confía en ella: la paz crea paz. Aquí hubo guerra, cierto. Un barrio entero de la ciudad fue destrozado. ¿Y qué? Ahora es el más bello parque de todas las Islas.

(Se detiene bajo el móvil, que gira más aprisa. En el mortecino fulgor del hueco del primer término, una sombra se perfila: un hombre, desnudo de medio cuerpo, al que por el momento se distingue mal. Su cabeza y hombros surgen suavemente; luego permanece de frente, inmóvil y con el rostro levantado. JULIO *lo mira durante unos segundos.)*

JULIO *(Va a sentarse.)*

Tú eras teniente en la guerra mundial.

FELIPE

Sí.

JULIO

Y al final te ascendieron a capitán.

FELIPE

¿Qué importa ya eso?

JULIO

Capitán del Servicio de Inteligencia.

FELIPE

Así es. No recuerdo habértelo dicho...

JULIO

Y estuviste en Wessels. *(Silencio.)* ¿No?

FELIPE

Estuve en tantos sitios... ¿Wessels?

JULIO

¿No recuerdas esa ciudad?

FELIPE
Estuve en ella, sí. ¿Te lo he contado alguna vez?

JULIO
Tú no.

(FELIPE *se acerca al tresillo.)*

FELIPE
Entonces, ¿quién?

JULIO
Un muchacho, en París.

FELIPE
¿Un muchacho?

JULIO
Un joven músico, de Wessels. Tiene mucho talento y muy poca salud. Ambas cosas las heredó de su padre.

(El hombre inmóvil en el hueco del suelo empieza a emerger despacio, crecientemente iluminado. Sus ojos, que nunca pestañean, carecen de pupilas.)

FELIPE
¡Qué coincidencia más extraordinaria!

JULIO
Lo mismo pensé yo.

FELIPE *(Se sienta, risueño.)*
Pero, si es de tu edad, ¿cómo puede conocerme?

JULIO
Un día me confesó que al principio, buscó mi amistad porque le había intrigado mi apellido... Tu apellido. Y cuando me visitó por primera vez, vio tu retrato sobre mi mesa. Entonces te reconoció.

(El hombre semidesnudo se eleva aún más. Ahora se le distingue mejor: flaco, macilento, despeinado, con barba de días y oscuras ojeras, muestra su tronco, brazos y cara atrozmente cubiertos de innumerables surcos y llagas, de los que parten largos regueros de sangre coagulada.)

FELIPE
¿A mí?

JULIO
Su padre había encontrado y conservado un boletín militar donde publicaron tu fotografía y tu ascenso. Yo lo he visto. Estabas de uniforme, con treinta años menos. Y tu apellido al pie.

(Vivamente iluminado, el móvil proyecta ahora sus enloquecidos relumbres.)

FELIPE
¿Quién es su padre?

JULIO
Era... Una mujer abnegada se casó con él al terminar la guerra, pero estaba destrozado y no tardó en morir. Mi amigo tenía dos años cuando se quedó huérfano; su madre y sus compatriotas se lo han contado todo. *(Breve pausa.)* Todo lo que le hiciste tú.

FELIPE *(Sin voz.)*
¿Qué...?

(Iluminado vivamente, el hombre lacerado emerge del todo, al tiempo que la claridad del hueco se extingue.)

JULIO
No te alarmes. Ya no es fácil reunir pruebas contra ti y mi amigo juzga inútil vengarse... *(Se levanta y pasea, agitado.)* Como otros muchos, prefiere escupir sobre vosotros y seguir adelante. Sólo que... tampoco puede. Me lo reveló todo para desahogar contra mí su rencor. Después hemos llorado los dos por su padre, ante ese boletín... Y yo también lloraba por ti. *(Está llorando.)* Ni él ni yo hemos podido superarlo... Nuestra amistad ha cesado. *(Considera la imagen del torturado y se acerca a su padre.)* ¿Cómo le torturaste, padre? ¿El foco de luz, primero? ¿A latigazos, después? ¿Corrientes eléctricas? ¿Le arrancaste las uñas? Quizá ni lo recuerdes. ¡Debieron de ser tantos!

FELIPE *(Con dificultad.)*
Yo... no toqué a nadie.

JULIO
Por supuesto. Otros lo harían bajo tus órdenes. Tú eras el cerebro.
(Pasea, nervioso.)

FELIPE
No fue como tú piensas... Se exagera...

JULIO *(Frío.)*
Seguro. Yo lo imagino cubierto de sangre. Tal vez no hubo sangre; sólo electricidad, o baños helados, o azotes con toallas húmedas...

FELIPE
Déjame explicarte...

JULIO
¿Vas a negar? Dilo: mi amigo se engaña, su padre te confundió con otro... ¿Lo dices?

FELIPE *(Baja la cabeza.)*
Cumplía con mi deber.

JULIO *(Mordaz.)*
¿Tu deber?

FELIPE
La ciudad estaba infestada de resistentes... Asesinaban todos los días a nuestros soldados por la espalda, ponían bombas en los cuarteles y en los trenes, ejecutaban a nuestros oficiales... Recibimos confidencias de que preparaban una acción muy peligrosa... que nos costaría muchas vidas. Para obligarles a hablar, tuvimos que ser duros con los enlaces que capturamos. Fue espantoso, lo sé. Pero te ruego que lo comprendas... Había que salvar a miles de nuestros soldados.

JULIO
Para que siguiesen, a su vez, matando, violando y torturando.

FELIPE
El enemigo también torturaba...

JULIO
¡La guerra!

FELIPE *(Asiente, sombrío.)*
Hace tantos años... La guerra nos vuelve a todos muy distintos. Y a ti también te habría vuelto diferente, si la hubieras hecho. Olvídala, hijo mío, y esperemos que nunca vuelva. Yo ya no soy aquél.

JULIO
¡Nunca ha terminado! ¡En este mismo instante, otros polizontes uniformados como tú apalean, usan la picana! ¡Otros flamantes oficiales, otros civiles, sonrientes y educados, destrozan vivos a sus prisioneros! ¡Esos sí que son tus hijos! Las fieras siguen sueltas, y tú no eres más que una fiera que descansa. Pero la guerra no te ha abandonado. *(Erguida y sigilosa, la imagen del torturado se vuelve hacia* FELIPE, *camina y se sitúa a su lado.)* Si no quieres recordar aquella víctima, yo la veo junto a ti. En esta negrura donde me asaltan todos los fantasmas, ese hombre está a tu lado, cubierto de sangre..., siempre..., con sus ojos sin luz.

FELIPE *(Levanta la cabeza.)*
¿Qué?

JULIO
Le rompiste algún nerviecillo, o quién sabe si el alma. Perdió la vista un año después y murió ciego. *(Silencio.)* Un pormenor insignificante, que su hijo me reveló tres días antes de recibir tu carta. Y al siguiente día de recibirla, mi vista se empañaba... *(Se aparta.)* Tú me has cegado. Vuelve con tu psiquiatra y dile: como todos los padres, fui un dios para mi hijo, y él acaba de descubrir que soy un tigre que pinta dulces acuarelas. Muy sano, eso sí: estar sano es haber torturado y pintar. Tu psiquiatra te lo confirmará; para eso le pagas. Dile también: como todos los padres, he querido que mi hijo sea un dios. Y a ese dios no le ha cegado la envidia sino el horror. Yo le he cegado. (FELIPE *se quita lentamente las gafas y mira, espantado, a su hijo.)* Y dile aún:

lo he cegado para que vea. Porque él ve a mi lado a ese hombre empapado en sangre que yo no quiero ver. Y lo ve... implacable. ¿Te atreverás a decirle todo eso?

(Sus manos se crispan, muy próximas la una a la otra. Con la mirada de sus blancos ojos sin pupilas siempre ausente, el torturado aferra despacio, al mismo tiempo, el cuello de FELIPE, *que continúa con sus ojos fijos en* JULIO. *El móvil gira frenético.)*

FELIPE

¡Hijo!

(El torturado le aprieta el cuello. Con los ojos desorbitados, FELIPE *jadea bajo la presión y tiende sus brazos trémulos hacia su hijo. En el rostro de* JULIO *se dibuja un amargo rictus. Saca del bolsillo sus gafas negras y se las lleva despacio a los ojos. Cuando se las pone, la luz comienza a bajar, y pronto llega la oscuridad absoluta. Se oye el manso rumor de las olas.)*

TELON

PARTE SEGUNDA

En el mismo lugar, bajo la luz de otra irisada mañana.

(FELIPE, *derrengado en el sillón de orejas contiguo a la chimenea, bebe a lentos sorbos de un vaso. Aunque conserva el atezado de su piel, parece desmejorado. Durante unos segundos, el mar cercano envía su canción y su brisa. En bañador, blusa y salandias,* VERÓNICA *entra por las cortinas y, sin advertir la presencia del hombre oculto por el sillón, se aproxima a la cristalera para mirar, cautelosa, hacia la playa.* FELIPE *vuelve la cabeza, la ve y bebe ruidosamente, dejando luego el vaso en el suelo con un seco golpe. Ella lo mira, sorprendida.)*

VERÓNICA

Perdón. No quería molestarte.

(Va a salir.)

FELIPE

Por favor, no te vayas. (VERÓNICA *se detiene y aguarda en silencio.)* ¿Quieres sentarte?

VERÓNICA

¿Desea hablar conmigo?

FELIPE *(Recoge el vaso y se levanta.)*

Te lo ruego. (VERÓNICA *mira hacia la playa se encamina a una butaca, donde se sienta. El lo agradece con una leve inclinación y cruza hacia el bar.)* ¿Te sirvo algo?

VERÓNICA

No, gracias.

FELIPE

Permíteme entonces otro ruego. Tutéame. *(Toma botella y sifón y repone su bebida.)* Yo te tuteo.

VERÓNICA

No es lo mismo.

FELIPE

¿Por qué no? Todo el mundo lo hace hoy. *(La mira agudamente.)* ¿Te desagrada por algún motivo?

VERÓNICA

Me da igual.

FELIPE

Entonces, ¿de tú?

VERÓNICA *(Se encoge de hombros.)*

Bueno.

FELIPE *(Recostado tras el mostrador, bebe.)*

Pero a disgusto. *(Ella va a hablar.)* No digas nada. Sospecho que no te soy simpático. Entre tú y mi hijo no habrá secretos...

VERÓNICA
¿Quién sabe?

(Silencio.)

FELIPE
¿Has oído hablar de una ciudad llamada Wessels?

(Se miran durante un segundo.)

VERÓNICA *(Sin desviar la vista.)*
En Wessels nació un amigo nuestro.

FELIPE *(Trivial.)*
¿Sabes que yo estuve allí poco antes de terminar la guerra mundial?

VERÓNICA
Lo sé. No hace falta que pregunte más.

(Silencio.)

FELIPE *(Turbado y sin mirarla.)*
Habíamos quedado en tutearnos.

VERÓNICA *(Con fría sonrisa.)*
Como quieras. El tuteo no significa nada para mí: ni afecto ni confianza. ¿Es simpatía y confianza lo que buscas?

FELIPE
Supongo que me odias tanto como mi hijo.

VERÓNICA
Yo no te odio.

FELIPE
¿Me desprecias?

(Silencio.)

VERÓNICA *(Se encoge de hombros.)*
Ni eso. *(El la mira, ceñudo. Bebe un trago, sale del mostrador y se acerca, recostándose sobre el respaldo del sofá.)* Supongo que ya no hay más que hablar.

(Va a levantarse.)

FELIPE *(Grave.)*
No es de mí de quien quiero hablarte, sino de Julio. Porque tú quieres ayudarlo...

VERÓNICA
Naturalmente.

FELIPE
Pues dame tu opinión. Yo estoy dispuesto a cuanto sea necesario para que él cure. Lleváis quince días conmigo. Entre él y yo todo ha sido dicho... Y sigue ciego. ¿Qué piensas tú que se puede hacer?

VERÓNICA
El debe marcharse.

FELIPE
¿Quieres decir separarse de mí?

VERÓNICA
Eso mismo.

(FELIPE *contornea el sofá y se sienta a su lado.)*

FELIPE
Verónica, mi hijo el mayor ha telefoneado desde el Sur. Debo ir allá dentro de un par de días. ¿Puedo dejar a Julio a tu cuidado?

VERÓNICA
Claro que sí.

FELIPE
¿Para siempre?

VERÓNICA *(Lo mira, intrigada.)*
No entiendo.

FELIPE
Si tú lo apruebas, no vuelvo. Si tuviese que volver más adelante, ya procuraría no veros. Julio va a necesitar atenciones y comodidades; tal vez maestros que le enseñen a adaptarse a su dolencia... Tú puedes atenderlo mejor que nadie, Verónica. Quédate al frente de esta casa, con él. Indefinidamente. En ningún sitio estaríais mejor. Yo te dejaría dinero y abriría una cuenta a tu nombre. ¿Te parece bien?

VERÓNICA
No.

FELIPE *(Apesadumbrado.)*
Entonces aconséjame. Si soy la causa de la ceguera, ¿qué debo hacer? ¿Qué es lo que él quiere? *(Breve pausa.)* Tú debes saberlo, Verónica. Dímelo. *(Breve*

pausa. Baja la voz.) ¿Quizá desea que confiese y me entregue a un tribunal? Eso significaría, probablemente, la cárcel por el resto de mi vida. *(Ella lo mira, irónica.)* Pero lo haría, si tuviese la certeza de que eso le devolvía la vista. ¿Crees que la recobraría?

VERÓNICA
Ni tú ni yo lo sabemos. ¿Te arriesgarías a entregarte sin estar seguro?

FELIPE *(Lo piensa.)*
Me arriesgaría si supiese que él lo desea.

VERÓNICA *(Asombrada.)*
¿Te bastaría que él lo desease para hacerlo?

FELIPE
Sí.

VERÓNICA
Y si Julio ignorase tu pasado, ¿te entregarías?

FELIPE *(Titubea.)*
... No. Tengo otro hijo, negocios, un bienestar duramente ganado. Y créeme, en la guerra no fui de los peores... Los hubo más crueles.

VERÓNICA
Incluido más de un jefe de Estado, ya lo sé.

FELIPE
Y ya nadie puede remediar lo que hice... ¿Por qué iba a entregarme, si aún viven tantos otros que no lo han hecho?

VERÓNICA *(Fría.)*
¿Es una pregunta? *(Sonríe.)* No, claro. Es una afirmación.

(Una pausa.)

FELIPE
Pero si él lo desea...

VERÓNICA *(Se levanta y pasea.)*
Tal vez lo desee. Pero no creo que así recobrase la vista...

FELIPE *(Cabizbajo.)*
Sabes de sobra que me aborrece.

VERÓNICA
No importa.

(Cerca de los cristales, atisba hacia la playa.)

FELIPE *(La mira, perplejo.)*
¿Crees que puedo hacer alguna otra cosa?

VERÓNICA *(Mirando al exterior.)*
Se han levantado.

FELIPE
¿Quiénes?

VERÓNICA
¿No sabías que están en la playa?

FELIPE
¿Julio y Nuria?

VERÓNICA
Nuria se está enamorando de él. (FELIPE *la mira, descompuesto. Se levanta, va a su lado y mira. Ella lo observa, irónica.)* Vaya contrariedad, ¿eh? Para separarlos, habría que revelar a Nuria la verdad... Vienen hacia acá.

FELIPE *(Turbado.)*
¿Qué verdad?

VERÓNICA
La de que es tu hija.

FELIPE
¿Te ha dicho él eso?

VERÓNICA
¿No es cierto? Entonces te gustará ese amorío. Mañana podría representar un enlace ventajoso y la definitiva recuperación de Julio para vuestro mundo.

FELIPE *(Seco.)*
No habrá tal enlace.

VERÓNICA
Tal vez no. *(Sin mirarlo.)* Pero voy a darte un consejo: no contraríes a Nuria, no dificultes sus encuentros con él... Sería peor.

(La oscuridad invade la escena. Un foco ilumina a NURIA *cuando empieza a hablar. Coronando su fino cuerpo de adolescente, apenas cubierto por las dos pie-*

zas del bañador y la fresca blusa, la cabeza, sin máscara.)

NURIA

¡Hola! Es fascinador todo lo que Julio me estaba contando.

VERÓNICA *(Un foco la revela, hierática y lívida, mirando al vacío.)*

¿Qué te contaba?

NURIA

Me hablaba de los cuadros impresionistas que hay en el Jeu de Paume... ¡y es como si los vieras!

JULIO

¿Quién hay más aquí?

(Foco sobre su cara, que hace brillar sus gafas. Su brazo, en el brazo de NURIA; *en el otro suspendido, el bastón.)*

FELIPE

Yo, hijo mío. *(Aparece su cara espectral, con las gafas negras. La imaginada luz crece sobre todos.* FELIPE *se acerca a* VERÓNICA *y le toma una mano.)* Cuéntanos también a nosotros. Tomad algo.

NURIA

Ahora no podemos. Tenemos que hacer antes de que vengan mis amiguitas. *(Tira de* JULIO.)

VERÓNICA

¿El qué, si puede saberse?

NURIA

Cosas nuestras. Pruebas de localización que hace Julio con mi ayuda.

VERÓNICA

¡Ah!...

(Su imagen toma la mano libre de la de FELIPE. *Mirándose a los ojos, se acercan entre sí.)*

NURIA

¡Vamos, Julio!

JULIO *(Desearía quedarse.)*

Vamos.

FELIPE

¿Por qué no lo dejáis para después? ¡Quedaos ahora con nosotros!

(Cogidos de las manos y ante JULIO, *él y* VERÓNICA *se miran, denegando.)*

NURIA *(Cerca ya de las cortinas.)*

¡Ahora no puede ser! Pronto volvemos. *(Tira de* JULIO, *que se detiene y torna la cabeza hacia el grupo que imagina. Menos su cara, la escena entera se sume en la oscuridad.)* ¡Julio!

(El foco sobre la cabeza de JULIO *se apaga también. Oscuridad total. Un segundo después retorna la claridad diurna.* NURIA *y* JULIO *han desaparecido.* FELIPE, *de nuevo sin gafas, y* VERÓNICA *están mirando a las cortinas, bien separados.)*

FELIPE

Hay que evitar esto.

VERÓNICA

Luego son hermanos.

FELIPE

Yo no he dicho eso. Pero no los quiero casados.

VERÓNICA

Si ellos lo quieren un día...

FELIPE

¡Julio no puede quererlo!

VERÓNICA

¿Estás seguro? Tú tendrías que callar, y él se reiría de vuestra sociedad al tiempo que se dejaba atrapar por ella. Sería su venganza secreta: un padre torturador bien se merece el incesto de sus hijos...

FELIPE *(Demudado.)*

¡No te burles!

VERÓNICA

No me burlo.

FELIPE

El... ¡te quiere a ti!

VERÓNICA

Le llevo diez años. No seré la última en su vida.

FELIPE

¡Es monstruoso lo que imaginas!

VERÓNICA

¿Tú hablas de monstruosidades?

(Va hacia las cortinas.)

FELIPE *(Después de un momento, con débil voz.)*

Ella es muy niña. Para él, como una muñeca. Esto concluirá cuando él se cure.

VERÓNICA

Si se cura.

(Atisba por las cortinas.)

FELIPE

No sé qué hacer. *(Va al primer término y se sienta en una butaca.)* Cometí la ingenuidad de exponerle la hipótesis de un psiquiatra acerca de su ceguera. Supongo que te lo ha dicho...

VERÓNICA *(Intrigada, se vuelve y miente.)*

Sí...

(Continúa mirándolo, muy atenta.)

FELIPE *(Sonríe tristemente y suspira.)*

Entonces fue cuando me habló de vuestro amigo... ¡Pero, si no hay medio de borrar aquello, tampoco lo habrá de que mi hijo se reponga! (VERÓNICA *da un paso hacia él, quiere preguntar algo, se arrepiente.)* Y no puedo soportarlo.

VERÓNICA *(Pasea.)*

Yo no estoy segura... de que aquello sea la causa.

FELIPE *(Se levanta, esperanzado.)*

¿Crees que el psiquiatra... anda encaminado? *(Humilde.)* ¿O lo dices por consolarme?

VERÓNICA *(Irónica.)*

¿Por consolarte?

FELIPE *(Va hacia ella.)*

Dime qué piensas tú, dame un poco de luz...

VERÓNICA *(Hermética.)*

No puedo aclararte nada. No..., de momento.

FELIPE *(Se acerca, rápido, y la toma de los brazos.)*

Verónica, por favor. Franquéate conmigo...

VERÓNICA

¡No me toques!

FELIPE *(La suelta, inmutado.)*

Perdona. *(Va a la mesita, enciende un cigarrillo. Ella vuelve a mirar hacia las cortinas.)* Olvidé que mi contacto es repulsivo. A mi hijo ya no me atrevo ni a darle la mano... *(La mira.)* Pero vosotros sois crueles, porque me deberíais reconocer algunas cualidades... He sido un buen padre y un buen ciudadano. La prosperidad de estas Islas, a mí se me debe en gran parte... La afición a estas playas la iniciamos mi socio y yo. Hemos creado riqueza, bienestar...

VERÓNICA

Y fábricas.

FELIPE

¡Y fábricas! En el archipiélago ya no hay pobres.

VERÓNICA

¡Qué altruistas! Con tanta abnegación, os habréis empobrecido vosotros.

FELIPE

¡No es un crimen ganar fortunas! Y es bueno hasta para vosotros: ni tú ni mi hijo podríais estar aquí si yo no fuese rico. *(Fuma nervioso.)* Ni en París..., donde a Julio nunca le faltaron mis cheques.

VERÓNICA *(Se acerca a él.)*

De los que también yo me beneficié, ¿no?

FELIPE

No es un reproche.

VERÓNICA *(Glacial.)*

No. Tú no puedes reprochar nada. Y menos, imponerme ese ridículo canto a tus virtudes. Tú y los tuyos estáis cegados por el dinero, y hasta vuestros más hondos sentimientos los medís por cheques. Pues el dinero os hundirá. *(Burlona.)* Creáis prosperidad, sí. Y al tiempo, dolor. Enriquecéis al país y le robáis divisas para guardarlas en el extranjero...

FELIPE

¡Yo no he hecho eso!

VERÓNICA

¡Qué raro!... Lo harás. Los de tu calaña terminan siempre por hacerlo. Entre tanto, ganáis millones levantando colonias en las playas: ¡El baño más delicioso al alcance de cualquier bolsillo! Siempre que se tenga algo en el bolsillo, claro está. Y a la vez, echáis en ese mismo mar todos los detritus de vuestras industrias, porque eliminarlos costaría muy caro y no sería rentable...

FELIPE

Hay plantas depuradoras en estudio.

VERÓNICA

Sí. Se estudian en todo el mundo desde hace muchos años. Las seguiréis proyectando mientras enferman los bañistas de los que también vivís... y vosotros mismos. Estáis locos.

FELIPE *(Se sienta y bebe, turbado.)*

El lenguaje de mi hijo...

VERÓNICA

El mío. Se lo estoy enseñando. Y es un buen discípulo. *(Sonríe.)* Le llevo diez años, no lo olvides... Soy, casi, su madrecita. Así me llama él, cuando se cansa de llamarme niñita.

FELIPE

Y yo soy su padre. Aunque te disguste, nos une el cariño que le tenemos. *(La mira con afecto.)* Gracias por ser mi aliada.

VERÓNICA *(Dura.)*

¿Aliada? *(Se acerca.)* Justo es que conozcas mi vida, ya que yo conozco la tuya. *(Pasea.)* Mi padre era como tú... Considerado. Delicado. Mi madre era una criada de servir, y la sedujo muy delicadamente. El era casado, y muy considerado con su mujer, que enfermó del disgusto... Para no herirla más, no me reconoció. *(Ríe.)* Pero ayudó a mi madre y me costeó estudios... ¡Era considerado! Y a cambio de su dinero, quería mi gratitud, mi afecto... *(Irónica.)* Y yo no se los di; ya ves lo perversa que soy. Como tampoco se lo he dado a tu hijo por tu dinero. Te sorprendería si supieses lo que hacíamos en París con tu dinero. Lo dábamos, y vivíamos de mi sueldo.

FELIPE

¡No es posible!

VERÓNICA

Es posible, sólo que tú ya no puedes comprenderlo. Hace años que no sé nada de mi madre. También ella quería que fuese agradecida con mi padre, y me encomiaba sus... bondadosos cheques. Rompí con ella, para que una de las dos, por lo menos, se salvase de tanta bajeza. A ella le habían enseñado a ser esclava y ya no podía. Le habíais enseñado vosotros, los señores... Sé que he estudiado gracias a vuestro dinero...

FELIPE

¿Nuestro?

VERÓNICA

Es el mismo... El de vuestros cheques. Desde París se los devolví a mi padre, hasta que él dejó de mandarlos. Sí; he sido, a mi pesar, otra privilegiada. Procuré remediarlo marchándome de aquí y viviendo por mi cuenta. He cantado, bailado, fabricado collares... mientras estudiaba. *(Breve pausa.)* ¡No hay alianzas entre tú y yo! Intentaré curar a Julio, pero por mi cuenta. Debemos marcharnos los dos, cuanto antes. Y si él no quiere, me iré sola... Porque si prefiere quedarse está perdido y tampoco yo podré salvarlo... No, no creas que me refiero a esos jugueteos con su hermana. Eres tú quien lo mantiene enfermo, y lo mejor será alejarlo de ti.

(Silencio.)

FELIPE *(Se levanta.)*

Va a necesitar cuidados...

VERÓNICA

Lo cuidaré.

FELIPE

Si vuelves a tu trabajo, no podrás. Aquí estaríais mejor...

VERÓNICA *(Risitas.)*

¿Ya no te parece tan horrible que se casen un día?

FELIPE *(Pasea.)*

No hay peligro hasta dentro de unos años. En bien de Julio, quedaos ahora. Yo me iré.

VERÓNICA

Hay muchos otros peligros aquí, y nos urge vivir.

(Ceñuda, se sienta en el sofá.)

FELIPE *(Se acerca y, sobre el respaldo del sofá, se inclina hacia ella.)* ¿Para la revolución? (VERÓNICA *levanta la cabeza. Se miran.)* Te he entendido... No me vas a negar que eres toda una revolucionaria... Quizá una activista...

VERÓNICA

¿Qué te importa?

FELIPE

Me importa porque esas revoluciones vuestras acaban siempre en bailes psicodélicos, en drogas... y hasta en el crimen gratuito.

VERÓNICA *(Con sorna.)*

¡En el repugnante crimen gratuito! El tuyo, como no era gratuito, hasta te valió un ascenso. ¡Siento defraudarte! No me drogo y no voy a matar a nadie. Todavía te llevo ventaja.

FELIPE *(Se incorpora, rojo.)*

¡También tu revolución tortura cuando guerrea o toma el poder!

VERÓNICA *(Lo considera con frialdad.)*

Esa no es mi revolución. Mi revolución despertará toda la grandeza de los hombres, o no será. Tendrá que hacerlo, si quiere evitar que vosotros aniquiléis el planeta.

FELIPE *(Disgustado, musita.)*

Ilusiones. Tópicos.

(Va hacia el bar y, de espaldas, se arrima cansadamente la botella para llenar su vaso. Se oye el son de las olas. Oscuro muy rápido, inmediatamente suavizado por el foco que alumbra la figura de JULIO, *que ha irrumpido por las cortinas. Tras él, en la penumbra,* NURIA. *Reclinada en el sofá con las piernas entreabiertas,* VERÓNICA *muestra la laxitud posterior a la entrega amorosa. Extrañas claridades acarician la escena; las paredes transparentan sus grietas.* JULIO *otea, ciego y ceñudo, a uno y otro lado.)*

NURIA

No hemos terminado el ejercicio...

JULIO

Estoy cansado.

(Tantea con su bastón y se encamina presuroso al sofá, donde palpa; la figura de VERÓNICA *se encoge, felina, hacia la izquierda del asiento, sin que las manos varoniles lleguen a rozarla. Entonces* JULIO *contornea el sofá y se sienta en su centro.* VERÓNICA *permanece a su lado, sentada e inmóvil, mirando a* FELIPE.*)*

FELIPE *(Intenta ser jocoso.)*

El bar sigue abierto...

JULIO

No, gracias.

FELIPE *(Triste.)*

Yo, sí.

NURIA *(Avanza.)*

Julio, ¿tú sabes cómo se pinta a la acuarela un cielo unido y sin rebabas? A mí siempre se me corta el color.

JULIO

Pregúntaselo a mi padre. El sabe hacerlo.

NURIA

¡Si no quiere enseñármelo! Dice que es

un secreto profesional. Los dos sois unos egoístas.

Felipe

Era una broma. Te lo enseñaré cuando quieras.

Nuria *(Se acerca al bar.)*

¡Ahora!

Felipe

Julio, tu hermano me ha llamado. Pasado mañana he de ir al Sur a hablar con el dueño de las Antigüedades. Quizá tarde en regresar... *(Va a sentarse cerca de su hijo.* Nuria *saca del mostrador gruesos pinceles de acuarela, se recuesta en el brazo de su butaca y, de tanto, en tanto, brinda un pincel a* Felipe, *que lo rechaza blandamente.)* ¿Prefieres volverte a París?

Nuria

¡No!...

Julio

¿Ya no esperas que cure?

Felipe

Sólo quiero que hagas tu gusto.

Julio

¿Tú también te volverías, Verónica?

Verónica *(Deniega.)*

¡Sabes que sí!

Julio *(A su padre.)*

No sé si te entiendo. ¿Te estorbo?

Felipe *(Triste.)*

En efecto, no me entiendes.

Julio

¿Tú que prefieres?

Felipe

De momento, que te quedes. Te conviene descansar algo más.

Julio *(Después de un momento.)*

Me quedo.

Nuria

¡Hasta que te repongas!

Felipe

Muy bien. Hablaremos a mi regreso, por si decides marcharte.

Nuria

¡Ea, no se hable más! Ahora podrías explicarme cómo se pintan los celajes, padrino.

(Le pone un pincel en la mano.)

Felipe *(Se levanta.)*

El secreto está en humedecer antes el papel con una esponja. *(Levantado la cabeza hacia el vacío adonde apuntan sus lechosas córneas, el hombre martirizado emerge tras el mostrador. Por delante de éste,* Nuria *corre a situarse a la derecha y* Felipe *a la izquierda de la imagen. Un potente foco ilumina a los tres.)* Luego se pinta con rapidez y suavidad... Y queda un tono azul muy limpio, sin chafarrinones... *(Ha comenzado a pasar el pincel, como si los repintara, por los sangrientos goterones del hombre torturado y sigue en su minuciosa tarea con amanerados ademanes de acuarelista.)* O un hermoso rojo, si es un ocaso lo que pintas.

(Julio *no sabe si reír o espantarse.)*

Nuria

¡Ya estoy deseando probarlo!

(Se pone a pincelar a su vez, muy pizpireta, los hilos de sangre.)

Felipe

Verás qué fácil es. *(Pintan los dos.)* Pero, ahora que me acuerdo... *(Se detiene. La imagen del torturado se va oscureciendo mientras desciende, lenta, y desaparece.)* Tengo una sorpresa para ti.

Nuria

¿Cuál?

Felipe *(Le cede el pincel.)*

Vuelvo en seguida.

(Se encamina al fondo. Julio *se muestra desazonado. Su padre sale por las cortinas.)*

Nuria

¿Qué será? Una preciosidad, seguro. Es más bueno el padrino... *(Deja los pinceles tras el mostrador.)* Si se va, descuida que no te quedas solo. Vendré todos los días, por si necesitas algo. *(Se sienta junto a* JULIO. VERÓNICA *y ella, mirando al frente, parecen dos cariátides.)* Y a alegrarte, tristón... Que siempre estás triste.

VERÓNICA

Aunque su padre se vaya, no se queda solo.

NURIA *(Suave.)*

Tú también estás triste, Verónica... Y Julio necesita alegría.

VERÓNICA

¿Sugieres que mi compañía no le con viene?

NURIA

No he dicho eso.

*(*JULIO *se levanta, nervioso, cruza hacia el bar y otea hacia las cortinas, ocultando una angustia que no sabe a qué atribuir. Las paredes exudan más claridad. La red de oscuras grietas destaca fuertemente.)*

VERÓNICA *(Entretanto.)*

¿Estás insinuando que me vaya?

NURIA

No puedo hacerlo. Esta no es mi casa. Y además...

VERÓNICA

Calla. *(Sigue mirando al frente.)* ¿Qué te pasa, Julio?

JULIO

Nada.

VERÓNICA

Estás demudado. ¡Y temblando!

NURIA

¡No tiembla!

VERÓNICA

¿Te sientes mal?

JULIO

No... No.

(El padre reaparece por las cortinas, siempre con sus gafas.)

FELIPE *(Risueño y sigiloso.)*

¡Ya está aquí la sorpresa!

(Sin llegar a mirarlo, VERÓNICA *y* NURIA *se levantan y se vuelven.)*

NURIA

¿Dónde?

FELIPE

Te la van a entrar tus amiguitas, que ya han llegado. ¡Atención!

(Alza la cortina. Tarareando suavemente, muy divertidas, la Canción de Primavera, de Mendelssohn, avanzan cadenciosas INÉS *y* FABY *en sus atractivas ropas playeras, pero sus pálidas caras son las de dos calaveras sonrientes. Traen a hombros un ataúd blanco sin tapa, que el torturado sostiene a retaguardia. Se detienen.)*

NURIA *(Loca de alegría.)* ¡Padrino! *(Corre a su lado para besarlo.)* ¡Ya no lo esperaba!

FELIPE

Como que tuve que encargarlo. En la ciudad no quedaba ni uno.

NURIA *(Le vuelve a abrazar y a besar.)*

¡Ay, qué padre más bueno tienes, Julio! ¡Y es precioso! ¡Me gusta más su color que el del tuyo, Faby!

INÉS *(Con sorna.)*

¿Nos bañamos, Nuria?

NURIA

¡Hoy no hay baño! *(Ríen sus amigas.)* ¡Vamos a probarlo ahora mismo! Primero, en la playa...

FABY

En la arena no se podrá.

NURIA

Si no se puede nos vamos al parque.

FABY

Si pasamos por mi casa, recojo el mío.

NURIA

¡Dámelo ya!

(Sus amigas ríen.)

INÉS

¡Cuánta prisa!

(Depositan el ataúd en el suelo.)

NURIA

¡Mío! ¡Es mío!

FABY

Toma, ansiosa.

(Y se lo indica. NURIA *se mete en el ataúd y enlaza sus manos.)*

NURIA

¡Ven a verme, padrino!

FELIPE

Vamos allá...

(Se sitúan junto al torturado. Entre ellos dos y las muchachas levantan el féretro.)

NURIA

¡Y tú también, Julio!

(JULIO *no se mueve. Está rígido como una estatua. El fúnebre cortejo inicia la marcha hacia la cristalera; las muchachas tararean, bulliciosas, la Canción de Primavera. Salen al tormentoso exterior, bajo los siniestros fulgores del cielo; se pierden sus voces y risas. Silencio. De repente,* JULIO *echa a andar hacia el fondo.)*

VERÓNICA

Julio. *(El se detiene.)* ¿Qué has imaginado?

JULIO

Poco importa.

(Da unos pasos más.)

VERÓNICA

¡Julio, quédate! (JULIO *se detiene.)* No eran fantasías voluntarias, ¿verdad? Estas te han asustado. *(Breve silencio.)* Dímelas.

JULIO

¿Para qué?...

VERÓNICA *(Se sienta en el extremo derecho del sofá.)*

Ven al sofá. Junto a mí.

JULIO *(Vacila; al fin se sienta en la butaca izquierda del tresillo.)*

¿Qué le ha regalado mi padre a Nuria?

VERÓNICA

Un saltador.

JULIO

¿Una comba?

VERÓNICA

Una vara, con una plataforma circular sobre muelles, donde se ponen los pies. Se toma impulso y se avanza a saltos.

JULIO

¡Ah!...

(Por su tono, parece tranquilizado. De pronto experimenta otro destello de visión normal y percibe, tras sus oscuras gafas, los nítidos pormenores del salón inundado de luz. Instintivamente se quita las gafas y su mirada recorre el ámbito hasta que se fija en VERÓNICA.)

VERÓNICA *(Sin mirarlo.)*

Vámonos de aquí, Julio.

(La oscuridad retorna para JULIO, *que se oprime los ojos; la estancia muestra de nuevo las livideces que él imagina.)*

JULIO

¿A París?

VERÓNICA

Sí.

JULIO

¿Con mi padre?

VERÓNICA *(Asintiendo con vehemencia.)*

¡No! ¿Cómo puedes pensar eso?

JULIO

Dudo de que nos dejase allí mucho tiempo tranquilos... Nos adora. Aunque tal vez yo no me enteraría de su llegada...

VERÓNICA

No te comprendo.

JULIO

Prefiero quedarme.

VERÓNICA

Hace varios días que te has franqueado con él. Ha perdido toda su alegría. Lo notarías si lo vieses...

JULIO

Lo noto.

VERÓNICA
Pero tú sigues ciego.

JULIO
La conversación entre él y yo no ha terminado.

VERÓNICA
¡De nada sirve que le sigas hablando! Más bien necesitas... que alguien te hable a ti.

JULIO
¿Quién?

VERÓNICA
Yo, si me lo permites.

(Una pausa.)

JULIO
Verónica, es inútil. Estoy desalentado... Acaso no recobre la vista. Vivimos esperando el fuego, la explosión que ya nadie evitará. El fin de una era. Otros se drogan... Yo ya vivo acosado por mis fantasmas, sin necesidad de eso. Y se han transformado en pesadillas que me espantan... Negarse a ver es dimitir, acercarse al sueño... Quisiera un sueño profundo, como el de la cuna. Dormir dentro del vientre maternal, en su agua tibia y oscura... ¿Oyes las olas?...

VERÓNICA *(Conmovida y alarmada.)*
¡No las escuches! ¡Ven aquí!

JULIO
¡Verónica! *(Se levanta y corre a sentarse a su lado, abrazándola con desesperación.)* ¡Sólo en ti puedo refugiarme!

VERÓNICA *(Muy quedo.)*
¡Niño mío!

JULIO
¡No me engañes tú, no me falles!

VERÓNICA
¡Cálmate, amor!

JULIO
¡Sostenme!

(VERÓNICA *lo reclina en su regazo y él se abraza a su cintura.)*

VERÓNICA
Aquí, conmigo... Siempre... *(Le acaricia el cabello.)* Yo soy tu cuna. Tu madre. Y te daré vida, aunque sea dolorosa. Vida y no muerte. Ea, cálmate...

(Pausa.)

JULIO
Gracias, Verónica.

VERÓNICA
¿Querrás escucharme ahora?

JULIO
Sí.

VERÓNICA
¿Aunque te haga daño?

JULIO *(Parece adormilado.)*
Sigue hablándome.

VERÓNICA
Procura comprender, amor mío... Yo lo estoy intentando. Cuando tu padre nos trajo a las Islas, yo esperaba algo terrible, pero liberador, de lo que entre tú y él se hablase. Sin decírnoslo, a los dos nos poseía la esperanza de que tus ojos volverían a abrirse. ¿Me equivoco?

JULIO
No.

VERÓNICA
No se han abierto. Acaso, sí, alguna vez y por unos segundos... (JULIO *va a hablar.)* Siempre lo niegas. Pero, aunque no me lo confesases, los dos sabemos que unos segundos de luz no son la curación.

JULIO
Quizá no haya curación.

VERÓNICA
¡Me niego a admitirlo! Y por eso creo que... hay que buscarla por otro lado.

(JULIO *se incorpora despacio y continúa, sentado y erguido, junto a ella.)*

JULIO
¿Por otro lado?

VERÓNICA
Una tarde, en París, compruebas que

tu padre ha torturado. Es una revelación espantosa, que puede destrozar a cualquier muchacho. Incluso a quien, como tú, no parecía amar a su padre, ni al vano mundo de su padre... Pero cegar... ¿Por qué? (JULIO *recupera el bastón, que dejó a un lado del sofá, y lo bate sobre el piso, nervioso.)* Te sobraba criterio, ¡y desprecio!, para superar el trance. Aun doliéndote, habrías podido romper definitivamente con él, olvidarlo como a un extraño.

JULIO
No era un extraño.

VERÓNICA
Tampoco lo son nuestros abuelos, nuestros antecesores... Y más de uno habrá torturado. Todos descendemos de algún torturador.

JULIO *(Se separa levemente.)*
Es distinto. No los hemos conocido ni amado.

VERÓNICA
Pero tú no amabas a tu padre... hasta cegar.

JULIO
¡El padre de nuestro amigo murió ciego!

VERÓNICA
No cegaste al saberlo, sino cuatro días después. *(Breve pausa.)* Un día después de recibir la carta donde tu padre te refería su éxito.

JULIO *(Se vuelve hacia ella con una risita.)*
Curioso. ¿Has hablado con él de esto?

(Breve pausa.)

VERÓNICA *(Su cabeza asiente repetidamente.)*
No.

JULIO
O lo has hecho y me lo niegas, como, según tú, te niego yo otras cosas... *(Se levanta.)* ¿Conque, a tu juicio, he cegado por envidiar el éxito de mi padre?

VERÓNICA
Tu exposición había fracasado... Intenta comprender.

JULIO *(Pasea.)*
Sí te comprendo. Mejor de lo que supones. Estoy ciego de asco y de terror. Pero mi amorosa madrecita me ofrece una explicación sacada del pantano del psicoanálisis burgués. ¡Y qué casualidad! Idéntica a la del atildado psiquiatra a quien mi padre ha consultado. El muchacho ha cegado por nada, por una envidia pueril. Ya no es una víctima que acusa, sino un títere. Podemos respirar tranquilos... Sólo que esa hipótesis tampoco sirve. Después de conocerla continuó ciego.

VERÓNICA
¡No has comprendido! (JULIO *se encamina, rápido, hacia el fondo.)* ¡Espera! *(Se levanta.)*

JULIO
¡No quiero oírte!

VERÓNICA
¡Tarde o temprano habrás de hacerlo!

(JULIO *titubea y se detiene, volviéndose hacia ella.)*

JULIO
¡Está bien! ¡Te escucho!

VERÓNICA
Creemos haber roto con este mundo y aquí estamos, disfrutando de sus comodidades... Cuando trazamos sus mordaces caricaturas, proyectamos en ellos nuestra propia caricatura. La explicación que te ofrezco podrá ser burguesa, pero no falsa. Es ingenuo pensar que ya somos diferentes y no advertir que todavía nos tienen contaminados. Dudo de lo que voy a decirte, Julio. Quiero que lo medites, porque quiero que cures.

(Silencio.)

JULIO *(Da un paso hacia ella.)*
¡Continúa!

VERÓNICA
Quizá no sea sólo la envidia por el éxito de tu padre...

JULIO *(Sonríe.)*
Sino el desaliento.

VERÓNICA *(Asombrada.)*
Sí...

JULIO
Desaliento de pintor.

VERONICA
Sí, y algo más...

JULIO *(Con sorna)*
¡Extraordinario! ¿Y dices que no has hablado con él?

VERÓNICA
¡No hasta el extremo que tú piensas! Lo que he hecho ha sido observarte a ti... sin cesar. Tu desgana ante los pinceles, tu desánimo ante cualquier dificultad técnica... Cuando tropezabas, solías decir: esto lo hace muy bien mi padre. Bromeabas, pero en tus ojos había tristeza. Te reías de la perfección académica y yo me pregunto si, en el fondo, no la deseabas.

JULIO *(Se sienta en el borde del respaldo del sofá y habla con tono incisivo)*
¿Sugieres que no soy pintor?

VERÓNICA
Responde tú mismo, que sabes más de pintura. No quiero herirte, sino cauterizar una herida más honda. Acaso te notas sin facultades y no quieres reconocerlo. Un burguesito, sí. ¿Por qué no? Fascinado por su padre, a quien quiere superar y no puede. Que decide pintar sin ser pintor. *(La mano de* JULIO *se crispa sobre el sofá. Ella continúa, lenta.)* Que ciega para no pintar... (JULIO *se pone en pie, tenso. Ella baja la voz.)* Y al que el pasado de su padre le sirve de excusa. (JULIO *reprime su agitación.)* Piénsalo. Si no eres pintor, tus ojos sólo se abrirán cuando lo reconozcas.

JULIO *(Tartamudea, conteniendo su ira.)*
Y si no soy pintor, ¿qué soy?

VERÓNICA
Tendremos que averiguarlo. Si la pintura no es tu camino, hallarás el verdadero. Lo encontraremos tú y yo, solos. Lejos de tu padre. El te tiene anclado aquí. *(Baja la voz.)* Y también tu hermana, cuyo inocente amor te complace..., no quiero saber por qué. Pues tampoco yo te entiendo del todo... Pero, si no nos vamos, temo que no puedas romper la red que te está envolviendo. ¡O que no quieras! Y entonces, sí serás un burguesito inútil, que se justificará insultando cada día al padre que lo mantiene... y del que no quiere separarse. *(Se acerca y le pone una mano en el hombro.)* ¡Huye de él, Julio! (JULIO *se aparta, brusco.)* ¡Perdónalo, si es preciso, y déjalo atrás!

JULIO *(Airado.)*
¿Perdonar?

VERÓNICA
Quise decir: olvídalo. Ese extraño sentimiento que te liga a él es insano. Acaso..., no sé..., lo admiras y lo odias a un tiempo, porque crees que te supera en todo. En la pintura... En la simpatía que causa a las mujeres... *(El se vuelve hacia ella, tenso.)* En la fortuna de haberse hecho amar por la madre que apenas conociste.

JULIO *(La irritación apenas le permite hablar.)*
Perfecto. ¿Hablas a su dictado?

VERONICA
¿Qué dices?

JULIO
No: es peor. Me atribuyes tus propios sentimientos. Sin darte cuenta, sus acuarelas te agradan más que mis cuadros; su éxito te seduce y mi fracaso te asquea. *(Va hacia ella, que retrocede, y la aferra por la muñeca.)* Y como soy

huérfano, es inevitable que mi madrecita me dedique un amor cada vez más maternal y vea en mi padre una inesperada alma gemela...

(La repele con fuerza.)

VERÓNICA

¡Julio!

JULIO

¡Tú no quieres curarme, sino hundirme! ¡Pretendes que nos vayamos y quizá ni te percatas de lo que ya maquinas! Un día, en París, me dejas una tierna carta, desapareces...

VERÓNICA

¡Julio, estás perdido!

JULIO *(Grita.)*

¡Tú estás perdida!

(Ella jadea. Largo silencio.)

VERÓNICA *(Con voz de hielo.)*

Es inútil que me esfuerce más contigo. Yo también estoy cansada... de tu desvío. Algo nos está separando irremediablemente... Te lo preguntaré por última vez: ¿nos vamos mañana? *(Ademán de* JULIO. *Tono de llanto en la voz de ella.)* ¡No contestes aún! ¡Piénsalo!

JULIO *(Terminante.)*

¡Yo me quedo!

VERÓNICA *(Reprime su congoja.)*

Como quieras.

(Huye por las cortinas. JULIO *se pone, nervioso, sus gafas. Luego se vuelve y escucha el son del mar, que le atrae y le impulsa a acercarse, tanteando con su bastón, a las cristaleras. La voz de* MARGOT *lo detiene.)*

MARGOT

¡Buenos días, Julio!

(La luz crece sobre su figura, que se halla cerca de las cortinas. En su cabeza, los ricitos y la máscara de vieja pepona.)

JULIO *(Se vuelve, rápido.)*

¿Cuándo has entrado?

MARGOT

Acabo de hacerlo. ¿No me has oído?

JULIO

¿Estamos solos?

MARGOT

¡Claro! ¿Por qué lo preguntas? *(Risita.)* No pretenderás insinuarte conmigo...

JULIO *(Irónico.)*

¿Te sorprendería?

MARGOT *(Con dengues de colegiala.)*

Te llevo muchos años, mocito. Pero no me sorprendería. De tal palo... tal astilla. *(Melosa.)* Así que... tú dirás.

JULIO

¡Qué buen humor!

(Gesto atribulado en MARGOT.*)*

MARGOT

¿Me das calabazas? ¡Qué le vamos a hacer! Y yo que venía a proponerte algo sensacional...

JULIO

¿La entrevista?

MARGOT *(Se acerca.)*

¡Miles de entrevistas! Atiende y no creas que estoy loca. ¿Por qué no te pones a pintar?

JULIO *(Se envara.)*

¿Es una broma?

MARGOT

No, Julio. He pensado mucho en ti. Y se me ha ocurrido que, mientras no recobrases la vista, podías aprovechar. ¿No lo comprendes? ¡El primer pintor ciego del mundo! ¡Serías genial! *(Ríe.)* Bueno, la idea también es genial, reconócelo. Yo te ayudaría en el lanzamiento, en la propaganda. Traería notarios que diesen fe de que nadie te ayudaba... Hay toda una teoría a construir de la pintura ciega y también en eso te ayudaría, si quieres. *(Se pavonea.)* Aunque me esté mal el decirlo, no tengo mala pluma... Pintarías abstracto, naturalmente.

JULIO *(Frío.)*

Me asombras.

(Cruza. Ella va tras él.)

MARGOT *(Ufana.)*
¡No es para menos!... Imagínalo: de nuevo París y el mundo, pero ahora con el éxito asegurado. ¡Sería emocionante! El triunfo de la voluntad sobre la desgracia. Te adorarían.

JULIO
Nos adorarían.

MARGOT *(Derretida, le toma de un brazo.)*
Tuya sería toda la gloria... Yo aparecería como una acompañante abnegada. Para la correspondencia, las conferencias... ¿A que ya te seduce la idea? Hay que estar con los tiempos, renovar todos los lenguajes, volver a la sinceridad que preconizáis los jóvenes. Actores improvisados, músicos sin estudios... ¡Pues un pintor sin vista!

JULIO
La idea es ingeniosa, no cabe duda. La mejor manera de seguir ciego.

MARGOT
¿Cómo?

JULIO
Si triunfaba tendría que seguir ciego toda la vida. ¿No lo has pensado? *(Ríe con ganas.)* ¿O lo que has pensado es que mi ceguera es ya incurable? ¿A que sí?

(Vuelve a reír.)

MARGOT
No, no... Pero por si acaso... De momento hay que aprovechar, adaptarse... (JULIO *subraya con renovadas risas estas palabras.)* Seguro que a tu padre le encantará la idea. ¿Me dejas que le hable?

(JULIO *deja de reír. Silencio.)*

JULIO *(Con el tono más brutal que puede.)*
¡No!

MARGOT *(Sobrecogida, retrocede.)*
Sólo quería ayudarte... Ya veo que no hay modo de hacerlo.

(Se oyen murmullos y risas cercanas. JULIO *se vuelve hacia el fondo. Con su cara de zorra,* MATILDE *aparece por las cortinas, seguida de su cornudo esposo y de* FELIPE, *que ostenta sus gafas negras.)*

MATILDE *(Deja sobre un asiento su bolsa playera y le enseña la lengua a* MARGOT, *que la amenaza con los dedos engarfiados.)*
¿De qué se habla?

MARGOT
De todo y de nada... Buenos días, Felipe *(Se acerca a él, mimosa.)* No te encuentro muy buena cara hoy.

FELIPE
Descansé mal esta noche.

ARTEMIO *(Desde las cristaleras, a las que se aproximó con vagos vaivenes de cabestro.)*
Cuídate, muchacho. No tomes mucho sol.

FELIPE
¿Nos acompañas a la playa, Margot?

MARGOT
¡Con mil amores!

FELIPE
¿Queréis una copa antes?

MARGOT
¿Por qué no nos enseñas primero las últimas acuarelas? Me muero de curiosidad.

(JULIO *levanta la cabeza y se encamina despacio al respaldo del sillón contiguo a la chimenea, donde se apoya.)*

MATILDE
¿Has pintado en estos días?

MARGOT
¡Ya lo creo! Ayer y anteayer lo vi tras su ventana, pinceles en mano.

MATILDE
Lo que a ti se te escape...

MARGOT
Es mi oficio. Anda, sé bueno y enséñanos tus nuevas obras maestras.

(FELIPE *se sienta en el sofá.* MATILDE *se inclina tras él y le acaricia.)*

FELIPE *(Indeciso.)*

Si no merecen la pena... Un par de cosillas para entretenerme.

ARTEMIO

¿Cómo que no? Sube ahora mismo a buscarlas.

JULIO *(Desabrido.)*

Claro, padre. Tráelas.

FELIPE *(Tímido.)*

¿No te molesta...?

JULIO

¿Molestarme?

FELIPE *(No se mueve.)*

Las tengo aquí, en la biblioteca. Quizá mejor, después del baño...

MARGOT *(No se mueve.)*

Cuánta modestia. ¡Trae! *(Pausa.)* ¡Qué maravilla! ¡Venid, venid a ver!

(Nadie se mueve.)

MATILDE

¡A ver, a ver!

ARTEMIO

¡Muchacho! ¡Esta es una preciosidad!

MARGOT

¡Y qué primor de ejecución! Una Minerva, ¿no?

ARTEMIO

Es guapísima.

MATILDE

Pero... ¿no os dais cuenta? ¡Es un retrato!

MARGOT

Pues sí... No cabe duda... ¡Es Verónica!

(JULIO *vuelve hacia ellos su rostro endurecido; sobre la biblioteca, en el panel, transparece la seductora visión de* VERÓNICA, *en su esplendorosa desnudez.)*

JULIO *(Con la voz velada.)*

¿Tanto se parece?

FELIPE

No hagas caso, hijo. Exageran. Una semejanza muy vaga.

ARTEMIO

¡Qué dices! ¡Un retrato logradísimo!

JULIO *(Frío.)*

¿Cuándo te ha servido ella de modelo?

FELIPE

Le hice un apunte rápido sin que lo advirtiera. Después he pintado de memoria. Pero no hay tanto parecido... No creí que lo fuéseis a notar.

MARGOT

Es muy difícil obtener de memoria tanta semejanza.

FELIPE *(Embarazado.)*

¡Si es muy pequeña!

MATILDE

Yo la encuentro exacta.

ARTEMIO

¡Y yo!

JULIO *(Tamborilea sobre el borde del sillón.)*

¿Cómo es la segunda?

MARGOT *(Sin moverse, después de un momento.)*

Aquí está. ¡Asombrosa!

MATILDE

¡Y tanto! Que yo sepa, es la primera vez que Felipe aborda este asunto...

MARGOT

¡Si vieras lo que tu padre ha pintado, Julio! Y he de reconocer que la novedad me complace mucho... Es agregar la hondura a la belleza. Pasar de los dioses... a Dios.

ARTEMIO

¡Excelente frase, Margot!

JULIO *(Tenso.)*

¿Qué ha pitado?

MARGOT

Cristo en la cruz. *(Silencio.* JULIO *se estremece. Al tiempo que la imagen de* VERÓNICA *se esfuma, aparece despacio el fantasma del hombre ensangrentado, vencida la cabeza sobre el pecho y las manos clavadas en invisible madero. A través de la atmósfera irreal* JULIO *y su padre se miran fijamente tras sus gafas negras.)* Portentoso.

ARTEMIO

Sí que lo es. Pero, ¿no le has puesto demasiadas heridas?

MARGOT

A Jesús lo azotaron bárbaramente...

MATILDE

Me encanta, muchacho. Aunque también yo, si he de ser franca, preferiría menos sangre. *(Risita de* JULIO.) ¿De qué te ríes, Julio.

JULIO

De nada.

MATILDE

Ni es lo tuyo, ni lo más propio de una efigie de Nuestro Señor. A la devoción verdadera le sobran tantas llagas... La majestad divina debe representarse más bella y más noble... ¿No crees, Margot?

MARGOT

Hay varios criterios... De todos modos, si el asunto ha sido tratado con enorme patetismo, la factura de la acuarela es finísima. *(Su cabeza gira hacia* JULIO.) Nos pasamos la vida intentando comprender las osadías de los pintores jovenzuelos y terminamos rindiéndonos a la evidencia: ¡no hay nada comparable a la sólida pintura tradicional!

(Un bastón aparece en las manos de MARGOT, *que empieza a deambular por el salón como una ciega, sin el menor ruido. La voz de* JULIO *suena vibrante de ira contenida.)*

JULIO

Perfecto. Ahora os podéis ir a comentar bajo el toldo los últimos chismes de la colonia... Adelante.

(Sin perder de vista a su hijo, FELIPE *se levanta.)*

ARTEMIO

¿Qué mosca te ha picado?

(MATILDE *se incorpora. En su mano se divisa otro bastón. Y comienza a deambular a ciegas, como* MARGOT. *Los fantasmales golpecitos de los bastones no se oyen.)*

JULIO

¿Cómo ha podido nadie pensar que yo podía acostumbrarme a esta basura?

ARTEMIO

Muchacho, ese lenguaje...

(Tanteando con otro bastón que aparece en sus manos, camina a su vez de un lado a otro. Las evoluciones de los tres ciegos dibujan una rara contradanza a la mortecina lividez que emana de los muros. JULIO *y* FELIPE *continúan inmóviles y enfrentados, con sus cabezas vivamente iluminadas.)*

JULIO

¿Os molesta? Lo siento. Ni sé ni quiero usar el vuestro.

FELIPE

Julio, por favor...

JULIO

¿Por qué ese crucifijo, padre? ¿Vuelves tus ojos al gran perdonador, a ver si es cierto que existe y te perdona?

FELIPE

Hijo...

JULIO

¿Y si no te perdonara? No todos los martirizados te perdonarían.

FELIPE

Julio, espero que midas tus palabras...

JULIO

¿Es un soborno a la Divinidad? ¿O pretendes perdonarte a ti mismo con las dulzuras de una linda acuarela?

MATILDE

¡Estás loco, Julio!

MARGOT *(A media voz.)*

De envidia.

JULIO *(Sin atenderlas.)*

¿Temes que hable, padre? ¿Te asusta que lo revele?

MARGOT

¿El qué?...

Felipe

Sólo te ruego que respetes mi tristeza.

Julio

¡Claro! Entre vosotros la tristeza también es respetable.

Matilde

¿De qué tristeza hablas?

Felipe *(Alza la voz.)*

¡Por lo menos es tan verdadera como la tuya!

Artemio

¿Qué tonterías son ésas?

Julio

¡Es otra mentira! ¡Si todavía te quedase algo de verdad dentro, no sentirías tristeza, sino horror!

Felipe

¡Qué sabes tú lo que siento!

Matilde *(Fuerte.)*

¡Reportaos los dos, por favor! ¡No seáis estúpidos!

(La contradanza de los iegos no cesa; por un instante, los tres se barrenan la sién con un dedo desdeñoso. Pausa. La (La figura del torturado se desvanece.)

Julio

Tranquilízate, padre. No hablaré. Sería inútil... Locuras mías, dirían todos. Y tú no los desmentirías. Todos se pondrían, y tú el primero, gafas oscuras y algodones en los oídos...

Artemio

¿Ves cómo deliras, Julito? Sólo tú llevas aquí gafas oscuras.

Julio

Estáis más ciegos que yo. Y más sordos.

Margot *(Bromea.)*

Es que gritas mucho...

Julio

¿Sí? Pues os diré algo sin gritar.

Felipe

¡Julio!

Julio

Calma, padre. No lo que ignoran, sino algo muy chistoso que todos sabéis perfectamente. ¿A que no lo oís?

Artemio

¿A que sí?

Julio

¿A que no lo reconocéis?

Artemio

Si es verdad, ¿por qué no?

Julio

¿Os atreveríais a confesar que Nuria es hija de mi padre?

(Los tres ciegos se detienen al punto.)

Felipe

¡Julio!

Matilde *(Sin mirar a nadie, con la voz preñada de rabia.)*

Me siento manchada... Abofeteada.

Artemio *(Sin mirar a Julio, reacciona con dificultad.)*

¿Qué has dicho?

Julio *(Sonriente.)*

¡Ah! ¡No lo has oído!

Artemio

¡Supongo... que es una broma de mal gusto!

Julio

Es un secreto a voces.

Matilde *(Llorando.)*

Vámonos, Artemio.

Julio

No finjas que lo ignorabas...

(Breve pausa.)

Artemio

¡Canalla! *(Se supone que intenta agredir a Julio. Aunque no lo mira, su vaga silueta da unos pasos hacia él. Margot le antepone su bastón; Felipe alarga un brazo, sin tocar a su amigo.)* ¡Soltadme!

Felipe

¡Está ciego, Artemio!

Artemio

¡Eso le vale!

Julio *(Con asombro.)* ¿Lo ignorabas?

Artemio

¡Canalla repugnante!...

FELIPE
¡Por favor, Artemio!

JULIO
¿Canalla por decirlo? ¡Hacerlo sí se puede! ¡Eso y otras cosas! ¡Pero a callar! ¡O a comentarlo en voz baja cuando lo hacen los demás, como otro chiste que amenice vuestros ocios! *(Breve pausa.)* Si no lo sabías, lo siento; no quería herirte. La hipocresía general era mayor de lo que pensaba.

FELIPE
¡Sal de aquí inmediatamente, Julio!

MATILDE
No. Nos vamos nosotros.

JULIO
No hace falta. Me voy yo. Sin mí lo arreglaréis mejor. ¡Seguro! Sois expertos. Hasta os llamáis muchachos y sois viejos...

MATILDE *(¿Apostrofa? ¿Suplica?)*
¡Eso que has dicho es una sucia mentira, Julio!

(Largo silencio.)

JULIO
Tal vez, Artemio. Quizá sólo una broma de mal gusto. Yo no sé nada, yo me vuelvo a mi tiniebla. Adiós.

(La luz baja rápidamente hasta la oscuridad absoluta. El temblor de las cortinas aún se percibe cuando retorna la luz normal. FELIPE *no está muy lejos de donde lo imaginaba* JULIO*: apoyado en el extremo del mostrador, le han desaparecido las gafas.* MARGOT*, sin su máscara de vieja adobada, se halla cerca de la biblioteca del fondo con una gran carpeta en la mano. En medio de la escena, de cara a la cristalera y ya sin su fantástica cornamenta,* ARTEMIO *mira hacia la playa. Desaparecida su máscara de vulpeja y calada las ambarinas gafas de sol para disimular la humedad de sus ojos,* MATILDE *está sentada en el sillón de orejas, de espaldas a todos. Ningún bastón es visible. Silencio.)*

FELIPE *(Sin mirar a nadie.)*
Artemio, no habrás creído ni una palabra de ese infundio de Julio... Lo que ha dicho es imperdonable y no voy a disculparlo. Pero él quiere herir a todos... porque está desesperado.

MARGOT *(En voz queda y convencional.)*
Por supuesto. Esa es la causa.

(Deja en la biblioteca la carpeta y se sienta.)

FELIPE
Es posible que de Matilde y de mí se hayan dicho cosas... Con lo que es la gente, y siendo los tres tan amigos, a la fuerza. Pero Margot también lo es y... vosotros no ignoráis que ella... sabe muy bien quiénes han podido ser mis amigas... *(Con los ojos muy abiertos,* MARGOT *lo mira. El matrimonio la mira con signifcativa discreción; ella baja los ojos, púdica.)* Ella podrá jurarte que Matilde fue siempre sagrada para mí.

MARGOT *(Sonríe, mirando de nuevo a* FELIPE.*)*
¡Por supuesto!

MATILDE *(Sin volverse.)*
¡Esas explicaciones me ofenden, Felipe! ¡Ya ha dicho ese miserable que no sabía nada!

MARGOT
¡Ha reconocido que era una broma!

MATILDE
Pero intolerable. *(Se levanta.)* Lo siento, Felipe. Mientras tu hijo siga aquí no volveré a poner los pies en esta casa. *(Sin mirar a su marido.)* Vámonos, Artemio.

(Se encamina al fondo.)

ARTEMIO *(Cabizbajo, empieza a volverse.)*
Sí. Vámonos.

FELIPE
¡No, por favor! *(Va hacia ellos.)* Si os

marcháis le dais la razón. ¿No lo comprendéis?

MATILDE
No insistas.

FELIPE
¡Si actuáis como si nada sucediese le ponéis en su sitio, le demostráis que no os afectan sus embustes! Y además, hay que evitar la maledicencia. En Margot podemos confiar, no dirá nada...

MARGOT
¡No faltaba más!

FELIPE
Pero no en él, ni en los que todo lo olisquean... Todos los días venís a mi toldo de la playa; hacedlo hoy también. Que nadie sospeche problemas entre nosotros. Como si no pasase nada.

MARGOT
¡Si no pasa nada!

FELIPE
Por eso. Ahora, a la playa, por favor. A bañarnos y a reírnos... A mi hijo ya le hablaré yo. ¡Deberá disculparse y lo hará!

ARTEMIO *(Se aclara la voz.)*
Déjalo... Hay que comprender su desgracia.

*(*MARGOT *se levanta sonriente y aprueba con una inclinación de cabeza, oprimiéndole el brazo.)*

FELIPE *(Quizá realmente conmovido.)*
Un abrazo, Artemio. *(Se abrazan con calor.)* Julio se disculpará de todos modos, Matilde. Porque es a ti a quien más ha ofendido. Y ahora, a la playa; se está haciendo tarde.

*(*MATILDE *vacila, turbada, y mira a su marido. Por primera vez desde que salió* JULIO, ARTEMIO *la mira largamente.)*

MATILDE *(A media voz.)*
¿Tú quieres ir, Artemio?

ARTEMIO
Creo que es lo mejor..., muchacha.

(Rompiendo en sollozos histéricos, MATILDE *se echa en sus brazos.* ARTEMIO *le acaricia el cabello.)*

MATILDE
Bueno, vamos... Pero desde la playa nos iremos al Club... Aquí no quiero volver... No quiero tropezármelo.

ARTEMIO
Como tú digas.

(La conduce hacia la cristalera. Ella se desprende y recoge su bolso para sacar la polvera y acicalarse.)

MARGOT
¡Todo está bien cuando acaba bien, como dice Shakespeare!

FELIPE *(A* MATILDE.)
Gracias.

MATILDE *(Mientras se acicala.)*
¿Y Nuria, no ha venido esta mañana?

(Un airecillo frío roza a todos. Ella también se inmuta, arrepentida de su inoportuna referencia.)

FELIPE *(Embarazado.)*
Hace media hora que ella y sus amigas andan por ahí con el saltador. Se lo he regalado hoy.

ARTEMIO *(Risueño, lo mira con una punta de suspicacia.)*
Regalos y más regalos... Voy a creer que la quieres... como a una hija...

MATILDE
¡Artemio!

ARTEMIO
Una broma, mujer...

FELIPE *(Mirándole a los ojos.)*
Nada de bromas. Como a una hija la quiero.

MARGOT *(Riendo.)*
¡A la playa, a la playa!

(Van a salir.)

FELIPE
Adelantaos. Yo voy en seguida.

ARTEMIO
¡No tardes, muchacho!

(Salen MATILDE *y* ARTEMIO. MARGOT *se demora, hecha mieles.)*

MARGOT
¿Te acompaño?

FELIPE
Ahora no, Margot. Te lo ruego.

MARGOT *(Insinuante.)*
Cuando quieras. Ya lo sabes.

FELIPE
Lo sé, Margot. Y muchas gracias.

(MARGOT *mira hacia fuera, corre a su lado y le estampa con ansia un prolongado beso en los labios. Después sale corriendo por la cristalera. Con un largo suspiro,* FELIPE *se vuelve. Solo, su cara no disfraza la consternación que ha estado ocultando. Sus pulmones jadean; su cabeza esboza vagas negaciones contra sí mismo; el dorso de su mano limpia el húmedo beso de* MARGOT. *Se advierte débil, quizá al borde del llanto. Va al bar y escancia un vaso de sifón, del que bebe un poco. Luego cruza hasta la chimenea, toma una píldora y la traga, empujándola con otro sorbo. Ceñudo, vuelve al centro y se detiene, mirando a la playa que le aguarda, sin la menor alegría. Termina su vaso. Se decide, va rápido al bar y lo deja. Cuando se vuelve ve aparecer por las cortinas a* VERÓNICA.)

VERÓNICA
No encuentro a Julio.

FELIPE
Salió de aquí hace poco.

VERÓNICA *(Mirando, va hacia la cristalera.)*
Por la playa tampoco lo veo... Bien. Poco importa. Venía a anunciarle algo que tú también debes saber. Me voy mañana.

FELIPE
¿Por qué?

VERÓNICA
Has vencido. Quise hacer de él un hombre y no lo he logrado. Pretendí que me quisiese y creo que tampoco lo he conseguido... Todo es inútil. No puedo seguir defendiéndole de sí mismo. Te lo dejo, y tú terminarás de destruirlo.

FELIPE
Te consta que no quiero destruirlo.

VERÓNICA
Lo harás. Si no hubiese perdido toda mi influencia sobre él, aún procuraría evitarlo... La he perdido y debo irme.

(Una pausa. FELIPE *va hacia el sofá, con aire fatigado.)*

FELIPE *(Se sienta.)*
Espera por lo menos unos días. Hasta mi vuelta...

VERÓNICA
No.

FELIPE
¿Habéis reñido?

VERÓNICA
No tengo nada más que decir. Si no me necesitas...

FELIPE
Te suplico... Estoy cansado... No puedo levantar la voz.

(VERÓNICA *se acerca.)*

VERÓNICA *(Fría.)*
¿Estás enfermo?

FELIPE
Fatigado.

VERÓNICA
¿Quieres que llame?

FELIPE
Quiero que me escuches. Por favor, siéntate. *(Su voz se debilita.)* Cerca, para que me oigas bien. (VERÓNICA *se sienta junto a él de mala gana.)* Gracias. *(Breve pausa.)* Yo también lo he pensado mucho y creo que tienes razón. Julio y yo debemos separarnos para siempre.

VERÓNICA
No quiere irse de aquí. Por eso me voy.

FELIPE *(En voz queda.)*
¿Es que no lo entiendes? Si no quiere

irse, soy yo quien se irá. Pero a condición de que alguien lo cuide. Solo no lo vamos a dejar... Y a su lado, nadie mejor que tú. Yo desapareceré un día: ya no soy joven. Si entonces continuase ciego, ¿qué va a ser de él? *(Una mano fina y trémula entreabre las cortinas. La luz baja hasta la negrura total, al tiempo que, bajo irreales claridades,* VERÓNICA *y* FELIPE *aparecen tiernamente abrazados.)* Aquí se comenta en broma vuestra diferencia de edad. A mí me agradó desde el primer día. *(En la densa tiniebla del fondo, destaca el rostro angustiado de* JULIO.) Comprendí que tú podías ser, que ya eras la salvación de Julio.

VERÓNICA *(Irónica.)*

Su madrecita.

FELIPE

Sin ironía: la madrecita que no tuvo y que le hace falta.

VERÓNICA

Te equivocas. Yo ya no cuento para él. Es de ti de quien no quiere separarse. Si te vas, te esperará; si no vuelves, irá a buscarte a ti, no a mí.

(Su imagen y la de FELIPE *se funden en un beso apasionado. La cabeza de* JULIO *se mueve, desesperada, reclamando una luz que no llega. Un súbito chispazo de iluminación normal invade el salón.* VERÓNICA *y* FELIPE *continúan juntos, sin besarse, pero cuando* JULIO *va a mirarlos, vuelve la repentina oscuridad y, con ella, la visión de la pareja abrazada que se prodiga caricias.* JULIO *siente redobladas ansias de ver; su cabeza niega, pertinaz; la crispación de sus facciones llega al máximo. La luz vuelve de nuevo...* JULIO *comprueba, mirando a todos lados, que no se va. Entonces mira fijamente a la pareja, que sigue muy próxima, y, con artera rapidez, se cala sus gafas.)*

FELIPE

¡Tengo que irme para no destrozarlo! ¡Y si los dos nos vamos, se desesperará!

JULIO

¿Juntos?

(Sorprendidos, VERÓNICA *y* FELIPE *lo miran. El avanza, simulando que sigue ciego con el tanteo de su bastón y la indecisión de sus movimientos.)*

Deberíais partir juntos. Conmigo ya no es necesario el disimulo.

VERÓNICA

Julio, vuelves a equivocarte...

JULIO *(Ríe.)*

¿Sí? Será porque estoy ciego. Ayúdame tú a comprender. *(Se sienta en la butaca derecha del tresillo y deja a un lado el bastón.)* Resulta que, cuando creéis que nadie os oye, os tuteáis...

FELIPE

Se lo pedí yo.

JULIO

Y Verónica accedió. ¡Pero eso no significa nada! Todo el mundo se tutea. ¿También le pediste que te sirviera de modelo?

FELIPE

Ya te lo he explicado. Pinté esa acuarela de memoria.

VERÓNICA

¿Qué acuarela?

JULIO *(Riendo.)*

¡Admirable! Cuando no me rindo ante un tono de sinceridad tan convincente, debo de estar loco.

(Tantea sobre la mesita.)

FELIPE

¿Quieres algo?

JULIO *(Atrapa el puñalito que sirve de plegadera.)*

Nada. Cualquier cosa como ésta... para jugar. *(Juguetea con el puñalito.* FELIPE *va a levantarse.)* ¿Vas a levantarte, padre?

FELIPE

Sí.

JULIO

No lo hagas. Sigue junto a Verónica.

(VERÓNICA *y* FELIPE *se miran.)*

VERÓNICA

Julio, tu actitud es irrazonable. Le decía a tu padre, simplemente, que me voy mañana.

(Intenta levantarse.)

JULIO *(Tajante.)*

¡No te muevas! *(Ella se sienta, mirándolo muy fija.)* Sigue a su lado. ¿Qué más te da? No veo... Además, que sois mi papaíto y mi madrecita. Si estábais abrazados, volved a hacerlo...

VERÓNICA

¡Julio, no te tolero...!

JULIO *(Ríe.)*

¡Es el juego de la gallina ciega, mujer! Os burláis ante mis ojos cerrados y yo... *(Da dos o tres flojos pinchazos en el aire con el cuchillito.)* busco, quién se quedará. ¡Ea, burlaos! ¿Nunca habéis sentido ante un ciego ese impulso irresistible? Yo sí, cuando veía. Así era de miserable. Pero todos lo somos... Si no os acariciábais, hacerlo ahora. ¡Por juego! Me decís que me engaño y os abrazáis en silencio ante mí. ¡Como no veo!... Atreveos... (VERÓNICA y FELIPE *se miran.* JULIO *los vigila.)* ¿Lo habéis hecho ya?

VERÓNICA

¡Ni ahora ni antes!

JULIO

Lo negáis, es natural. Y yo no puedo ver vuestras expresiones. Sigamos jugando. Imagina, padre, que te estoy describiendo un cuadro que quisiera pintar. Una escena violenta, poblada de brazos crispados, de lanzas y de espadas que vuelan... *(Apuñala el aire.)* Y en el calor de la explicación... la mano se me escapa y este puñalito se hunde en tu pecho. *(En un envión, su mano llega cerca del pecho paterno. La pareja se echa hacia atrás y lo mira espantada.)* Los periódicos dirían: Padre muerto por su hijo ciego, en un accidente.

FELIPE *(En voz baja.)*

Julio, por favor...

JULIO *(Ríe.)*

Vamos, seguid el juego, abrazaos ahora ante el peligro... ¿No? ¿Ni siquiera una mano buscando el consuelo de otra mano, mientras los ojos vigilan este cuchillito?

(Pausa.)

VERÓNICA

No hallarías manos enlazadas ni gestos culpables si nos vieses. Ahora termina tu juego como quieras.

(Silencio. JULIO *suelta el puñalito, que tintinea sobre el cristal de la mesa. Después suspira, se quita las gafas y las guarda, mirando a* VERÓNICA.)

JULIO

Ya terminó. Estoy cansado. *(Ante la sorpresa de los otros, se levanta y va al bar, tras el cual busca algo que beber.)* Hace varios minutos que os veo.

FELIPE *(Se levanta.)*

¡Hijo! ¿Es cierto eso?

JULIO *(Se sirve una copa.)*

Ya véis que sí. Y la luz no se va. *(Bebe.)* ¡Ah!... Me siento ligero. *(Se frota los ojos, mira a todos lados.)* Tranquilo. (VERÓNICA *se está levantando, muy emocionada.)* Perdóname, Verónica. Dudaba de ti, y quise cerciorarme.

VERÓNICA *(Sollozante.)*

¡Julio!

(Corre a su lado y se echa en sus brazos.)

JULIO

Pero me avergüenzo. ¿Cómo he podido abandonarme a esos celos ridículos, a esa escena de melodrama que acabo de haceros?... ¡Cuánta porquería de niño mimado!

VERÓNICA
¡Vámonos mañana mismo; ¡Juntos y para siempre!

JULIO
Así lo haremos.

VERÓNICA
¡Julio, Julio! No volveré a caer en esta debilidad... Pero ahora... tengo que llorar.

(Llora en sus brazos. FELIPE *se sienta y apoya su cabeza en las manos, enlazadas como en oración. Sus hombros tiemblan; acaso llora también.* JULIO *lleva a* VERÓNICA *cerca de la cristalera.)*

JULIO
Mira qué sol, qué azul. *(La vuelve hacia sí y la contempla.)* Y tú... Tú. *(La estrecha entre sus brazos.)* Nunca más cegar. Nunca más. *(La besa, ardoroso, con los ojos húmedos.)* No se puede perder esta maravilla. Es demasiado terrible. Es la nada. Si hay que olvidar para retener esta inmensa pintura, olvidaré. Olvidaré que ese azul está envenenado. *(Ella se desprende con suavidad; su mano y la de* JULIO, *enlazadas, acaban por separarse blandamente.)* ¡Ah!... Respiro. *(Se vuelve, bebiéndose con los ojos cuanto ve.)* ¡Qué grato es todo! También esa antigua acuarela. Y ese adorno, que ahora no gira. ¡Qué paz!

VERÓNICA *(Inquieta.)*
No es necesario olvidar, Julio.

JULIO
¿Pues no me pedías tú que olvidara?

VERÓNICA
Que olvidaras... sin olvidar.

JULIO
Verónica, es irresistible la tiniebla. Déjame disfrutar hoy de esta dulzura, aunque sea una dulzura culpable.

VERÓNICA
Se puede ver sin olvidar.

JULIO
Tal vez... Pero estoy tan agotado... Ver, aunque sean mentiras... También eran mentiras las que veía ciego.

VERÓNICA
¡No todas!

JULIO
No sé... No sé. (VERÓNICA *lo mira con angustia.* JULIO *se sienta en el sofá cerca de su padre.)* Estás demacrado, padre. (FELIPE *levanta la cabeza y la vuelve a humillar.)* Es curioso. Bajo esta luz tan serena, parece imposible que hicieras aquello... ¿Lo hiciste realmente?

FELIPE *(Musita.)*
A mí también me parece imposible.

(El rostro de VERÓNICA *se nubla.)*

VERÓNICA *(Seca.)*
¿Nos iremos mañana, Julio?

FELIPE *(Bajo un cansancio inmenso.)*
Quedaos. Me iré yo.

VERÓNICA
¡No! *(Va hacia* JULIO.) ¡Vámonos ahora! ¡Ahora!

JULIO *(Se levanta, nervioso.)*
Por favor, Verónica. Los dos necesitamos calma...

VERÓNICA *(Corre a abrazarlo.)*
¡Pues vámonos!

FELIPE *(Con voz débil.)*
Quedaos... Lo peor ya se lo tragó el pasado... Disfruta de tu curación, hijo, aunque sea unos días..., en este remanso que busqué para vosotros.

VERÓNICA *(Frenética.)*
¡No lo escuches!

(Se oía, fuera del salón, la llamada de un teléfono cercano. FELIPE *vuelve la cabeza, indeciso.* JULIO *y* VERÓNICA *se separan de nuevo. Los tres se miran, incómodos. Las llamadas se suceden.)*

JULIO

Nadie acude.

FELIPE

Es el teléfono del recibidor. Los criados estarán arriba...

VERÓNICA

Voy yo.

(Va al fondo y sale por las cortinas. Reprimiendo una zozobra cuya causa no comprende, JULIO *se acerca a la butaca donde dejó su bastón y lo toma. El teléfono deja de sonar.)*

FELIPE *(Alarmado.)*

¿El bastón otra vez? ¿Notas algo?

JULIO

No, no. Veo bien.

(Nervioso, da unos pasos hacia el fondo.)

FELIPE

¿Por qué no te quedas unos días y consultas al psiquiatra? Conviene afianzar tu curación...

(JULIO *no responde y espía las cortinas. Luego va a la biblioteca y recoge de allí la carpeta que manejó* MARGOT.)

JULIO

¿Están aquí tus acuarelas?

FELIPE

Sí.

(JULIO *abre la carpeta y mira la primera.)*

JULIO *(Frío.)*

El parecido con Verónica es vago.

FELIPE

Ya te lo dije. (JULIO *contempla la segunda acuarela. Después mira a su padre, que desvía sus ojos y soporta, turbado, el silencio.* JULIO *cierra la carpeta, la deja donde estaba y torna a observar a su padre con sombríos ojos.* VERÓNICA *reaparece por las cortinas.* JULIO *la mira.)* ¿Quién llamaba?

VERÓNICA *(Con faz inexpresiva.)*

Es un recado para Matilde y Artemio. Tienen que volver a su casa porque han llegado... unos primos, creo. Voy a decírselo.

(Va hacia la cristalera y se detiene al oír a FELIPE.)

FELIPE

¿Por qué no vas tú, Julio? Se alegrarán inmensamente cuando te vean curado. También ellos te quieren, y se merecen alguna excusa amable... Antes les has dicho cosas muy feas...

(JULIO *lo mira y mira hacia el exterior, perplejo.)*

VERÓNICA *(Rápida.)*

No lo hagas. Yo iré.

(Sale por la cristalera. Una pausa. Se oye el rumor del mar. JULIO *se asoma, desasosegado. Sobreviene, repentina, la oscuridad total: apenas un segundo. La luz vuelve, pero* JULIO, *aterrado, está mirando ya a todos lados.)*

JULIO

Verónica ha mentido. El recado a tus amigos no era ése.

(Mira hacia el exterior.)

FELIPE

No comprendo... Ella no ha dicho nada.

JULIO

La conozco mejor que tú. Algo pasa.

(De nuevo, la oscuridad repentina durante medio segundo.)

FELIPE

¿Qué va a pasar? Eres tú, que aún estás alterado...

JULIO *(Muy inquieto.)*

¡Todo puede pasar! Otra vez estamos al borde...

FELIPE

¿Al borde de qué?

JULIO

¡De lo peor!

FELIPE *(Se levanta.)*

Cálmate, hijo. Esos nervios...

JULIO *(Pendiente de la playa.)*

Está hablando con ellos... *(Otro brevísimo instante de oscuridad. Con dedos trémulos,* JULIO *se oprime los ojos.)* Parecen alarmarse... *(Oscuridad.)* ¿O ya no veo bien?

FELIPE *(Se oyen su voz y sus pisadas.)*
¡No me asustes, Julio!

(Luz. FELIPE *está llegando al lado de* JULIO.)

JULIO
Ella vuelve aprisa.

FELIPE
¿Y ellos? No los veo.

(Oscuridad.)

JULIO
Ni yo. *(Luz.)* Sí. Allí, a la izquierda.

(Oscuridad.)

FELIPE
¡Están corriendo!

JULIO
Sí. Estaban corriendo.

(Luz.)

FELIPE *(Alza la voz.)*
¿Qué pasa, Verónica?

(VERÓNICA *entra por la cristalera. Oscuridad. Una pausa.)*

VERÓNICA
Un accidente...

JULIO
¿A quién?

(Silencio.)

FELIPE
¿A quién, Verónica?

VERÓNICA
A... Nuria.

FELIPE *(Grita.)*
¿A Nuria?

(Breves, rápidos, irregulares, los destellos de luz alternan con la tiniebla durante los instantes siguientes. Los gestos y movimientos de los tres se afantasman.)

VERÓNICA
En el parque. La punta del saltador tropezó con algo bajo la hierba..., que estalló... Seguramente una granada enterrada desde hace muchos años. También aquí hubo guerra.

FELIPE *(En un alarido.)*
¡No!...

JULIO *(Baja la voz.)*
¿Ha muerto?

FELIPE
¡Dios mío! ¡Yo la he matado!

VERÓNICA
No, no. Todavía vive...

FELIPE
¿Vive? ¡Quiero verla!

(Da unos pasos. VERÓNICA *lo retiene.)*

VERÓNICA
¡No vayas!

FELIPE
¡Es mi hija!

VERÓNICA
No está en su casa. La han llevado al hospital... Mutilada. Quizá no sobreviva.

(Con un estertor, FELIPE *se acerca al sofá, donde se derrumba. A un oscuro algo más prolongado, sucede todavía un largo destello durante el cual* JULIO, *con los ojos desorbitados, mira a su padre y lanza, inesperadamente, una seca y amarga carcajada. Después, oscuridad absoluta. Y la luz ya no vuelve para* JULIO. *Una pausa.)*

FELIPE *(Con dificultad.)*
Nos acecha en el aire y bajo el suelo... Sí. La guerra sigue viva.

(Entre la maraña de sus grietas, las paredes comienzan a despedir sus verdosas livideces.)

VERÓNICA *(Alarmada.)*
Julio, ¿qué te pasa?

(JULIO *no responde. Una viva luz saca lentamente de la penumbra la figura del hombre martirizado; está junto al sofá, muy cerca de* FELIPE, *y su diestra, levantada, empuña la plegadera. Sobre los ojos de* FELIPE *han reaparecido las gafas, pero se advierte que está mirando con temor a su antigua víctima. Se insinúa en el suelo el violáceo fulgor del hueco rectangular; la truncada silueta de un cuerpo casi de espaldas que, de momento, no se identifica, se esboza en la oquedad. Al precisarse bajo otra luz creciente, resulta ser la imagen de* NURIA, *en bañador y con su carita apenas entrevista, pues está mirando hacia* FELIPE. *Secos coágulos almidonan su melena, que ahora, extrañamente, es plateada. Por el cuello, la espalda, los bracitos, le chorrea la sangre. En la altura y en todos los términos, casi invisibles todavía, han aparecido numerosos móviles semejantes al que adorna el salón, que empiezan a girar despacio.* VERÓNICA *habla desde la penumbra del fondo.)*

¡Julio, mírame!

(Entonces se oye la apremiante llamada de FELIPE.)

FELIPE

¡Verónica! ¡Julio! ¡Ayudadme!

(Mal definido en la borrosa penumbra, JULIO *se vuelve hacia su padre.)*

VERÓNICA *(Débilmente iluminada, se acerca al sofá.)*

¿Te sientes mal?

(El torturado apoya el puñalito sobre el corazón de FELIPE.)

FELIPE *(Se ahoga.)*

Un dolor... inmenso...

(El torturado le está hundiendo, muy despacio, el arma en el pecho.)

JULIO *(Se acerca al sofá.)*

¡Verónica, hay medicinas sobre la chimenea!

VERÓNICA

¡Sí!

(Su vaga imagen se desplaza suavemente hacia la izquierda.)

FELIPE

¡No las pequeñas!... Otra caja... con tabletas... Ponme una bajo la lengua... ¡Pronto! *(El espectro sigue hundiendo el cuchillito. Con el leve movimiento de una ensoñación, el cuerpo de* FELIPE *se desmadeja, pero no cae.)* Ahora... comprendo... Sí érais dioses.

(Vuelve a envararse y permanece sentado en absoluta quietud. El especto retira poco a poco el arma, que hundió hasta la empuñadura, se incorpora y permanece, rígido e inmóvil, con sus ojos cuajados fijos en el vacío. Los móviles giran más de prisa.)

VERÓNICA *(Desde la penumbra cercana al sofá.)*

No puedo abrirle los dientes, Julio.

JULIO

¡Ponla bajo los labios!

VERÓNICA

¡Eso hago! Pero... no se mueve.

(Ninguna de estas acciones es visible. JULIO *llega, tanteando, hasta el cuerpo de su padre y lo toca.)*

JULIO

Padre...

VERÓNICA

Tardará en hacerle efecto...

(JULIO *se inclina, buscando el pecho de su padre, y le aplica el oído. A poco toma, brusco, una de sus muñecas y la explora, sin dejar de escuchar.)*

JULIO *(Se incorpora.)*

Ya no le hará efecto.

VERÓNICA *(Susurra.)*

¿Es posible?...

JULIO *(Con emoción contenida.)*

Verónica, junto al teléfono creo que hay direcciones. Avisa inmediatamente a un doctor. Y también...

VERÓNICA

¿A tu hermano?

JULIO

Ponle un telegrama. Tendrá que venir. Después llamaremos para trasladarlo a su habitación.

VERÓNICA

Yo lo haré todo por ti..., *(En su voz se insinúa una pregunta.)* si no ves...

JULIO

Sólo mis fantasmas. (VERÓNICA *gime en voz baja y sale por el fondo.* JULIO *tan-*

tea. Su mano tropieza con una rodilla de su padre. Se sienta, tembloroso, en el sofá. Su mirada parece buscar los veloces móviles; luego se fija en la imagen de NURIA.) ¿Estáis aquí realmente... Ya nada entiendo. Responded, dadme un signo... *(Las apariciones no se mueven.* JULIO *sonríe con tristeza.)* No debiera incurrir en la leve locura de hablaros... De hablarte. Quizá ya no existes, hermana. Será lo mejor. Sin saberlo, estabas atrapada en un cepo dorado. Podrida. Yo te quería porque aún no eras culpable. Si te salvas se abrirán tus ojos, pero a un precio tan espantoso... Que no encanezca tu cabeza. Ciérralos para siempre. *(Una pausa. La imagen de* NURIA *levanta su diestra, que se tiende en muda imploración.* JULIO *se turba: cree que es a él a quien se dirige. La imagen del torturado deja sin ruido el puñalito sobre la mesa y avanza hacia el hueco extendiendo su izquierda. Con brusca inquietud,* JULIO *palpa el puñalito.* NURIA *va girando a medida que el torturado se acerca; era a él a quien llamaba, y las manos de los dos pronto se unen. El espectro de* NURIA *se halla ahora de frente y comienza a bajar, conduciendo al fantasma ensangrentado que la sigue, al tiempo que la luz los abandona y el hueco se oscurece. Los giratorios móviles, más iluminados, todo lo salpican de irisadas chispas.)* Ahora tú también estás ciego, padre. Y sordo. Tu agonía terminó. Yo te amaba... A ti, criminal, hipócrita, despreciable, te amaba... Y vine a matarte. Pues soy yo quien te ha matado. Aunque no levanten contra ellos ningún arma, todos los hijos matan a sus padres. ¿Ha sido tu muerte el deforme engendro de mi envidia?... ¿O el castigo que tu propio hijo debía traerte desde el pasado?... Tal vez las dos cosas: las dos cosas mediante una sola ceguera... infinita. Nunca sabré por qué he cegado. Sólo sé al fin que no soy un dios, sino un enfermo de tu mundo enfermo. Si llegan un día, otros serán los dioses. No soy mejor que tú: yo también te he torturado hasta la muerte. Pero ella está sana... Su única enfermedad ha sido... quererme. Esa esperanza me queda: que su salud llegue a ser la mía... La débil y avergonzada esperanza de un niño desvalido, ansioso de un padre y una madre... Adiós. Descansa. Yo no descansaré.

(La luz comienza a bajar. VERÓNICA *reaparece por las cortinas y llega al centro de la escena.)*

VERÓNICA *(En voz queda.)*
¿Aviso para que lo lleven?

(La luz crece sobre su cara.)

JULIO
Sí... Ahora.

(Se levanta. La imagen de FELIPE *se levanta cuando ya él está en pie y* JULIO *la considera, trémulo. Tanteando con el bastón busca a* VERÓNICA, *que se adelanta. Se abrazan. El espectro de* FELIPE *va tras* JULIO *y se detiene a su lado.)*

VERÓNICA
Volverás a ver, Julio.

*(*JULIO *torna la vista hacia el fantasma, que deniega.)*

JULIO
Verónica, si yo no curase..., ¿querrás ser mis ojos?

VERÓNICA
Sabes que seguiré a tu lado... mientras tú quieras.

JULIO *(Se estrecha contra ella.)*
Nos iremos. Habrá alguna tarea en la tierra que debamos cumplir.

VERÓNICA
La buscaremos.

JULIO
Ya no pintaré.

VERÓNICA
¡Recobrarás la vista! ¡Volverás a pintar!

(La imagen de FELIPE *deniega.)*

JULIO
Tú lo dijiste, Verónica. Tal vez no soy pintor. Pintaré en la nada, como ahora... Pintaré mis fantasmas hasta que sólo quede la pizarra... negra.

VERÓNICA
¡Pero con los ojos abiertos! *(Lo vuelve hacia la derecha y lo enfrenta con el rostro de su padre.)* ¡Mira hacia la playa! ¡Está radiante de colores, de vida!

JULIO
Otra pintura en la nada.

VERÓNICA
¡El sol luce, calienta! ¡Míralo! *¡Puedes* mirarlo! ¡Tienes que lograrlo ahora mismo!

(Breve pausa. La luz sobre VERÓNICA *y* FELIPE *se amortigua. Se oye el son de las olas.* JULIO, *en la penumbra, considera los dos rostros que se apagan.)*

JULIO
Un padre y una madre... Que nunca más haya niños huérfanos.

VERÓNICA
¿Qué dices?

JULIO
Ayúdame a creer en ese sol, Verónica. En esa otra pintura...

VERÓNICA
Y en tus visiones también.

JULIO
¡No!

VERÓNICA
¡Sí! Esas imágenes que te espantan te harán crecer.

JULIO
¡Son mi locura!

VERÓNICA
Serán tu fuerza y tu misterio cuando las mires con los ojos abiertos. *(Con inmensa ternura.)* Yo te ayudaré a abrirlos ahora que conoces tu propia miseria.

(Están desesperadamente abrazados. Oscuridad absoluta.)

JULIO
Y si la destrucción llega antes...

VERÓNICA
¡Moriremos caminando!

JULIO
Verónica...

(La luz se está yendo. El fragor del mar invade la escena.)

FIN DE LA OBRA

25 Camilo José Cela

(1916)

La figura capital del momento y aun de toda la literatura narrativa de las últimas décadas es Camilo José Cela, nacido el 11 de mayo de 1916 en Iria-Flavia, provincia de La Coruña, al fondo de la ría de Arosa. Cela es un viejo apellido gallego, muy adscrito a la historia del país. Las últimas luchas en el siglo XV, por la independencia, las sostuvo el mariscal Pardo de Cela. Su segundo apellido Trulock, es oriundo del Cornwal. En Londres hay una plaza Trulock, en honor de su bisabuelo.

Este novelista, cuentista y también poeta, guarda una profunda aversión por los colegios por donde fue muriendo su niñez —jesuítas, escolapios y maristas—, y, salvo por Pedro Salinas, no siente simpatía por sus numerosos profesores universitarios. Es miembro de la Real Academia Española.

Estamos frente a uno de los más interesantes escritores españoles. Se manifiesta ante todo como un prodigioso estilista, personalísimo, lleno de crudezas verbales. Cada una de sus obras promueve vivísimas discusiones. Deriva su temperamento de los más agudos y viriles realistas del siglo XVII español. Extremadamente talentoso tanto en el terreno del humor negro y de la estilización caricaturesca, como en el de la descripción rápida y altamente expresiva de la realidad circundante.

Su novela **La familia de Pascual Duarte** (1942), abre un nuevo aspecto en la narrativa contemporánea. El «tremendismo» del terrible asunto se une a una sensibilidad aguda y varonil, y a un interés de acción, que no le fallará nunca. La obra impresiona por su fondo terrible y humano, por la sobria precisión del estilo, por las circunstancias acumuladas que explican lo monstruoso de su solución. Nos hallamos frente a una poderosa manifestación literaria. Como ha escrito agudamente Marañón, su «tremenda historia», como la de los héroes griegos o la de algunos protagonistas de la novela rusa, es tan radicalmente humana, que no pierde un solo instante el ritmo y la armonía de la verdad», porque «lo atroz puede no ser violento si brota de su profunda raíz vital por donde sube y baja la savia de todo lo existente.» Y como ha dicho en su detenido análisis el P. Junoy: «Pascual Duarte es ante todo una psicología noble en su elemental inconsciencia. Con la nobleza inculta, casi hermana de un primitivismo salvaje, pero también en la cercanía a los altos valores humanos, no contaminados con la turbia hipocresía o la doble intención.» Esta sola novela le ha merecido innumerables comentarios críticos resueltamente favorables.

Pabellón de reposo es en cambio una muestra de su narrativa exteriormente tranquila, aunque transido por dentro de angustia y dolor. Aquí Cela nos da una de sus narraciones más sentidas, más patéticas y emocionadas de los internados en un sanatorio. **El nuevo Lazarillo** (1944), con el subtítulo «Nuevas andanzas y desventuras del Lazarillo de Tormes», es un libro intenso, metido en la entraña española, entre paisajes sobrios, aldeas míseras, tipos de picardía y hampa, endriagos humanos caricaturales, mendigos pintorescos y locos de la soledad y la poesía. En **Viaje de la Alcarria** (1949), el relato personal del paisaje, de tipos y ambientes es ya notable y esencialmente novelesco en su misma verdad, penetrada del arte del autor, esencial, cordialmente humano.

La colmena (1951) es una novela sobre el ambiente pululento y mísero del Madrid de la posguerra, con una variedad de pequeñas acciones y numerosos personajes (160), que lleva una serie de dramas, vulgares o tragicómicos.

Una de sus últimas grandes producciones es **La Catira** (1955), o «historias venezolanas», escrita después de un viaje a Venezuela, que es una novela lozana y abundante, rica en vocablos locales e intuitiva del paisaje y el ambiente.

De producción rica y abundante, mencionaremos, entre otras obras muy importantes, **El molino de viento** (1956), **Nuevo retablo de don Cristobita** (1957), **Viejos amigos** —dos tomos— (1960 y 1961), **Tobogán de hambrientos** (1962), **Garito de hospicianos** (1963).

Su gravedad irónica, el enfoque implacable de la miseria humana y su absoluto dominio de los recursos cultos y familiares del lenguaje, permiten considerarle como un espíritu altivo y mordaz entregado sin concesiones de índole alguna y con acierto insuperable al cultivo del arte literario.

San Camilo, 1936, su última novela, es probablemente la más notable muestra de la narrativa española contemporánea. Con la misma técnica nerviosa y descoyuntada que empleara en **La colmena, C. J. C.**, reconstruye, hilo a hilo, puntada a puntada, la trama social que precedió los angustiosos días de la guerra civil. Como era de esperar de un escritor que no hace concesiones, el lenguaje duro (y procaz, ¿por qué no?), corresponde exactamente a la realidad de la anécdota. No hay palabra gratuita —«buena» o «mala»— en la lengua literaria de este prodigioso hablista. En **San Camilo, 1936** resalta otro aspecto ignorado por la crítica, tal vez demasiado ocupada en los perfiles externos de la obra: la amorosa intención que la recorre. Cela se ha propuesto —y a nuestro juicio lo ha conseguido— que su gran novela quede no sólo como monumento literario, sino como instrumento del mejor españolismo. Un españolismo de vuelta de cualquier fanatismo dogmatizante, un españolismo basado en las virtudes de la tolerancia.

San Camilo, 1936

VISPERAS, FESTIVIDAD Y OCTAVA DE SAN CAMILO DEL AÑO 1936 EN MADRID

A los mozos del reemplazo del 37, todos perdedores de algo: de la vida, de la libertad, de la ilusión, de la esperanza, de la decencia.

Y no a los aventureros foráneos, fascistas y marxistas, que se hartaron de matar españoles como conejos y a quienes nadie había dado vela en nuestro propio entierro.

PRIMERA PARTE

VISPERAS DE SAN CAMILO

I

...La inseguridad, única cosa que es constante entre nosotros.

PÉREZ GALDÓS, *Fortunata y Jacinta,* III, I, I.

Uno se ve en el espejo y se tutea incluso con confianza, el espejo no tiene marco, ni comienza ni acaba, o sí, sí tiene un marco primoroso dorado con paciencia y panes de oro pero la luna no es de buena calidad y la imagen que devuelve enseña las facciones amargas y desencajadas, pálidas y como de haber dormido mal, a lo mejor lo que sucede es que devuelve la atónita faz de un muerto todavía enmascarada con la careta del miedo a la muerte, es probable que tú estés muerto y no lo sepas, los muertos también ignoran que lo están, ignoran absolutamente todo. Se hace examen de conciencia y nada se aclara, no, tú no eres Napoleón Bonaparte, tampoco eres el rey Cirilo de Inglaterra a quien asesinaron sus cortesanos metiéndole plomo derretido por el trasero igual que a un mono maricón, tú eres un piernas, un pobre hombre con la sesera llena de ideas gregarias, de ideas redentoras y que no conducen a lado alguno, para ser héroe hay que ser más humilde y sobre todo no saberlo, aquí todo se mueve a escala menor, en tu cabeza y fuera de tu cabeza, aquí todo es más doméstico y cotidiano, los héroes son muy domésticos y cotidianos hasta que un día sin que nadie pueda explicárselo pasan a la historia y hartan a las familias, sí, a las familias, ¿te acuerdas de la gripe del 18, que diezmó las familias?, el recuerdo de la gripe del 18 (de la pérdida de Cuba, de la semana trágica de Barcelona, de la huelga del 17, del desastre de Anual, de la dictadura de Primo de Rivera, del vuelo del Plus Ultra, del 14 de abril, de la revolución de Asturias) es el refugio de los presuntuosos hombres sin historia, tan fieros y ruines como los presuntuosos hombres con historia, tú te encaras con el problema y claro es no lo resuelves. El cuerpo de Inmaculada Múgica huele a rancio, el verdadero nombre de Inmaculada Múgica es Magdalena, no tiene apellido, tú crees que te despierta el olor, te duelen las piernas, el pecho y la cabeza, pero también estás a gusto, vagamente a gusto, acariciándote el sexo con la mano, la alcoba huele a agrio, a seroformo y a café frío, los olores son todos buenos y malos al tiempo, les pasa como a los sonidos, en la taza de café agoniza una mosca, al principio aletea con violencia y tira patadas, después se cansa y acaba ahogándose, poco importa, moscas hay muchas, las moscas de los muertos son más juguetonas y alegres, se conoce que están mejor alimentadas, las moscas de los amantes, incluso las de los rijosos amantes que deambulan por los alrededores del matadero, son muy circunspectas y acaban casi siempre ahogándose en un poso de café frío (o caliente, este dato no podrás precisarlo jamás). Sí, tú te encaras con el problema una y otra vez y sigues sin poder resolverlo, es probable que tenga una solución pero tú la ignoras. Llamar a las cosas por su nombre, no llamar a las cosas por su nombre, renegar de todo lo humano y todo lo divino, no renegar de todo lo humano y todo lo divino, acostarse con esta mujer que huele a sebo y a agua de colonia, no acostarse con esta mujer que huele a sebo y a agua de colonia puede ser Magdalena alias Inmaculada Múgica y puede también no serlo, pasear por el parque y por los solares donde las parejas cometen sus inevitables cochinadas, no pasear por el parque ni por los solares donde las parejas cometen sus deleitosas e inevitables cochinadas que acabarán acarreándoles debilidad, ver complacidamente cómo apalean a un niño hasta matarlo, no ver complacidamente cómo apalean a un niño hasta matarlo, hay niños que tardan horrores en morirse, hacerle una higa al paralítico que vende tabaco (a lo mejor es un héroe de cualquier guerra), no hacerle una higa al paralítico que vende tabaco (a lo mejor es un héroe de cualquier guerra), quitarse la vida con gas, no quitarse la vida con gas, dar de comer al hambriento, no dar de comer al hambriento, dar de beber al sediento, no dar de beber al sediento, llevarle un chivatazo a la policía, no llevarle un chivatazo a la policía, componer sonetos, no componer sonetos, jugar al dominó, no jugar al dominó, asesinar alevosamente a un compañero de colegio, no asesinar alevosamente a un compeñero de colegio, etc. No, es inútil, tú no eres Napoleón Bonaparte ni el rey Cirilo de Inglaterra, tú eres carne de catequesis, carne de prostíbulo, carne de cañón, tú eres el soldado desconocido, el hombre a quien no le brilla una estrellita en la frente, los hombres que son carne de horca suelen tener más aplomo, la historia da mucha confianza, tú estás entre el público —en la catequesis, en la ramería, en el frente— y aunque a veces te crees el eje del mundo, no saldrás nunca a cuerpo limpio por encima o delante de los otros catecúmenos, de los otros frecuentadores de mujeres públicas, de los otros soldados, nadie se fijará en ti jamás pero no debes lamentarlo, cada cual llega hasta donde puede y los demás le dejan y a ti se te permite vivir, ¿te parece poco?, y aprender la doctrina e ir con mujeres y hacer la instrucción, y también recapitular, sobre todo recapitular. En la calle de Mendizábal, bajando por Marqués de Urquijo a la derecha, vive Domingo Ibarra, el músico nicaragüense compañero tuyo y de Alonso Zamora Vicente, de Gregorio Montes, de Rafael Pérez Delgado, de Camilo José Cela, de Dámaso Rioja, de Julián Marías y de Luis Enrique Délano en la clase de literatura española contemporánea de Pedro Salinas, Délano fue secretario del consulado de Chile con Gabriela Mistral y sigue siéndolo con Pablo Neruda, tú oficialmente y ante tu familia estás preparando las oposiciones a ingreso en el cuerpo pericial de aduanas, pero a escondidas y sin dar la cara asistes a algunas clases en la facultad de filosofía y letras, las clases de aduanas en la academia del pedre de Cela, al lado del Congreso, del Centro de Unión Republicana (a lo mejor es el de Izquierda Republicana o tampoco) y de la casa de Azorín, empiezan a las siete de la mañana, es una técnica muy moderna para combatir el calor, Ebro con sus afluentes Rudrón, Oca, Tirón, Najerilla, Iregua, Leza, Cidacos, Alhama, Queiles, Huecha, Jalón, Huerva, Martín, Guadalope y Matarraña, por la derecha, y Bayas, Zadorra, Ega, Aragón, Arga, Gállego, Segre con el Cinca y Ciurana, por la izquierda. El 14 de abril los oradores hablaron al pueblo desde el balcón del Centro Republicano, la multitud cantaba la Marsellesa, pero como la gente no sabía la letra, la tarareaba, era un espectáculo bastante raro y dramático oír tararear la Marsellesa a dos o tres mil personas llenas de buena intención y de dudas, de muchas dudas. El 18 de julio a las seis y media de la mañana un automóvil se estrella contra una farola frente al Banco de España, es un dodge coupé de color negro y tiene manchas de sangre en el parabrisas, en los asientos y en el suelo, mueren sus tres ocupantes, dos señoritos y una prostituta, unos obreros cubren los cadáveres con lonas que sacan del tranvía taller nocturno (de color gris oscuro como los barcos de guerra) y esperan a que llegue el juez mientras fuman pitillos en silencio y con las manos en los bolsillos del pantalón. Tú tienes una novia que se llama Tránsito, has hecho bien en cambiarle el nombre, Tránsito es muy guapa y bien plantada, con los ojos grandes y negros, el pelo largo, las piernas bien dibujadas, el talle estrecho, las nalgas de nácar (como en las novelas), los senos duros, etc., Tránsito desnuda parece una foto de arte de *Crónica*, Tránsito en camisa parece un dibujo de *Muchas Gracias*, Tránsito es mucha novia para ti pero mira, ¡suerte que tienes y que te quiten lo bailado!, has hecho bien cambiarle el nombre, Toisha es un nombre muy bonito que suena a japonés, además es más fácil hacerle versos a la novia si se llama Toisha que si se llama Tránsito aunque sea la misma. Los obreros de la vía tienen cara de enterrador de pueblo, seguramente se beben el alcohol de las autopsias y después cantan pasodobles y tiran pedos y piedras. Ibarra y tú habéis fundado una religión confusa pero bonita detrás de la que se adivina a Nietzsche y al budismo, por ahora no tenéis más que un iniciado, tu novia Toisha (lo más probable es que los domingos sin que tú te enteres vaya a misa antes de las doce, la hora en que os encontráis en la Red de San Luis), no es malo entretenerse fundando religiones aunque a veces la gente se amotina y estrangula o quema o crucifica a los fundadores de religiones. Te enfrentas con el problema pero es inútil, tú no sabes resolverlo, las ideas se te escapan como ranas, saltando como ranas y de repente te encuentras con la cabeza vacía, con que en la cabeza no te queda ya ni una sola rana, las noticias son confusas, muy confusas, y tú tampoco sabes ordenarlas, ¿sufre usted alguna enfermedad de la orina?, pruebe jugo de plantas Boston y deseche todas sus preocupaciones, suprima gastos excesivos, ¡ja, ja!, tú te ríes del jugo de plantas Boston porque eres joven, catarros agudos y crónicos en la vejiga, inflamación de la próstata, retención de la orina y necesidad frecuente y anormal de orinar, dolor de riñones y bajo vientre, inflamaciones agudas y crónicas, estrecheces de la uretra, blenorragia aguda o crónica, gota militar, arenillas, mal de piedra y orinas turbias, etc., ten un poco de paciencia que todo llegará (si no te quedas en el camino y te matan de un tiro en la boca antes de que llegues a viejo y enfermo), te esfuerzas por alimentar ideas solidarias en la cabeza pero eres un títere zascandil que no sabe resolver el problema de hablar confiadamente ante un espejo, ¿por qué no te callas?, Hemorroidol Yer, este maravilloso preparado obra cumbre de la medicina moderna cura rápida y radicalmente toda clase de almorranas, el reloj se te paró a las diez y diez como los relojes de los anuncios y no tienes dinero para llevarlo a arreglar, ¿y después te quieres comer el mundo?, debilidad, agotamiento, anemia, vino y jarabe Deschiens a la hemoglobina, esta mujer está rancia, sabe a rancio como el tocino que se olvidó durante meses y meses bajo un montón de periódicos, pero tú tampoco puedes aspirar a más, confórmate con lo que tienes y sácale el gusto, menos da una piedra, teatro Maravillas, sensacional debut de Marlene Grey la Venus Rubia premio escultural Trouville 1935 en sus emocionantes danzas desnuda entre leones salvajes, treinta minutos de belleza y valor, te gustaría ser diputado pero no eres ni elector siquiera, eres menor de edad, ¡qué ridículo!, y estás a resultas de que tu padre quiera darte un duro los domingos, almorranas-varices-úlceras, clínica Dr. Illanes, la más antigua de la especialidad, son guapas las dos hermanas tísicas a las que paseas por el Retiro, ¿te acuerdas de aquella tarde que se enzarzaron a golpes y a bocados como dos perras en celo?, la famosa escofina Losada destruye por encanto y sin dolor callos, ojos de gallo y uñas gordas, no, la cuestión no está en mirarse al espejo incluso con confianza y probar a tutearse, probablemente tú estás casi muerto y casi lo ignoras, los muertos no saben que están muertos, ya te lo dije, y los moribundos prefieren sonreír y pronunciar frases ingeniosas, por más vueltas que le des tú no eres Napoleón Bonaparte, por más ruin que te finjas tampoco eres el rey Cirilo de Inglaterra, haz memoria, rastrea en la memoria y confórmate con lo que los demás te dan, las migas del banquete, los hay que están peor, los hay que tienen cáncer de garganta y no pueden ni tragar las migas del banquete, los inventores siempre pasan apuros, mira Isaac Peral, el vacío llama al vacío y tú te obstinas en no rellenar el vacío aunque sea de muertos, el miedo es el huevo de la esperanza pero cuando se tiene miedo y aún no se escucha el latido de la esperanza, el crimen empieza a decorar el alma como un musgo que se extiende sin dejar resquicio para la sangría del aire, ¿por qué no matar a esta mujer maloliente?, todos queremos representar nuestro papel pero tú no sabes cuál es tu papel, no importa, hay muchos hombres a quienes les pasa lo mismo aunque simulen lo contrario, para los muertos ya no es preciso el crimen, no mates a esta mujer maloliente, acuéstate otra vez con ella y deja que la mate el que venga detrás, piensa en el rey Cirilo de Inglaterra y disponte de nuevo al latigazo de la carne que es más suave que la mortal cicatriz del plomo ardiendo, te duelen los brazos, el vientre y los oídos pero tú estás a gusto y en paz con tu conciencia mientras esta aplicada mujer cumple con su obligación, pon algo de tu parte, eres egoísta al no poner nada de tu parte, ni el amor siquiera, tú escribes y escribes contando a Dios lo que pasa en la tierra, a lo mejor no es bastante. Don León Rioja, el padre de tu compañero Dámaso Rioja, va todos los sábados a visitar a la Hebrea, en castellano hay varios refranes que aluden a los amores sabatinos, una noche que padre e hijo se encontraron en la ramería ambos disimularon. Mírate en el espejo, tú mírate siempre en el espejo para verte morir poco a poco. Dámaso disculpa a su padre porque su madre, doña Matilde Brocas, lleva ya más de diez años enferma y paralítica, el viejo también tiene derecho a la existencia eso no se te oculta, ¡hombre, claro! El vello y los pelos superfluos son un verdadero ultraje a la belleza, ¿qué te parece la frase? Manuel Fernández el único superviviente del pesquero Joven República libró de buena, Manuel Fernández abandonó la casa de salud Valdecilla saliendo para Candás su pueblo. Villa Milagros es una casa muy señora, una casa por lo fino en la que se selecciona el género con un criterio muy exigente, las pupilas parece que han ido todas a las monjas y a los visitantes nuevos, si no vienen recomendados por un cliente de confianza ni siquiera se les abre la puerta, usted perdone, todas las señoritas están ocupadas. Dámaso Rioja y tú vais con las dos tísicas al cine Panorama a las tres de la tarde y aguantáis hasta las nueve o nueve y media, a las tísicas, su padre el señor Asterio Cuevillas no las deja salir de noche pero no por miedo a que se acatarren sino a que se las desgracien, estas dos hijas me han salido tan pendones como mi cuñada Rafaela, se conoce que lo da la sangre, como no las case pronto no van a darme más que disgustos, al señor Asterio a veces le llamas el señor Ricardo, es un lapsus imperdonable, la gente lleva muy a mal esto de que se les confunda el nombre. Don Roque Barcia, que no tiene nada que ver con el otro don Roque Barcia el del *Diccionario general etimológico* y el cantón independiente de Cartagena, ni tampoco con don Augusto Barcia el ministro de Estado, es diputado agrario y lector de Aparisi Guijarro y de Macías Picavea, a don Roque le gustan las mujeres gordas y poderosas y el aliento le huele a rayos, don Roque fuma tagarninas, lee *El Debate* y suelta unos pedos saludables y retumbadores que sobrecogen al paisanaje, don Roque es un hombrón cachondo y algo cargado de espaldas, con el dinero pronto, un diente de oro y el humor jocundo y bondadoso, don Roque tiene un concepto gimnástico del amor y lo que le gusta es hacer el amor a saltos ¡zas, zas!, como en los concursos hípicos, don Roque no cree en el pecado de la carne y en la fonda magrea a las criadas por el pasillo y después les da una peseta, don Roque cuando está en Madrid vive en una fonda de la calle del Príncipe en la que paga una habitación todo el año. Pérez de Ayala, el de la Asociación de intelectuales al servicio de la república con Ortega Gasset y Marañón, habla en *Troteras y danzaderas* de los hermanos González Fitoria «celebrados autores de comedias» y asiduos de la casa de la Socorrito que «había sido amiga de uno» de ellos, la Socorrito es una mujer andaluza y «joven, agraciada y pizpireta» con flores en el moño que «presume de usufructuar el monopolio de la sal», según ese libro «todos los chistes y golpes que (los hermanos González Fitoria) ponen en sus comedias, son de la Socorrito», *Troteras y danzaderas* es un libro en clave, todo el mundo la conoce y en lo que se refiere a la de los escritores que salen en sus páginas hasta se han escrito tesis doctorales (Martha W. O'Cherony, *The reflect of actual Spain in «Troteras y danzaderas»*, University of Denver, Colorado, 1932; Robert A. Lewald, *Pérez de Ayala historian of his time*, Wayne State University, Detroit, 1934; Anthony M. Baum, *The writer, between history and novel*, University of the Pacific, Stockton, 1934; Hans Hesse, *Betrachtungen über die Objektivierung der unmittelbaren Realität im erzählerischen Werk Pérez de Ayalas*, Universität Hamburg, 1935), según estos estudios los hermanos González Fitoria son los Alvarez Quintero, tú ni entras ni sales en la cuestión porque además te es lo mismo, lo que ya no aclaran los autores son las localizaciones y los nombres no literarios. La casa de Espíritu Santo no tiene mujeres, es tan sólo casa de citas, en la guía *Madrid de noche* de don Antonio Aullón Gallego a las casas de lenocinio se les llama casas discretas autorizadas y a las casas de citas maisons meublées, tú tuviste amores con una criadita joven de la casa de Espíritu Santo que se llama Chonina no lo niegues, después, cuando se decidió a cortar por lo sano y a ponerse al punto te mandó a la mierda y te quedaste sin poder mojar caliente de balde, tampoco lo niegues, las criadas de los prostíbulos no son más que de dos clases, viejas y jóvenes, todas ganan poco y las viejas se aguantan, ¿qué remedio?, las viejas suelen ser mujeres retiradas que no supieron ahorrar pero que sí aprendieron a resignarse, las jóvenes en cambio están llenas de ilusiones y en cuanto se les quitan las manías tiran por el camino de en medio, se meten putas y aquí paz y después gloria, mientras dura, vida y dulzura. ¡Antonio!, ¡va!, Antonio es el sereno de la calle de Alcántara, también atiende los chalets de la calle de Naciones, Antonio (¿no recuerdas si se llama Collar de apellido?) es asturiano de San Pedro de las Montañas, caserío del concejo de Cangas de Narcea, cuando traspasó la plaza se hizo taxista, más tarde fue polizón en un barco inglés y a la postre ejerció de capataz de negros en Guinea, pudiera ser que la ocurrencia le brotara del trato con Petra la Grillo, la mulata que apareció degollada en la Dehesa de la Villa sin que llegaran a conocerse nunca ni por nadie los móviles del crimen ni la identidad del criminal, Antonio comparte el destino de sereno (un mes uno y otro mes el otro) con Enrique, sujeto muy reservón y del que claro es no se guarda mayor memoria histórica, tú no estás obligado a hablar de más cosas que de las que sabes ni tampoco a inventarte historias confundidoras, ¡Antonio!, ¡va!, don Estanislao Montañés Sainz a veces se impacienta, ¿dónde andabas?, Antonio sonríe como un conejo, se calla y se guarda la peseta que le dan. A la casa de la calle de la Madera le dicen la Sociedad de Naciones porque allí hay de todo, moras, alemanas, belgas, francesas, portuguesas, de todo, la sala de espera de la Sociedad de Naciones tiene un banco pegado a la pared todo alrededor, parece la sala de espera de tercera clase de una estación de ferrocarril, en las paredes no hay cuadros pero sí dos rótulos en esmalte de porcelana, blancos y con las letras en azul, en uno dice visita 7 pts. y en el otro en esta casa no se hace el francés, esto es mentira, en la Sociedad de Naciones se hace el francés aunque no lo pida el cliente, a las chicas les es más cómodo escupir que andarse lavando, el alma se puede escupir por la boca, lo más que puede pasar es que se la lleve el diablo, pero el corazón no puede lavarse ni en casa ni en el tinte, el corazón encoge, ¡agua al nueve!, ¡aparta guarra!, ¿no ves que voy con prisa?, Mireya es una francesa corpulenta y con una mata de pelo color de oro que le llega a la cintura, parece María Magdalena sólo que en rubio, las mujeres de la historia sagrada no solían ser rubias, ¡hay que amolarse, qué monumento de mujer!, a Mireya los hombres le duran poco, a algunos no les da tiempo ni a desnudarse y otros, los más jóvenes, a veces no llegan ni a la alcoba, se les van las cabras por el pasillo, ¡qué tía!, ¡qué mujerona!, Mireya es una máquina incansable y prepotente capaz de cepillarse a un regimiento de húsares de una sentada, ¡a vej!, ¡otjo cabjito que sea más hombje, que a mí también me gusta hacej el amoj! El dirigible Graf Zeppelin a su regreso de América pasa sobre Sevilla arrojando correspondencia con un paracaídas, el dirigible Hindenburg con cincuenta pasajeros a bordo sale de Alemania con destino a los Estados Unidos, una comisión de ugetistas, comunistas y sindicalistas visita al gobernador civil de Guipúzcoa y se queja de la mala calidad del rancho que se sirve a los presos de la cárcel de Ondarreta, se teme que los japoneses pretendan colocar al emperador Kan Te del Manchukuo en el trono de sus mayores en Peking, se concede licencia para el establecimiento de dos casquerías, una en la calle de Diego de León número 16 y otra en el mercado de Diego de León, al final de la etapa Metz-Belfort de la XXX vuelta ciclista a Francia la clasificación de los corredores españoles es la siguiente, 36 Federico Ezquerra, 39 Mariano Cañardo, 50 Julián Berrendero, 58 Salvador Molina y 62 Emiliano Alvarez, ¡señoras, señoritas!, la regularidad de vuestros períodos la lograréis con las célebres píldoras Fortan, ¿padece usted del estómago?, por antiguo y rebelde que sea su mal le devolverá la salud y el bienestar la antigua y verdadera tisana de San Bruno, el periódico no da para más, la verdad es que por quince céntimos tampoco se pueden pedir los *Episodios Nacionales.* Venga, dile a la Isabel que te dé permiso, te invito a cenar, el hotel de O'Donnell es una casa muy distinguida, con muebles lujosos y colchas de moaré en las camas, cada alcoba tiene su cuarto de baño con dos pastillitas de jabón Heno de Pravia siempre nuevas y un frasco de listerine para los que quieran hacer gárgaras, que los hay muy maniáticos y aprensivos, la Isabel no puede negarle a don Máximo nada de lo que pida, es un buen cliente y hombre de mucha influencia al que conviene tener amigo, don Máximo es diputado de Martínez Barrio y según dicen masón, esto último no se sabe con certeza, ésta es cosa que nunca suele saberse con certeza, don Máximo gasta faja de goma y botines grises muy elegantes que le dan cierto aire de lord inglés, la Isabel, cada vez que don Máximo quiere llevarse a una señorita a cenar o al teatro o a darse una vuelta hasta la cuesta de las Perdices le dice que sí que encantada que no faltaría más, la Isabel tiene gran instinto político y buena mano diplomática, la Isabel es hermana del mozo de estoques de un torero de postín, de un torero gitano famoso por sus desplantes, por su arte exquisito y porque una vez en Villa Rosa le plantó fuego a una puta después de rociarla con anís, ¡qué barbaridad, qué de prisa arden las putas! En el Racimo de Oro a eso de las nueve de la noche Victoriano Palomo Valdés, el yerno de doña Sacramento, suele tomarse un par de vasos de tinto y una ración de chicharrones, su amigo Paquito que aunque es hijo de unos condes anda sin una perra, lo que se dice sin una puta perra en el bolsillo, está a la que salta, tú eres de clara con limón, ¿hace una clara con limón?, agradecido, ¿y un pajarito frito, para la tos?, agradecido, ¿y un pitillo de cuarterón?, agradecido, ¡anda que no pasas a nada!, no ¿para qué?, yo acepto lo que me ofrecen los amigos, ya corresponderé cuando se muera mi padre, doña Sacramento a quien dicen la Sacra es dueña de la casa de Ayala 132 casi frente al campo del Unión F. C. que adquirió gran renombre por dos razones, por el buen fútbol que en él se practica y porque hace cosa de seis o siete meses fue el escenario de un crimen pasional que tuvo revueltas a todas las mujeres del contorno, que son unas cuantas, el caso fue que los traperos entre las dos luces de la amanecida se toparon con el cadáver de una mujer joven así como de unos treinta años a la que habían cosido materialmente a puñaladas, la desgraciada según el informe del forense llevaba ya varias horas muerta cuando la encontraron, las suficientes para que los gatos le comieran los ojos, la interfecta se llamaba Marujita Expósito y era pupila de Villa Rita o casa de la Manca en la calle de Montesa esquina a Ayala, al cadáver también le faltaban las orejas y los pezones pero de esto no eran responsables los gatos, las orejas las encontró la policía en el bolsillo del chaleco del asesino quien confesó, medio con cinismo medio con tristeza, que los pezones se los había comido porque eran suyos y porque estaba harto de que se los comieran los demás, el asesino de la Marujita (ahora no te acuerdas de su nombre pero es igual, lo sabes, claro que lo sabes, pero ahora no te acuerdas) se suicidó en la cárcel Modelo rompiéndose las venas de las muñecas a bocados, fue una historia bastante sangrienta y que dio mucho que hablar, doña Sacramento tiene una sucursal en la calle de Naciones, cuando muera mi padre os vais a cagar todos por la pierna de pura envidia y mientras tanto ¿qué malo tiene que acepte la invitación de un amigo? La Amanda Ordóñez, que tiene una cicatriz en la cara que hasta le hace gracioso, recibe los homenajes de sus admiradores en casa de doña Fe en la calle de la Reina, la Amanda había sido camarera en el bar Moderno en la calle de la Aduana entrando por Montera a la izquierda frente al Edén Concert, pero riñó con el encargado y tuvo que marcharse porque éste le hacía la vida imposible, a la Amanda siempre le gustó la bronca, afición que tarde o temprano se paga a muy alto precio, una noche en el tambucho que dicen Maxim's Golfo en el pasadizo de San Ginés al lado del teatro Eslava le tiró una taza de recuelo hirviendo a la señora de un brigada de carabineros, que se había ido de picos pardos aprovechando que el marido estaba en Alcalá de Henares en acto de servicio, le alcanzó en mitad de la cara y le produjo quemaduras de cierta consideración de las que la señora del brigada no quiso que la atendiesen en la casa de socorro para evitar explicaciones. Ayala 128 no tiene nombre especial, Ayala 128 es una casa llena de misterio donde no se reciben sino visitas muy acreditadas y serias, la encargada doña Cándida y no digamos el ama doña Valentina que es toda una señora (jamás sale a la calle sin sombrero y guantes) no toleran el cachondeo y tampoco permiten que nadie dé una voz más alta que otra, si quiere usted escandalizar váyase a un prostíbulo, el amor no tiene nada que ver con la ordinariez y los modales vulgares, ¡coño, qué ama más finolis y relamida!, ¿no te jode?, repórtese por favor caballero, aquí no se consienten malas palabras ni expresiones soeces, bueno, bueno, ya me voy..., usted perdone, no sabía que me había metido en la catequesis, esto no es la catequesis caballero pero tampoco es un burdel, esto es un nido de amor, buenas noches, adiós buenas noches, oiga, antes de marcharme y por curiosidad, aquí las ladillas ¿bailan el minué?, a Miguel Mercader le dieron con la puerta en la boca, doña Valentina se encaró con doña Cándida, ¡ya te tengo dicho que no abras a estos hijos de puta de estudiantes!, ¡estoy hasta el mismísimo coño de estudiantes!, ¡que le vayan a tocar los cojones a su padre si lo encuentran! Por detrás del Retiro, por los desmontes que quedan frente a la estación del Niño Jesús y a espaldas de la casa de fieras, pululan las putas de a peseta, las derrotadas golfas de los soldados y los estudiantes pobres, las amargas coimas de los pensionistas, los enfermos crónicos y demás fauna de desecho de tienta y cerrado, Paca, mande, hazme una pajita que ni me la encuentro, sí señor, Paca es joven, sí, pero contrahecha y sin demasiada suerte, Paca como es algo gibosilla (vamos, la verdad es que es chepa del todo) no vale para criada ni para doncella porque da risa, ni para niñera porque asusta a los niños, Paca no sabe freir un huevo (Paca jamás comió en su vida un huevo frito) y claro es tampoco sirve para cocinera, aunque no fuese jorobada ¿cómo iba a servir para cocinera si no sabe ni freir un huevo?, Paca vive en las cuevas del arroyo Abroñigal en el camino del cementerio del Este, a la caída de la tarde se peina un poco y se acerca hasta las bardas del Retiro a ver si cuando llega la noche puede ganarse una peseta o dos complaciendo a los noctámbulos de pocos posibles, Paca no quiere acostarse con nadie, no le gusta, Paca no es más que pajillera, además cuando llegó del pueblo la preñaron y las pasó canutas hasta que pudo abortar, Paca no quiere volver a pasar estas calamidades de las que tiene la culpa el prójimo y después si te he visto no me acuerdo, Paca es de Puebla de la Mujer Muerta, provincia de Madrid, Paca no conocía la luz eléctrica ni el tren, tampoco las letras (éstas sigue sin conocerlas), Paca se alimenta de collejas, por el Abroñigal suelen darse las collejas bordes que son muy sabrosas e incluso nutritivas, a veces cuando tiene algún dinero se compra manises y también higos secos, Paca, mande, ¿qué tienes en la mano, que rasca?, nada ¿por qué? Encima de Los Caracoles en la calle de Jardines hay una casa en la que todas son francesas, las francesas son muy finas en la cama y no se andan con remilgos, lo que más fastidia es que le miran a uno por encima del hombro como si los españoles fuésemos unos muertos de hambre, Guillermo Zabalegui, que es muy señorito y que tuvo mademoiselle en su infancia, va con frecuencia a la casa de Jardines a hablar en francés con las mujeres, eso le da mucha superioridad e incluso un aire muy europeo, a Guillermo Zabalegui le llaman Willy en su casa pero él no quiere que se sepa porque se da cuenta de que es una soplapollez, Guillermo Zabalegui, que fue al Instituto Escuela y no a los frailes que es lo corriente, es muy intelectual y educado, habla sin levantar la voz, lleva corbata de seda y se da agua de colonia, Guillermo Zabalegui es de familia rica, su padre tiene una línea de autobuses en las Vascongadas y su madre doña Cristina Ortiz de Amoedo (que según las malas lenguas fue querida de Gallito) es propietaria de muchas fanegas de olivos en la provincia de Jaén, Guillermo Zabalegui estudia agrónomos y es amigo de Dámaso Rioja, de Gregorio Montes y tuyo, Guillermo Zabalegui juega al billar como los propios ángeles, va siempre muy repeinado y elegante, baila con gran distinción y tiene mucho éxito con las mujeres, la verdad es que nadie sabe por qué va de putas ¡los hay caprichosos!, a Guillermo Zabalegui una de estas francesas le pegó unas purgaciones de pronóstico, unas purgaciones que lo llevaron durante cerca de un año por el camino de la Amargura, el consultorio de la calle de la Luna (análisis de sangre, orina, exudados, etc.) tiene establecidas dos tarifas, especial de 2 a 4, y económica de 6 a 9, Guillermo Zabalegui se apuntó en la especial y aun así las pasó moradas y sufrió lo indecible con las cauterizaciones con platino iridiado, ¡qué lujo!, al rojo vivo y con el masaje prostático electromagnético (fórmula registrada) por vía anal, la cosa parece medio ridícula pero hay que pasarla para saber lo que es bueno, ¡ni al peor enemigo se le puede desear!, ¡qué horror!, ¡qué forma de ver las estrellas! El 3 de Naciones es sede bipartita, algo así como el águila bicéfala de los Austrias, en el 3 de Naciones se reparten el mando doña María Luisa y doña Margarita que al menos por fuera se llevan bien y proceden acordes, el ganado de este chalet no pasa de la media casta, es ganado morucho suficiente para festivales pero no para corridas con picadores, la verdad es que tampoco es caro, todo hay que decirlo. Hay huelga de albañiles en Madrid, huelga de segadores en toda la provincia, huelga de todos (albañiles, estuquistas, soladores, carpinteros, fontaneros, electricistas) en el manicomio de Alcalá de Henares, huelga de dependientes de comercio en Málaga, huelga de tipógrafos en León, huelga de peones en Medina del Campo, huelga de pescadores en Vigo, huelga de tranviarios en Oviedo y en Avilés, huelga de mineros en Santibáñez y huelga general en Dueñas, ¡usted me dirá a dónde vamos!, don Vicente Parreño no sabe a dónde vamos ni tampoco le importa demasiado, don Vicente Parreño (ya ibas a decir Parrondo, tienes que vigilar esa memoria) sólo sabe a dónde ha ido él esta noche, a Naciones 3 a echar un polvete pacífico, antes anunciaste un refrán, sábado sabadete camisa limpia y polvete, la costumbre es la costumbre y la gente con esto de tanta huelga y tanto suceso anda medio desquiciada y se olvida de la costumbre. El doctor Albiñana saluda al estilo fascista en el Congreso, el señor Bermúdez Cañete, cedista, también en el Congreso se pega con don Belarmino Tomás, socialista, porque no le gustó que le llamara clown, la gente está muy revuelta y aquí ni le van a dejar joder en paz a uno, eso es lo que pasa, mire usted don Lucio, a mí esto de las huelgas me toca las pelotas ¡qué quiere usted que le diga!, yo voy a mi aire y no me meto con nadie, bueno ya se meterán con usted, descuide. Don Leopoldo Garrido Manzanares y su señora doña Bernardina Pacheco tienen siete hijos, cuatro varones y tres hembras, Leopoldo de veinticuatro años, prepara notarías, Enrique de veintidós años, es ya médico, Pepita de veintiuno, maestra nacional, Conchi de diecinueve, estudiante de farmacia, Berta de diecisiete, estudiante de filosofía y letras y Tomás quince años y Manolito once, estudian el bachiller, todos son buenos católicos que cumplen con la ley de la iglesia, el único que sale algo descreidillo es Enrique. En casa de madame Teddy en la calle de Gravina casi enfrente de la farmacia, los señores de la tertulia de la dueña juegan al tute, beben copas de coñac Tres Cepas y dan palmadas en las cachas a las pupilas, entre ocupación y ocupación, la casa de madame Teddy de puertas adentro goza de un ambiente muy culto y liberal y la dueña permite que las chicas hagan comedor con los amigos de confianza, poco antes y en la misma acera según se baja hay una taberna donde despachan buen género, casa Benito, en la que está empleado un primo de Gregorio Montes, el Julianín, que se quedó medio lelo de un aire, las putas de madame Teddy cuando pasan por casa Benito suelen hacer un alto para tomarse un vermú y un par de soldaditos de Pavía, a la tertulia de madame Teddy van periodistas, escritores y hasta bibliotecarios, a veces si se cierran los ojos puede creerse que está uno en el Ateneo de tanta cultura como se derrama en la conversación, Landsberg lo acaba de señalar sin lugar a dudas en su segunda conferencia de Santander, las tres fórmulas fundamentales del saber humano que establece Scheler —el saber técnico o Leistungswissen, el saber de cultura o Bildungswissen y el saber de redención o Lösungswissen— no completan la distinción posible y necesaria ya que el saber jurídico por ejemplo no es de orden exclusivamente práctico dado su carácter de ordenación visto el problema desde el ángulo del aforismo clásico *sapienti est ordinare*, no seas sobona Enriqueta que todo llegará, vamos a ver Angustias trae más coñac para todos ¡un día es un día!, bueno, Santo Tomás señala con claridad los límites entre filosofía y mística, ahora bien ¿puede decirse, pese a Santo Tomás, que la filosofía aristotélica deja de pertenecer por eso al *itinerarium mentis ad Deum?*, es evidente que no, ¡quieta, leche!, ¡o te reportas o te vas a ocupar con tu padre! Casa Gayango en la calle de la Aduana no cierra en toda la noche, Casa Gayango está pared por medio con el meublé de la Merceditas que es adonde tú sueles llevar a Toisha cuando el nicaragüense no te da las llaves de su casa y tú tienes cinco pesetas en el bolsillo, el meublé de la Merceditas es muy discreto y limpio, no es de los más lujosos y confortables pero sí muy discreto y limpio, para ti de sobras, Toisha está buena sí, muy buena ¡caray si está buena, que te lo digan a ti!, pero también llena de manías y prejuicios, Toisha tiene miedo de que la familia pueda descubrirla y los sábados y los domingos no traga ni un pelo, Toisha es flete de día neutro (los dos mejores días de la semana son el martes y el miércoles) y de hora desusada (las tres y media de la tarde), la muchacha hace bien en tomarse sus precauciones porque si su padre se entera de que el virgo no le queda más que en el recuerdo igual la mata, ¿nos habrán visto?, no mujer, ¡ay lo que te quiero vida mía!, ¡jamás creí que un hombre me tuviera tan trastornada!, ¡qué cosas me obligas a hacer, amorcito!, ¡soy una golfa, una verdadera golfa!, no mujer, un término medio, donde Toisha no entra ni amarrada es en casa Gayango, es más fácil enamorar a una mujer si se llama Toisha que si se llama Tránsito aunque sea la misma, hay nombres amorosos y nombres procesales ésta es una evidencia que no se puede ni discutir, lo que no hay forma es de que entre en casa Gayango, las tísicas sí, la Lupita y la Juani menos en la cama entran donde se les diga, Madrid es muy grande ¡también sería mala pata que padre se metiera en juerga al mismo tiempo que nosotras!

SEGUNDA PARTE

EL DÍA DE SAN CAMILO

A las tierras de Madrid
hemos de ir;
todos hemos de morir.
CRISTÓBAL DE CASTILLEJO,
En una partida de la Corte para Madrid, 1-3.

I

Hay manchas de sangre en el parabrisas, en los asientos y en el suelo, a los tres cadáveres los tapan con unas lonas, ya los destapará el juez, dos señoritos y una puta muertos en accidente en un dodge de color negro que se estrella contra una farola en Alcalá esquina a Cibeles frente al Banco de España, descansen en paz y que la autopsia les sea leve, amén. Son las siete de la mañana, quizá no sean todavía las siete de la mañana y don León Rioja duerme a pierna suelta al lado de doña Matilde su señora la paralítica que tiene el culo frío, don León se conoce que ya está acostumbrado y ni se da cuenta, doña Matilde tiene siempre el culo frío, el calor, 37.2, 37.3, 37.5, suele posársele en la frente, don León está dormido y no se da cuenta, doña Matilde tiene la frente aún más fría que el culo, doña Matilde ya no podrá volver a oír el disco con el santo sacrificio de la misa que le regaló su director espiritual, don León no se entera de que doña Matilde ha muerto hasta las ocho, don León se despierta todas las mañanas a las ocho, pone la radio para escuchar las noticias, se afeita, se viste, desayuna y se va a trabajar, don León es oficial de notaría y hombre serio, ecuánime y cumplidor, hoy no pone la radio porque al ir a mirar a su mujer se da cuenta de que tiene la boca torcida como los muertos, los vivos tuercen la boca de diferente manera, le toca la frente y la tiene fría como el hielo, son los dos signos de la muerte, ya no importa escucharle el corazón. La muerte próxima reconforta, todo el mundo lo piensa y algunos hasta lo dicen, a veces el reconfortado llora, es la inercia sí, el arrepentimiento que se enseña un punto antes que la soberbia, ya es sabido que las aguas vuelven siempre a sus cauces a mayor o menor velocidad, esto es lo mismo, en medio de la multitud se puede hablar con Dios, tú sabes que es difícil pero no imposible, Dios es quien ordena las vidas y las muertes, el demonio es más partidario de la soledad y entre la multitud suele haber muchos solitarios con el culo frío (no tanto como las mujeres), con la frente fría (menos que doña Matilde y otros muertos), con el corazón frío (el corazón no se debiera hartar jamás), con la picha fría (y vejada por los años), son inútiles y venenosas las razones del solitario, también son tristes sus necesidades y sus inciertos caprichos, su rigidez. Don León no escucha la radio, acaba de enterarse de que su mujer ha muerto como un pajarito, pero la radio funciona, vaya si funciona, Unión Radio emite su primer diario hablado *La Palabra* a las ocho mientras casi todo el mundo duerme, se ha frustrado un nuevo intento criminal contra la república... una parte del ejército de Marruecos se ha levantado en armas... el movimiento está exclusivamente circunscrito a determinadas ciudades del protectorado y nadie, absolutamente nadie, se ha sumado en la península a este absurdo empeño... el gobierno domina la situación y afirma que no ha de tardar en anunciar que se ha restablecido la normalidad. Jamás te pierdas el respeto a ti mismo, tú no eres más que un pobre diablo minado por el bacilo de Koch y la lujuria, los hay que están peor pero eso no debe reconfortarte lo más mínimo, si estuvieras rodeado de caras alegres pronto se te curaría la tuberculosis pero no, tú no estás rodeado de caras alegres, la lujuria no tiene la cara alegre porque es secuela de la soledad y de la tristeza, la tuberculosis es el corolario de la soledad y de la tristeza y no al revés, no es cierto que la lujuria y la tuberculosis engendren soledad y tristeza, son la soledad y la tristeza los sentimientos que dan pábulo a la lujuria y a la tuberculosis, a ver si te entiendes, el solitario y triste acaba lujurioso, tísico y poeta, pero el proceso inverso no es necesariamente verdadero. Don Roque desayuna en la cama sopas de ajo, chocolate con picatostes y copita de ojén, si está de humor le tira algún viaje a Paulina o a la Javiera, cada semana le toca servir a una mientras la otra vacía los orinales y barre el polvo, la Paulina y la Javiera tienen siempre la radio puesta, la cierran cuando empiezan con las noticias, son un aburrimiento, don Roque es animal de costumbres y todos los días mientras desayuna lee *El Debate* y el *ABC* y después se arregla con calma, hace gárgaras con listerine por eso del mal olor del aliento y sale a darse una vuelta por la carrera de San Jerónimo y el paseo del Prado hasta eso de las once y media o doce que se llega al Congreso a ver si ha habido alguna novedad, desde el Congreso se acerca a la Granja El Henar a beberse una o dos cañas y a limpiarse las botas y antes de comer recala por Lhardy a tomarse una tacita de caldo con la que preparar el estómago. Las mujeres son de diferente color por la mañana que por la tarde, también huelen distinto y tienen otras inclinaciones. La criada que abortó en la calle de Mesón de Paredes, esto es, la Evelina Castellote, a lo mejor no se dijo antes como se llamaba, se repone en seguida, al día siguiente ya está otra vez fregando suelos y a los dos días canta los cuplés de la radio, soy de la raza calé que al mundo impuso sus leyes, hija de padre gitano y llevo sangre de reyes en la palma de la mano, y mira con ojos propicios al lechero, al panadero y al cartero, las hay que no escarmientan, a la Evelina la habían preñado en su pueblo y vino a abortar a la capital, aquí son más fáciles estas chapuzas que en el pueblo tienen peor compostura, La Maravilla, aguas minerales naturales de Coslada, no es un purgante más, es el mejor, analizadas y recomendadas por el Dr. Ramón y Cajal, este anuncio también lo dan por la radio después del pasodoble de casa Carmena, me voy a casar con una morena y hacerme un gabán en casa Carmena, ¿Carmena?, Carmena se llama el sastre que viste a la gente bien y hace trajes y hace abrigos como muy pocos se ven, Duque de Alba 4 y Príncipe 24, cuando se aborta conviene tomar un vaso de agua de Carabaña o de agua La Maravilla o de limonada purgante, a la Evelina le toca el culo Jesualdo Villegas que colabora en la radio, le toca el culo por lo fino y como sin darle importancia, la verdad es que esto de tocar el culo a una criada tampoco tiene más importancia que la que quiera dársele, a Jesualdo Villegas lo despierta una llamada de su periódico, véngase por aquí cuanto antes, el ejército de Marruecos se ha sublevado. A la Enriqueta parece que le ha picado la mosca tsé-tsé, la Enriqueta está dormida con un señor de Ciudad Real que se pasa la noche tirando pedos restalladores como latigazos (unos pedos rarísimos y en dos tiempos rematados en una breve coda solemne) pero la Enriqueta ni se entera,

¡así da gusto!, el sueño profundo es el premio de la tranquilidad de conciencia, tú no tienes por qué dudarlo. Yunquera es pueblo del partido judicial de Ronda en la provincia de Málaga, la guardia civil de Yunquera detiene a tres monederos falsos, Miguel Sánches Canca, Antonio Gil Díaz y Juan Rodríguez Díaz alias Nieto del Trespatas, fabricaban perras gordas que les salían bastante bien, eran casi iguales a las de verdad, la gente suele decir poderoso caballero es don Dinero, lo malo viene cuando le preguntan a uno que de dónde lo saca. A Marujita Expósito no la mataron por dinero sino por celos y flamenquería, los novios de las putas aguantan todo lo que les echen hasta que un día beben dos copas de más y se sienten caballeros ofendidos, el honor refulge con brillos tan aparatosos y violentos que suele cegar a quienes invade, es muy difícil poner la linde en su sitio entre el honor y las salpicaduras de mierda sobre el amor propio, el hombre es animal muy manso y resignado que aguanta los mayores oprobios y se dispara con las minucias, todas las disculpas son buenas ante uno mismo, lo malo es el reguero de sangre con que las disculpas manchan las conciencias y las hojas de los periódicos, Leonardo Alvarez Maderero el novio de la Marujita no era peor qúe otros, lo que pasa es que le dio el arrebato en el instante en que había olvidado la mansedumbre, para los amores mansos no vale ser desmemoriado porque acaba uno suicidándose en la cárcel. El paralítico que vende tabaco (a lo mejor es un héroe de cualquier guerra) no tiene nombre o no quiere decirlo, por el barrio le llaman Marramáu, que no significa nada ni a favor ni en contra, cuando un muchacho le hace un corte de mangas y le grita Marramáu para tu culo, el paralítico blasfema a voces y le tira piedras, Marramáu lleva siempre piedras en los bolsillos para defenderse, después por lo bajo dice que Dios me perdone y recuenta la calderilla para entretenerse y alejar los malos pensamientos, a Marramáu lo lleva todas las mañanas hasta su esquina su hija Pilar que es asistenta y que pudo haber sido puta di que no quiso, le envuelve las piernas en una manta le dice adiós padre suerte y se va. Vístete poco a poco, imagínate que hoy no vas a clase, a lo mejor es cierto que hoy no vas a clase, es lástima que en la radio no pongan tangos a estas horas, vístete poco a poco y sin demasiado pudor, quítate el pantalón del pijama ya en el cuarto de baño, está al otro extremo de la casa, siéntate en el retrete, una, dos, tres, fuera, ponte otra vez el pantalón del pijama, quítate ahora la chaqueta, lávate las manos y la cara, lávate los dientes y péinate, debes desterrar la costumbre de lavarte vestido como los viejos y los enfermos del corazón, ponte la chaqueta y vuelve a tu alcoba, ya sabes, al otro lado de la casa al final del pasillo, entonces cierra la puerta y quédate completamente desnudo, en el espejo estás guapo, un poco delgadito pero guapo, si tuerces la boca pareces tonto, si metes la lengua entre el labio superior y la encía pareces un mono, si te pones bizco te duele un poco la cabeza, a Miguel Mercader lo echaron de la casa de putas de doña Valentina, la cosa no deja de tener su gracia, doña Valentina tiene mucha afición a la radio, lo que más le gustan son las novelas, y después, ¡pobre Miguel qué día tuvo!, le partieron la cabeza, ya no le duele, menos mal, ponte ahora la camiseta, es bastante ridículo, antes debieran ponerse los calzoncillos, tú y todo el mundo, con calzoncillos y sin camiseta se está elegante pero al revés no, con camiseta y sin calzoncillos se hace una figura muy rara y risible, si estás solo no importa, tú estás solo y no importa, en el espejo tampoco hay nadie que no seas tú, lo malo es si te vistes o te desnudas delante de una mujer o de un amigo, entonces debe llevarse más orden, ponte los calzoncillos, la cordura no es vileza y el pudor no siempre es perversidad, no es obligatorio que sea perversidad, ya estás en camiseta y calzoncillos. La Lupita y la Juani no se estarán levantando todavía, como son tísicas tienen una buena disculpa. Dámaso Rioja desayuna de madre de cuerpo presente, don León está muy apenado y ni oye la radio, ni se afeita, ni se viste, ni desayuna, ni va a trabajar, don León anda de bata, está algo vieja pero aún hace su avío, y Dámaso telefonea a la notaría para decir que no extrañen la ausencia de su padre, les acompañamos a ustedes en el sentimiento, muchas gracias, cuando llegue don Feliciano nos acercaremos a su casa de ustedes al objeto de expresarles nuestra condolencia, muchas gracias, ¿a qué hora es el sepelio?, no lo sabemos todavía, ya se lo comunicaremos, no dejen de hacerlo, no, descuide, le repito sírvanse recibir nuestro más sentido pésame, muchas gracias, de nada, buenos días, buenos días, los compañeros de oficina de don León no oyen la radio por las mañanas, se levantan con el tiempo justo y llegan a la notaría aún con el sueño no vencido del todo. Se desmorona el frente mediterráneo dirigido contra Italia. Después de Francia, también Grecia denuncia el acuerdo naval con Inglaterra, bien hecho, sí señor, así se hace, don Roque se alegra porque es proitaliano y partidario de Mussolini, un gran hombre y gran patriota que llevó a su país desde la miseria a la opulencia y el imperio, adiós don Roque, adiós preciosa, ¿a dónde vas?, pues ya usted lo ve, a la compra, vaya, me alegro... oye, a ver cuando nos reunimos otra tarde a merendar, la Evelina se ríe muy prometedoramente, si supiera leer y escribir hasta podría hacer carrera, tiene mucho instinto, mucha vocación, lo que más le gusta a la Evelina es oír la radio, si pudiera oiría hasta las noticias, lo que pasa es que su señorita no le deja. Ahora ponte los calcetines, da dos o tres pasos de tango, Buenos Aires mi patria querida, Buenos Aires la reina del Plata, y cálzate, no te limpies los zapatos con la colcha sino con los calcetines sucios, hoy es sábado y toca ponerse ropa limpia, el aseo no molesta jamás. La muerte del general Balmes, en Las Palmas de Gran Canaria, no tiene una explicación demasiado lógica, en el campo de tiro se le encasquilló la pistola, el general la cogió por el cañón con la mano derecha y apoyó la boca de fuego contra el cuerpo accionando con la otra mano sobre la culata, entonces sobrevino el disparo y cayó al suelo, esta muerte es más propia de un recluta que de un general, en un momento de lucidez aún pudo decir, ¡maldita pistola! Ponte ahora la camisa, tú tienes una camisa a rayas muy bonita y bastante bien hecha a la medida, de las demás, total cinco, tres son heredadas de tu padre y arregladas por Quiteria la costurera, se nota en los cuellos que no acaban de quedarle derechos, la mujer hace lo que sabe, tampoco puede pedírsele más. El comandante general de Canarias general Franco tan pronto tiene conocimiento de la muerte del general Balmes sale de Santa Cruz de Tenerife para las Palmas al objeto de presidir el entierro, el general Balmes deja viuda y una niña de siete años, se mató anteayer, lo enterraron ayer y la noticia la publican hoy los periódicos. La radio la oye poca gente y a las ocho de la mañana menos aún, a esa hora a casi nadie se le ocurre oír la radio, quizá a alguna criada de servir, hay que ser muy madrugador, los habitantes de Madrid no suelen ser muy madrugadores, no merece la pena. Ponte ahora el pantalón, está bastante planchado, y los tirantes, Guillermo Zabalegui lleva siempre unos trajes muy bien cortados, tú tampoco vas mal vestido, no puedes quejarte, este traje tuyo está de bastante buen ver, la chaqueta en vez de un bolsillo para el pañuelo tiene dos, a las chaquetas cuando se les da la vuelta les queda el bolsillo a la derecha pero la cosa es de fácil arreglo, se le ponen dos. Doña Eduvigis tiene mucho miedo al infierno, las calderas de pez en llamas le dan verdadero pavor, todas llenas de condenados, cómicas, toreros, políticos, presas de la desesperación y pegando inútiles gritos de auxilio, gritos que nadie escucha, Dios bien claro nos dijo a todos que podíamos elegir la senda por la que habíamos de caminar en esta vida, una llena de espinas y abrojos, el asma, el estreñimiento, que lleva a la gloria eterna, ¡bendito sea Dios!, y otra, regalada y rebosante de flores y placeres, las vanidades de este bajo mundo, los saraos, los cosméticos, que conducen a la eterna condenación, Dios no engaña a nadie y después no valen las lamentaciones, cada cual marcha por el camino que prefiere y en la otra vida recoge el fruto de su elección. Ponte la corbata, mírate por última vez al espejo y sal a la calle, prueba a llamar a Toisha por teléfono, a lo mejor puede salir, que la llame tu hermana, su padre te aborrece con sus cinco sentidos y te dice siempre que no está en casa, que ha salido a la calle, el padre de Toisha es jubilado y se pasa el día pegado al aparato de radio, lo que más le molesta es que le interrumpan. En el barrio de Gobelas en las afueras de Bilbao, aparece un niño recién nacido abandonado en unas zarzas, estaba tan campante, muy sonriente y sanito. Suena el teléfono en tu casa, no llames a Toisha, ya la llamarás más tarde, Dámaso acaba de comunicarte la muerte de su madre. Los estados niegan a sus súbditos el derecho a acuñar moneda, a los desobedientes les llaman monederos falsos y los persiguen con la ley y la policía, Nieto del Trespatas está en la cárcel por troquelar monedas de cobre de diez céntimos, esto es la ley del embudo, Nieto del Trespatas no quiso engañar a nadie, el dinero no se inventó para guardarlo sino para hacerlo circular, con esta mano lo tomas a cambio de algo que vendes, con esta otra lo das a cambio de algo que compras, si la gente hubiera aplicado a las perras gordas de Nieto del Trespatas la teoría general del dinero, Nieto del Trespatas no estaría en la cárcel purgando culpas ajenas (o culpas propias causadas por la desconfianza ajena), en la cárcel no se oye la radio, los carceleros sí pueden pero a los presos no les dejan, la situación de Nieto del Trespatas no es justa sino equívoca, sobre equívocos no puede basarse la justicia sino en todo caso la razón de estado. Matiítas cuando ahorra unas perras se las gasta en ir al Price a ver a los luchadores de catch-as-catch-can, el negro Siki es muy elegante, Mike Brendel el tigre americano tiene más valor que nadie, el calvo Stresnack se parece al caballero Invanhoe, Karsic la pantera yugoeslava tiene ademanes verdaderamente felinos, el galo Pouveroux semeja un Apolo joven y bien proporcionado como los que dibujan los alumnos de la escuela de artes y oficios, ¡qué hombres!, Petra la Grillo, la mulata degollada, solía ir al circo a ponerse cachonda con el negro Siki, a Ginesa la Murcianita quien le gusta es Mike Brendel, la Amada ruge cuando el gordo Palmers hace una presa de cuello a su enemigo, la Sabina Burguete, que está ya en situación de reserva, bebe los vientos por la pantera yugoslava, la Sabina hubiera dado tres dedos de una mano por tirarse a la pantera yugoslava, a Matiítas le gustan todos, cada uno por un detalle, un gesto, un músculo, la manera de mirar, la dentadura, etc., el circo es un clemente saco sin fondo en el que caben todos los apetitos y casi todas las monedas falsas de la ilusión, por la radio los combates de lucha libre son también muy emocionantes, Matiítas cuando no tiene dinero oye la radio y se imagina la escena con mucho realismo, como conoce bien a los luchadores le resulta fácil, peregrinaciones a Lourdes por Zaragoza, 8 al 13 de agosto, detalles Junta Peregrinaciones, Pi y Margall 12, Madrid, a doña Matilde le hubiera gustado ir a Lourdes, tenía mucha fe en la Virgen de Lourdes, la pobre no llegó a tiempo, la gente se confía y después cuando quiere acordarse es ya tarde, don León tampoco hubiera podido pagarle el viaje de ida y vuelta, los oficiales de notaría no están en trance de permitirse dispendios, claro es que don Feliciano podría haberle anticipado el dinero, don Feliciano es muy caritativo con sus subordinados, muy socorredor y un verdadero amigo, pero no debe abusarse nunca de la munificencia de los superiores, cualquier funcionario respetuoso sabe esto, al rey Cirilo de Inglaterra sólo un milagro de la Virgen de Lourdes le hubiera librado de la muerte, y ni aún así, los defectos del cerebro son con frecuencia irreversibles. La Engracia trabaja con desgana, hay días en los que se trabaja mejor y días en cambio como desorientados y dolorosos en los que se nota la cabeza hueca y los brazos pesados y desobedientes, algo va a pasar, la Engracia no ha oído la radio, la Engracia vive lejos y no tiene tiempo para oír la radio, ¡qué poca gente oye la radio, alguna criada de servir si la dejan, algún viejo, algún curioso que quiere hacer gimnasia...!, pero atisba que algo va a pasar, todo el mundo mira de reojo y habla en voz alta, son síntomas confundidores y llenos de peligro, después pasan las cosas, se tuercen las cosas y no las endereza nadie, el muerto al hoyo y el vivo al bollo, no siempre esto es así y con frecuencia el muerto al hoyo y el vivo a seguir cavando hoyos mientras el bollo se cubre de verdín. Tú tienes cinco duros enteros y verdaderos en el bolsillo, cinco duros de plata que suenan al andar, tu padre ha estado generoso contigo, a lo mejor ni te lo mereces pero tu padre ha estado muy generoso contigo, con cinco duros eres el amo del mundo, la verdad es que tampoco se puede pedir más, don Roque lo más probable es que no lleve cinco duros encima, por las noches quizá sí por eso del gasto, pero por las mañanas no lleva cinco duros encima, pon una mano en el fuego. Toisha se va a alegrar y eso que hoy es mal día, no se puede pedir todo, Miguel Mercader no sabe lo de la madre de Dámaso, se lo dices tú, lo que ya no puedes es explicarle detalles, en realidad no hay detalles, doña Matilde amaneció muerta, eso es todo, en tu casa no oís la radio por la mañana, leéis el periódico, bueno, cuando queda libre le echáis un vistazo, Miguel Mercader tampoco es aficionado a oír la radio, las retransmisiones de los partidos de fútbol sí le gustan. Don Máximo sabe que algo acontece, no hay noticias muy concretas pero algo acontece, don Diego le llama por teléfono, véngase por aquí, ¿pasa algo, don Diego?, usted véngase por aquí, ¿no ha oído la radio?, no señor, pues hay que oír la radio, usted véngase por aquí y le informaré, allá voy, en cinco minutos estaré en su casa, hay noticias de que el ejército de Marruecos se ha sublevado, son muy confusas y contradictorias pero conviene estar listos para hacer frente a los acontecimientos, usted manda don Diego, usted sabrá lo que debemos hacer, lo que yo le digo que estamos sobre un polvorín, tiene usted razón, lo que más me preocupa es que el polvorín ha empezado a arder, convoque usted a la minoría para dentro de una hora, no debe faltar nadie, convoque también a don Felipe Sánchez Román, sí señor. De repente es como un fogonazo, también como un eclipse, la radio la escucha poca gente, pero el rumor en cambio vuela a una velocidad increíble, tarda en arrancar, pero después se extiende vertiginoso, ¿como un reguero de pólvora?, eso, como un reguero de pólvora, en una ciudad de un millón de habitantes basta con que dos docenas oigan la radio, si el rumor nace de doce chorros diferentes inunda en dos horas la ciudad. En la academia del padre de Cela se suspenden las clases a las nueve y media de la mañana, señores, determinadas graves noticias difundidas con carácter oficial aconsejan a la dirección de esta academia la suspensión de las clases en el día de hoy, deben ustedes retirarse con orden y esperar en sus domicilios el desorrollo de los acontecimientos, la situación en Madrid está tranquila aunque caben esperar reacciones nerviosas tanto de un lado como de otro, a las que en ningún caso deben ustedes sumarse, eso es lo que la dirección de esta academia se permite aconsejarles en su propio bien, confiemos en que el orden pueda restablecerse en breve plazo. En la calle y en los cafés se forman grupos expectantes, uno explica lo de la radio y los demás escuchan, otro trae noticias frescas de la Casa del Pueblo, Indalecio Prieto pidió a Casares Quiroga que armase al proletariado pero Casares Quiroga se negó, ¿cómo lo sabe usted?, lo sé porque puedo saberlo, lo que le digo es la pura verdad, más aún, Casares Quiroga le dijo que mandaría fusilar a quien armase al pueblo sin su permiso, eso es una barbaridad, los fascistas y los militares están armados hasta los dientes y nos van a dar a todos una carrera en pelo con Casares Quiroga a la cabeza, no sea usted alarmista, el levantamiento quedará circunscrito a algunas plazas del protectorado, a lo mejor en estos momentos es ya historia pasada y el gobierno se hace de nuevo cargo de los resortes del poder con los medios que la ley le ofrece, no es democrático luchar contra el fascismo con procedimientos fascistas, bueno, lo que yo le digo es que con esas teorías mañana o pasado tenemos a Sanjurjo instalado en la presidencia de la república, ya me lo dirá usted, ya se lo recordaré cuando nos veamos en la cárcel. En la calle de Mendizábal subiendo del paseo de Rosales a la izquierda, vive Domingo Ibarra, el músico nicaragüense, Ibarra no se despierta lo menos hasta las once, entonces desayuna un limón, se da un pediluvio de mostaza y se sienta al piano a componer suites, valses y sinfonías, Luis Enrique no lo toma en serio, pero a Domingo no le parece mal, lo que te pasa es que eres un ignorante, suele decirle. A media mañana aparecen ediciones especiales de *El Socialista* y de *Claridad* pidiendo armas para el pueblo. ¿lo ve usted?, a don Roque se le estropean el paseo y la tacita de caldo, no, a lo mejor no se le estropea nada, ni el paseo, ni la cerveza en la Granja, ni la tacita de caldo para disponer el estómago y el paladar, la gente se alarma antes de tiempo, se pone el parche antes de recibir la bofetada, el hombre es como un gato asustadizo, como un conejo, los grupos de manifestantes que se dirigen al ministerio de la Guerra son cada vez más numerosos y compactos, parece mentira que así, en un abrir y cerrar de ojos, pueda reunirse tanta gente, el pueblo pide armas, bueno, por pedir que no quede, esto parece la toma de la Bastilla, ¿verdad usted?, si el gobierno no mantiene la serenidad esto va a acabar como el rosario de la aurora. Es necesario que te serenes, que vuelvas a atarte con un doble nudo el cordón umbilical, te miras en el espejo ahogado por la duda y la desconfianza, todos los agonizantes sois dubitativos y desconfiados, es más aleccionadora la duda que la sabiduría, también más fiera, y la única forma noble de acierto es la sospecha evidente del yerro, de nada vale que pretendas del espejo que te devuelva otra imagen que no sea la tuya propia, tú tienes que representar tu papel y al espejo no le queda otra salida que seguirte, que dibujarte con mucho naturalismo y crueldad, tu espejo no ocupa la pared entera, tu espejo es más bien un espejillo ruin pero en ti está el suponerlo enorme y poderoso, hasta puedes prolongarlo por el techo y por el suelo, darle la vuelta todo alrededor de la habitación, imagínate flotando como un pez en la pecera dentro de un gran recipiente en forma de paralelepípedo con los seis lados de espejo, estás vestido y con la corbata puesta pero esto es igual, puedes desnudarte si quieres o puedes entornar los ojos y desnudarte con el pensamiento, también puedes verte el culo y la nuca, esto no se consigue con un solo espejo, sonríe, el espejo te devuelve la sonrisa, haz una mueca, el espejo también hace la misma mueca, da un grito o canta una canción, el espejo permanece mudo, los muertos son mudos pero pueden moverse, a lo mejor estás muerto pero ni lo sabes ni puedes decirlo, cierra los ojos para no verte muerto y haz examen de conciencia, tú eres el culpable de muchas abyecciones ninguna solemne, bien mirado eres un pobre hombre con delirio de grandeza, un mico rijoso, un chisgarabís no demasiado inteligente, ¿quisieras ser conde o marqués?, no, ¿entonces? Este es un país de locos, aquí nadie se entera de nada y lo único que quieren es rugir y cargarse al vecino, asesinarlo o darle por el culo o mearle encima, depende de que sea más criminal o menos, en España las revoluciones terminan siempre en matanza, se mata al prójimo, se le da por el culo, se le mea encima, se le escupe a la cara, se le pone la zancadilla pero no se revolucionan las estructuras económicas y sociales, el pueblo español cuando se echa a la calle pidiendo pan y justicia tiene siempre razón, lo que pasa es que suele perderla a las pocas horas y al final acaba interviniendo la guardia civil. Tú estás en una esquina del mundo y no puedes volverle la espalda al mundo, es lástima pero es verdad, a lo mejor no es lástima, es sólo verdad. Las catástrofes diezman las familias y la beatitud también diezma las familias, parece demostrado que la familia es institución poco estable, demasiado movediza y artificial, no vuelvas la espalda a nada, no le pierdas la mirada al mundo, quizá merezca la pena que te esfuerces, si se le vuelve la espalda a la dignidad se corre demasiado de prisa y alocadamente, la carrera está llena de peligros, aquella puta maloliente tampoco olía más ni más mal que el aliento de don Roque y otras muchas mujeres que se rifan su rentable hedor, casi nunca se pueden sacar consecuencias generales. Don Leopoldo se entera de los sucesos en la oficina, ¡que Dios nos proteja a todos!, don Leopoldo llama por teléfono a su señora, que no salgan las chicas a la calle, yo iré tan pronto pueda. Don Estanislao alcanza la emisión de Unión Radio cuando va por lo de el gobierno se complace en manifestar que heroicos núcleos de elementos leales resisten a los sediciosos en las plazas del protectorado, defendiendo con el honor del uniforme el prestigio del ejército y la autoridad de la república, ¡malo!, a don Estanislao le da mala espina tanta solemnidad, a la Chelo la mandaron a la casa de socorro y después al depósito con frases menos grandielocuentes y bien medidas, casi sin frases, fajas de caucholina Madame X para adelgazar, modelos especiales para ptosis, fajas para después del parto, fajas para bien vestir, señora, no olvide que imitadores hay muchos, pero Madame X sólo hay una, don Estanislao llama por teléfono a su amigo don Sixto Lopera, perdone que le llame tan temprano, ¿ha oído usted la radio?, sí, ahora mismo le iba a llamar a usted, la situación es extremadamente crítica, eso pienso, ¿qué va a hacer usted?, salir de Madrid como primera medida, mientras la cosa no se arregle esto es como el cráter de un volcán, al menor descuido puede entrar en erupción y arrastrarnos a todos, ¿podríamos vernos?, sí, claro, salga usted a Negresco, si está aún cerrado espéreme a la puerta, don Estanislao se viste y se echa al bolsillo las trescientas y pico de pesetas que tiene ahorradas, las guarda detrás de unos libros de Ricardo León metidas en un sobre, no abultan mucho, don Sixto Lopera es brigada de oficinas militares en situación de excedente voluntario, pidió la excedencia para poder atender a su negocio de recambios y accesorios de automóviles, mucho más rentable que su nómina en el ministerio, don Sixto es muy estrábico, un ojo lo tiene casi metido en la nariz, don Sixto también es aficionado a frecuentar los hotelitos de Alcántara y Naciones, ¿qué malo tiene que a un hombre le guste acostarse con una mujer? En las tazas de infusión de manzanilla caen menos moscas que en las de café, a lo mejor lo que pasa es que hay menos tazas de infusión de manzanilla, las moscas que se ahogan en una taza de infusión de manzanilla no dan tanta pena, será porque quedan más limpias y como menos envenenadas, ni tú ni nadie puede saberlo ni además os importa ni poco ni mucho, el hombre se vuelve cruel e indiferente a medida que cumple años, la progresión es al principio lenta pero después se hace muy rápida y acelerada, Ceregumil Fernández, alimento vegetariano completo, insustituible en las intolerancias gástricas y afecciones intestinales, Fernández y Canivell, Málaga, don Vicente Parreño sí oye la radio pero no cree que la sangre acabe llegando al río, ¿cuánto duró Sanjurjo el 10 de agosto y era Sanjurjo?, pues esto va a durar menos, Sanjurjo está en Portugal y a lo mejor ni se presenta, el hombre tiene que estar muy escarmentado, mire usted, don Lucio, a mí esto de la huelga de la construcción me toca las pelotas, como usted lo oye, la gente está muy harta de huelgas y de aguantar desmanes y lo que quiere es vivir en paz y los sábados echar un polvete sin mayores complicaciones, los militares hablan mucho pero después hacen poco, eso de la sublevación de las guarniciones del protectorado no son más que ganas de hablar. Las moscas que se ahogan en una taza de infusión de manzanilla son casi moscas medicinales, seguramente valen para curar algo, moscas ágiles, gimnásticas y muy resistentes, a ratos parece como si las cruzase una corriente eléctrica igual que en Sing-Sing, ¡qué manera de tirar patadas, buena diferencia con las moscas ahogadas en café, ni siquiera parecen animalitos de la misma especie!, todas las vilezas tienen su justo origen o al menos su disculpa, incluso las que se disfrazan de matrimonio bien avenido y suicida, la mujer y los hijos son los rehenes con que el destino coacciona al hombre para que siga portándose mal y abyectamente, tú lo ignoras porque eres soltero pero te lo imaginas, las moscas matrimoniales son como consuetudinarias y sonámbulas, no son moscas demasiado espabiladas, esa es la verdad, harta a cualquiera la detenida contemplación del mismo ombligo doméstico durante toda una existencia, el sistema nervioso también tiene sus servidumbres, el ombligo de María Inés es casi un ombligo matrimonial con su lunar y su mansedumbre, don Lucio podría dibujarlo de memoria, don Vicente podría dibujarlo de memoria, nadie sabrá nunca cuántos podrían dibujarlo de memoria, muchos, lo menos cien, es lástima que en los burdeles seleccionen con tan estrecho criterio a la clientela, la humanidad debiera ser más flexible e indócil, se abusa demasiado de la costumbre, el asma domiciliaria, el novio de la nena (Dios haga que vaya con buenas intenciones), la matrícula de un hijo en la escuela de comercio. ¿Que el pueblo quiere armas?, bien, que se las den pero sin munición, que se maten a palos y a culatazos y a sustos, Casares hace perfectamente en no armar al pueblo, Casares hace mal en no armar al pueblo, muy mal, se necesita mucho valor para negarse a armar al pueblo, lo que tiene Casares es miedo a armar al pueblo, el toro Civilón no era noble, era manso, María Inés no es hembra de ombligo bravo, ya no quedan mujeres de ombligo bravo, las dos últimas fueron Juana de Arco y Agustina de Aragón, la Enriqueta es mujer de ombligo bestia, eso es otra cosa, de ombligo cardo borriquero, aquí se van a rifar más de dos tortas, aquí va a haber para todos, don Gerardo duerme mientras la radio se desgañita, ¡españoles, mantened la conexión!, ¡no apaguéis vuestras radios!, ¡los traidores están extendiendo bulos!, ¡mantened la conexión!, a don Gerardo lo despierta el cerillero Senén, los amigos son para las ocasiones, lárguese usted, don Gerardo, que aquí se va a repartir leña a manta, a la Ginesa la van a bailar sola, ya verá, irrigaciones vaginales Cuprolina, venta en farmacias, disuélvase el contenido de la bolsita en un litro de agua, en las Cortes hay poca gente pero mucho revuelo, las sesiones están suspendidas y la comisión permanente no funciona, se pegan demasiadas voces y se cruzan amenazas y tantos de culpa, a la gente le ha entrado el hormiguillo y ésa es mala señal, don Diego no consigue que le escuchen y pide un café, ¿solo?, cortado, don Máximo prefiere tomar vermú, las últimas noticias son todavía más extrañas, unas son buenas y otras son malas, a lo mejor son todas falsas, ¿con sifón?, sí, a la minoría no pudo reunírsele, se convocó a todos los diputados pero faltan casi la mitad, don Diego habla por teléfono con don Felipe, están hablando lo menos veinte minutos, en el bar del Congreso no hay corros como de costumbre, la gente habla de prisa y toda junta y al tiempo y toma café o cerveza, el único de vermú es don Máximo. A Senén le tiembla su único diente, diente de ajo, diente de burro, cuando le dice a don Gerardo que salga huyendo, toma cien pesetas Senén para que no se desentrene la Ginesa, ya volveré cuando tus amigos se hayan enfriado, en Cáceres también se puede echar algún polvo, no vayas a creer que en Cáceres somos unos pardillos, no señor, yo no creo nada, en Cáceres y en todo el mundo. Paquita, bueno, Margot, se entera del tomate cuando se despierta, las doce dadas, a don Joaquín le llama por teléfono, piensa cambiar la voz y decir que es de parte de una clienta que quiere comprar unas cornucopias, don Joaquín le tiene prohibido que llame por teléfono, para tus hijos has muerto y además no tienes que llamarme para nada, ya iré a verte por Villa Milagros si quiero, tus hijos no saben quién es Margot ni les importa, el teléfono está siempre comunicando y Paquita se harta de llamar, ¡anda ahí, que le den morcilla!, don Joaquín no cree que pase nada, lo que tienen que hacer es llamar a Gil Robles que representa la parte sana del país, Azaña no lo llamará nunca porque son enemigos, los militares lo que quieren es que se les escuche, el único que puede arreglar este desbarajuste es Gil Robles, los obreros tienen que volver al trabajo, ya está bien de huelga de la construcción, y los militares a los cuarteles, cada uno a su sitio, eso es, aquí lo que hace falta es alguien que se comprometa a meter orden. Don Cesáreo sale en automóvil para San Sebastián, el sombrero verde se lo deja en Madrid en el perchero por si acaso, Pepito la Zubiela hace un valet muy digno y útil, es respetuoso, sabe cuidar la ropa y servir a la mesa, conoce bien el oficio y tiene buena voluntad y buenos modales, se conoce que le sentó de perlas el cese que le dio la Isabel cuando lo de don Máximo, hay gente que escarmienta al primer aviso y gente que no escarmienta en la vida, además, don Cesáreo tiene una hija, la señorita Pepuchi, no un hijo, la hija no corre ningún peligro con Pepito la Zubiela, si tuviera un hijo la cosa sería distinta, no se debe permitir que el valet meta mano a los hijos, los muchachos jóvenes en seguida se acostumbran mal y se malean. (...)

TERCERA PARTE

LA OCTAVA DE SAN CAMILO

> Señor, ¿por qué nos tienes
> a todos fuerte saña?
> ¡Por los nuestros pecados
> non destruyas a España!
> *Poema de Fernán González*, 554 a, 6.

II

Ya estás otra vez ante el espejo, mirándote en el espejo, puedes tutearte con confianza e incluso con descaro, poco importa, los carneros van siempre a donde hay yerba verde, aunque quieras y por más esfuerzos que hagas tú no te libras del espejo plano, paralelepipédico, ovoide, como un escaparate, como una fuente, como un ojo, es igual que si tuvieras sarna o ladillas o tuberculosis pulmonar, es igual que si te remordiera la conciencia a causa de una abyección irreparable, tomar por el culo por dinero, ser confidente de la policía, asustarse en una pelea, a ti no te remuerde la conciencia porque tienes poca memoria y casi ningún dolor, a veces dices que tienes mucha memoria y mucho dolor, memoria de elefante o de piedra volcánica, dolor de hiena, dolor que no respeta nadie, dolor de viejo piano usado por tres generaciones de ciegos, los cabritos que aguardan turno en las casas de putas de provincias te pagan en monedas de cobre para que entretengas sus ocios con tu solfa canalla, el primero va ya desabrochándose la bragueta por el pasillo, los cabritos que aguardan turno en las casas de putas de la capital te pagan en denuestos y humillación, no hagas caso pero recuerda que decir mentiras no da remordimiento de conciencia, decir mentiras es algo tan inocuo como tomar bicarbonato, mear por sotavento o sonreír a una niña moribunda, cada país usa vestidos y costumbres diferentes, vestidos armoniosos o ridículos rojos y azules adornados con lentejuelas, costumbres extrañas o previstas, el derecho de pernada, la letra de cambio, los buñuelos de viento, tuberculosis pulmonar sí tienes pero sarna o ladillas no, sarna tuviste y se te curó con mitigal, uso externo, aplíquese suavemente sobre la parte afectada, ladillas también tuviste y se te curaron con aceite inglés, uso externo, aplíquese suavemente sobre la parte afectada, la tuberculosis es más difícil de curar, hay que ser rico, paciente y capón o al menos casto y virtuoso, las medicinas son caras (te las compra tu padre), hay que estar tumbado panza arriba sin moverse (la verdad es que los estudios tampoco te quitan el sueño), hay que atarse un nudo en los clementes cojones insaciables y renunciar al triunfo (Toisha y las dos tísicas llevarían demasiado a mal tu deserción, las mujeres no quieren entender ciertas abdicaciones estéticas o saludables), la tuberculosis sirve para dar interés a la muerte, pero sobre todo para componer poesías y para ver el lado bueno de las cosas, podrá nublarse el sol eternamente, podrá secarse en un instante el mar, podrá romperse el eje de la tierra como un débil cristal, ¡todo sucederá!, podrá la muerte cubrirme con su fúnebre crespón, pero jamás en mí podrá apagarse la llama de tu amor, la tarde que le recitaste esta poesía a Toisha estuvo más sabia, más amorosa, más disciplinada y más golfa que nunca, hasta llegó a oler mal como los muertos, tú no puedes librarte de tu espejo pero tampoco quieres, nadie puede librarse de su monótono y violentísimo sexo pero tampoco quiere, la monotonía es vicio de solitarios, auxiliadora cataplasma del espíritu de los solitarios, la violencia es virtud de solitarios y vicio de congregantes, áncora para la salvación del espíritu de los solitarios y lastre para la condenación del espíritu de los congregantes. ¿te acuerdas de aquella moneda de cobre, de níquel, de plata, que puede brotar en los paladares?, tú eres un solitario vicioso o virtuoso, no un solitario hermafrodita, eso es lo mismo y viene marcado por las frases de la luna, ante tu espejo el bien, el mal y el cinismo tienen idéntico desvaído color, sí, mírate en el espejo mientras la ciudad arde y se tiñe de sangre, gime y se tiñe de sangre muere y se tiñe de sangre, Virtudes está pariendo sola, inunda la alcoba de sangre, a sus gritos acude tan sólo una vecina, su hijo pequeño que es igual que un ratón entra por una ventana y le abre la puerta, pase usted madre, ¿voy a buscar a la comadrona?, no hijo vete a casa, tu espejo en forma de huevo brillante se convierte en un inmenso melón sin brillo, parece una celda, en un balón de rugby algo deforme y de color blanco mate amarillento, blanco mate calavera, es mejor que no puedas verte en tu espejo plano, paralelepipédico, ovoide, hay recuerdos que no merecen ser guardados sino destruidos, la lluvia debería borrar casi todos los recuerdos, Julio César era un fatuo, Napoleón Bonaparte era un fatuo, Búfalo Bill era un fatuo, el rey Cirilo de Inglaterra pagó a muy alto precio su fatuidad, mejor te hubiera valido estar ciego y sordo, mudo y sin memoria. Los aviadores permanecen al lado de la república, sobre la corona mural vuelan piando los primeros pájaros madrugadores, los gorriones como gatos amables, elásticos e independientes, en el aerodromo de Getafe el capitán Cascón arenga a los soldados, ¡hay que ir contra los fascistas del regimiento de artillería!, ¡viva la república!, debes reconocer que nadie guarda un gorro frigio en la mesa de noche, las insignias capaces de llevar a un hombre hasta el heroísmo y la muerte sólo sirven para adornar el carnaval de los nietos, sobre la marcha y como al desgaire se forman tres grupos al mando de los tenientes Hernández Franch y Valle y del brigada Sol Aparicio, también van cuatro docenas de paisanos de las J.S.U. y del P.C. armados de fusiles, máquina romántica y prestigiosa, los artilleros no oponen demasiada resistencia y se entregan al primer ataque desde el aire, el asalto a Campamento es más duro, los aviones de Cuatro Vientos bombardean el cuartel del regimiento de zapadores y matan un oficial, la situación es confusa, el general García de la Herrán, el coronel Cañedo y el teniente coronel Alvarez Rementería estudian el plan de ataque, no, lo prudente es emplazar dos piezas en la carretera y otras dos más gruesas en la explanada, es necesario prevenir cualquier acometida por tierra e inutilizar Cuatro Vientos, el teniente coronel León Trejo se niega a entregar el aeródromo a la Junta Militar, ¡viva la república!, la marcha sobre Madrid no debe intentarse bajo el fuego de la aviación, ¡orden de desenganchar!, en el cuartel de la Montaña la situación no es desesperada. ¡viva España!, todavía no ha sido atacado, del regimiento de ingenieros de Leganés no se tienen noticias, de los demás cuarteles de Madrid tampoco, aún es de noche quizá esté amaneciendo poco a poco, el ataque a Campamento se produce por sorpresa, ¿de dónde han sacado artillería estos mamones?, ¡no se debió romper la formación!, no todos los suboficiales son adictos, debería haberse evitado que la tropa hablase, ¡a las armas!, ¡todo el mundo a sus puestos!, ¡viva España!, la aviación vuelve a presentarse y a bombardear, ¡debimos haber avanzado sobre Madrid!, ahora ya es tarde para lamentarnos, ¡parapétate en esa ventana!, ¡pégate al terreno!, ¡vamos a enseñar a esos cabrones cómo sabe morir un oficial del ejército!, ¡viva España!, parte de la tropa se levanta en armas contra sus jefes, ¿dónde está el general?, lo han matado, ¿y el comandante Velasco?, lo han hecho prisionero, ¿y el comandante Casillas? también lo han hecho prisionero, ¡pues a mi no me coge vivo esta chusma, te lo juro!, ¡yo no les doy el gusto de que me fusilen!, ¡hijos de puta, venir por mí!, ¡viva España!, el teniente Seoane se pega un tiro en la boca y muere instantáneamente, el tiro en la boca es algo que no falla jamás. Toisha desnuda persigue a latigazos a don Máximo, Toisha lleva la melena suelta le llega a media espalda y calza zapatos de tacón alto muy alto Toisha va sin pintar pero muy perfumada en la mano derecha luce una gruesa sortija en cada dedo cada una con su rubí centelleante en la mano izquierda no tiene ni dedos la mano izquierda de Toisha es un muñón repugnante y seco Toisha tiene las orejas grandes como un burro (no en forma de orejas de burro) y clementemente sucias es un sueño muy chistoso y preocupador también muy artístico y rítmico si cierras los ojos puedes seguir soñando todavía tú no te has despertado has abierto los ojos pero sigues profundamente dormido o quizá dormido no muy profundamente Toisha está hecha un basilisco y canta coplas obscenas que tú no le habías oído jamás Toisha escupe grandes bocanadas de fuego por los ojos y en las axilas le bulle una revuelta gusanera incansable y sedosa Toisha lleva una luz verde e intermitente en el ombligo por el coño le asoma un minúsculo señor vestido de levita y chistera que da estentóreos vivas al emperador Francisco José y a don Marcelino Menéndez y Pelayo don Máximo huye despavorido y Toisha lo flagela con el gato de siete colas cada cola es una culebra viva y muy elástica una culebra incansable don Máximo llega ante un muro en el que está pintado con tiza un letrero: ¡viva la república don Máximo no puede seguir escapando se detiene se vuelve y lucha con el minúsculo señor de levita que es muy valiente y decidido es un enano todo arrojo y decisión Toisha respira jadeante en su aliento hay mucha ansiedad sujeta entre los muslos al minúsculo señor de levita y se queda de pie esperándote con ambos brazos extendidos don Máximo empieza a mermar y a mermar y Toisha lo mata con su látigo y después lo pisa, tú te despiertas de golpe, estás corriéndote, ya te has corrido, ahora es igual que te mires o no te mires en el espejo, está amaneciendo, en el campo es probable que ya sea de día, ¿tú estás en la plaza de España durante el asalto al cuartel?, dilo, no tengas miedo, tú estás a la parte de fuera vestido con el mono de las milicias y con el fusil dispuesto pero sin dotación de bombas de mano, tampoco tienes municiones en abundancia, ni entusiasmo, ni demasiada alegría, no temas confesar la verdad, tú estás dentro de los muros del cuartel, vestido de soldado aunque sin insignias y con el fusil dispuesto, no tienes bombas de mano y la munición te escasea, no tienes un decidido entusiasmo ni demasiada alegría, no temas confesar la verdad, en Vallecas el teniente coronel Lacalle organiza algunos grupos armados, al capitán Querejeta bien claro le dijo el coronel del regimiento de Saboya que no se sublevaba, en la Casa de Campo el teniente coronel Mangada instruye al batallón que acaba de formar, sus hombres le saludan con el puño cerrado, acaba de nacer el saludo militar antifascista, el capitán Alcántara tampoco puede darle al general Fanjul buenas noticias del regimiento de carros de combate, el comandante Fernández Navarro arma al paisanaje y forma una columna para ayudar al asedio del cuartel, el capitán Betancourt ve con sus propios ojos cómo el cerco se estrecha, el teniente Orad de la Torre emplaza su media batería al pie del monumento a Cervantes, intentar una salida no es posible, pero permanecer encerrados en el cuartel es suicida, los sitiadores minan la moral de la tropa con sus altavoces, ¡sería mejor que empezaran los tiros de una puñetera vez!, un miliciano dispara su pistola para dar gusto al dedo y el fuego se generaliza, la pólvora es muy contagiosa, la artillería empieza a retumbar a eso de las seis y a poco llega la aviación, los aviones arrojan bombas y octavillas, ¡tirar al motor!, ¡apuntar un poco delante de la hélice!, a don Roque lo despiertan las primeras bombas, el escándalo que va a haber en la fonda va a ser mayúsculo, doña Teresa tiene un amanecer más dulce, a doña Teresa la despierta don Roque besándola en la frente, Teresa amor mío, qué, me voy a mi habitación antes de que se levanten las criadas, será mejor, no tú quédate aquí, a las criadas ya les hablaré yo, son unas furcias, yo estoy en mi casa y duermo con quien me da la gana, bueno, duermo contigo porque te quiero, si no les gusta, que se vayan, te aseguro que no perderé mucho, tú quédate aquí conmigo, yo soy la dueña y tú eres el querido de la dueña, ¿qué pasa?, ya no tenemos quince años Roque, sí eso es bien verdad, ¡alto el fuego!, un capitán de asalto da la orden pero tiene que repetirla varias veces, ¡alto el fuego!, ¡que nadie dispare hasta nueva orden!, ¡alto el fuego!, de las filas republicanas sale un parlamentario con bandera blanca, los del cuartel suspenden el fuego, ¿quién es ése?, no sé, querrán decirles algo, dentro del cuartel también se extrañan, ¿quién es ése?, no sé, querrán decirnos algo, los guardias y los milicianos no disparan, tienen que contenerse pero no disparan, los militares y los falangistas tampoco lo hacen, la artillería enmudece y los aviones se han ido a sus aerodromos a esperar novedades, el parlamentario es un paisano, no se sabe lo que les dice, se supone que les conmina a la rendición, lo que sí se sabe es lo que le dicen a él, que no, que no se rinden, que están dispuestos a morir en el empeño, ¡pues vamos servidos!, bueno los que van servidos son ellos, llevan todas las de perder, el fuego se reanuda con mayor violencia, los cañones, los fusiles, las ametralladoras de los tejados y del cuartel, la aviación vuelve a bombardear, ¡viva la república!, del cuartel tiran con mortero, ¡viva España!, en el vestíbulo del cine Velussia la cruz roja instala un puesto de socorro, la Engracia llega ya muerta, los médicos nada pueden hacer para salvarle la vida, tiene tres tiros en el pecho, se conoce que le alcanzó una ráfaga de ametralladora, Agustín se siente culpable de no haberla llevado a su casa aunque fuera a patadas, no hombre, ¿tú qué culpa tienes?, tú no tienes culpa ninguna, a los heridos del cuartel los atienden en la enfermería, no dan abasto, el general Fanjul está herido en la cabeza, ¡no me entrego!, ¡lucharemos hasta la muerte!, parte de la tropa levanta bandera blanca, los sitiadores saltan de sus parapetos y avanzan hacia el cuartel, ¡adelante!, ¡a la lucha!, ¡viva la república!, ¡viva el frente popular!, son recibidos con fuego graneado y sufren muchas bajas, ¡cabrones, que queréis achicharrarnos a quemarropa!, ¡traidores!, el coronel Serra también está herido, ¿qué pasa?, ¿quién ha izado bandera blanca?, desde el aire siguen cayendo bombas y los artilleros han acertado con el alza precisa, no se les escapa ni una sola granada, casi todos los hombres del cuartel están heridos, poco después de las once y media de la mañana la puerta principal del cuartel cede ante el asalto y el general Fanjul da su última orden, nos entregamos, el general Fanjul sabe de sobras lo que esto significa, los asaltantes irrumpen en tromba en el patio del cuartel y cazan a tiros a los oficiales, aquello es un infierno en el que nadie se entiende, un páramo demencial y sangriento, Jesualdo con un nudo en la garganta piensa en Antonio Machado, aquí está el trozo de planeta por donde cruza errante la sombra de Caín, cada cual viene al mundo con su destino señalado, nadie puede escaparse de lo que está escrito, los hay que nacen con una estrellita en la frente y caen siempre de pie como los gatos, los hay que nacen sin estrellita en la frente y no llegan a viejos, en el cuartel de la Montaña hay hombres con estrellita en la frente y hombres que no la tienen, tú eres carne de catequesis, carne de prostíbulo, carne de cañón, tú eres el soldado desconocido, el hombre a quien no le brilla una estrellita en la frente, un hombre es como una moneda que se tira al aire, a veces pintan caras y a veces cruces, al coronel don Moisés Serra lo matan en su cuartel, al general Fanjul y al coronel Fernández de la Quintana los llevan presos a la dirección general de Seguridad,* algunos pudieron saltar las tapias y salir con vida, es larga la lista de los hombres sin estre-

*** N. del E. Ambos condenados a muerte el 16 de agosto y fusilados al amanecer del día siguiente.**

llitas en la frente, de los hombres a quienes falla la estrellita de la frente, tú conoces a algunos, conocías a algunos, a Pepe Carlos y a su padre el conde de Casa Redruello los tiran de la galería abajo, la criada Conchita tuvo un novio que la dejó por puta, Conchita ya no podrá volver a la Gran Peña los domingos por la tarde a desnudarse delante de don Carlos, Willy Zabalegui muere durante el asedio, le dan un tiro en mitad de la frente y ni se entera, a Matiítas ya se le acabó el venderle preservativos y sonreír, Willy Zabalegui hablaba muy bien francés, tuvo mademoiselle cuando era pequeño y después fue al Instituto Escuela, Enrique Garrido el hijo segundo de don Leopoldo y doña Bernardina se pega un tiro en la sien, vio venir mal las cosas y prefirió pegarse un tiro en la sien, Enrique era más simpático que su hermano Leopoldo y también más valiente, Leopoldo es medio meapilas y tampoco tiene buenas inclinaciones, hubiera sido mejor que mataran a Leopoldo y no a Enrique, la muerte no se reparte con justicia, el azar no siempre es justo, a las tísicas les gustan las medias combinaciones y las aceitunas rellenas, si el señor Asterio llega a descubrir que la Lupita y la Juani salen con fascistas las hubiera matado, la Lupita y la Juani no se meten en política, lo que quieren es que las lleven a bailar y al cine, las diversiones con magreo son más completas que las deportivas o artísticas, en el Forteen hay una orquesta muy buena y en el cine Panorama se levantan los brazos de los asientos, es muy cómodo y los acomodadores ya están acostumbrados, Paquito y Alfonso ya no volverán a Salamanca, también los tiran de la galería abajo igual que a Pepe Carlos y a su padre, un cuerpo contra las losas no suena como una campana sino que grazna como una campana hendida, a Felipe Espinosa lo cazan por los desmontes de la estación, pudo salir huyendo pero no corrió lo bastante de prisa, unos segundos antes y hubiera librado, nadie sabe dónde está la muerte, bien mirado la muerte está en todas partes, depende de que señale o no señale a uno, tú tienes veinte años, lo probable es que te mueras mañana mismo o antes de que pasen otros veinte años, su hermano Alberto muere en la enfermería, estaba ya medio muerto cuando lo remataron, Felipe y Alberto ya no volverán a cruzarse con su madrastra por el pasillo ni a tocarle el culo poniendo la mano tonta, la vida se alimenta de la muerte y el entusiasmo devora al fracaso, los poetas dicen que la esperanza es una dulce enfermedad, bueno que digan lo que quieran, la cosa no está para frases ni para poesías y a los hombres sin estrellitas en la frente se les borró ya toda esperanza, tú eres amigo de Andrés Herrera, de la FUE de derecho, y de Pío García Huerta y Lorenzo Sosa, los dos de la FUE de medicina, a veces os reunís a comentar versos, el jueves último os pasásteis la tarde dándole vueltas a *Razón de amor* de Pedro Salinas y a *Cantos del ofrecimiento* de Juan Panero, y también a hablar de política, León Blum es como Goicoechea sólo que más listo, los políticos franceses todos parecen de izquierdas y no lo son, España está más preparada que Francia para ensayar una acción revolucionaria y si no al tiempo, aquí la censura no funciona, es molesta pero no funciona, el artículo de Lenin sobre la muerte de Tolstoi que publicamos en *El tiempo presente* lo prohibieron porque no se puede hablar de Lenin, bueno pues lo presentamos otra vez firmado por Wladimir Ilitch y nos lo aprobaron, las instituciones están enmohecidas, es más útil a nuestros efectos revolucionarios derribarlas que engrasarlas, Andrés Herrera juega al rugby en el equipo de arquitectura y lee a Remarque y a Henri Barbusse, Andrés es corpulento y atlético, no fuma y sueña con una humanidad más justa y clemente, el problema está en las distribución de los bienes de consumo, la producción es suficiente pero está mal distribuida, en el sistema capitalista no es posible distribuirla mejor, primero se pusieron las guerras al servicio del capital y más tarde se puso el capital al servicio de las guerras, es como una pescadilla que se muerde la cola, la novia de Andrés se llama Adela Vaquero y pertenece a las JSU, Adela Vaquero es campeona de natación y muy guapa, Adela es profesora de idiomas, el inglés lo habla como el castellano, y cree en el control de la natalidad y en los koljoses de campesinos, Andrés y Adela disparan sobre el cuartel desde el tejado de una casa de la calle de Luisa Fernanda esquina a Ferraz, a Andrés le dan un tiro en la cabeza y se vence hacia adelante, Adela quiere sujetarlo pero también cae, los dos cuerpos suenan como dos arpas siniestras cuando se estrellan sobre la acera, Pío García no es muchacho de demasiada salud, lleva lentes y es muy puntual y aplicado pero está siempre medio triste y meditabundo, a Pío García lo matan de un morterazo que entra en su parapeto, había seis hombres detrás de los sacos terreros y no quedó ninguno, a Lorenzo Sosa lo atienden en el cine Velussia, está muy mal herido y se muere sin recobrar el conocimiento, de todos tendrás que hablar ya en tiempo pasado, la historia olvida a los hombres que no cortan cabezas o a quienes no cortan la cabeza en el patíbulo, no es el caso del cuartel de la Montaña, la historia dirá algún día, lo probable es que la historia diga algún día, a lo mejor no, que la toma del cuartel de la Montaña fue algo así como la batalla de Bailén llevada hasta sus últimas consecuencias, hasta su paradójica caricatura, estirada hasta su máximo límite posible e incluso más allá, al general Fanjul le tocó representar el papel de mariscal Dupont, las huestes victoriosas no estuvieron ni a las órdenes de un modesto general Castaños, no estuvieron a las órdenes de nadie, había quien daba órdenes, lo que no había era quien las obedeciese, frente al cuartel de la Montaña estaba el pueblo, es muy impreciso esto del pueblo, muy cambiante, quizá más de veinte o de treinta mil nombres, cada uno con su emocionante novelita pegada al corazón, pero ni un solo nombre histórico, sería difícil hacer la historia de la toma del cuartel de la Montaña con nombres propios, la toma del cuartel de la Montaña fue como el granizo, las piedras de granizo tampoco tienen nombre, fue una acción anónima y plural como una granizada o como el *Fuenteovejuna* de Lope de Vega. Don Máximo se va en tren a Valencia, es necesario que don Diego le dé instrucciones concretas sobre lo que hay que hacer, don Diego no debió marcharse sin darle instrucciones concretas, bueno cuando se marchó así por algo sería, don Máximo no sabe si lo que pasa es bueno o malo, seguramente es malo pero quiere oírselo a don Diego, no merece la pena tomar primera y don Máximo va en segunda, la segunda es muy digna y molesta menos a la gente, no debe provocarse a la gente, en el departamento van tres personas más, un señor y dos señoras, nadie habla, el señor mira para el paisaje, la verdad es que el paisaje tampoco tiene mucho que mirar, y las señoras llevan los ojos cerrados, seguramente no duermen pero llevan los ojos cerrados, a lo mejor son monjas, esto no se les puede preguntar, en la estación de Ocaña sube un matrimonio joven con un niño de pecho casi recién nacido, cuando el tren arranca la madre le da de mamar tapándose la teta con un pañuelo, el señor que miraba para el paisaje se queda en Cuenca, adiós buen viaje, adiós gracias, unos milicianos piden la documentación, ¡coño un diputado!, sí diputado del frente popular, repórtense ustedes en sus expresiones, van señoras, usted dispense, ¿y estas dos mujeres?, son hermanas mías, bien, pueden ustedes continuar, salud y buen viaje, salud, gracias, las dos señoras miran agradecidamente para don Máximo y con el tren ya otra vez en marcha la más vieja le dice Dios se lo pague caballero, la señora es fea y bigotuda pero tiene cierta nobleza en la mirada. Sí, tenían razón Ezquerra y Berrendero, la etapa Niza-Cannes la ganó Ezquerra, además fue segundo en el Brauss, primero en el Sospel en el mismo tiempo que Vervaecke y Silver Maes y primero destacado en La Tourbie, todos los españoles mejoran su clasificación, 6 Mariano Cañardo, 9 Julián Berrendero, 12 Federico Ezquerra y 32 Emiliano Alvarez, a los Pirineos van a llegar bien situados en la tabla general. El coronel Carrascosa arenga a sus soldados diciéndoles que van a tomar parte en unas maniobras, no, lo que les dice es que se dispongan a luchar contra los facciosos de Mola en defensa de la república, ¡viva la república!, bueno todo esto es igual, el coronel Carrascosa saca del cuartel su regimiento de transmisiones de El Pardo pero no viene sobre Madrid, se dirige al norte y llega a Segovia por el puerto de Somosierra, el coronel Carrascosa es listo y maniobra con rapidez, entre sus soldados va un hijo de Largo Caballero, se llama Francisco como el padre. A Miguel Mercader te lo encuentras en Baviera, está tomándose una cerveza, ¿te das cuenta de la que se está armando?, claro que me doy cuenta, entre los espadones y los de la Mano Negra van a joder al país ya lo verás, ¡qué lástima de país!, ¡con lo fácil que sería hacerlo habitable!, no debe ser tan fácil yo no lo creo, aquí no se entiende ni Dios, lo que les gusta a los españoles es hacer la puñeta al prójimo esto no lo dudes, al español le gusta más tirar piedras al suelo que levantarlas, el español es más amigo del fuego que del agua, no sé por qué será pero es así, que lo averigüen los historiadores si son capaces, en Baviera entran dos milicianos de la FAI, compañero la documentación, aquí la tiene, ¿estudiante?, sí, ahí lo pone, ¿antifascista?, eso ni se pregunta, ¡claro que antifacista!, ¿perteneces a la FUE?, sí, no llevo el carnet encima pero pertenezco a la FUE de filosofía y letras, bien de ahora en adelante lleva siempre el carnet contigo, lo haré como usted me dice, ¿por qué me tratas de usted?, hombre, ¡qué sé yo!, por respeto, ¡como es usted más viejo!, el miliciano de la FAI tiene cara de santo de palo parece San Roque, esto no se lo dices, ¡salud!, ¡salud!, el encargado de Baviera invita a los dos milicianos a una caña, cuando se van se acerca a Mercader y a ti, ¡os vais a meter en un lío!, nosotros ¿por qué?, yo sé por qué lo digo, lo mejor que podéis hacer es ni acercaros por aquí, gracias Mañá, en las revoluciones a la gente lo que le gusta es andar por el medio de la calle, no por las aceras, y dar gritos y saltos y tirar piedras a los escaparates, aquí todo se arregla por la vía rápida, uno es un desgraciado que no jode más que en las casas de putas o con alguna novia enamorada y de repente, sin que le den tiempo ni a pensarlo, se encuentra convertido en héroe, en mártir o en asesino, todo esto es una lata, si gana es héroe, si pierde es mártir, si no se contiene y dice no, no, esto no, esto que lo hagan otros, yo no, entonces es asesino, la frontera es delgada como un pelo, los hay tan miopes que no ven el pelo pero también los hay que cierran los ojos para no verlo, éste es un país de leche contenida, de leche a presión, ¿tú crees?, claro que lo creo, aquí se jode poco y mal, si los españoles jodieran a gusto serían menos brutos y mesiánicos, habría menos héroes y menos mártires pero también habría menos asesinos y a lo mejor funcionaban las cosas, nadie quiere darse cuenta de que esto es así, yo me voy para mi casa antes de que me jodan vivo, ¿y tú?, no yo no, yo me voy a buscar a las tísicas, no tengo ganas de irme a casa, aquí no hay más que voces y cachondeo, no pasa nada, ya verás, los cines están cerrados, bueno me voy contigo, siempre habrá tiempo de largarse, la Lupita y la Juani llevan pañuelo rojo al cuello, ¿y esa novedad?, pues ya ves, regalo de padre, en la calle piden la documentación pero en los cines no, la cédula personal no es suficiente, ¿estudiante?, sí ahí lo pone, clase 13, profesión estudiante, 1.50 pts., los estudiantes sois todos unos jodidos señoritos, ¡hombre, no será porque tú lo digas!, ¿perteneces a algún partido del Frente Popular?, no, ni del Frente Popular ni del no Frente Popular, éste y yo somos estudiantes, la razón no es muy sólida pero vale, las tísicas no encuentran bien esto de que paren la gente en mitad de la calle para pedirle la documentación, no tiene importancia, la Lupita y la Juani están cachondas y serviciales a cualquier hora del día, esto siempre es una ventaja, haz un alto y recapacita, la Juani te ha puesto en condiciones óptimas para recapacitar, no todos pueden decir lo mismo a estas horas, los hay que ni a estas horas ni a ninguna, los hay muy desgraciados y cenizos, el problema no está en que te mires o no te mires en el espejo plano, paralelepipédico, ovoide, parece que está algo menos ovoide, así como más esférico, tampoco lo podrías asegurar, Juani estate quieta, ¡ay hijo eres un cardo!, no, el problema tampoco está en que tengas o no tengas un espejo plano, paralelepipédico, ovoide, casi esférico, o lo tengas roto porque te lo rompieron los demás, no, no, el problema, el hondo y doloroso problema es que ya no crees en tu espejo plano, paralelepipédico, ovoide, casi esférico, te hartaste de tanto creer y creer y a cambio de nada, Juani se guarda tu pañuelo, al otro día te lo devuelve lavado y planchado, a cambio de una imagen fugaz, una sombra, un mínimo gusto, un mínimo disgusto, ¿por qué no me besas?, sí mujer, Juani y tú os besáis, no es compensador creer en los espejos planos, paralelepipédicos, ovoides, casi esféricos, creer a pie juntillas en la existencia de los traidores fantasmas, en la vida y costumbres de los traidores fantasmas, ¿nos vamos?, vete tú si quieres, yo no tengo a donde ir, Juani cierra los ojos y se calla, lo más probable es que esté llorando, al menos te ilusiona pensar que lo más probable es que esté llorando, tú sabes que es más fácil hacer llorar a una mujer que pide amor que convencerla de que no necesita amor, el amor es fácil de fingir, lo que pasa es que no compensa, nadie se ve libre jamás de sus propias cochinadas solitarias, privadas, domésticas, Juani no es la abeja ática pero también tiene sus sentimientos, su casi batido corazón.

EPILOGO

¡Cuídate, España, de tu propia España!

CÉSAR VALLEJO, *España, aparta de mí este cáliz*, XV, 1.

Tu tío Jerónimo cree en las tres virtudes teologales, sí hijo, yo tengo fe en la vida, esperanza en la muerte y caridad con el hombre que buena falta le hace, también tengo caridad con España aunque no siempre se la merezca, pese a todo hay que ser patriota, sobrino, fíjate que no digo nacionalista, la patria es más permanente que la nación, también más natural y flexible, las patrias fueron inventadas por el Sumo Hacedor, las naciones son una creación de los hombres, las patrias tienen una lengua con la que cantar y árboles y ríos, las naciones tienen una lengua para promulgar decretos y tienen también instituciones con las que aherrojar al hombre y ametralladoras para defender las instituciones, a ti te veo muy descreído, sobrino, y eso no me gusta, hay que creer en algo para no sentirse jamás demasiado huérfano, ¿por qué no crees en las tres virtudes teologales?, te aseguro que son el único brasero que tenemos los españoles para evitar que los demás nos hielen el corazón, ¿te acuerdas de aquellos versos de Machado?, españolito que vienes al mundo, te guarde Dios, una de las dos Españas ha de helarte el corazón, tú tienes veinte años, sobrino, es un crimen helar el corazón a los mozos de veinte años, debéis resistiros, debéis levantar bandera de rebeldía y calentar vuestro propio corazón, piensa en lo que te digo, tu tío Jerónimo habla con la voz opaca y emocionada, a veces tu tío Jerónimo es muy sentimental, haz examen de conciencia, siéntate a los pies de la cama y haz examen de conciencia, tú te has ido quedando sin fe, sin esperanza y sin caridad, nunca tuviste mucha fe, mucha esperanza ni mucha caridad, pero ahora tienes menos todavía, a ti te ha costado mucho trabajo llegar a vivir veinte años, mucho esfuerzo, empezaste a morirte a los pocos días de nacer pero aún no te has muerto, es muy esforzada tu actitud, muy agotadora, quizá no hayas tenido otra posibilidad, la muerte no es una posibilidad, es una certeza que puede precipitarse pero no es una posibilidad, la vida en cambio es una posibilidad, sólo una posibilidad y no una certeza, la vida es posible pero jamás cierta, en cualquier instante puede estrangularse e incluso no producirse, pregúntaselo a Toisha, los faisanes y los machos de perdiz rompen los huevos a picotazos para que a la hembra no se le quite el celo, tú estás convencido de que cuando te salga la primera cana (a lo mejor te mueres antes de que te salga la primera cana) debes pegarte un tiro en la cabeza o despeñarte por un acantilado de la costa de tu país, es una idea absolutamente lógica que no te preocupa demasiado, también admites la posibilidad de que llegado ese momento te rías y te tiñas las canas, depende de numerosos factores todos ellos ajenos a tu voluntad, los españoles tenemos que cuidarnos del propio español que llevamos dentro, Ganivet dice que los españoles vivimos en perpetua guerra civil, Dámaso Rioja es lector asiduo de Ganivet, se lo sabe de memoria, Ganivet tiene razón pero tú te atreves a ir aún más allá, los españoles vivimos en permanentes guerras civiles, en plural, todos contra todos, pero también en inhóspita guerra civil con nosotros mismos y con nuestro lacerado y doliente corazón por campo de batalla, los españoles debemos vigilar al propio español que llevamos dentro para que no nos degüelle mientras dormimos y él vela como un lobo al acecho, tu tío Jerónimo no cree en el fuego, en esto no parece español, sí sobrino, el español es pirómano porque quiere borrar todo vestigio de su pasado, toda crónica de su presente y toda esperanza en su porvenir, ¿toda crónica de su presente y toda esperanza en su porvenir también?, sí, a lo mejor todavía más que todo vestigio de su pasado, el español se avergüenza de su pasado pero teme a su presente y se desentiende de su porvenir, el español también se avergüenza de su presente y sabe que acabaría avergonzándose de su porvenir, por eso cree en el fuego sobre todas las cosas y lleva un Torquemada en el corazón, el español no cree en Dios, cree en el fuego, en Dios no cree más que en tanto en cuanto le da argumentos y licencias para prender la hoguera, Torquemada tampoco creía en Dios, sobrino, aunque la gente suela admitir que sí, mi amigo el poeta Manolo Sandoval bien claro dice en los dos últimos versos de su soneto *A un intransigente* que en España siempre se gobierna con una tea encendida en la mano, con gorro frigio o monacal capucha siempre está en el gobierno Torquemada, en el gobierno y fuera del gobierno al español lo que le gusta es pegar fuego a España y a los españoles, lo primero que tenemos que hacer los españoles es no arder, después ya veremos, debes tener fe en la vida, sobrino, y esperanza en la muerte, la fe y la esperanza son dos virtudes que se condicionan recíprocamente, recuerda las palabras de Unamuno, no creemos sino lo que esperamos y no esperamos sino lo que creemos, a la cabeza del español hay que darle la vuelta como a un calcetín, si no creemos en la vida, ¿para qué esperamos la muerte?, si no esperamos la muerte, entiende lo que quiero decirte, si no esperamos la muerte con esperanza, ¿cómo vamos a creer en la vida?, empieza por creer en algo, sobrino, y te sentirás más reconfortado, es un crimen demasiado fácil helar el corazón y la cabeza a los mozos de veinte años, basta con prohibirles todo lo que la vida pueda tener de placentero, basta con vaciarles la cabeza o con insuflarles en la cabeza ideas mesiánicas, es lo mismo, los mozos de veinte años estáis deseando helaros, os pesa todo demasiado, la vida, la cabeza y el corazón os pesan demasiado, no estáis todavía duchos en las artes de la resistencia de la carne y del espíritu y veis la muerte como lo que no es, una liberación, niégate a vivir la vida de los demás, sobrino, niégate a morir la muerte de los demás y no eches leña a la devastadora hoguera de los demás ni soples en su rescoldo, yo soy viejo y estoy ya muy derrotado y solitario pero marcho por el camino de la muerte con la esperanza de que la muerte acabe negándole la razón a todos los Torquemadas de gorro frigio o de monacal capucha, sí sobrino, creo porque es absurdo dijo San Agustín, la vida también es absurda y ahí está, es absurda pero no dejamos de creer en ella, también es absurda la muerte, tan absurda como la vida, y sin embargo a nadie se nos niega la esperanza en la muerte, el deseo sólo puede estrangularse con la esperanza, tu tío Jerónimo tiene el hablar doloroso, es probable que siempre haya tenido el hablar doloroso y tú no lo hayas notado hasta ahora, tu tío Jerónimo tuvo una querida en las Cuarenta Fanegas, a lo mejor aún la tiene y tú lo ignoras, querida es palabra muy confusa, mejor será decir amante, tu tío Jerónimo tuvo una amante en las Cuarenta Fanegas, a lo mejor aún tiene una amante en las Cuarenta Fanegas y no lo sabe nadie, la amante de tu tío Jerónimo es madre de seis hijos y muy guapa y sana, cada vez que tiene un hijo le deja a tu tío Jerónimo que le mame las tetas, la leche de la mujer es la fuente de la vida, seguramente tu tío Jerónimo tiene razón, tu tío Jerónimo se sienta en una mecedora y reclina la cabeza en el respaldo, su amante se pone de pie a su lado, se desabrocha la blusa y le da de mamar mientras le mece con mucha suavidad y muy silencioso cariño, la amante de tu tío Jerónimo se llama Cecilia y está casada con un empleado del ayuntamiento de Chamartín de la Rosa, Cecilia tiene las ubres grandes y prietas y sus hijos son también hermosos y saludables, ¿quieres pedirle a tu madre un vaso de leche para mí?, sí tío, ¿te acuerdas sobrino de aquellos versos de Lope de Vega?, hoy me da por recordar versos de memoria, los viejos tenemos muy buena memoria para las cosas que aprendimos en la juventud, ¡ay, dulce y cara España, madrastra de tus hijos verdaderos, y con piedad extraña piadosa madre y huésped de extranjeros!, creo que son de *La Arcadia* pero no me hagas caso, esto no lo recuerdo bien, tu tío Jerónimo tiene el gesto cansado y cierra los ojos, tenemos que amar a España, sobrino, tenemos que amarla con mucha ternura, con mucha cordura, con mucha cautela, España se nos puede morir entre las manos cualquier día, España tiene la sangre envenenada y es preciso hacerle respirar aire puro, lo que no sé es por donde se debe empezar, ¿lo sabes tú?, no, tú no lo sabes y te callas, bien entendemos tú y yo por qué te callas, ¿lo sabe alguien?, tampoco y ésa es la tragedia, nadie sabe por dónde debemos empezar los españoles, puede ser que haya que empezar por el principio y con toda lentitud, a España siempre le sobraron españoles con demasiada paciencia y españoles demasiado impacientes, no sé lo que pasa en otros lados pero sí te aseguro que en otros lados la mentira suele no ser tan desmemoriada, entre nosotros se miente con excesivo olvido de la verdad e incluso de la mentira, de la última mentira, los peligros desconocidos son terribles por desconocidos, cuando nos acercamos a ellos son menos terribles y con frecuencia no son ni peligros, no sé si entiendes lo que quiero decirte, los peores y más terribles peligros suelen anidar en nuestro propio pecho, el joven maestro Ortega y Gasset dice que los españoles ofrecemos a la vida un corazón blindado de rencor, mientras no abramos nuestros corazones para que el rencor huya seguiremos siempre en las mismas, las pasiones están desatadas, no tienes más que asomarte al balcón y escuchar su bramido, la pasión puede ser la cuna del amor pero también la cuna de la muerte, los ataúdes son las cunas de la muerte, a la pasión debe marcársele un ancho sendero fácil de caminar, es necesario que la leña salga al paso del fuego para que no arda más que la leña, el peligro ya lo señaló Unamuno, es más fácil al fuego hallar combustible que al combustible fuego, perdóname sobrino si te aburro, a tus veinte años basta con defender al corazón del hielo, esfuérzate por creer en algo que no sea la historia, esa gran falacia, cree en las virtudes teologales y en el amor, en la vida y en la muerte, ya ves que no te pido demasiado, el amor no es nunca un tormento y en todo caso siempre es el amor, contra lo que la gente supone yo te aseguro que el amor no es jamás un tirano y sí siempre un compañero para nuestro incierto viaje por la vida, la vida es un túnel por el que caminamos sembrando y cosechando amor o dando y recibiendo palos de ciego, no hay otra alternativa, abre de par en par las puertas de tu alma y deja que el amor te habite, te invada como una marea, no te defiendas del amor a tiros y a mordiscos, entrégate sin reservas, conviértete en alimento del amor, el alimento de la vida y el alimento de la muerte ya te viene marcado por la ley de los mundos, tan sólo el que llegues a ser o el que te quedes sin ser alimento del amor depende de ti mismo y de tu íntima ley, llama por teléfono a cualquier novia que tengas e invítala a acostarse contigo, da rienda suelta al amor cabalgando a la primer moza que se deje, a las otras ni las saludes siquiera, a los veinte años se debe ser pródigo con el amor, sobrino, el amor no es un bien atesorable, el amor que hoy no brindas o no recibes no podrás recuperarlo nunca, el de mañana es otro, el amor es un mar abierto a diferencia del odio que es un claustro cerrado, déjame a solas con mi vejez y con mi aburrimiento y llama a cualquier novia amorosa, a cualquier moza que esté deseando amar y dejarse amar, tiene que haber muchas porque la naturaleza todavía sigue produciendo por ventura más amor que odio, no me hagas demasiado caso pero vete antes de que sea tarde y otros te ganen por la mano, te aseguro que si tuviera tu edad no estaría aquí bebiendo vasos de leche, quisiera presentarte a Cecilia (ahora te aclaras que tu tío Jerónimo sigue amando), merece la pena que conozcas a Cecilia, es una mujer muy sana y decente que cree en el amor y en las fuentes de la vida, Cecilia tiene una hija de tu edad, rubia, de grandes tetas, de ojos profundos y reidores, muy alegre, me gustaría que la hija de Cecilia y tú os amáseis como dos cachorros gimnásticos, a Cecilia y a mí nos gustaría mucho contemplaros y aplaudiros con entusiasmo, si tu madre se entera de esta conversación me echa de casa, no debemos culparla, la pobre nunca tuvo tiempo de recapacitar, mañana o pasado te llevaré a casa de Cecilia a que la conozcas, su hija se llama Basilia, eso no debe importarte, ella es mucho más bonita que el nombre, en su casa le dicen Basi, lleva el pelo a lo garçon, ya la verás, es lástima que su padre esté plagado de prejuicios, le pasa lo que a tu madre, tampoco tuvo tiempo de recapacitar, se pasa el día entero en la oficina, mañana y tarde, y así no hay forma, compréndelo, yo lo disculpo porque él no tiene la culpa de ser obtuso y maniático, sin tiempo para recapacitar ¿qué puede hacerse?, venga vete ya, bueno no te vayas si no quieres, en todo caso yo te agradezco la compañía que me haces, ya te irás, hay siempre tiempo para todo, sí, abre el portal de tu alma y deja que el amor te consuma y te convierta en ceniza y humo, renuncia a todo lo que tienes menos al amor y a la vida, vive para amar y ama para seguir viviendo, sé humilde en todo y con todos, también contigo mismo, no entiendas lo que te digo como un consejo, yo no soy quien para dar consejos a nadie, me limito a pensar en voz alta delante de ti, jamás me permitiría dar consejos a nadie y menos a un joven, Buda y San Francisco de Asís renunciaron a todo y mendigaron el pedazo de pan que se llevaban a la boca, sus familias se revolvieron contra ellos airadas e iracundas pero Buda y San Francisco siguieron su camino compadeciendo al mundo y amando hasta a sus familias, la leche de la mujer es la fuente de la vida, yo vivo gracias a que una mujer me da de mamar, de no ser así me hubiera muerto ya de hastío, el amor y la humildad son las dos fuentes del bien, sé amoroso y humilde como Buda y como San Francisco pero no dejes nunca de ser cachondo, sobrino, esto de ser cachondo no viene condicionado por la tierna edad y las durísimas potencias, no, esto de ser cachondo es un hábito, una tradición, una cultura, a Buda y a San Francisco para perfeccionarse sólo les faltó ser cachondos, si algún día el hombre sigue las huellas de Buda y de San Francisco y renuncia a la falsa riqueza de los bienes materiales y fortalece su espíritu en la humildad sin menospreciar el sexo, ese día la humanidad estará salvada y se reirá de las guerras y de las revoluciones, de las policías y las leyes, de los funcionarios, los reglamentos y los mecenas, lo que ignoro es si llegará alguna vez ese día bienaventurado, debemos mirar el porvenir con los ojos de la esperanza, nadie puede quitarnos la esperanza, no quiere decirse pero la esperanza es como un cascabel que espanta a la muerte, como una flauta mágica que ahuyenta a la muerte, luchemos cipote en ristre contra los mitos que atenazan al hombre, las banderas los himnos las condecoraciones los números las insignias el matrimonio los platos regionales el registro civil, tú y yo tenemos el deber de luchar contra los artificios que adulteran al hombre, que dan color de muerte a su existencia y sequedad de esparto a su conciencia, es posible que no seamos oídos por nadie pero eso no debe aminorar nuestra santa ira, nuestra humildad, nuestra renuncia a las dañinas riquezas materiales y nuestra proclamación del sexo paseándose en triunfo por el ancho mundo, nadie es importante, sobrino, y los muertos menos aún, si quieres te lo digo de otra manera, todos los hombres son importantes e iguales en importancia, los necios hilos de la historia sólo sirven para tejer sudarios y la estulcia de las fuerzas conservadoras sólo es comparable a la estulcia de las fuerzas revolucionarias, que también son fuerzas al servicio del retrogradismo aunque de signo contrario, las fuerzas revolucionarias no luchan contra las banderas los himnos y las condecoraciones sino en defensa de otras banderas otros himnos y otras condecoraciones, aquí es donde quiebra la teoría y se entumece la autenticidad del hombre, los números siguen manchando al hombre, las insignias adornan su solapa, el matrimonio se dibuja en forma de tenaza devoradora y los platos regionales y el registro civil siguen tal cual, tengo que presentarte a la hija de Cecilia para que puedas experimentar por ti mismo la nobilísima belleza del amor y la vida sosteniendo como dos firmes columnas a la humildad y la bondad, Cecilia y yo os prometemos nuestro aplauso, Cecilia es mujer muy vital y simpática, ya la conocerás, Buda y San Francisco sí pero perfeccionados, perdona ¿querrías irme a buscar un vaso de leche?, cuando vuelves con el vaso de leche tu tío Jerónimo está mirando por el balcón, es ya de noche y las criadas se dejan besar apoyadas en los faroles, ¿has observado que el mundo está lleno de desconocidos?, si se dice por ejemplo el Congo belga o la vasta China están poblados por muchos negros y chinos que no se pueden contar porque son todos iguales, se miente a sabiendas, los negros no son todos iguales ni los chinos tampoco, lo que pasa es que son todos igualmente desconocidos, hay muchos negros y se mueren de lepra o devorados por los leones, hay muchos chinos y se mueren de hambre y de cólera morbo, no se pueden contar sin haberlos conocido antes y nosotros los desconocemos, el mundo está lleno de desconocidos pero son todos diferentes, te aseguro que son todos diferentes, cada uno tiene su dolor y su gozo, a veces minúsculo, y cuando nace o se muere no pasa nada, eso es cierto, pero nace o se muere una esperanza y una decepción, no sobrino, los negros del Congo y los chinos de la China no son todos iguales y sí se pueden contar, lo que pasa es que no sabemos, tú salva tus tres virtudes teologales y piensa que no hay demasiada razón para que a los negros y a los chinos les neguemos las suyas por cuenta de más o de menos, por censo de más o de menos, no seas cruel nunca, sobrino, yo antes era cruel pero dejé de serlo hace ya algunos años, cuando era cruel paraba a la gente y le decía vamos a ver ¿en qué fase de la luna estamos?, ahora te pregunto a ti, no es crueldad, es tan sólo una prueba, vamos a ver ¿en qué fase de la luna estamos?, no lo sabes, no te preocupes, no lo sabe nadie y si lo sabe alguien no es porque haya mirado para la luna, puedes estar seguro, es porque lo ha leído en el periódico o en un calendario, tu tío Jerónimo se ríe y se aparta del balcón, cuando se escriba la historia de estos acontecimientos se dirá que Madrid se vio poblado de golpe por una riada de hombres y mujeres iguales e incontables, también será mentira, no hay dos iguales y sí se pueden contar con paciencia y un poco de orden, lo difícil es saber por dónde debe empezarse el melón, Cecilia que es muy graciosa, ya la conocerás, dice que pueden conocerse las ideas de los hombres, las ideas en general, religiosas morales sociales políticas, por su forma de comportarse en la cama, yo no sé hasta qué punto acertará o se equivocará pero en todo caso su método es digno de atención, con las mujeres quizá sea más difícil el diagnóstico, son pocas las mujeres que en la cama no se convierten en máscaras, Mesalina, Santa Teresa de Jesús, un camaleón, un ramillete de flores de trapo, etc., las mujeres tienen mucha capacidad de fingimiento y suelen ser poco humildes, en la cama una madre de familia es siempre una actriz dramática que rezuma soberbia o una actriz cómica, casi un bufón, pero que también rezuma soberbia, tú trázate un sendero de fe, de esperanza y de caridad y no te apartes de él pase lo que pasare, el fuego de las hogueras inquisitoriales se apaga con semen, a Miguel Servet lo quemaron en la hoguera porque los calvinistas tampoco joden ni jodieron jamás a gusto ni lo suficiente, los calvinistas son más proclives al derecho procesal que al amor, no permitas que nadie te hiele los misteriosos recovecos del corazón, sobrino, rebélate contra la muerte, la epidemia de la muerte, a mí no me hagas caso, yo no estoy vivo para que se me haga caso sino para servir de ejemplo, pero tampoco hagas caso a los demás, a ti te ha costado mucho trabajo vivir veinte años, no desbarates tus veinte años en el servicio de nadie, te aseguro que tu sacrificio sería estéril y lo que es aún peor estúpido, no hijo, no, tus novias te aguardan en la cama, réstales soberbia y proclama tu amor a la vida cochina que siempre es más habitable que la muerte cochina, por encima de los tejados se escuchan algunos tiros que retumban casi con languidez, no hay nada más aburrido y monótono que la inercia de la pólvora, debes procurar que no te salga la primera cana al compás de la fusilería, cuídate del español que llevas dentro, quién sabe si no tendrá la cabeza llena de canas para vencer el tedio que le produce la tiñosa moneda del paladar, la oxidada moneda que le llaga la lengua y el paladar, no sobrino, aunque lo pienses esto no es el fin del mundo, si quieres te lo juro en la más histriónica y ridícula actitud, la que tú elijas que esto a mí no me importa ni poco ni mucho como podrás imaginarte, esto no es sino una purga del mundo, una purga preventiva y sangrienta pero no apocalíptica, el fin del mundo se anunciará con signos muy claros e inequívocos: los hijos envenenarán a sus madres en el vientre con las más ingenuas ponzoñas, un cocimiento de hojas de sabina, una copa de acqua toffana, los árboles más ilustres y reverentes, el ciprés, el nogal, el roble, se convertirán en esponjas opacas y durísimas y el sol, en lugar de salir por el horizonte, nacerá de los amargos espejos de los velatorios, de los espejos cansados de retratar los titilantes cirios funerarios de los inútiles desconsuelos, por ahora ningún signo se advierte, podemos irnos a dormir tranquilos, debe ser ya muy tarde, te aseguro que importa menos el sufrimiento que la conducta, vayámonos a dormir, debe ser ya muy tarde y el corazón se fatiga de tanta necedad.

26 José Hierro
(1922)

Nació en Madrid en 1922. Su infancia y adolescencia transcurren en Santander, donde realiza estudios de perito industrial, interrumpidos en 1936 en el cuarto año de la carrera.

De 1944 a 1946 reside en Valencia. De 1947 a 1952, en Santander. En estos años colabora en la revista **Proel,** dirigida por Pedro Gómez Cantolla, y a la que pertenecieron, entre otros, los poetas José Luis Hidalgo, Julio Mauri y Carlos Salomón. En 1947 le es concedido el «Premio Adonais» por su libro **Alegría.** En 1953, 1958 y 1959 recibe los premios «Nacional de Poesía», de la «Crítica» y «March», respectivamente.

La característica más destacada de la poesía de José Hierro tal vez consista en el empleo de «palabras de cada día bajo las que suena la corriente fluvial de la ternura», según el propio poeta.

Ha pronunciado conferencias sobre poesía y pintura en ciudades españolas, inglesas y marroquíes. Es crítico de arte. Son conocidos sus escritos en el diario madrileño **El Alcázar.**

Sin duda Hierro es uno de los dos o tres mejores poetas de la posguerra. Su temática gira en su mayor parte en torno a un motivo fundamental que la sitúa de lleno en el ámbito del pensar y sentir actual: el valor de la pura existencia iluminada por la alegría del canto, única cosa que da sentido a la vida y arranca al hombre del dolor y del ineluctable paso del tiempo. «Sé que nada está muerto mientras viva mi canto», escribe en uno de sus bellos poemas.

Inmerso en la dolorida conciencia de la transitoriedad de cuanto le circunda, el poeta halla una y otra vez en el ejercicio de la palabra poética el más alto destino del hombre y el único medio de vincular la propia vida al eterno fluir de la conciencia.

Muy conocidas son sus siguientes obras: **Tierra sin nosotros** (1947), **Con las piedras, con el viento** (1950), **Estatuas yacentes** (1953), **Cuanto sé de mí** (1957), **Poesía del momento** (1957), **Poesías completas** (1944-1962).

Valiéndose de un lenguaje deliberadamente transparente, «es preciso hablar claro. La oscuridad es defecto de expresión», dice, y de un tipo de poema breve desprovisto de artificios retóricos: «mi poesía es seca y desnuda, pobre de imágenes», nos la define el propio autor, José Hierro ha conseguido cantar con sencillez y hondura «lo que los hombres todos cantarían si tuvieran un poeta dentro», rubrica nuestro pristino poeta.

Despedida del mar

Por más que intente al despedirme
guardarte entero en mi recinto
de soledad, por más que quiera
beber tus ojos infinitos,
tus largas tardes plateadas,
tu vago gesto, gris y frío,
sé que al volver a tus orillas
nos sentiremos muy distintos.
Nunca jamás volveré a verte
con estos ojos que hoy te miro.

Este perfume de manzanas
¿de dónde viene? ¡Oh sueño mío,
mar mío! ¡Fúndeme, despójame
de mi carne, de mi vestido
mortal! ¡Olvídame en la arena,
y sea yo también un hijo
más, un caudal de agua serena
que vuelve a ti, a su salino
nacimiento, a vivir tu vida
como el más triste de los ríos!

Ramos frescos de espuma... Barcas
soñolientas y vagas... Niños
rebañando la miel poniente
del sol... ¡Qué nuevo y fresco y limpio
el mundo!... Nace cada día
del mar, recorre los caminos
que rodean mi alma, y corre
a esconderse bajo el sombrío,
lúgubre aceite de la noche,
vuelve a su origen y principio.

¡Y que ahora tenga que dejarte
para emprender otro camino!...

Por más que intente al despedirme
llevar tu imagen, mar, conmigo;
por más que quiera traspasarte,
fijarte, exacto, en mis sentidos;
por más que busque tus cadenas
para negarme a mi destino,
yo sé que pronto estará rota
tu malla gris de tenues hilos.
Nunca jamás volveré a verte
con estos ojos que hoy te miro.

Tierra sin nosotros, 1947

EL MUERTO

Aquél que ha sentido una vez en sus manos temblar la alegría
no podrá morir nunca.

Yo lo veo muy claro en mi noche completa.
Me costó muchos siglos de muerte poder comprenderlo,

muchos siglos de olvido y de sombra constante,
muchos siglos de darle mi cuerpo extinguido
a la yerba que encima de mí balancea su fresca verdura.
Ahora el aire, allá arriba, más alto que el suelo que pisan los vivos
será azul. Temblará estremecido, rompiéndose,
desgarrado su vidrio oloroso por claras campanas,
por el curvo volar de gorriones,
por las flores doradas y blancas de esencias frutales.
(Yo una vez hice un ramo con ellas.
Puede ser que después arrojara las flores al agua,
puede ser que le diera las flores a un niño pequeño,
que llenara de flores alguna cabeza que ya no recuerdo,
que a mi madre llevara las flores;
yo querría poner primavera en sus manos.)

¡Será ya primavera allí arriba!
Pero yo que he sentido una vez en mis manos temblar la alegría,
no podré morir nunca.
Pero yo que he tocado una vez las agudas agujas del pino
no podré morir nunca.
Morirán los que nunca jamás sorprendieron
aquel vago pasar de la loca alegría.
Pero yo que he tenido su tibia hermosura en mis manos
no podré morir nunca.
Aunque muera mi cuerpo, y no quede memoria de mí.

Alegría, 1947

RESPUESTA

Quisiera que tú me entendieras a mí sin palabras.
Sin palabras hablarte, lo mismo que se habla mi gente.
Que tú me entendieras a mí sin palabras
como entiendo yo al mar o a la brisa enredada en un álamo verde.

Me preguntas, amigo, y no sé qué respuesta he de darte.
Hace ya mucho tiempo aprendí hondas razones que tú no comprendes.
Revelarlas quisiera, poniendo en mis ojos el sol invisible,
la pasión con que dora la tierra sus frutos calientes.

Me preguntas, amigo, y no sé qué respuesta he de darte.
Siento arder una loca alegría en la luz que me envuelve.
Yo quisiera que tú la sintieras también inundándote el alma,
yo quisiera que a ti, en lo más hondo, también te quemase y te hiriese.